بسم الله الرحمن الرحيم

# ÖNSÖZ

*Ey Fânî Dünyanın Ebedî Âhiret Yolcusu Kardeş!*

ÖLÜM ÖNCESİ VE SONRASI KIYÂMET VE ÂHİRET" adını verdiğim bu kitabımı, değerli okuyucu kardeşlerime sunarken ölüm öncesi ve sonrası konusunda bir kaç cümle ile ifâde-i meram etmek gerekiyor. Yani ölüm öncesinden maksadım nedir, ve sonrası demekle ne demek istiyorum?

Ölüm öncesinden kastım, ölümden önce yaşadığımız dünya hayatıyla ilgili yaşam tarzımızdır. Âhiret yolcusu olduğuna inanmış bir mü'minin dünya hayatı nasıl olmalıdır? İşte bunu kitabımın ikinci bölümünde anlattım.

Ve sonrası, yani ölüm sonrasından kastım, ölümden sonra her insanın başına gelecek olan hallerin tümünü kastettim.

Her insan için özet olarak iki hayat, iki çeşit yaşam söz konusudur. Bunlardan birisi dünya hayatıdır, birisi de ölüm ile başlayıp ondan sonra ebedî olarak (sonsuza dek) devam edecek olan âhiret hayatıdır.

Kitabımın içine aldığım konuları ana başlık olarak bölümlere ayırdım. Kitabımızın bölümleri şöyledir:

**Birinci Bölüm:** Ölüm konusu ile ilgili âyet-i kerimeler, metinleri ve Türkçe anlam, tefsir ve yorumlarını ihtiva ediyor. Konu ile ilgili açıklamalar bulunuyor.

**İkinci Bölüm:** Ölüm öncesi hayat. Bir mü'minin dünya hayatı nasıl olmalı? Konu ile ilgili âyet-i kerimeler, Türkçe anlam ve yorumları, hadis-i şerifler ve açıklamalar...

**Üçüncü Bölüm:** Ölümü hatırlamak, ölüm konusunu çokça konuşmak, ölüm konusuyla fazlaca haşır neşir olmanın kazandıracağı yararlar

**Dördüncü Bölüm:** Ölüme hazırlanmak ne demek, ölüme nasıl hazırlanılır?

**Beşinci Bölüm:** Tûl-i Emel ne demek? Tûl-i emelden nasıl kurtulunur, Tûl-i emelin zararları. Cennete girmek isteyen Tûl-i emeli bıraksın buyrulmuştur.

**Altıncı Bölüm:** Hazret-i Peygamberin âilesinin maîşeti, yani peygamberimizin ev halkının geçim tarzını ve peygamber âilesinin dünya hayatında benimsedikleri yaşam biçiminin açıklamaları. Peygamber ailesi nasıl bir hayatı tercih etmişlerdi, lüks bir hayatı mı yoksa zühd-ü takvayı mı tercih etmişlerdi! Her cennet isteklisi mü'minin peygamber âilesinin dünyada yaşadığı zühd hayatını bilmeli mi?...

Kur'ân-ı Kerim Âyetleri ve
Hadis-i Şeriflerin Işığında

# ÖLÜM
# ÖNCESİ VE SONRASI
# KIYAMET VE ÂHİRET

## Cennet ve Cehennem

El'Hâcc
Hattât Hâfız
Yusuf Tavaslı
Emekli İmam Hatib

Dizgi : Sorkun Dizgi
Kapak : Zeki Şahin
Baskı & Cilt : Tavaslı Matbaacılık
Tel.: 0 212 451 31 32 pbx
ISBN : 975-8131-89-3
Yayın Kodu : B / 38



TAVASLI YAYINLARI
Ticarethane Sk. No: 14 34410 S.Ahmed / İST.
Tel : (0212) 512 11 46 • 511 60 34
Faks : (0212) 522 60 46
E-mail : tavasli@superonline.com.tr

**Yedinci Bölüm:** Kabir hayatı. Kabir hayatı, ölüm sonrası hayatın, yani âhiret hayatının giriş kapısıdır. Kabirde sual melekleri, kabir azabı ve kabirde ölmüş insanın başına gelecekler...

**Sekizinci Bölüm:** Ölünün arkasından yas tutmak. Ölünün arkasından ağlamak caiz mi, değil mi? Bağırıp çağırmak ve ölenin arkasından saçını başını yolmanın hükmü nedir?... Çocuğu ölenlerin durumları ve zararlı davranışları, yararlı davranışlarında alacakları sevaplar, mükafatlar...

**Dokuzuncu Bölüm:** Kabirleri ziyaret. Peygamberimiz de kabirleri ziyaret ederdi ve nasıl ziyaret eder ve neler okurdu? Bir müslüman kabir ziyaretinde neler okumalı ve neler yapmalıdır?

**Onuncu Bölüm:** Tâziye, bir yakını ölmüş olan, ölü sahiblerine baş sağlığı dilemek anlamındadır. Bir felaketten dolayı, başına gelen bir felâket sebebiyle din kardeşine geçmiş olsun demenin büyük sevabı olduğuna dair. Ölüm olan evlere yakın komşu ve akrabaların yeme içme konusunda yardımcı olmaları...

**On Birinci Bölüm:** Kıyâmet ve kıyâmetin kopması. Dünyanın yıkılıp yok olması. Kıyâmet nasıl kopacak konu ile ilgili âyetler, hadisler, yorumlar ve açıklamalar.

**On İkinci Bölüm:** Ba's-ü Ba'del Mevt. Öldükten sonra yeniden dirilmek. bütün insanlar öldükten sonra dirileceklerdir, nasıl dirilecekler bunların âyet ve hadislerin ışığında genişçe açıklamalarını göreceğiz.

**On Üçüncü Bölüm:** Haşr ve mahşer meydanında olacaklar, İnsanlar yeniden diriltilip mahşer meydanında toplanacaklar. Bu dünyada yapıp ettiklerinden hesaba, sorgu ve suâle çekilecekler... Hesap günü mahşer günü neler olacak...

**On Dördüncü Bölüm:** Mizan, amellerin tartılması, bu da mahşerde hesap gününde olacak safhalardır. İnsanlar hesaba çekilecek, sorgu suâle tabi tutulacak ve amelleri tartılacaktır... Amel defterleri ortaya çıkacak, sahiplerine dağıtılacak...

**On Beşinci Bölüm:** Şefâat, Peygamberimizin mahşer halkına şefâati. En büyük şefâat makamı (Makam-ı Mahmut) Peygamberimize verilmiştir. Şefâatle ilgili meseleler.

**On Altıncı Bölüm:** Kevser Havuzu. Peygamber Efendimize âhirette cennette verilmiş olan Kevser Havuzunun özellikleri ve ümmet-i Muhammedin Kevser Havuzundan su içmeleri ve Kevser Havuzunun güzellikleri...

**On Yedinci Bölüm:** Sırat Köprüsü. Kıyâmet günü, cehennemin üzerine kurulmuş bir ucundan öbür ucuna uzanmış olan kıldan ince, kılıçtan keskince bir cennet yoludur. Cennete gidenler sırat köprüsünden geçecek, başka yol yok. On yedinci bölüm, Sırat köprüsüyle ilgili meseleler...

**On Sekizinci Bölüm:** Cennet ve Cehenem

**On Dokuzuncu Bölüm:** Cehennemin isimleri. Kur'ân-ı Kerim de bildirilen cehennem isimleri sırasıyla anlatılmaktadır.

**Yirminci Bölüm:** Cennet ve cennet nimetlerinin açıklamalarını ihtiva eden son bölüm. Cennet, Allah'ın, mü'min ve salih amelli kulları için hazırlanmış bir saadet evidir.

Ölüm denen devletli, her insanı ilgilendiren bir olay. Hiçbir insan diyemez ki, ben ölümle ilgilenmiyorum. Veya diyeceksin ki, bazı insanlar ölümle ilgilenmiyor. Ben de derim ki, o ilgilenmeyebilir ama ölüm, onunla ilgileniyor. Onlar istese de, istemese de ölüm ansızın, kimseye sorup haber vermeden gelip onların kapısına dayanıyor, kapısını çalıyor ve istediğini onlara sormadan alıp götürüyor. Hem de istediğini! Çiçeği burnunda dünya güzeli gelinleri, damatları, gelinlik kızları, gençliğinin baharına ilk adımını atmış fidan gibi delikanlı civanları alıp götürüyor. Peki hani onu ilgilendirmiyordu?

*Evet ey dost!* Ölüm denen devletli, her insanı ilgilendiriyor. Hiçbir insan onunla burun buruna gelmekten kendisini alamıyor. Onun için her aklı başındaki insanın ölüm denen bu devletli hakkında önemli bir bilgi sahibi olması gerektiği her akl-ı selim sahibinin kabul ettiği bir gerçektir.

Çünkü insan, ölümlü bir varlıktır. Ölümün vakti saati de yoktur, yaşı başı da yoktur. Ne zaman gelecek, kime gelecek, gence mi, ihtiyara mı, yoksa kundaktaki bebeğe mi gelecek kimse bilmemektedir!

Öyle ise, ölüm denen devletli insanı nereye alıp götürüyor, ölüm ötesi veya ölüm sonrası hayat nasıl bir hayattır? Gidenler, nereye gidiyor, altmış, yetmiş santim derinliğinde bir buçuk, iki metre uzunluğundaki çukura (kabre) gömülen bu insanın hâli, durumu ne oluyor? Şüphesiz ki, bu sorular her akl-ı selim sahibi insanı ilgilendiren sorulardır. Bunların hepsini elinizdeki bu kitabımızda bulacağınızı ümid ediyorum.

Ölüm öncesi yaşadığımız hayatın nasıl bir hayat olduğunu biliyor muyuz? İşte ölüm öncesi bu hayatımız (dünyamız) ile ilgili önemli bilgileri de Kur'ân-ı Kerim âyetlerinin ışığında uzunca bir bölümde bulacak ve okuyacaksınız. Çünkü insan, içinde yaşam sürdürdüğü bu geçici (fani) hayatı (dünya hayatı) hakkında da gerçeğe dayanan bilgileri edinmek zorundadır.

Hiçbir şey gelişi güzel (tesadüfen) var olmuş değildir. İnsanoğlunun varlığı (yaratılışı) da amaçsız değildir. Onu yaratan kudret (Allah), ondan bir takım görevler beklemektedir. Onu (insanı) başı boş kendi haline bırakmamıştır.

İnsanoğlu akıllı, büyük değerler taşıyan, şerefli bir varlıktır. Kendisine bu değer ve kıymetleri veren yüce Rabbine karşı bir takım görev ve sorumlulukları vardır ve olması da aklî ve mantıkîdir. Bu görev ve sorumluluklar, ölüm öncesi yapılması ve yerine getirilmesi zorunlu olan gerçeklerdir.

Ölüm sonrası, kişinin ölüp de kabre konulmasıyla başlayıp tâ cennet veya cehenneme girmesi ve âhiret hayatının cennet ya da cehennemde devam edecek bir hayatın safha ve merhalelerini içine alması demektir. Ölüm sonrası denen bu hayatın içinde daha bir takım merhaleler vardır.

Kabir hayatı, ölüm sonrası hayatın ilk merhalesidir. Kabir hayatı, çok çetin, çok maceralı bir merhaledir. Kendi bölümünde bu merhaleyi uzun uzun anlattık.

Kıyametin kopması, insanların yeniden diriltilmesi de ölüm sonrası hayatın bir merhalesidir. Bunu da kendi bölümünde, yeterince açıklamış bulunuyoruz.

Ölüm sonrası safha ve merhaleler, mahşer günü safhası, hesap-kitap, sorgu-sual, amellerin tartılması, Cenâb-ı Allah'ın huzurunda muhakeme olunmak, sırat köprüsünden geçiş gibi, daha bir takım zor ve çetin merhaleler vardır. Bunları da kendi bölümlerinde anlatmış bulunuyoruz.

Aslında ölüm ve sonrası, her insanın ister istemez ilgilendiği ve ilgilenmesi gereken meselelerin başında gelmektedir.

Çünkü, her insan, ölüyor ve eninde sonunda, ama geç ama erken ölecektir.

Her insan ölüm acısını tadıyor ve tadacaktır. Ölümden kaçılmıyor, kaçılmaz ve kaçılamaz. Ölüm, her canlının başına gelecek olan, katlanılması zor dayanılması güç mü güç olan acı bir olaydır.

Daha acı olan ise, ölümden kaçıyor ve kaçıyormuş gibi bir davranış içine girmek ve ölüm gerçeğini unutmaya (yok saymaya) kalkışan ve gaflete bürünmeye yeltenmektir. Bu ise, sağlıklı bir akıl sahibi insanın takınacağı bir tavır olmayıp, olsa olsa, inanç nimetinden mahrum, din nimetinden uzak, insanlık değerlerini kavrayamayan gaflet ehlinin takınacağı bir haldir.

İman sahibi, salih amelli insanlar için ölüm, o kadar da korkulacak bir olay değildir. Onlar için ölüm sevdiği (Yüce Rabbine) ve kendisinden önce ölmüş olan sevdiklerine kavuşma vesilesidir. Bu yönüyle inanmış bir mü'minin ölümü ile inanmamış bir kafirin ölümü birbirinden ayrıcalık ifade eder. Ancak dünya gözüyle (yani kafa gözüyle) bakıldığı zaman, her insan için ölümün yüzü soğuk ve ürkütücüdür. Efendimiz Aleyhisselâtü vesselâm ölümü şöyle tarif etmiş:

***"Lezzetleri bıçak keser gibi kesen, ağızların tadını yok eden ölümü düşünmeyi çoğaltınız."*** buyurmuştur.

Ölüm burada herşeyi kesip koparan keskin bir bıçağa benzetilmiştir. Ölüm, insanın ağzının tadını bıçakla kazır gibi, kazıyıp yok eden, insanın keyfini kaçıran, huzurunu alt üst eden, insan için hiçbir şeyde tat, tuz ve lezzet bırakmayan acı bir olay olarak bildiriliyor.

Ancak burada şu gerçeği ifade vardır ki, her acı olayda olduğu gibi, ölüm olayında da akl-ı selim sahibi mü'min (inanmış) kimselerin kendilerine çeki düzen vererek âhiret yolculuğuna hazırlanmalarını sağlıyor ve aynı zamanda dünya hayatının faniliğini (geçiciliğini) hatırlatıyor ve ölüm ibret alınması gereken bir olay olarak takdim ediliyor. İşin doğru anlaşılması gereken yönü burasıdır. Efendimiz Aleyhisselâtü vesselâm, Hz. Ömer (r.a.) efendimize hitaben: ***"Ya Ömer! Öğüt ve nasihatçı olarak sana ölüm yeter"*** buyurmuştur.

Bir insanın ölüm denen devletliden ibret (öğüt) alabilmesi için akl-ı selim sahibi bir kimse olması gerekir. Aslında her insan kendi aklını beğenir akıllıyım der de fakat aklı bir işe yaramaz (o da bunun böyle olduğunun bilincinde değildir).

İşte böyleleri ölüyü kabre koyar, üzerine toprak atar da ağızıyla da durmadan konuşur: *"Efendim, hepimiz öleceğiz"* deyip dururken, bu sefer de yanındaki dostlarına;

*"Eee, işler nasıl bakalım"* diyerek iş muhabbeti yapmaya başlar. Be arkadaş birkaç saniye önce *"hepimiz öleceğiz"* diyordun. Bu güzel bir söz, yerinde bir sözdü. Akıllı adam sözüydü. Birkaç saniye sonra ne oldu da o güzelim sözü (ölüm gerçeğini) unutuverdin!...

Halbuki o anda iş güç düşünmek şöyle dursun insan kendi kendine şu soruyu sorabilir:

*"Şu anda bu kabir çukuruna konan ben olabilirdim, o zaman ne yapardım! Çünkü âhiret yolculuğu için yeterli bir hazırlığım ve yol azığım yoktur veya hiçbir hazırlığım yoktur. Yolcuya yol azığı gerekir. Şu andan itibaren andolsun, kendimi burası için, âhiret yolculuğu için hazırlamalıyım, azık biriktirmeliyim. Çünkü ölüm denen seferin* (yolculuğun) *vakti, saati yok, ne zaman ve nerede geleceği de belli değil. Sonra bu ölüm yolculuğunun yaşı-başı genci-ihtiyarı da yok, sırası da yok!..."*

Diyerek kendi nefsine bir özeleştiri yapmalıydı. Ama yapmadı, yapamadı, yapamıyor. Çünkü bu özeleştiriyi yapabilmesi için, sermayesi yok veya yeterli değildir. Bu işin sermayesi güçlü Kâmil bir iman, salih amel (Allah'ın istediği yararlı işler)dir.

Bir insanda bunlar olursa, o insan sağlıklı düşünür, akıllı kişilerin konuştuğu gibi konuşur ve yerinde, yerli yerince sözler söyleyip sonra da susup kendi akıbetini düşünür de düşünür!..

İslâm büyüklerinin sözü şudur: ***"Eğer ölüm yolculuğu için çalışıp hazırlandınsa, ölüm senin için büyük bir nimettir. Eğer ölümden gaflet edip hazırlanmamışsan ölüm senin için büyük bir nedamet ve pişmanlıktır!"*** Bunlar unutulmayacak pırlanta sözlerdir.

Çalışmak bizden başarıya ulaştırmak Cenâb-ı Allah'tandır. (Ve minallahit'tevfik).

*El'hâcc Hattat Hafız*

*Yusuf Tavaslı*

# BİRİNCİ BÖLÜM

## KUR'ÂN-I KERÎM'DE BİLDİRİLEN ÖLÜM GERÇEĞİNİ ANLATAN ÂYETLER

Ölüm, her akl-ı selim sahibi insanın ibret dersi alacağı ve kendisine çeki düzen vereceği, aklını başına alıp yaratılışının gayesini düşünerek âhiret hayatı için kendisini hazırlamaya vesile olacak önemli bir olaydır. Ölüm, insanın yok oluşu değil, Allah'a dönüşüdür. Şimdi ölümle ilgili âyetleri verelim.

## HER İNSAN ÖLÜM ACISINI TADACAKTIR

**BİRİNCİ ÂYET:** Konumuzla ilgili Kur'ân-ı Kerim'in Ankebût Sûresi 57. âyetinde Allah Teâlâ, bu gerçeği şöyle bildirmektedir.

كُلُّ نَفْسٍ ذَائِقَةُ الْمَوْتِ ثُمَّ اِلَيْنَا تُرْجَعُونَ

*"Her nefis ölümü tadacaktır. Sonra da bize döndürüleceksiniz."* buyuruyor Yüce Rabbimiz.

Evet, *"Küllü nefsin"* ***her nefis, her canlı, can taşıyan her varlık her nerede bulunursa bulunsun, her ne şekilde olursa olsun"*** *"zâikatülmevt"* ***ölümü, ölüm acısını tadacaktır.*** *"Sümme ileynâ turceûn"* ***sonra da hepiniz bize döndürüleceksiniz."***

Ey insanlar! Yeniden diriltilip Hakk'ın huzuruna dikilerek sevap veya cezanızı göreceksiniz. İyi bilin ki, bu konuda O'ndan asla kaçamazsınız. O'nun huzurunda sorgu suale çekilip hesap vermekten kesinlikle kurtulamazsınız. Bu hesaplaşmayı, bu sorgu suali mutlaka göreceksiniz.

***Ey Âhiret Yolcusu Kardeş!*** Bu âyette Allah Teâlâ'nın tüm insanlara (bütün kullarına) önemli bir uyarısı vardır. Hatta uyarıdan öte bir tehdidi vardır. O da şudur. Ey insan benim yarattığım, varettiğim ölümden kurtulabiliyor musun? Kurtulamıyorsun. Dönüşün, gelişin de banadır. Dönüp bana gelmekten de kurtulamayacaksın. Çünkü bütün yollar bana çıkar. Başka bir çıkar yol yoktur.

***Şimdi düşünelim ey okuyucu kardeş!*** Akibeti, geleceği bu kadar kritik olan bir insan, Allah'ın emir ve tavsiyelerini yerine getirerek âhireti için azık hazırlaması gerekmez mi? Aklını başına alıp bu ilâhi ferman karşısında korkudan titreyerek ürpermez mi? Yüce Rabbine karşı olan görevlerini yerine getirip getirmediği konusunda vicdanının tâ derinliklerine inerek sesini dinleyip kendisini yoğun bir özeleştiriye çekmez mi? Sence bunlar, düşünülmesi gereken konular değil mi?...

*"Küllü nefsin zâikatül'mevt =* ***Her can taşıyan ölümü tadacaktır."*** Cümlesiyle başlayan bir âyet-i Keri-

me de Enbiya Sûresinde bulunmaktadır. Aynı kelime ile başlayan Enbiya Sûresinin 35nci âyet-i Kerimesinde ise, Cenâb-ı Hak şöyle buyurmaktadır:

كُلُّ نَفْسٍ ذَائِقَةُ الْمَوْتِ

وَ نَبْلُوكُمْ بِالشَّرِّ وَالْخَيْرِ فِتْنَةً وَ اِلَيْنَا تُرْجَعُونَ

***"Her canlı ölümü tadacaktır. Biz sizi, bir imtihan olarak, hayırla da şerle de tecrübe eder****(dener)****iz. Ve*** *(sonra da)* ***siz, ancak bize döndürüleceksiniz."*** (Enbiya Sûresi, âyet 35)

**Bazı Tefsir Bilginleri;** *"Ve neblüküm bişşerri vel'hayri fitneten =* ***Biz sizi, bir imtihan olarak, hayırla da, şerle de tecrübe eder****(dener)****iz."*** Cümlesini, ***"Şükredeni nankörlük edenden, sabredeni sabretmeyenden ayırmamız için, sizi musibet ve nimetlerle imtihan ederek deneriz."*** şeklinde yorumlamışlardır.

Yani Allah Teâlâ, kullarını bazen bela ve sıkıntılar vererek ve bazen de nimetler, iyilikler vererek tecrübe ederek imtihan etmektedir demek olur ki, bela ve sıkıntıya uğrayan kişinin sabır ve tahammül derecesi ölçülmekte ve bazen de nimetler, servet ve bolluklar içinde olan kişinin şükür ve nimeti veren Allah'a karşı teşekkür edip etmeme derecesi denenmekte ve imtihana tâbi tutulmaktadır.

Akıllı bir insan, aklı başında ve akl-ı selim sahibi bir kimse, ne fakirlikten usanıp isyan eder, ne de zenginlikten şımarıp ne oldum delisi pozlarına girerek aciz bir yaratık olduğunu unutup imtihanı kaybetmemelidir. Çünkü kişiye fakirlik veren de, zengin eden de Allah'tır.

Bu dünya, bir imtihan sahnesi bir imtihan salonudur, burada her insan imtihan olur ve imtihanın sonuçları âhiret hayatı denilen hesap verme gününde okunup belli olacaktır. Kazananlar, kaybedenler orada anlaşılacaktır. O gün hiçbir haksızlığa uğranılmayacaktır. İyiler, imtihanı kazananlar, ödül ve mükafatlarını alarak saadet ve mutluluğa kavuşacaklar. Kötüler, imtihanı kaybedenler de yaptıklarının cezasını tam olarak, eksiksiz bir şekilde çekeceklerdir ve bedbaht olacaklardır.

Unutmayalım ki, dünya çalışma ve imtihan yeri, âhiret de bu çalışmanın karşılığını alarak sevinme ya da yerinme yeridir.

İbn-i Abbas (r.a.) yukarıdaki bu ilahi cümle (hayırla da şerle de deneriz cümlesi)nin yorumunda demiştir ki: ***"Biz sizi, kıtlık ve bolluk, sağlık ve hastalık, zenginlik ve fakirlik, helâl ve haram, itâat ve isyan, doğruluk ve sapıklık gibi durumlarla imtihan ederiz"*** demektedir.

İbn-i Abbas, özet olarak imtihanı gerektiren hal ve durumların sözcüklerini sıralamıştır. Tabii ki bu açıklama, konuyu çok iyi bilen kişiler içindir. Bizim gibi konuya yabancı olan kimseler için daha açıklayıcı cümleleri ilâve etmek gerekir.

Yani, Allah Teâlâ, kullarını (insanları) şükredecekler mi, nasıl ve ne şekilde şükredecekler? diye bazen kullarına sevdikleri, hoşlandıkları şeyleri bol bol verir, zenginlik, sağlık verir işleri hep yolunda gider. Sağlığı yerinde gider. Şimdi bu durumda olan bir insanın Allah'a şükür edip O'nun verdiği bu nimetlerin kadri kıymetini yerine getirmesi gerekir. Eğer böyle olmayıp şımarmak, bunları ben yaptım, ben ettim pozlarına girip böbürlenmek, kibir ve gururlanmak gibi kötü hallere düşerse, bu insan imtihanı kaybetmiş demek olur. Allah'a itâat etmemiş, isyan etmiş ve nankörlük etmiş demektir.

Diğer taraftan şerle denenmek ise, hastalık, fakirlik, yoksulluk işleri yolunda gitmeyip hep ters gitmek, bazı bela ve kazalara uğramak gibi hallerde sabır ve tehammül göstermek, bu da Allahtandır, Allah, bizi imtihan ediyor, denemek ve sınamak için bunları başımıza vermiştir gibi düşüncelerle hareket edip sabır göstermek ve Allah'a isyan etmemek imtihanı kazanmak demek olur. Şayet bu hal ve durumlardan ona buna şikayet edip feryâd-ü figan etmek, halinden insanlara şikayetçi olmak, imtihanı kaybetmek demektir. Çünkü bu bir isyandır. Allah'ın verdiği hali beğenmemektir.

Allah Teâlâ'nın kendisi için takdir etmiş olduğu hal ve duruma itiraz etmek demek olur ki, bu isyandır, Allah'a baş kaldırmadır. Sonuç imtihanı kaybetmektir.

Tefsirlerimizde *"Ve neblüküm bişşerri vel'hayri fitneten =* ***Sizi, hayırla da, şerle de imtihan eder****(dener)****iz.****"* Cümlesini değişik sözcüklerle, değişik yorumlar yapılmıştır. Bazıları *"Allah Teâlâ insanlara:* ***Biz sizi, imtihana tâbi tutarız*** *(tutacağız).* ***Sizleri bazen hastalık ve fakirlik gibi bir fitneye*** *(bela ve musibete)* ***uğratırız ve bazen de sıhhat ve zenginlik gibi dünya nimetlerine erdiririz. Bununla kim sabredecek*** *ve Allah'tan ümidini kesmeyecek (ümitsizliğe düşmeyecek) ve kim şükredecek, şımarıklığa düşmeyecek diye deneriz"* şeklinde ifadeler kullanmıştır.

Ali İbn-i Talha âyetin bu cümlesini şöyle yorumlamıştır:

***"Bir imtihan olarak sizi, kötülük** (şer)**le ve iyilikle** (hayırla)**, darlık ve bollukla, sağlık ve hastalıkla, zenginlik ve fakirlikle, helal ve haram sınırlarıyla, itâat** (emrime boyun eğme) **ve isyanla** (emrime baş kaldırma)**, hidayet** (doğru yol) **ve sapıklıkla** (yoldan çıkmakla) **deneriz. En sonunda yine bize döndürüleceksiniz. Ve dünyada yaptıklarınızın hesabını bir bir vereceksiniz. İyiler ödüllendirilecek, kötüler cezalandırılacaktır."*** Bundan kurtuluş yok. Çünkü bütün yollar Allah'ın huzuruna çıkacak ve çıkmaktadır. Başka yol yok.

***Ey Âhiret yolcusu kardeş!*** Şunu hiç aklından çıkarma. İnsanların bu fani aleme (dünyaya) gelişlerinin sebep ve gayesi imtihan içindir. Bu imtihan belgeleri insanın hayat disketine yüklenecek (amel defteri sayfalarına yazılacak) ve âhiret hayatında, hesap gününde kendisine açılıp okunacak ve okuturulacaktır. Ve şunu da hiç aklından çıkarma ki, ***"Cennet ucuz değil, cehennem dahi gereksiz değildir."***

Her insan, bu dünyada yapıp işlediklerinden sorgulanacaktır. Bu işi (ameli) hayır olsun, şerr olsun insan bu imtihanı verecek ve vermek zorundadır. Önemli olan da böyle bir durumun varlığını unutmamak ve kendisini bu duruma hazırlıklı bulundurmaktır.

Tıpkı bu dünya okulunda öğretmeni tarafından sınav için kara tahtaya kaldırılırım korkusu ve düşüncesiyle hazırlıklı bulunan, derslerini önemli sayan bir öğrenci gibi bulunmalıdır. Çünkü insan her haliyle imtihana tâbi tutulabilir. Bu da çeşitli yollarla olabiliyor. Kendisine verilen bir hastalık veya bir fakirlik, imtihan sebebi olabildiği gibi, hiç hastalık yüzü görmemesi ya da servet sahibi olup zengin olması onun imtihana tâbi olmasına sebep olabilir.

İslâm büyükleri hep böyle hikmetli düşünmüşlerdir. Fakirlik ve hastalık gibi şer (kötü görünen musibetlere karşı imtihanı kazanmak bazı kimselere göre zor gibi görünmüş olsa da, birçok Allah adamlarına göre, musibet (şer)le imtihanı kazanmak daha kolay görülmüştür, daha kolay olduğu söylenmiştir. Fakır bir kimse ya da hasta bir kişi, bu halinden şikâyetçi olmayıp sabırla ve ümit kesmeyerek daima Allah'a şükür eder ve edebilir. Ama zengin veya sağlıklı bir kimsenin bu hal ve hallerinde şükür üzerine bulunması, daima Allah'ın verdiği bu nimetleri hatırlaması ve gaflete düşmemesinin çok zor bir durum oluğunu söylemişlerdir.

Hz. Ömer Radıyallâhü Anh demiştir ki: ***"Darlıkla*** *(fakirlik sıkıntısı ile)* ***imtihan edildik sabrettik. Bollukla imtihan edildik ama şükretmedik. Kim dünyada kendisine mal ve servet*** *(zenginlik)* ***verilir de onunla kendisine bir tuzak*** *(imtihan)* ***hazırlandığını bilmezse*** *(düşünemezse)* ***o kimse aldanmıştır*** *(ahiret imtihanını kaybetmiştir).*"

Mümin kişi, her zaman uyanık olmalı, Cenâb-ı Allah'a dayanmalı ve O'ndan yardımını esirgememesini istemelidir. O zaman mümin ve inanmış kişinin imtihanda kazanma şansı artar. Allah'ın lütfuna mazhar olmak için çaba sarfedip ve O'nun bağışlamasına ermek için uyanık olmak gerekmektedir.

Sevgili Peygamberimiz Sallallâhü Aleyhi ve sellem, inanmış, iman sahibi mümin kimseler hakkında şöyle buyurmuştur: *"Ne gariptir şu inanmış müminin hal ve durumu ki, onun yaptığı her şey hayırdır, kendi iyiliğinedir. Bu hal ve durum mü'min kişiden başka hiç kimsede bulunmaz. İman sahibi mü'min kişiye bir bolluk, bir ferahlık, genişlik erişince şükreder. Bu onun için bir hayırdır, bir iyiliktir. Sıkıntıya, bir darlığa düşünce sabreder. Bu sabrının karşılığı da yine kendisi için bir hayır, bir iyiliktir."*

***Evet ey dost!*** Ne yazık ki, böyle olan uyanık (şuurlu) kişiler çok az hem de çok azdır. Bolluk ve sağlıklı durumda (hayır içinde bulunma hallerinde) uyanık ve şuurlu olmak çok daha önemlidir. Ama çok zor bir durumdur. İnsan bu halde gevşer, gaflete düşer ve şükrü unutur ve dolayısıyla da imtihanı kaybeder. Bu durumlarda uyanık olup hep Allah'a sığınmalı ve O'ndan yardım istemelidir.

*"Ve ileynâ turceûn* = ***Ey insan! Ve sonra siz yine ancak bize döndürüleceksiniz*** *(başka yere yol yok bizim huzurumuza geleceksiniz ve dünyada yaptıklarınızın hesabını soracağız. Siz de bize bir bir yaptıklarınızı anlatacaksınız)."* Âyetin son cümlesi böyle tamamlanıyor. Bu âyetin son cümlesinde insanoğluna büyük bir tehdit vardır. Ama iyi insanlara müjde de vardır.

İnsan bu dünyada keyfince yaşar. İyi insan olarak da yaşar, kötü insan olarak da yaşar. Fakat bu yaptıkları yanına kâr kalacak değildir. Evet iyiler iyilik bulacak ama kötüler de cezasını eksiksiz olarak bulacaktır. Her insan ölecek ve ölüyor, yeniden dirilecek ve yaptıklarının karşılığını görecektir.

Bazı yolunu sapıtanlar inanmasalar da bu gerçek olacak ve olması da lâzımdır. Yoksa bunca varlığın bir anlamı kalmaz. Haşa Allah Teâlâ abes (boş) yere bunca varlığı yaratmış değildir. İki kere ikinin dört ettiği gibi, ölüm var, âhiret de vardır. Âhiret var, hesap vermek, sorgu sual de vardır. Bu gerçek böyle biline.

## ÖLÜMÜ DE HAYATI DA YARATAN ÖLDÜREN DE YAŞATAN DA ALLAH TEÂLÂ'DIR

**İKİNCİ ÂYET:** Konumuzla ilgili bu âyet-i kerime, ölüm ve hayatın niçin yaratılmış olduğunu açıklıyor. Bu fani (geçici) dünyada insana verilen hayat (yaşam) bir imtihan (tecrübe) süresidir. Ölüm de bu sürenin (fırsatın) sona ermesidir. Yüce Yaratıcı (Allah Teâlâ)'nın bu fırsatı (süreyi) insanoğluna vermesinin sebebi de onun (insanın) iyilerden mi, kötülerden mi olduğunu tesbit edip belgelemek için olduğunu dile getiriyor. Kur'ân-ı Kerim'in Mülk Sûresi, 1. ve 2. âyetlerinde Cenâb-ı Allah, bu gerçeği şöyle bildirmektedir.

بِسْمِ اللّٰهِ الرَّحْمٰنِ الرَّحِيمِ

تَبَارَكَ الَّذِى بِيَدِهِ الْمُلْكُ وَهُوَ عَلَى كُلِّ شَىْءٍ قَدِيرٌ ۝١

اَلَّذِى خَلَقَ الْمَوْتَ وَالْحَيوةَ لِيَبْلُوَكُمْ اَيُّكُمْ اَحْسَنُ

عَمَلاً ط وَهُوَ الْعَزِيزُ الْغَفُورُ .

***"Kainâtın mülkü ve tasarrufu** (idâresi) **kudret elinde bulunan Allah, yüceler yücesidir. Ve O'nun her şeye gücü yeter"*** *(1)*

***"O** (yüce Allah) **ki, hanginizin daha iyi ve güzel amelde** (iş ve davranışta) **bulunacağını deneyip ortaya çıkarmak için ölümü ve hayatı yarattı. O Aziz - mutlak gâlip, Gafûr - Çok bağışlayan, affedendir."*** *(2)*

Allah Teâlâ, ölüm ve hayatın yaratılışının hikmet ve amacını açıklamadan önce, konuya kendi yüce zatını övgüyle başlamıştır.

تَبَارَكَ الَّذِى بِيَدِهِ الْمُلْكُ – *Tebârekellezî biyedihil'mülk*

***"En yüce ve Mübarek, Ezeli ve Ebedi, Azamet sahibi ve yegâne kudret sahibi, O yüce Allah'tır. Her şeyin mülkü O'nun elindedir."*** Yarattıklarına her türlü iyilikten bol bol verendir. Göklerin ve yerin mülkiyeti O'nun kudret elindedir. Göklerde ve yerde nasıl isterse öyle tasarruf eder. O'nun dediği olur. Bu evrende mutlak güç sahibi O'dur. Dilediğini aziz, dilediğini zelil eder. Yaşatır ve öldürür. Zengin eder, fakir eder, verir, vermez. Nimet verip vermemesi hepsi O'nun kudret elindedir.

وَهُوَ عَلَى كُلِّ شَىْءٍ قَدِيرٌ = *Ve hüve alâ külli şey'in kadir*

***"Ve O'nun herşeye gücü yeter."*** O tam anlamıyla kudret sahibidir. Emreden, mani olan (yasaklayan), veren engel olan, yaşatan, öldüren, yücelten, alçaltan (hor, hakir eden), fakirleştiren, zenginleştiren, hasta eden, şifa veren ve daha nice nice işleri yapan O yüce Allah, zatında, sıfatında ve fiillerinde çok yüce ve kutsaldır. Güç ve kuvvet hep O'nundur.

İşte kendi yüce zatını böyle övgülerle dile getirdikten sonra ölümü ve hayatı yaratmasındaki yüce hikmetini bildirmek üzere şöyle buyurmuştur:

"اَلَّذِى خَلَقَ الْمَوْتَ وَالْحَيٰوةَ لِيَبْلُوَكُمْ اَيُّكُمْ اَحْسَنُ عَمَلاً - O (yüce Allah) **ki,** (ey insanlar!) ***hanginiz daha iyi ve güzel amelde*** (iş ve davranışlarda) ***bulunacağını deneyip ortaya çıkarmak için ölümü ve hayatı yaratmıştır."***

Dünyada ölümü ve hayatı ortaya koyan Allah Teâlâ'dır. O, dilediğini yaşatır, dilediğini öldürür. O, bir tektir, ortağı, yardımcısı yoktur, O'nun gücüne karşı koyan ve koyabilecek de yoktur. O, bu şaşmaz kuralı koymuştur ve bundan kurtulan, kurtulabilecek de yoktur. Çünkü mutlak güç ve kudret O'nun elindedir, O'nun dediği oluyor ve sonsuza kadar da O'nun dediği olacaktır.

## Ölüm Ve Hayatın Birlikte Yaratılmasının Sebeb-i Hikmeti:

Yüce Rabbimiz, ölüm ve hayatın birlikte yaratılmasının nedenini, yani hem hayatın, hem de ölümün var edilişinin sebeb-i hikmetini ve gayesini, amacını bildirmek üzere şöyle buyuruyor:

***"Ey insanlar! O yüce Allah ki,*** "خَلَقَ الْمَوْتَ وَالْحَيٰوةَ - ***Ölümü ve hayatı yarattı."*** *Niçin yarattı? Şunun için:* "لِيَبْلُوَكُمْ - ***Sizi imtihan etsin için, sizi sınava tâbi tutup denesin için"*** *yarattı.*

اَلَّذٖى خَلَقَ الْمَوْتَ وَالْحَيٰوةَ لِيَبْلُوَكُمْ *"O yüce Allah, sizi imtihan edip denemek için ölümü ve hayatı yarattı."* Peki neyin imtihanı için? Şunun imtihanı için ki, اَيُّكُمْ اَحْسَنُ عَمَلاً *"Sizin hanginiz daha iyi ve daha güzel amelde, iş ve davranışlarda bulunacaksınız?"* İşte hayat ve ölümün varoluşunun sebebi bu gerçeğe dayanıyor. Allah Teâlâ, iyilerle kötüleri ayırmak için ölüm ve hayatı yaratmıştır. Çünkü ölüm yok oluş değil, yeni bir hayata başlangıçtır. Hem de ölümle başlanılan bu yeni hayat, dünya hayatı gibi, fani ve geçici bir hayat olmayıp sürekli yaşanacak bir hayattır.

İşte bu gerçek ve sürekli hayatın önemli bir hayat olduğundan dolayıdır ki, insan, bu geçici dünya hayatında denenecek, tecrübe edilecek, sınanacak ve imtihan edilecek ki, o önemli âhiret hayatında iyilerle, kötüler ayrılıp iyiler cennete, kötüler de cehenneme yerleştirilecektir.

Allahü Teâlâ'nın bu âyetleri, kullarını (yani insanları) uyarı mesajlarıdır. Kullarının sorumlu tutulacaklarını bildirmesidir. İnsanlar bu dünya hayatında yaptıkları her bir işinden ve fiilinden sorguya çekileceklerdir. Ölüm ve hayatın yaratılmış olması, insanların yapmış olduğu iyiliklerini ve kötülüklerini kendilerine göstermek içindir. Hâşâ Allahü Teâlâ'nın bilmesi için değildir. Çünkü Allahü Teâlâ, kullarının hal ve hareketlerini, yaptığı ve yapacağı iş ve hareketlerini, eylemlerini ezelden beri ilm-i ezelîsiyle biliyor ve bilmektedir. Onları (yani kullarını, insanları) imtihana, tecrübe ve deneyime tâbi tutmaya (hâşâ) hiç mi hiç ihtiyacı da yoktur.

Çünkü O (Celle Celâlüh) arzettiğim gibi, kullarının bütün işlerini, yapmış oldukları bütün amellerini, eylemlerini ezeli ilmiyle biliyor ve bilmektedir. Ancak bu imtihandaki hikmet ve incelik ise şudur: İnsanların bütün hal ve durumlarını kendilerine (insanlara) göstermek ve ilahi adaletin tecelli etmesi (ortaya konması) içindir. Kullardan (insanlardan) hiçbir kimsenin bir mazeret öne sürememesi içindir. Suçluların, kötü amelli kimselerin suçlarını, günahlarını kendi ağızlarıyla itiraf etmeleri içindir.

Ve sonuçta hesabın kitabın, sorgu ve sualin neticesinde kimlerin güzel işler, iyi ameller yaptığını ödül ve mükafatlar almayı hak etmiş olduğunu ve kimlerin kötü işler ve fena ameller işleyerek mücâzâta (cezalanmaya) hak etmiş olduğunu meydana (açığa) çıkarmak içindir. Bütün bu işlemler mülkün tek sahibi olan Allah Teâlâ'nın huzurunda olacaktır.

## Bu Âyet-i Kerimede Geçen Bir İki İnceliğe Daha İşaret Edelim.

Âyette geçen ölüm anlamına gelen **"mevt"** kelimesi, dirilik ve yaşam anlamına gelen "hayat" kelimesinden önce gelmiştir. Bununda Kur'ân dilinde önemli bir manaya işareti vardır. **Birincisi** ölümün önemini insanların nazar-ı dikkatine vermek ve insanların ölüm gerçeğinden layık olduğu bir şekilde istifade edip yararlansınlar. Çünkü ölüm, muazzam bir olaydır. Ölüm korkusu, kalblere dehşet ve ürperti verir, gönüllerde onulmaz yaralar açar. Yüce Peygamberimizin (s.a.v.) peygamberî ifadesiyle:

*"Ölüm, dünya lezzetlerini sür'atle bıçak gibi kesip atar (yok eder)."* Ağızların tadını bozar, ağzın tadını yok eder.

İşte bu inceliktir ki, Yüce Allah, kelâmında ölümü, hayattan önce zikretmiş (anmış)tır. **İkincisi:** Ölüm, dünya hayatından önceki dönemi de içine almasının işaretidir. Bakara Sûresinin 28. âyetinde: ***"Siz ölüler idiniz, O sizi diriltti. Yine öldürecek, sonra yine diriltecek..."*** emriyle işaret edilen merhalelerdir.

Burada yok olan bir hayat nimetine şükür edilmesi ve bu hayatı zorla alacak olan ölümü unutmayarak, yeni kavuşulacak âhiret hayatına zarar verecek kötülüklerden sakınıp korunma uyarısıdır. Çünkü insan için hayat, sadece bu dünya hayatı değildir. Onun için bir de ölümden sonra başlayacak âhiret hayatı söz konusudur. Bu her iki hayat da insanı ilgilendirmektedir. Ölüm gerçeğiyle bu geçici dünya hayatında ölümden sonra başlayacak ebedi (sürekli) âhiret hayatı için hazırlanmak ve iyi işler, hayırlı ameller yapıp iyi bir kul, iyi bir insan olmak önemli bir konu olarak insanın karşısına çıkmaktadır. İnsanın imtihana tâbi tutulması da bu gerçeğe dayanmaktadır. Buradaki asıl olan konu, ölümü düşünmek değil. Ölümden sonraki hayat için hazırlanmak, inancını kuvvetlendirip hayırlı işler yapmak ve Allah'ın emirlerini eksiksiz yerine getirip âhiret hayatı için azık biriktirmektir. Bu da ibadetlerini eksiksiz olarak yapmak, yapamadıklarını hatırlayıp tevbe ederek Allah'tan af dileyerek bağışlamasını talep etmek ve Allah'a dönüş yapmaktır.

Öyle bazı inancı zayıf kimselerin yaptığı gibi ki; hayırlı amelleri eksik, gaflet içinde olan, ölümün korkunçluğunu düşünüp de ölümden ötesini düşünmeyen kimselerin ümitsizliğe düşürek benim günahım çok Allah beni affetmez dememelidir. Ölümün dehşetini düşünmek bu demek değildir. Ölümü düşünmek günahlardan vazgeçip Allah'a sığınma yollarını araştırıp O'na sığınıp güvenmek demektir. Ölümü düşünmek bu anlamda faydalıdır.

Yüce Allah'ın kullarından istediği de budur. Şöyle diyen inançtan mahrum (imansız) kişiler de az değildir. Adam sen de şu geçici dünyaya bir daha gelecek değilim ya. Şu ölümlü dünyada yiyip içip yaşamaya bak, şu gençlik elden gitmeden eğlenip keyif sürmeye bakalım. Hayat dediğin şu üç günlük ömür değil mi diyerek kendisini her türlü fenalığın kucağına atan, her türlü kötülüğü yapmayı gözüne kestirenlerin ölümü düşünmeleri, onlar için iyi bir sonuç getirmez. Getirse getirse, elim bir azap getirecektir. Ölümden fayda sağlamak bu demek değildir. Bu düşünceler akıllı insanların düşüncesi değildir. Akıllı insanlar, ölüm sonrası hayatı düşünüp kendisini ona göre hazırlayan insanlardır. Ölümü insanların nazarına veren Cenâb-ı Allah'ın muradı ve isteği de budur.

**Şu gerçeği hiç aklımızdan çıkarmamak gerekir:** Allah Teâlâ, hiçbir şeyi boşuna yaratmamıştır. Bu nedenle hayat, manasız ve anlamsız bir varoluş olmadığı gibi, ölüm de sonu yokluk (hiçlik) olan bir yok oluş değildir. Tam tersine hayat, bir hayırlı faaliyetler alanı, ölüm de bu faaliyetlerin karşılığını bulacağımız ebedi ve kalıcı varlık sahasına geçişimizi sağlayan bir dönüm noktasıdır.

İnsan ömründe dünya hayatı, âhiret hayatına geçiş sağlaması yönünden çok büyük bir önem taşımaktadır. Âhiret hayatı düşüncesinden uzak, dünya hayatı bir anlam taşımaz. İncelik bu noktadadır.

**Âyet-i kerimede geçen bir incelik de şudur:** Allah Teâlâ'nın ***"Aziz ve Gafûr"*** isimlerinin ve sıfatlarının âyetin sonunda yer aldığıdır. Tefsir alimleri (bilginleri) buna da yorum getirmişlerdir. Bunlardan **birincisi: *"O Aziz - Mutlak galibdir."*** Dediğini yapan, emir ve hükmünü geçirendir. O'nun karşısında durabilen hiçbir güç yoktur. O, kötüleri, kötü davranış içinde bulunanları cezalandırır ve cezalandırmaya gücü yeten muktedirdir ve O'nun cezasından hiç kimse, hiçbir âsi, hiçbir günahkâr kaçıp kurtulamaz. **İkincisi: *"O Gafûr - Çok bağışlayıcı, affedicidir."*** Tevbe eden, Allah'a dönüş yapan günahkâr kullarını affetmeyi onların hata ve kusurlarını (günahlarını) bağışlamayı sever. Tevbekâr olan kullarını affedip bağışlar. Üstün gücüyle günahkâr kullarını cezalandırmaya kudreti yettiği halde onları cezalandırmayıp tevbeleri sebebiyle onların günahlarını bağışlamayı sever ve affeder demektir.

**Bir incelik de şudur:** Allahü Teâlâ ilahi kelamında: ***"Hanginizin daha iyi ve güzel amelde*** *(iş ve davranışta)* ***bulunacağını..."*** *"ahsenü -* ***daha iyi ve da-***

*ha güzel"* demiştir. *"ekseru - daha çok"* dememiştir. Tefsir bilginleri bu ifadeye de yorum getirmişlerdir. Allahü Teâlâ, ancak iyi ve güzel olanı kabul eder. Kullarının iyi ve güzel amel ve işlerde bulunmasını sever ve onlardan razı olur. Allah'ın istediği iyilik ve güzelliktir. Allah, kullarının kötü işlerini istemez ve kabul etmez. Bir kulun yaptığı iş çok olabilir, fakat o iş, Allah'ın istediği ve beğendiği bir şekilde yapılmamışsa o işin hiçbir kıymet ve değeri yoktur. Allah o işi kabul etmez, o işi de, o kulu da sevmez. İşte bu incelikten dolayıdır ki, âyette: ***"Hanginizin daha çok amel işleyeceği"*** denmedi de, ***"Hanginizin daha iyi ve daha güzel amel işleyeceği"*** denilmiştir. Çünkü birşey iyi ve güzel olmazsa ne kadar çok olursa olsun hiçbir önemi yoktur. Bir şeyin iyi olduğu yani Allah katında iyiliğini ancak din sayesinde bilinir. Kur'ân ölçüsüne vurularak bilinir. İslâmın (Kur'ân-ın) iyi dediği iyi, kötü dediği de kötüdür. İslâm alimlerinin görüşü budur. İyi olanı, doğru olanı din belirler. Dinin doğru bulmadığı ve yanlış bulduğu şey Allah katında kabul görmez. Bir amel (iş) Allah için yapılsa ama iyi ve doğru yapılmasa kabul değildir. Hz. Peygamber (s.a.v.) namazı yanlış kılan bir adama:

*"Kalk ve namaz kıl. Çünkü sen, namaz kılmadın"* buyurmuştur. Bu adam namaz kıldı (bir amel yaptı) ama doğru kılmadı, namaz işini (amelini) iyi yapmadı. Bunun için de yaptığı işin hiçbir değeri olmadığını bilen Allah'ın peygamberi (a.s.) adamı uyardı ve ***"Kalk, namazını (yeniden) kıl"*** buyurarak adamı uyardı. Bir amel Allah için, Allah rızası için

iyi ve doğru yapılırsa Allah katında kabul görür. İşin içine riyakârlık, desinler gibi, Allah'ın istemediği bir hal girerse, o iş de Allah rızası için olmaktan çıkar ve Allah o işi kabul etmez. Bu gerçek de böyle biline vesselâm!...

## ÖLÜMDEN KURTULUŞ YOKTUR

## HER NEREDE OLURSANIZ OLUN ÖLÜM, SİZİ BULUR NEREDE BULUNURSANIZ BULUNUN ÖLÜM SİZE YETİŞİR

**ÜÇÜNCÜ ÂYET:** Konumuzla ilgili bu âyet-i kerime, hiçbir canlının ölümden kurtuluşu olmadığını bildiriyor. Hiçbir insan ölümden kurtulamaz. Hatta en sağlam kalelerde, hisarlarda bile olsa ölüm denen devletliden kurtulamaz. Yani insanoğlu için ölümden kurtuluş yoktur. O nerede olursa olsun ölüm onu bulur ve bulacaktır. İşte bu gerçeği dile getiren Nisâ Sûresinin 78. Âyet-i kerimesinde Cenâb-ı Allah şöyle buyurmuştur:

بِسْمِ اللّٰهِ الرَّحْمٰنِ الرَّحِيمِ

اَيْنَمَا تَكُونُوا يُدْرِكْكُمُ الْمَوْتُ وَلَوْ كُنْتُمْ فِى بُرُوجٍ مُشَيَّدَةٍ

*"Ey insanlar! Her nerede olursanız olun ölüm size ulaşır. Nerede bulunursanız bulunun ölüm sizi bulur ve bulacaktır. Velev ki, en sağlam kalelerde - o kalelerin burçlarında olsanız bile ölüm size erişir."* Âyetin bu birinci bölümünde, ölümden kurtuluş olmadığı dile getirilmektedir.

*Evet ey dost!* Bir insan için ölümden kurtuluş yoktur. Onun vakti saati geldiğinde kişi nerede bulunursa bulunsun o, hükmünü icra eder. Ölüm denen devletliden kaçılamaz. O aradığı insanı bulur ve bulacaktır. Ve kendisinden kaçan o kişiyi cansız yere vuracaktır. Hatta o ölüm kaçkını kişi, en sağlam duvarlarla örülmüş bir kalenin en yüksek burcunda, şatolarda ve gökdelenlerin en tepesinde bulunsa bile, ölüm denen devletli ona orada ulaşacak yakalayıp canını alarak cansız olarak yere vuracaktır. Yeter ki onun için, ölüm fermanının izni çıkmış, ölüm evrakı imzalanıp Hazret-i Azrâil'in eline teslim edilmiş olsun. Kesinlikle ölümle görevli meleğin (Azrâil'in) elinden kurtuluş yoktur. O aldığı görevi harfi harfine, saniye saniyesine uygulayıp yerine getirir.

Bunun ihtiyar anası varmış, babası varmış, beşikte bebesi varmış, okula giden çocukları varmış, işi gücü varmış, alacakları varmış, ödenecek borçları varmış ve daha neler neler, ne plân ve projeleri, hayalleri varmış... ölüm ve ölüm meleği (Azrâil) bunları hiç hesaba katmaz. Onun tek görevi aldığı emri yerine getirmektir ve getirir.

*Ey dost!* Ölüm işte böyle bir devletlidir. Canına kastettiği kimsenin tek kelime konuşmasına bile izin vermez. Ölüm sözcüğü telaffuz edilip (söylenip) de öyle kulak ardı edilecek bir olay değildir. Allah'ın Resulü, Hz. Peygamber (a.s.) onu yani ölümü; ağızların tadını en keskin bıçaktan daha hızlı bir şekilde kesen anlamına gelen **"Hâzimül lezzât"** diye isimlendirmiştir. Aklı başında olan, hayrı ile şerrini ayırt edebilen, akl-ı selim sahibi insanlar ölüm sözcüğünü duydukları zaman, sıcak gözyaşlarının akmasına engel olamazlarmış. Bu akıllı kimseler, elbetteki, bunu bir anlam için yapıyorlardı. Bu işin önemini idrak ediyorlardı. Allah'ın Resulü, Sevgili Peygamberimize (a.s.) arkadaşları (Ashâb-ı Kiram): ***"Ey Allah'ın Resulü! Müminlerin (iman sahibi kimselerin) en akıllısı kimdir?"*** diye sordular. Allah Resulü: ***"Ölümü en çok hatırlayan ve ona en iyi bir şekilde hazırlıklı bulunan kimsedir."*** buyurdular.

Sevgili Peygamberimiz (a.s.), en çok sevdiği kimselerden olan ve kayın biraderi Hz. Ömer'in oğlu Abdullah'ın omuzundan tutup: ***"Ey Abdullah! Hastalanmadan önce sağlığının, ihtiyarlamadan önce gençliğinin, meşguliyetten önce boş vaktinin, ölüm gelmeden önce hayatının kıymetini bil"*** buyurarak nasihat etmiştir.

Bunlar önemli öğütlerdir. Ölümden sonraki hayata, âhiret hayatına hazırlanmak anlamınadır. Çünkü ölümle âhiret hayatına hazırlanma ve âhiret hayatı için azık edinme fırsatı elden kaçmış demektir. Ölümden söz etmek, ölümü düşünmek, insanları korkutmak demek değildir. Tam tersine insanları kendine getirmek, hayatlarını çeki düzen vererek ölümle başlayacak olan âhiret hayatlarına hayat katmak anlamınadır. Çünkü ölümden kurtuluş yok kaçış yolu da yok olduğuna göre, en akıllıca iş onun için, ölüm için hazırlıklı olmak, ölüm sonrası hayat için azık biriktirerek o yolculukta eliboş kalmamak demek olur.

## Küçük Bir Menkıbe:

### ÖLÜMÜN İNSANI BULMASI

Hz. Süleyman Aleyhisselâm'ın bulunduğu bir meclisde ölüm ile ilgili sohbet ediliyordu. Bu meclisde ölümden fazlasıyla korkan, sohbet esnasında çok tedirgin olan bir adamcağız da bulunmaktaymış. Adamcağızın korkusu ve tedirginliği yüzünden okunuyormuş. Tam o sırada meclise (toplantıya) yabancı bir adam gelip oturmuş.

Bu gelen yabancı ölüm meleği, insanların canını almakla görevli Azrâil Aleyisselâm imiş. Hz. Süleyman Peygamber O'nu (Azrâili) tanıyormuş. Fakat Azrâil (a.s.) meclise insan sûretinde (bir adam şeklinde) gelmişti. Bu gelen yabancı adam, ölümden korkan kişinin nazar-ı dikkatini çekmiş olup ölüm tedirginliği taşıyan kişi, bütün dikkatini ve bakışlarını (gözünü) Azrâil'in üzerine yoğunlaştırmıştı. Bu tedirgin adam bir ara fırsatını bulup Hz. Süleyman Aleyhisselâm'a sokulup kulağına:

*"— Ey Allah'ın peygamberi! Bu gelen yabancı kimdir?"* diye sordu. Hz. Süleyman (a.s.) da:

*"— O yabancı ölüm meleği Azrâil (Aleyhisselâm)dır."* diye cevap verir.

Adamcağızın korkusu ve tedirginliği hepten artar. Durduğu yerde titremeye başlar ve korkudan rengi sararır. Ve Hz. Süleyman Aleyhisselâm'a ricada bulunur:

*"— Ey Allah'ın peygamberi! Ne olur, beni buradan çabuk uzaklaştır, beni Hind toprağına,* (Hindistan ülkesine) *rüzgara emir verip gönder"* diye yalvarır.

Hz. Süleyman peygamber, adamın ricasını kabul eder, onu Hind toprağına (Hindistan'a) götürmesi için rüzgara emir verir. Rüzgar alıp adamı saniyede Hindistan'a indirir. Adamcağız daha toprağa ayak basar basmaz ölüm meleği Azrâil Aleyhisselâm'ı karşısında bulur. Adamcağızın korkudan dili tutulur ve rengi sararıp toprak kesliverir. Hazret-i Azrâil Aleyhisselâm:

*"— Ey falan oğlu felan! Ben senin buraya gelmeni bekliyordum. Çünkü ben, senin canını burada* (Hind toprağında) *almam için görevlendirildim"* dedi. Adamcağız, aman dediyse de artık faydası yoktu. Çünkü Azrâil'in kimseye mühlet vermesi olmaz ve olamazdı. Çünkü O da bir emir kuluydu, aldığı emri yerine getiriyordu. Emri büyük yerden, Yüce Allah'tan almıştı. Vakit saat dolmuştu, ne bir saniye geri, ne bir saniye ileri alınırdı. O tam saniye saniyesinedir. Akıllı insan bundan ibret dersi alıp kendisini ölüme hazırlayıp kabir çukuruna eli boş girmemelidir. Âhiret yolculuğuna azıksız gitmemektir. Dinin emirleri Allah'ın emirleridir. Bunları bu dünya hayatında yerine getirmelidir. Nefsine ve şeytana uyup da Allah'ın emirlerini kulak ardı etmemelidir. Çünkü ölüm vardır, ölümün vakti saati yoktur. Gelirken kişiye haber vermez ve verilmez. Uyanık olmak gerekir vesselâm!...

## HER CANLI ECELİYLE ÖLÜR ALLAH'IN İZNİ OLMADAN KİMSE ÖLMEZ ÖLEMEZ

**DÖRDÜNCÜ ÂYET:** Konumuzla ilgili bu âyet-i Ķerime, Allah'ın izni ve müsaadesi olmadan hiçbir canlının ölmeyeceğini ve Allah Teâlâ istemedikçe hiçbir insanın ölemeyeceğini ve ölümün belli bir süresi yazılmış bir zamanı olduğunu bildirmektedir.

Kur'ân-ı Kerim'in Âl-i İmrân Sûresi, 145. âyetinde Cenâb-ı Hak tarafından şöyle buyrulmaktadır:

بِسْمِ اللّٰهِ الرَّحْمٰنِ الرَّحِيمِ

وَمَا كَانَ لِنَفْسٍ اَنْ تَمُوتَ اِلَّا بِاِذْنِ اللّٰهِ كِتَابًا مُؤَجَّلًاۜ ..

***"Allah'ın izni** (müsadesi) **olmadan hiçbir kişi ölmez** (ölemez) (ölümün) **yazılmış belirli bir süresi, bir zamanı vardır.** (O süre) **gelmeden hiçbir kimse ölmez** (ölemez) **ve hiçbir canlı için ölüm yoktur."*** Âl-i İmrân Sûresi, âyet 145

**Diriltmek ve öldürmek Allah'ın işidir.** Can vermek, can almak Allah'ın elindedir. Cenâb-ı Allah istemezse, hiçbir kimse, ne kendi canını alabilir, ne de başka bir kişinin canını alabilir. Allah'ın iradesi, istek ve dileği çerçevesinde ancak bu işler olur ve olabiliyor demektir.

**Açıklama:** وَمَا كَانَ لِنَفْسٍ اَنْ تَمُوتَ اِلَّا بِاِذْنِ اللّٰهِ - ***Allah Teâlâ'nın izni ve iradesi olmadan hiçbir kimseye ölüm***

***ve ölmek yoktur.*** Can taşıyan herşeyin yaşamı da ölümü de Allah'ın elindedir. Allah Teâlâ, istemedikçe bir canlıyı öldürmek veya yaşatmak hiçbir insanın yapabileceği bir iş değildir. İnsanoğluna henüz böyle bir güç verilmemiştir (verilecekte değildir). Âyet-i kerimede çok açık ve net olarak bildiriliyor ki: ***"Allah'ın izni ve müsadesi olmadan hiç kimseye ölüm gelmez ve hiç kimsenin ölmesi diye bir ölüm olayı yoktur, olmaz ve olamaz."***

Çünkü ölümün sahibi Allah'tır, her canlının ölümü ve ölmeside Allah'ın iznine ve dilemesine bağlıdır. Allah Teâlâ, dilemedikçe O'nun iradesi (dilek ve muradı) olmadıkça hiçbir canlı ölmez, (ölmek istese bile ölemez). Cenâb-ı Allah isteyip dilemedikçe hiçbir kimse, ne kendisini öldürebilir, ne de bir başkasını öldürebilir. İnsana ve hiçbir canlıya böyle bir güç verilmemiştir. Her canlıya canı veren Allah'tır, bu varlıklara vermiş olduğu canı da tekrar geri alacak olan yine O yüce Allah'tır. Kullarına canı Allah vermiştir. Yine o vermiş olduğu canı ancak Allah alır. Allah'tan başka hiçbir kuvvet, birinin canını alma gücüne ve kudretine sahip değildir. "وَاللّٰهُ يُحْيِى وَ يُمِيتُ - *Vallâhü yuhyî ve yumîtü* - ***Canı veren de alan da Allah'tır."*** Âl-i İmrân Sûresi, âyet 156

***Ey Âhiret yolcusu arkadaş!*** Gerçek şu ki: Her canlının ölümü, Allah'ın istemesi (irade) ve dilesiyle olmaktadır. O'nun irade ve dilemesi olmadan hiç kimsenin ölmesi ve öleceği düşünülemez. Bu ölüm, ister kişinin kendi yatağında olsun, isterse birileri tarafından öldürülmekle olsun. Bu, şu anlama gelir ki, Allah'ın muradı (istemesi) olmadan ne düşman saldırısıyla, ne de kendi istek ve arzusuyla hiçbir kimse ölmez ve ölemez. Şu halde herhangi bir kişi, ölecek veya öldürülecek olursa ya da ölmüş veya öldürülmüş ise, o düşmanın saldırmasıyla değil, onun ölüm zamanı (eceli) gelmiş olduğundan dolayı, Allah onun ölmesini dilemiş (irade etmiş), o kişi de ölmüştür. Çünkü ölüm, "كِتَابًا مُؤَجَّلًا *Kitaben müeccelen* - ***Yazılmış bir ecel (belirlenmiş bir süre)dir.***" Yani ölüm, Allah katında yazılmış, takdir edilmiş ve Allah'ın ezeli ilminde vakti saati belirlenmiştir. Bu gerçek, ne bir saniye ileri gider, ne bir saniye geri kalır. Bir kişi, ana kitabda (Levh-i mahfuz) yazısında nasıl bir şekilde öleceği yazılmışsa öyle ölür. Ve onun dünyada iki ömrü yoktur, iki eceli de yoktur. Ecel geldiğinde ne bir an evvel, ne de bir an sonra gelir. O tam saniye saniyesine gelir.

## Ecel Nedir?

Ecel kelimesi Türkçemizde de kullandığımız bir sözcüktür: ***"Ölen bir insan için, eceli gelmiş, eceli geldi öldü elden ne gelir?"*** diyerek teselli buluruz. **"Ecel gelmek"** deyimini, hep ölüm vakti gelmiş anlamında kullanırız. **Ecel:** İnsan ömrünün sonu, insana verilen ömür sermayesinin bitmesi, ölüm vaktinin gelmesi ile insan hayatının son bulmasına ecel deniyor.

**Ecel,** insan ömrünün (insan hayatının) sonu, kişinin ölümü için tayin ve takdir edilmiş, belirlenmiş vakit, yani ölüm vakti demektir. Bir canlıya, bir insana eceli gelince ölümü de gelir. Can vermek, can almak, öldürmek, diriltmek Allah'ın fiili (işi)dir. O'nun takdiri (yazgısı) ve O'nun yaratmasıyla olur. Bütün ömürler, yaşamlar için takdir edilmiş, yazılmış bir ecel (bir son) vardır. Bu gerçek, Allah katında, Allah'ın ezeli ilmiyle belirlenmiş, programlanmış takdir edilip tesbit edilmiştir.

**Ehl-i Sünnet inancımıza göre ecel:** Allah tarafından ezelde tesbit edilmiş olup, o ne daha önce (erken) gelir, ne de gecikir. O hep zamanında, saniye saniyesinde gelen bir gerçek (hakikat)tir. Bu konuda Cenâb-ı Allah, Münâfikûn Sûresi, 11. âyetinde şöyle buyurmaktadır:

وَلَنْ يُؤَخِّرَ اللّٰهُ نَفْسًا اِذَا جَاءَ اَجَلُهَا وَاللّٰهُ خَبِيرٌ بِمَا تَعْمَلُونَ

*"Allahü Teâlâ, eceli geldiğinde hiç kimsenin ölümünü ertelemez (geciktirmez). Allah Teâlâ, bütün yaptıklarınızdan haberdardır. Allah Teâlâ, ilmi ezelisiyle kullarının bütün yaptıklarını hakkıyla bilmekte, onları en ince noktasına kadar herşeyi kuşatan ezeli ilmiyle bilip görmektedir."* Münâfikûn Sûresi âyet 11

Ecelden maksat, ömrün başından sonuna kadar uzanan zaman birimidir denilmiştir. Eceli gelince demek, ömür sermayesinin bittiği nokta demek oluyor. Yani; Allah Teâlâ, canlılardan eceli gelen kimsenin ölümünü geciktirmede ve ertelemede bulunmaz. Ölüm vakti gelen kişinin ömrünü uzatmaz. Ölümü (eceli) gelenin ömrünü hemen oracıkta kesiverir.

Allah Teâlâ, kullarının amellerinden, her türlü işlerinden haberlidir. O'nun ilm-i ezelisi herşeyi kuşatmıştır. Hiçbir şey O'na gizli kalamaz. Çünkü O kullarının amellerinin karşılığını eksiksiz olarak verecektir. İyi yolda amel edenlere sevablar, kötü yolda amel edenlere cezalar verecektir. Çünkü ceza gününün tek hakimi, mutlak hükümdarı O'dur. Söz O'nun, hüküm, karar O'nundur.

Ölüm zamanı geldiğinde bir saniye bile geciktirilmeyeceğine dair Nuh Sûresi'nin 4. âyetinde de şöyle buyurulmuştur:

إِنَّ أَجَلَ اللّٰهِ إِذَا جَاءَ لَا يُؤَخَّرُ لَوْ كُنْتُمْ تَعْلَمُونَ

***"Şüphesiz bilinmeli ki, Allah'ın eceli*** *(ölüm emri, belirlediği süre)* ***geldiği zaman, o kesinlikle ertelenip geciktirilmez. Keşke bilmiş olsaydınız."*** Nuh Sûresi âyet 4

***Evet, ey Âhiret yolcusu!*** Cenâb-ı Allah'ın bu uyarılarına kulak veren akıllı kimseler, bu geçici dünyada nefeslerin sayılı olduğunu bilenler, kendilerini âhiret hayatı için hazırlarlar. Ecellerini, ölümlerinin hemen gelip onları hazırlıksız yakalayıvereceğini, unutanlar, bu gerçeğe kulak vermeyenler de ah vah edip dövünecek olanlardır. Fakat sonradan pişmanlık fayda vermeyecektir. Âyette bu gibi ömrünün sonunu düşünmeye işaret eden bir uyarı vardır.

Rûhul'Beyan Tefsirinde şöyle küçük bir menkıbe nakledilmektedir: İmâm-ı Gazâli, Abdullah el'Müzenî'den şunu hikâye ediyor: Büyük bir servete sahip olan bir zengin, biriktirdiği mal ve servetini ölüm döşeğine düşünce çocuklarına şöyle demiş:

*"Şu biriktirdiğim mal ve zenginliklerimi karşıma getirin de son nefesimde onları şöyle bir seyredeyim."* Çocukları dört ayaklı mallardan at, deve, sığır ve diğerlerinden bir çoğunu getirip babalarının karşısına dizdiler. Adam bunları görünce, mal ve servetine olan düşkünlüğünden ağladı. O anda ölüm meleği de gelmiş bulunuyordu. Ölüm meleği adama:

*"— Seni böyle ağlatan nedir?"*

Ölüm döşeğinde yatan adam, ölüm meleğini tanıdı ve:

***"— Ne olur bana biraz zaman ver de şu mallarımı Allah yolunda, Allah rızası için fakir, fukaraya dağıtayım."*** dedi. Ölüm meleği:

***"— Geç kaldın. Sana verilen süre bitti. Ecelin gelmeden bu işleri yapacaktın. Bunları dağıtacak zaman sana verildi. Fakat sen onun farkında ve bilincinde değildin. Sana bu zenginliği, mal ve serveti veren Allah'a yemin ederim ki, senin canını almadan buradan bir saniye bile ayrılmam."*** dedi ve adamın canını aldı.

***Evet ey dost!*** Cenâb-ı Allah, kullarını uyarmak için emirlerini ve uyarılarını birçok âyet ve sûrelerinde tekrar ediyor, bir âyette veya bir sûresinde hatırlatıp bırakıvermiyor. Tekrar tekrar yeri ve zamanı geldikçe, değişik üslup ve değişik ifadelerin arasında kullarının ölümden ve ecelden kurtuluşlarının olmadığını hatırlatıyor:

*"Allah'ın ölüm emri (ecel), kulları için yazdığı belirli süre geldiği an, asla geciktirilip ertelenemez. O dakikası dakikasına uygulanır. Ne bir dakika geciktirilir, ne de bir dakika öne alınır."*

Â'râf Sûresi'nin 34. âyetinde şöyle buyruluyor:

اِذَا جَاءَ اَجَلُهُمْ لَا يَسْتَاْخِرُونَ سَاعَةً وَلَا يَسْتَقْدِمُونَ

*"**Onların ecelleri** (ölüm saatleri) **geldiği zaman, ne bir an geciktirilir, ne de bir an öne alınır** (o saniyesi saniyesine kesinleşiverir)."* Evet Allah'ın emri, böyle kesinkes hemen görevli melek tarafından yerine getiriliverir. Hiç kimseye ayrıcalıklı bir işlem yapılmaz.

Â'râf Sûresi'nin 34. âyetindeki geçen ecel, toplumların ve milletlerin de ecele tâbi tutulduğunu bildiriyor. Fertlerin, şahısların bir eceli olduğu gibi, milletlerin de bir eceli olduğunu dile getirmektedir. Bu konuda geniş bilgi isteyenler, Â'râf 34., Yunus 49. ve Hicr 5. âyetlerinin tefsirlerinde istedikleri bilgilere ulaşabilir.

***Evet, ey dost!*** İşte ömür dediğimiz, ecel dediğimiz gerçek budur. İnsan kendisini bu gerçeğe göre ayarlayıp programlamalıdır. Ecel geliyorum demez. Ecel geliyorum demediği gibi, ölüm de geliyorum demiyor. Zaten ikisi birbirinden hiç ayrılmıyorlar. Ecelin bittiği yerde ölüm başlıyor.

Ecel, hayatımızın sonu, ölümümüz için tayin edilmiş, belirlenmiş olan vakit, ölüm vakti demektir. Ecelimiz gelince, ölümümüz de gelir. Diriltmek ve öldürmek Allah'ın işidir. O yüce kudretin takdiri ve yaratmasıyla olur, Ehl-i sünnet inancı bu demektir. Ecelimiz, Allah Teâlâ tarafından ezelde tesbit edilmiş, takdir edilmiş olup, ne daha önce gelir ve ne de gecikir. Her canlının Allah katında bir eceli vardır, ölen de, kurtulan da Allah'ın takdiri ile ölür veya kurtulur. Hiç kimse ömrü uzatamaz. Tabii yolla da olsa, kaza (öldürme) yoluyla da olsa, herkes kendi eceliyle ölür. Başkası tarafından öldürülen kişi de eceliyle ölmüştür. Öldürülmeseydi yaşardı, yaşayacaktı demek, ilâhi gerçeğe aykırıdır. Kur'ân-ı Kerim'de, hatta konumuz olan Âl–i İmrân'ın 145. âyetinde ***"Allah'ın izni olmadıkça hiçbir nefsin** (canlının) **ölmeyeceği, ölümün vakti tayin edilmiş** (belirlenmiş) **bir yazıya göre gerçekleşeceği*** bildirilmiştir." Yine bu çerçevede eceli gelmeyen bir insanın, bir hastalıktan ölmesi veya herhangi bir kimse tarafından öldürülmesi mümkün değildir. Bunun hılâfına (tersine) olarak, eceli gelen bir kimsenin de ölümden kurtulup yaşamaya devam etmesi mümkün değildir.

Ehl-i Sünnet alimlerine göre insan ömrü, uzamaz ve kısalmaz. Hiçbir insan, Allah Teâlâ'nın kendisi hakkında ne takdir ettiğini (ilâhi kitapta - Levh-i mahfuzda) ne yazdığını bilemez. Bu yüzden insana düşen görev, Allah'ın emrettiği şekilde yaşamak, O'nun emirlerini yerine getirmek, yasaklarından sakınıp korunmak ve iyi bir insan olarak yaşamaya çalışmaktır.

## HİÇBİR İNSAN ÖLÜMSÜZ DEĞİLDİR

**BEŞİNCİ ÂYET:** Konumuzla ilgili bu âyet-i kerime'de Cenâb-ı Allah, her insanın ölümlü olduğunu bildirmektedir. Peygamberimiz Hz. Muhammed'e (s.a.v.) düşman olan kafirler, onun ölmesini ve öldürülmesini istiyorlardı. Bu düşman kafirler, açık açık, Hz. Peygamberin ölümünden sevinecekleri dile getiriliyordu. Cenâb-ı Allah, Resûlü Hz. Muhammed'i (a.s.) teselli etmek ve kafirlere de kınamak için bir insanın ölümüyle sevinilemeyeceğini, sonunda kendilerinin de öleceğini ilân ediyor ve şöyle buyuruyordu:

بِسْمِ اللّٰهِ الرَّحْمٰنِ الرَّحِيمِ

وَمَا جَعَلْنَا لِبَشَرٍ مِنْ قَبْلِكَ الْخُلْدَ اَفَائِنْ مِتَّ فَهُمُ الْخَالِدُونَ

***"Resûlüm, yâ Muhammed! Biz, senden önce de hiçbir beşere** (insana) **ebedilik** (ölümsüzlük) **vermedik. Şimdi sen ölürsen, sanki onlar** (o senin düşmanların) **bâki mi kalacak** (onlar ölmeyecekler mi? O senin düşmanların, o sana düşmanlık besleyenler, senin ölümünle rahata ereceklerini mi sanıyorlar)!"* Enbiyâ Sûresi âyet 34

Bu âyet-i kerimeyi birkaç cümle ile açıklamak istiyorum. Allah Teâlâ Yüce Peygamberi Hz. Muhammed Aleyhisselâtü vesselâm, teselli ve düşmanlık eden kafirleri kınamak üzere:

وَمَا جَعَلْنَا لِبَشَرٍ مِنْ قَبْلِكَ الْخُلْدَ – *"Resûlüm, yâ Muhammed! Biz, Senden önce de hiçbir beşere ebedilik, hiçbir insana bu dünyada ölümsüzlük vermedik."* Ölümsüzlük vermeye de gücümüz yeter ama böyle yapmadık, hiçbir insana sonsuzluk, ebedilik vermedik, tam tersi her insanı ölümlü yaptık. Benim ilâhi kanunumun gereği ve hikmeti budur. Bütün herşey ölümlü ve sonludur. Ölüm yolunun yolcusudurlar, hiçbir insan ölümsüz değildir.

Ey Resûlüm, Habibim! Senden önce gönderdiğim bunca peygamberler bunca dostlarım, bunca evliya, bunca enbiya, tüm peygamberlerim hepsi ebedi aleme, âhirete göçtüler, asıl hayat âhiret hayatıdır. Bu dünya hayatı geçici, fani bir hayattır.

Burada iyilerin, salihlerin başı sıkıntılardan, elem ve kederlerden kurtulmaz. Onun için burası geçici ve fani bir yaşam içindir. Ebedi hayat, gerçek hayat ölümden sonraki gelecek olan âhiret hayatıdır. Senden önce gönderdiğim bütün peygamberlerim ölümlü, fani ve geçici bir dünya hayatı yaşayıp, ölüm denen devletlinin köprüsünden geçerek bu fanilikten ebediliğe, âhiret hayatı olan sürekli ve devamlı olan bir hayata göçtüler.

**Ey Resûlüm!** Senden öncede, hiçbir insana ebedilik vermedik. Şimdi sen ölürsen, onlar (Senin ölümünü bekleyen o kafirler), ebedi mi kalacak, onlar ölmeyecekler mi? Hayır hayır! Onlar, o kafirler de ölecektir. Hem öyle bir ölecekler ki, onların ölümleri çok korkunç ve müthiş olacaktır. Kafirler için müthiş ve elim hayat ölümlerinden sonra başlayacaktır. Değişmeyen gerçek şudur:

*"Her nefis, her canlı ölümü tadacaktır. Sonra biz sizi bu dünyada hayırla da şerle de deneriz (imtihana tâbi tutuyoruz). İyilerle kötüleri ayırmak için bu deneyleri yapıyoruz."* Herşey ölünce bitmiyor. Çünkü ölümden sonra: *"Ve ileynâ türceûn - Sadece ve yalnızca bize döndürülüp getirileceksiniz. Başka yere yol yoktur. Dönüşünüz ve gelişiniz ancak ve ancak bize olacaktır."* (Enbiyâ Sûresi âyet 35)

İşte bu son cümle Hazret-i Peygamberin ölmesini isteyen düşmanlara, (Allah'a ve Allah'ın dinine inancı olmayan kafirlere şiddetli bir tehdittir. Dönüş Allah'a, Allah'ın huzuruna olunca Allah onlardan intikamını alacaktır demek olur.

*Ey dost!* Konumuzun başında metin ve anlamıyla verdiğimiz bu âyet-i kerime, bu fani (geçici) dünyada her insanın ölümlü olup, peygamberimiz Hazret-i Muhammed'den önce gelen tüm insanların da ölümlü oldukları için öldüklerini, hiç kimseye ebedilik (ölümsüzlük) verilmediğini ve O'nun (a.s.) ölmesiyle diğerlerinin, onun düşmanlarının da öleceğini ve en sonunda da hesap vermek için Allah'ın huzuruna çıkılacağını dile getirmekte ve en açık ifadeyle açıklanmış olmaktadır.

## SEN DE ÖLECEKSİN ONLAR DA ÖLECEKLER

*“Ey Resûlüm! Gerçek şu ki; Sen de öleceksin, Onlar da ölecekler. Sonra şüphesiz sizler, kıyamet günü Rabbinizin huzurunda muhakeme olunup davalaşacaksınız.”*

**ALTINCI ÂYET:**

بِسْمِ اللّٰهِ الرَّحْمٰنِ الرَّحِيمِ

اِنَّكَ مَيِّتٌ وَاِنَّهُمْ مَيِّتُونَ . ثُمَّ اِنَّكُمْ يَوْمَ الْقِيٰمَةِ

عِنْدَ رَبِّكُمْ تَخْتَصِمُونَ ع .

*“Resûlüm, yâ Muhammed! Gerçek şu ki; Sen de öleceksin, Onlar da ölecekler. Sonra şüphesiz sizler, kıyamet günü, Rabbinizin huzurunda duruşmaya çıkacak, muhakeme olunup davalaşacaksınız.”* Zümer Sûresi âyet 30, 31

Hazret-i Peygamberin ölmesini isteyen ve O’nun ölümünü dört gözle beklediklerini söyleyen kafirler bir türlü ilâhi gerçekleri anlayamıyorlardı. Bu dünya kalınacak bir yer değil, ancak misafir olarak geçici bir süre için, biraz kalınıp sonra göçülecek bir yerden başka birşey değildir. Bu durum, Allah’ın sevdikleri için de, sevmedikleri için de şaşmayan aynı kuraldı. Bu fani aleme gelenlerin imanlısı da, imansızı da, Allah’ı seveni de, sevmeyeni de ölüm köprüsünden geçiyor, ölümlüdür ve ölüyor. peygamberler de ölüm acısını tadıyor, Allah'ın düşmanları olan kafirler de ölüm azabını tadıyor. Ancak aradaki büyük farkı ve büyük ayrıcalığı kafirler anlayamıyorlar. İşte ölümle ilgili âyetler bu farkları ve ayrıcalık ifade eden çizgileri anlatıyor.

Yani âyette, *Ey Resûlüm! Onlar nasıl ölecekse, Sen de öleceksin. Çünkü bu dünyada hiç kimse ölümsüz değildir. Burada hiç kimse ebedi kalmayacaktır. Çünkü biz kimseye ebedilik-ölümsüzlük vermedik. O kafirler, o imansızlar, Senin ölmeni istiyorlar, Sen ölürsen, onlar sevineceklerini söylüyorlar. Onların bu halleri onların kendi ahmaklıklarını gösteren açık belgelerdir. Sen ey Habibim! Bu kafirler gürûhuna en basit bir meseleyi anlatmaya çalışıyorsun, fakat onlar, kafirlikleri ve imansızlıkları yüzünden bu basit meseleyi bile anlamamakta inat ediyorlar, üstelik Senin ölümünü bekliyorlar, sanki kendileri ölmeyecekler!...*

*Ey Resûlüm! Onlara, o imansız kafirlere şu gerçeği söyle:*

***"Ey İmansızlar! Ben de öleceğim, Sizler de öleceksiniz. İşte o zaman kimin haklı, kimin haksız olduğunu hep birlikte açık ve net olarak göreceğiz."*** de.

*Ey Resûlüm o kafir olanlara şunu da söyle:*

***"Benden önce de hiçbir beşere*** *(insana)* ***ölümsüzlük verilmemiştir. Şimdi ben ölürsem*** *(ey benim ölümümü bekleyen kafirler!)* ***Sizler ölmeyecek misiniz, sizler ölümsüz mü kalacaksınız?"***

Elbette sizler de öleceksiniz, hem de Cehennemin en dibine atılacaksınız. Sizin âhiretteki yeriniz esfele-i sâfilindir. Sizler, ne kadar ahmak, ne kadar mecnûn mahluklarsınız, aklınız hiçbir doğruyu anlamıyor!...

*Ey dost!* Birkaç kelime ile açıklamaya çalıştığımız bu Zümer Sûresi 30, 31 âyetleri ile, yine yukarıda okuduğumuz Enbiyâ Sûresi 34 âyetinde Cenâb-ı Allah, ölüm gerçeğini, Yüce Peygamberi Hz. Muhammed'e hitaben dile getiriyor:

***"Ey Resûlüm! Sen de öleceksin, onlar da öleceklerdir"*** ve yine:

***"Ey Resûlüm! Senden önce de hiçbir insanı (beşeri) ölümsüz yapmadık. Ölümsüzlük, ebedilik vermedik. Şimdi Sen ölürsen, sanki onlar ölmeyip ebedi mi kalacak, ölmeyecekler mi?*** buyrularak değişik ifade ve sorularla ölümün her insan için kaçınılmaz bir gerçek olduğu, bu dünyaya gelen her insanın ölümlü bir varlık olduğu ve öleceğini vurgulamaktadır.

Yine âyetin devamı (35. âyette) de değişik üslup ve değişik ifadelerle de yine ölümün gerçekliği ve kaçınılmazlığı dile getirilmekte ve:

***"Her canlı ölümü ve ölüm acısını tadacaktır, yani her can taşıyan ölecektir."*** buyrulmaktadır. Nisa Sûresi 78. âyette ise:

***"Her nerede olursanız olun, ölüm sizi bulacaktır."*** *(Yani ölümden kaçış ve kurtuluş yeri yoktur.)* şeklinde bilgiler verilmektedir. Ve insanların bu gerçeğe (ölüm gerçeğine) hazırlıklı bulunmaları ve onu kulak ardı etmemeleri ögütlenmektedir.

Kur'ân-ı Kerim'in verdiği bu değişik üslup ve kelimelerle ifade edilmesi ise, Hazret-i Peygamberin muhataplarının ve tüm toplumlardaki insan neslinin başka başka tavır ve hareketlerinden, davranış ve eylemlerinden kaynaklanıyor diyebiliriz. Yüce Allah, kafirlerin eylemlerini ortaya koydukları konuşma tarzlarına göre, onlara tehditlerde bulunarak uyarmıştır.

"فَمَنْ شَاءَ فَلْيُؤْمِنْ – ***İsteyen iman eder,*** فَمَنْ شَاءَ فَلْيَكْفُرْ – ***isteyen kafir olur.***" Buyurarak, herkes, her insan eyleminin karşılığını bulacaktır. İyiler iyilik, kötüler de kötülük bulacaklardır. Boynuzlu koyundan boynuzsuz koyun dahi hakkını alacaktır. Açıkladığımız âyetlerde Allah Teâlâ kafirlere tehditler savuruyor ve onların bu ahmakça tavır ve davranışlarını da kınıyor. Aynı zamanda Yüce Peygamberi Hazret-i Muhammed'e de destek veriyor, O'na tesellide bulunuyor. Kafirlerin akılsızca sözlerinden alınmamasını öğütlüyor.

Çünkü hesap günü uzak değil, her gelecek yakın demektir. Ay dediğin, yıl dediğin nedir ki? Adamın 60 yıllık, 70 yıllık ömrü gözünü açıp kapamadan geçip gitmiştir. Adamcağızın haberi bile yoktur. Sorulduğu zaman, sanki dün gibi, bu ömrü hiç yaşamadım cevabını verenlerin sayısı sayılamayacak kadar yoğundur.

***Ey Âhiret yolcusu!*** Konumuz olan bu altıncı âyetin ışığı altında söylenebilecek çok sözümüz vardır. Yani: ***"Ey Resûlüm! Sen de öleceksin, onlar da ölecektir. Sonra şüphesiz siz, kıyamet günü Rabbinizin huzurunda duruşmaya çıkacaksınız o büyük mahkemede davacılar ve davalılar olarak muhakeme olunacaksınız."*** Zümer Sûresi âyet 30, 31

Bu âyetlerin ışığı altında akl-ı selim sahibi kişinin veya kişilerin kendilerine çeki düzen vermeleri, derlenip toparlanmaları gerekiyor. Çünkü insan ölmekle sıkıntılardan kurtulmuş olmuyor. Ölümden sonrası için başlayacak çetin bir hayatın elemanı olduğunu anlamak durumuyla karşı karşıya olduğunu anlamak zorunda olduğunu da düşünmesi gerekiyor.

Zira ölümle sorunlar bitmiyor, tam tersine daha büyük sorunlar başlıyor. Hesap-kitap, sorgu-sual. Bu dünyada yapılanların eksiksiz olarak hesabının sorulması ve cevabının doğru olarak verilmesiyle karşı karşıya kalmak ve kurtuluş çaresinin de olmadığını anlamak...

## İnsan Rabbinin Huzuruna Duruşmaya Çıkacak

Kıyamet günü büyük mahkeme (Mahkeme-i Kübrâ) kurulacaktır. Herkes, yani bütün insanlar, bu mahkemede sorguya çekilecektir. Herkes bu dünyada yaptıklarının hesabını tek tek verecektir. İnsanoğlunun dünyada yapmış olduğu ama, gizli ama açık hiçbir günahı sorgusuz kalmayacaktır. Bu sorgulama o kadar hassas, o kadar inceden inceye yapılacaktır ki, ***"Boynuzsuz koyun, boynuzlu koyundan hakkını alacaktır."*** Bu mahkemenin tek hakimi, tek savcısı Yüce Allah kendisi olacaktır. ***"مالك يوم الدين - Din gününün (hesap gününün) tek hakimi ve sahibi Allah Teâlâ'dır."*** (Fatiha Sûresi)

Bütün sorgulamalar Allah Teâlâ'nın yüksek huzurunda olacaktır. Orada, O'nun huzurunda en küçük, zerrece bile yalan söylenemeyecektir. Kıl kadar haksızlık yapılmayacaktır. Kişiler en küçük yalan söyleme cesaretini gösteremeyecektir. Çün-

kü kişinin en küçük, en gizli sandığı bir suçu bile kişinin amel defterinde kayıtlı (yazılı belgesi) olduğu görülecektir.

*"Sorgulama gününde, hesap kitap gününde bütün sırların* (gizliliklerin) *yoklanıp* (karıştırılıp) *içinin dışa çıkarılacağı, bütün gizli şeylerin ortaya dökülüp çıkarılacağı birgündür."* (Tarık Sûresi âyet 9).

İşte o büyük duruşmada (Mahkeme-i Kübrâ'da) herşey meydana çıkmış ve açık seçik ortaya dökülmüştür. Gizli kapaklı hiçbir şey kalmamıştır. Her suçlu (günahkâr) suçunu büyük olsun, küçük olsun itiraf etmiş, kabullenmiştir. "فَاعْتَرَفُوا بِذَنْبِهِمْ – *Onlar suçlarını, günahlarını itiraf etmişlerdir."* (Mülk Sûresi âyet 11)

O gün, yalan ifadede bulunmak kesinlikle yoktur, olmayacaktır. Çünkü kişinin azaları, tüm uzuvları dile gelip doğruyu söyleyeceklerdir. Hatta günahkârlar, kendi uzuvları (organları) ile tartışacaklardır: **"Neden aleyhimize şahitlik ediyorsunuz?"** diyecekler. Azaları (organları) da onlara (sahiblerine) şöyle çıkışacaklar: "قَالُوا اَنْطَقَنَا اللّٰهُ الَّذِى اَنْطَقَ كُلَّ شَىْءٍ – ***Herşeyi konuşturan Allah, bizi de konuşturdu"*** diyecekler (Fussılet Sûresi âyet 21)

Yine diğer bir âyette de, şöyle buyruluyor: *"Kıyamet gününde onların dilleri, elleri ve ayakları, işlemiş oldukları şeyler* (suçlar, günahlar) *hakkında aleyhlerinde şahitlik ve tanıklık ederler, edecekler."* (Nûr Sûresi âyet 24)

*"O gün* (sorgulama günü), *onların ağızlarına mühür vururuz yaptıklarını* (iyi ya da kötü işlerini) *bize elleri anlatır. Ayakları da şahitlik* (tanıklık) *eder."* (Ya-

sin Sûresi âyet 65) buyrularak Kur'ân-ı Kerim bizlere haber vermektedir. Bu konu ileriki bölümlerde daha genişçe bir anlatımla **"Hesap-Kitap-Sorgu-Sual"** başlıkları altında verilecektir.

## HER İNSAN DÜNYADA YAPMIŞ OLDUĞU ŞEYLERİN KARŞILIĞINI TAM EKSİKSİZ ANCAK KIYAMETTE ALACAKTIR

**YEDİNCİ ÂYET:** Konumuzla ilgili Âl-i İmrân Sûresinin bu 185. âyeti, her insanın ölüm sonrası karşılaşacağı bir sahneyi gözler önüne sermektedir. Bu sahne kıyamet günü ortaya çıkacak olan bir sahnedir. İnsanlar yeniden diriltilip bu sahnede toplanacaklar. Herkes bu dünyada yapmış olduğu amellerin karşılığını alacakdır. Hem de tastamam, eksiksiz olarak ücretlerini alacaklar. Bu dünya hayatındaki ücret dağıtımını herkes tam olarak alamıyor ve alamadığını bu âyet işaret ediyor. Evet şimdi konumuzla ilgili **yedinci sırada** yer alan Âl-i İmrân'ın 185. âyetini görelim:

بِسْمِ اللّٰهِ الرَّحْمٰنِ الرَّح۪يمِ

كُلُّ نَفْسٍ ذَٓائِقَةُ الْمَوْتِۜ وَاِنَّمَا تُوَفَّوْنَ اُجُورَكُمْ يَوْمَ الْقِيٰمَةِۜ فَمَنْ زُحْزِحَ عَنِ النَّارِ وَاُدْخِلَ الْجَنَّةَ فَقَدْ فَازَۜ وَمَا الْحَيٰوةُ الدُّنْيَٓا اِلَّا مَتَاعُ الْغُرُورِ

*"Her canlı ölümü tadacaktır. Ve yaptıklarınızın karşılığının ödenmesi de size tastamam (eksiksiz) olarak ancak kıyamet günü yapılacaktır. Kim Cehennem ateşinden uzaklaştırılıp Cennete konursa, o kimse, gerçekten kurtulmuştur. Bu dünya hayatı ise, aldatıcı bir geçim, bir metadır."* Âl-i İmrân 185

Bu âyet-i kerimenin verdiği mesajı doğru anlayabilmemiz için bir evvelki 184. âyetin meâline kısaca bir göz atmamız gerektiğini düşünüyorum. Bir önceki âyet (184. âyet) Allah Teâlâ'nın Yüce Peygamberi Hz. Muhammed'i teselli ettiğini dile getiriyor. Meâlen:

***"Resûlüm, yâ Muhammed! Eğer seni yalanlıyorlarsa,*** *(Allah tarafından getirdiğin Kur'ân'a inanmıyorlarsa, üzülme bil ki,)* ***Senden önceki Peygamberler de yalanlanmışlardı ki, o peygamberler, apaçık mucizeler ve kesin deliller, yazılı sayfalar*** *(ve belgeler)* ***getirmişlerdi. Onlar, hikmet ve öğütlerle dolu semavi kitaplar, Tevrat ve İncil gibi, insanları aydınlatan kitaplar getirmişlerdi."*** (Âl-i İmrân âyet 184) buyurarak peygamberimizi teselli edip destek ve moral veriyor.

***Ey Âhiret yolcusu!*** Şunu bilesin ki, doğru dürüst, mertlik sahibi insanlar, yalanlanmaya hiç tahammül edip katlanamazlar. Böyle bir durum doğruları çok üzer, onları kederlendirir. Bu seçkin kullarının durumlarını çok iyi bilen Allah Teâlâ, Habibi ve Resûlü Hazret-i Muhammed'i teselli ve destek için:

***"Ey Resûlüm yâ Muhammed! O kafirlerin seni yalanlamasına üzülme, onlar bu cahilliği ve küstahlığı yaptılarsa, bil ki, daha önce de ataları, senden***

*önce gönderilen Allah'ın peygamberlerini yalanlamışlardı. Sen üzülme ey Resûlüm! O kafirler gününü göreceklerdir"* tesellisiyle O'nun mübarek kalbini rahatlatmıştır. Bundan sonra Allah Teâlâ, iyilere müjde ve kötülere de bir tehdit olmak üzere insanlara şu hatırlatmada bulunmuştur: 185. âyet;

كُلُّ نَفْسٍ ذَائِقَةُ الْمَوْتِ - ***Her canlı ölümü tadacaktır.*** *(Yani herkes ölecektir.)* Evet her nefis, ölüm acısını tadacaktır. Onlarda dünyanın hiçbir üzüntüsünden, kederinden, keyfinden ve sevincinden hiçbir şey kalmayacaktır. Bu cümle, inanan, tasdik edenler için bir müjde haberi, inanmayan, yalanlayıp herşeyi (manevi alanda) yok sayanlar için de bir tehdit, bir kınamadır.

Yani ölmekle herşeyden kurtuluruz sanıyorlarsa aldanıyorlar. Çünkü bu dünya hayatından sonra, yeni bir hayat başlıyor orada, iyiler kötülerden ayrılacaktır. Herkes yaptığının ve layık olduğunun karşılığını görecek, iyiler Cennete, kötüler de Cehenneme (ahiretin hapishanesine) konacaktır. Bu demek oluyor ki, peygamberi yalanlayanların (Allah, peygamber tanımayan, âhiret hayatına inanmayanların) yaptıkları yanlarına kâr kalmıyor, onların bu yalanlarının, peygamberi tanımamazlıktan gelmelerinin hesabı mutlaka sorulacaktır. Çünkü onlar ölecektir. ***"Her canlı ölecektir."*** Peki öldükten sonra neler olacak? İşte şimdi ölüm sonrası neler olacağını bildiriyor Cenâb-ı Allah.

## Mümin, Kafir, İyi, Kötü Herkes Ölmektedir

Müminler (inanmış kişiler), kafirler (Allah'tan gelen gerçekleri örten) inanç prensiblerini yok sayanlar bunların hepsi ölüm köprüsünden geçecek ve ölecekler ve ölümden sonra şunlar olacaktır.

Öldükten sonra yakaları bırakılacak değil. Tam tersi yaptıklarının hesabı-kitabı, sorgu-sual başlayacaktır.

وَاِنَّمَا تُوَفَّوْنَ اُجُورَكُمْ يَوْمَ الْقِيمَةِ ط - ***Şüphesiz ecirleriniz*** *(hak ettiğiniz mükafatlar)* ***tastamam*** *(eksiksiz)* ***olarak ancak kıyamet günü verilecektir."***

Çünkü dünyada, yapılan iyiliklerin veya kötülüklerin karşılığını tam olarak (eksiksiz olarak) almak mümkün değildir. Şehidin kanlarıyla kazanılan bir savaşın ödülünü (mükafatını) şehit olan kişi bu fani (geçici) dünyada göremiyor. Şimdi bunun çalışması boşamı gidecek? Şehitlerin kanlarıyla kurtarılan bir vatanın, bu kahramanlara verdiği ödül nedir? Bu kahramanlık ödülsüz mü kalacak? Hâşâ! akl-ı selim bunu kabul edemiyor, bunun bir karşılığı olmalıdır diyor.

İşte Kur'ân bu gerçeği dile getiriyor, diyor ki: ***"Hiç şüphesiz, kesinkes kazandığınız mükafatlar eksiksiz olarak, tastamam, hakettiğiniz bir şekilde kıyamet günü size ödenecektir."*** iyiliğin karşılığı böyle olduğu gibi, kötülüklerin karşılığı da böyledir. Bakıyorsunuz, bir kötü, herkese kan kusturuyor, görünüşte yaptığı fenalıkların da bir cezasını görmüyor.

Şimdi bunlar bu kötünün yanına mı kalacak? Hâşâ!... İşte âyet buna da cevap veriyor. Hak ettiği cezayı tam olarak görecek ve çekecektir. Allah'ın adaletinde cezası verilecektir. Kıyamet günü herkes, hakettiği karşılığı alacak, hesabı temizlenecektir. Herkesin bu dünyadaki çalışmasının karşılığı eksiksiz olarak verilecek ve iyiler hakettikleri Cennete, kötüler de hakettikleri Cehenneme konacaktır. İşte âyetin şu cümlesi de bu gerçeğe ışık tutuyor:

فَمَنْ زُحْزِحَ عَنِ النَّارِ وَاُدْخِلَ الْجَنَّةَ فَقَدْ فَازَ

***"Kim Cehennem ateşinden uzaklaştırılıp Cennete konursa, o kimse, gerçekten kurtulmuştur, kurtuluşa erdirilmiştir."***

İşte ölümden sonraki sahne budur. Cehennem ateşinden uzaklaştırılıp Cennete sokulan her kim ise, hangi iyiliğinden, hangi sevabından, hangi faziletinden olursa olsun, Cennete sokulan kimse, işte o kendisini kurtarmış ve her türlü muradına ermiştir. Artık ondan mutlu bir kimse yoktur. Çünkü bu kimse gerçek saadete kavuşmuştur. Böyle bir mutluluğa ermek için dünya hayatına aldanmamak gerekir. Âyetin son cümlesi bu gerçeğe işaret ediyor.

وَمَا الْحَيٰوةُ الدُّنْيَا اِلَّا مَتَاعُ الْغُرُورِ

***"Bu dünya hayatı, ancak aldanma ve aldatılma metaıdır.** (Serap gibi parıldayıp bulut gibi geçer gider.)"*

**"Meta"**, Satılık ticari mallar, fayda ve kâr amacıyla kullanılan takım taklavat ve faydalanmaya yarayan az çok lüzumlu eşya demektir. Türkçemizde de, "matah-dünya matahı değil mi?" şeklinde kullanılmıştır.

**"el'gurûr"**, aldanmak, aldatıcılar anlamındadır. **"Metâ-ı gurûr (gurur metâı)**, müşterileri kandırmak ve aldatmak için, malların kusurlarını ve defolarını gizlemek için, (sattığı mallarını, sağlam bir işe yararmış gibi göstermek için, mallarını allayıp pullayıp satmak anlamına gelir. Sonra müşteri bu yaramaz malları alıp evine götürünce bunların yaramaz, çürük çarık, kalitesiz ve değersizliğini görünce aldatıldığını görmesi ve eyvah yandım, aldatıldım demesi gibidir. Allah Teâlâ, dünya hayatını değersiz, bir işe yaramaz mallara benzetmektedir.

Nasıl ki, çarşı pazar da değersiz, işe yaramaz mallar süslenip püslenmiş ve kendisi kandırılarak, aldatılarak bunları satın almıştır. Sonra feryâd-ü figan ederek pişman olmuştur. İşte dünyanın geçici süsüne püsüne aldanarak kendisini dünyaya kaptırıp âhiretini ve âhirette lâzım olacak amellerini terkeden kimse de, bu pazardan değersiz mallarla kandırılıp aldatılan kişinin durumuna düşecektir uyarısı vardır.

***Ey Âhiret yolcusu!*** Ölümle ilgili âyetleri araştırdığın zaman, tabii ki, bu araştırmalar elinde (kütüphanende) güvenilir bir meâl ve bir tefsir eserlerin varsa onlardan yapabilirsin. Hatta sadece bir Türkçe meâlden bu araştırmayı yapman mümkün değildir. İllâ ki güvenilir geniş bir tefsir takımın olması gerekmektedir. Evet ölümle ilgili âyetlere bakarken o âyetin bir önceki ve bir sonraki âyetlerini de incelemen gerekiyor. Çünkü ölüm âyetleri önündeki geçen âyetlerle bağlantılı olduğu gibi, sonundaki gelen âyetlerle de bağlantısı vardır. Bu nedenle konuyu araştırırken bu yönleri de göz önünde bulundurursan daha iyi anlama ve kavrama alışkanlığı edinmiş olursun kanaatindeyim. Benim tavsiyem kendi tecrübelerime dayanmaktadır vesselâm!

## ALLAH'IN PEYGAMBERİ ÖLSE VEYA ÖLDÜRÜLSE BİLE ALLAH'IN DİNİ BAKİDİR MÜSLÜMANLAR DİNLERİNE SAHİPTİRLER

**SEKİZİNCİ ÂYET:**

بِسْمِ اللّٰهِ الرَّحْمٰنِ الرَّحِيمِ

وَمَا مُحَمَّدٌ اِلَّا رَسُولٌۚ قَدْ خَلَتْ مِنْ قَبْلِهِ الرُّسُلُۜ

اَفَاۨئِنْ مَاتَ اَوْ قُتِلَ انْقَلَبْتُمْ عَلٰٓى اَعْقَابِكُمْۜ وَمَنْ يَنْقَلِبْ

عَلٰى عَقِبَيْهِ فَلَنْ يَضُرَّ اللّٰهَ شَيْـًٔا وَسَيَجْزِي اللّٰهُ الشَّاكِرِينَ

Manası: *"Muhammed, ancak bir peygamberdir. Ondan önce de nice peygamberler gelip geçmiştir. Şimdi O ölür veya öldürülürse, siz gerisin geriye (eski dininize, putperestliğe, müşrikliğe) mi döneceksiniz? Kim böyle iki topuğu (ökçesi) üzerinde gerisin ge-*

*(dininden)* ***dönerse, Allah'a hiçbir şekilde zarar vermiş olmaz. Allah şükredenleri*** *(dininde sebat gösterenleri)* ***ödüllendirecektir."*** Âl-i İmrân Sûresi âyet 144

Şimdi âyet-i kerimeye cümleler halinde şöyle bir göz atarsak, konuyu daha iyi kavrayacağımızı umuyorum. Şöyle ki:

"وَمَا مُحَمَّدٌ الاَّ رَسُولٌ" – ***Hz. Muhammed ancak bir peygamberdir.*** "قَدْ خَلَتْ مِنْ قَبْلِهِ الرُّسُلُ" – ***Nitekim ondan önce de birçok peygamberler gelip geçmiştir.*** Bu peygamberlerin bir çoğunun ecelleri (ölüm vakitleri) gelmiş, kendi ecelleriyle ölmüştür. Bazıları da kavminin eşkiyaları (kötüleri) tarafından öldürülmüştür. Bu nedenle Muhammed'in (a.s.) durumu da, kendisinden önceki gönderilen peygamberlerin durumu ve hayatı gibidir. Fani (geçici) ve ölümlüdür. Bugün ölmezse, yarın ölür veya ölecektir. Muhammed'in (a.s.) hayatı sizin içinizde baki ve sürekli kalacak değildir. Bugün değilse, günün birinde ölecektir. Bu Allah'ın yeryüzündeki (dünyadaki) bir kanunudur.

"افَانْ مَاتَ اَوْ قُتِلَ" – ***Şimdi o ölür, eceli*** *(ölüm vakti)* ***gelmiş olup da Allah O'nu*** *(Muhammed'i)* ***öldürürse vaya başkaları*** *(kafirler)* ***tarafından öldürülürse,*** "انْقَلَبْتُمْ عَلَى اَعْقَابِكُمْ" – ***Siz topuklarınızın, tabanlarınızın üzerinde hemen*** *(olduğunuz yerde)*, ***gerisin geriye mi döneceksiniz*** *(eski dininize dönüp putperest mi olacaksınız?)* Allah'ın peygamberi Muhammed (a.s.) eceliyle ölür veya düşman tarafından öldürülürse, siz dininiz islâm'dan çıkıp eski dininiz olan putperestliğe, müşrikliğe mi döneceksiniz? İman ettikten sonra tekrar küfre mi döneceksiniz, kafir mi olacaksınız?

"وَمَنْ يَنْقَلِبْ عَلَى عَقِبَيْهِ فَلَنْ يَضُرَّ اللّٰهَ شَيْئًا" – *Ey müslümanlar! Kim de böyle birşey yapar, iki tabanı, iki topuğu üzerinde düşünmeden, hemen oracıkta, savaşın verdiği şaşkınlık içinde dininden (İslâm'dan) dönerse, Allah'a hiçbir zarar vermez, veremez ve vermişde olmaz.* Bu halinizden Allah'a en küçük bir zarar bile vermiş olamazsınız. Böyle bir yanlışlık yapan olursa, onlar ancak ve yalnızca kendilerine, kendi öz canlarına zarar vermiş ve Allah'ın gazap ve azabına çarpılmaya haketmiş olurlar. Müslüman topluluklar bunu da böylece bilmiş olsunlar.

"وَسَيَجْزِى اللّٰهُ الشَّاكِرِينَ" – *Yüce Allah, şükredenleri mükafatlandıracaktır."* Allah Teâlâ, kendisine (Allah'a) itaat edenlerin sevablarını arttıracak ve onları ödüllendirecektir. Bu kimseler ki, dininde (İslâm'da) sebat edenler ve dinlerinden dönmeyerek Allah'a şükredenlerdir. Dinleri uğrunda gevşemeyip savaşanlardır, dinlerinin yücelmesini isteyenlerdir. Dinleri için (İslâm için) mallarıyla, canlarıyla cihatta bulunup kafirlere karşı (küfre karşı) canla başla, hiç gevşemeden, hiçbir ümitsizliğe düşmeden Allah adına savaşanlardır. İşte bunlar Allah'a şükredenlerdir ki, Allah Teâlâ bu kullarını âhirette tam olarak mükafatlandıracaktır. Gazi olanlarıda bu dünya onurlarıyla yaşatacak ve ödüllendirecektir. Evet, Âyet-i Celîlenin kısaca işaret ettiği mana budur. Allahü A'lem bissevab.

## Bu Âyet Uhud Savaşında Nazil Olmuştur

Uhud Savaşı'nda müslüman ordusu büyük bir imtihan geçirmişti. Bu savaşın ilk merhale ve safhasını müslüman ordusu kazanmıştı. Fakat Hazret-i Peygamberin emir ve tavsiyelerini unutup ganimet sevdasına düşen bazı askerler yüzünden bu savaş müslüman ordusunun aleyhine dönmüştü. İşte bu kritik safhada Hazret-i Peygamberin mübarek dişinin kırılması ve mübarek yüzünün yaralanması nedeniyle düşman ordusu olan Kureyş askerinden bir müşrik ***"Muhammed'i öldürdüm"*** diye bağırmıştı. Bu sesi duyan biri tarafından, *(Hatta bu birinin şeytan olduğu da rivayet edilir)*: ***"Muhammed öldürüldü."*** diye bağırılmış ve etrafa duyurulmaya çalışılmıştı.

Bu yalan haber, Hazret-i Peygamberin kumandası altındaki müslüman askerleri arasında hemen yayılıvermiştir. Yayılan bu yalan haber, müslüman askerler arasında şok etkisi yapmış ve müslüman askerlerde paniğe sebep olmuştu. Bunlar arasında ümidini kaybedenler, ümitsizliğe düşenler olmuş, kendilerini koyuvermiş ve gevşemişlerdi. İşte âyette, bu kendisini salıvermiş kimseler, gevşeme ve ümitsizlik içine düşmüş müslümanlar uyarılmakta, onların bu olumsuz halleri Allah tarafından kınanmaktadır.

Çünkü Hazret-i Muhammed (a.s.) öldürülürse veya ölse bile Allah bâki'dir. Allah ölmez. Allah'ın gönderdiği ve Hazret-i Muhammed'in (a.s.) tebliğ ettiği, Allah'ın dini müslümanlık yaşayacak, ölmeyecek ve bu din mensupları olan müslümanlar tarafından korunacak ve korunması gereken Allah emirleridir. Şu halde gerçek bu olunca, müslüman ordusunda bulunan müslüman askerlerin gevşemeleri, kendilerini koyuverip ümitlerini kaybetmeleri, ümitsizliğe düşmeleri ve kendilerini cansız ceset, ölmüş kemik yığınları gibi koyuvermeleri yanlış ve yersiz bir davranıştı. İşte açıklamasını yapmaya çalıştığımız bu sûrenin 144. âyetinde ve devamındaki âyetlerde Cenâb-ı Allah, Hazret-i Muhammed'in (Aleyhisselam) kumandasında bulunan, bu anlatmaya çalıştığımız olumsuz gaflete düşmüş bazı müslüman askerleri uyarmakta ve onların bu olumsuz halleri kınanmak suretiyle tenkit edilmektedir.

Bu Sûrenin 145. âyetinde ve devamı âyetlerde bu uyarı devam etmektedir. Ve Yüce Allah şöyle buyurmaktadır:

***"Yüce Allah'ın izni, irade ve dilemesi olmadan hiçbir kimseye ölüm ve ölmek yoktur. Ölümün yazılmış belirli bir süresi*** *(zamanı)* ***vardır. O zaman gelmeden hiç kimse ölmez, ölemez. Her kim dünya nimetini isterse, kendisine ondan veririz; kim de âhiret sevabını isterse, ona da bundan veririz. Biz*** *(Şanı yüce olan Allah bizim verdiklerimize)* ***şükredenleri mükafatlandıracağız.*** *(Onları cennetimize koyacağız)."* (Âl-i İmrân Sûresi âyet 145)

Bu âyetin başındaki cümlenin açıklamasını konumuzun **dördüncü sırasındaki âyet**te verdik. (Oraya bakıla). Aynı sûrenin 146. âyetinde şöyle devam ederek Allah'ın tarafları övülmekle müslüman askerler uyarılıyor.

*"Nice peygamberler vardı ki, kendileriyle beraber birçok Allah dostları bulunduğu halde Allah yolunda savaştılar. Savaşta alimler, salihler bulundu. Bunlardan öldürülenler de oldu. Buna rağmen Allah yolunda başlarına gelen yaralanma ve öldürülmekten dolayı yılmak, gevşemek ve korkaklık gibi olumsuzluklar göstermediler. Bıkkınlık ve yorgunluk göstermedikleri gibi düşmana boyun da eğmediler. Allah, kendi yolunda bela ve musibetlere sabreden, göğüs gerenleri sever."* Âl-i İmrân Sûresi âyet 146

*Ey dost!* Âl-i İmrân Sûresinin bu âyetlerinin önden sona okunduğu ve dikkatle kavrandığı zaman görülecek ve anlaşılacaktır ki, Allah Teâlâ, kendisine inanmış mümin kullarını gafletten uyararak Allah'a dayanıp güvenmelerini ve onları dini ölçüler içinde dinlerinde gevşeklik, yorguluk göstermemelerini emrettiğini ve müslümanları terbiye ediyor, tedrici bir şekilde imanlarını güçlendirip kendisine itaat etme yollarını öğütlüyor.

Bu âyetlerin ışığında müslümanlar için büyük bir imtihan olan Uhud Savaşı hakkında birkaç satırlık bir bilgi vermek istiyorum. Sanıyorum ki, o zaman konumuzun ince noktalarını daha da iyi düşünme fırsatı bulacağız.

## Uhud Savaşı Azim Bir Sınavdı

Özetle söylersek, Uhud Savaşı'nda Hazret-i Peygamber Efendimizin idaresinde bulunan Medine Müslüman Ordusu, bin (1000) kişilik bir orduydu. Mekke'den gelen küfür (düşman) ordusu ise, üç bin (3000) kişilik bir düşman ordusu idi. Bin kişilik Medine (Müslüman) ordusunda Medine'de yaşayan münafıklardan da üç yüz (300) kişi bulunuyordu. Bu münafıklar da Medine'nin savunmasına katılmak zorundaydı. Çünkü vatanları, yaşadıkları yurtları Medine idi. Onun için katılmak zorunluluğu vardı. Ancak bu münafık takımı müslüman olmadıkları için fırsat bulunca müslümanlara ellerinden gelen kötülüğü hemen ortaya koyabiliyorlardı. Nitekim bu malum grup Uhud Savaşı'nda da münafıklıklarını (kafirliklerini) ortaya koymakta gecikmediler.

Uhud Savaşı başlangıcında münafıkların reisi (başı) olan Abdullah bin Übeyy denen mel'ûn, kendi himayesinde bulunan üç yüz (300) kişilik münafık grubunu alarak Uhud'a varıldığında Efendimizin idaresindeki müslüman ordusundan ayrıldı. Bir rivayete göre, Peygamberimiz ayırdı. Çünkü Efendimiz biliyordu ki, münafıklardan müslümanlara fayda ve yarar gelmezdi. Durum böyle olunca Hazret-i Peygamberin emir ve kumandası altında bulunan müslüman askerlerin sayısı sadece yedi yüz (700) kişi kalmış oluyordu. Bu yediyüz kişilik islâm ordusu, Mekke'den gelen üç bin (3000) kişilik küfür (düşman) ordusuyla savaşacaktı. Durum bu kadar kritikti. Hazret-i Peygamber, yediyüz kişilik islâm ordusunu Uhud Dağı eteğinde savaş vaziyeti aldırdı. Ordusunun arkasını Uhud Dağı'na, yüzünü de Medine'ye doğru verdirdi. Ordunun arkasında (dağda) sol tarafına düşen Ayneyn Tepesi'ne doğru bulunan bir geçit vardı. Bu geçide elli kişilik bir okçu grubu yerleştirdi. Bu geçit çok önemliydi. Düşman ordusunun süvarileri arkadan dolaşıp bu geçitten girerek müslüman ordusuna arkadan saldırabilirdi. Onun için Efendimiz buraya Abdullah bin Cübeyr komutasındaki elli okçu yerleştirerek emniyet tedbiri almıştı. Ve aynı zamanda da bu elli kişilik okçu grubuna sıkı sıkıya tenbih ederek uyarmıştı. Efendimiz bu okçulara:

***"Bakınız, beni iyi dinleyin! Biz galip** (üstün) **de gelsek, mağlûp da olsak, benden emir gelmedikçe bu yerlerinizden kesinlikle ayrılmayacaksınız. Biz ister düşman safları içinde dalalım, ister kırılalım. Siz kesinlikle bu yerlerinizde duracaksınız. Sizin vazifeniz** (tek göreviniz) **burayı korumanızdır, şayet buraya düşman süvarileri gelip de, bu geçitten girmek isterse, oklarınızla onlara karşı koyup onlara ok atmaktır. Çünkü isabeti alan atlar ilerleyemez."*** buyurmuştu.

Savaş başlamak üzereydi. Müslüman ordusu, Uhud Dağı'nın eteğinde, küfür ordusu da müslümanların karşılarında saf bağlayıp saldırı vaziyeti almıştı. İslâm ordusu yediyüz kişi, küfür ordusu üçbin kişiden oluşmuştu. Hücum saati gelmişti.

Savaş bütün hızıyla başladı. Hz. Hamza, Ali, Sa'd bin Ebî Vakkâs, Ebu Bekir, Ömer ve Ebu Dücâne gibi islâm kahramanlarının kılıçlarının havada parıltıları, yıldırım hızıyla düşman üzerine hücumları ve dahi kılıç seslerinin havada raksı arasında, küfür ordusu askerlerinin islâm kahramanlarının kılıç darbeleriyle cansız olarak yerlere yuvarlanmaları, feryâd-ü figanları, kızışan savaş ve ilerleyen saatler...

Savaşın ilk safhası bitmişti. Bu safhada müslüman ordusu, galip (üstün) gelmiş, küfür ordusu mağlûptu (yenilmişti). Mekke'den gelen küfür ordusunda yirmiden fazla ölü vardı. Müslüman askerlerinin henüz burnu bile kanamamıştı. Kahramanca savaşan müslüman askerlerine Allah yardım etmişti. Üçbin kişilik bir orduya karşı yediyüz kişilik bir ordu nasıl yenebilirdi? Besbelli ki, Allah Teâlâ 'nın peygamberine ve müslüman askerlerine yardımı yetişmişti.

Daha savaşın başlangıcında Mekke'li müşrikler (kafirler) yimiden fazla askerin öldürüldüğünü görünce, bozguna uğramış ve küfür ordusu (Mekke'liler) askerinin sağ sol kanadıyla savaştan geri çekilmişti. Mekke'den gelen düşman kadınları da feryatlar koparak dağlara doğru gerisin geri kaçışmaya başlamışlardı. Bunlar, deflerle, zilleriyle ordularına moral vermek için gelmişlerdi.

Artık küfür ordusu yenilmişti. Uhud Dağı eteğindeki altıyüz elli kişiyi geçmeyen islâm ordusu, üçbin kişiden oluşan küfür ordusunu hezimete uğratmış, bir saat gibi, kısa bir sürede darma dağın etmiş yenmişti. Bu da imanın küfre üstünlüğünün belgesiydi.

## Bir Anlık Gaflet Veya Dünyaya Aldanış ve Büyük İmtihan

Evet, yukarıdaki satırlarda da belirttiğimiz gibi savaşın ilk başlangıcında, ilk safhada müslüman ordusu savaşı kazanmıştı. Ancak daha yapılması gereken vazifeleri vardı. Düşman ordusunun savaş alanından uzaklaştırılması gerekiyordu. Bu daha yapılmamış, düşman harp alanından daha uzaklaşmamıştı. Bu da harbin kazanılması kadar yapılması gereken önemli bir görevdi. Müslüman askerleri, bozguna uğratılan ve mağlûp olmuş düşman ordusunu arkalarından takip ederek kovalamaları gerektiği halde, bu önemli görevi yapmamışlardı. Üstelik bir de bir anlık galibiyet sevinci gafletine düşerek ganimet (düşmandan kalan malları) toplamaya başladılar. Bu yanlıştı, Allah'ın ve Peygamberin iradesine uymuyordu. Evet, bunu yapanlar belki çok az bir askerdi, 650-700 askerden pek az bir gruptu, askerin hepsi değildi. Fakat kuvvet bölünmüştü, asker arasında gevşeme ve duraklama ortaya çıkmıştı. Düşman toparlanıp bu durumdan yararlanabilirdi. Çünkü savaş, en küçük bir hatayı dahi kabul etmezdi. Dağın eteğinde çarpışan ve galibiyet elde eden müslüman askerleri içinden ganimet toplama hırsına kapılanların bu hataları yetmiyormuş gibi, bir hata bir gaflet de tepeye yerleştirilen okçulardan gelmişti.

Allah'ın Resûlü, Hazret-i Peygamber tarafından Uhud Dağı, Ayneyn Tepesi geçidine yerleştirilmiş olan, Abdullah bin Cübeyr komutasında bulunan elli kişilik bir grup olan okçulardan da ganimet sevdasına düşenler oldu. Allah Resûlü Hazret-i Muhammed'in (a.s.) sıkı tenbih ve uyarısını unutuverdiler. Harbi kazandık, haydi ganimet toplamaya diyerek, korumakla görevli oldukları bu önemli geçidi bırakarak dağın eteğine savaşın yapıldığı alana indiler. Ganimet toplamaya başladılar. Komutanları olan Abdullah bin Cübeyr:

*"— Arkadaşlar, yerlerinizden kesinkes ayrılmayın, Resûlullah'ın emrini unuttunuz mu?"* diyerek feryâd-ü figan ederek arkadaşlarını uyarmaya çalıştıysa da bir yarar elde edemedi. Emrindeki okçu askerlere sözünü geçiremedi. Onların derdi şimdi artık ganimet (düşmandan kalan malları) toplamaktı. Bu yanlıştı, maddeye önem vermekti. Halbuki daha önemli olan manevi değerlerdi. Dindi, onurdu, Allah ve Peygamberin emirlerini yerine getirmekti. Elli kişilik okçu grubun komutanı olan Abdullah bin Cübeyr (r.a.), idaresinde emrini dinleyen sekiz, on kişilik arkadaşı okçuyla birlikte yerlerinde kalmış, Allah Resûlü ve İslâm ordusunun baş komutanı Hazret-i Muhammed'in (a.s.) sıkı tenbih ve emrini yerine getirmeye devam ediyordu. Ama gücü kuvveti azalmıştı.

Hulâsa, netice; düşman ordusu ilk anda yenilmişti ve geri çekilmişti. Ama arkalarından takip edilip kovalanmadığı için, çok uzaklarda değildi. Bunlar, müslüman ordusunu gözetliyordu, belki de bir çıkış yolu, bir manevra plânı düşünüyorlardı. Aradan bir zaman sonra, (Yenilmiş olan küfür ordusunun süvari komutanı olan Hâlid bin Velid, bir plân geliştirmiş, savaşın başından beri elli islâm askerinin korumasında bulunan geçidin tenhalaşmış olduğunu görmüş, İslâm okçularının yerlerini bırakarak birer birer dağın eteğine indiklerini gözlemiş ve önceleri deneyip de geçit bulamadığı, islâm okçularının oklarıyla karşılaştığı bu geçitten girerek islâm ordusunu arkadan vurmayı plânlamıştı. Bu plânını uygulamak üzere emrine aldığı iki yüz elli (250) atlı süvarisiyle arkadan dolaşıp geçide gelerek sekiz on kişilik islâm okçu askerlerini şehid edip islâm ordusunu arkadan kuşattı. Bu durumu gören ve karşıda bekleşmekte olan diğer küfür ordusu askerleri de toparlanıp geriye dönerek, islâm ordusuna saldırıya geçmişti. Bu vahim durum karşısında müslüman askerleri, arkadan ve önden düşmanın kuşatmasıyla, bir anda neye uğradıklarını şaşırıp paniğe düşmüşlerdi. İslâm ordusundaki müslüman askerinin bir kısım neferlerinin yanlış hareketleri ve ileriyi görememeleri yüzünden bütün bir islâm ordusu, düşmanın önden, arkadan kuşatmasıyla iki ateş arasında kalmıştı. İslâm askeri içinde bulunan bu gaflet ve ganimet, düşüncesi içinde olan bir kısım askerlerin yaptıkları bu vahim ve büyük hataları yüzünden müslüman oldusunun şaşkınlığa ve paniğe düşmelerine yol açmıştı. Artık olan olmuş, büyük felaketin geleceği kendisini göstermişti. Bir kısım müslüman askerinin bu bir anlık gafleti ve bazılarının dünya malına düşkünlüğü islâm ordusuna çoğa mal olmuştu. Savaşın başlangıcından ve birinci safhasında yirmiden fazla düşman askerinin öldürülmesine rağmen islâm askerinin burnu bile kanamamışken, ikinci safhada, yapılan bazı hataların sebebiyle müslümanlar Uhud Savaşı'nda yetmiş (70) şehid vermişti. Bu şehidlerin başında da Yüce Peygamberimizin sevgili amcası Hz. Hamza (r.a.) bulunuyordu. Hazret-i Peygamberin (a.s.) yaralanması, mübarek dişinin kırılması ve mübarek yüzünün yaralanması ve kanlar içinde kalması, islâm askerlerinden birçok kimsenin yaralanması ve Hz. Peygamber (Aleyhisselâm)'ın "öldürüldü" yalan haberleri hep bu sırada, ikinci safhada meydana gelmiştir.

Savaşın bu ikinci safhasında müslümanlar büyük kayıplar vermişti. Savaşın birinci merhalesinde, başlangıçta hiçbir şehid vermeden, hatta hiçbir islâm askerinin askerinin burnu bile kanamadan savaşı kazanan islâm ordusu, ikinci safhada (aşamada), ikinci bölümde savaşı kaybetmiş bir duruma düşmüşlerdi. Hele Hz. Peygamberin "öldürüldüğü" haberi de yayılınca, müslüman askerleri, birbirinden habersiz olarak üç gruba ayrılmış gibiydi.

**Birinci grup:** Allah'ın Resûlü şehid olduysa, Allah bâkidir. Allah yolunda ve O'nun dini uğruna (din yolunda) biz de şehid oluruz, diyerek savaşa devam edenlerdi. Bunlardan biri de, Enes bin Nadr (Enes bin Mâlik'in amcası)dır. Bu değerli sahabi, düşman saflarını yararak, bir taraftan öbür tarafa geçiyordu. Bir yandan da şaşkınlık içinde panik olmuş müslüman askerlerini uyarıcı sözlerle hitabederek onları uyarmaya çalışıyordu:

*"— Ey Müslümanlar! Eğer Muhammed öldürüldüyse Muhammed'in Rabbı olan Allah canlıdır, ölmemiştir ve ölmezde!... Allah'ın peygamberi Hz. Muhammed'den sonra sağ kalıp da ne yapacaksınız? O halde O'nun savaştığı değerler ve faziletler uğrunda savaşınız. O'nun öldüğü faziletler ve O'nun can verdiği değerler uğrunda şerefle, şan ve onurla ölünüz ve bu yolda ölmelisiniz."* diyordu ve kendisini salıvermiş, gevşemiş, şaşkınlık içinde bunalım geçiren müslüman askerlerinin akıllarını başlarına almalarını ve kendilerine gelmelerini sağlıyordu. Bu kahraman sahabi, savaş meydanında kahramanca kılıç sallarken, yetmiş yerinden kılıç darbeleriyle yaralanıp Uhud'da şehit olmuştu.

**İkinci grup:** Hazret-i Peygamberin etrafını çevirip etten duvar örerek, vücutlarıyla Allah'ın peygamberi Hz. Muhammed'e siper olanlardı. Bunlar, Hazret-i Peygamberi korumak için, düşman saldırısına, düşmanın attığı oklara, salladığı kılıçlara, kılıç darbelerine karşı koyarak, Resûlullah'ın mübarek vücudunu koruyorlardı. Bu kahramanlar on dört (14) kişi kadardı. Bunların başında, Hz. Ebû Bekir, Hz. Ömer, Hz. Ali, Abdurrahman, Talha, Zübeyir, Sa'd bin Ebî Vakkâs, Ebû Dücâne ve diğer sahabiler geliyordu (Radıyallâhü Anhüm-Allah kendilerinden razı olsun-oldu).

**Üçüncü grup:** Hz. Peygamber'in öldürüldüğü haberinin yayılmasıyla şoka girip ümitsizliğe düşenlerdi. Bunlar diyordu ki, Peygamberimiz öldürüldükten sonra, burada durmanın, savaşmanın artık bir anlamı yok diyerek, savaş alanından ayrılanlardı. Bu gruptan olanların bazıları, girdikleri şok nedeniyle savaşmayı bırakıp dağa çekilmişlerdi. Bazıları da Medine'ye dönmüşlerdi.

*Evet, ey dost!* İşte konumuzla ilgili Âl-î İmrân Sûresinin 144. âyetinin işaret ettiği konular Uhud Savaşı'nda ortaya çıkan bu gerçekleri dile getirmektedir. Bu âyetler müslümanları dini yönden, iman ve inanç yönünden geliştirip olgunlaşmalarını esas almaktadır. Tek kelime ile müslümanların islâm terbiyesi için de gelişip kemale ererek hangi değerler uğruna canlarını verip de Allah'ın rızasını kazanıp âhiret yurtlarını Cennet yapmalarını sağlamaya yöneliktir.

Herkes için ölüm vardır, herkes ölecektir. Peygamberler de ölmüş ve son peygamber Hz. Muhammed'de ölecektir. Ancak Allah bâkidir. O ölümsüz bir bâkidir. O'nun dini de bâkidir. O'nun dini uğruna çalışan, savaşan Cenneti kazanacaktır. Önemli olan O'nun (Allah'ın) koyduğu değerler uğruna, O'nun fazilet olarak öğrettiği değerler uğruna çalışıp mücadele ve uğraşı vermek insanı ve insanları Cehennemden kurtarıp Cennete girmeye vesiyle olacaktır. Uğrunda çalışılması gereken değerler ve kıymetler bunlardır vesselâm!...

Bunlar da bu dünyada kazanılacak ve âhirette karşılığı alınacak sevaplardır. Sonucu cennete girmek ve elemden, kederden, sıkıntıdan kurtulup mutlu, sakin bir cennet hayatı yaşamaktır.

Bu konuda (Uhud Savaşı konusunda) geniş bilgi edinmek isteyen Sevgili Peygamberimizin hayatını konu alan, güvenilir bir yazarın yazmış olduğu ve güvenilir bir yayınevinin yayınlamış olduğu bir eseri (kitabı) alıp okuyabilir. Dini konularda akidesi, inanç sistemi bozuk olan bir yazarın yazmış olduğu bir kitabı okumayı büyük İslâm alimleri doğru bulmamışlardır. Bu konular önemli konulardır. Kitaptan alınan zehiri temizleme fırsatı olmayabilir. Âhiret zararı görülebilir. Onun için tavsiye etmemişler ve doğru bulmamışlardır. Vesselâm!...

## ÖLÜMÜN ACISI, ŞİDDETİ, IZDIRABI VARDIR

**DOKUZUNCU ÂYET:** Bilindiği üzere konumuz ölümdür. Şimdi de konumuzla ilgili Kaf Sûresi, 19. âyetinde bildirilen, ölüm döşeğinde yatan bir hastanın ölümün pençesinde can çekişirken çok büyük acı ve ızdırap çektiğini bildiren âyeti göreceğiz.

بِسْمِ اللّٰهِ الرَّحْمٰنِ الرَّحِيمِ

وَجَاءَتْ سَكْرَةُ الْمَوْتِ بِالْحَقِّ ذٰلِكَ مَا كُنْتَ مِنْهُ تَحِيدُ

*Manası: "(Ey insan!)* ***Birgün bakarsın ki, ölüm baygınlığı gerçek olarak gelmiştir*** *(Kişi can çekişmektedir).* ***İşte bu,*** *(ey insan)* ***senin yan çizerek-korkup kaçtığın şeydir*** *(ölümdür)."* denilir. Kaf Sûresi âyet 19

Âyet-i kerimedeki hitap, ölüm gelip çatan (can çekişen) her insana olması da caizdir. Çünkü yaratılış gereği her insan ölümü istemez. Ancak iman ve salih amelli kimseler, ölüme hazırlıklı oldukları için, ölüm anında Cenâb-ı Allah'a kavaşmayı severler. Fakat imandan mahrum kimseler Allah'a kavuşmayı istemezler. Bazı tefsir bilginleri bu âyetin evvel ve sonundaki âyetlerde fâcirlerden, günahkârlardan ve imandan mahrum kimselerden konu edildiği için âyetteki hitap bu son gruba (günahkâr–fâcirlere) olduğunu söylemişlerdir.

*"Ölümün hak ile gelmesi"* demek, Allah'ın emriyle gelmesi demektir. Çünkü Allah'ın emri olmazsa, ölüm gelmez. Yaşatan da öldüren de Allah'tır. Gerçeğin böyle olması, zaten kitabımızın birçok yerlerinde delilleri (belgeleri) ile geçmektedir.

*"Ölümün sarhoşluğu"* demek ise, ölümün aklı giderecek derecede acı ızdırabının, can çekişen kimseye verdiği şaşkınlık, kendini bilmez bir halde verdiği baygınlık, şiddetli acı ve ızdırap demektir. Bilindiği üzere **"Sekre"**, sarhoşluk, şaşkınlık ve şiddet anlamlarına gelir. Türkçemizde aklını kaybedecek şekilde alkol alan kimselere de sarhoş denilir. Âyette bir istiare vardır. Ölümün acı ızdırabı, şiddet ve zorlukları anlatılmaktadır.

*"Her canlı ölümü tadacaktır"* tatmak, dil ile olur. Ölüm, yenilecek, içilecek birşey olmadığına göre, burada da her canlı ölüm acısını ölüm ızdırabını tadacak, hissedecek ve çekecektir demektir. Burada da bir istiare ve teşbih vardır.

## Ölümü Anında Acı, Şiddet ve Izdırap

Buhârî'nin Hz. Âişe (Radıyallahü Anha)dan rivayetine göre, Hz. Âişe (r.a.) şöyle anlatmıştır: ***Resûlullah Sallallahü Aleyhi vesellem'in mübarek başı benim göğsümde** (kucağımda) **olduğu halde vefat etti. Bu bakımdan ben Resûlullah'ın** (a.s.) **ölümündeki hastalığında ne kadar zahmet çektiğini gördüm. Bundan, bu hali gördükten sonra artık hiçbir kimsenin ölümünün ağır ve şiddetli geçmesinden asla bir tedirginlik duymuyorum."*** demiştir. (Buhârî)

Yine Âişe (r.a.) validemizin rivayetine göre, O şöyle anlatmıştır. ***"Resûlullah Sallallâhü Aleyhi ve sellem'in vefat ettiği hastalığından daha şiddetli olan bir hastalık hiçbir kimsede görmedim."*** (Buhârî-Tecrîd tercemesi c 12)

Resûlullah Efendimizin (s.a.v.) mübarek başı, Hz. Âişe (r.a.) validemizin kucağında, göğsüne dayalı olduğu halde, nefesi daralıyor, ağır ağır nefes alıyordu. Efendimizin yanıbaşında bir kaba konulmuş soğuk su bulunuyordu. Efendimiz hastalığın verdiği ateşin etkisiyle mübarek elini bu suya daldırıyor ve suya batırdığı mübarek eliyle mübarek yüzünü ıslatıyor, bir nebzecik serinliyordu. Ve mübarek diliyle de hep Allah'a dua ve niyaz ediyor: ***"Allah'ım! Ölümün şiddetine ve ölümün verdiği acı ve ızdıraba karşı bana yardım et."*** diye yalvarıyordu. (Tirmizî rivayet etmiştir)

Hz. Âişe (radıyallahü Anha), anlatıyor ve diyor ki: "Efendimiz (s.a.v.) ölümün son gün ve saatlerinde görülmemiş bir sıkıntı ve ızdıraba düşmüşlerdi. Mübarek ellerini, yanındaki bulunan kaptaki suya batırıyor ve mübarek yüzüne sürerek ıslatıyor ve: ***"Subhânallâh! Lâ ilâhe illallah - Ölümün de şiddetli sadmeleri (vuruşları) vardır."*** buyuruyordu. Resûlullah'ın başı ucundan ayrılmayan Hz. Âişe ve Hz. Fâtıma (r.a.) Allah'ın Resûlünün çektiği bu ölüm sıkıntılarını gördükçe çok üzülüyorlardı, fakat ellerinden gelen birşey yoktu. Ancak Hz. Fâtıma (r.a.) hüngür hüngür ağlıyor ve:

***"Kim bilir ne acılar çekiyor, babacığım!..."*** diyerek inliyordu.

Allah'ın Resûlü, Yüce Peygamberi (s.a.v.), hayatının biricik varlığı, sevgili kızına, hem teselli ediyor ve hem de bu fani dünyadan ayrılık işareti veriyordu. Hazret-i Fâtıma'ya:

***"Babasının sevgili kuzusu, biricik kızım, bu günden sonra, babacığının hiç acısı, ızdırabı kalmayacak, babacığın artık bir daha acı ve ızdırap çekmeyecektir"*** diyordu. Hz. Fâtıma ise, gözyaşlarına boğuluyor ve bunları bir türlü tutamıyor, akmalarına engel olamıyordu.

O gün, günlerden pazartesi günüydü. Saatler ilerledikçe Hz. Peygamberin ölüm bayılmaları, ölümün şiddeti artıyordu. Bu esnada kendisinden (s.a.v.) su gibi terler akıyordu. Bu terleri siliyor ve asla bir şikayet anlamına gelecek bir kelime söylemiyor, şikayet etmiyordu sadece ve sadece, mübarek ellerini yanındaki su kabına koyup aldığı su ile mübarek yüzünü ıslatarak:

## Hz. İbrahim (a.s.) ve Ölümün Şiddeti

Rivayete göre, Allah Teâlâ, Halîli (dostu) Hz. İbrahim Aleyhisselam'a ölümün nasıl olduğunu, sıkıntısı ve zahmetinin olup olmadığını sormuş:

*"— Ey dostum! Halîlim ölümü nasıl buldun?"* buyurmuştur. Hz. İbrahim Aleyhisselam:

*"— Ateşte kızdırılmış demirden bir şişin, ıslatılmış bir yün veya pamuk cinsinden bir şeyin içine sokulup sonra çekilmesi gibi inciticiydi"* diye cevap vermişti.

Hazret-i İbrahim Halilullah'ın bu cevabı üzerine, Rabbül'alemin olan, ölümün ve dirinin tek sahibi olan herşeyin kendi kudreti altında bulunan Yüce Allah, dostu ve sevgilisi Hz. İbrahim'e şu iltifatlı cevapta bulunmuştu:

*"Şunu iyi bilesin ki, ey dostum (halîlim) İbrahim! Ben sana ölümün kolayını, acısı en az olanını tatbik etmiştim (uygulamıştım)."* buyurdu.

Yine rivayete göre, Allah Teâlâ, Kelimi Hz. Mûsa Peygambere de ölümün şiddeti ve zorluğu hakkında bir sualde bulunmuş:

*"— Kelimim, ya Mûsa! Ölümü nasıl buldun? Kolaymıydı, zahmetli miydi?* diye sormuş. Hazret-i Mûsa Aleyhisselam cevabında:

*"— Ya Rabbi! Ölümüm esnasında kendimi, kızartılmak üzere bir tavanın içine atılan, fakat ölüp de rahat edemeyen, kurtulup da uçamayan canlı bir serçe kuşu gibi buldum veya kendimi, kasabın elinde diri olarak derisi yüzülen bir koyun gibi buldum"* demiştir.

Hz. Ebû Bekir Radıyallâhü Anhü ölüm döşeğinde yatıyordu. Başı ucunda da sevgili kızı ve Resûlullah'ın pak (temiz) zevcesi Hz. Âişe (r.a.) bulunuyordu. Hz. Âişe (r.a.) validemiz şöyle anlatıyor:

*"Sevgili babacığımın can çekişmekte olduğunu görünce, O'nun bu haline dayanamayıp ağladım. O sırada babacığım baygın düşmüş, kendinde değildi."* Ben:

*"— Kişi, gözyaşlarını göz damarlarında ne kadar tutabilirse tutsun, sonunda birgün boşaltmak zorunda kalacaktır."* dedim. Babağıcım, gözlerini açarak bana baktı ve şöyle dedi:

*"— Sevgili kızcağızım, böyle söyleme (şiir söylemeyi bırak)*. Sadece ve sadece şu âyeti (ölüm baygınlığını bildiren âyeti):

"وَجَاءَتْ سَكْرَةُ الْمَوْتِ بِالْحَقِّ ذَلِكَ مَا كُنْتَ مِنْهُ تَحِيدُ **– Ey insan! Birgün bakarsın ki, ölüm sarhoşluğu** *(baygınlığı)* **gerçek olarak gelmiştir** *(Kişi can çekişmektedir)*. **Ey insan işte bu, senin yan çizerek korkup kaçtığın şeydir** *(denilir)* ***oku."*** dedi.

Hz. Ebû Bekir Radıyallahü Anhü (Allah kendisinden razı olsun) ölümün şiddetli baygınlığı ve ağrıları içinde bile Allah'ın âyetleriyle evladına nasihat ediyordu. İşte Allah yolunun yolcuları, Allah adamları hep böyledir. Onların alış-verişi Allah iledir. Her zaman O'nu hatırlayıp yâd ederler.

Bu âyette, âhireti ve ölüm gerçeğini önemsemeyen kimselere çok önemli bir tehdit ve kınama vardır.

وَجَاءَتْ سَكْرَةُ الْمَوْتِ بِالْحَقِّ ذَلِكَ مَا كُنْتَ مِنْهُ تَحِيدُ

*"Ölüm sarhoşluğu (baygınlığı) gerçek olarak gelmiştir. İşte bu, ey insan! Senin öteden beri kaçıp durduğun şeydir (ölümdür)"* denilir. Kaf Sûresi âyet 19

Ölüme ve âhiret hayatına kulak vermeyen, kişi veya kişiler, ölüm denen devletli ile pençeleşirken bu gerçeklerin varlığını ve gerçek olduğunu görüp anlayacaktır. Bu âyet bu gibi kimselere bir kınama ve tehdit ifade etmektedir.

وَنُفِخَ فِى الصُّورِ ذَلِكَ يَوْمُ الْوَعِيدِ

*"Sûr'a üfürülür. İşte bu da, geleceği va'dedilen gündür."* Kaf Sûresi âyet 20

Yani, Sûr'a üfürülür, ikinci üfürülüştür. Kıyamet kopup bütün insanlar öldükten, sonra yeniden diriltilmeleri için, İsrafil (a.s.) Sûr'a üfleyecek ve bütün insanlar diriltilecek ve bu dünyada yaptıklarından hesaba çekilecektir. İşte bugün, çok önemli bir gündür. Müminler Cennete, kafirler de Cehenneme gideceklerdir. Onun için, bu güne *"yevmül'vaîd - tehdit günü, tehdidin gerçekleşmesi günüdür"* şeklinde ifade edilmektedir.

وَجَاءَتْ كُلُّ نَفْسٍ مَعَهَا سَائِقٌ وَشَهِيدٌ

*"Herkes yanında, kendisiyle beraber bir sevk memuru ve bir de şahit olan (iki melekle) birlikte gelmiştir (gelecektir)."* Kaf Sûresi âyet 21

Yani, mahşer günü her insan, yanında iki melekle mahşer yerine gelecektir. İki çeşit melek; bu meleklerden birisi, o şahsı o kişiyi mahşer yerine sevketmek, sürüklemek ve getirmekle görevli, birisi de şahit melek, o şahsın ameline, işlediği ve yaptığı şeylere şahitlik eden melektir. Bu şahit melek herkesin ameline göre şahitlik edecektir. Bu melekleri Allah Teâlâ, görevlendirmiştir. Meleklerde yanlış yapmak yoktur. İyilerin iyiliğine, kötülerin de kötülüğüne tanıklık ederler ve edeceklerdir.

Tefsir bilginleri şöyle demişlerdir: ***"Kafiri ve kafirleri sevkeden, sürükleyen sevketmekle görevli melek, onları cehenneme sürükler, şahidlik etmekle görevli melek de günahına ve günahlarına şahitlik eder, edecektir. Mümini ve inanmış kişileri sevkeden, sevketmekle görevli de onları cennete sevkeder. Şahidlik eden melek de onun ve onların ibadet ve taatlerine, iyiliklerine, sevaplarına şahitlik eder."*** denilmiştir.

Son olarak 22. âyeti de buraya alıp, bu dört âyet-i kerimenin birlikte yorumlanması konunun daha iyi anlaşılmasına fırsat sağlayacaktır.

لَقَدْ كُنْتَ فِي غَفْلَةٍ مِنْ هَذَا فَكَشَفْنَا عَنْكَ
غِطَاءَكَ فَبَصَرُكَ الْيَوْمَ حَدِيدٌ

***"Andolsun ki,*** *(ey insan)* ***Sen bundan*** *(bugünden)* ***gafletteydin*** *(habersizdin, önem verip öğrenmedin).* ***Şimdi ise, artık senden gaflet perdeni kaldırdık. Bugün ise, artık gözün keskindir*** *(gerçekleri görürsün ve görebiliyorsun)"* denilir (denilecektir). Kaf Sûresi âyet 22

Açıklama: Âyetteki: ***"Andolsun ki, ey insan! Sen bundan*** *(bugünden)* ***gaflette idin. Sen bugünün dehşetinden ve sıkıntılarından habersizdin. Çünkü gafletteydin."*** hitabı, her bir insanı az çok ilgilendirmektir. Çünkü, her insanda (yani mümin olsun, kafir olsun, günahsız olsun, günahlı olsun) az çok âhiretle ilgili bir gaflet bulunur. Bu şuna benzer, duyulan, bir haber, görmek gibi değildir.

İşte âhiret işleri hepsi bir haberdir, peygamberlerin öğretisine ve Allah'ın emir ve yasaklarını anlatıp bizlere verdiği bu bilgi ve haberlere dayanmaktadır. İşte bu ilahi haberlerden gereği gibi yararlanamayan insanın gaflet ehli olduğu vurgulanmaktadır. Ve insanın bu gafleti kınanmaktadır. Kınama ile birlikte tehdit de vardır:

***"Şimdi ise, artık senden gaflet perdesini kaldırdık. Bugün, artık gözün keskindir. Bütün gerçekleri görebiliyorsun."*** Yani, Allah'ın peygamberi'nin sana haber verdiği şeylerin hepsinin doğru ve gerçek olduğunu burada görüyorsun. Sen bunların dünyada iken bir türlü varlığını kabul edemiyordun kafa gözünle bakıp bu gerçekleri inkar ediyor, yok sayıyordun. Çünkü kafa gözüyle, âhirete ait şeyler, hakikatler ve gerçekler görülemez ancak varlığına inanılır. Herşeyi madde gözüyle (fiziki gözle) görmek ve göremediğini, görmediğini yok saymak kafir olanların vasıflarıdır (özellikleridir). Bu dünyada herşeyi inkar eden kafirler de, kıyamet günü âhiretle ilgili bütün doğruları ve gerçekleri en güzel, en keskin bir göz bakışıyla görecek ve tasdik edecektir ama vakit geçmiş olduğundan kendilerine en küçük bir yarar bile sağlamayıp, azablarının devamını sağlayacaktır.

İnsanın bu dünyada göremediği manevi doğrular ve gerçekler, kendisinin ölümüyle görülmeye başlayacaktır. Ölümüyle gözünden gaflet perdesi kaldırılacaktır. Kişinin gözleri âhiretin hakikatlerin, gerçeklerini görmek yönünden çok keskin ve güçlüdür, bak bakabildiğin kadar, hitabiyle karşılanacakları ifade ediliyor.

Hz. Ömer'in oğlu Abdullah (r.a.)'ın rivayetine göre, Resûlullah (a.s.) şöyle buyurmuştur: ***"Sizden biriniz öldüğü zaman, varacağı*** *(oturacağı)* ***yer, sabah akşam kendisine gösterilir. Ölen o kimse, eğer cennetlik kimselerdense, ona cennetliklerin makam ve yerlerinden cennette bir yer ve makam kendisine gösterilir. Şayet ölen kişi, Cehennemliklerden biri ise, Cehennem ehlinin*** *(Cehennemliklerin)* ***yerlerinden bir yer kendisine gösterilir.*** *(Bu hal sabah akşam böyle devam edilir.)* ***Ölen herkese şöyle denilir: "Kıyamet günü, yüce Allah seni yeniden diriltinceye kadar senin durağın, senin kalacağın*** *(oturacağın)* ***yer burasıdır, denilir."*** (İbn-i Mâce Zühd, bab 32)

Ölüm şerbetini içen herkes, yeniden dirilme günü veya kıyamet günü ve de hesaba çekilme günü bu dünyadaki gafletinden, her hal ve hareketinden sorguya çekilecektir. "Ey insan! Sen dünyada iken bugünden ve bugünün sıkıntısından gafletteydin. Şimdi ise, gafletinin zahmetine katlanmalısın hitabiyle karşılaşacaktır.

Meşhur müfessir Kâab el'Kurezî demiştir ki: ***"Hiçbir insan ölürken, gideceği yerinin Cennet veyahut Cehennem olacağını bilmeden*** *(görmeden)* ***ölmez. İlle de ölürken âhiretteki yeri kendisine gösterilir. Yani, ruhunu teslim ederken, ruhu cesedinden ayrılırken ölüm döşeğindeki can veren kimsenin varacağı veya gideceği yer kendisine gösterilir."*** demiştir.

## ECEL GELİP CAN BOĞAZA DAYANDIĞI VAKİT, ONU GERİ ÇEVİRSENİZ YA

**ONUNCU ÂYET:** Cenâb-ı Allah, bu tehditleriyle kullarının gafletten uyanmasını istiyor, kendilerinin çok mu çok aciz bir varlık olduklarını söylüyor. ***"Kişinin canı çıkmak üzere gelip boğazına dayandığı vakit, o zaman siz sadece bakar durursunuz*** *(elinizden hiçbir şey gelmez).* ***O zaman biz ona sizden daha yakınızdır ama siz bizi göremezsiniz."*** buyurarak insanların çok aciz ve çok çaresiz bir yaratık olduklarını hatırlatıp uyarıda bulunuyor.

بِسْمِ اللّٰهِ الرَّحْمٰنِ الرَّحِيمِ

فَلَوْلَا اِذَا بَلَغَتِ الْحُلْقُومَ . وَاَنْتُمْ حِينَئِذٍ تَنْظُرُونَ .

***"Hele can boğaza gelip dayandığında, o vakit*** *(evet siz, ölmek üzere olan ölünün çevresinde bulunan sizler),* ***bakar durursunuz*** *(Elinizden hiçbir şey gelmez, ölmek üzere olan kişinin canının çıkmasını bekleyip durursunuz)."* Vâkia Sûresi âyet 83, 84

وَنَحْنُ اَقْرَبُ اِلَيْهِ مِنْكُمْ وَلٰكِنْ لَا تُبْصِرُونَ .

***"Biz ise, O'na,*** *(o can çekişen arkadaşınıza, dostunuza)* ***sizden daha yakınızdır.*** *(İlmimizle, kudretimizle onun her halini biliyor ve her isteğini dilediğimiz şekilde yerine getirip yaparız.)* ***Fakat siz, görmezsiniz,*** *(Yani bizim ölmekte olan o kimsenin yakınında olmamızı* *ona yapılmakta olan işlerimizi göremezsiniz, anlayamazsınız).”* Vâkia Sûresi âyet 85

فَلَوْلَٓا اِنْ كُنْتُمْ غَيْرَ مَدِينِينَۙ .

***“Haydi bakalım, eğer hesaba çekilmeyecekseniz** (dünyada yaptıklarınızın karşılığını görmeyecekseniz ki, öyle iddia ediyordunuz), **eğer bu iddianızda doğrulardan** (doğru söyleyenlerden) **iseniz, boğazdan çıkmak üzere olan canı** (ruhu) **geri döndürünüz.** (Çıkmasın; dostunuz, sevdiğiniz, ciğer pareniz ölmesin, canı boğazından çıkıp gidip de cesedi kalmasın; sizin iddialarınız ki, öldükten sonra dirilme yok, hesaba çekilme yok, dünyada yapılan dünyada kalır, hesap-kitap-sorgu-sual yok diyordunuz), **eğer bu görüşünüzde** (doğrulardan, doğru söyleyenlerden olduğuzu **hâlâ iddia ediyorsanız, haydi bakalım görelim sizi; bu ölmek üzere olan canınız, ciğeriniz, bir taneniz, sevgili anneniz veya biricik babanız ve her neyinizse, canı boğazına gelmiş olan kimsenin canını boğazından aşağıya gerisin geriye çevirin ölmesin!...*** Vâkia Sûresi âyet 86

Allah Teâlâ, birçok âyet-i kerimelerinde olduğu gibi bu âyetinde de iman nurundan mahrum olan, âhiret hayatıyla ilgili konuları yoksayan kişileri uyarıcı tehdit ve kınamalarda bulunarak meydan okumaktadır. Güç, kuvvet ve kudret benim elimdedir. Sen aciz bir varlıksın. Sen daha sevdiklerinin karşısına oturup onların canlarının boğazından çıkmasına seyirci kalmaktan başka bir eylem, bir davranış göstermiyorsun. Ancak canının boğazından çıkmasına bakıp duruyorsun. Elinden hiçbir şey gelmiyor, acısını dindiremiyorsun, canının çıkmasına engel olamıyorsun!... Bir de kalkmış diyorsun ki, âhirette sorgu-sual, hesap verme yok, ceza çekme yok diyorsun. Öyle ise, yani senin söylediğin doğru ise, biricik sevdiğinin, canının, ciğerinin ölmesine engel ol, boğazından çıkmak üzere olan canını geri çevir, çıkmasın!... Bu mesajlar, Cenâb-ı Allah'tan bir ihtar, bir uyarı ve aynı zamanda bir tehdittir. Kullarının yola gelmesine vesile ve sebep olabilir.

Allah Teâlâ, kullarına karşı çok merhametlidir, onlar için bir sebep halkeder ve halkedebilir, hiç kimse bunu bilemez, an meselesi olabilir. Ölüm herkes için bir öğüt, bir nasihat tablosu olabilir. Sevdiğinin veya sevdiklerinin kendi gözü önünde ölmelerine bakıp duran ve elinden hiçbir şey gelmeyen, küçük bir hareket, bir davranış, bir eylem, bir kıpranış dahi gösteremeyen kişi, elbette kendisine bir çeki düzen vererek, bir özeleştiri de bulunması zamanı gelmiş olabilir. Allah kullarını düşünmeye ve kendilerini özeleştiride bulunmaya çağırıyor, ey kulum, güç benim, kudret benimdir. Sen kendine gel diyor.

80. âyette geçen *"ğayra medînin"* kelimesi hakkında tefsir bilginlerinin bazı açıklamaları şöyledir: ***"Eğer siz, Allah'ın bildirdiği hak dininin emir ve hükümlerine uymayacak olmanız ve onu yalanlamanızın*** *(yok saymanızın)* ***cezasını çekmeyecekseniz*** - yani öldükten sonra yeniden diriltilip, ceza çekmeniz için yeniden diriltilmeyecekseniz *"Terciûnehâ* - ***O boğaza gelen canı, çıkmak üzere hulkuma*** *(boğaza)* ***gelen canı geri çevirseniz ya!..."*** İbn-i Abbâs (r.a.)

demiştir ki: *"Gayra medînin"* demekten maksat, ***hesaba çekilmeyecek ve dünyada yaptıklarından ceza görmeyecek iseniz"*** demektir. Hazin cümleyi şöyle toplamıştır: ***"Ey inkârcılar, eğer durum sizin dediğiniz gibi ise, yani öldükten sonra dirilme, hesap verme ve dünyada yapılan amellerin karşılığını veren*** *(ve verecek olan)* ***bir Allah yoksa, şu sevdiğiniz kişinin canı boğazına geldiğinde, can hulkumdan, ruhu cesedinden çıkmak üzereyken, onu*** *(o canı, o ruhu)* ***geri çeviri verseniz ya! Şu halde bunu yapamadığınıza göre ve hiçbir zaman da yapamayacağınıza göre, şu gerçeği bilin ve inanın ki, iş sizin elinizde değil, güç, kuvvet ve kudret sizin elinizde ve emrinizde değil başkasının elindedir. O da Allah'tır. Öyle ise O'na iman edip O'na dayanıp güvenmelisiniz."*** demek olur.

Bu âyetlerdeki hitap, Allah'ın gönderdiği kitabı, peygamberi, Allah'ın emir ve yasaklarına inanmayan ve yalanlayan kafir ve inançsız kimselere yöneliktir. İman yoksulu, inançtan mahrum ve manevi değerleri yok sayan kişilerin ne kötü bir hale düşmüş horlanacak, aşağılanacak bir durumda oldukları vurgulanmaktadır.

Kısaca açıklamasını yapmaya çalıştığımız Vâkia Sûresi, 83 ve 87. âyetler, insan hayatının son buluşu **can hulkuma** geliyor, kişi artık boğazına ve gırtlağına kadar gelmiş olan ruhunun çıkmasıyla uğraşıyor, can çekişiyor ölmek üzeredir. Kişinin bu fani hayattaki yaşamının noktalanma sahnesidir bu insanoğlu istese de, istemese de, bu sahne (ölüm sahnesi) perdesini indirecektir. Çünkü Allah'a dönüş dakikaları gelmiştir. Bu dönüş, hiçbir insanın kendi isteğine bırakılmamıştır ve asla bırakılmayacaktır.

Allah Teâlâ her insanın etrafında (çevresinde) birçok melekleri görevlendirmiştir. Her meleğin bir görevi vardır, o sadece kendi görevini yapar. Kişinin eceli gelip ölümle pençeleştiği vakitte de bir takım görevli melekler bulunur. Bunlar ölümle pençeleşen kişinin ruhunun kabzedilip bedeninden ayrılınca bu **"ruh"** denilen emaneti geri alıp yerli yerine götürecek ve götürmekle görevli melekler de vardır. Nitekim Kur'ân-ı Kerim bu konuda bize bilgiler vermektedir.

## KİŞİNİN CANINI ALMAKLA GÖREVLİ ÖLÜM MELEĞİ

قُلْ يَتَوَفَّيكُمْ مَلَكُ الْمَوْتِ الَّذِى وُكِّلَ بِكُمْ

ثُمَّ اِلَى رَبِّكُمْ تُرْجَعُونَ ع

***"Ey Resûlüm! De ki: Size vekil kılınmış olan ölüm meleği canınızı alacak, sonra döndürülüp Rabbinize götürüleceksiniz."*** Secde Sûresi âyet 11

Yani, Ey insanlar! Sizin ruhunuzu alacak olan ölüm meleği, sizin canınızı almak için Allah tarafından görevlendirilmiştir. O sizin canınızı alacaktır. Sonra da siz döndürülüp Rabbinize götürüleceksiniz. Yani, kıyamet gününde hesap ve ceza için, dünyadaki amellerinizin karşılığını almak için varacağınız ve dönüşünüz sadece Allah'adır.

Can boğaza geldiğinde onu ölüm meleği Azrâil alır. Ayrıca ölüm meleği dediğimiz Azrâil (a.s.)'in birçok yardımcıları vardır.

Cenâb-ı Allah, ***"Ölüm meleği size vekil tayin edilmiştir, O sizin canınızı alacaktır. Sonra Rabbinize döndürüleceksiniz."*** buyuruyor. " **«Vekil»** veya **«tevkil»**" bir kimsenin, güvendiği birini kendi yerine, kendi adına tayin etmesi, görevlendirmesi demektir. Âyette geçen **"Teveffî"** kelimesi, birşeyi tam ve eksiksiz olarak almak demektir. Buna göre mana şöyledir: ***"Azrâil ruhlarınızı, hiçbir şey bırakmadan tam ve eksiksiz olarak alır."*** demektir.

Yine âyet-i kerimeden aldığımız açık işarete göre, insanların ruhlarını alan meleklerin özellikle bu iş için görevlendirildikleri, onların görevleri ölüm meleği Azrâil'in yardımcıları olarak kendilerine yüklenilen proğramın insanların ruhlarını teslim ettikleri esnada görevli olduklarıdır. Ölüm meleği Azrâil, ruhları alır. Diğer melekler de onun yardımcılarıdır. Ve O'nun emrine göre hareket ederler. Aslında bütün varlıkların ruhlarını alan Allah Teâlâ'dır. Ölüm meleği Azraîl ve yardımcıları Cenâb-ı Allah'ın emrini yerine getirmekle görevli bir vasıtadır.

وَهُوَ الْقَاهِرُ فَوْقَ عِبَادِهِ وَيُرْسِلُ عَلَيْكُمْ حَفَظَةً حَتَّى
اِذَا جَاءَ اَحَدَكُمُ الْمَوْتُ تَوَفَّتْهُ رُسُلُنَا وَهُمْ لَا يُفَرِّطُونَ

***"(O Allah) kullarının üstünde yeğane kudret, güç ve tasarruf sahibidir. Size koruyucu melekler gönde-***

*rir (üzerinize amellerinizi yazan hafaza melekleri göndermiştir).* ***Sonunda sizden birinize ölüm geldiği vakit, gönderdiğimiz elçilerimiz*** *(Can almakla görevli melekler)* ***O'nun canını alırlar. Ve onlar*** *(görevli melekler)* ***kendilerine verilen bu görevleri yerine getirmede hiçbir aksatma ve geciktirme olmaksızın ifâ ederler*** *(yerine getirirler)*." En'âm Sûresi âyet 61

Bütün melekler, nurdan yaratılmış, çeşitli şekillere girebilen nûrânî ve latif varlıklardır. Melek adı verilen, nurdan yaratılmış bu nûrânî varlıklar, ilâhi lûtfa mazhar olmuş, görevlerinde zerrece unutma, yanılma, ihmal etme ve kusur yapma gibi herhangi bir hata söz konusu olamaz. Melekler hiç günah işlemezler, yanlışlık yapmazlar. Kendilerine verilen görevleri eksiksiz olarak yerine getirirler.

## ÖLÜMÜN ŞİDDETİNDEN AYAKLARIN BİRBİRİNE DOLANMASI, KİŞİNİN ÖLÜM ACISI İLE KIVRANMASI

**ONBİRİNCİ ÂYET:** Konumuz ile ilgili Kıyâmeh Sûresinin 26. âyeti ile 30. âyetleri ölüm acısının şiddetini dile getirmektedir. ***"Hayır hayır, dünya âhirete tercih edilemez. Can boğaza*** *(köprücük kemiklerine)* ***dayandığı yani, can çekişmeye başladığı zaman, yanındakiler, bunu iyileştirecek, bu ızdıraptan kurtaracak yok mu? derler. Artık ayrılık vaktinin geldiğini yani öleceğini kendisi de anlar. Ölümün acı ve şiddetinden bacağı bacağına dolaşır, ölüm acısıyla kıvranır da kıvranır."***

بِسْمِ اللّٰهِ الرَّحْمٰنِ الرَّحِيمِ

كَلَّا اِذَا بَلَغَتِ التَّرَاقِيَ. وَقِيلَ مَنْ رَاقٍ. وَظَنَّ اَنَّهُ الْفِرَاقُ

وَالْتَفَّتِ السَّاقُ بِالسَّاقِ. اِلٰى رَبِّكَ يَوْمَئِذٍ الْمَسَاقُ.

***"Hayır hayır, dünya âhirete tercih edilemez. Can boğaza -köprücük kemiklerine dayanınca, yani can çekişmeye başlayınca- yanında bulunanlar telaşla: «Bunu iyileştirecek, bu sıkıntıdan kurtaracak yok mu?» derler."*** Kıyâmeh Sûresi, âyet 26, 27

***"Can boğazına gelen -ölmek üzere can çekişen kişi- artık ayrılık vaktinin geldiğini yani öleceğini kendisi de anlar*** *(anlamıştır).* ***Ölümün acı ve şiddetinden bacak bacağa dolaşır*** *(yani ölüm anında ayakları birbirine dolaşır, ölüm acısıyla kıvranır da kıvranır)."* Kıyâmeh Sûresi âyet 28,29

***"İşte o gün sevk - dönüş- Rabbinedir. Ancak*** *(insanların son dönüş yeri yüce Allah'ın huzûruna çıkmak olacaktır)."* Kıyâmeh Sûresi âyet 30

Konumuzla ilgili bu beş âyet-i kerimeye şöyle bir göz atıp kısaca bazı açıklamalar getirelim. Açıklama ve kısa yorumlar getirelim ki, konuyu daha da hazmetmiş olalım.

Konumuz olan âyetteki ***"Kellâ"*** kelimesi, dünyayı tercih edip âhireti gözardı eden düşünceyi reddetmek demektir. ***"Kellâ"*** kelimesi, ***"Hayır hayır, kesinlikle değil"*** anlamına gelir ki bu, dünyayı isteyen, âhireti önemsemeyen dünya işlerine dört elle sarılıp, âhiret işlerini bırakmak ve önemsememek, olsa da olur, olmasa da veyahut âhiret işlerine hiç inanmayan, yok sayan kişileri ve düşüncelerini reddetmektir. Onlara bir uyarı ve bir kınama tarzında sonlarını hatırlatmadır.

Gözünü sadece dünya yaşamına dikenlerin sonlarının, akibetlerinin helak ve perişanlıktan ibaret olacağını nazar-ı dikkate vermek ve yine de onları uyarmak amacına yöneliktir. Çünkü Allah kullarına karşı çok merhametlidir. Kendisine yönelen (dönen), tevbe ederek kendisinden (Allah'tan) özür dileyen kullarını sever ve affeder. Evet bundan (bu uyarıdan) sonra da âhiret işlerinin önemini vurgulamak için ölüm sahnesini gözler önüne seriyor. Kişinin, can çekişme sahnesini dile getiriyor. İnsanın aczini, çaresizliğini, güç yönünden sıfır olduğunu vurguluyor. Dünya hayatının sonu ve âhiret hayatına açılan ilk kapı ve kişinin kıyametinin kopması demek olan ölüm ve ölüm anı, can çekiş hali anlatılarak sahneleniyor, gözler önüne seriliyor, seriliyor ki, âhireti bırakıp da dünyaya sevgi, coşkusu akıtanların belini, bel kemiğini kıran o büyük musibetin (belanın) âhirete kadar da kalmayıp, dünyadan başladığı anlatılmaktadır ve ölüm sahnesini bütün şiddetiyle göze (nazara) vermektedir.

Bu sahnenin dehşetini herkes hisssetmektedir. *"Canı köprücük kemiklerine dayanan"* ve onun çektiği ölüm acısının ızdırabının karşısında durup seyredenler ve ellerinden hiçbir şey gelmemesinden yıkılıp acı duyanlar: *"Bu acıyı dindirecek, bunu iyileştirecek yok mu?"* derler. Demek ki, 27. âyet, can çekişmekte olan kişinin, yakınları, sevenleri ve eşi dostu, ölümle pençeleşeni yalnız bırakmamışlar. Ancak ellerinden birşey gelmiyor. Zavallı hastanın zerrece acısını, ızdırabını dindiremiyorlar. Sadece ve sadece: *"Bunu kim iyileştirecek?"* diyerek sızlanıyorlar. Hastanın yakınları, sevdikleri böyle acz içinde kıvranırken ve bu sahneyi nazar-ı dikkate verdikten sonra, şimdi âyette sıra ölümle pençeleşen kişiye geliyor. Bu can çekişme esnasında o neler düşünmüştür, ne hale gelmiştir, durumu nedir?...

وَظَنَّ اَنَّهُ الْفِرَاقُ ***"Can çekişen** (ölümle pençeleşen) **bunun ölüm anı olduğunu anlar."*** Sevdiklerinden ve sevgili dünyasından, dünyanın keyiflerinden ve tüm vücudundaki organlarının birbirinden tam anlamıyla ayrılıklarını, **"elveda, el'firak!"** diye diye acı ve kederler içinde ızdırapla ayrıldığı acı bir ayrılıktır. Can çekişen, nefesi tıkanan, ölümle pençeleşen, ölümün darbeleriyle boğuşan o kişi bu ayrılığı öyle anlamıştır ki:

وَالْتَفَّتِ السَّاقُ بِالسَّاقِ ***"Bacak bacağa dolaşmıştır."*** Yani, ölüm acısıyla, ölümün vurduğu sadmelerin işkence ve ızdırabıyla ve bir de dünyada bıraktığı efrâd-ı ailesinin ayrılığından, bir ömür boyu toplayıp biriktirdiği malların, servet ve emlakın, paraların, dolarların ayrılığından mütevellit acı ve ızdırabın birleşmesiyle zavallı âhiret yolcusunun elleri ve ayakları birbirine karışmış, bacakları birbirine dolaşmıştır.

Yüce Allah, bir kulunun can çekişme sahnesini, ölümle pençeleştiği bir sahneyi kullarının nazarlarına (gözleri önüne) sermektedir. Bu ilâhi teşbih (benzetme)lerden heyecan duyup yararlanabilmek için bu sahnede (ortamda) bulunup bunun inceliklerini gönül hazinesine aktarmak lâzımdır. Bu hareketli sahne, son nefes sahnesi, acı ve ızdırabı dayanılmaz acımasız ve katı (acıması olmayan) bir an, aynı zamanda karşı konulamayacak ve karşı gelinemeyen, geri döndürülemeyen ve geri çevrilemeyen ve çevrilmesi dahi insan aklına gelmesi düşünülemeyen bir gerçekle yüzyüze, karşı karşıya kalınmış bir sahne! Korkular, el ayak dolaşmaları, şaşkınlıklar ve dile gelen feryâd-ü figanlar, inlemeler, hıçkırıklar. Bu sahnede her başvurulan çare boşa gitmiştir. Başvurulan her tedbir aciz kalmıştır. Nihayet her insanın sonunda gideceği ve varacağı tek yol biricik yol ortaya çıkıyor ve çıkmıştır, o da اِلٰى رَبِّكَ يَوْمَئِذٍ الْمَسَاقُ ***"O gün sevk, yalnızca Rabbinin huzurunadır."*** İşte bu gerçeğin dile geldiği bu şaşmaz, değişmez sahne, bu acı tablo her insanın başına geliyor ve gelecektir. Önemli olan bu sahnenin oyuncusu mesabesinde olan ölümle pençeleşen ve ölüm şerbetini içen kimsenin kazançlı ve kârlı çıkmasıdır. Bunun da şartı şurtu vardır. O da bu dünyada Allah'ın emirlerini yerine getirecek, yasak ettiği şeylerden (haramlardan) uzak duracak, Amentü'nün içindekilere inanacak ve onları uygulayacak ve bu sahneye (ölüm sahnesine) hazırlıklı olacaktır.

**Dikkat:** Ölümün şiddetinden ve ölmek üzere olan, ölümle can çekişen bir kimsenin, ölümün şiddet ve ızdırabından ayaklarının birbirine dolaştığını anlatan Kıyameh Sûresinin 26 ile 30. âyetleri de dahil olmak üzere (6) altı âyetini kısaca meâl ve açıklamalarını verdik.

*"Ölümün acısı, şiddeti ve ızdırabı vardır"* başlığı adı altında **(dokuzuncu âyet)** sırasıyla verdiğimiz (Kaf Sûresi âyet 19) da da ölümün şiddetinden ve can çekişmeden örnekler verdik. İsteyen buraya da bakabilir.

*Ey Âhiret Yolcusu!* Onbirinci âyet, başlığı altında verdiğimiz bu bölüm, her insanın başına gelecek olan ölümle pençeleşmek, can çekişmek, artık nefesinin daralıp köprücük kemiklerine gelmesi ve boğazından çıkması sahnesini adeta fotoğraflamakta ve resimlemektedir. İsteyen bu sahneden, bu resimlerden istifade edebilir. Kendisine çeki düzen vererek hak yolunda, doğru yolda olmayı kendisine ilke edinebilir.

Çünkü ölümden kaçılmaz, kaçılamaz. Ölüm, her canlının göreceği ve yaşayacağı, acısını tadacağı bir olaydır, bir gerçektir. Hiçbir kimse bu gerçeği, ne kendisinden, ne de başkasından men edemez, engel olamaz. İnsanoğlu, ölüm denilen ecelin önüne geçemediği gibi, kıyametin kopmasını, dünyanın yıkılıp yok olmasını ve âhiretin gelmesini de durduramaz. Bu noktada insanoğlu aczini, güçsüzlüğünü ve zayıflığını, herşeyden öte çaresizliğini ve yeteneğinin sınırlı oluşunu çok iyi anlarken, Yüce Allah'ın kudretinin ve ilminin sonsuz sınırsızlığını ve yenilmezliğini de bir nebzecik olsun sezmiş olur. İnsanın hiçbir dediği olmayabiliyor ve arzuları yerine gelmiyor ama Allah

Teâlâ'nın her dilediği ve dediği oluyor, herşeyin dizginleri O'nun elindedir. Güç O'nun, kudret O'nun elindedir.

Şu bir gerçektir ki, bunca hakikatler, gerçekler, misaller-örnekler, ve deliller-belgeler apaçık ortada dururken, insanların bir çokları, ölüm olayını, ölüm gerçeğini ve âhiret hayatıyla ilgili birçok gerçekleri kabullenmek istemiyor, inkâr etme, yok sayma yoluna sapıyor. Bunca delil ve belgelere rağmen, Hakk'ı reddederek yaratılışındaki gaye ve hikmete ters düşen bir ömür sürmeye, bir hayat yaşamaya yelteniyor. Böyleleri, sadece ve sadece olanı ve görülebileni görüp inanıyorlar.

Gaybe, görülmeyene ve fizik ötesi haberlere inanmıyorlar, inanmak ve kabullenmekte istemiyorlar. Buna rağmen inanmadıkları ve asla kabullenmedikleri yolda yürüyerek O yüce kudrete (Allah'a) ve hayatın şaşmaz gerçeği olan âhiret gününe, adım adım, soluk soluğa yaklaşıyorlar. Ölüm denen devletli ise, bu yolun en belirgin kapısıdır ve o kapıyı kapatmaya ve de kapalı tutmaya hiçbir kimsenin gücü yetmiyor ve yetmemiştir. Allah Teâlâ'nın kullarını irşad edici mesajları karşısında, müminlerin, inanmış kişilerin salih, hayırlı, elverişli amellere hevesleri arttırılıyor; öbür taraftan da kafir olanların, iki yüzlü facirlerin, günahkârların kalplerine neşter vurularak ölüm şerbetini içmeden, can kuşu kafeslerinden uçmadan yani, ölüm acısını tadıp ölmeden önce, kendilerine gelip, uyanırlar da Hakk'a dönerler temennisiyle bir hatırlatma ve tehditlere kulak vermeleri tavsiyesidir.

## ÖLÜM İSTENMEZ
## KİŞİNİN ÖLMEK İSTİYORUM DEMESİ CAİZ DEĞİLDİR

Dinimiz islâma göre, bir müslümanın, hayattan bıkıp ölmek istemesi, caiz ve doğru görülmez. Bir kişinin ben ölmek istiyorum demesini hoş karşılamaz. Kişinin kendi ölümünü temenni etmesi, ölmek istiyorum demesi, bazı islâm alimlerine göre mekruh olarak kabul edilmiş, bazı islâm alimlerine göre de haram olarak kabul edilmiştir. Dinimiz İslâmda hayatın önemi ve değeri büyüktür. Çünkü âhiret hayatının Cenneti bu dünya hayatında kazanılır.

Dünya hayatı geçici ve fani bir hayat olmakla birlikte, âhiret hayatının mutluluğu ve Cenneti yalnızca burada kazanıldığını hatırlamak, ölmeyi istemenin dinimizce caiz olmayışının nedenlerini anlamak bakımından yeterli bir delil olduğu ve anlaşılır bir belge olduğu anlaşılmış olur. Çünkü, her insan bu dünya pazarına bir kerecik gelir, sadece ve sadece bir kere gelmek fırsatı eline geçmiştir. Eline bir kerecik geçen bu fırsatı değerlendirme yollarını aramayıp da ölümü istemek, dünya yolculuğunu veya geldiği bu dünya pazarından ebedi yaşamı (hayatı) olan âhireti için gereği kadar azık götürme yollarını arama ve elde etme gayretini ve sebatını göstermemek akıllı bir müslüman için hoş görülmeyen bir durumdur. Aklı başında olan bir insan bilmektedir ki, dünya, bir imtihan yeri, bir sınav mahallidir. Burada her insanın başına çeşitli imtihan olayları ile karşılaşmak her zaman olağan işlerdendir. Bir insanın başına çeşitli belalar, kazalar gelebilir. Bu musibetler, kendi vücuduna gelebildiği gibi, çoluğuna çocuğuna, ailesine, malına mülküne de gelebilir. Şimdi bu musibetlere karşı dayanamayıp ölümü istiyorum diyerek ölmeyi temenni etmek iradeli bir insana yakışmaz. İradeli ve metanetli bir kişi, bu musibetlere karşı Allah'ın takdiri böyledir, düşüncesiyle sabırlı olmaya ve Allah'tan yardım niyaz etme yollarına müracaat etme inancında olmalıdır.

Sözümüzü uzatmadan bu konu ile ilgili Yüce Peygamberimizin emir ve tavsiyelerini bildiren Hadîs-i Şerif metin ve manalarına geçelim ki, konumuzu daha iyi anlamış olalım. Sevgili Peygamberimiz (Aleyhisselâm), sevgili amcası Hz. Abbas'a (r.a.) aşağıdaki tavsiyede bulunmuştur.

Ümmül'Fadl (r.a.) şöyle anlatmıştır: Hz. Peygamberin sevgili amcası Hz. Abbas (r.a.) çok ağır bir şekilde hastalanmıştı. Hazret-i Peygamber (Aleyhisselâtü vesselâm), amcası Hz. Abbas'ın yanına girdi. Hz. Abbas (r.a.) ise, hastalığı ağırlaşmış olduğundan dolayı, şikayette bulunuyor ve ölümü temenni edip duruyor, yani ölümünü istiyor, çektiği acılardan kurtulmak istiyordu. Sevgili amcasının bu durumunu gören Hazret-i Peygamber Efendimiz:

يَا عَبَّاسُ عَمَّ رَسُولِ اللهِ ﷺ لاَ تَتَمَنَّ الْمَوْتَ

اِنْ كُنْتَ مُحْسِنًا تَزْدَادُ اِحْسَانًا اِلَى اِحْسَانِكَ

خَيْرٌ لَكَ وَاِنْ كُنْتَ مُسِيئًا فَاِنْ تُؤَخَّرْ تَسْتَعْتِبْ

مِنْ اِسَاءَتِكَ خَيْرٌ لَكَ، لَا تَتَمَنَّ الْمَوْتَ

*Manası:* ***"Yâ Abbas! Ey Resûlullah'ın amcası Abbas! Ölümü isteme. Zira iyi bir kimse isen, yaşadıkça iyiliğin*** *(sevabın)* ***artar. Sevabın*** *(iyiliğin)* ***artması ise, senin hakkında hayırlı*** *(bir kazanç)* ***olur. Eğer kötü bir kimse isen, yaşadıkça*** *(tevbe eder)* ***kötülükten dönme imkânı*** *(fırsatı)* ***olur. Böyle olunca da senin hakkında hayırlı olur.*** *(Onun için)* ***ölümü isteme"*** buyurmuştur.

Yüce Peygamberimizin sevgili amcasına olan bu nasihatında iki önemli husus görüyoruz:

1. Salih amelli bir müminin, Allah'ın emirlerini yerine getirdiğinden dolayı, sevabı devamlı çoğalmaktadır. Böyle olunca da ne kadar çok yaşar ve geç ölürse, sevabı ve iyilikleri amel defterinde o nisbette çoğalacaktır. Bu sevap ve iyilikleri de kendisi için âhiret azığı demektir. Eğer ölürse, bu sevap ve iyilikler kesilecek ve dolayısıyla amel defterindeki sevapları da az olacak demek olur.

2. Kötü bir kimse için, uzun yaşaması, belki de bu kötülüklerini terketmesi için bir fırsat olabilir. Ve dolayısıyla bu zaman içinde kötülüklerinden pişmanlık duyarak tevbe etme fırsatını yakalayıp kendisi Allah'a ve Allah'ın rızasını elde etme yollarına kavuşabilir. Ve kendisini ibadete vererek âhireti için lâzım ve gerekli olan âhiret azığını temin etmiş olur.

Şu halde ölmeyi istemek, iyi bir istek değildir. Yaşamak, ölmekten ve ölmek istemekten daha hayırlı ve daha yararlıdır demek oluyor. Çünkü bir insan için, yaşamanın her yönüyle yararlı olduğu bildiriliyor. Yaşamda (dünyada) sevaplarını arttırmak iyi kişiler için mümkün ve bir fırsat oluyor. Kötü kişiler için ise, belki de tevbe edip günahlarından temizlenip, yerine sevaplar işlemeye, hayırlar elde etme fırsatını yakalama imkânları doğuyor. Şu halde her insan için dünya yaşamı, ölmekten daha hayırlı yönleri var demek oluyor.

Buhârî ve Müslimin, Ebû Hüreyre'den (r.a.) rivayet ettiği Hadîs-i Şerifte de Hazret-i Peygamber (Aleyhisselâtü vesselâm) Efendimiz, yine bu konuda şöyle buyurmuştur:

لَا يَتَمَنَّى اَحَدُكُمُ الْمَوْتَ اِمَّا مُحْسِنًا فَلَعَلَّهُ

يَزْدَادُ وَاِمَّا مُسِيئًا فَلَعَلَّهُ يَسْتَعْتِبُ

*Manası:* ***"Ey Ümmetim! Sizden hiçbiriniz ölmeyi istemesin. Zira ölmeyi isteyen kimse, eğer iyi bir kimse ise, yaşadıkça belki iyiliği ve sevapları artar. Şayet kötü bir kimse ise, belki de kusur ve hatalarından tevbe edip döner de doğru yola gelir ve Allah'ın rızasını kazanmış olabilir."*** buyurmuştur. Buhârî ve Müslim

***Ey Âhiret yolcusu kardeş!*** Hiçbir kimsenin kendisi için neyin hayırlı ve yararlı olduğunu ve olacağını bilmediği ve bilemediği gibi, ölümün de kendisi için hayırlı ve yararlı olacağını da bilemez. Hal böyle olunca, başına gelen felaketlerden yılıp da bu güzelim hayır ve sevap kazanma mevsim ve mekânından gitmek için ölümü ve ölmeyi istemek, akıllı bir müslüman için kurtuluş değildir.

*Evet ey dost!* Hem düşünmek gerek. Çünkü hiçbir insan, hiçbir kimse, dünyaya kendi isteğiyle gelmiş değildir. Yaşamakta olduğumuz dünya hayatı içinde bizim bu hayatı isteyip istemediğimiz de bize sorulmamıştır. Kâinat için ve içinde yaşayan insanoğlu da dahil olmak üzere çizilmiş bir kader plânı vardır. Bu planı çizen kudret (Allah) çizdiği planı aynen uygulamaktadır. Hiçbir kimsenin bu kader plânını değiştirip, kendi istediği plânı uygulamaya koyma güç ve imkânına sahip değildir. Hal böyle olunca, kâinatı ve içindeki varlıkları (insan da dahil) yaratan ve istediği gibi, evirip çeviren (tasarruf eden) bir kudret var. O Yüce kudret (Allah), kendi varlığını ve hakimiyetini, yegâne gücünü kabul etmemizi, başımıza gelen herşeyi kendisinden bilmemizi ve halimizden hoşnut, razı olmamızı istemektedir. Değişmeyen ve değişmesi de mümkün olmayan gerçek ve gerçekler bu olunca, başımıza gelen sıkıntılara, felâketlere tahammül ederek katlanmayıp ölümü, ölmeyi istemek, kaderimizi çizen, şaşmaz, yanılmaz plânını uygulayan Kudrete (Allah'a) itiraz etmek anlamına gelir ve gelmektedir. Bu davranış ise, bir mümine yakışmaz.

Gerçek bir müslüman bilir ve bilinmektedir ki, Cenâb-ı Allah biz kullarına karşı son derece merhametli ve şefkatlidir. O'nun rahmeti herşeyi kuşatmıştır. Kullarının başına gelen sıkıntılardan haberdardır. Yüce Rabbimiz kullarının başına gelen bela ve sıkıntıları bilerek vermektedir. Çünkü verdiği bu sıkıntılarla kullarını denemektedir ki, itaat eden, boyun eğen, teslimiyet gösterenlerle, isyan eden kullarını ayırtetmek ve meleklerini de şahit tutup verdiği sıkıntıları göğüsleyip sabır gösteren kullarını ödüllendirmek içindir.

***Evet ey dost!*** Bu imtihan dünyasında bir kulun, dertli ve çileli de olsa, uzun bir yaşam sürmesi kulun lehine ve kazancınadır. Kul, ***"ne yapayım Allah'tan geldi, Rabbim böyle uygun gördü, kısmetimizde bu çileyi çekmek de varmış"*** diyerek başına gelen bu felaketten dolayı düşmüş olduğu sıkıntılara göğüs gererek katlanması ve diğer taraftan da ibadetlerine ve dînî görevlerine devam ederek, elinden geldiğince bu görevleri eksiksiz olarak yapmaya çalışması onun, Allah Teâlâ'nın rızasına kavuşmasına vesile olacaktır.

Çünkü bu dünya hayatı çileli de olsa, Cenâb-ı Hakk'ın rızasını kazanmak için bir fırsattır, bu fırsat Cennet'e ve Allah'ın rızasına kavuşmak için, insana bir defacık verilmiştir. Bu fırsatı ölümü isteyerek elden kaçırmak, büyük pişmanlıklara ve telafi edilemez zararlara yol açacaktır.

Dindar bir insan için ölmeyi istemek bu gibi haller ortaya çıkaracaktır. Öyle ise ölümü istemek doğru değildir vesselâm!...

Kötü yolda olan insan için de dünya hayatı iyiye vesile olabilir. Yaşadığı çirkinliklerin farkına varıp, onlardan pişmanlık duyarak, doğruya, güzele dönmesi daima mümkün olan bir haldir. Nitekim içinde bulunduğu çirkinlikleri görüpte hatasını anlayarak doğruyu bulupta kemale (olgunluğa) eren insanların sayısı azımsanmayacak kadar çoktur.

Allah Resûlü (Sallallahü aleyhi ve sellem) Efendimiz'in bir sohbeti esnasında Cennetle müjdelenmiş on kişiden (aşere-i mübeşşereden) olan Ashâb-ı Kirâm'ın ileri gelenlerinden ve aynı zamanda Efendimiz'in dayısı Sa'd ibn-i Ebî Vakkâs (radıyallâhü anh) çok duygulanmış ve cezbeye gelerek:

***"Ah! demiş, keşke şimdi ölmüş olsaydım."*** diyerek hıçkıra hıçkıra ağlamaya başlamıştı. Efendimiz (a.s.) ise, sevgili dayısı ve Ashab-ı'nın bu büyük insanına hemen şu uyarıda bulunmuş:

***"Ey Sa'd! Eğer Cennetlik isen*** *(ki Cennetliksin).* ***Ömrünün uzun ve yaptıklarının iyi olması*** *(salih ameller işlemen)* ***senin için*** *(ölmenden)* ***daha hayırlıdır."*** buyurmuştur. (Ahmed ibn-i Hanbel)

***Ey dost!*** Sevgili Peygamberimiz'in daha önceleri Cennetle müjdelemiş olduğu bu kâmil mümini bu uyarısı, müslüman ve salih amelli bir mümine verilmiş olan uzun ömür, onun için büyük bir fırsat, değeri biçilemeyen bir imkân olduğunu göstermektedir.

***Ey Âhiret Yolcusu!*** Efendimizin bu nurlu sözlerinden anlıyoruz ki;

**1.** Bir müminin başına gelen felaket ve musibetlere dayanamayıp ölümü (ölmeyi) istemesi doğru bir istek değildir.

2. Salih amelli iyi bir müslüman, uzun bir ömür yaşadığı sürece âhiret azığı olan sevaplarını çoğaltır ve çoğaltmaktadır.

3. Nefsinin isteklerine uymuş, günahlara bulaşmış, kötü biri olmuş bir insan, yaptığı kötülüklerin, çirkinliklerin farkına (bilincine) varıp, bunlardan pişmanlık duyarak tevbe edip Allah'a yönelerek iyi bir kul olabilir, Allah'ın sevdiği kulları arasına katılabilir, Allah'ın Cennetini hak ederek Cennetlik olabilir. Uzun bir yaşam sürmek onun için bu fırsatı hazırlamış olur ve olabilir. Bu müjdeler Cennetlik olmak isteyen insanlar için ne paha biçilmez fırsatlardır.

## Ölümü İstemeyin, Âhiret Halleri Çok Çetindir

Beyhekî'nin Câbir bin Abdullah'dan (r.a.) rivayet ettiği Hadîs-i Şerifte Resûlullah (sallallahü Aleyhi ve sellem) Efendimiz şöyle buyurmuştur:

لَاتَمَنَّوُا الْمَوْتَ فَاِنَّ هَوْلَ الْمَطْلَعِ شَدِيدٌ وَاِنَّ مِنَ السَّعَادَةِ اَنْ يَطُولَ عُمُرُ الْعَبْدِ وَيَرْزُقَهُ اللّٰهُ الْاِنَابَةَ

*Manası: "Ey Ashabım! Ölümü istemeyiniz. Çünkü kıyamet alemi çok şiddetli ve çok çok korkuludur. Kişinin ömrünün uzun olması, Allah'ın o kuluna tevbe nasip etmesi ve o kulunun salih amellerde, ibadetlerde bulunması o kişinin âhiret mutluluğuna ermesi ve cennete girmesine vesiledir."*

Yani, bir kul, dünya yaşamında, bu dünya hayatında aklını başına alıp Allah'ın emri ve yasaklarını kavrayabilir de, gereğince hareket eder ve yaşam sürdürürse, tüm âhiret aleminde başına gelecek zorluklardan Allah'ın izniyle kolayca kurtulup selamete çıkabilme imkânlarını elde etmiş olur ve olacaktır.

## Ölmek İçin Dua Etmeyiniz

Müslim'in rivayet ettiği bir Hadîs-i Şerifte sevgili Peygamberimiz (Aleyhisselâm) şöyle buyurmuştur:

لَا يَتَمَنَّى اَحَدُكُمُ الْمَوْتَ وَلَا يَدْعُو بِهِ مِنْ قَبْلِ اَنْ يَاْتِيَهُ. وَاِنَّهُ اِذَا مَاتَ انْقَطَعَ عَمَلُهُ. وَاِنَّهُ لَا يَزِيدُ الْمُؤْمِنَ عُمْرُهُ اِلَّا خَيْراً

*Manası:* ***"Ey Ümmetim! Sizden bir kimse ölümü istemesin ve ölmek için dua etmesin. Çünkü O ölünce mutlaka ameli kesilir*** *(amel defteri kapanır).* ***Şu bir gerçek ve hakikattır ki, uzun ömür, evet ömrün uzun olması, mümin kişinin mutlaka hayrını*** *(sevabını)* ***arttırır."*** demektir.

***Mümin kardeş!*** Bu Hadîs-i Şerifin müjdesi, çok açık ve net olarak bildirmektedir ki, kişinin kendi ölümünü temenni edip, ölümü için dua etmesi hiç de doğru bir davranış değildir. Bir mümin kişi, islâmi gerçekleri bilen bir kimse demek olduğundandır ki, dünyaya Yüce Yaratıcımızı bilip, O'na kulluk (ibadet etmek) için geldik. Ve yine bu fani dünyada ölüm gelinceye kadar hiç durmadan (ara vermeden) çalışıp amel-i salih (salih ameller) yaparak âhiret (ölümden sonraki) hayatını kazanmak için geldik. Dua ederek ölümü istersek, çalışma zamanımızı kısa kesmiş oluruz ve dolayısıyla da bir daha artık çalışma ve sevap elde etme fırsatını elimizden kaçırmış oluruz. Halbuki dünya hayatına gelmemizin (veya gönderilmemizin) amacı âhiret hayatına azık temin etmek içindir. Zira dünya çalışma ve kazanma yeridir. Âhiret hayatı ise, bu dünyada çalışıp kazandığımız işlerle geçinme ve hayatımızı sürdürme yeridir. Şimdi, bir mümin bu gerçeği unutup da çalışma zamanını kısa ve zamansız kesmek istemesi hayır ve sevaptan zarar etmesi anlamı taşımaktadır. Bu da hayırdan mahrum kalmayı sağlar demek olur.

Akıllı müminler, Efendimizin bu emir ve tavsiyelerini kulaklarına küpe yapmalıdırlar. Dünya hayatı lâzım ve gereklidir. Uzun ömürler geçiren imanlı kimseler, âhirette büyük nimetlere erecekLerdir, vesselâm!...

Özet olarak söylersek, ölüm istenmez başlığı altında verdiğimiz Hadîs-i Şeriflerin ışığı altındaki bilgilerden anlıyoruz ki, bir insanın başına gelen bazı dünyevi musibetlerden dolayı ölümü istemek caiz görülmemektedir. Bu musibetler, kişinin kendi başına gelen hastalıklar olabilir, geçim sıkıntısı veren yoksulluklar olabilir, malına, mülküne gelen afetler, bela ve kazalar olabilir, evladına, çoluk çocuğuna ve ailesinin başına gelen felaketler olabilir. Bütün bu dünya ile ilgili zarar ve ziyanlar, karşısında insanlar çaresizliğe düşebilir. Bunlar karşısında ölümü istemek, ölüpte bu dünyevi acı ve ızdıraplardan kurtulurum diye düşünmek yanlış ve kendisini yoktan var eden Yüce Rabbine karşı bir isyan anlamı taşımaktadır. İşte bu yönüyle ölümü temenni etmek caiz değildir. Akl-ı selim sahibi bir müslüman, bu hususlarda Allah'ın büyüklüğünü düşünerek sabırlı olmalı ve Allah'tan gelen bu musibetlerin kendisi için bir imtihan, olduğunu ve bir deneme, bir sınavdan geçirildiğini hatırlayıp, Yüce Rabbinden affını ve yardımını istemelidir. Çünkü ölümle kurtuluşa erilemeyeceğini iyice gönlüne yerleştirmelidir. Bunlar, bir müslümanın imanının ve sağlam inancının gereği olan belgelerdir.

Başına gelen, bela ve musibetler karşısında ölümü istemek, Cenâb-ı Hakk'ın takdirine, kaza ve kaderine rıza göstermemek anlamına geldiği ve geleceği için, Efendimiz tarafından biz ümmetlerine bir uyarı olarak yukarıdaki okuduğumuz Peygamber (s.a.v.) sözleri söylenmiş bulunmaktadır.

## ÖLÜMÜ İSTEMENİN CAİZ OLDUĞU YERLER

*Ey Hak yolcusu!* Bir müslümanın başına eğer dinine ve dini hayatıyla ilgili bir musibet gelirse, dini hayatının perişan olmaması ve bir takım günahlarla karşı karşıya gelipte günah işlememesi amacıyla ölümü temenni etmesi caiz görülmüştür. Bu mesele ile ilgili de şimdi yazacağımız Hadîs-i Şerifi delil getirmişlerdir.

Buharî ve Müslim'in Hz. Enes (Radıyallâhü Anhü)den rivayet ettiklerine göre, Resûlullah (sallallahü Aleyhi ve sellem) Efendimiz şu Hadîs-i Şeriflerinde, buyurmuşlardır ki:

لاَ يَتَمَنَّى اَحَدُكُمُ الْمَوْتَ لِضُرٍّ نَزَلَ بِهِ،
فَاِنْ كَانَ وَلاَبُدَّ فَاعِلاً فَلْيَقُلْ:

*Manası:* ***"Ey Ümmetim! Sakın olaki, sizden herhangi biriniz (çektiği) sıkıntılarından dolayı ölümü istemesin. Şayet başına gelenlere dayanamaz bir hale gelir de, mutlaka ölümü temenni etmek, ölümü istemek zorunda kalırsa, Cenâb-ı Allah'a şöyle duada bulunsun:***

اَللَّهُمَّ اَحْيِنِى مَا كَانَتِ الْحَيَاةُ خَيْرًا لِى،
وَتَوَفَّنِى اِذَا كَانَتِ الْوَفَاةُ خَيْرًا لِى

**Okunuşu:** *"Allahümme ahyini mâ kânetil'hayâtü hayral'lî, Ve teveffenî izâ kânetil'vefâtü hayral'li."*

*Manası:* ***"Allahım! Benim hakkımda yaşamak hayırlı ise, beni yaşat. Benim hakkımda ölmem hayırlı ise, beni öldür."*** Buharî, Müslim ve Tirmizî, Ebû Dâvûd, Nesâi rivayet etmişlerdir.

Evet, işte ölümü temenni edecek ruhsat kendisi için caiz olan bir müslümanın, bu şekilde dua ederek Cenâb-ı Hak'tan kendisi için hayırlısını vermesini niyaz eder ve O Yüce Rabbinden yardım dilemiş olur.

# İKİNCİ BÖLÜM

## ÖLÜM ÖNCESİ HAYAT, DÜNYA HAYATI

### DÜNYA HAYATININ FANİLİĞİNİ ANLATAN ÂYETLER

*Ey Âhiret Yolcusu!* Dünya hayatı bir imtihan, bir sınav fırsatıdır. Ölümle ilgili âyetlerimizden ikinci sırada yer verdiğimiz Mülk Sûresi 2. âyetinde Cenâb-ı Allah şöyle buyurmuştur: ***"O Allah, hanginizin daha güzel amel ve davranışta bulunacağınızı imtihan*** *(sınamak ve denemek)* ***için ölümü ve hayatı yaratmıştır."***

Dünya hayatı, hayırlı faaliyetlerin yapılabilmesi için imkân ve fırsatlar alanıdır. Burada hayırlı ameller yapılırsa, bunun karşılığı ebedi hayatta (ahirette) Cennettir.

Ölüm de, bu fani ve geçici hayatta yapılan hayırlı faaliyetlerin, güzel amellerin karşılığını alacağımız âhiret alemine bir geçit, bir geçiş noktasıdır.

Akl-ı selim sahibi kimseler bu geçiş anına hazırlıklı olurlar ve olmalıdırlar. Dünyanın geçiciliği faniliği kavranırsa ve âhiret hayatının da ebediliği ve sürekliliği kavranıp anlaşılırsa, Allah Teâlâ'nın, kullarını dünyadan sakındırıp, âhiret hayatına özendirilmesinin hikmeti daha iyi anlaşılmış olacaktır. Kur'ân-ı Kerim âyetlerinde ve Hz. Peygamberin Hadîs-i Şeriflerinde dünya hayatının faniliğine geçiciliğine ve değersizliğine büyük ölçüde vurgu yapılmasının sebebi hikmeti de bu yöndendir.

İnanmış bir âhiret yolcusu mümin kimse, dünya ve âhiret dengesini kuramazsa, âhiret hayatını Cenneti kazanması büyük bir tehlikeye girer. Allah korusun belkide âhiretini (Cenneti) kaybeder de Cehennemlik olur. Çünkü asıl gaye ve amaç bilinmezse başarılı olunmaz, hedefe ulaşılmaz. Ortada, (yol ortasında) eli boş olarak kalınıverir.

Hem dünyasını, hem de âhiretini dengeli bir şekilde, Allah'ın ve Peygamberinin emir ve tavsiyeleri çerçevesi içinde yaşamak isteyen bir mümin, Peygamberimizin şu nurlu öğretisini, şu mübarek Hadisini kulağına küpe yapmalıdır:

***"Ey Ümmetim! Sizin hayırlınız, âhireti için dünyasını, dünyası için de âhiretini terketmeyen*** *(aksatmayan)* ***ve her ikisinden de nasibini*** *(payını)* ***alanlarınızdır. Çünkü dünya, âhiret hayatının kazanılması için bir vesile, bir sebeptir."***

Çünkü dünya, âhiretin tarlasıdır. Âhiret hayatının ekimi, dünyada, dünya hayatında yapılır. Dünya hayatının önemi bu çerçeveden bakılırsa, dünya âhiretimizin kazanılması için bir vesile ve bir vasıtadır. Bu yönüyle dünya değerlidir.

Dünyanın değersizliği, Allah'a küfür ve isyana sebep olan kafirlerin imansızların dünyasıdır.

Kur'ân'ın ve Hadislerin teşbihler (benzetmeler) yoluyla takbih ettiği, kötülediği ve değersizliğini ortaya koyduğu dünya imansızların yaşadığı dünyadır. Geçici bir hayatı, devamlı bir hayatmış gibi bağlanmak akıllıların mesleği değildir. Şimdi gelelim Kur'ân-ı Kerim'in dünyanın nasıl bir şey olduğunu ortaya koyan emir ve tavsiyelerine.

## DÜNYA AZ BİR GEÇİMLİKTİR AHİRET İSE MÜTTEKÎ'LER İÇİN DAHA HAYIRLIDIR

... قُلْ مَتَاعُ الدُّنْيَا قَلِيلٌ وَالْاٰخِرَةُ خَيْرٌ لِمَنِ اتَّقٰى

***"Resûlüm ya Muhammed! Onlara** (sadece dünyayı önemseyenlere) **de ki: Dünya geçimliği** (dünya menfaati) **pek azdır** (çok önemsizdir). **Müttekîler (Allah'tan korkanlar) için âhiret daha hayırlı ve daha önemlidir."*** Nisa Sûresi âyet 77

Yani, burada dünya nimetlerinin, dünya menfaatlerinin fani ve geçici olduğu, âhiret nimetleri ve menfaatlerinin ise devamlı ve önemli olduğu vurgulanıyor. Âhiret nimetleri baki ve devamlı (kalıcı) olduğu bildirilirken, Allah'tan korkan, Allah'ın emirlerini yerine getiren ve yasaklarından sakınanlar için bu nimetlerin daha hayırlı olduğu uyarısı da bildirilmektedir. Allah'tan korkmayanların âhiret hayatları helaktan başka birşey değildir.

## Dünya Hayatının Geçici Bir Oyuna Ve Eğlenceye Benzetilmesi

وَمَا الْحَيَوةُ الدُّنْيَا اِلاَّ لَعِبٌ وَلَهْوٌ وَلَلدَّارُ
اْلاَخِرَةُ خَيْرٌ لِلَّذِينَ يَتَّقُونَ اَفَلاَ تَعْقِلُونَ

*“Ey insanoğlu! Dünya Hayatı bir oyun ve eğlenceden başka birşey değildir. Âhiret hayatı ise, Allah’ın azabından korkanlar için, kötülük ve fenalıklardan sakınan kimseler için daha hayırlı, daha güzel, daha önemli ve daha iyidir. (Dünya hayatının bir oyun bir eğlence gibi, çabucak geçiverdiğine) hâlâ akıl erdiremiyor musunuz?”* En’am Sûresi âyet 32

Ayette, dünya hayatının zamanı ve süresi kısa, tadı ve lezzeti de geçici olduğu için, bu kısa hayata önem verip sarılmak dini görevleri önemsememek bir aldanma, oyalanma ve boşa vakit geçirme gibidir. Çünkü oyunun ve eğlencenin sonu yorgunluktur. İnsanın eline de işe yarar ve menfaat sağlayacak birşey geçmez. Çocukların oyunu da böyledir. Akşama kadar kumdan, çamurdan veya şundan bundan ev yaparlar vakit dolunca oyunu bozarken veya eve dönerken de o yaptıklarının hepsini bozarlar.

İşte bu bir oyun ve oyalanmadır. Allah Teâlâ bu teşbih ve benzetmesi ile dünya hayatına sarılan kişileri, din, iman bilmez kimselere bir kınamada bulunuyor.

Yani dünya hayatı, dünya hayatından ibaret sananlar, bilmeli ve anlamalıki, dünya hayatı, yalnızca dünya hayatı olma bakımından hiçbir değer taşımaz, tıpkı bir oyun içinde oyalanma ve eğlenceye katılıp eğlenme gibidir. Dipsiz bir kuyu, sonu karanlık bir gafletten, hiçbir yarar ve menfaat getirmeyen oyuncaktan ibaret ve sonu pişmanlık olan bir oyalanmadır.

Yani, dünyaya ait işler ***"Oyun ve eğlenceden başka birşey değildir."*** Fani ve geçici lezzet ve kısa süren keyifleriyle insanları oyalayıp, asıl ve gerçek hayatta, âhirette onları devamlı keyif ve lezzete, nimet ve sevince sebep ve vesile olacak iman, salih amel ve sevaplardan mani olup engel olarak âhirette eli boş bırakıyor demek olur.

Âhiret yurdu, son vatan, âhiret hayatının yaşanacağı âhiret evi ise, eğlence ve oyundan, küfür ve günahlardan korunan, Allah'ın emirlerini yerine getiren, yasaklarından sakınan mütteki kimseler için daha hayırlıdır.

***"Hâlâ aklınızı çalıştırmayacak mısınız?"*** âhiret hayatının mı, dünya hayatının mı daha hayırlı olduğu konusunda kafanızı yorup akıllanmayacak mısınız?...

Bu son cümle bir kınama ve bir ayıplamadır. Bu uslüp Türkçe'mizde de kullanılır. Yanlış yapan ve gördüğü bir işten aldanan kişiye ***"Senin aklın neredeydi? Bu işi nasıl yaptın? Hiç kafanı çalıştırmadın mı? Nasıl yaparsın bu işi?..."*** gibi ifadelerle ayıplama ve bir nevi kınama yoluna gidilir.

Buradaki, yani şu izah ve açıklamasını yaptığımız âyetteki (En'am 32. âyeti) dünya hayatının oyuna ve eğlenceye benzetilmesi, kafirlerce yaşanan bir dünya hayatı olduğu, âyetin evvelinden ve sonraki âyetlerden anlaşılmaktadır.

وَمَا الْحَيَوةُ الدُّنْيَا اِلاَّ لَعِبٌ وَلَهْوٌ **"Dünya hayatı, bir oyun ve oyalanmadan** *(eğlenceden)* **ibarettir."** Âyetin bu kısmı, dinsizce, Allah, Peygamber düşüncesinden uzak, âhiret inancından yoksun olarak yaşanan bir hayata işaret ediyor. Zaten âyetlerin üzerinde durduğu konu da kafirlerin hal ve hareketlerinin açığa vurulmasıdır. Meselâ bundan üç âyet evvel (29. âyet) şöyle buyruluyor:

***"Kafir olanlar dediler ki: Bu dünyadaki hayatımızdan başka bir hayat yoktur. Ve öldükten sonra da bir daha dirilmeyeceğiz."*** İşte kafirlerin ve inançsızların bu hallerini dile getirdikten sonra, daha arada 30, 31. âyetlerde var ki, onlarda kafirlerin perişan ve pişmanlıklarını dile getirdikten sonra, bu gibilerin dünya hayatı olarak anladıkları hayatında bir oyun, bir eğlenceden ibaret olduğunu dile getirmektedir. Ayrıca 32. âyette

وَلَلدَّارُ الْاَخِرَةُ خَيْرٌ لِلَّذِينَ يَتَّقُونَ ***"Yani, âhiret yurdu, âhiret hayatı, korunan kimseler için*** *(neden korunacak)* ***günahlardan koruyan*** *(Allah'tan, Allah'ın azabından korkan)* ***kimseler için âhiret hayatı daha hayırlıdır, daha güzeldir."*** Bu cümlenin vurgulanması da, Allah'ın emirlerini ve yasaklarını uyan inanmış inanç sahibi kişilerin âhiret hayatları bu fani ve geçici hayattan daha da güzel ve hayırlı olacağı müjdesidir. Aynı zamanda kafir kişilerin âhiret hayatının daha kötü olacağı da burada açıklanmış olmaktadır.

Benim, okuyucu kardeşlerimden isteğim; konumuzla ilgili bulunan âyetlerin sûre adı ve âyet numaralarını veriyorum bu âyetlerin önünden ve sonundan birkaç âyetin meâl ve tefsirine bakarlarsa, konuyu daha güzel hazmetmiş, kavramış olacaklardır. Tabii ki bunu da elinde (evinde) meâl veya tefsir bulunanlara söylemiş oluyorum. Benim burada yaptığım konumuz ile ilgili bir iki âyeti misal (örnek) olarak verip konumuzun anlaşılmasını sağlamaktır. Konumuz ile ilgili bütün âyetleri buraya alırsak o zaman kitabımızın hacmi çok büyümüş olur. Biz ise, hacmi ufak, işaret ettiği anlam geniş bir eser vücuda getirelim istedik.

Dünya hayatının fani ve geçiciliğini dile getiren Ankebût Sûresi, âyet 64'de de şöyle ifade edilmektedir:

وَمَا هٰذِهِ الْحَيٰوةُ الدُّنْيَا اِلَّا لَهْوٌ وَلَعِبٌۜ وَاِنَّ الدَّارَ الْاٰخِرَةَ لَهِيَ الْحَيَوَانُۢ لَوْ كَانُوا يَعْلَمُونَ

*"Ey insanlar! Bu dünya hayatı sadece bir eğlence ve bir oyundan ibarettir. Şüphesiz âhiret yurduna gelince, işte asıl hayat odur, gerçek yaşam, âhirette olacaktır. İnsanlar, keşke bilmiş olsalardı."* Ankebût Sûresi âyet 64

Evet, bu dünya hayatı, hızla geçip giden, bir varmış, bir yokmuş misali bir aldanıştır. Tıpkı çocukların bir saat oynayıp dağılmaları gibi bir oyundur. Ya da kendisini bir eğlenceye kaptırmış, önemli herşeyini unutmuş ve kendisini eğlenceye vermiş, eğlence bitince de eli boş ortada kalmıştır. Önemli görevlerini unutmuş ve aklını tam kullanamadığı için ciddi ve çok gerekli olan işlerini yapmaktan geri kalmış ve elindeki fırsatı kaçırmış olur ki, bu akıllı kişilerin yapacağı bir hareket değildir. Âhiretteki yaşamın önemini vurgulamak için de:

*"Şüphesiz ki âhiret yurduna gelince, gerçek hayat yurdu odur, asıl hayat odur, asıl yaşam oradadır.* Çünkü oradaki hayat kesintisiz bir hayattır, devamlı, sürekli bir hayattır. Orada artık ne ölüm vardır, ne de geçim sıkıntısı!...

Orada, yaramaz söz, yalan dolan da yoktur, âhiret hayatı kesintisiz, elemsiz, kedersiz sürekli mutluluk içinde devam edecek gerçek hayatın, hakiki yaşamın tâ kendisidir.

لَوْ كَانُوا يَعْلَمُونَ *"İnsanlar keşke bunu bilselerdi."* Eğer akıllarını kullansalardı bunu, bu gerçeği bilirlerdi. Dünya hayatının bir oyun, bir oyalanma olduğunu, bir eğlence gibi, bir oyun gibi geçici, bir yalandan meşguliyet olduğunu bilirlerdi, bileceklerdi. Çünkü herşey gözlerinin önünde olup bitiyordu. Gençliğine güveniyordu, dağlara, ağaçlara tırmanıyordu, bir hoplamada duvarlara çıkıyordu. Ama aradan çok az bir zaman geçmişti ki, ona (kendisine) göre sanki gözlerini kapayıp açmıştı ki bu güzelim gençlik uçup gitmiş şimdi düz merdivende yürüyemiyor.

Diğer dünya ahvali de buna kıyaslanabilir, sözü uzatmaya hacet yoktur. Evet insanoğlu aklını kullansaydı, dünya hayatının bir oyun, bir oyalanma olduğunu bilecekti. Âyetteki ***"keşke bilselerdi..."*** temenni gibi görünen ifadeler aslında birer tehdit ve birer uyarıdır. Birer meydan okumadır. Konunun devamında 66. âyette bu tehdit, bu meydan okuyuş bütün şiddetiyle ortaya konulmaktadır.

لِيَكْفُرُوا بِمَا اٰتَيْنَاهُمْ وَلِيَتَمَتَّعُواۚ فَسَوْفَ يَعْلَمُونَ

***"Kendilerine verdiğimiz bunca nimetlere nankörlük etsinler, yesinler, içsinler,*** *(metalansınlar)* ***bakalım. Onlar pek yakın da işin gerçeğini bilecekler, öğrenecekler*** *(Kıyamet günü herşeyin gerçeği önlerine çıkacaktır)."* Ankebut Sûresi âyet 66

Bu âyetlerde de tehdit ve meydan okuyuşun yine kafir ve müşriklere, dinsiz ve ateistlere olduğunu görüyoruz. Kafir ve dinsizce algılanıp yaşanan dünya hayatının, gerçekten bir oyun ve bir eğlenceden ibaret olduğunu vurgulamak çok yerinde bir tehdit ve meydan okumadır. Çünkü kafir ve ateist (dinsiz) birinin bu hayattan âhirette elde edeceği ve işine yarayacak herhangi bir sonuç yoktur. Bu grup kimselerin dünya hayatı hep oyun, eğlence ve oyalanmadan ibarettir. Ölüm gelince de bunların oyunları sona ermiş, eğlenceleri bitmiş demek olur. Âhirette de bu dünya hayatlarından kazanıp yararlanacakları herhangi bir âhiret menfaatları da olmayacaktır. Ömrünü nasıl ki oyun ve eğlencede geçiren kişinin eline bir menfaat geçmediği gibi, bunların da durumu aynı demektir.

Âhiret hayatına inanmayıp, hayat yalnızca bu dünya hayatıymış gibi dünyaya dört elle sarılıp başka hiçbir kaygı ve endişesi olmayan kişiler hakkında pek çok âyette kınama ve meydan okuma (tehdit) uyarıları geçmektedir. Hicr Sûresi, âyet 3'te bunlardan, bu uyarı ve tehditlerden biridir. Cenâb-ı Allah:

***"Resûlüm yâ Muhammed! Bırak o kafirleri; yesinler-içsinler, eğlensinler ve boş kuruntuları (hayalleri-ümitleri) onları oyalayadursun. Pek yakında başlarına gelecek musibeti bilecekler, azabın gerçeğini bütün şiddetiyle öğrenecekler."*** buyurmaktadır.

## Allah Bütün Kullarını (İnsanları) Uyarmaktadır

Allah Teâlâ, çok merhametlidir, bütün kullarını affetmek, günahlarını bağışlayıp Cennetine girmelerini istemektedir. Fakat kulların (insanların) birçoğu, bu ilâhi merhametin gerektirdiği doğru yola girmemektedirler. Allah'ın Allahlığını tanımamaktadırlar. Allah'a kul olmaları gerekirken, onlar (dinsizler) nefislerine ve şeytana kul olmuşlardır. Allah Teâlâ, merhametinden dolayı bütün kullarına (insanlara) hitabederek uyarmaktadır. Allah Teâlâ, kendisine (Allah'a) küfredenleri bile hemen cezalandırmaz. Onun cezasının yazılmış bir vakti vardır. O vakit gelince de hiçbir saniye bile müsade ve fırsat vermez. Akl-ı selim sahibi kimselerin yapacağı en önemli iş, Allah'ın emirlerini yerine getirip, yasaklarından kaçınmaktır. O'nun tehdit ve uyarılarına da önem verip yerine getirmektir. Asla gaflet ehli kimselerden olmamaktır. Şimdi gelelim Cenâb-ı Allah'ın kullarına uyarısına:

يَاَيُّهَا النَّاسُ اِنَّ وَعْدَ اللّٰهِ حَقٌّ فَلَا تَغُرَّنَّكُمُ
الْحَيٰوةُ الدُّنْيَا ۠ وَلَا يَغُرَّنَّكُمْ بِاللّٰهِ الْغَرُورُ

***"Ey insanlar! Şüphesiz ki Allah Teâlâ'nın vaadi haktır.*** *(Öldükten sonra dirilmek, hesaba çekilmek)* ***vukû bulacak bir gerçektir. O halde, sakın olaki sakın, dünya hayatı sizi aldatmasın. Ve o aldatıcı*** *(şeytan)* ***da Allah hakkında sizi kandırıp aldatmasın."*** Fatır Sûresi âyet 5

**Ey Âhiret Yolcusu!** Allah'ın buradaki hitabı bütün insanlaradır. Yüce Rabbimizin buradaki bildirilen vaadı (va'di), ölümden sonra gelecek olan âhiret hayatıdır. Bütün insanların yeniden diriltilip hesaba çekilmek, sorgu sual edilmek üzere Cenâb-ı Allah'ın huzurunda toplanmalarıdır ve iyi insanların ödüllendirilip mükâfatlandırılmaları ve kötü insanların ve aynı zamanda Allah Peygamber tanımayan kimselerin cezalandırılıp azaba uğratılmaları demek anlamınadır.

Akıllı bir insan, bu dünyada günümü gün edeyim de, istediğim gibi, yaşayayım, haram helal de neymiş, şimdi her şeyim var keyfimce yaşayayım (yani hiçbir sorumluluk altına girmeden hayvanlar gibi, yiyip içeyim, gezip eğleneyim) yarın ne olursa olsun diyemez. Bu ancak çılgınların, aklını yitirmişlerin, insanlığını kaybetmişlerin yapacağı bir harekettir.

Aklı başında olan bir insan bunu diyemez. Herşeyin varoluşunun bir gayesi, bir amacı vardır ve olmalıdır da. Akıl, eğer sağlıklı ise, bunun böyle olacağını ve olmasını ister. Akıllı yani sağlıklı bir akla sahip bir kimse, bu geçici dünyanın bir takım aldatıcı süs ve konforuna aldanıp da onları elde edeceğim lükse, konfora erişeceğim diyerek dünyanın (dünyalık işlerin ve meşgalelerin) peşine düşüpte âhiret hayatında kendisine lâzım olacak hayırlı işleri, yararlı, elverişli işleri (salih amelleri) ihmal edemez, geri bırakamaz, bu önemli görevlerini unutamaz, üç günlük dünyası için ebedi yaşamını, sürekli bir yaşam geçireceği âhiretini yıkamaz. Bu akıllı bir müminin yapacağı bir iş değildir.

Hele hele, Allah'ın rahmet ve mağfireti geniştir, merhameti boldur. Allah affeder diyerek günahlara dalmak ve Allah'ın hoşlanmadığı şeyleri yapmak, şeytanın aldatmasına kapılmak demektir. O aldatıcı şeytanın vesvesesine ve tuzağına düşüp Allah'ın affedici olduğuna aldanmaktır. Allah'ın adaleti de vardır, onu da düşünüp şeytana aldanmayalım.

## Dünya Hayatının Durumu Gökten Yağan Yağmura Benzer

Allah Teâlâ, Yunus Sûresi 24. âyetinde dünya hayatını gökten yağdırdığı yağmura ve dolayısıyla yağmurun, büyütüp geliştirdiği ve sonrada kuruyup giden yeryüzü bitkilerine benzetmektedir. Bununla dünya hayatının geçiciliği ve değersizliği vurgulanarak müminlerin âhirete önem vermeleri isteniyor ve de teşvik ediliyor:

اِنَّمَا مَثَلُ الْحَيٰوةِ الدُّنْيَا كَمَاءٍ اَنْزَلْنَاهُ مِنَ السَّمَاءِ
فَاخْتَلَطَ بِهِ نَبَاتُ الْاَرْضِ مِمَّا يَأْكُلُ النَّاسُ وَالْاَنْعَامُ ط
حَتّٰى اِذَا اَخَذَتِ الْاَرْضُ زُخْرُفَهَا وَازَّيَّنَتْ وَظَنَّ
اَهْلُهَا اَنَّهُمْ قَادِرُونَ عَلَيْهَا لا اَتٰيهَا اَمْرُنَا لَيْلًا اَوْ نَهَارًا
فَجَعَلْنَاهَا حَصِيدًا كَاَنْ لَمْ تَغْنَ بِالْاَمْسِ ط كَذٰلِكَ
نُفَصِّلُ الْاٰيَاتِ لِقَوْمٍ يَتَفَكَّرُونَ . وَاللّٰهُ يَدْعُوا اِلٰى
دَارِ السَّلَامِ ط وَيَهْدِى مَنْ يَشَاءُ اِلٰى صِرَاطٍ مُسْتَقِيمٍ.

*Manası:* ***"Şüphesiz ki, dünya hayatının hal ve durumu, gökten indirdiğimiz suya*** *(yağmura)* ***benzer: O yağmurun, ıslatmasıyla insanların ve hayvanların yedikleri ve yiyerek beslendiği bitkiler, nebatlar çıkıp yetişir ve bollaşır. Öyle ki, yeryüzü rengarenk bitkiler ve yeşilliklerle süslenip püslenerek olanca süslerini ve zinetlerini ortaya serer*** *(sebzeler, meyveler tam kıvamında gelişmiştir, rengarenk çiçekler, bitkiler)*, ***sahipleri de artık bu mahsulleri toplamaya hazırlanmış ve karar vermişlerdir ki, artık ürünlerini toplayabilirler, derken gece veya gündüzleyin emrimiz*** *(emrimizle bir afet)* ***gelmiştir de, sanki dün yerinde gelişmiş olarak***

***bulunan o ürünler hiç yokmuş gibi, kökünden biçilmiş bir hale gelivermiştir. İşte biz*** *(şanı yüce Allah)* ***düşünen insanlar için, âyetlerimizi böyle tek tek açıklıyoruz." "Allah Teâlâ, kullarını selam yurduna*** *(Cennete)* ***çağırır ve dilediğini hidayete*** *(doğru yola)* ***ulaştırır."*** Yunus Sûresi âyet 24, 25

## BİR HADÎS-İ ŞERİF MEÂLİ

*"Kıyâmet günü, bu dünyada çok rahat bir yaşam süren, yani dünya nimetlerinden en çok istifade eden, nasiplenen, konforlu ve lüks bir dünya hayatı yaşayan kişi getirilip Cehennemin ateşine bir defacık daldırılıp çekilir, sonra kendisine* ***"dünya hayatında hiç rahat birgün ve iyi birgün gördün mü?"*** *diye sorulur. Dünya hayatında bolluklar içinde, rahat bir dünya yaşamı süren o kimse:*

***"Hayır, görmedim, dünyada bolluk, nimet ve rahatlık görmedim"*** *der diyecektir. Çünkü bu grup kimseler için dünya hayatı, bir oyun, oyalanma ve eğlence gibi geçip gitmişti. Böyleleri hayatın ciddiyetinden habersiz kişilerdir.*

*Sonra sıra dünyada en çok bela ve musibetle karşılaşıp azaplar ve yoksulluklar ile sıkıntılı bir hayat geçiren kimseye gelip, o da Cennete daldırılıp geri çekilir ve çıkarıldıktan sonra kendisine sorulur:* ***"Hayatında dünyada hiç sıkıntı çektin mi?"*** *Bu kimse,* ***"Hayır çekmedim"*** *diye cevap verir."* buyrulmuştur. (İbn-i Mâce Zühd bölümünde rivayet etmiştir.)

## DÜNYA HAYATININ YAĞMUR VE ONUN BİTİRDİĞİ YEŞİL ÜRÜNLERE BENZETİLMESİNDEKİ HİKMET VE İNCELİK

Bütün bitkilerin hayatının varlığı ve devamı suya bağlıdır. Su bol ve kıvamında (fırtınasız ve faydalı bir şekilde) olduğu zaman yeşillikler, bitkiler ve ürünler daha güzel yetişir ve insan ruhunda neşeler ve coşkular meydana getirirler. Bu güzellikleri gören kişiler kendi malları olması nedeniyle kendi kendilerinde bir güven, bir umut çokluğu yaşarlar. Övünme, gururlanma yoluna giderler. Ancak bu cazibenin küçük veya büyük bir musibetle yok olup gideceğini bile düşünemezler. Fakat bu, düşünülmesi gereken bir misal ve örnek olmalıdır. Çünkü hiçbir şey, dünyada aynı hal üzere devam etmiyor ve edemiyor, ya bir musibet sonucu bu güzellikler silinip yok oluyor, ya da zamanı, süresi (eceli) gelmiş olup yok oluyor. Örneğin, yağmurun, biten bu yeşil bitki ve ürünlerde katkısı büyük, onlara hayat veriyor, coşturuyor, güzelleştiriyor, rengarenk, yemyeşil zümrüt gibi bir Cennet bahçesine döndürüyor. Bu güzellik, bu canlılık ya bir felaket (seldir, doludur, fırtınadır ve benzeri musibet)ten yok olup gidiyor, ya da güz mevsimi, hasat mevsimi geliyor sararıp saman çöpü gibi, yani bir çerçöp yığını oluveriyor. Her ne şekilde olursa olsun bunların hayatı ve yaşamı, canlılığı çok az, çok kısadır ve geçicidir.

İşte Cenâb-ı Allah, dünyanın bu halini misal ve örnek vererek, insanları uyarıyor ve buyuruyor ki, dünyanın durumu ve hali, tıpkı bu yağmurun (suyun) varlığıyla gelişen yeşilliklere benzer. Hayatı, yaşamı çok kısa, fani geçicidir. Dünya hayatına kapılıp âhiret hayatınızı yıkmayın uyarısında bulunmaktadır.

Cenâb-ı Allah, bu teşbihleriyle, yani dünyanın halini gökten yağdırdığı yağmura ve yağmurun yeryüzündeki bitkilerin yetişmesini sağlamasıyla toprak sahiplerinin, bu güzellikleri kendi yetenekleriyle meydana getirip, ürünleri kaldırmak için hazırlandıklarını ve bu güzellikleri veren Allah'ı unuttuklarını dile getirmektedir. Buradaki uyarı kendilerini dünyaya kaptıran kimseleredir. Çünkü bu meselede (örnekte) dünyanın yağmura ve bitirmesinde yardımcı olduğu yeşillikler, her çeşit insan ve hayvanların yiyip gıdalandıkları maddelerin görünürlüğünde mahsul sahiplerinin kendi başarılarına ve yeteneklerine pay çıkarmalarına işaret olup âhiret hayatını bütünüyle unutma yoluna gittikleri için de bir uyarı vardır, demiş tefsirciler.

Çünkü âyette bu tip kişiler, ekinlerinin ve ürünlerinin olgun ve bereketli (bol) olduğunu ve onları biçebileceklerini, bu konuda kendilerinin güçleri olduğunu ve hasat sonu mutlu olacaklarını zanneden (umut besleyen) ürün sahiplerine benzetilmiştir. Bunlar ise (yani toprak ve mahsul sahipleri), bu güzel ve mükemmel hasatlarının keyiflerine varacaklarını, O'nun tadını tadacaklarını düşünüyorlardı da, başlarına bir felaket, bir afet geleceğini hiç akıllarının ucundan bile geçirmiyorlardı.

İşte Allah'ın kudretini unutan bu kişileri Allah hadlerini, acizliklerini bildirdi. Ters esen bir rüzgâr, afet haline gelmiş bir sel, bir dolu, bir kırağı, bir fırtına, bir hortum, bir samyeli, bütün emeklerini, göz nurunu ve çalışıp çabalamalarını bir anda dibinden silip süpürmüş gitmiştir. Elleri boş, dağarcıkları bomboş kalmıştır. Tıpkı bu adamların düştüğü hal ve duruma benzer; âhiret hayatını yok sayan, âhiret azığı toplamak ve biriktirmek için çalışmayan adamların hal ve durumu diyor Cenâb-ı Allah. Yani, dünya hayatının hiçbir şeyi garantili ve güvenilir, bel bağlanır cinsten değildir.

Ama âhiret hayatına gelince, hem süreklidir, devamlı ve ebedidir. Hem elemsiz, kedersiz ve sıkıntısızdır. Selamet, sevinç ve huzur dolu bir yaşamdır. Bu güzellikler Allah'ın rızasına, lutûf ve ikramına erenler içindir. Bu yağmur gibi, yağmurun bitirdiği yeşilliklerin, bitki ve ürünlerin geçiciliği gibi geçici olan bu dünya hayatına sarılıp âhireti unutanlar, geçici dünya hayatını devamlı olana, âhiret hayatına tercih edenler için ise, Cehennem hayatı vardır. Ateş vardır, azaplar, işkenceler, şiddetli azap çeşitleri vardır.

كَذَالِكَ نُفَصِّلُ الْاٰيَاتِ لِقَوْمٍ يَتَفَكَّرُونَ *"İşte biz (Şanı Yüce Allah)* ***düşünen insanlar için, âyetlerimizi böyle tek tek açıklıyoruz."*** diyor.

Cenâb-ı Allah âyetin sonunda işte şu ekinlerini, ürünlerini biçmek üzere hazırlanmış olduğu halde ve vardığın da herşeyin yerinde yeller esiyor, her yer dümdüz veya simsiyah kömür yanığı gibi helak olmuştur.

Şimdi bu adamın kederi nasıl dayanılmaz ise, aynen bunun gibidir, dayanılmazdır, o kimsenin acısı ki O, âhireti unutmuş, bu dünyaya dört elle sarılmış, hiç âhiretini bir saat, bir dakika bile düşünmemiş. Var yok bütün mesaisini dünyaya ait işlere vermiştir. Âhiretine ait işlere bir saatlik bir zaman bile ayırmamıştır. Allah korusun belki de, kim gidip görmüş diyecek âhireti hiç aklının köşesine bile sokmamış, kim gidip gelmiş bile diyordu. Ölüm meleği Azrâil gelip yakasına yapışmış ve cansız yere düşmüş, ölmüştür.

Şimdi, senelerce çalışıp çabaladığı, bir dakikasını bile Allah'a ayırmayı düşünmeden toplayıp biriktirdiği servetini muallakta (ortada) bırakıp gitti. Dağarcığında bir nebzecik bile âhiret azığının olmadığını gördü ve azığının olması gerekiyormuş olduğunu da anladı.

İşte bu adamın derdi, ekinleri helak olanın derdi gibidir. Hatta ölen adamın derdi, mahsulleri helak olmuş olanın derdinden daha da büyüktür. Çünkü onun artık dönüşü yoktur. Ama ekinleri helak olan, yeniden bir yerlere ekip yeniden birşeylere sahip olabilir. Ama âhirete göçen adam, artık bu fırsatı kaçırmıştır. İşte aklı başında olanların bu teşbih ve benzetmelerden ders alıp kendilerine çeki düzen vermeleri gerekmektedir.

وَاللّٰهُ يَدْعُوا اِلٰى دَارِ السَّلَامِ وَيَهْدِي مَنْ يَشَاءُ اِلٰى صِرَاطٍ مُسْتَقِيمٍ.

***"Allah Teâlâ, kullarını dârüsselâm'a selâm yurduna (Cennete) çağırıyor ve dilediği kimseleri hidayete erdi-***

***rir, doğru yola ulaştırır."*** Yani, *"Allah Teâlâ, kullarını ebedi hayattaki selâm, selametlik - esenlik yurduna- Cennete davet ediyor, Cennetine, elem ve kederin olmadığı, sıkıntı ve acıların bulunmadığı gerçek mutluluğun yaşandığı ve yaşanacağı Cennet evine çağırıyor kullarını"* demektir.

Gerçek şu ki, bir kul bu ikiden birini tercih etme durumundadır.

**Birincisi;** toprakları yağmurun ıslatıp tav vermesiyle yumuşamış un haline gelmiş, üzeri renk renk çiçekler açmış, çeşit çeşit bitkilere bezenmiş, artık tam anlamıyla zinetini takınmış, bunlar benimdir dediğinde kimsenin sesini çıkarmadığı ve dolayısıyla benim diye kanaat getirdiği ancak vardığında sanki toprağında hiçbir şey bitmemiş gibi, dün gördüğü toprak sanki, onun gördüğü toprak değilmiş sandığı dünyayı isteyecek.

**İkincisi;** ya da Cenneti ki, Allah kullarını O'na (Cennetine) davet ediyor. Orası selâmet, selâmetlik yurdu. Orada yorgunluk, bıkkınlık yok. Elem, keder, üzüntü yok.

İşte insan bu iki durumdan birini tercih ederek isteyecektir. Bu da akıl sahibi kişiler için olabilecek şeylerdir. Aklı başındaki kişilere böyle düşünebilmek gereklidir.

Dünya hayatının geçiciliğine güzel misal ve örnekler verilmiştir. Hiçbir insan dünya hayatına sahip olamaz. Olsa olsa geçici metaına sahip olabilir ve olanlar da geçici ve değersiz metaına sahip olmuşlardır. Bu da demek olur ki, daha değerlisini ve ebedi (sürekli ve devamlı) olanı istemez de, geçici ve fani şeylerle avunur ve onunla yetinir demektir. İşte yağmur (su)! Gökten iniyor, bitkiler onu emiyor, sonra filizlenip çıkıyor, daha sonra gelişip güzelleşiyor. Yeryüzü bütün zinetini takınıp bir gelin gibi süslenip tüm güzellik aksesuarlarını takınmıştır, güzellik ve süslenmekle çok gösterişlidir. Sahipleri bu durumla övünmekte ve mağrurlanmaktadırlar. Bütün bu güzellikleri kendi yetenek ve bilgileriyle ortaya koyduklarını, kendi ellerinin emekleriyle bu bolluğun bereket ve güzelliğin olduğunu sanıyorlar. Hiçbir kimsenin bu güzelliği değiştiremeyeceğini, sahibi bulunduğu bu bitkileri, mahsul ve ürünleri güzel güzel toplayacaklarını ve kimsenin bu güzelliklerine el uzatamayacağını ve umut dolu hayallerle, göznuru, alın teri mahsullerini toplamaya karar vermişlerken: **Geceleyin veya gündüzleyin** afet emrimiz gelivermiştir. Orayı birgün evvel hiçbir şey bitirmemişe çevirivermişizdir...

Evet işte dünyanın hali bu! Emniyet ve güven, sebat ve istikrar diye birşey yoktur. Ademoğlu, mahdut, önemsiz şeyler dışında dünyaya sahip olamazlar. Çünkü güçleri yetmez, acizdirler. Fakat bu acizliklerini düşünmezler.

Akl-ı selim sahibi kimseler, dünyanın kalıcı bir yer olmadığını bilirler ve burada âhiretini kazanma yoluna giderler. Bütün insanların dünyada yaptığı iş şudur; iyi iş ve amelde bulunanlar Cenneti kazanır, kötü amel ve fena iş yapanlar da Cehenmemi kazanırlar. Çünkü bu dünyada ebedi kalmak hiçbir canlı için söz konusu değildir.

Her canlı ölümü tadıcıdır. İnsanoğlu ölüp kabre girince ya Cennete gidecektir, ya da Cehenneme yuvarlanacak, yani girecektir. Dünyaya gelişinin sebebi ise, imtihan edilmek, sınanıp denenmek içindir. Dünya imtihanını kazanabilmek için, Allah'ın dediği yoldan gidilmek gerektiği gibi, peygamberin gösterdiği doğrultudan da şaşmamak gerekmektedir.

## DÜNYA HAYATININ FANİLİĞİ GEÇİCİLİĞİ ŞUNLARA BENZER:

### BİR OYUN, BİR EĞLENCE, BİR SÜS, BİR ÖĞÜNME, MAL VE EVLAT ÇOKLUĞU İSTEĞİ İLE YANIP TUTUŞMA GİBİ GEÇİCİ ŞEYLERE ÖZENTİ

Dünya hayatı çok kısa bir merhaledir. Tıpkı yaz mevsiminde bol yağan yağmurların bitirip geliştirdiği, ilk görünüşte insanları hayran bırakan o coşkulu bağ ve bahçelerin, mera ve ekin bitkilerinin kısa bir süre sonra sararıp, kuruyuvermesi ve çerçöp olup gitmesi veya saman gibi savrulup uçması gibidir. İşte bu kadar kısadır dünya hayatı. Şimdi beraber okuyalım Yüce Rabbimizin Hadid Sûresi 20. âyetindeki mesajını:

اِعْلَمُوٓا اَنَّمَا الْحَيٰوةُ الدُّنْيَا لَعِبٌ وَلَهْوٌ وَزِينَةٌ وَتَفَاخُرٌ
بَيْنَكُمْ وَتَكَاثُرٌ فِى الْاَمْوَالِ وَالْاَوْلَادِ ۜ كَمَثَلِ غَيْثٍ
اَعْجَبَ الْكُفَّارَ نَبَاتُهُ ثُمَّ يَهِيجُ فَتَرٰيهُ مُصْفَرًّا ثُمَّ يَكُونُ

حُطَامًاۜ وَفِى الْاٰخِرَةِ عَذَابٌ شَد۪يدٌۙ وَمَغْفِرَةٌ مِنَ اللّٰهِ
وَرِضْوَانٌۜ وَمَا الْحَيٰوةُ الدُّنْيَٓا اِلَّا مَتَاعُ الْغُرُورِ

*"Ey İnsanlar! Şunu biliniz ki,* (Allah'a kulluğa (ibadet ve itaate) ve âhiret için azık biriktirme kazancına sarfedilmeyen) ***dünya hayatı; bir oyun, bir eğlence, bir süs, aranızda birbirinize karşı bir övünme, malda ve evlatta bir çoğalma isteğinden ibarettir.*** *(Bunların hepsi de yok olup gider.)* ***Bu durum,*** *(gökten yağan)* ***bir yağmurun haline benzer ki, onun bitirdiği bitki ve ürünler, çiftçilerin*** *(Ziraatçıların)* ***hoşuna gider*** *(Çiftçiler bu ürünlere baktıkça) keyif alırlar).* ***Sonra kurur*** *(yani önce yemyeşil zümrüt gibi iken, sonra kurur ve o güzellik gider),* ***bir de onu*** *(o yeşillikleri)* ***görürsün sapsarı olmuş*** *(kurumuş)****tur. Sonra da çerçöp olmuştur*** *(saman gibi savrulur). (Ey insanlar! İşte dünyanın varlığı da böyledir. Kuruyup yok olan bu bitkiler, bu ürünler gibi geçici ve kısa ömürlüdür).* ***İşte dünya hayatı bu şekilde olan kimseler için, âhirette şiddetli bir azap vardır. Âhiret azığı biriktirmiş iman sahipleri için ise, Allah'tan büyük bağışlama ve affetme vardır. Ve Allah'ın büyük hoşnutluğu*** *(rızası)* ***vardır.*** *(Ahireti istemeyenler)* ***âhirete, azık biriktirmeyenler için dünya hayatı ancak aldatıcı bir geçinmeden, değersiz bir metadan başka bir şey değildir."*** Hadid Sûresi âyet 20

**Ey Âhiret Yolcusu!** Allah Teâlâ, bu âyet-i kerimesinde inanmış gönüllere müjdeli mesajlar verirken, gaflet ehli ve inançtan yoksun kişilere de tehdit ve kınama mesajları vermektedir. Cenâb-ı Allah'ın verdiği bu önemli teşbih ve benzetmelerde her insanın alacağı önemli dersler bulunmaktadır. Her aklı başında olan insan, kendi hayatı için önem taşıyan bu teşbih ve benzetmelerden yararlanmalıdır. Çünkü ömür çok kısadır. Sonradan gelecek pişmanlık hiçbir yarar sağlamaz ve sağlamayacaktır. Kişinin âhiret mutluluğunu elde edebilmesi için, dünyaya ve dünyalığa kapılmaması gerekmektedir.

*Ey dost!* Bu cümlelerin anlamını da yanlış anlamamak gerekir. Yani bu uyarıların anlamı, dünyalık mal ve mülk edinmemek, mal ve mülk edinerek zengin olmamak demek değildir. Bu açıklamaların anlamı şu demektir: sahip olduğu dünyalığın, mal ve mülkün, zenginliğin, geçici olduğunu, bugün var olduğu gibi, yarın yok olabilir. Çünkü bunların gerçek sahibinin Allah Teâlâ olduğunu bilmek ve bu gerçeğe göre hareket etmek her olgun müminin önde gelen görevlerindendir.

Âyette de işaret buyrulduğu üzere, dünyanın bütün nimetleri, süsleri, zinetleri, güzellikleri bir anda yok olabilir. Nitekim dünya sahnesinde bu gibi imtihan geçiren nice insanlar vardır. Akşam yattığında çok zengin olup, sabah kalktığında bir lokma ekmeğe bile muhtaç olan nice insanlar görülmüştür. Gerçek bir müslüman, bu gibi imtihanları hiçbir zaman aklından çıkarmaz ve çıkarmamalıdır.

**Ayetteki Teşbihler, Benzetmeler Şöyle Özetlenebilir:**

1. **Oyun ve oyalanma:** Çocukların boş bir arsada veya kumluk bir alanda toplanıp akşama kadar oyun oynamaları ve akşam olunca da, gün boyunca uğraşıp çabaladıkları ve fena halde yoruldukları, oynayıp oyalandıkları oyunları bozup evlerine döndüklerinde ellerinde işe yarayacak hiçbir şey olmadığı ve kalmadığı gibi, dünya hayatı da, âhiret düşüncesinden soyutlanınca, çocukların bu neticesiz, sonuçsuz oyunlarından farklı bir durum değildir.

İnsan, ömrünün akşamı olunca (ölüm gelince), herşeyini yüzüstü bırakıp âhiret evine döner. İşte böyle bir seferinde dünyadaki dünyalık için yaptıkları ne olur veya ne olacaktır? Dünya adına çalışıp topladıklarının, çocukların oyun boyunca yaptıklarını terkedip evlerine döndükleri zamandan ne farkı, ne ayrıcalığı vardır?

Bunca heves, bunca uğraşı ve boğuşmalardan sonuç bir hiçten ibarettir. Kazanan için de, kaybeden için de durum aynı değil midir?

2. **Eğlence, bu da kapsamlı bir oyundur:** Kişiyi işinden gücünden alıkoyan ve kişinin çok değerli vaktini bir hiç uğruna, boş yere harcaması, değerli zamanını öldürmesi demektir. Oyun, eğlence, dilimizde faydasız, gereksiz ve lüzumsuz işlerle zaman öldürmek anlamında kullanılmaktadır.

3. **Süs, zinet:** Ne işe yarar? Kişiye bir şeref mi kazandırır? Hayır süs, zinet, olsa olsa bazı görgü-

süz kıt akıllı veya sonradan görme denilen bir takım yaratıkların ve çocukların oyalanmalarına sebep ve vesile kılınan giyimler, kuşamlar ve takılar nevinden değersiz ve sahibine hiçbir onur ve şeref kazandırmayan kıymetsiz oyalayıcı şeylerden ibarettir.

**4. Övünme, üstünlük yarışı:** Ben falancının oğluyum. Benim babam, dedem şöyle kişi, böyle kişiymiş gibi, kişiye hiçbir onur ve şeref vermeyen şeyler!...

Bu övünme tutkusu mal ve evlat çokluğunda da görülmektedir. Bu hallerin Allah katında hiçbir değeri yoktur. Olmadığı için de âhiret hayatında kişinin hiçbir işine yaramamaktadır. Allah katında işe yarayacak kıymet ve değer, kişinin takva sahibi olması ve bu takvasından hayır ve yarar göreceğidir.

**Takva,** Allah'tan gerektiği bir şekilde korkmak, O'na (Allah'a) saygılı bulunmak, (emirlerini yerine getirmek, yasaklarından kaçınıp korunmak) demektir.

İnsan her nefesinin, her hal ve durumunun hesabını Allah'a vermek zorunda olduğu bir durumda bulunmaktadır.

İşte bu sebepdendir ki, insanın bu dünyada, âhiret azığı toplamak için geldiği bu imtihan sahnesinde oyunlarla, eğlencelerle, gereksiz süslerle ve geçici dünya malı çokluğuyla (zenginlikle) ve imtihan sebebi olan evlat çokluğuyla vakit geçirmeye övünmeye ve böbürlenmeye hiç mi, hiç vakti yoktur. İşte okuduğumuz ve yorumunu yapmaya gayret ettiğimiz Âyet-i Kerimelerde işaret edilen uyarılardan ve gerçeklerden biri de bu konu ve konulardır.

## MAL VE ÇOCUKLAR DÜNYA HAYATININ SÜSÜDÜR YANİ GEÇİCİDİR DEVAMLI KALACAK SALİH AMELLER İSE, YÜCE RABBİNİN KATINDA HEM SEVAPCA DAHA HAYIRLI HEM DE ÜMİT BAĞLAMAYA DEĞER GERÇEKLERDİR

بِسْمِ اللّٰهِ الرَّحْمٰنِ الرَّحِيمِ

اَلْمَالُ وَالْبَنُونَ زِينَةُ الْحَيٰوةِ الدُّنْيَاۚ وَالْبَاقِيَاتُ الصَّالِحَاتُ خَيْرٌ عِنْدَ رَبِّكَ ثَوَابًا وَخَيْرٌ اَمَلًا

***"Mal ve oğullar** (çocuklar) **dünya hayatının süsüdür. Bâki kalacak salih ameller** (güzel işler) **ise, Rabbinin katında, sevapça da hayırlıdır, ümit bağlamaya da daha layık ve hayırlıdır."*** Kehif Sûresi âyet 46

Dünya hayatında, insanlar, mal-mülkle, çocuklarıyla, oğullarıyla ve torunlarıyla övüne gelmişlerdir. Bazıları bunun dozunu kaçırmış ve âhiretine zarar vermişlerdir. Çünkü bu insanlar, dünya ve âhiret dengesini kaybetmişlerdir. Süs ve zinet geçici olan şeydir. Akıllı, mantıklı kimseler zenginlikle ve evlat çokluğuyla övünmezler. Çünkü bunlar, Allah'ın dilediği kullarına verdiği geçici süslerdir. Bu süsler kısa bir zaman sonra yok olup gidecektir. Akıllı insan bu geçici süslerin içinde boğulurcasına kalıp, bâki ve devamlı istifade edeceği hayırlardan âhiret hayrından mahrum olmamalıdır.

***Mal ve oğullar, torunlar, dünya hayatının süsüdür** (geçicidir). **Kısa bir zaman sonra, sanki gözünü açıp kapamadan yok olup geçip gitmişlerdir.***

Önce yemyeşil, zümrüt gibi renk renk, her cinsten renge bürünmüş, rengarenk, sevimli mi sevimli! Kısa bir süre sonra sararmış, solmuş, çerçöp olmuş, değersiz mi değersiz!... Atacak, yok edecek, yer arıyorsun. İşte mal ve çocuklar, torunlarda bu dünya süsleri gibi geçicidir.

Bâki kalacak, güzel, yararlı ameller (işler) de vardır. ***"Bâki kalacak,** (devamlı ve sürekli olarak kişinin istifade edeceği) **salih ameller, güzel yararlı işler ise, Yüce Rabbinin katındadır. Bunlar, kişi için hem sevapça daha hayırlıdır, hem de ümid bağlamaya daha layıktır ve daha hayırlıdır."*** Namaz kılmak, oruç tutmak gibi ibadetler ve zikr-ü tesbihler. Mesela:

*"Sübhânallâhi vel hamdü lillâhi velâ ilâhe illallâhü vallâhü ekber"* gibi mübarek kelime ve cümlelerle dua ve zikir etmeye gayret göstererek yapılan güzel ve salih ameller Allah katında kavuşulacak hayır ve sevaplardır.

Sevgili Peygamberimiz bir Hadîs-i Şeriflerinde: ***"Mümin** (inanmış) **bir kimse ölünce, kıldığı namazları baş ucunda; tuttuğu oruçları göğsü üzerinde, verdiği sadaka** (yardım)**lar sağ canibinde bulunur"*** buyurmuşlardır. Bu Hadîs-i Şerif bize bildiriyor ki, mümin (inanmış) bir kimse, ölünce salih amellerine ve ibadetlerine kavuşuyor. Bu ibadetleri ve salih amelleri kendisini kabirde yalnız bırakmadıkları gibi, kıyamet günü de yalnız bırakmayacaklardır.

Çünkü bunlar **"bâkiyâtüssâlihât"**tır. Çünkü bu bâkiyâtüssâlihât, adı verilen hayırlar, mümin kimsenin bu dünyada işlemiş olduğu hayırlar, sevaplardır. Bunların içinde kılınan her türlü namaz ibadetleri, oruç ibadetleri, sadaka-zekat ibadetleri, hac ibadetleri, yapılan zikirler, dualar, okunan Kur'ân-ı Kerim ve âyetleri, duaları ve Allah için yapılan en küçük hayırlar, büyük iyilikler **"zerre miktarınca da olsa"** hepsi, kişinin ölümünden sonra yardımına geleceklerdir ve zor gününde (ahirette) ona yardım da edeceklerdir. Yani bu salih amelleri mizanında ağır basacaklardır.

İşte bütün bu iyilikler, **"zerrece de olsa"** Allah katında, dünyanın geçici süsü olan (insanı Allah'a ibadetten alıkoyan, âhireti unutturan) mal ve çocuklardan daha hayırlıdır. Çünkü Allah için olmayan mal mülk ve çocuklar, dünyada kalacaklardır, onlar dünya menfaatidir. Ama iyiliklerin ve hayırların faydası ve yararı âhirette görülecek ve sevaplardan sahiplerine ulaşacaktır.

Bu iyiliklere ve Allah'a ümit bağlayanlar âhirette umduklarına kavuşacaklardır. İman sahibi (mümin) kimseler, âhirette en küçük bir sevabı dahi kendilerine kurtuluş vesilesi olarak gelen bir iyilik olarak bulacaklardır. Ama bu dünyada kalan mal ve evlatlarına kavuşmayı hiç beklemeyeceklerdir. Böyle bir emelleri olmayacaktır. Zaten bekleseler de yardım etmeyecekler, edemeyeceklerdir, güçleri yoktur. Mal mülk, evlatlar bu dünyanın süsü ve keyifleridir. Kişi ölünce biter.

*Ey Âhiret Yolcusu!* Konumuz iyi anlaşılmalıdır. Her insan için bu dünyada sahip olduğu mal mülk, zenginlik ve servet, çocuklar, oğullar ve torunlar, yaşadığı dünya hayatının süsü ve zinetidir, dünya için bir keyif, hoşça bir güzelliktir. Mal mülk ve servet sahibi olmakta ve zenginlikte güzellikler ve faydalar, istifadeler vardır.

Oğullar da bir insan için güçlü ve kuvvetli olduğunun işaretini verir. Ancak, şunu da düşünmek gerekiyor ki, nasıl ki, dünyanın bütün güzellikleri, süsleri geçicidir. Bir oyun, bir oyalanma ve bir eğlence gibi neticesizdir, faydasızdır. Bunlar, bu mal mülk, oğullar, torunlar, dünyanın süsü olan herşey geçicidir, dünya yeşillikleri gibi geçer, gider.

Şu halde bunlara, bu fanilere (geçicilere) kapılıp kalmamalıdır. Âhiret için gerekli olan salih amellere önem vermelidir. Bâki kalacak, devamlı olacak güzel ve elverişli (salih) işler peşinde koşmalıdır. Mal mülk ve evlat çokluğuyla meşgul olup övünmek yerine, salih amel, ibadetler, zikirler, dualar, insanlara, yardıma muhtaç olanlara malıyla yardım ederek hayır ve iyilikleri kendi amel defterine yazılması için çalışmalıdır. Âhiret hayatında mümin bir kişinin imdadına ve yardımına yetişecek olan sevapları ve hayırlı (salih) amelleri bu dünyada kazanılır.

İşte okuduğumuz âyette bildirilen *"Bâkiyâtüs-sâlihât* - ***devamlı, ebedi olarak kalacak hayırlı işler"*** şeklinde ifade buyrulmaktadır. Allah Teâlâ'nın rızası ve hoşnutluğunun kazanılması için yapılan güzel işlerin, hayır ve sevabın mükafatları devamlı kalıcıdır. Bu işler Allah katında kayda girmiştir (Levhi mahfuza yazılmıştır). İşte her mümin, her inanmış insan, dünyanın geçici süslerinden, keyif veren oyun ve eğlencelerinden uzak durup, âhirette kendisini Cennete sokacak kalıcı sevaplar peşinde koşmalıdır. **"Bâkiyâtüssâlihât"** elde etmelidir.

***Ey Âhiret yolcusu kardeş!*** Âyette müminlere uyarı vardır. Âyette mal mülk, zenginlik ve evlat edinmek kötülenmiyor. Ancak bu konuda âhirete gönül veren, âhiret hayatına önem veren mümin-müslüman kimseler uyarılıyor. Dünya malına ve çocuklara olan sevgi ve mahabbetin dozunun kaçırılmamasına dikkat çekiliyor.

Bâki kalacak, âhirette kişinin yardımına koşacak salih ameller de vardır ki, bunlar, senin için daha çok hayır ve yardım getirecek bunları da unutma bunlar için daha çok çaba göster uyarısı yapılıyor. Çünkü insan zayıf iradeli bir yaratıktır. Mala mülke bağlanır, çocukların çokluğuyla güçlenir de, bütün çalışmasını dünyaya sarfeder de âhiretini unutur veya âhireti için gereken çalışmayı bırakır da sonra âhirette eli boş kalır, âhireti Cehennem azabı olur. Böyle olmaması için, Cenâb-ı Allah, kullarını uyarıyor.

***"Ey insanlar! Bâkiyâtüssâlihat - Salih amellere gelince, onlar Yüce Rabbinin yanında sevapça da da-***

*ha hayırlı, ümit bağlamaya da daha layık, daha hayırlı (kazançlı)dır"* buyuruyor.

Zira salih ameller, kıyamet günü kendisiyle (sahibiyle) beraber olacaktır. Halbuki dünyanın süsü ve zineti, güzelliği olan mal mülk, zenginlik ve oğullar, dünyanın yıkılışı (ölümüyle) birlikte yok olmuş, dünyada kalmıştır. Artık sahibinin bir işine yaramaz demektir.

Evet, insanoğlu, gafleti seviyor, gözünle gördüğü, (peşin saydığı), dünyalıkları almayı ve elde etmeyi, gününü gün etmeyi seviyor. Gözüyle görmediği hayırları (ahireti) ise, önemsemiyor, onu (ahireti) kazanmak için çalışmıyor. Geçici olan bir menfaati, sürekli olan kazancına tercih edip aldanıyor. Bu konuda devamlı uyarıldığı halde kulak vermiyor. Âhirete önem vermeyenler şöyle uyarılıyor:

كَلَّا بَلْ تُحِبُّونَ الْعَاجِلَةَ ۙ. وَتَذَرُونَ الْاٰخِرَةَ ۭ

***"Hayır, doğrusu siz, geçici olan dünyayı seviyor** (onun için çalışıyor), **âhireti bırakıyorsunuz** (onun için çalışmıyorsunuz)."* Kıyameh Sûresi âyet 20, 21

Kur'ân-ı Kerim de geçen bu âyetlerin amacı, insanları uyarmaktır ki, dünya hayatına ebediymiş gibi bağlanıp âhiretlerini unutmaları ve âhiretleri için amel etmemeleri, salih amelden mahrum olmalarına vurgudur.

## ALLAH KATINDA KARŞILIĞI GÖRÜLECEK SEVABLAR

Ayette geçen وَالْبَاقِيَاتُ الصَّالِحَاتُ cümlesiyle ilgili pekçok rivayet bulunmaktadır. Hz. Ömer'in oğluna (Abdullah bin Ömer'e r.a.) "وَالْبَاقِيَاتُ الصَّالِحَاتُ - ***Bâki kalacak salih ameller***" sorulduğunda, şu cevabı vermiş:

*"Sübhânallâh, elhamdü lillâh, lâ ilâhe illallah, Allahü ekber, lâ havle ve lâ kuvvete illâ billâhil'Aliyyil'Azim"* kelimelerini söylemektir buyurmuştur. Demek oluyor ki, bir kimse,

*"Sübhânallâhi vel'hamdü lillâhi ve lâ ilâhe illallâhü vallâhü ekber, ve lâ havle ve lâ kuvvete illâ billahil'Aliyyil'Azim"* kelimeleriyle çok meşgul olup okursa Allah katında çok sevap kazanmış oluyor.

Dünyadaki zenginliği ve çocuklarının çokluğuyla güçlü bir halde olması, onun bu kelimelerle Cenâb-ı Allah'ı zikredip tesbih ve tehlilde bulunmasına engel olmaz ise, bu kimse dünyada güzel bir hayat sürdürdüğü gibi âhirette de Cenâb-ı Allah'ın rıza ve hoşnutluğuna kavuşacaktır demek olur.

Böyle bir tutum ve davranış içinde bulunanlar, dünya ve âhiretini dengeli sürdüren kimseler için herhangi bir kötümserlik yoktur. Çünkü, şükrü yerine getirilen mal ve zenginlik bir müslüman için zararlı değil, hatta daha da iyidir.

Çünkü şükreden bir müslüman zengin, Allah'ın verdiği zenginlik nimetini yerli yerince sarfeden kişi demektir. Evlat çokluğu da böyledir. Yerli yerince, islâmi bir davranış içinde olan çocuklar ve Allah'a karşı görevlerini yerine getiren baba ve çocuklar Allah katında makbul ve övgüye değer kimselerdir. Allah böyle kullarından memnun olur.

Ali bin Talha, Abdullah bin Abbas (r.a.)'ın وَالْبَاقِيَاتُ الصَّالِحَاتُ cümlesi hakkında şu yorumu yaptığını rivayet etmiştir:

***"Sübhânallah, elhamdü lillah,***

***Lâ ilâhe illallâh, Allahü ekber, lâ havle velâ kuvvete illâ billah estağfirullâh"*** *kelimeleriyle Allah'ı zikredip anmak, Hazret-i Peygambere* ***Salât*** *ve* ***selâm*** *getirmek,* ***oruç tutmak, namaz kılmak, hacca gitmek, zekat ve sadaka vermek, köle azad etmek, cihad etmek, sılay-ı rahim de bulunmak*** *(akrabalarını arayıp sormak) ve diğer Allah'ın razı olduğu* ***bütün salih amelleri yapmak demektir."*** İşte bu sayılan güzel davranışlar, **"bâki kalacak salih ameller"** yorumuna girmektedir.

Dünya durduğu, kıyamet kopmadığı müddetçe yeryüzünde yaşayan kimselerin Cennette karşılarında görecekleri salih amelleri onların cennetteki derecelerini arttıracaktır.

## CENNET AĞAÇLARININ MEYVELERİ

Abdullah bin Mes'ûd (r.a.) rivayet etmiştir, demiştir ki: Hazret-i Peygamber (s.a.v.) şöyle buyurdu: *"Mirâc'a çıkarıldığım gece, Hz. İbrahim (a.s.) ile semada karşılaştığımda bana şöyle dedi:*

***"Yâ Muhammed! Benden ümmetine selâm söyle ve onlara bildir ki, Cennetin toprağı çok güzel ve arazisi geniştir. Oraya dikecekleri ağaçları çoğaltsınlar. Onun toprağı verimli ve suyu da çok tatlı ve hoş içimlidir. Cennet düz ovalarla ve tepeciklerle bezenmiştir. Buralarda Cennet ağaçları vardır. Bu ağaçların meyveleri de:***

*"Sübhânallâh, elhamdü lillah, lâ ilâhe illallâh, lâ havle ve lâ kuvvete illâ billâh"* kelimeleridir." Tirmizi

Allah Teâlâ'yı zikretmek, tesbih ve tahmid, tehlil etmek Cennete girmeye ve cennette yüksek derecelere ermeye vesile olan salih amellerdendir. Bu zikir kelimelerini biz şöyle birbirine bağlayarakta okuyoruz:

*"Sübhânallâhi velhamdü lillâhi velâ ilâhe illallâhü vallâhü ekber. Velâ havle velâ kuvvete illâ billâhil'Aliyyil'Azîm."*

Tek tek olarakta okuyoruz. Bu kelimeler her müslümanın bildiği kelimelerdir zaten.

Muaz bin Cebel (r.a.)'in rivayet ettiği bir Hadîs-i Şerifinde Efendimiz (a.s.):

***"Kişiyi Allah'ın azabından kurtaracak Allah'ı zikredip anmasından daha kuvvetli bir amel yoktur"*** buyurmuştur.

Evet insan, Allah Teâlâ'nın azabından kurtulmak için, devamlı olarak O'nu zikredip anması, dilini Allah'ın zikriyle, ıslak (rutubetli, nemli) bulundurması, Cennete girmesine ve yüksek mevkilere ermesine vesile olacaktır. (Zikir ve dualar konusunu daha geniş bilgi için, Peygamberimizin Mübarek Dilinden DUÂLAR VE FAZİLETLERİ) isimli kitabıma bakmaları ve okumaları tavsiye olunur.

*Ey Âhiret yolcusu kardeş!* Bu geçici dünya hayatında mal-mülk ve çocuklarla, torunlarla meşgul olurken âhiretini de unutma. Allah Teâlâ'nın Yüce katında bulunan hayırları elde etmek için, daha da çok çaba sarfetmelisin. Mal mülk, çoluk çocuk bu fani dünyanın geçici süsleri, geçici keyifleridir. Tıpkı yaz mevsimindeki yeşilliklerin kısa sürdüğü gibi, mal mülk ve çocukların çokluğu da geçici birer dünya menfaatleridir.

Halbuki, daha kalıcı ve bâki olan, sürekli istifade edilecek hayırlar, salih amellerin sevap ve mükafatları var ki, bunlar da Allah Teâlâ'nın Yüce katında kavuşulacak nimetlerdir, Cennettir, Cennete erişilecek yüksek derece ve mevkilerdir. Bunlar da yukarıda açıklamaya çalıştığım salih amellerle elde edilen ve edilecek nimetlerdir.

Bu dünya hayatındaki zenginlik, mal mülk, çoluk çocuk, eş dost, akraba çokluğu ölümle kişiden ayrılan geçici şeylerdir. Gözünü açıp kapamadan geçen fani şeylerdir. Tüm hayatını, çalışmasını, mesaisini bunlara harcayan gaflet ehli kişiler aldanmış ve âhirette, sürekli olacak devamlı kalacak hayatta bunların hiçbir faydası ve azıcık bile olsa bir yararı olmayacaktır. Ama Allah için yapılan çalışmalar, din görevlerini yerine getirmek, *Allah Allah* diye, *Sübhânallâh, elhamdü lillah, lâ ilâhe illallâh* diyerek Allah'ı anıp hatırlamak, namazlarını kılmak ve Allah'ın emirlerini yapıp yasaklarından korunanlar salih ameller, âhiretin azıklarıdır. Allah katında biriktirilmiş sevap ve mükafatlardır, Allah'ın ikram ve lûtuflarıdır. Bu gerçekleri unutmamalı ve sıkı sıkıya bunlara sarılmalıdır vesselâm.

## İNSANOĞLUNUN HOŞLANDIĞI DÜNYA HAYATININ SÜSLERİ VARDIR

Kadın, evlat, altın, gümüş, cins atlar, davarlar, ekinler (toprak ürünleri) insanoğlunun hoşuna giden dünyanın cazibeli süsleridir.

Kur'ân-ı Kerim'in Âl-i İmrân Sûresi, 14. âyetinde Allah Teâlâ, bu gerçeği açıklamak babında şöyle buyurmuştur:

زُيِّنَ لِلنَّاسِ حُبُّ الشَّهَوَاتِ مِنَ النِّسَاءِ وَالْبَنِينَ
وَالْقَنَاطِيرِ الْمُقَنْطَرَةِ مِنَ الذَّهَبِ وَالْفِضَّةِ
وَالْخَيْلِ الْمُسَوَّمَةِ وَالْاَنْعَامِ وَالْحَرْثِۜ ذٰلِكَ
مَتَاعُ الْحَيٰوةِ الدُّنْيَاۚ وَاللّٰهُ عِنْدَهُ حُسْنُ الْمَاٰبِ

***"İnsanlara süslü gösterilmiş** (özellikle), **kadınlar, oğullar, yığın yığın biriktirilmiş altın ve gümüş,** (me-*

*raya salınmış güzel cins)* ***atlar, sağmal hayvanlar ve*** *(toprağın bitirdiği ürün)* ***ekin gibi, dünya geçimlikleri, insan nefsinin keyif alacağı aşırı bir sevgiyle meyletmesi için*** *(cezbedici)* ***olarak süslü gösterilmiştir. Bunlar ise, dünya hayatının geçici menfaatleridir. Halbuki, varılacak*** *(gidilecek)* ***güzel yer, hayatın güzel sonucunu, neticesini almak, sonuç güzelliği Allah katında, Allah'ın yanındadır.*** *(İnsan için önemli olan güzel bir sonuç ile Allah'a dönmesidir.)"*

***Ey Âhiret yolcusu kardeş!*** Senin ve benim gibi kimselerin anlayabilmesi için, okuduğumuz bu âyet-i kerimenin kısa bir açıklamasının yapılması gerektiği görüşündeyim. Okuduğumuz Âyet-i Celilede bildirilen dünya nimetleri ve güzelliklerinin, insanoğluna sevdirildiği ve sevmeleri için de süslenip bezenerek çekiciliği ve cazibesiyle sevdirildiği vurgulanmaktadır. Bu aşırı sevmeyi de insanoğlu fazlasıyla yerine getirmektedir. Bu davranışı da tabiidir, normal ve doğaldır. Aynı zamanda bu dünyevi bir eylemdir. Çünkü insanoğlu, nefsini ve neslini devam ettirebilmek, sürdürebilmek için, dünyanın bu nimetlerinden meşru ölçüde istifade ederek faydalanmak ve yararlanmak zorundadır. Meşru ölçülerde faydalanmak güzel görüldüğü gibi, gayr-i meşru bir hal alıp, bunlara kul köle olma yoluna girmek ise çirkin görülmüş ve kınanmıştır. **Kur'ân-ı Kerim'de kınanan dünya hayatı, gayr-i meşru bir eyleme dönüşen dünya hayatıdır. Bu gerçeği iyi ve yerli yerince anlamak lâzımdır.**

Âyet-i kerime'nin devamında ise, sayılan ve bildirilen bu dünya nimetlerinin süslü ve keyif verici bir hâl olmakla beraber geçici oldukları da vurgulanarak insanlar uyarılmaktadır. Ve devamında daha güzelinin olduğu tavsiye edilmekte ve bu güzelliklerin de Allah katında, Allah'ın huzurunda olduğu bildirilmekte ve bu güzelliklerin devamlı ve sürekli olduğu da vurgulanarak insanların, geçici dünya güzelliklerine değil, sürekli olan Allah katındaki âhiret güzelliklerine özenmeleri, onları elde etmek için çalışmaları gerektiği uyarısı yer almaktadır.

Ayette geçen **"Zuyyine"** tezyin etmek, süslemek. Birşeyi süsleyip püslemek, insanların gözüne olduğundan daha güzel göstermek, çekici ve cazibeli kılmak demektir.

**"Hubbuş'şehevât"** nefsin isteklerine uymayı sevmek, nefsinin arzularını yerine getirme eyleminin ön plânda tutulması, nefsâni isteklerin esiri ve kölesi olmak gibi anlamlara gelir.

**"Hubbuş'şehevât"**tan maksat, nefsin istediği şeylerdir. Bu ifade de nefsâni isteklerin değersizliği vurgulanmaktadır. Çünkü şehvet, akl-ı selim sahibi insanlar indinde iyi değildir. Şehvet kelimesi burada kendi anlamında (mastar) değil, ism-i meful manasında kullanılmıştır. Buna göre, buradaki (yani âyetteki) **"eş'şehevât"**, istenilen, arzu edilen iştah çekici şeyler demek olur ki, âyetin devamı bu kelimenin beyan ve açıklamasıdır.

***Kadınlar, oğullar, haddi hesabı olmayan biriktirilmiş servet, altın, gümüş ve devamındakilerdir.***

Nefsâni isteklerine düşkün olan insanlar, makbul insan olarak kabul edilmezler, akıl sahibi kimseler, şehvetine düşkün olanları yermişlerdir. Âyetimizde de bu incelik vurgulanmaktadır.

Filozofların şöyle vurguları vardır. "***Yüce Allah, melekleri akıllı olarak ve şehvetsiz*** *(nefsâni duygusuz)* ***olarak yarattı. Hayvanları da akılsız fakat şehvet duygulu*** *(şehvetli)* ***olarak yarattı. İnsanoğlunu ise, hem akıllı, hem de şehvet duygulu olarak yarattı. Aklı şehvetine*** *(şehvet duygusuna)* ***galip*** *(üstün)* ***gelen kimse meleklerden daha faziletlidir*** *(daha üstündir).* ***Şehvet duygularına uyan, şehvetine esir olan kimse, hayvanlardan daha aşağı bir dereceye düşmüştür. Hayvanlardan daha aşağıdır.***" "**Hubbuş'şehevât**" kelimesi bunlara işaret etmektedir.

Âyet-i kerimede "*Züyyine linnâsi hubbuşşehevâti minen nisâi vel benine...* - ***Şehevi duygulara meyletmek insanlara güzel gösterildi ve ruhlarına sevdirildi. Bunlar da kadınlar, oğullar, yığın yığın biriktirilmiş altın ve gümüş, meraya salınmış besili güzel atlar, sağmal hayvanlar*** *(deve, sığır, koyun, keçi) ve ekinler (ziraat ürünleri)****dir.***"

İnsanların aşırı derecede bağlandıkları dünyalıklar bunlardır. İnsanın âhiretini unutturan, insanı Cehenneme sürükleyen, insanın helak olmasına sebep olanların başında da bu sayılan dünyalıklar gelmektedir. Bunlar ise, fani ve geçicidir. Âyet-i kerimede buna da vurgu yapılmaktadır.

"*Zâlike metâul hayâtit dünya* – ***Bunlar insana süslü gösterilen bütün bu dünya nimetleri*** *(kadınlar, oğullar ve isimleri sayılan diğerleri, dünya matahıdır)* ***dünya hayatının geçici geçimlilikleri, fani menfaatleridir.***"

Bunlar gönül bağlanacak devamlı ve kalıcı menfaatler değildir. Yağmur sularının gelip geçtiği gibi, bunlar da gelip geçicidir. Bunlardan gereği kadar faydalanıp yararlanmak akıllı kişilerin kârıdır. Bunlara sağlam ve kalıcı şeylermiş gibi bağlanıp kalmak ise, ahmak kişilerin işidir. Öyle ise, akıllı kişiler, şunun için hazırlıklı olurlar ve olmalıdırlar. Yüce Allah'ın şu müjdesini, şu müjdeli mesajına kulak vermelidirler:

*"Vallâhü indehû husnül'meâbı* - ***Varılacak güzel yer*** *(Cennet)* ***Allah'ın yanındadır."*** Geçici dünya nimetlerine aldanıp asıl görevi olan namaz, oruç ve hac gibi ibadetleri unutanlar aldanmış ve kendi helaklarını, yok olup gitmelerini kendi elleriyle hazırlamışlardır. Akıllı insan, dünya hayatına mağrur olup aldanmaz, aldanmamalıdır. Dünya da ömrü ne kadar uzun olursa olsun çabuk geçer.

Altmış, yetmiş sene ömür sürenlere sorsanız sanki hiç bu uzun seneleri yaşamadığını söyler. Adeta, ömrünün bir göz açıp kapayacak kadar bir zamanmış gibi gelip geçtiğini söyler ve doğrudur, söylediği gibi de olmuştur.

Tıpkı yağmurun yağıp akıp gittiği ve yetiştirdiği yeşilliklerin kuruyup çerçöp oluverdiği gibidir. Konumuzun başında okuduğumuz âyetlerdeki ilâhi uyarılarda bildirildiği gibi, insanoğlunun dünya hayatı geçip gitmiştir. Sonradan yapılan ve yapılacak pişmanlıkta hiçbir fayda ve yarar sağlamamış ve de sağlamayacaktır.

Dünyanın aldatıcı süs ve zinetine gönül bağlamak, mal mülk ve evlat çokluğuyla övünenler, bunlarla insanlara caka satanlar, çalım satmak isteyenler, birgün olup aldandıklarını görecek ve ne kadar zavallılık ve ahmaklık ettiklerini anlayacaklardır. Fakat vakit çoktan geçmiş olacaktır.

## DÜNYA NİMETLERİNİN SÜSLÜ GÖSTERİLMESİ

Dünya nimetlerinin süslenmesi ve insanların bu dünya süslerine gönül bağlamaları veya gönül bağlamamaları bir sebebe dayanmaktadır. O da insanların denenmesi, imtihana tabi tutulması hikmetidir.

Dünya nimetlerinin süslenmesi, Allah'a bağlanan veya dünyaya bağlanan insanların hallerini ortaya çıkarmak içindir.

Dünya nimetlerinin süslü gösterilmesi, insanları Cenâb-ı Hakk'ın imtihan etmesine, iyi kul ile kötü kulu, iyi insan ile kötü insanı ayırt etmek hikmetine dayanmaktadır.

Kehif Sûresi, 7. âyetinde bu gerçek şöyle dile gelmektedir. Yüce Allah, şöyle buyuruyor:

إِنَّا جَعَلْنَا مَا عَلَى الْاَرْضِ زِينَةً لَهَا لِنَبْلُوَهُمْ

اَيُّهُمْ اَحْسَنُ عَمَلاً

***"Biz, insanların hangisinin daha güzel, bir amelde bulunacağını ve daha iyi bir amel** (elverişli, yararlı) **işler yapacağını deneyelim** (imtihan edelim) **diye yer yüzündeki herşeyi dünyanın kendisine has** (özel) **bir süsle süsledik."*** Kehif Sûresi âyet 7

Dünya, insanların imtihan sahnesi, imtihan salonudur. Pek yakında bu dünya yok olacak, insanlar imtihan belgelerinin okunup sonuçlarını almak üzere Allah'ın huzuruna döneceklerdir. O zaman kimin daha güzel iş yaptığı, daha güzel davranışlarda bulunduğu ortaya çıkacak, iyilerle, kötüler birbirinden ayrılacak, iyiler Cennete, kötüler de Cehenneme konacaktır.

İnsanların imtihan edilmesi, şüphesiz ki, hangisinin iyi amel, salih amel işlediğinin ortaya çıkarılması içindir. Acaba hangileri dünyaya dalmayıp, Allah'ın rızasına yöneldi? Acaba hangileri nefislerine uyup, dünyaya daldılar da Allah'ı ve âhireti unuttular? Hangilerinin yanında kendilerini azaptan kurtaracak güzel ameller var ve hangilerinin yanında da kendisini helak edecek, Cehenneme sürükleyecek bozuk ameller var?...

Yüce Peygamberimiz (a.s.) Hadîs-i Şeriflerinde:

حُفَّتِ الْجَنَّةُ بِالْمَكَارِهِ وَحُفَّتِ النَّارُ بِالشَّهَوَاتِ

***"Cennet nefsin hoşlanmadığı şeyler** (ameller)**le çevrilmiştir. Cehennem de, nefsin hoşlandığı, nefsin düşkünlük gösterdiği şeyler** (ameller)**le çevrilmiştir."*** buyurmuştur. (Müslim)

Yukarıdaki âyetlerde de geçtiği ve açıkladığımız üzere, *"El mâlü vel benûne zinetül hayâtit'dünya* ***- Mal ve oğullar dünya hayatının süsleridir*** *(bunlar geçicidir).* ***Bâki olan güzel ameller ise, Rabbinin yanında sevapça da, ümitçe de daha hayırlıdır."*** Kehif âyet 46

*"Ey insanlar! Biliniz ki, dünya hayatı bir oyun ve eğlenceden, süsten, aranızda övünme ve böbürlenmeden, mal ve evladı çoğaltma yarışından başka birşey değildir."* Hadid âyet 20

Şeklinde buyrulmuştur ki, bu uyarılar, insanoğlunu bâki ve ebedi olan âhiret hayatına özendirmek gayesine dayanmaktadır.

Teğabün Sûresi 15. âyetinde de Cenâb-ı Allah, şöyle buyuruyor:

*"Ey insanlar! Şüphesiz mallarınız ve çocuklarınız, sizin için bir imtihandır. Büyük sevap ve mükâfat ise, Allah'ın yanındadır."* yani, mal ve çocuklar, kişi için, beklemedik yer ve zamanlarda bir günah sebebi olabilir ve kişiyi âhiret azığı hazırlamasında ayak bağı olup onu bu hayırlı işinden alıkoyabilir. Cenâb-ı Allah bu ilâhi mesajlarıyla kullarını uyarmaktadır. Yoksa mal ve çocuklar kötüdür anlamında değildir.

İnsanların, çocuklarına mal biriktirmek için olanca hırsıyla dünyaya bağlandıkları ve âhireti unuttukları ve dini görevlerini terkettikleri bir gerçektir. Oysa insanoğlu bu davranışında büyük yanılgı içindedir. Ölüm gelip kabre gömüldüğü zaman bütün bu yanlış tutum ve davranışlarını, büyük yanılgısını anlayacaktır ama ne çare vakit çoktan geçmiştir. Artık treni kaçırmıştır ve bir daha bu kaçan treni yakalaması mümkün değildir. Çölde kalmış, kurda kuşa yem olmuş bir kişi gibi o da Cehenneme odun olmuştur ve olacaktır. Çünkü zararlarını telafi etmek için bir daha dünyaya dönüş yolu kapanmıştır demek olur.

## Kadın veya Kadının Durumu

Âyet-i kerimede insanoğlunun aşırı bir tutku ile bağlanıp âhiret hayatını tehlikeye düşürecek dünyanın geçici nimetleri sayılmaktadır. Bunlar; *kadın, oğullar, kantar kantar tartılmış altın ve gümüş, cins atlar, sağmal hayvanlar (ki deve, inek, koyun, keçi hepsi bu deyime dahildir) ve toprak ürünleri (ekinler, sebzeler, meyveler dahildir)*. İşte dünya metaı sayılan bu geçici dünyalıklara aşırı bir hırsla bağlanan kişiler dünyaya taparcasına bu keyif verici şeylere düşkünlükleri nedeniyle âhiretlerini unutup, sadece dünya için yaşam sürme eğilimine girdiklerinden dolayı kınanmış duruma düşmektedirler. Çünkü âyetin son cümlesi:

***"Halbuki varılacak güzel yerin Allah katında olmasıdır. Bir insan için önemli olan, güzel bir sonuç ile Allah'a dönmesidir"*** denilmiştir. Yani aklı başında olan bir kişinin geçici dünya nimetlerine bağlanıp kalması değil, bu dünya hayatında Allah'ın emirlerini yerine getirerek, Allah'ın yanında olan o güzel dereceye, güzel bir sonuç, güzel bir netice ile ulaşması, tüm geçici dünya menfaatlerine değişilmez bir mutluluktur demek olur. İşte bu sebepten dolayı Cenâb-ı Allah, kullarının kendi yüce katına yönelmelerini istiyor.

Ayette süslü ve cazibeli gösterilen dünya menfaatlerinden birincisi kadın gösterilmiştir.

Kadın, Cenâb-ı Allah'ın erkeklere bir lûtf-ü keremi ve ikramıdır. Bir erkeğe hanımının yaptığı huzur verici hizmeti ve gönlünü ferahlatıcı görevi dünyanın hiçbir nimeti ve menfaati veremez. Çünkü kadını Allah bu meziyetlerle erkek kulları için yaratmıştır. Kadın, Allah'ın çizdiği ve O'nun istediği yoldan yürüdüğü sürece Allah'ın has kulları, O'nun sevdiği ve razı olduğu kulları içinde yerini alır ve alacaktır. Âhirette de Cennette yerini alır ve alacaktır demek olur.

Çünkü iyilerin yeri Cennet olacaktır. Bir kadın Allah'ın istediği iyilerden olursa cennettedir. Eğer bir kadın Allah'ın istemediği hallerde bulunmaya kalktığı zaman da Cehennemdeki yerini hazırlamış demek olur (olacaktır).

Kadının, Allah'ı memnun etmesi ve Cennete girmesi çok kolaydır. Allah Teâlâ, kadınların Cennete girmelerini kolaylaştırmıştır. Allah'ın Peygamberi, Yüce Efendimiz Hadîs-i Şerifinde şu müjdeyi vermektedir:

***"Kadın beş vakit namazını kılarsa, ramazan ayı orucunu tutarsa, iffetini** (namusunu) **korursa ve kocasına itaat ederse Cennete girer."*** Yani bu vazifeleri yerine getiren kadın kullarını Allah Teâlâ sever demektir.

Bu Hadîs-i Şerifte müslüman bir kadının başlıca üç görevi vurgulanmaktadır;

1. Allah'a olan ibadet görevi (namaz, oruç),

2. Irz ve namusu (iffetini) koruması,

3. Kocasına itaat etme (sözünü dinleme) görevi (kocasının dine uygun meşru sözlerini yerine getirmek, dinin emirlerindendir).

Kocası olmayan bekâr müslüman kadının iki vazifesi, ibadet ve namusunu koruma var, evli, kocalı hanımların üçüncü vazifesi de kocalarına itaat etmektir.

Müslüman erkek ile müslüman kadın, Allah katında yüksek derecelere kavuşmada eşit olarak namzettir, adaydır. Yeter ki bunlar, Allah'ın emirlerine uygun hareket edebilsinler salih ameller işleyebilsinler. Önemli olan Allah katında salih amel sahibi olabilmektir.

**Şimdi dönelim konumuza:** Kadın, Allah Teâlâ'nın erkeklere bir ikramı, bir lûtf-ü ihsanıdır demiştik. Bir erkeğe hanımının yaptığı gönül ferahlatıcı görevleri dünyanın hiçbir nimeti yapamaz. Okuduğumuz âyette kadın dünya nimetlerinin başında hatta birincisi sayılmaktadır. Dünya nimetlerinin geçici olduğu konusunda ise, bir hayli söz etmiş bulunuyoruz. Dolayısıyle kadında cazibeli, çekici dünya nimetlerinin başında hatta birincisi olarak dikkati nazara verilmektedir. Kadınların yaratılışı gereği erkeklerden ayrıcalık taşıyan özellikleri vardır. Âyette bu cihete dikkat çekilmektedir. Kadınlarda hissi duygular öne çıkar. Onlar erkeklerden daha hissi, sevgi, şefkat yüklüdürler. Çabuk ikna edilir, hatta çabuk kandırılır bir durum sergiledikleri gün gibi aşikâr ortadadır. Kadının iyiye olduğu gibi, kötüye de kullanılma olasılığı ön plândadır. 20. ve hatta 21. asra girildiği şu teknik asrında bile, kadının en basit toplu iğne, yatak çarşafı reklamlarından tutun da, akla hayale gelmeyecek en büyük ticari reklamlarda arz-ı endam edişleri, kadının dünya metaı olma özelliklerine örnek olabilir.

Yüce Allah, kadınları özel bir yaratışta, özel his ve duygularla bezemiştir. Onların bu güzelliklerini Allah'ın istemediği eylemlerde kullanmalarını, Allah'ın istemediği hal ve durumlarda bulunmalarını, kötü eylemlerde kullanılmalarını Allah istemez. Bu davranışlarını hoş karşılamaz. Bu olumsuz eylemlerini cezasız bırakmaz. Bunları dünyada gönül rahatlığı, iç huzuru, emniyet ve selâmetten mahrum ettiği gibi âhirette de Cehennemine atarak azaba mahkum eder, edecektir. Allah kendisine isyan edenleri, emirlerini dinlemeyenleri cezalandıracaktır.

Allah Teâlâ, yeryüzünde, dünyada insanların çoğalmasını ve Allah'ı bilip tanımalarını, O'na ibadet ve taatte bulunmalarını ister. Tüm insanlığın yaratılışı da bu gaye ve amaca dayanır. İnsanların da üreyip çoğalması kadınla erkeğin nikahlanarak eş olmaları ilâhi kanununa bağlanmıştır. Başka bir yolla çoğalma ve nikahsız kadınla erkeğin eş olmaları Allah katında hoş karşılanmamış ve yasaklar (haramlar) arasına alınmıştır. Bu da Cehennem azabına katlanmak anlamı taşımaktadır. Cehennemin ateşinde yanmak demektir. Yanlış yol izleyen insanlar istese de, istemeseler de netice, sonuç bu olacaktır.

İlk kadın, Hz. Havva'dır. Hz. Havva, Hz. Adem'in vücudundan (kaburga kemiğinden) yaratılmıştır. İlk insan Hz. Adem, topraktan yaratılmış, ilk kadın Hz. Havva da, O ilk insan Hz. Adem'e eş olmak üzere O'nun (Adem'in sol kaburga kemiğinden) yaratılmıştır. Yaratan Allah Teâlâ'dır. O'ndan başka yaratıcı da yoktur. Yoktan varetme, birşeyi yoktan yaratma güç ve kuvveti ancak Allah'ındır. Bu Allah'ın varlığının, birliğinin delili ve açık belgelerinin göstergesidir.

Allah Teâlâ, ilk erkek cinsi Adem'i topraktan, ilk kadın cinsi Havva'yı da Adem'den yaratmıştır. Onların ikisini de Cennete yerleştirdi. Onlara bir de yasak koydu: *"Şu malum ağacın meyvesinden yemeyeceksiniz"* diye kendilerine kesin emir verdi. Bu emir, insanların kendi istek ve arzularına göre başı boş, kontrolsüz olmadıkları ve olamayacakları öğretilmek hikmetine dayanıyordu. Bu ise, ilk insan, ilk beşer, insanlığın ilk babası ve ilk anası (Adem ve Havva) ile başlayıp kıyametin kopuşuna kadar dünyanın yok oluşuna kadar böyle devam edip gidecekti (ve gitmektedir de).

Bu konuya girmekten amacım, kadını, şu dünya nimetlerinin başında gelen dişi cinsinin özelliklerini, yaratılışının hikmet ve sebeplerine kısa da olsa bir açıklık getirmektir.

## Hz. Havva'nın Yaratılışı

Tefsir bilginlerinin açıklamalarına göre; Hz. Adem, Cennete yerleştirilmiş, burada yaşamaya başlamıştı. Tek başına Cennet hayatı Hz. Adem'in yalnızlığını gidermiyordu. Allah Teâlâ, Hz. Adem'e derin bir uyku verdi. O uykuda iken Yüce Allah, O'nun (Adem'in) sol eğe kemiğinden (sol üst kaburgasından) Hz. Havva'yı yarattı. Onu Cennet elbiseleriyle süsleyip bir gelin gibi, Hz. Adem'in başucuna doğru yanı başına oturtuldu. Hz. Adem (a.s.), uyandığında Hz. Havva'yı yanıbaşında Cennet elbiseleriyle süslenmiş olduğu halde oturuyor gördü. Hemen o anda melekler gelip Hz. Adem'i imtihan eder gibi sorular sormaya başladılar. Çünkü melekler, Hz. Adem'in bütün isimleri bildiklerini biliyorlardı. İlk soruları:

"— *Bu nedir Ya Adem?*" dediler. Hz. Adem (a.s.);

"— *Bu kadındır*" diye cevap verdi. Melekler:

"— *Adı nedir?* diye sordular. Hz. Adem:

"— *Adı Havva'dır*" diye cevap verdi. Melekler:

"— *Bu adı nereden aldı?*" dediler. Hz. Adem (a.s.):

"— *Bu adı, diriden yaratıldığı için aldı*" diye cevap verdi. Melekler:

"— *Bu kadın, niçin yaratıldı?*" diye sordular. Hz. Adem (a.s.):

"— *O benim için yaratıldı. O, benimle sukûnet bulsun, ben de, onunla sükûnet bulayım diye. Yani ikimiz, birbirimizle huzur ve sükûne kavuşuruz.*" şeklinde cevap verdi. Nitekim Kur'ân-ı Kerim Âraf Sûresi âyet 189 da şöyle buyruluyor:

***"O Allah ki, sizi bir nefisten*** *(Adem'den)* ***yarattı. Ve O'nunla gönlü sükûn bulup huzura kavuşsun diye eşini*** *(Hz. Havva'yı)* ***de O'ndan*** *(Adem'den)* ***yaratan O'dur*** *(Allah'tır).*" buyrulmuştur.

Allah Teâlâ, Hz. Adem'e bütün eşyanın isimlerini öğretmişti. "*ve alleme âdemel'esmâe küllehâ*" âyeti bu gerçeği bildirmektedir.

Tabarânî'nin kaydına göre ise, Hz. Adem (a.s.) uyandığı zaman yanı başında oturmakta olan kadını (Havva'yı) görünce:

"— *Bir kadın ha!*" diye kendi kendine konuştu. Ve sonra O'na (Hz. Havva'ya):

"— *Sen nesin? Sen kimsin?*" diye sordu. Hz. Havva:

"— *Bir kadın, bir kadınım!*" diye cevap verdi. Hz. Adem (a.s.), Havva'ya:

"— *Sen, ne için yaratıldın?*" diye sordu. Hz. Havva Adem'e:

"— *Ben senin için yaratıldım, sen benimle sükûnet bulasın, benimle kalben huzura eresin diye yaratıldım*" cevabını verdi.

İnsan neslinin ilk babası olan Hz. Adem'i topraktan, insan neslinin ilk annesi olan Hz. Havva'yıda insan neslinin aslını ifade eden Hz. Adem'in vücudundan (sol kaburga kemiğinden) yaratan Yüce Allah, meleklerinin de hazır bulunduğu bir anda huzurunda Adem'le Havva'nın nikahlarını kıydı. Yaratılışlarının hikmeti ve gayesi manen bu olmakla beraber, maddeten de onları birbirlerine eş ve arkadaş yaptı. Ve onları Cennetine yerleştirdi. Ve Hz. Adem'e hitaben Allah Teâlâ şöyle buyurdu:

***"Ey Adem sen ve zevcen** (eşin Havva) **şu Cennette elemsiz kedersiz, üzüntüsüz, sıkıntısız huzur içinde rahat rahat yaşayın. Cennet nimetlerinden istediğiniz kadar bol bol yiyip-içebilirsiniz. Ancak şu bir ağaca yaklaşmayın, O'nun meyvelerinden sakın olaki***

*yemeyin, yemek için de yaklaşmayın. Eğer bu ağacın meyvelerinden yerseniz, her ikiniz de kendisine kötülük edenlerden olursunuz. Cezanız büyük, zararınızı ödeyemezsiniz."* Bakara Sûresi âyet 35

Allah Teâlâ, bu kesin uyarısı ile Hz. Adem'i ve eşi Havva'yı açık açık uyardı. Şeytanın sözüne, kanmamalarını ve onun aldatıcı yalanlarına kulak vermemelerini, şeytanın açık bir düşmanlık içinde olduğunu ve kendilerine tuzak kurup kurup aldatma yoluna başvurup onları Cennetten çıkarma yoluna gidebileceğini de anlattı ve açık açık uyarıda bulundu.

Hz. Adem ve eşi, böylece Cennete yerleştirilmiş, orada Cennet nimetlerinden istediklerini yiyor, canları neyi çekerse o nimeti yanıbaşlarında hazır buluyorlardı, diledikleri gibi yiyip içiyorlardı. Neye ihtiyaç hissetseler onu hemen önlerinde hazır halde buluyorlardı. Cennette ne üzüntü vardı, ne de bir sıkıntı. Mutluluk içinde yaşayıp gidiyorlardı. Ne çalışma vardı, ne de yorgunluk. İşte Cennet hayatı böyle bir hayattı.

Şeytan, bu mutlu çiftin Cennetteki nimetler içinde yaşam sürmelerini görünce dayanamadı, kıskançlık ve dolayısıyla düşmanlık krizleri tuttu. Ne yapıp yapıp bunları kandırmalıyım ve mutluluklarını bozmalıyım diyerek düşmanca plânlar kurmaya başladı ve ağlayarak sızlayarak onlara (Adem'le Havva'ya) yaklaşmaya ve onlarla konuşmaya yol aradı. Önce ağlamaya başladı. Hz. Adem'le eşi Havva, O'nun neden ağladığını sordular. Şeytan: *"— Sizin birbirinizden ayrılacağınıza, mutluluğunuzun bozulacağına ağlarım. Çünkü bu ağacın meyvesinden yemiyorsunuz. Eğer bu ağacın meyvesinden yerseniz burada sonsuza dek mutlu kalacaksınız."* diyerek Adem'le Havva'ya dil dökmeye yalanlar söylemeye başladı.

Hz. Havva, şeytanın bu yalanına kandı. Fakat Hz. Adem:

*"Hayır, hayır* dedi. *Allah Teâlâ, bizim bu ağaçtan yememizi menetti, bunun meyvesinden yememizi kesinkes yasaklamıştır."* dedi. Ve ilâve etti. *"Ben, Allah'ın azabından korkarım, Allah bizi cezalandırır."* diyerek Havva'yı uyarmaya çalıştı. Havva ise, diretti de diretti. Ve:

*"— Sanki bu bir ağacın meyvesinden yesek ne olur? Allah'ın rahmeti boldur."* diyerek, yasak olan ağacın meyvesinden bir tane koparıp yedi. Bu yediği meyve Hz. Havva'da bir etki göstermedi. Çünkü Havva Hz. Adem'e tâbi idi, asıl olan Hz. Adem'in tavrıydı. Evet yediği yasak ağacı meyvesi Havva'da bir tesir, bir etki yapmayınca Havva daha da cür'atkârlığını (saldırganlığını) ortaya koyarak:

*"— İşte bak,* dedi. *Ben yedim de birşey olmadı."* diyerek yasak ağaçtan bir meyve daha koparak kocası Hz. Adem'e uzattı ve ısrarla yemesini istedi. Hatta kadınlık nazlarını, cilvelerini kullandı. Hz. Adem, hanımı Havva'nın dayatmasına, ısrarına dayanamayarak yasak ağacın meyvesinden yedi.

Saîd bin Müseyyeb şöyle anlatmıştır: *"Hz. Adem, bu yasak ağacın meyvesinden yememek için Allah'a söz vermişti. Peki bu yasak meyveden neden yedi? diye sorarsan, ben derim ki: Hz. Adem, hanımı Hz.*

*Havva'nın çeşitli naz ve cilveleri karşısında onun aşkı ile mest olup, bir an hissine yenilip Allah'a olan sözünü unutarak gafletle yedi."* yorumunu yapmıştır.

Hz. Adem'le zevcesi Havva, şeytana uyup bu yasak ağacın meyvesinden yiyince, Cennetten çıkarılıp yer yüzüne indirilmişlerdir.

Muhammed bin Kays'ın anlattığına göre; Allah Teâlâ Adem'i sorguya çekmiş ve: *"— Ey Adem! Bu ağaçtan seni yasaklamıştım. Onun meyvesinden niçin yedin?"* diye sorgulamıştır. Hz. Adem cevap olarak:

*"— Ya Rabbi! Havva sebep oldu, onun ısrar etmesiyle yedim"* demiştir. Cenâb-ı Allah, Havva'yı da sorgulamış:

*"Ey Havva! Sen, niçin yedin bu yasak ağaçtan?"* buyurmuştur. Havva da cevap olarak:

*"— Ya Rabbi! Şeytan beni kandırıp aldattı."* demiştir.

Yüce Allah, bu sorgulamasıyla insanoğluna, kendi iradesini kullanmasını ve nefsinin isteklerine karşı koyup kendine hakim olmasını öğütleyerek sorumluluklarını bildiriyordu. Çünkü insanın yaratılışının asıl gaye ve amacı; Allah Teâlâ'nın emirlerine ve yasaklarına uymak zorunluluğunun kesinliğini vurgulamaktı.

Biz konumuzun iyi anlaşılmasını sağlamak için sözümüzü biraz uzattık. Dünya nimetlerinden olan kadınla ünsiyetimizi açık ve net olarak anlayabilelim diye, Cenâb-ı Allah'ın erkeklere bir ikramı, bir lütfu ve ihsanı olan kadının yaratılışına şöyle kısa bir göz atalım dedik. Görülüyor ki, Allah lütfu keremi olan kadının yaratılış özellikleri ve meziyetleri çok değişiktir. Bu konuda Yüce Peygamberimizin de çok açıklayıcı nurlu sözleri, mübarek hadisleri bulunmaktadır.

## Dünya ve Kadın

Müslim, İbn-i Mâce ve diğer hadis kaynaklarımızın da rivayetine göre: Hazret-i Peygamber (s.a.v.) Efendimiz şöyle buyurmuştur:

**"İnned'dünya had'ratün, hulvetün"** Bu cümle şöylede gelmiştir. **"Hulvetün, hadıratün" Hulvetün,** tatlılığı ifade eder, **Hadıratün** de yeşilliğe, yeşil manzarayı ifade eder. Yani dünya, yeşil manzaralı, güzel, hoş ve tatlı bir çekiciliğe sahiptir. Dikkatli olun, dünyanın çekiciliğine aldanmayın demek olur. Hadîs-i Şerifin devamı ve tamamı meâlen şöyledir:

***"Dünya tatlıdır, manzarası yeşilliği hoş ve çekicidir.*** *(Ey İnsanlar!)* ***Şüphesiz ki Allah, dünyanın idaresini size verecek*** *(sizi orada halife, iş görür kılacak)* ***ve nasıl davranacağınıza, eyleminizin ne olacağına ve ne gibi işler yapacağınıza bakacaktır*** *(Sizi imtihana denemeye tâbi tutacaktır).* ***O halde ey insanlar! Gözünüzü açın, dikkatli olun, dünyadan sakının ve kadınlardan*** *(onların fitnesinden)* ***korunun."*** (Müslim ve İbn-i Mace)

***Ey Âhiret Yolcusu!*** Dünyadan sakınmak ve kadından, kadınlardan korunmak, bunları terkedip bırakmak ve onlardan uzaklaşmak anlamına değildir. Bunlara kapılıp, taparcasına bütün mesai ve çalışmasını buraya hasredip âhiretini kaybetmemek anlamında bir uyarıdır.

Dünyaya kapılmak, haram ve helâli unutup dünya malı yığmaya çalışıp, dini görevleri bırakıp, ibadetlerini ihmal etmek veya tamamen unutmak, âhiret hayatı için salih amelleri terketmek Allah'a olan ibadet görevlerini unutmak ve terketmek, gibi günahlara dalmak, anlamı taşımaktadır. Sakınılması gereken dünya bu gibi hallerden korunun demektir. Yoksa, kişinin harama el uzatmayıp, helâlinden ailesinin, çoluk çocuğunu ve kendisinin maişetini kazanmak için çalışması ve zengin olması, dini vazifelerini yerli yerince yapması, dünyaya kapılmak değildir. Böyle bir kişiye dünya zararlı değildir.

Buna şöyle bir benzetme de yapabiliriz. Su üzerinde giden bir gemi için, suyun bol olması ne kadar gerekli ve güzeldir. Ancak gemide bir delik meydana gelip su geminin içine dolmaya başlarsa, işte o zaman tehlike başlar. İşte dünya da buna benzer. Eğer kişi dünya sevgisini kalbine doldurmayıp dünya malına düşkünlük hastalığına tutulmadan dünyanın faniliğine, geçiciliğine aldanmayıp hem dünyasına, hem de âhiretine dengeli bir şekilde hareket ederse, dünya onun için âhiretin tarlası olmuş olur ve âhirette sevabı da o nisbette fazlalaşmış demek olur. Hadisimizde dünyanın yeşil, tatlı ve güzel bir meyveye benzetilişi, yeşil meyvelerin tatlarının ve güzel kokularının çok kısa ömürlü, geçici oluşundandır da diyebiliriz. Çünkü dünya da tıpkı bu yeşillikler gibi, geçicidir, fanidir. Şu halde akıllı bir insan dünyaya gönül bağlayıp bütün çalışmasını ona yönlendiremez. Bu akıllı bir adamın (müslümanın) yapacağı bir davranış değildir ve olamaz.

Hadîs-i Şerifte, kadınlardan korunulması, sakınılması da tavsiye edilmektedir. Buradaki korunmak ve sakınmak, dikkatli olun ve uyanık bulunun anlamına gelmektedir. Bir kimsenin çocuğuna **"sobadan sakın, ateşten sakın"** demesi, sobayı yakma, ateşle ısınma demek anlamına gelmeyip, dikkatli ol, sobadan, ateşten yanmayasın, elini veya bir yerini yakmayasın demek olur ki, bir uyarıdır. Dikkatli ve uyanık ol demektir.

Yukarıdaki verdiğimiz satırlarda geçtiği üzere, Hz. Adem, eşi Hz. Havva'nın gereksiz bir isteği yüzünden başına gelen büyük bir belanın acısına düşmüştür. Cennette gönlünün istediği her türlü nimetin içinde yaşamasına rağmen, şeytanın kandırmasıyla, yasak ağacın meyvesini yemek de ne demekti. İşte bu bir kadın fitnesiydi, Hz. Adem'in bu fitneden korunamaması, insanlara bir örnek olmalıdır. Nice aklı kıt kadınlar vardır ki, Cennet gibi aile yuvasını bir hiç, bir kapris yüzünden Cehenneme çevirirler. Cennet yuvası evinde her türlü nimet vardır da, komşu hanımındaki veya bir arkadaşındaki herhangi bir dünya süsü denen bir şeycik onda yoktur. İlle de onun var da benim neden yok diye kocasının başına bela olur. Çünkü hissi aklına galip gelmiştir. Evindeki nimetleri gözü kör olmuş görememektedir. Helâlinden geçinip giderken, kocasını haram yollardan para getir de, ben istediğimi alıp istediğim hayatı yaşayayım demek akıllı bir kadının yapacağı bir iş değildir vesselâm.

Nice kadınlar da vardır ki, Cenâb-ı Allah'ın kendisine verdiği güzellik nimetini, cazibe ve çekiciliğini kocasına karşı kullanmaz da hep şeytanın yolunda kullanır, fitnelere, belalara sebep olur. İşte böyle Cehenneme odun olacak fitne kadınlardan korunulması gerekmektedir. Bunları akıldan uzak tutmamak gerekir, vesselâm.

Toplumlarda birçok fitnenin, kavganın, kan dökmelerin, bela ve felaketlere uğramanın başlıca sebeplerinden biri de kadın ve erkek ilişkilerindeki dengesizlikten doğmaktadır. Bunu kim inkar edebilir? Nitekim günümüz dünyasında, hatta içinde yaşadığımız toplumda bile, bu durumu çok yakından görüp müşahade etmek fırsatı gün gibi aşikârdır.

Özetleyecek olursak, yeryüzünde kadınlar da fitne unsurlarından birini ortaya koymaktadır. Bunun sebepleri araştırıldığında, kadının yaratılışındaki cazibe, çekicilik, kadın ve erkeğe şehvet duygularının kötüye kullanılmasıdır. Bu nedenle islâm nimeti, toplumlarda kadın-erkek münasebetlerinin düzenlenmesi ve ahlâki bir çerçevede olması esasına dayandırmıştır.

İslâm'ın kadına verdiği önem ve islâm kadınına kazandırdığı onur, Efendimizin mübarek sözleri ve nurlu hayatı tetkik edilip araştırılırsa daha iyi anlaşılacaktır. Dünya ve âhiret mutluluğunu arayan kadınlar, Kur'ân-ı Kerim'in kadınla ilgili âyetlerinin tefsir ve yorumlarını ve Yüce Peygamberimizin nurlu sözlerini okuyup araştırmalıdır.

Kadını insan neslinin babası Hz. Adem'in canından, canlı vücudunun bir parçasından, özenip bezenerek en güzel bir cazibede yaratan Yüce Allah, bu nazenin fizikli kadın kullarının dünya ve âhirette mutlu, huzur dolu bir hayat yaşamalarını istemektedir. Bu ise, Yüce Yaratıcının emirlerine gönül bağlayarak, canla başla yerine getirmekle olur ve olacaktır.

Kendi nazenin bedenini şeytana ve şehvetine esir olmuş insan suretindeki canavarlara peşkeş çeken bir kadın, bulunduğu o aranelerde daha mı az yorulmaktadır. Bu pisliklerde harcadığı enerjisini kendisini yaratan Yüce Rabbine tâat ve ibadette harcasa, vücudunu Allah'ına kullukta yorsa, daha mı çok yorulur acaba? Kendisini heba ederek, helak olurcasına kazandım dediği paraların kaç kuruşunu kendisine ölüm geldiğinde kefenin cebine koyupta âhirette, hatta kabir çukuruna götürebilir? Kendisine bu izni kim verir, verirler mi?

*Ey Âhiret yolcusu kardeş!* Allah'a yönelmekten başka çıkar bir saâdet yolu, mutluluk yolu yoktur. Allah kendisine yönelen bütün kullarını affeder, günahlarını bağışlar. Yeter ki, biz kullar, tevbe ederek O'nun yoluna dönelim. Allah'ım, affet diyebilelim. Allah diyen mahrum olmaz.

Yüce Peygamberimiz mübarek hadisinde şöyle buyurmuştur:

***"Ey Ashabım! Dünyanızdan bana üç şey sevdirildi: Kadın ve güzel koku bana sevdirildi. Gözümün nuru, aydınlığı ise, namazda kılındı."*** (Nesâî rivayet etmiştir.)

Nikahla evlenmek, bütün peygamberlerin sünnetidir. Evlenmek yeryüzünde Allah'ın kullarının, insan neslinin üremesine, çoğalıp artmasına sebep kılınmıştır. Âdetullâh, sünnetullâh böyle kurulmuştur. Sebep ve hikmet bu olunca; Yüce Allah, en seçkin kulları olan peygamberlerini elbetteki bu yolda da diğer kullarına örnek olarak gösterecektir ve göstermiştir de. Allah'ın bütün peygamberleri bu sünnetullâh'ı yaşamışlardır, evlenmişler ve onların da çocukları olmuştur.

Efendimiz Aleyhisselâm'ın **"Sevdirildi"** ifadesini düşündüğümüz zaman, "sevme" duygusunun insanın kendi şahsından olmayıp ilâhi bir vergi, ilâhi bir buyruk olduğunu anlıyoruz. İşin gerçeği böyle olmasaydı Efendimiz hadisinde **"sevdim"** buyuracaktı. Ama Efendimiz **"sevdirildim"** buyurmuşlardır. Demek ki bu yolu sevdiren Allah'tır. Sevgi kulun kendi şahsından gelmiyor, Allah Teâlâ'dan gelmektedir.

Nitekim Kur'ân-ı Kerim'de Cenâb-ı Allah şöyle buyurmaktadır. Meâlen:

***"Allah Teâlâ'nın kudretinin açık delil ve belgelerinden biri de, ey insanlar, kendileriyle ünsiyet edip kaynaşmanız için, size kendi nefislerinizden, kendi cinsinizden eşler yaratması, aranıza sevgi ve merhamet, acıma ve esirgeme duyguları koymasıdır."*** Rûm Sûresi âyet 21

Allah'ın Resûlü, Yüce Peygamberimiz de mübarek sözünde (Hadisinde) ***"Şüphesiz kadınlar, erkeklerin bir parçası (dalı-budağı) durumundadır."*** (Tirmizi, Ebû Dâvûd)

*Ey Âhiret yolcusu kardeş!* Türkçe meâl ve anlamlarını verdiğimiz bu âyet ve hadislerin yorumu için söylenecek çok söz ve açıklamalar bulunmaktadır ama biz sözü ve konuyu uzatmak istemiyoruz. Konumuzla ilgili birkaç Hadîs-i Şerif meâli ile konumuzu noktalamak yeterli olacaktır. Allah'ın Resûlü, Sevgili Peygamberimiz Hadîs-i Şerifinde şöyle buyurmuş: ***"Ey insanlar, ey ümmetim! Sizin hayırlılarınız, en iyileriniz, kadınları için, hayırlı olanlarınızdır.*** (İbn-i Mâce)

Bu peygamberî kelamda bir uyarı vardır: Kendi kadınlarına karşı kaba ve acımasız davranıp da başka kadınlara karşı kibar, nazik ve cömert davranışlı bir kişilik sergileyen kimselerin iyi ve hayırlı bir insan olamadığı ve olamayacağı vurgulanmaktadır. Bu tutum ve davranışın Allah katında hiçbir değer taşımadığı uyarısı taşımaktadır.

Dışarıdaki açları doyurmayı alışkanlık haline getiren sözüm ona bir hayırseverlik örneği sergileyen kimse, kendi hanımını, eşini ve çocuklarını aç susuz bırakarak bu işi yapıyorsa, bu yaptıkları, iyi bir insan örneği değildir. Çünkü bu kimse, farzı (Allah'ın emrini) terkedip nafile (fazlalık) anlatan bir işle vakit öldürüyor demektir. Bu borcunu ödemeyip de başka birine borç vermek gibi, bir ahmaklık örneğidir. Kendi eşine ve çocuklarına insan gibi davranmayan, Allah katında bir değer taşımaz. Velev ki başkalarına karşı en iyi davranış sergilemiş olsun. Bu herif olsa olsa, bir yalancı aktör, bir oyun sergileyen oyuncu gibidir. Bunun iyi adamlıkla bir ilgisi yoktur.

Efendimiz, iyi insanları kendisiyle karşılaştırmış ve şöyle mukayese buyurmuş: *"Sizin en hayırlınız, en iyi olanlarınız, hanımına ehline karşı hayırlı olanlarınızdır. Ben ise, ehlim için* (ailem için) *sizin en hayırlı olanınızım."* Yani kendi eşine, ailesine hayırlı bir aile babası olmak isteyen, dünya ve âhiretinin hayırlı gelmesini isteyen kimse, Yüce Peygamberimizin hayatını öğrenip, ona uymaya çalışsın.

Efendimiz Aleyhisselâtü vesselâm'ın bir hayırlı tavsiyesi de şöyledir:

***"İnanç sahibi bir erkek, inanç sahibi hanımına hoşlanmamazlık etmesin. Onun bir huyundan hoşlanmasa bile, hoşlandığı diğer bir yanı vardır. Hoşlandığı bir huyu, hareketi vardır."*** buyurmuştur.

Yani bir insanı olduğu gibi kabul etme olgunluğunu göstermek er kişilerin, iyi insanların mesleğidir. Sanki insanın kendi yaramaz tarafları yok mudur?

İşte bu nurlu tavsiye ve öğütler, hayat arkadaşıyla güzel güzel geçinip, dünya evini Cennet hayatına çevirme sanatının öğretileridir. Demek ki, dünya nimetlerinin başında gelen kadınımızla dünyada mutlu bir yaşam, sürerek, âhiret hayatımızı da kazanma yollarını aramamız ve onunla yardımlaşarak, ibadetlerimizi yerli yerince yapıp Cennete uçmamız gerekiyor.

## Kadınlara Hayrı Tavsiye

Efendimiz kadının özelliklerini dikkat nazarımıza vermektedir. Ve şöyle buyurmuşlardır:

*"Kadınlara iyilik tavsiye ediniz. Şüphesiz kadın eğe (kaburga) kemiğinden yaratılmıştır. Kaburganın en eğri yeri de, en üst kısmıdır. Kadın da bu kısımdan yaratılmıştır. Onu, doğrultmaya kalkarsan kırarsın. Onu kendi haline bırakırsan eğrilikte devam eder. Kadınlar hakkında hayır tavsiye etmeye devam ediniz."* (Buhârî ve Müslim)

Birgün Allah'ın Resûlü, Sevgili Peygamberimiz ile, hanımı Hz. Âişe validemiz arasında bir gerginlik oldu. Ev hali bu, her ailede olan türden birşeydi. Hz. Âişe'nin babası Yüce Peygamberimizin kayınpederi Hz. Ebubekir'in aralarında hakem olmasını istediler. Hz. Ebû Bekir (r.a.) Efendimiz gelince, Resûlullâh (s.a.v.) hanımı Hz. Âişe'ye hitaben şöyle buyurdu:

*"— Yâ Âişe! Konuşur musun, yoksa ben mi konuşayım? (Yani aramızda ki meseleyi sen mi anlatacaksın, yoksa ben mi anlatayım.)"* buyurdu. Hz. Âişe validemiz, Allah'ın Resûlüne (s.a.v.):

*"— Sen konuş ama doğru söyle"* dedi.

Hz. Ebû Bekir (r.a.) Efendimiz bu şık olmayan sözü kızı Âişe'den duyunca, adeta şok oldu. Evin tavanı sanki başına yıkılmıştı. Bu şok ile kızı Âişe'ye öyle bir tokat aşketti (attı)ki, Hz. Âişe'nin ağzı burnu kana boyandı, kan içinde kaldı. Ve Hz. Ebû Bekir kızına:

*"Resûlullah, hak ve hakikatten başka ne söyler?"* diye çıkıştı. Sevgili babacığı, Hz. Ebû Bekir'in tokadını yiyen Hz. Âişe (r.a.), hemen sevgili kocası Resûlullah'ın arkasına kaçıp sığındı.

Allah'ın Yüce Resûlü, Sevgili Peygamberimiz kayınpederi ve sevgili dostu Hz. Ebû Bekir'e şu gönül alıcı, latife âmiz sözleri söyledi:

*"— **Ya Ebâ Bekir! Biz seni dayak atman için çağırmadık** (Yani seni, aramızda hakemlik yapıveresin diye çağırdık, tokat atasın diye çağırmadık iltifatında bulundu)."*

***Ey dost!*** Sevgili Peygamberimizin bu mübarek davranışı, kadınlarımıza nasıl davranılması gerektiği konusunda bize çok güzel bir örnek ve yolumuzu aydınlatıcı bir ışıktır. Hz. Adem'in kaburgasından yaratılan kadının yaratılışındaki özellikleri tanımaktır ve ona nasıl davranılması gerektiğinin bir öğretisidir.

Bir örnek daha sunalım: Hz. Ömer (r.a.) Efendimiz müslümanların halifesidir. Adamın biri, karısıyla ağız münakaşası eder. Karısının ileri geri konuşmasından, bağırıp çağırmasından Halifeye şikâyete gelir. O zamanlar Medine küçük bir şehir. Halifenin kapısında nöbetçiler, korumalar felan da yok. Adam Halife Hz. Ömer'in kapısının önüne gelince, kapıdan bir kadın sesinin yükseldiğini duyar. Adam birden duraklar Halifenin evinden bir kadın sesi ileri geri konuşuyor. Bakar ki, Halife Hazret-i Ömer'in karısı, kocası Halifeye bağırıp çağırıp, ileri geri çıkışıyor ve Ömer'den (Halifeden) de bir ses, seda, bir karşılık yoktur.

Halifeye karısını şikayet üzere gelen adamcağız, kendi kendine düşünür ve:

"— *Benim başımdaki dert Halifenin başında da var.*" diyerek gerisin geri döner. Tam o sırada Halife Ömer (r.a.) kapısından dışarıya çıkar. Ve adamın kendi kapısından geri dönüp gidişini görür. Hz. Ömer (r.a.) adama arkasından seslenerek:

"— *Ey filan! Niçin geldin, niçin gidiyorsun?*" der. Adam:

"— *Ya Emirel Müminin! Benim başımdaki dert, sende de var*" der. Bunun üzerine müminlerin Halifesi Hz. Ömer (r.a.) Efendimiz, adama:

"— *Bak, beni iyi dinle. Eşimin (hanımımın) bende bazı hakları vardır. Bana olan hizmetleri dolayısıyla ara sıra böyle konuşmaya hakkı oluyor. Benim sabrımı ölçüyor. Onun bana olan hizmetlerini şöyle sayabilirim:*

**1. Cehennem ateşine perdedir:** Gönlüm onunla rahata erer. Bana kadınlık görevini seve seve yapar. İşte bu ihtiyacımı kendim hiçbir şekilde gideremem (kendim bu işi göremem).

**2. Evimin bekçiliğini yapıyor:** Ben yokken evime, malıma, mülküme bekçilik yapıyor, onları koruyor, muhafaza ediyor.

**3. Evimin temizliğini yapıyor:** Çoluk çocuğumun temizliğini, üstümüzü, başımızı yıkayıp temizliyor.

**4. Çocuklarıma bakıyor:** Onları yedirip içiriyor, giydirip kuşatıyor.

**5. Ekmeğimi, yemeğimi yapıyor:** Yani ekmeğimi yapıyor, yemeğimi pişirip önüme koyuyor.

*"Hem de bu hizmetleri, her Allah'ın günü yapıyor. Hem de bu hizmetleri hiç eksiksiz olarak hergün yerine getiriyor. Bunlardan hiç şikâyet etmez, hiç bıkıp usanmaz, bunları büyük bir sabırla yapar"* buyurdu.

Halife Hz. Ömer'i (r.a.) can kulağıyla dinleyen karısından şikâyetçi olan bu adamcağız, Hz. Ömer'e şu itirafta bulundu:

*"— Ey Müminlerin Halifesi! Bu saydığınız hizmetleri karım bana da yapıyor. Siz hoş görürseniz ben de hoş görürüm. Bundan sonra karımın çıkışmalarına ben de ses çıkarmam"* diyerek oradan ayrılır.

*Evet Ey hak yolcusu!* işte bu belgeler, kadınların özel yaratılışlarının bilinmesi ve onların güzel güzel idare edilip bu kısa dünya hayatında onlarla güzel geçinip âhirete göçmektir. Kadınını horlayan, küçümseyen kişi, bu fani dünyada rahat yüzü görmez. Cennetin küçük bir örneği olan aile yuvasını çekilmez bir Cehenneme, Cehennem azabına çevirir de haberi olmaz. Bu da onun cehaletinden ileri gelen bir aldanıştır. Yukarıda meâllerini verdiğimiz Efendimizin nurlu öğütlerini hatırlayalım ki konu aklımızda kalsın.

## İNSANLARIN ÇOKLUKLA ÖVÜNMEYE MERAKLI OLMALARI

Şimdi vereceğimiz, okuyacağımız âyet ve âyetler, insanların birbirleriyle çokluk yarışına girme, çoklukla övünme ve böbürlenme hastalığına meyyal olduklarına, bu dünya hayatında insanların çoğu kere kapılıp aldandığı bir durum olduğunu vurgulamaktadır. Aynı zamanda bu âyetler, insanların mal ve evlat çokluğuna düşkünlüklerinin kendilerini felakete sürükleyip âhiretlerini yıktığına nazar-ı dikkate vermektedir. Çünkü bu gibi hallerle uğraşıp ömürlerini geçici şeylerle heba eden insanların, asıl vazifelerini, dünyaya gelişlerindeki gaye ve amaçları unutup ölümden sonraki hayatları için eli boş olarak kabri boyladıklarını ve boylayacaklarını da dile getirmektedir. Çünkü onların övündüğü çokluk, bolluk, ahiret hayatlarında hiç bir işe yaramayacaktır. Tam tersi bu davranışlarının âhirette kendilerinin uğrayacağı azaplarını arttıracağına bütün netliğiyle (açıklığıyla) ortaya koymaktadır. Allah Teâlâ, Kur'ân-ı Kerim'inde, ilâhi mesajlarıyla kullarını uyarmaktadır. Kullarına nasihat vermektedir. Eh, ilâhi nasihatlara kulak veren kimselere ne mutlu temennisinde bulunuruz. Zira ne demişler: ***"Nasihat ile uslanmayanın hakkı kötektir."*** Bu dünya hayatında sayılı nefeslerini (ömür sermayesini) boş şeylerle geçirenler için yaşasın Cehennem demekten başka elimizden herhangi birşey gelmiyor. Şimdi gelelim konumuzla ilgili âyet-i kerimelerin metnine:

بِسْمِ اللّٰهِ الرَّحْمٰنِ الرَّح۪يمِ

اَلْهٰيكُمُ التَّكَاثُرُۙ ۞ حَتّٰى زُرْتُمُ الْمَقَابِرَۜ ۞ كَلَّا سَوْفَ
تَعْلَمُونَۙ ۞ ثُمَّ كَلَّا سَوْفَ تَعْلَمُونَۜ ۞ كَلَّا لَوْ تَعْلَمُونَ
عِلْمَ الْيَق۪ينِۜ ۞ لَتَرَوُنَّ الْجَح۪يمَۙ ۞ ثُمَّ لَتَرَوُنَّهَا عَيْنَ
الْيَق۪ينِۙ ۞ ثُمَّ لَتُسْـَٔلُنَّ يَوْمَئِذٍ عَنِ النَّع۪يمِ ۞

*"(Ey insanlar!)* ***Çoklukla övünmek, sizi kabirlere varıncaya*** *(ölünceye)* ***kadar oyaladı*** *(1-2).* ***Hayır,*** *(bu davranışınız doğru değildir.)* ***İleride*** *(yakında ölürken bu hatanızı) anlayıp)* ***bileceksiniz*** *(3).* ***Hayır, hayır yakında*** *(hatanızı kabirde çok iyi anlayıp)* ***bileceksiniz*** *(4).* ***Hayır, hayır,*** *(gerçek öyle değil),* ***eğer siz ilmel yakîn*** *(kesin bir bilgi ile)* ***bilmiş olsaydınız,*** *(böyle övünüp durmazdınız) (5).* ***Andolsun ki,*** *(kıyamet günü)* ***o kızgın Cehennem ateşini mutlaka göreceksiniz*** *(6).* ***Sonra*** *(yine)* ***andolsun ki, o Cehennem ateşini aynelyakin*** *(çıplak gözle-kafa gözüyle),* ***kesin gözüyle göreceksiniz*** *(7).* ***Sonra*** *(yine)* ***andolsun ki, o gün*** *(kıyamet günü)* ***nimetten*** *(dünyadaki nimetlerden)* ***hesaba çekilip sorgulanacaksınız*** *(8)."*

**Açıklama:** Arapça metin ve Türkçe meâlini (anlamını) okuduğumuz bu sûre, Kur'ân-ı Kerim'in kısa sûrelerindendir. Sûrenin adı, Tekâsür Sûresi'dir. Âyet sayısı sekizdir. Yani sekiz âyetten meydana gelmiş (oluşmuş) bir sûredir. Görüldüğü üzere âyetleri kısa kısadır. Kur'ân-ı Kerim'in 102. (yüz ikinci) sûresidir. Bilindiği üzere Kur'ân 114 (yüz on dört) sûreden meydana gelen ilâhi kitabımızın adıdır.

**Sûrenin üzerinde durduğu konu:** Şu geçici dünyada yine geçici dünya varlığı ile çalım satan kişiler yerilmekte ve kınanmaktadır. Kur'ân diliyle çokluk (zenginlik) ile gurur ve kibire kapılanlar, mal-mülk çokluğuyla çalım satıp gururlananlar kınanmaktadır. Çünkü bu halleri yani, şu geçici dünyanın aldatıcı ve oyalayıcı şeyleri ile derinden derine meşguliyetlerini, dünya malı biriktirmeye, altın ve gümüşü kasalara doldurma, mal mülk arttırma düşkünlüklerini sürdürmeleri onları ölüm gelip kabre girinceye kadar oyalamıştır. İşte bu hal ve durumları Cenâb-ı Allah tarafından gözler önüne serilerek kınanmış bulunuyor. Ve sözden anlayan ve anlayacak yeteneği olan insanların bu gibi kişilerin durumuna düşmemeleri için kendileri uyarılıyor.

Sûrenin yoğunlukla üzerinde durduğu konu, çoklukla övünerek çok önemli vazife ve görevlerini unutup kabri boylayan kişinin ölümden sonra kabir hayatında ve âhiret hayatında başına gelecek olan haller ve durumlar vurgulanmaktadır. Hem de kelime ve cümleler terkarlanarak durumun önemi ve vehameti gözler önüne serilmektedir. Sûrenin meâl ve anlamını tekrar birlikte okuyalım:

***"Ey insanlar! Çoklukla övünmek, sizi kabirlere varıncaya** (ölüp kabre girinceye) **kadar oyaladı. Hayır** (ha-*

*yır), **bu davranışınız doğru değildir. Yakında** (yani ileri de ölürken) **bu hatanızı anlayıp bileceksiniz.*** (1-2-3)

***Hayır yine hayır, yakında** (bu davranıştaki hatanızı kabirde çok iyi anlayıp) **bileceksiniz. Hayır hayır,** (gerçek öyle değil) **eğer siz ilmel yakîn** (kesin bir bilgi ile) **bilmiş olsaydınız,** (böyle geçici dünya menfaatleri ile) **övünüp durmazdınız.*** (4,5)

***Andolsun ki,** (kıyamet günü) **o kızgın Cehennem ateşini mutlaka göreceksiniz. Sonra** (yine) **andolsun ki, aynel yakîn** (çıplak gözle-kafa gözüyle-kesin gözüyle) **göreceksiniz.*** (6,7)

***Sonra** (yine) **andolsun ki, o gün** (kıyamet günü) **nimetten** (dünya nimetlerinden hesaba çekilip) **sorgulanacaksınız** (8)."*

**Sûredeki Kelimeler:** "*El hâküm* - ***Sizi oyaladı***" demektir. Bu kelime, kişinin, kendisini ilgilendiren önemli işleri ve görevlerini bırakıp nefsinin isteklerine kapılması, ahiret işlerini unutup dünya işleriyle ömrünü bitirmesi demek olur. Kelimenin kökü olan "*lehv* - ***eğlence, oyalanma***" anlamınadır. Bunun aslı ise, gaflet demektir. Bununla beraber insanı ilgilendirmeyen boş ve yararsız şeylerle meşgul olmaya kullanılmaktadır. Sûrede **"Elhâküm"** if'al babından gelmiştir. "ilhâ" eğlemek, oyalamak, boş, yararsız birşey ile aldatarak ve boş yere meşgul ederek oyalamak, yapılması gereken, önemli işinden alıkoymak anlamındadır.

**"et'Tekâsür"** çokluk kuruntusu, birşeyin çokluğu ile övünmek, manasınadır. Böylece ölüm ve ölüm ötesini (sonrasını) düşünmeksizin tâ ölene dek bu huyunuzdan vazgeçmeden dünya varlığına (mal mülk, çoluk çocuk) tutkunluğu devam etti gitti demek olur ki, bu bir kınama ve ayıplama anlamındadır.

**"el'makâbir"** kabirler demektir ki, **"makbere"** kelimesinin çoğuludur. Şair şöyle demiştir ki: *"Saray ve köşk sahiplerini görüyorum ki, öldüklerinde, kabirlerinin üzerinde taşlar, mermerlerle adeta bina yapıyorlar. Kabirlerinde dahi, sanki fakirlere karşı övünmekte ve böbürlenmektedirler. Bu halleri onların ahiretine ancak sorumluluk getirecektir, ah bilselerdi."* diyerek serzenişte bulunmuş şair.

## SÛREMİZİN ÂYETLERİNİN TEFSİR VE YORUMUNA BİR GÖZ ATALIM

1. *Elhâkümüt'tekâsûr:* ***"Ey İnsanlar! Çoklukla övünmek, size o kadar çekici, o kadar cazibeli gelmiştir ki, bunlardan daha önemli vazifelerinizden gaflet edip onlardan habersiz kalmışınızdır."*** Allah'a olan tâat ve ibadetinizden, âhiret hayatınız için gerekli olan azık hazırlamanızdan gaflet içinde bulunmaktasınız. ***"Elhâküm - Sizi gaflette bırakmış, oyalamıştır"*** ifadesinin muhatapları belirli kişiler değil, âyette muhattapların kimler olduğu belirtilmemiş, kelimenin anlamı çok geniş tutulmuştur. Her insan kendisine gerekli olan uyarıyı alabilir. Ayetin hitabettiği kişiler sınırlı olmadığı için, her devirde bu gibi insanlar fert ve toplum olarakta bulunur ve bulunacaktır. İkaz (uyarı) geneldir.

***"Et'tekâsür - Çoklukla övünmek"*** kelimesi de umûmilik (genellik) taşımaktadır. Bu kelimede de neyin çokluğuyla övünmek açıklanmamıştır. Bu kelime de **elhâküm"** kelimesi gibi geniş anlam taşıma özelliğine bırakılmıştır.

İnsanlar, mal mülk çokluğuyla (zenginlikle) övünebildiği gibi, çoluk çocuk çokluğu ile de övünebilir. Eşi dostu, çevresi, hısım akrabası çokluğuyla da övünenler az değildir.

Böylece çoklukla hava atıp caka satan, gururlanan kişilerin de dahil olmaları "Tekâsür" sayılabilir. Boş ve fani (geçici) şeylerle övünmek, bir aldanıştır demek olur. Makam ve mevki ile övünenler de bu kelimeye dahildirler. Böylece **"Tekâsür"** kelimesine her türlü dünya övünüşleri girmiş olur. Fakat bu gibi şeylerin insana hiç bir faidesi dokunmadığı gibi, azabını, zarar ve ziyanını daha da arttıracaktır.

**"Tekâsür"** kelimesi, tefsir sahipleri tarafından şöyle de yorumlanmıştır. Tekâsür: Ahiret hayatında kişinin işine yaramayacak, kıyamet günü kişinin amelleri tartılırken tartısında ağırlık verip tartıda ağır basmayacak, Cehennemin o alevlenmiş kızgın ateşinden korumayacak ve âhirette kişiye hardal tanesi ağırlığında bile bir yararı dokunmayacak, buna rağmen şu geçici fani dünyada insanı aldatıp oyalayarak, ahirete yalnız hesap ve azap bırakacak olan geçici dünya metaı şeylerin çokluğuyla övünmek demektir.

Bundan önceki verdiğimiz Hadîd Sûresi 20. ayetinde de dünya hayatının durumu özetlenmektedir: ***"Ey İnsanlar! Biliniz ki, şüphesiz dünya hayatı, bir oyun, bir eğlence, bir süs ve kendi aranız-***

***da birbirinize karşı bir övünme, mal ve çocuklarda bir çoğaltma yarışından ibarettir."*** (Hadîd Sûresi âyet 20) buyrulmuştur.

2. *Hattâ zürtümül'makâbir:* ***"Ey İnsanlar! Sonunda size ölüm geldi, öldünüz ve kabirlere gömüldünüz."*** Bu cümle, çoklukla övünen ve gaflet içinde oyalanan kişilere hem öğüt, hem uyarı ve hem de kınama amacıyla getirilmiş olan haber cümlesidir. Şu demektir: Ey İnsanlar! Çoklukla övünmek, sizi o kadar oyaladı ki, sonunda öldünüz ve kabre, kara toprağın içine girdiniz. Şimdi o övündüklerinizi getirin yanınıza da size arkadaşlık yapsınlar!...

İşte bu ikinci ayetin cümlesi, birinci ayette yanlış davranış içinde olan kişileri kınamak, ayıplamak ve onların davranışlarını alaya alarak kinayeli bir ifadedir. Çokla övünme hastalığına tutulan dünyaperest kişinin bu övünmesini ancak ölüm durdurabilir. Onun övünme hastalığına tek çare ölümdür. Kendisinde sahip olduğu geçici dünya metaları ile övünme hastalığı bulunan kişi, hiçbir şekilde bu hastalıktan kurtulamaz. Ancak ölüm, onu bu hastalıktan kurtarır.

Burada bir azarlama, kınama, ayıplama ve alaya alma vardır. Çokla övünmeye kınamadır. Çünkü üç günlük bir işle uğraşayım derken bir ömür boyu sürecek bir hayır ve menfaattan mahrum kalmak akıllı insanların işi değildir.

Ey çokluk ile böbürlenen gafiller! nidasiyle gelen bu uyarıcı ses, sanki bir uyarış çığlığıdır. Yüksek bir makamdan (yerden) olanca sesinin tonuyla ve sesinin keskinliğiyle bağırmakta ve gaflet uykusuna dalmış gözleri mahmurluk içinde olan gafil insanları uyarmaya çalışmaktadır:

Ey gaflet uykusuna dalmış olan mahmur gözlüler, ey çoklukla övünme hastalığına tutulan, mallarıyla, çocuklarıyla, torunlarıyla övünerek fani dünya hayatıyla oyalanıp aldananlar, ey bulundukları hal ve duruma, makam ve mevkiye aldanıp da kapılıp kalanlar ve ey böbürlenip büyüklendikleri, kendileriyle övünüp kibirlendiklerini geride bırakıp kara toprağın içine girenler, kabir karanlığına atılanlar!... Uyanın, uyanın kendinize gelin... Bu güvenip bel bağladığınız ve yoluna ebedi hayatınızı yok ettiğiniz şeyler geçici birer oyun ve eğlencedir, uyanın, kendinize gelin. Bu hatanızı, bu vahim yanlışınızı çok yakında anlayacaksınız.

3. *Kellâ sevfe ta'lemûn:* ***"Hayır, yakında anlayıp bileceksiniz."*** Bu cümle bir tehdittir. Çoklukla övünme alışkanlığından vazgeçmeleri konusunda bir uyarıdır.

Ey insanlar! Fayda ve yararı olmayan boş şeylerle meşgul olup uğraşmayı bırakın. Bu haliniz, bâki ve devamlı olan bir hayrı bırakıp, fani ve geçici olan şeylerle uğraşıp meşgul olmanız demektir ki, bunun zararlarını ve sonucunun pişmanlık olduğunu anlayacaksınız. Aklı başında olan insanlar, böyle yapmaz. Benim malım mülküm, benim şunum bunum senden daha çok, daha şöyle böyle diyerek övünüp böbürlenmek, aklı olan insanlara yakışmaz.

4. *Sümme kellâ sevfe ta'lemûn:* ***"Hayır (yine) hayır, ileride yani yakında öldüğünüzde bu davranışta-***

***ki hatanızı kabirde çok iyi anlayıp bileceksiniz."*** Bu cümle, bir öncekini tenkittir, pekiştirmedir. Yani bu cümle, ikinci bir tehdittir. Tehdit üstüne tehdit demek olur. Bu konunun önemli oluşunu gösterir. Muhatapların anlama yeteneğini zorlama ve daha da harekete geçirmeye yarayan bir üsluptur.

Maksat, muhatapları daha çok korkutma ve uyarma demektir. Yani, ey çoklukla övünen insan! Sana veya size ölüm geldiği zaman, onun dehşetini, sıkıntı ve acısını açık açık gördüğünüz zaman, dünya varlığının çokluğuyla övünmenizin kötü sonuçlarını, zarar ve azabını göreceksiniz. İşte o zaman bu yanlış hareketinizi bileceksiniz, anlayacaksınız demek olur.

İbn-i Abbas (r.a.), şöyle demiştir. ***"Üçüncü ayetteki*** *"bileceksiniz"* ***den maksat, kabirde size gelecek olan azabı göreceksiniz demektir. Dördüncü ayetteki te'kitteki maksat ise, ahiret hayatındaki safhalarda size gelecek olan azabı göreceksiniz demektir."***

Tefsirciler de bu görüşü kaydetmişlerdir. Çünkü insan öldüğü zaman, kabir hayatından başlayarak âhiret hayatının her safha ve merhalesinde çeşitli azaplar, acı ve ızdıraplar görecektir. Bu dünya hayatında insanoğlunun sarfettiği çabalarının kendisi için hayır mı, mutluluk mu, şer mi, kötülük ve mutsuzluk mu getireceğini ölümden sonra hepsini bir bir görecek ve yaşayacaktır.

İşte bu nedenle Cenâb-ı Allah kullarına lûtuf ve merhametinin çokluğu sebebiyle kullarını uyarmaktadır. Hem de tekrar tekrar uyarmaktadır. Ölümden sonra başlarına gelecek olan müthiş merhaleleri haber vererek korkular salarak uyarmaktadır.

Dünya hayatının geçici menfaatlerine dalan, dünyanın bolluğunu elde etmiş. Çokluk içinde çokluğa ermiş kişilerin bunlarla keyif sürüp böbürlenip gururlanması tehdit üstüne tehditle korkutma üstüne korkutma ile menedilerek engel olunmakta ve üstelik bu halleri kınanmakta ve aşağılanmaktadır.

İçinde bulundukları durumun yanlış olduğu vurgulanarak, bu dünyanın malı mülkü ve bolluğu nedeniyle üstünlük kompleksine girmek, kendisini üstün ve başarılı görmek ve böylece insani davranışlarını unutup, Allah'a isyan içinde bulunmak ve âhirette başına gelecekleri unutmak azapların en büyüğüne düşmek aklı başında olan insanlara yakışmaz buyrularak büyük bir uyarıdır vesselâm.

Hasan Basri Hazretleri de bu konuda şöyle demiştir:

***"Ey İnsan! Çevrende ve etrafında gördüklerinin çokluğu seni aldatmasın. Çünkü sen, tek başına ölecek, tek başına dirilecek ve tek başına hesaba çekileceksin."***

Yani başında bu kadar ağır sorumluluk olan bir insanın, fani, geçici zevklerle ömrünü tüketmesi akıllı insanların yapacağı iş midir? demek istenmiştir.

Sûrenin şu gelecek ayetlerinde de Cenâb-ı Allah'ın kullarına uyarıları devam etmektedir. Hem de yüreklere dehşet ve korku salarak tehditli uyarıları devam ederek sürmektedir; işte gelecek beşinci ayette de:

5. *Kellâ lev ta'lemûne ilmel'yakîn:* ***"Hayır hayır,*** *(gerçek öyle değil),* ***eğer siz, ilmel yakîn*** *(şeksiz-şüphesiz, kesin olan bir bilgi ile)* ***bilmiş olsaydınız,*** *(böyle geçici olan dünya bolluğu ile)* ***övünüp durmadınız."*** Buradaki **"Kellâ hayır, gerçek öyle değil"** kelimesi öncekilerde olduğu gibi, te'kittir. Kınama ve uyarıları pekiştirme ve güçlendirmedir. Bu şöyle demek gibidir:

Ey insanlar! Böyle yapmayın yani çoklukla övünüp böbürlenmeyin, sonra azabı ve cezayı hak etmiş olacaksınız, böyle yapmayın, sonra daha başka başka zararlara uğrayacaksınız. Yine bu cümlede **"lev-i şartiye"** olan **"lev"** kelimesinin cevabı zikredilmemiştir.

Yani, bu gerçeği kesin bir bilgi ile bilseydiniz, dünyanın bolluğuyla, çokluğuyla övünmek, Allah'a olan görevlerinizden engellemez, O'na olan kulluk ve itâatten alıkoymaz ve dünya nimetlerine aldanıp ahiretin azap ve sıkıntısından gaflet içinde olmazdınız, demek olur.

Tefsir sahipleri şöyle demişlerdir; **"lev"**in cevabı açıklanmamış takdiri şöyledir:

***"Bunu bilseydiniz, mutlaka sakınır*** *(korunur)* ***ve ahiret için hazırlık yapardınız."*** Bu cümlede korkutma vurgusunu takviye için cevabı hazfedilmiş (gizlenmiş)tir. Böylece muhatablar, düşüncelerini daha da genişletebilirler. Akıllarına gelen ve gelebilecek en büyük korku ve belayı düşünme fırsatı bulur ve bulacaktır. Nitekim En'am Sûresi 27. âyette Yüce Allah şöyle buyurmuştur.

***"Onların ateşin karşısında durdurulup "Ah, keşke dünyaya geri gönderilsekte, bir daha Rabbimizin ayetlerini yalanlamasak ve inananlardan** (müminlerden) **olsak dediklerini bir görsen."*** Evet insan, kendi düşüncesinde bunları derinlemesine düşünmeli ve düşünebilmelidir vesselâm.

Yüce Peygamberimiz de Hadîs-i Şerifinde şöyle buyurmuşlardır:

***"Ey Ümmetim! Benim bildiklerimi bilseydiniz, az güler çok ağlardınız."*** demiştir.

Ah şu bilgisizlik, (şu cahillik) yok mu? İşte başımıza gelen bela ve musibetler hep bu cahilliğin ve bilgisizliğin yüzünden olmuş ve olmaktadır. Bu gerçeği bir anlayabilsek hem dünyamız, hem de ahiretimiz aydınlanacaktır, vesselâm.

6. *Leteravünnel'cahîm:* ***"Andolsun ki** (kıyamet günü) **o kızgın Cehennem ateşini mutlak göreceksiniz."*** Bu cümle gizli bir yeminin cevabıdır.

Yüce Allah bununla tehdidini pekiştirmiş, korkutmasını daha da kuvvetlendirmiştir. Çünkü Cehennem olayının gerçekleşmesi ve görülmesi kesin olan bir olaydır ve büyük bir olay, kalpleri ürperten bir olaydır. Üçüncü, dördüncü ve beşinci ayetlerde, ileride (yakında) bileceksiniz ifadesiyle bildirilen tehditler gizli (kapalı) tehdit ve korkutmalardı.

Buradaki (6. âyetteki) **"Cahimin muhakkak görülmesi"**, kasem lâmi ile başlamış ve kapalı olan, gizliden gizliye olan tehdidin ne olduğu açıklanmış bulunuyor. O ileride ve yakında görülecek olan dehşet verici ve insanlara korkunç manzaralar verecek olan olay Cehennem olayıdır. Bu da gerçekleşmesi, kesin ve kaçınılmaz olan, mutlaka görülecek ve acısı tadılıp yaşanacak olan bir musibet, bir azaptır. Yüce Allah'ın yemin ve kasem ederek yani **"Andolsun ki, cahimi** *(kıyamet günü o kızgın Cehennem ateşini)* **muhakkak göreceksiniz"** buyurması **"ileride** *(yakında)* **göreceksiniz"** diye işaret ettiği tehdit ve korkutmasının beyanı açıklamasıdır.

Şüphesiz ki bu gerçek, **"Andolsun, yemin ederim ki, cahimi** *(o kızgın cehennem ateşini)* **muhakkak göreceksiniz"** tehdidi, açık bir tehdit olduğu için, kalplerdeki korkusunu daha da etkili hale getirmektedir. Yani, Cehennemi mutlaka göreceksiniz demek, onun azabını tadacaksınız, bu yanlış tutum ve davranışlarınızın cezasını göreceksiniz demek olur. Ve Cenâb-ı Allah bu korkutmasını ve tehdidini daha da kuvvetlendirerek kalplerdeki tesir ve etkisini derinleştirmek üzere tehdit ve korkutma vurgusunu daha da arttırıyor ve şöyle buyuruyor:

7. *Sümme leteravünnehâ aynel yakîn:* **"Sonra** *(yine)* **andolsun ki, o Cehennem ateşini aynel yakîn** *(kesin gözüyle-kafa gözüyle)* **göreceksiniz."** "Yakin gözüyle" demek, açıkça, net olarak kafanızdaki gözle (kafa gözüyle) önünüzde göreceksiniz demek olur.

Çünkü her insan Cehennemi görecektir. Cennetlik olan müminler, Cehennemi karşıdan görecekleri gibi, kafirler de Cehenneme girecekler ve devamlı olarak açıkça gözleriyle göreceklerdir. Yani, insanlar Cehennemi isteseler de istemeseler de muhakkak göreceklerdir. Çünkü Cehennem de ebedi kalanların, kalacak olanların her vakit Cehennemi aynel yakîn (gerçek gözüyle-kafa gözüyle) görmeleri, görecekleri tabii ve normal bir haldir. Veyahut altıncı ayetin bildirdiği birinci görüş Cehenneme girmeden önce uzaktan görecekleri-ni, yedinci âyetteki bildirilen ikinci görme de, Cehenneme girdikten sonra olacak açık gözle görmek demektir. Veyahut da, birinci görme, Cehenneme yaklaştığında görülmesi, ikincisi de Cehenneme girdiklerinde görmeleri demektir, denilmiştir. Âyetlerde tekrar olmayıp korkutma (korkunun şiddetini artırma) ve pekiştirmeler vardır demiştir tefsir bilginleri:

8. *Sümme letüs'elünne yevme izin anin neîm:* ***"Sonra** (yine) **andolsun ki, o gün** (kıyamet günü) **nimetten** (dünyadaki nimetlerden hesaba çekilip) **sorgulanacaksınız."***

İnsanoğlu, bu dünyada sahip olduğu her türlü nimetten ahiret günü sorguya çekilecektir.

Ayetteki **"en'nâîm"** kelimesi kendisiyle tat ve lezzet alınan her çeşit nimeti içine alan geniş anlamlı bir kelimedir. Hayat nimeti, sağlık, sıhhat hatta içilen bir yudum tatlı ve soğuk su nimeti dahi bu nimetlerden sayılmıştır.

Nimetlerden sorguya çekilmek konusunu din alimleri, tefsir bilginleri arasında değişik görüş ve yorumlayanlar olmuştur. Bazıları bu sorulacak, sorgulanacak olan kimseler, ateistler (kafirler) dahil olduğu gibi, dini yükümlülükleri yerine getirmeyen günahkâr ve gaflet içinde ömürlerini geçiren mümin (inanmış) olan kimseler de dahildir. Bunlar sahip oldukları nimetlerden hep sorgulanacaklar ve Cehennemi boylayacaklardır ki, sûrenin başında ve birinci ayetinde dünya bolluğuyla ve çoklukla böbürlenen kimselerdir. Âyetlerde geçen tehditler, kınamalar hep bunlar için gelmiştir.

Cenâb-ı Allah bu tutum ve davranış içinde olanları hem uyarmakta ve hem de başlarına gelecek olan felaketlerle tehdit buyurmaktadır.

Bu tip kişiler isterlerse yol yakınken bu yanlış tutum ve davranışlarından vazgeçip tevbe ederek Allah'a yönelebilirler, âhiret hayatı için iyi işler işleyebilir, salih bir mümin olabilir, dini görevlerini yerine getirerek dine dönebilirler ve Yüce Allah da kendilerinin günahlarını affedip bağışlayabilir. Ölüm gelmeden bu yola girerlerse Cennete girmeye haketmiş olurlar, olabilirler. Allah Teâlâ'nın kullarını korkutup uyarması da bu amaca dayanmaktadır.

Bazı tefsir bilginleri de, bu sûredeki ayetlerin kafirlere (ateistlere) mahsus olduğunu söylerken, **"hesaba çekilip sorgulanacaksınız"** hitabının onlara has olduğunu söylemişlerdir ki, bu kişiler, tüm himmet ve mesaisini dünya nimetlerini, lezzetlerini elde etmeye sarfetmiş, yalnızca iyi şeyleri yemek, güzel şeyleri giymek için yaşamış yarışmış, tüm vakit ve zamanını oyun, eğlencede harcamış, insanî, îmanî bir amelde bulunma gibi bir yola girmeyi aklının ucundan bile geçirmemiş, zorluklara, meşakkatlere katlanma tahammül etme ve dayanma gibi bir çabası olmamış kimselerden olmuşlardır.

Bazı din bilginleri de, **"sorgulanacaksınız"** hitabının genel bir hitap olduğunu söylemişlerdir. Yani *"herkes sahip olduğu nimetlerin şükründen sorumlu olacak* (sorgulanacak)*tır"* demişlerdir.

Bu görüş de yerinde bir görüştür. Çünkü Yüce Peygamberimizin Hadîs-i Şeriflerinde bu görüşe ışık tutan emir ve tavsiyeleri vardır. Bunların bazılarını aşağıdaki satırlarımızda örneklendireceğiz. Bilinmelidir ki, Cenâb-ı Allah, şükreden kulları ile nankörlük eden kullarını ortaya çıkarmak için her insanı hesaba çekecektir. Şükredenler yani Allah'ın nimetlerinin şükrünü yerine getiren mümin, inanmış kimseler, sorgulanmada aklanacak, ilahi sorgu ile şerefleneceklerdir.

Kafir olanlar, nankör olan, küfran-ı nimet içinde bulunanlar da sorgulanmada kaybedecek, cezalandırılacak, ilâhi sorgulamada yüzleri kararacak, Yüce Rabbine karşı mahcup olacaklardır. Sonuçta, Cehennemi boylayacaklardır. İsteseler de, istemeseler de insanoğlu bu durumla karşı karşıya kalacaktır. Asla bundan kaçışları yoktur. Çünkü Allah'ın emir ve tehdidi yeterince açık ve nettir: *"Sonunda dönüşünüz bizedir."* buyuruyor.

## İNSANLARIN AHİRETTE HESABA ÇEKİLİP SORGULANMALARI

Tirmizi'nin Zübeyr bin Avvam (r.a.)dan rivayetine göre; O şöyle demiştir: **Tekâsür Sûresi 8. ayeti** nazil olduğunda yani:

*"Sümme letüs'elünne yevme izin anin'nâim* - ***Andolsun ki, o gün, yani kıyamet günü, nimetlerden, muhakkak sorguya çekileceksiniz"*** buyrulduğunda ben:

***"— Yâ Resûlallah! Hangi nimetlerden sorulacağız?*** *(Bizim gördüğümüz)* ***ancak yalnızca iki siyah, yani kuru hurma ve su'dan ibarettir"*** dedim. Resûlullah (sallallahü Aleyhi ve sellem):

***"— Fakat bu sorgulama muhakkak yapılacaktır"*** buyurdu.

Yine Ebû Hüreyre (r.a.)nin rivayetine göre, O demiştir ki: Resûlullah (s.a.v.) Efendimiz şöyle buyurmuştur:

***"Kıyamet günü nimetlerden kula ilk sorulacak soru şu olacaktır: Kula denecektir ki; sana vucüt sihhati, sağlığı vermedik mi? Ve seni soğuk suya kandırmadık mı? Yani senin susuzluğunu soğuk su ile doyurup susuzluğunu gidermedik mi?"*** şeklinde olacaktır.

Hazret-i Ömer'den (r.a.) gelen rivayet ise şöyledir: Hz. Ömer (r.a) demiştir ki: Allah'ın Resûlüne (s.a.v.):

***"Yâ Resûlallah! Biz hangi nimetten hesaba çekilip sorgulanacağız? Halbuki bizler memleketimizden,***

*Mekke'den çıkarıldık, mallarımızdan, evlerimizden ayrılıp çıkarıldık"* şeklinde sormuştuk. Resûlullah bunlara şu cevabı vermiştir:

*"— Sizler sıcaktan ve soğuktan koruyan evlerin, ağaçların, çadırların gölgeleri ve sıcak günde (içtiğiniz) soğuk su (bunlar nimet değil mi?)"* buyurmuştur.

Yine Allah Resûlü başka bir uyarısında şöyle buyurmuştur:

*"Gölge, (ayağa giyilen) iki nalin ve (içtiğin) soğuk su."* Hz. Enes (r.a.) demiştir ki:

Tekâsür Sûresi 8. âyet nazil olduktan sonra, bir yoksul-fakir, Allah'ın Resûlüne şu şikâyette bulunmuştu:

*"Ey Allah'ın Resûlü, Yâ Resûlallah! Benim üzerimde nimetten (nimet denebilecek dünyalıktan) birşey var mı?* demişti. *(Yani ben, çok fakir ve yoksul biriyim demek istemişti)."* Allah'ın Resûlü (s.a.v.) bu adama şu cevabı verdi: *"Gölge, iki nalin ve soğuk su"* buyurdu.

İnsanların, her türlü nimetten hesaba çekileceğine ve Cenâb-ı Allah'ın huzurunda sorgulanacaklarını bildiren şu meşhur, yani bütün hadis kaynaklarında yer alan olayı da kaydedelim ki, konuyu daha da iyi kavramış olalım.

Müslim, Ebû Davud, Tirmizi, Nesâî, İbn-i Mace ve daha diğer kaynaklarımızın Ebû Hüreyre (r.a.)den naklettiklerine göre, o demiştir ki: Birgün (alışılmamış bir saatte) Hazret-i Peygamber (s.a.v.) dışarıya (sokağa) çıkmıştı. Bu esnada Hz. Ebû Bekir ve Hz. Ömer (Radıyallâhü Anhüma)ya rastladı. Hazret-i Peygamber (s.a.v.) onlara:

*"Bu saatte sizleri evinizden çıkaran sebep nedir?"* buyurdu.

Hz. Ebû Bekir ve Hz. Ömer (r.a.) cevaben:

*"— Açlık, karnımızın açlığı ya Resûllallah"* dediler. Allah'ın Yüce Peygamberi, Efendimiz (Aleyhisselâtü Vesselâm),

***"— Nefsim yed-i kudretinde bulunan Allah Teâlâ'ya yemin ederim ki, beni de sizi çıkaran sebep çıkardı** (benim de karnım açtır)"* buyurdular ve devamla Efendimiz (a.s.) ***"Öyle ise, kalkın** (gidelim)"* buyurdu.

Üç yüce dost kalkıp Ensar'dan (Medine'li) bir zatın evine gittiler, vardılar ki, o zat, evinde yoktu. O zatın hanımı, sevinçle, güler yüzle bu yüce misafirleri ***"Buyurun, buyurun, merhabalar, hoşgeldiniz safalar getirdiniz"*** diyerek hoşnutluk gösterdi.

Hazret-i Peygamber (sallallâhü Aleyhi ve sellem) o zatın ismini söyleyerek ***"Nerededir?"*** buyurdu. Hanım: ***"— Bize iyi su almaya gitti"*** dedi, derken ev sahibi Ensar (Medine'nin yerlisi olan) zat geldi.

Hazret-i Peygamberi ve iki sevgili arkadaşını da beraber görünce sevincinden ne yapacağını şaşırdı. Çünkü, bu yüce misafirlerin gelmesi alışılan bir vakit değildi. O kadar sevindi, o kadar sevindi ki: ***"Elhamdü lillâh - Allah'a hamdü senalar olsun, bugün** (şu anda) **benden daha şerefli misafirleri olan hiç kimse yoktur"*** dedi ve hemen bahçesine yöneldi, bir hurma dalını salkımlarıyla koparارak (kırıp) geldi. Hurmaların kimisi koruk (henüz olmamış), kimi yeni olgunlaşıyor ve kimi de tam olmuş(kararmış)tu. Hazret-i Peygamber (s.a.v.), *"— Dalını koparmasaydın"* buyurdu. Ev sahibi zat:

*"Yâ Resûlallah! İstedim ki, hem olgunundan, hem yeni olgunlaşmışlarından ve hem de, koruğundan yiyesiniz istedim"* dedi.

Ve hemen gizlice bıçağını alıp koyunlarının bulunduğu tarafa (ağıla) doğru yöneldi. Resûlullah (s.a.v.): *"— Sakın olaki sağmalını (süt veren sağılanı) kesme"* buyurarak uyarıda bulundu.

Ev sahibi zat, bir koyun (kuzu) kesti, hemen kızartıp pişirdi: Yüce misafirler, hurmalardan, kızartılmış, kebap edilmiş etten kana kana yediler ve soğuk taze sudan içtiler.

Ne zaman ki, doydular ve soğuk suya kandılar, Allah'ın Resûlü (s.a.v.), Yüce arkadaşları Ebû Bekir ve Ömer'e (r.a.) hitaben:

*"— Nefsim kudret elinde bulunan Allah'a yemin ederim ki, kıyamet günü, bu nimetten sorulacak, hesaba çekileceksiniz"* buyurdu.

**Açıklama:** *Ey Allah'a gönül veren, O'nun emir ve yasaklarına bağlı olan kardeş!* Her insan Allah'ın verdiği tüm nimetlerden sorgulanacaktır. Yüce Allah'ın adaleti bunu gerektirmektedir. Okuduğumuz bu **"Tekâsûr"** Sûresinin 8. ayeti bu gerçeği (her nimetten hesap verme) vurgulamaktadır. Yüce Allah'ın, kullarına (biz insanlara) vermiş olduğu nimetler sayılamayacak kadar çoktur. Bir insanın, aklı esip de Allah Teâlâ'nın nimetlerini saymaya kalksa, sayamaz, bu saymada aciz ve başarısız kalır. Bu gerçeği Allah Teâlâ, Kur'ân-ı Kerim'inde açık ve net olarak bildirmektedir:

*"Ve in te'uddû ni'metallâhi lâ tuhsûhâ* - ***Ey insanlar! Eğer sizler, Allah'ın nimetlerini birer birer saymaya kalksanız, mümkün değil, sayamazsınız*** *(buna aklınız yetmez)."* Hatta bu ayetin tamamı aklı başında olan insanlar için çok düşündürücüdür. Ayetin tamamının meâli şöyledir:

***"Ey İnsanlar! Yüce Allah, istediğiniz şeylerin hepsinden size verdi*** *(Yani O size istediğiniz herşeyden vermiştir)*. ***Eğer sizler, Allah'ın verdiği bunca nimetini teker teker saymaya kalkışsanız, mümkün değil, onları toptan olarak bile sayamazsınız. Şüphesiz ki,*** *(doğrusu)* ***insan çok zalim ve çok nankördür."*** İbrahim Sûresi âyet 34

Evet işte insan, böyle bir yaratıktır. Zulme, haksızlığa, nankörlüğe karşı meyili çok fazlacadır.

Yukarıda geçen, okuduğumuz Hadîs-i Şeriflerden de açıkça anlaşılıyor ki, sorgulama, ahirette hesaba çekilme sadece kafirlere, günahkâr fâsıklara değil, salih amelli müminlere de olacaktır. Allah Teâlâ kullarına (insanlara) sayısız nimetler vermiştir. Bunları saymak dahi mümkün değildir. Hatta insanoğlunun bilmediği nice nimetleri bile vardır Allah Teâlâ'nın. Kur'ân-ı Kerim, yer yer bu nimetleri açık ve net olarak isimleriyle açıklamaktadır. Kur'ân-ı Kerim'in meâl ve tefsirini okursak bu gerçekleri bütün açıklığıyla görürüz.

Yüce Peygamberimiz (s.a.v.), insanların kavrayamadığı, gaflet ettiği, en basitmiş gibi gördüğü nimetlerden bile hesaba çekileceklerini, sorgulanacaklarını bildirmektedir ki, bunlardan birkaç örneğini üst tarafta geçen satırlarımızda verdik. Bu nimetler: (Kurumuş hurma, su, vücut sağlığı, soğuk su, sıcaktan koruyan gölge, ağaç gölgesi, herhangi bir gölge, ayağa giyilen iki nalin) şeklinde sayılmıştır.

Kulun hesaba çekilip sorgulanması ile ilgili Efendimizin bir Hadîs-i Şerifini de zikrederek şimdilik konumuzu bağlayalım.

Tirmizi'nin Ebû Berze el'eslemî (r.a.)den rivayetine göre, demiştir ki: Resûlullah (s.a.v.) şöyle buyurmuştur:

***"Kıyamet gününde bir kul** (insan) **şu beş şeyden sorgulanmadıkça, kulun ayakları Allah'ın huzurunda yerinden kımıldayamaz** (yani kul hesabını vermeden Allah katında ayaklarını bile oynatamaz):"*

1. *Ömründen **(ömrünü nerede geçirdiğini, nasıl yıpratıp tükettiği)**, ömrünü nasıl harcadığı,*

2. *Gençliğinden **(gençliğini nerede çürüttüğü)**, nerede yıprattığı,*

3. *Malından sorulur; Malını nereden kazandığı, helâl mı haram mı? Helâlinden mi kazandı, haramdan mı kazandı? Ve malını nereye harcadı, haram yerlere mi, yoksa helal yerlere mi malını sarfetti?*

4. *İlminden sorulur: İlmiyle ne yaptı, nasıl amel etti?*

5. *Bedeninden sorulur; Vücudunu nerede yıprattı, ne gibi işlerde, ne gibi yollarda cismini tüketmiştir?*

Bu Hadîs-i Şeriflerin arapça metinleri (asılları) ilerleyen bölümlerde Kıyamet konusu başlıklarından sonra gelecektir.

*"Lâ yüs'elü ammâ yef'alü ve hüm yüs'elûn* - ***Allah ef'âlinden mesul değildir, fakat herkes yaptığından sorgulanacaktır."***

Her insan yaptığı en ufak işinden tutun da en yüksek işine kadar hepsinden cayır cayır hesap verecektir.

Son olarak tekrar hatırlatalım ki, kafirlerin ve günahkâr fâsıkların hesabı ve sorgulanması, azarlama ve kınama içindir. Çünkü onlar, Allah'a karşı nankörlük ve şükürsüzlük yolunu tutmuşlardır. Müminlerin hesabı ve sorgulanması ise, aklanma ve şereflenmeleri içindir. Çünkü onlar, Allah'a karşı şükür ve tâat yolunu tutmuş, şükür ve itâat ehli olan kimselerdir.

***Ey Âhiret saadeti ve mutluluğunu isteyen kardeş!*** Allah'ın nimetleri konusunda sözümüzü daha da uzatmaya gerek olmadığını, verdiğimiz misal ve örneklerle senin konuyu kavrayıp anladığına ve kendi iyiliğini düşünerek kendin için mutluluk getirecek bir yolu-doğru yolu seçeceğine ümit ediyor ve bu konumuzu noktalıyorum.

## PEYGAMBERİMİZİN TEKÂSÜR SÛRESİNİ OKUMASI VE HAYRETİNİ BELİRTMESİ

Müslim ve Tirmizi gibi sahih hadis kaynaklarımızın rivayet ettikleri bir Hadîs-i Şerif de şöyle kaydedilmiştir.

Birgün Resûlullah (s.a.v.) *"El hâkümüt'tekâsûr"* Sûresini okuyordu. Ashabından bir zat yanına gelmişti. Efendimiz hayretini şöyle dile getirmişti:

***"İnsanoğlu malım malım der durur. Ey İnsan!*** *(Nedir)* ***senin malın? Sadece yiyip tükettiğin, giyip eskittiğin ve sadaka olarak verip geçtiğindir*** *(sevap olarak amel defterine geçirdiğin, yazdırdığından başka senin malın mı var?)."* buyurmuştur.

Müslim'in, Süveyb bin Saîd'den rivayeti ise şöyledir: Yüce Efendimiz (Aleyhisselâtü vesselâm): ***"Kul*** *(insan)*, ***malım, malım der durur.*** *(Ey İnsanoğlu! Senin malından)* ***sana ancak şu üçü vardır:***

***1. Yiyip tükettiğin, 2. Giyip eskittiğin, 3. Tasadduk edip*** *(sadaka olarak verip)* ***geçtiğin*** *(sevap olarak amel defterine yazdırdığın).* ***Bundan başkası*** *(Senin malın değil, senin elinden gidici mirascılara kalacak)* ***ve o malın sahibi olduğunu sanan kimse de o malı terkedicidir.*** *(Yani malım diyen, mal kendisinin olduğunu iddia eden kişi ölümüyle malı başkalarına, mirasçılara terkedip gitmek zorundadır)* buyurmuştur.

Allah'ın Resûlü, sevgili Peygamberimiz (a.s.) bu hayretiyle, bu açık ve net uyarısıyla mal mülk ve zenginlikle övünüp dünya bolluğuyla böbürlenen, insanlara çalım satan insanların gaflet içerisinde olup kendi durumlarını ve karşılaşacağı vahim gerçeklerden habersiz olduklarını vurgulamaktadır.

Yine bu cümleden olmak üzere, Buharî, Müslim, Tirmizi ve diğer sahih hadis kaynaklarımızın kaydedip rivayet ettikleri Hadîs-i Şerif de Efendimiz (a.s.):

*"İnsan öldüğü zaman üç varlığı onu takip eder. Bunlar ailesi, malı ve amelidir. Bunlardan ikisi geri döner (onunla gelmez, onun yanında bulunmaz), biri ise, onunla kalır (Onu yalnız bırakmaz). Ev halkı (ailesi, çoluğu çocuğu, mirasçılar), eşi dostu ve malı geri döner. Ameli ise, onunla kalır (Onu kendi başına bırakmaz, ona arkadaşlık eder)."* buyurmuşlardır.

*Ey dost!* Sanıyorum, bu Hadîs-i Şerifin açıklamaya, yoruma hiç ihtiyacı yok, yeterince açık ve nettir. Yeter ki, insanoğlu bundan öğüt alabilecek bir anlayışa sahip olsun, doğruyu algılama yeteneği bulunsun.

Buhârî'nin Abdullah (r.a.)dan rivayetinde, Hazret-i Peygamber (a.s.) Efendimiz birgün Ashab-ı Kiram'ından bazı zevata şöyle bir sual tevcih etmiş (yöneltmiş)ti:

*"Sizlerden hanginiz mirasçısının malını kendi malından daha çok sever (seviyor)?"* buyurdu. (Orada bulunanlar bu soruyu pek fazlaca da anlayamamışlardı da) Onlar:

*"Yâ Resûlallah! Aramızda kendi malını daha çok sevmeyen olur mu, elbette ki, kendi malımızı daha çok severiz"* dediler. Bunun üzerine Yüce Peygam-

berimiz, orada bulunanlara şu gönül açıcı uyarıda bulundular:

*"— Şüphesiz ki, insanın kendi malı, sevaba niyyet ederek* (hayra sarfettiği, ahireti için azık, sevap) *biriktirdiğidir. Mirasçının malı da, öldükten sonra arkasında bıraktığı maldır."*

(Yani, ey insanlar! Sizler bütün gücünüzle para kazanıp başkalarına, miraşçılarınıza mal mülk biriktirerek, onlara mal toplamaya çalışıyorsunuz da, kendinize ait olan, sizinle gelecek olan hayır olan işlere hiç harcamada bulunmuyorsunuz. Vaktinizin, gücünüzün birazını size âhiret azığı olacak hayırlı, salih amellere sarfetmiyorsunuz. Bu sizin kendi malınızı sevmediğinizi ve mirasçıların malını daha çok sevdiğinize açık bir delil, açık bir belgedir ki, gidişatınızdan onu anlıyorum, davranışlarınızda onu görüyorum demek olur.) Efendimizin uyarısı bu yöndedir.

*Evet, Ey Âhiret yolcusu!* Nicelerimiz var ki, nice insanları görüyoruz ki, yaşı elliye, altmışa hatta yetmişe merdiven dayamasına rağmen, hâlâ dünya malı biriktirmek, zenginliğine zenginlik katmak, malına mülküne mal mülk katmak için yoğun bir çaba ve güç sarfetmektedir. Bunun yanında âhiretle ilgili amellerini aksatmakta veya hiç oralı bile olmamaktadır. Halbuki bu geldiği yaş sınırı hiç de âhiret amellerinin terkedileceği, önemsenmeyeceği bir yaş sınırı değildir. Tam tersi, bu tip dünyalık çalışmalarının askıya alınıp bütün gücüyle ahirete azık toplama mevsimidir, dini görevlerini gözden geçirip ihmal ettiği hususlar varsa onları kaza ederek, Cenâb-ı Allah'tan, affetmesi için yalvarıp dil dökmesi zamanı olduğunu anlayıp artık bu gelmiş olduğu yaş sınırının kendisine verilmiş bir ilahi fırsat olduğunu düşünmeli ve kaçırmış olduğu treni geçte olsa, telafi yollarına başvurmalıdır.

İhtiyarlık merdivenine gelip yaşlılık basamaklarına adım atan kişiler, Efendimizin şu veciz uyarısına da kulak vermeleri ahiret hayatlarının mutluluğuna vesile olacaktır. Efendimizin Hadîs-i Şerifi şöyledir:

***"İnsan ihtiyarlayınca, iki şeye olan sevgisi, düşkünlüğü artar. İhtiyar kişinin kalbinde adeta gençleşen bu iki istek: Çok yaşamak, uzun ömür isteği ve zenginlik, mal çoğaltma isteği"*** buyurmuştur. Efendimizin bu nurlu ikazında aklı başında olan, hayrını şerrinden, kârını, zararından ayırt edebilen ihtiyarlar için paha biçilemez uyarılardır vesselâm!...

***Ey Hak yolcusu kardeş!*** Dünyanın durumuyla ve faniliği ile ilgili kırka yakın âyet-i kerime mukaddes kitabımız olan Kur'ân-ı Kerim'de yer almaktadır. Biz konumuzu anlatabilmek açısından bir kaçını buraya almış bulunuyoruz.

## DÜNYANIN ALLAH KATINDA DEĞERSİZLİĞİ

*Ey Hak yolcusu!* Dünya fani ve geçicidir. Geçici olan hiçbir şeyin kıymet ve değeri yoktur. Dünya geçici olduğu kadar da vefasızdır. Kimsenin gözünün yaşına bakmaz. Onun vefasızlığını, her akl-ı selim sahibi kişi bilmektedir. Ve:

*"Dünya kime yar olmuş ki, sana yar olsun"* derler. Dünya denilen bu fani, herkesi aldatan yaman bir yalancıdır. Yûnus Emre, ne güzel söylemiş:

*"Yürü yalan dünya yürü, yalan dünya değil misin?*

*Birçok gez boşalıp yine dolan dünya değil misin?"*

***"Dünya birçok konaklardan ibarettir. İnsanların kimi o konaklara konar, kimileri de göçer."*** demişlerdir. Dünyaya gereğinden fazla değer verip de bağlananlar hep helak olmuşlardır. Dünya sıkıntılar, kederler yurdudur. Bir günü neşeli geçerse, iki günü kederle geçer. İki gün gülen, üç beş gün ağlamakla meşgul olur. Dünyanın hayrı az, şerri çoktur. **Dünyanın Allah katındaki değersizliğine gelince;** Sevgili Peygamberimiz (Aleyhisselâtü vesselâm) şöyle buyurmuşlardır:

لَوْ كَانَتِ الدُّنْيَا تَعْدِلُ عِنْدَ اللّٰهِ جَنَاحَ بَعُوضَةٍ

مَاسَقَى كَافِرًا مِنْهَا شَرْبَةَ مَاءٍ

*Manası:* ***"Eğer dünya, Allah katında bir sivrisinek kanadı kadar dahi bir kıymet ve değer taşısaydı, Allah, kafire ondan bir yudum su bile içirmezdi."*** (Tirmizi ve İbn-i Mâce rivayet etmişlerdir.)

***Ey dost!*** Hadîs-i Şerifin mana ve anlamı gayet net ve açıktır. Sivrisineğin kanadının değeri, büyüklüğü nedir ki? Zerrelerden zerrecik bile değildir. Yüce Peygamberimizin bu teşbihi, gönül açıcı bu benzetmesi aklı başında olan kişileri kendisine getirmeli, kendi hayatlarına nazar edip, kendilerine çeki düzen vermelidirler.

İbn-i Ömer (r.a.) hazretlerinin rivayet ettiği bir Hadîs-i Şerifte Yüce Peygamberimiz (Aleyhisselâtü vesselâm) Efendimiz şöyle buyuruyor:

وَلَوْ كَانَتِ الدُّنْيَا تَعْدِلُ عِنْدَ اللهِ مِثْقَالَ حَبَّةٍ مِنْ خَرْدَلٍ لَمْ يُعْطِهَا اِلاَّ لاَوْلِيَائِهِ وَاَحِبَابِهِ مِنْ خَلْقِهِ

*Manası:* ***"Şayet Allah katında dünyanın bir hardal tanesi büyüklüğü kadar bile bir değeri olsaydı, dünyalığı,*** *(dünya mal ve varlığını)* ***ancak ve yalnızca evliya*** *(Ermiş velilerine)* ***ve dostlarına*** *(Allah'ı seven mümin)* ***kullarına verirdi."*** (Tebarânî)

Ve dolayısıyla bir evvel ki Hadîs-i Şerifte buyrulduğu üzere:

***"Eğer Allah katında dünyanın bir sivrisinek kanadı kadar değeri olsaydı, kafirlere*** *(Allah düşmanlarına)* ***bir içim su vermezdi."*** Hakikati (gerçeği) kendiliğinden anlaşılmış demek olur.

*Ey dost!* Sen ki aciz, hiçbir şeyin geleceğini görmeyen, beş on dakika sonra başına ne geleceğini bilmeyen bir mahluksun; sen bile, düşmanına bir lokma ekmek vermiyorsun. Herşeyini dostlarınla paylaşıyorsun. Elbetteki herşeyin sahibi ve var edicisi olan Yüce Allah, kendine düşman olan kafire bir içim su vermez. Nitekim ebedi olan ahiret yurdunda böyle olacaktır. Çünkü ahiretin Allah katında değeri büyüktür. Dünya ise değersizdir.

Hz. Ebû Hüreyre'nin, Efendimizden (Aleyhisselâm) rivayet ettiği diğer bir Hadîs-i Şerifte meâlen şöyle buyrulmuştur:

***"Şüphesiz ki Yüce Allah, dünya nimetlerini sevdiğine de, sevmediğine de verir ve vermektedir. Fakat ahiret nimetlerine gelince, onları ancak sevdiklerine verir ve verecektir."*** Fatiha Sûresi'ndeki **"Rahman ve Rahim"** isimleri yani **"Er'Rahmânir'Rahim"** ayeti celilesi de bu gerçeğe ifade etmektedir. **Rahman,** dünyada bütün insanlara ihsan edici, **Rahim,** ismi de, âhirette yalnız müminlere (inananlara) ihsan edici manasınadır.

Yüce Rabbimiz "الرحمن الرحيم - *Er'Rahman, er'Rahim*" isimleri neyi anlatıyor, birkaç cümle ile onları nazara vermek, gözler önüne sermek istiyorum:

"الرحمن - *Rahman*" olan Allah, dünyada herkese, her canlıya merhamet eder, esirger, herşeye acıması vardır. Rahmeti herşeyi çevrelemiştir. Rahman sofrası dünyada herkese açıktır. Her canlı Rahman sofrasından rızıklanmaktadır, kendisine gerekli olan rızkını almaktadır. Rahman sofrasından yararlanmakta herkes eşittir. Dinlisi, dinsizi, kafiri, putperesti, dostu, düşmanı, hristiyanı, yahudisi, ateşe tapanı da Allah'ın "Rahman" isminin gerektirdiği rahmetten yararlanmaktadır. Bu fani dünyada **"Rahman"** isminden gelen rahmet, acıma ve esirgeme kişinin çalışmasıyla değildir. Bu rahmet, Yüce Allah'ın genel Rahmetidir. Kişilerin çalışmaları karşılığı değildir.

"الرحيم - *Rahim*" olan Allah, ahirette yalnız ve yalnız inanmış mümin kullarına merhamet edici, esirgeyip bağışlayıcıdır. **Rahim sıfatı,** özel merhamet, özel rahmet ve esirgeyiş, bağışlayış anlamı ifade eder ki, sahibini (Allah'ı) tanımayı, O'na kulluk edip, kulluk yolunda çalışmayı gerektirir. Bu anlamda **"Rahim"** ismi, Allah'a iman eden, Allah'ın rızasını kazanma yolunda çalışan, salih ameller işleyen, güzel güzel yararlı işler yapan mümin kullarına özel rahmet ve merhametini bol bol bağışta bulunan, onlara bol bol âhiret nimetleri veren, sonsuz ve devamlı saâdetler bağışlayan, Cennetlerinde mümin kullarına özel nimetler veren Allah, özel rahmet ve merhamet sahibidir, demek anlamınadır. Demek oluyor ki, **Rahim Sıfatı,** çalışanlara ve çalışmaya yönelik bir rahmeti ortaya koyuyor. Bir çeşit mükafat (ödül ve bağışla ilgili anlamı taşımaktadır).

Şimdi Hadîsimizin verdiği önemli mesaja dönelim. Demek oluyor ki, Allah Teâlâ, sevdiği ve değer verdiği bir yerde, sevmediklerini (düşmanlarını) barındırmıyor. Bu anlamı nereden çıkardık diyeceksiniz? Hadisin meâlini tekrar edelim:

*"Eğer dünya, Allah Teâlâ yanında (katında) bir sivrisinek kanadı kadar dahi bir kıymet ve değer taşısaydı, Yüce Allah, bu dünyada kafirlere bir içim su bile içirmezdi. Yani vermezdi."*

Sen, kendi temelli mülkünde bir düşmanını barındırır mısın? Elbetteki barındırmazsın. İşte burdan kıyasla konuya girersen konuyu kavramış olursun.

Yani, şayet Allah katında dünya yaşamının bir değeri olmuş olsaydı, bu dünya yaşamında kafire bir yudum su bile verilmezdi. Bunu vermek için kimsenin gücü de yetmezdi. Allah'ın gücünün karşısına kim çıkabilir? Ama Allah, dünya düzenini bu hikmetine uygun yaratmıştır. Hikmetinden sorgu sual olunmaz. Dünya sofrasından dostları da, düşmanları da eşit muameleye tâbi tutmuştur. Bu da dünya denilen fâninin Yüce Allah katında değersizliğinin açık bir belgesidir. Çünkü, kafir kişi Allah'ın düşmanıdır. Düşmana kıymetli ve değerli sayılan hiçbir şey verilmez. Dünyanın değersizliğini gösteren bir diğer örnek de, Allah'ın has ve sevgili kulları durumunda olan Nebîler, veliler ve Allah dostları mübarek zatlara dünyalık şeyler pek verilmez ve verilmemiştir. Bu muhterem kişiler, dünyalık şeylerden uzak kalmaya çaba sarfetmişler, Yüce Allah'ta dostlarını, dünya fitnesinden korumuştur. Nitekim sevgili Peygamberimiz (Aleyhisselâtü vesselâm) bir Hadîs-i Şeriflerinde şöyle buyurmuşlardır:

اِنَّ اللّٰهَ يَحْمِى عَبْدَهُ الْمُؤْمِنَ عَنِ الدُّنْيَا كَمَا

يَحْمِي اَحَدُكُمُ الْمَرِيضَ عَنِ الْمَاءِ

*Manası: "Şüphesiz ki, Allah Teâlâ, sizden birinin hastasını sudan koruduğu gibi, mümin kulunu dünyadan korur."* (İbn-i Mâce Züht)

Yani, bazı önemli durumlarda doktorlar, bir hastanın su içmesini hayati bir tehlike olarak görürler ve hasta sahibine sıkı sıkıya su verilmeyeceğini öğütlerler. Hasta sahipleri de hastalarını sudan korurlar. Hadîs-i Şerifte bu teşbih ile Allah Teâlâ'nın sevdiği halis mümin kullarını dünyadan, dünyanın aldatıcı fitnelerinden lütfu ile nasıl önemle koruduğunu dile getirmektedir.

Bu ifadelerden de anladığımız odur ki, Yüce Rabbimiz, kendi katında bir sivri sinek kanadı nisbetinde bile değersiz olan dünyada kendi düşmanı olan kafirleri kendi halinde serbest bırakırken, mümin kullarını kendi yüce himayesine alıyor ki, ahiret nimetlerinden, Cennetinden mahrum olmasınlar. Dünya Allah indinde ölmüş bir koyundan daha değersizdir.

***Ey dost!*** Sevgili Peygamberimizin, dünyanın değersizliğini anlatan çeşitli teşbih ve benzetmeleri bulunmaktadır. Efendimizin bu teşbihlerden amacı, müminlerin, dünyanın faniliğini unutup da âhiretlerine zarar vermeleri veya hepten âhiretlerini kaybetme endişesinden kaynaklanıyordu.

İmâm-ı Müslim'in Câbir bin Abdullah'tan rivayetine göre, Hazret-i Peygamber (Aleyhisselâtü vesselâm), Ashabından (Arkadaşlarından) bir grupla yayla köylerinden birinden dönüyorlardı.

Şehre girerken yol kenarında atılmış bir oğlak ölüsü gördü. Onun yanına vardı, kulağından tuttu. Sonra da yanında olanlara:

"— *İçinizden kim bunu satın almak ister?*" dedi. Oradakiler de:

"— ***Yâ Resûlallah! O ölmüş bir hayvandır, onun hiçbir değeri de yoktur. Şayet değeri olsaydı, sahibi çöpe atmazdı.***" dediler. Oradakilerin bu itirafları üzerine Efendimiz (Aleyhisselâtü vesselâm).

فَوَاللّٰهِ ! لَلدُّنْيَا اَهْوَنُ عَلَى اللّٰهِ مِنْ هٰذَا عَلَيْكُمْ

Yani: "***Şu anda Allah'a yemin ederim ki, şu hayvan ölüsü, sizin yanınızda ne kadar değersiz ve pis ise, dünya da Allah katında o kadar kıymetsiz ve değersizdir***" buyurdu.

İbn-i Abbâs (r.a.), demiştir ki: Hazret-i Peygamber (sallallâhü Teâlâ Aleyhi ve sellem), sahibi tarafından çöpe atılmış bir koyun ölüsüne rastlamıştı da:

وَالَّذِى نَفْسِى بِيَدِهِ لَلدُّنْيَا اَهْوَنُ عَلَى اللّٰهِ مِنْ

هٰذِهِ عَلَى اَهْلِهَا

*Manası:* "***Nefsim yed-i kudretinde bulunan*** *(kudret ve iradesiyle yaşadığım)* ***Allah'a yemin ederim ki, dünya Allah katında bu ölmüş koyundan daha değersizdir.***" İmam-ı Ahmed rivayet etmiştir.

Tirmizi'nin Müstevrid bin Şeddâd (r.a.)dan rivayet ettiğine göre ise, râvi şöyle anlatmıştır:

Resûlullah (sallalahü Teâlâ Aleyhi ve sellem) ile birlikte giderken yol kenarına atılmış, ölü bir oğlak leşinin başında duran topluluk yanında bulundum. Efendimiz (Aleyhisselâm) oradaki topluluğa:

“— *Şu ölmüş hayvanın sahibi nezdindeki değerini kaybetmiş olduğu görüşünde misiniz?* diye sordu. Orada bulunanlar:

“— *Yâ Resûllallah! Hiçbir değeri kalmamış olduğundan dolayı onu yol kenarına* (çöpe) *atmışlardır”* dediler. Bu cevap üzerine Efendimiz (Aleyhisselâm):

اَلدُّنْيَا اَهْوَنُ عَلَى اللّٰهِ مِنْ هٰذِهِ عَلَى اَهْلِهَا

*“Dünya, Allah katında bu ölmüş* (keçi yavrusu) *oğlak* (leşinden) *daha da değersizdir”* buyurmuşlardır.

*Evet ey dost!* Akl-ı selim sahibi kişiler, Efendimizin bu irşad ve tavsiyelerini başlarını iki elin arasına alıp derin derin düşünmelidir. Bir koyun ölüsü kadar bile değersiz şu fani dünyada, kendisine ve yaşamına bir çeki düzen vermelidir. Allah’a layık bir kul, Peygambere (a.s.) layık bir ümmet olma yollarını sağlıklı bir şekilde araştırıp, eksiksiz bir müslüman hayatı yaşamaya gayret etmelidir vesselâm!

## Dünya Nimetinin, Ahiret Nimetine Kıyasla Azlığı

Yüce Peygamberimiz Aleyhisselâm, okuduğumuz bu teşbihli, benzetmeli irşad ve tavsiyeleriyle dünyanın çeşitli yüzünü biz ümmetlerinin dikkatlerine çekiyor. Dünyanın kendisi fani, geçici olduğu gibi, nimetleri, güzellikleri de fani ve geçicidir. Geçici olan hiçbir şeyin değeri yoktur. Okuduğumuz hadisleri bu yönüyle anlamaya gayret etmeliyiz.

İbn-i Mâce'nin Beni Fihr'in kardeşi Müsterrid'den (r.a.) rivayetine göre: Resûlullah (Sallallahü Teâlâ Aleyhi ve sellem) şöyle buyurmuştur:

مَا مَثَلُ الدُّنْيَا فِى الْاٰخِرَةِ اِلَّا مَثَلُ مَا يَجْعَلُ
اَحَدُكُمْ اِصْبَعَهُ فِى الْيَمِّ فَلْيَنْظُرْ بِمَ يَرْجِعُ

*Manası:* ***"Ahiret nimetleri karşısında, dünya nimetlerinin durumu** (değersizliği) **ancak şuna benzer ki, sizden birinizin el parmağını denize sokup çekmesi gibidir. Şimdi baksın parmağında ne kadar su vardır** (Yani parmağı denizden ne kadar su alarak dönmüştür)."* (Tirmizi rivayet etmiştir.)

***Ey dost!*** Aslında gerek bu Hadîs-i Şerifin, gerekse diğer Hadîs-i Şeriflerin neyi ve neleri öğütlediği benzetme ve teşbih yoluyla da olsa açık ve net gibidir. Tabii olan şudur ki, konuyu anlama yönünden kişilerin birikimleri ve daha önceden konuya vâkıf olup olmamaları gibi çeşitli durumlar ve etkenler vardır.

Dünya nimetlerinin, geçiciliği, ahiret nimetlerinin devamlılığı karşısında kişinin parmağını denize sokup da parmağında aldığı su kadar az ve değersizliğini düşünebilen insanlar için çok çok önemli bir konudur. Sayılamayacak kadar dünya servetine sahip olan bir mümin kişi düşünelim yaşı gelmiş elli atmışa, dünya malından yediği, içtiği onun kâr ve kazancı sayılır. Bir de Allah rızası için hayır yapabildiyse o da âhiret azığı (harçlığı) olur, o da kâr ve kazancıdır. Bundan geri kalanı ise, aile ve çoluk çocuğuna kalan mirastır ki, onlar (kalan miras malları) ölüm pençesine yakalanan bu zengin kişiye hiçbir faide (yarar) sağlamaz. Bıraktığı mirasını varisleri iyiye mi kullanıyor, kötüye mi kullanıyor veya kullanacaklar bu da belli değildir. Ama hesabını ölen kişi verecektir. Aklı başında olan mümin (inançlı) kişi bunun hesabını yapar ve yapmalıdır. Çünkü kazandığı nimetlerden bir parmağın denizden aldığı su kadar bile az faydalanmıştır. Ama ahirete götüreceği ve götürdüğü iyi ameller ve Cennet nimetleri devamlı ve sayılamayacak kadar çoktur. Yaptığı ibadetler, işlediği sevaplar, hayırlar, sadakalar, iyilikler devamlı olan ahiret azıklarıdır.

## Peygamberimizin Hasır Üzerinde Uyuması:

*Ey Hak yolcusu!* Sevgili Peygamberimizin hayatına şöyle bir göz atıp bakacak olursak O'nun nurlu hayatı, bize saadet ve mutluluk sebeplerini kavramamıza sebep ve vesile olabilir ve kesinkes olacaktır.

İbn-i Mâce'nin, Abdullah bin Mes'ûd (Radıyallahü Anh)den rivayet ettiğine göre, Râvî demiştir ki: **Resûlullah** *(Sallallahü Teâlâ Aleyhi ve sellem)*, ***bir hasır üzerinde yatıyordu. Kalktığında mübarek yüzünde*** *(yanağında)* ***hasırın derin izlerini görmüştük de içimiz sızlamıştı. Bu üzüntü ile ben:***

**"— Yâ Resûlallah,** بِابِى واُمِّى ***-Babam annem sana feda olsun! Keşke bize söyleseydin de size bir minder bulsaydık, hasırın üzerine birşeyler serseydik de mübarek yüzünüz acımasaydı."*** dedim.

Bunun üzerine o Alemlerin Efendisi, Resûlullah (Sallallahü Teâlâ Aleyhi ve sellem) Efendimiz şöyle buyurdu:

مَالِى وَلِلدُّنْيَا، مَا اَنَا فِى الدُّنْيَا اِلاَّ كَرَاكِبٍ

اِسْتَظَلَّ تَحْتَ شَجَرَةٍ ثُمَّ رَاحَ وَتَرَكَهَا

*Manası:* ***"Ey Ashabım! Benim dünya rahatlığı ile işim yoktur, dünya rahatlığı beni ilgilendirmiyor. Dünya da benim*** *(hayatım)*, ***bir ağacın altında gölgelenen atlı*** *(yolcu)* ***gibidir.*** *(Atlı ağacın altında gölgelenir dinlenir).* ***Sonra da ağacı bırakır gider."*** (Hadîsi, hem İbn-i Mâce, hem de Tirmizi Abdullah İbn-i Mes'ud'dan rivayet etmiştir.)

Evet, dünya hayatının geçiciliği ve azlığı, atlı (yani binekli) bir yolcunun dinlenmek için bir ağacın altında biraz gölgelenmesi ve sonra da ağacı bırakıp yoluna devam ederek gitmesine benzetilmiştir. Efendimiz (a.s.):

*"Benim dünya ve dünya nimetleri ile ilgim yok, beraberliğim yoktur. Benim dünya ile ve nimetleri ile beraberliğim, ancak bir ağacın gölgesinde gölgelenip dinlenerek, sonra da atına binip yoluna giden ve ağacı yerinde bırakan bir yolcu gibidir."*

Efendimizin (a.s.), bu mübarek sözü, mümin kişinin dünyadaki hayatının, adeta bir ağacın gölgesinde gölgelenen bir yolcunun yolcuğunun kısa olduğu kadar çok kısa ve azlığını dile getirmektedir. Aynı zamanda Yüce Peygamberimizin dünya hayatının da sadeliğini, mübarek yüzünde hasır izlerinin bulunması ifadesiyle dile getirilmiştir.

Ölüme hazırlık başlığında gördüğümüz gibi, Sevgili Peygamberimiz (a.s.) kayınbiraderi Hz. Ömer'in oğlu Abdullah'a şu tavsiyede bulunmuş:

***"Ey Abdullah! Sen dünyada bir garip** (vatanından uzak bir gurbetçi) **veya bir yolcu gibi ol."*** demiştir.

Hz. Abdullah bin Ömer (r.a.), müslüman dostlarına rastladıkça onlara şu yolda öğüt ve nasihatte bulunduğu rivayet edilmiştir:

***"Akşama kavuştuğunda sabaha çıkacağını gözleme** (ümit etme), **sabaha çıktığında da akşama çıkacağını** (akşama kavuşacağını) **gözetleme,** (kendi kendine ümitlendirme). **Sağlıklı zamanlarında hastalıklı günlerin için hazırlık yap, hayatının bir kısmını ölümün için, ölümden sonraki hayatın için çalış."*** dermiş.

***Ey dost!*** Bir mümin kişi, akşama sağlığı ile ulaştığında, o geceye ait ibadetlerini eksiksiz olarak yapmaya gayret etmelidir. Çünkü sabaha çıkmaya ömrü yetmeyebilir. Sabaha sıhhatiyle ulaşmış olan da böyle, gündüze ait ibadetlerini eksiksiz olarak vakti vaktinde yapmaya çalışmalıdır. Akşama çıkmayabilir.

Sağlıklı, sıhhatli zamanlarında ibadetlerini fazlaca ve bolca yapmalıki, hastalandığı zaman, ibadet eksikliği olursa, sağlıklı günlerindeki fazlalar, eksikleri tamamlasın. Hayatında yapmış olduğu çalışmaların bir kısmını ahirete göndermelidir. Yani, âhiret hayatında lâzım ve gerekli olacak azığı, dünyada yaşarken çalışıp kazanarak ölümden önce göndermelidir. Ölüm gelince çalışıp kazanma yolları kesilir ve kesilecektir. İşte bir ağaç gölgesinde gölgelenecek kadar oyalanacağımız bu fani dünyada dengeli bir yaşam kurup, maddi ve manevi iki kanadımızın bulunduğunu düşünerek bu kanatlarımızla kuşlar gibi dengeli yaşamalıyız.

Dünyada kalacağımız süre kadar dünya için çalışmalı, ahirette kalacağımız süreyi düşünüp taşınarak âhiret için çalışmalıyız. Okuduğumuz irşad ve nasihatlardan bu gerçekleri öğrenmiş bulunuyoruz.

Bu fani dünyada kısa bir ömür süren her akl-ı selim sahibi kişi, kendisine ölümünden sonra arkadaş olacak işler yapmak hususunda acele etmek zorundadır. Çünkü hayat çok kısadır, felaket anında pişmanlık fayda vermez ve vermeyecektir. Efendimizin şu Hadîsini de kulağımıza küpe yapalım. Küpe yapalım ki, kendimize ait olan değerleri bilelim, bizimle kabirde de beraber olacak âhiret hayatının her safhasında bizi yalnız bırakmayacak ve bizimle arkadaşlığını sürdürecek olan vefalı dostlarımızı bilelim, öğrenelim ki, kendimizi ona göre ayarlayalım.

## Kişi Ölünce Üç Varlığı Onunla Kabre Kadar Gelir

İmâm-ı Tirmizi, Enes bin Malik'ten (r.a.) rivayet edilmiştir. Râvi Enes bin Malik (r.a.), demiştir ki: Resûlullah (Sallallâhü Teâlâ Aleyhi ve sellem) şöyle buyurmuşlardır:

يَتْبَعُ الْمَيِّتَ ثَلاَثٌ اَهْلُهُ وَمَالُهُ وَعَمَلُهُ. فَيَرْجِعُ اِثْنَانِ وَيَبْقَى وَاحِدٌ فَيَرْجِعُ اَهْلُهُ وَمَالُهُ وَيَبْقَى عَمَلُهُ

*Manası:* ***"Vefat eden kimseye üç varlığı kabre kadar arkasından takip ederek gelir: Bunlar; ailesi, malı ve amelidir. Bunlardan ikisi kabirden geri döner, birisi kişi ile beraber kalır. Ailesi ve malı geri döner, ameli kendisi (ölü) ile beraber kalır."***

Şimdi, Efendimizin bu mübarek sözü, inanmış her müslümanın gönlünde Peygamberi bir ışık olarak hayatı boyunca parlamalıdır. Aklı başında olan kişiler, kendisi ile beraber olacak değerlere sıkı sıkıya sahip çıkmalıdır. Yani, onlara önem vermelidir. Ahiret hayatında kendisine arkadaş olacak salih ameller işlemeli, iyilik ve sevap kazandıracak işler yapmalıdır. Dünya süslerine, dünya malına, dünya gösterişine kapılmamalıdır.

## Geçinebilecek Kadar Dünyalık İstemek

*Ey dost!* Seninle kabrin kapısına kadar gelipte, seni orada yalnız bırakan malı kazanmak için, sakın olaki, bütün ömür sermayeni tüketme. Ahiretin için de çalış, ahiretin için de sana azık lâzım olduğunu unutma. Okuduğun bütün tavsiyeler ona yöneliktir.

Ebû Hüreyre'nin (r.a.) rivayet ettiğine göre, Efendimiz (Aleyhisselâm) ev halkının geçimi, ailesinin rızkı için şöyle dua ederdi:

اَللّٰهُمَّ اجْعَلْ رِزْقَ آلِ مُحَمَّدٍ قُوتًا

*Manası:* ***"Allah'ım! Muhammed'in Âli'nin** (ailesinin) **ev halkının rızkını yeteri kadar kıl** (yetecek kadar ver)."* (Buhari, Müslim, Tirmizi rivayet etmiştir.)

Yüce Allah, Sevgili Peygamberi Hz. Muhammed'e (s.a.v.) Uhud Dağı'nı senin için altın yapayım teklifinde bulunmuştu. Fakat O Allah'ın sevgilisi (a.s.) kabul etmemişti.

O (a.s.) ailesine yetecek kadar bir dünyalık (rızık) istiyordu. Çünkü O (a.s.), dünyada bir yolcu olduğunu biliyordu ve bir yolcu gibi yaşamalıydı ve öyle de yaşadı. Bütün sevdiklerine, dostlarına ve ümmetine de tavsiyesi buydu. Müminlerin anneleri olan, pâk (temiz) zevcelerine, sevgili eşlerine (hanımlarına) da hep bu kurtarıcı tavsiyelerde bulunmuştu.

Hz. Ayşe (Radıyallâhü Anha) validemiz anlatıyor: Diyor ki, Hz. Ayşe (r.a.) validemiz: Resûlullah

(Sallallâhü Teâlâ Aleyhi ve sellem) bana hitaben buyurdular ki:

يَا عَائِشَةُ! اِنْ اَرَدْتَ اللُّحُوقَ بِى فَلْيَكْفِكِ مِنَ الدُّنْيَا كَزَادِ الرَّاكِبِ وَاِيَّاكِ وَمُجَالَسَةَ الْاَغْنِيَاءِ وَلَا تَسْتَخْلِقِى ثَوْباً حَتَّى تُرَقِّعِيهِ

Manası: *"Yâ Âişe! **Bana kavuşmak, Cennette bana arkadaş** (benimle beraber) **olmak istiyorsan, dünyada, bir yolcunun taşıyabileceği kadar bir azıkla yetin. Sakın** (Allah'tan gafil) **zenginlerle oturup kalkma. Giydiğin elbise iyice eskimeden yenisini alma."*** (Tirmizi libasda'Hâkim ve Beyhâki rivayet etmiştir.)

Ruzeyn de okuduğumuz Hadîs-i Şerifi rivayet etmiştir. Onun rivayetinde şu zıyade de vardır. Ruzeyn demiştir ki:

*"Hz. Ayşe (Radıyallâhü Anha), Resûlullah (Sallallâhü Aleyhi ve sellem) Efendimizden bu Hadîs-i Şerifi işittikten sonra, elbisesini iyice eskiyip giyilmeyecek hâle gelmedikçe elbisesini yenilemezdi."*

***"Birgün bana Muâviye'den seksen bin dirhem geldi, onu Hz. Aişe validemize teslim ettim. Bu parayı akşama kadar bir dirhem dahi bırakmadan hepsini fakirlere dağıttığını gördüm. Hz. Ayşe validemize hizmetçisi:***

***"— Bir dirhemiyle de bize et alsaydınız"*** deyince, Hz. Ayşe (r.a.)

***"— Bana hatırlatsaydın alırdım."*** cevabını vermiştir.

## Selman-ı Fârisî'nin Ağlaması

Hz. Enes (r.a.), şu hadiseyi anlatmıştır. Selmân-ı Fârisî hastalanmıştı. Sa'd, Selmân'a (r.a.) ziyarete gittiğinde onu ağlar bir halde bulur:

*"— Selman, kardeşim! Niçin ağlıyorsun? Allah'ın Resûlüne arkadaşlık yaptın, Resûlullah (a.s.) senden razı olarak vefat etti. Ölünce de Havz-ı Kevser'in başında yanına gideceksin, daha önce vefat eden arkadaşlarına, dostlarına kavuşacaksın deyip, daha birçok özelliklerini saydıktan sonra, niçin ağlıyorsun?"* diye sorar. Selman (r.a.):

*"— Kardeşim, Sa'd! Bunların hiç birine ağlamıyorum. Dünya malında gözüm olduğu için de ağlamıyorum. Benim ağladığım konu başkadır, ben onu yapamadım diye ağlıyorum. Çünkü Resûlullah (a.s.), bize vasiyet etmişti. Ben bu vasiyeti tutamadım."* dedi. Sa'd diyor ki:

*"— Sana ne vasiyet etmişti? Resûlullah (a.s.)"* diye sordum. Selman (r.a.), Resûlullah bana şu vasiyeti yapmıştı:"

*"—Yâ Selmân! Dünya malından sana, bir yolcunun yanına alabileceği kadar azık yeter."* buyurmuştu. *Ben ise, bugün fazlasına sahip olduğumu, kendimin fazla dünyalığım olduğunu görüyorum."* diyerek ağlamasının sebebini açıklamıştı.

*Ey dost!* İşte Hazret-i Peygamber (sallallâhü Aleyhi ve sellem)in dostlarının dünyaya bakışları ve dünyaya olan ilgileri böyleydi. Halbuki **"İbn-i**

Hibban"ın sahihinde **"Selmân-i Fârisi'nin** ölümünden sonra bıraktığı malın (servetin) toplamının **sadece onbeş dirhemden** ibaret olduğu rivayet ediliyor. Hatta Tabarâni'nin rivayetinde ise, **onbeş değil, sadece ondört dirhem** değerinde olduğu rivayet edilmiştir."

## Az Mal mı, Çok Mal mı Hayırlıdır

*Ey Hak yolcusu!* Allah'ı unutturmayan az mal, Allah'ı unutturan çok maldan daha hayırlıdır. Bu gerçeği şöyle de ifade edebiliriz. Allah'ı unutturan çok maldan, Allah'ı unutturmayan az mal, sahibi için daha hayırlı ve daha kârlıdır. Bir insan için felaketlerin en büyüğü kendisini yaratan yüce Rabbini unutma felaketidir.

Cenâb-ı Allah, Haşr Sûresi'nin on dokuzuncu ayetinde, Allah'ı unutmanın ne büyük bir musibet olduğunu bildirir. Bu âyet-i kerime'nin kısaca anlamı meâlen şöyledir:

***"Ey müminler! Sizler, Allah'ı unutan kimseler gibi olmayın. Çünkü Onlar, Allah'ı unuttukları için, Allah Teâlâ'da, ceza olarak onlara kendilerini unutturmuştur. Bunlar, doğru yoldan çıkan günahkârların tâ kendileridir."*** Haşr Sûresi âyet 19

*Ey dost!* âyet-i kerime'nin işâret buyurduğu gerçek şudur: Kişinin Yüce Rabbini unutması, kendi öz canını unutması demek oluyor. Çünkü Allah'ın kulu, kölesi olduğunu unutan kişi, bu dünyadaki konumunu yanlış değerlendiriyordur. Bu yanlışlık onun hayatını mahvü perişan eder ve edecektir.

Çünkü insanın bu dünyadaki asıl görevi Yüce Rabbine kulluk etmektir. Bu hakikati anlayamayan, bu gerçeği idrak edip kavrayamayan kişi, gerçek de kendisini unutmuştur. Bu da kişiyi Cehenneme sürüklemekle hayatının mahvolması anlamına gelir. Mümin kulları, Allah'ı unutmadığı gibi, Allah Teâlâ da mümin kullarını unutmaz. Bu sebeptendir ki, ***"Allah'ı unutturmayan az mal, Allah'ı unutturan çok maldan daha hayırlıdır."***

Ebud'Derdâ (r.a.)dan rivayet edildiğine göre, Nebî (Sallallâhü Aleyhi ve sellem) Efendimiz Hadîs-i Şeriflerinde buyurmuşlardır ki:

***"Hergün olmak üzere güneş doğarken iki yanında*** *(iki tarafında)* ***iki melek, insanlara nida ederek*** *(seslenerek)* ***şöyle derler"*** (Meleklerin bu seslenişini yeryüzünde yaşayan bütün canlılar işitir), yalnızca cinlerle, insanlar işitmez. (Melekler insanlara):

يَا اَيُّهَا النَّاسُ هَلُمُّوا اِلَى رَبِّكُمْ! فَاِنَّ مَاقَلَّ

وَكَفَى خَيْرٌ مِمَّا كَثُرَ وَاَلْهَى

***"Ey İnsanlar! Yüce Rabbınıza koşun. Rabbınızın ibadetlerine koşun. Size huzur veren Rabbınızın zikrine koşun.*** *(Kalbinizi dünyaya ve dünya sevgisine kaptırmayın.)* ***Ve şu gerçeği iyi bilesiniz ki, Yüce Rabbınızı unutturmayan az mal*** *(kifayetli rızık)*, ***sizi Rabbınızın ibadetlerinden alıkoyan çok maldan hayırlı ve daha iyidir."*** (Ahmed, İbn Hıbban ve Hâkim rivayet etmişlerdir.)

Taberânî'nin Ebû Ümâme (r.a.)nin rivayetinde Hadîsin şu ilâvesi vardır:

*“Hayır ile şerrin iki ayrı yol olduğu ve insanların kendilerini şer yoluna kaptırdıkları”* buyrulmuştur. Taberâni’nin rivayetinde Hadîs-i Şerifin tam metni meâlen şöyledir:

***“Ey İnsanlar! Yüce Rabbınızın tâat ve ibadetine koşunuz.*** *(Rabbınızın ibadetlerine yapışarak kalbinizi dünya ve dünya sevgisine kaptırmayın.)* ***Çünkü size huzur veren yeterli az mal, sizi ibadetlerden alıkoyan çok maldan hayırlı ve sizin için daha iyidir. Ey İnsanlar! Hayır ile şer iki yoldur. Hayır ayrı bir yol, şer de ayrı bir yoldur. Fakat sizler, kendinizi şer yoluna daha çok kaptırırsınız.”*** Yani, kötü yollara (şer yollarına) gitmeyi, iyi yollara (hayır yollarına) gitmekten daha çok seversiniz. Çünkü nefsiniz ile şeytan sizi bu şer yoluna çağırmaktadır. Siz de onlara uyup kötü yollara gitmeyi ve kendinizi dünyaya ve dünya sevgisine kaptırma yolunda adeta yarış yapmaktasınız, demek olur.

***Ey dost!*** Bu fani dünyada yetecek kadar bir rızka nail olup da halini şükür ve Cenâb-ı Hak’ka hamdederek ömrünü geçiren kişi ve kişiler, ahiret hayatında Cennet nimetleri içinde mutlulukların en doruk noktasına ermeye hak kazanacaklardır.

Enes bin Mâlik (r.a.), Hazret-i Peygamber (Aleyhisselâtü vesselâm) Efendimizin şöyle buyurduğunu rivayet etmiştir:

مَا مِنْ غَنِيٍّ وَلَا فَقِيرٍ اِلَّا وَدَّ يَوْمَ الْقِيَامَةِ اَنَّهُ

اُوتِيَ مِنَ الدُّنْيَا قُوتًا

*Manası: "**Kıyamet gününde** (Allah'ın müminlere vaad ettiği Cennet ve nimetlerini kendi gözleriyle görünce) **zengin, fakir herkes, keşke dünyada geçinebileceğimiz** (yeterli, kifayet eder) **kadarcık dünyalığımız olsaydı.**"* derler, (diyeceklerdir). (İbn-i Mâce rivayet etmiştir.)

Yani, kıyamet gününde, herşeyin apaçık ortaya çıktığı, bütün değerlerin iyilik getirdiğinin görüldüğü o kıyamet gününde, her zengin ve her fakir hasret duyacak, keşke diyecek:

***"Dünyada rızkımız geçinecek kadarcık verilmiş olsaydı"*** diyeceklerdir.

İşte bu hasret ve temenniyi zengin, fakir her kişi söyleyecektir. Çünkü kıyamet gününde herşey, bütün açıklığıyla gözler önüne serilecektir. Bütün insanlar, kendileri için yarar sağlayan kıymet ve değerleri görmüş ve anlamış olacaklardır. Bu kıymet ve değerlerden biri de, bu dünyada yetecek kadarcık rızıkla geçinmenin sağlayacağı hayır ve iyiliklerdir.

Sevgili Peygamberimiz Aleyhisselâm, kendi ailesi için dua ettiklerinde:

***"Yâ Rabbi ailemin, ev halkımın geçimini yetecek kadarcık, ver"*** diyorlardı.

Dünya malının fazlasını ve zenginlik için dua etmiyorlardı. Düşünen kimseler için bunda bir ibret dersi olmalıydı, düşünebilen kimseler bu incelikten ders almalıdır.

Ebû Hüreyre (Radıyallâhü Anh)nin rivayetine göre, Yüce peygamberimiz, kendi ailesinin (Âl-i Muhammed'in) geçimi için şöyle dua ederlerdi:

اَللَّهُمَّ اجْعَلْ رِزْقَ آلِ مُحَمَّدٍ قُوتًا

*Manası: "Allah'ım! Muhammed'in ailesinin (ev halkının) **rızkını** (geçimini) **yetecek** (geçinecek) **kadar kıl.**"* (Buharî, Müslim, Tirmizi ve İbn-i Mâce rivayet etmiştir.)

***Ey Âhiret mutluluğunu isteyen!*** Sevgili Peygamberimizin emir ve tavsiyelerindeki hikmet ve incelikleri düşün ve kendin için dengeli bir hayat tarzı seç. Okuduğun öğüt ve nasihatleri, uyarı ve tavsiyeleri yerli yerince değerlendirmeye gayret et.

Onsekiz bin alemin, kendi yüzü suyu hürmetine (O'nun hürmetine) yaratıldığı halde, bu fani dünyada sadece yetecek kadar bir rızık isteyen bir peygamber (a.s.)in, elbette Allah tarafından bildirilen nihayetsiz bilgileri bulunmaktaydı.

قُوتْ - **Kût,** kelimesinin Türkçe anlamı, ***"açlığı giderecek miktarda olan yiyecek"*** demektir. "قُوتْ - **Kût,** kelimesi Efendimizin duasının sonunda "قُوتًا - **Kûten"** şeklinde geçiyor.

Kurtubî, Efendimizin (a.s.) ***"Allah'ım! Muhammed'in ailesinin*** *(ev halkının)* ***rızkını yetecek kadarcık ver."*** duasının açıklamasında yani duanın izahında Kurtubî:

***"Allah'ım! Onlara*** *(Muhammed âline)* ***öyle bir rızık ver ki, bu rızık onları halkın eline bakma zilletine zorlamasın. Ve bolluk ile refaha*** *(genişliğe)* ***yol açacak derecede fazla da olmasın. Böyle bir geçim sahibi, rızık sahibi ne fakir, ne de zengin sayılır."*** demiştir.

Demek oluyor ki, bir kişinin kendi ailesine yetecek kadarcık geçimi bulunursa, o kişi fakir sayılmaz. Ama zengin de sayılmaz. Bu orta yol, ahiret yolculuğuna değer veren, Cennete girmeye namzet olan kişiler için en ideal bir yol olduğu işaret edilmektedir.

İbn-i Mâce'nin, Ubeydullah İbn-i Mihsan el'Ensâri'den (r.a.) rivayetine göre, Efendimiz (Aleyhisselâm) meâlen şöyle buyurmuştur:

***"Ey Müminler! Sizden herkim, vücutça sağlıklı kalben emniyette*** *(gönül huzuru içinde)* ***sabahlayıp*** *(güne ulaşıp)****da yanında gününün yetecek kadarcık geçimi*** *(rızkı)* ***da bulunursa, o kimseye sanki bütün dünya verilmiş gibidir."***

***Ey dost!*** Beden sağlığı büyük bir nimettir. Bütün kötülerden ve kötülüklerden korumak ve güvenlik içinde yaşamak, gönül huzuru içinde bulunmakta büyük bir nimettir. Bütün bunların yanında kendisi ve ev halkına yetecek kadar günlük bir nafakaya sahip olmak ise, en büyük nimetlerden biridir. İşte bu üç nimete sahip olan, bütün dünyaya sahip gibidir. Akıllı kimseler, bunu böyle bilir, böyle görür ve görmelidir. Haline şükretmeli ve âhiret nimetlerini düşünmeli, ahiret mutluluğuna kavuşabilmek ümit ve niyetiyle var gücüyle çalışmalıdır.

## Yetecek Kadar Geçimi Kanaat Etmek Mutluluktur

*Ey dost!* Ancak yetecek kadar bir rızka, geçime sahip olup da, bu az geçim maiyşetiyle kanâat edip halinden memnun olarak yaşayan ve kimsenin eline bakmayan, kendisinden üstün (zengin) olanlara meyletmeyen kanâat ehli olan kimseleri Yüce Peygamberimiz tebrik etmekte ve onlara âhiret mutluluğu ve Cennet müjdesiyle müjdelemektedir.

İmâm-ı Tirmizi'nin, Fazâle bin Übeyd (r.a.)den rivayet ettiğine göre, Hazret-i Peygamber (Sallallâhü Aleyhi ve sellem), şöyle buyurmuştur:

طُوبَى لِمَنْ هُدِىَ لِلْاِسْلَامِ وَكَانَ عَيْشُهُ كَفَافًا وَقَنَعَ بِهِ

*Manası:* ***Müjdeler olsun, ne mutlu o kimseye ki, kendisine islâm nasip olup da** (yani müslüman olma nimetine erip de)*, ***kanâat ederek az malla** (kendisine verilen az rızıkla) **geçinir.**"* Yani, bu mutlu kişi, rızkı verenin ancak ve yalnızca Allah Teâlâ olduğuna gönülden inanmıştır ve bu inançla hayatından memnûndur, gönlü huzur doludur. Çünkü rızkı veren Allah'tır, Rabbim, bugünlük rızkımı bu kadar takdir etmiştir der ve gönlünü ferah tutar vesselâm!

İmâm-ı Müslim ve Tirmizi'nin, Abdullah İbn-i Amr (r.a.)dan rivayet ettiklerine göre, Resûl-ü Ekrem (Sallallâhü Aleyhi ve sellem) buyurmuştur ki:

قَدْ اَفْلَحَ مَنْ اَسْلَمَ وَرُزِقَ كَفَافًا وَقَنَّعَهُ اللّٰهُ بِمَا اٰتَاهُ

*Manası: "**Müslüman olan ve yetecek kadar rızkı** (malı) **olan ve Allah Teâlâ'nın kendisine verdiğiyle kanâat eden kimse kurtuluşa ermiş.** (ahirette korktuklarından kurtulmuş ve umduğuna kavuşmuştur.)"*

أَفْلَحَ - Felâh bulmak, hedefine ulaşmak, kurtuluşa ermek, korktuklarından emin olmak, muradına kavuşmak anlamlarına gelir. Ahiret korkularından kurtulmak ve Cennete girmek ve muradı olan Cennet nimetlerine kavuşmak anlamına da gelir. Hadîsde bu müjdeler verilmektedir.

İslâm dinine girmek nasip olup da müslüman olmuş bir kimse, Yüce Rabbine itâat ve kulluk eden ve ev halkına yetecek kadar helâl bir rızık verilen, ihtiyacını cevap verecek bir geçimi bulunan ve bununla kanâat eden bir müminin felâh bulduğu, yani mutluluğa erdiği müjdelenmektedir. Aklı başında olan bir müslüman bu gerçekleri düşünmeli ve düşünmek zorunda olduğunu hatırından çıkarmamalıdır vesselâm!...

## Mutluluk Ölçü ve Reçetesi Şu Hadîs Olmalıdır

İbn-i Mâce, Ebû Hüreyre'den (r.a.) rivayet etmiştir. Efendimiz (Aleyhiselâtü vesselâm) şöyle buyurmuştur:

أُنْظُرُوا اِلَى مَنْ هُوَ اَسْفَلَ مِنْكُمْ

***Ey Müminler! Siz** (dünya işlerinde, dünya varlığında) **kendinizden daha aşağı** (daha yoksul) **olanların durumuna bakınız** (Onlarla kendinizi kıyaslayınız, o zaman huzur bulursunuz)."*

وَلَاتَنْظُرُوا اِلَى مَنْ هُوَ فَوْقَكُمْ

*(dünyalık, dünya varlığı bakımından)* ***sizden yukarı, sizden fazla olanlara bakmayınız.*** *(kendi durumunuzu onların durumu ile kıyaslamayınız.)"*

فَاِنَّهُ اَجْدَرُ اَنْ لَاتَزْدَرُوا نِعْمَةَ اللّٰهِ عَلَيْكُمْ

***Bu şekilde düşünmeniz üzerinizde bulunan Allah'ın nimetini küçümsememenizi sağlar, böyle hareket etmeniz daha iyidir."***

**Ey dost!** Kişi, kendisinden daha yoksul, daha fakir veya daha az zengin olanları gördüğü zaman, kendisini daha mutlu hisseder. Allah'a şükür, benim durumum bundan daha iyi der ve diyebilir. En azından kendisinde bir burukluk hissetmez. Kendisinden daha zengin durumda olanlara baktığı zaman, gönlünde bir eziklik veya kıskançlık hastalığı gibi kötü hisler meydana gelebilir.

Bu durumda Allah Teâlâ'nın kendisine verdiği nimetlerin değerini önemsemek, şükretmek şöyle dursun, Allah korusun isyan ederek günaha girebilir, kendi kendine öfkelenebilir. Bu durumda eline hiçbir şey geçmediği ve geçmeyeceği gibi, boş yere günah işler, huzuru kaçar, morali bozulur, bozulabilir.

İşte bu incelikten hareketle, Hadîsimizin üzerine koyduğumuz ara başlığımız **"Mutluluk ölçü ve reçetesi"** şeklinde ifade edilmiştir. İnsan, kendisinden üstün, yani, dünyalığı çok, malı mülkü çok, zengin ve servet sahibi olan kişiler görebilir.

Bunların durumuna ulaşmak da mümkün olmaz. Çünkü her nerede olursa olsun, kendisinden üstün, kendisinden ileride olan dünya nimetlerini elde etmiş kimseler, daima bulur ve bulacaktır. Ama kendimizden aşağı olan dünya nimetine sahip olan kimselere bakmamız bize huzur verecek ve kendi halimize şükretmemizi sağlayacaktır.

## Asıl Zenginlik Gönül Zenginliğidir

***Ey dost!*** Bu konumuzu bir Hadîs-i Şerifle bağlıyorum. Kişi, çok mal mülk ve servet sahibi olmakla gerçek zenginliğe ulaşmış olmaz. Çünkü biliriz ki, nice servet içinde yüzen aç gözlü zenginler, bir fakir kadar bile cömertlik gösteremezler de hep ağlaşırlar, hep yokluktan şikayet eder dururlar.

İşte şu Hadîs-i Şerif onlara bir tedavi reçetesi olabilir, eğer ibret dersi alabilecek bir kabiliyet ve yetenekte iseler, Efendimizin (Aleyhisselâm) bu konuda şifa bahşeden emir ve tavsiyeleri şöyledir.

İbn-i Mâce, Ebû Hüreyre (r.a.)den rivayete göre, Hz. Peygamber (a.s.):

لَيْسَ الْغِنَى عَنْ كَثْرَةِ الْعَرَضِ وَلَكِنَّ الْغِنَى غِنَى النَّفْسِ

Yani, ***"Zenginlik mal çokluğundan değildir. Asıl zenginlik*** *(insana huzur veren zenginlik)* ***nefis zenginliği-tok gözlülük ve gönül zenginliğidir."*** (Bu Hadîs-i Buhari, Müslim ve Tirmizi de rivayet etmiştir.)

***Ey ey dost!*** Övgüye layık, gıbteye lâyık ve sevilmeye lâyık yararlı olan zenginlik nefis ve gönül zenginliğidir. Malı mülkü çok, servet sahibi olup da nefis ve kalbi fakir, gözü aç gönül fakirlerini kimse sevmez. Bu zavallılar kendileri de kendi öz canını sevmeyenlerdendir.

Aç gözlülükleri, cimrilik ve pintilikleri, bitmek bilmeyen dünya hırsları, mala mülke düşkünlükleri, hem kendi öz nefislerini hem de ev halkını helâk etmiş ve edecektir. Çünkü âhirette Cehennemin en alt köşesine (Esfel-i safiline) yuvarlanacaklardır.

# ÜÇÜNCÜ BÖLÜM

## ÖLÜMÜ HATIRLAMANIN YARARLARI

بِسْمِ اللّٰهِ الرَّحْمٰنِ الرَّحِيمِ

*Ey Hak yolcusu!* Gerçek bir müslümanın başta gelen özelliği, ölümü hiçbir zaman hatırından çıkarmaması özelliğidir. Herşeyin bir ayırıcı özelliği olduğu gibi, Allah'ın rızasına mazhar olma meziyet ve özelliğine sahip olan bir müslümanın da bu yüksek meziyete ulaşmasında başta gelen ayrıcalığı ölüm denen devletliyi hiçbir an bile olsun aklından çıkarmaması ve o devletliyi her zaman hatırlaması bahtiyarlığıdır.

*Ey dost!* Bilmiş ol ki, her hâl-ü kârda ölümü hatırlamakta sevapların en büyüğü vardır. Çünkü ölümü hatırlamak, insanı dünyaya tapmaktan engel olup, alıkoyar. Dünya gösterişlerine kendisini kaptıran bir dünyaperest kişi dahi, ölümü hatırlayıp, ölümü konuşmaya başlasa, ölümü çok çok hatırladığından dolayı, ölümü anar (söyler) olur.

Yani ölüm sohbetlerinden, ölüm ile ilgili yazılmış makale ve kitap paragraflarını okumaktan zevk almaya başlar. İşte bu durumu yakalamış olan dünyaperest kişi veya kişiler bile, yavaş yavaş dünya gösterişlerinden, dünya malına olan arzu ve isteklerinden uzaklaşmaya başlar. Ölümü hatırlayıp, sohbetlerinde onu konuşan bu kimse veya kimseler, böylece dünyanın zevk ve lezzetlerinden uzaklaşmış ve kurtuluş sebeplerine sarılmış bir duruma gelirler.

Ölümü hatırlamak ve sohbetlerinde ölümden bahsetmek, kişinin dünyaya karşı olan meyline, aşırı istek ve arzusuna engel olur. Bu nedenle ölümü hatırlayıp anmak (sözünü etmek) dinimizce çok sevap ve önemlidir.

Yüce Peygamberimiz (Aleyhisselâtü vesselâm) Efendimiz, birçok emir ve tavsiyelerinde (Hadîs-i Şeriflerinde) ölüm konusunda bizleri uyarmışlardır.

İbn-i Mâce ve Tirmizi'nin Ebû Hüreyre'den rivayetlerine göre, Hazret-i Peygamber Efendimiz şöyle buyurmuştur:

اَكْثِرُوا ذِكْرَهَا ذِمِ اللَّذَّاتِ الْمَوْتِ

***Lezzetleri** (bıçak gibi) **kesen, ağızların tadını bozan ölümü çok düşünüp hatırlayın-ve onu çok anın** (söyleyin).*" ölümü çokça düşünüp anmanın fayda ve yararları neler olacak?

Efendimizin (a.s.), insanların konuyu daha iyi, anlamalarını sağlamak için olacak ki, devamla şöyle buyuruyor:

فَاِنَّهُ مَاذَكَرَهُ اَحَدٌ فِي ضِيقٍ اِلاَّ وَسَّعَهُ،

وَلاَذَكَرَهُ فِي سَعَةٍ اِلاَّ ضَيَّقَهَا عَلَيْهِ

Manası: *"Şu gerçeği (bilesiniz)* ***ki, ölümü hatırlayan kimse, darda ise gönlü ferahlar, kalbi genişler*** *(huzura kavuşur).* ***Bollukta*** *(zenginlik içinde)* ***ise, dünyaya bağlılığı azalır."*** Yani, dünyaya olan aşırı istek ve arzusunu frenler ve israftan kaçar ve zenginliğin verdiği şımarıklığı bırakır.

***Evet ey dost!*** ölümü hatırlamak hem fakirler için bir huzur ve ferahlama sebebidir. Çünkü bu fani ve geçici dünyanın derdini çekmeye, olay ve hadiselerine üzülmeye değmez. Bunlar bugün var, yarın yoktur, hepsi geçer gider. Onun için halkımız arasında bir söz vardır: ***"Efendim, üzülmeyin. Ölüm yok ya bunun ucunda."*** derler. Bu sözden de anlaşılıyor ki, dünyanın gamı da, kederi de, hatta neşesi de devamlı ve sürekli değildir. Ama ölüm, öyle mi ya! Ölümün geldiği yerde ne ağız tadı kalır, ne de mutlu yuvalar kalır. Ne düğün dernek kalır, ne de bayramlar... Bakmışsın bir anda olmuş her yer, bir matem alanı.

***Evet ey dost!*** Herkes, bilâ istisna, ölümü hatırlamalı ve ölümü sohbetlerinde bol bol anmalı ve sözlerini ölüm sözcüğü ile karıştırmalıdır. Çünkü ölümün yaşı başı yoktur. İnsana ne zaman, nerede geleceği ve ne şekilde geleceği de belli değildir. Bir at üzerinde mi, yoksa bir direksiyon başında mı yakalar bilinmez? Sonra, ölümün vakti saati de yoktur.

Birgün Hz. Ayşe validemiz, Hazret-i Peygamber Aleyhisselâm Efendimize şöyle bir sual sordu:

*"Yâ Resûlallah! Kıyamet günü şehidlerle beraber haşrolacak kimseler var mı?"* dedi. Hz. Peygamber Aleyhisselam:

***"Evet yâ Aişe! Günde yirmi defa ölümü hatırlayan ümmetlerim kıyamet günü şehitlerle beraber haşrolacaklardır."*** diye cevap vermiştir.

Evet, bir kimsenin günde yirmi defa ölümü hatırlama ve anma (söyleme) meziyetine sahip olması, kişiyi dünyanın aldatıcı süslerine yönelmesini engelleyip mani olur. Ölümü unutmak ise, insanı dünyanın aldatıcı zevklerine sürüklemeye sebep olur.

Atâ-i Horasânî'nin anlattığına göre, birgün Hazret-i Peygamber (Aleyhisselâm) Efendimiz insanların topluca oturdukları ve kahkaha atarak güldükleri bir meclise uğradı. Ve onlara:

***"Meclisinizi, sohbetinizi, lezzetleri kesen, keyifleri alt üst eden şeylerle karıştırınız."*** buyurdu. Orada bulunan kimseler:

***"Nedir o Yâ Resûlallah!"*** diye sordular. Hazret-i Peygamber (a.s.) Efendimiz:

***"اَلْمَوْتُ - Ölümdür"*** buyurdu. Resûlullah (Sallallâhü Aleyhi ve sellem) Efendimiz, yine buyurdular ki:

اَكْثِرُوا مِنْ ذِكْرِ الْمَوْتِ فَاِنَّهُ يُمَحِّصُ
الذُّنُوبَ وَيُذَهِّدُ فِى الدُّنْيَا

*Manası: "Ey Ümmetim! Ölümü çok hatırlayın. Çünkü ölümü hatırlamak, insanı günahlardan korur ve dünyaya aldanmaktan yüz çevirttirir."* (İ. Ebid'Dünya rivayet etmiştir.)

Evet, dünyaya yakasını kaptıran kişiler, ölümü akıllarına getire getire dünya keyiflerinden paçayı kurtarabilirler. Dünyanın gösterişlerinden paçayı kurtarmak ise, insana günahlardan da uzak durmayı sağlar.

Yine birgün, Hazret-i Peygamber (Aleyhisselâtü vesselâm) Efendimiz, mescide çıkmışlardı. Orada bazı kimselerin konuştuklarını ve gülüşmelerine şahit olmuştu. Bu durumu görünce onlara nasihat ederek ikazda bulundu:

***"Ölümü hatırlayın ve onu çok anın** (onu konuşun) **ve iyi biliniz ki, nefsimi kudret elinde bulunduran Allah'a yemin ederim ki, benim bildiğimi siz bilseydiniz, az güler, çok ağlardınız."*** buyurdu. (İ. Ebid'Dünya, İbn-i Ömer'den rivayet etmiştir.)

Bir defasında Sevgili Peygamberimizin huzurunda bir adamı iyilik sever, ibadet ehli gibi, sözlerle övgüde bulundular. Yüce Peygamberimiz adam hakkındaki bu övgüleri işitince, övgü yapan arkadaşlarına sordu:

***"— Bu** (övdüğünüz) **adamın ölümü anması nasıldır?"*** Övgü yağdıranlar:

***"— Ölümü andığını** (ölümden söz ettiğini) **hiç görmedik, hatırlamıyoruz."*** dediler.

Bunun üzerine Yüce Peygamberimiz (a.s.)

***"— O halde adamın bir değeri yoktur"*** buyurdular.

Selh bin Sa'dıs' Saidi (r.a.), anlatıyor, Ashab'dan bir kişi ölmüştü. Ashab ölen kimsenin iyiliklerinin ve ibadetlerinin çokluğunu anlatıp adama övgüler yağdırıyordu. Resûlullah (s.a.v.) Efendimiz de orada bulunuyor ve konuşmuyordu. Övgülü sözler söyleyen adamlar susunca, Efendimiz (Aleyhisselâm):

هَلْ كَانَ يُكْثِرُ ذِكْرَ الْمَوْتِ

"— ***Ölümü çok anar mıydı?"*** diye sordu. Onlar da:

"— ***Hayır, ölümden söz ederek andığını görmedik"*** dediler, Resûlullah (a.s.):

فَمَنْ كَانَ يَدَعُ كَثِيرًا مِمَّا يَشْتَهِي

"— ***Nefsinin istediği** (canının çektiği)* ***şeylerin çoğunu terkedebilir miydi?"*** dedi.

Adamı öven kimseler, yine cevap olarak:

"— ***Hayır, canının çektiği şeyleri terkettiğini görmedik de, duymadık da."*** dediler. Bu cevapları üzerine Sevgili Peygamberimiz (a.s.)

مَا بَلَغَ صَاحِبُكُمْ كَثِيرًا مِمَّا تَذْهَبُونَ اِلَيْهِ

"— ***O halde arkadaşınız anlattığınız övgüye lâyık olmadı.*** *(Yani anlattığınız kadar bir değer taşımamaktadır)"* buyurdular.

***Evet, ey dost!*** Sevgili Peygamberimizin verdiğimiz bu örneklerin, daha birçoğunu buraya almadık. Çünkü değişik zamanlarda, değişik meclislerde dile getirilen, anlattığımıza benzeyen örnekler bulunmaktadır.

Hazret-i Peygamber (Aleyhissâlatü vesselâm) Efendimizin bu emir ve tavsiyelerinin ışığı altında kavrıyor ve anlıyoruz ki, bir müslüman, kendi başına olduğu zamanlarda ölümü hatırlaması ve bulunduğu sohbetlerde sözlerini ölüm sözcüğü ile karıştırıp anması, onun manevi değerini arttırıyor.

Bir de, kendi öz canının çektiği, nefsinin arzu ettiği şeyi veya şeyleri terkedebilmek gerekmektedir. Hazret-i Peygamber Efendimizin ikinci değer ölçüsü de bu idi.

1. Ölümü hatırlayıp onu konuşup dinlemekten keyif almak.

2. Nefsinin istediği, sevdiği ve canının çektiği birşeyi isteyerek terkedebilmek ve terketmek. Sevdiği birşeyi kendi tercihiyle bırakıp, başkasına verebilmek ve vermek. Bunlar değer ölçüleridir. Tabii olarak bu ölçüde niyyet ve maksat, **"Allah rızası"** olacaktır. Pekiştirmek için bunu da söyleyelim.

İmam-ı Beyhekî'nin Ebû Zerr'den rivayetine göre, Ebû Zerr (r.a.) demiştir ki, "birgün, Resûlullah (sallallâhü Aleyhi ve selleme):

***"— Yâ Resûlallah! Mûsa** (Aleyhisselâma) **inen kitap** (Tevrat)**ta neler yazılıydı?"*** diye sordum. Resûl-ü Ekrem (s.a.v.), şöyle cevap verdi:

***"— İbret dersi verici ve insanları uyarıcı sözler** (öğütler) **vardı.***

Örneğin:

***"Ölümün mutlaka geleceğine inanıp, sonra da sevinip şımaran kimseye** (kimselere) **hayret ettim** (onun bu haline şaşırdım). **Cehennem ateşinin varlığına inanıp da gülüp oynayan kimseye hayret ettim** (onun bu durumuna şaştım kaldım). **Kadere** (alın yazısına) **iman edip, sonra da kendisini telaşa sokan kimseye hayret ettim. Dünyanın fani** (geçici) **olduğunu bilip, sonra da ona bağlanan ve kalbini ona** (dünyanın gösterişlerine-mala mülke) **kaptıran kimseye** (kimselere) **hayret ettim. Kıyamet gününde çetin hesabın olduğuna inanıp, sonra da âhiret için gerekli olan salih amelleri** (amel-i salih) **işlemeyen kimseye hayret ettim** (onun bu haline şaşırıp kaldım)."* (İbn-i Hibban Sahihinde rivayet etmiştir.)

Ebû Said-il, Hudrî (r.a.) şöyle anlatmıştır. Birgün Hazret-i Peygamber (Aleyhissâlatü vesselâm) Efendimiz mescide gelmişti. Orada bazı kimselerin yüksek sesle güldüklerini gördü. Hemen onlara hitaben şöyle buyurdu:

*"**— Ne bu haliniz?** Eğer ağızların tadını bozan ve yok eden ölümü çok düşünüp hatırlayabilseydiniz, sizi bu halde görmezdim.*

فَاَكْثِرُوا ذِكْرَ هَاذِمِ اللَّذَّاتِ الْمَوْتِ...

***Lezzetleri silen-ümitleri kıran ölümü çok düşünün. Çünkü kabir, muhakkak bir şekilde aralıksız olarak hergün şu sözleri kesinlikle tekrarlamaktadır:***

اَنَا بَيْتُ الْغُرْبَةِ – ***Ben gurbet eviyim, ayrılık ve hasret eviyim.***

وَاَنَا بَيْتُ الْوَحْدَةِ - *Ben yalnızlık eviyim, bana gelen tek başına yalnız gelir.*

وَاَنَا بَيْتُ التُّرَابِ - *Ben toprak eviyim, bana gelenleri (çürütüp) toprak ederim.*

وَاَنَا بَيْتُ الدُّودِ - *Ben kurtlar ve böcekler eviyim, bana giren cesetler, kurtlanır, böceklenir ve kurtlara, böceklere yem olur."* (Beyhekî ve Tirmizi rivayet etmiştir.)

*Evet ey dost!* Ölümü düşünürken işte bu gerçekleri de düşünmelidir. Yoksa bazı gevezelerin ve kendini bilmezlerin *"Efendim, biz de öleceğiz"* deyip de ölümü hafife alanların durumunda olmamalıdır.

Evinde pırıl pırıl ütülü çarşaflar içinde saltanatlı karyolalarda yatan gafillerin birkaç metre beyaz kefenlere sarılmış ve kara toprakların altına yatırıldığını düşünmeli ve kendisininde pek yakında, belki yarın, belki yarından da yakın, aynı şekilde kara toprağa gireceğini düşünmelidir. Burada tek başına, yalnız kalacağını ve kurtlara ve böceklere yem olacağını düşünmelidir. İş bununla da kalmıyor, azap melekleri tarafından azap edileceğini düşünmelidir.

Hz. Ayşe (r.a.) validemizden Tabarânî şöyle rivayet etmiştir. Hazret-i Peygamber (a.s.) Efendimiz, minberinde bulunuyordu ve etrafındaki cemaate hitaben şöyle buyurdu:

*"— Ey insanlar! Allahü Teâlâ'dan gerçekten haya edin"* dedi. Oradaki cemaatin içinden biri, Resûlullah'a sorarak:

*"— Yâ Resûlallah! Biz zaten Allah'tan haya ediyoruz."* dedi. Hazret-i Peygamber (Sallallâhü Teâlâ Aleyhi ve sellem) Efendimiz:

***"— O halde sizden kim, Allah'tan gereği gibi, haya ediyorsa, hiçbir gece, ölümü gözünün önünde bulunuyormuş gibi, görmeden yatmasın. Karnına haram lokma koymasın. Zinadan** (namussuzluktan yılandan sakınır gibi)* ***sakınsın** (korunsun).* ***Dilini, gözünü ve kulağını haramdan korusun.** (Bunlardan öyle bir korunsun ve sakınsın ki)* ***ölümü ve öldükten sonra** (bunlardan sebep başına gelecek korkunç ceza ve azapları)* ***ve çürüyüp toprak olacağını düşünsün, düşünsün de** ولْيَتْرُكْ زينة الدنيا* ***dünyanın zinetine, dünyanın aldatıcı ve geçici gösterişlerine âlâyış ve saltanatına aldanmasın."***

***Ey Âhiret yolcusu!*** Ölümden sonraki başlayacak olan hayatta rahat etmek istiyorsan, aklını başına alman gerekiyor. Çünkü âhiret hayatını isteyen, mutlaka dünya zinetini terketmelidir.

İşte Allah Teâlâ'dan gereği gibi haya etmenin ölçüsü ve yolu budur. Kendi hayır ve şerrini ayırabilen, kendi kâr ve zararını bilebilen akıllı isanlar, bu gerçekleri düşünmek zorundadır. Efendimizin (a.s.) akıllı insanın tarifinde de bu ölçüler vardır.

Abdullah bin Ömer (r.a.) şöyle anlatmıştır. Resûlullah (Sallallâhü Teâlâ Aleyhi ve sellem) Efendimize gitmiştim, yanımda dokuz kişi daha vardı. Yani benimle on kişilik bir gruptuk. İçimizden Ensar'dan (Medine'li) biri, Hazret-i Peygamber (Aleyhisselâm) Efendimize:

*"— Yâ Resûlallah! İnsanların en akıllısı ve en keremlisi kimdir?"* diye sordu. Resûlullah (Aleyhisselâtü vesselâm) Efendimiz:

اَكْثَرُهُمْ ذِكْرًا لِلْمَوْتِ...

*Ölümü en çok hatırlayan ve ölümü en çok düşünendir. İşte en akıllı kimseler bunlardır."* buyurdu. (İbn-i Mâce rivayet etmiştir.)

Evet, akıllı insanlar, boş kuruntulardan uzak dururlar. Onlar gerçeği anlamada gecikmezler.

Ölümü hatırlamak ve onu düşünmek ise, insanın boş kuruntusunu önler ve kişiyi adeta ölüm vaktini hazır bekletir.

Çünkü akıllı kimseler bilir ki, ölümün belli bir kişisi yoktur. Kimin daha önce öleceğini hiçbir kişi bilmemektedir. Bu gerçekten dolayıdır ki, aklı başında olan yiğitler hep bu gerçekleri göz önünde bulundururlar.

## Ölümü Hatırlama Konusunda İslâm Büyüklerinin Sözleri

Hasan-ı Basrî Hazretleri, ölüm hakkında şöyle derdi: *"Ölüm, dünyanın bütün kötülüklerini (geçiciliğini vefasızlığını ve yaramazlığını) ortaya çıkardı da akıl sahipleri için dünyalık hususunda sevinç namına hiçbir şey bırakmadı"* buyurdu.

*Evet ey dost!* Ölüm geldiği zaman, dünyalıkların hepsi ağız birliği yaparak seni yalnız başına bırakırlar. Bundan daha büyük kötülük olur mu?

Gece gündüz demeyip çalışıp topladığın malın, servetin, canından daha çok sevdiğin eşin, çocukların hepsi, seni tek başına toprağa gömerler. Sana birkaç metrelik bez parçasından (kefenden) başka hiçbir şey vermezler.

Halbuki sen, gece gündüz demeyip topladığın servetleri onlar, aralarında bölüşürler. Bir de üstelik az görerek aralarında kavga ederler, sana kötü kötü sözler söylerler. Hiçbirisi gelip kabirde sana arkadaşlık etmezler. Halbuki sen dünyada onları hiç yalnız bırakmazdın. Oysa onlar, seni yalnız bıraktılar.

Demek ki, ölüm, dünyanın bütün kötülüklerini ortaya çıkarmıştır. İşte bu durumu gören akıl sahipleri dünya namına her ne varsa artık sevinemiyorlar. Çünkü bu dostlarının başına gelen onların da başına gelecektir. Evet işte bunun için kendilerinde dünya adına hiçbir sevinç kalmamıştır. Bu da akıllı adamlar içindir. Ahmak adamlar zaten bundan bir ibret dersi alamazlar.

**Hasan-ı Basrî Hazretleri,** yine buyurmuştur ki,

***"Aklı başında olan kişilerin hepsi ölümden korkar ve onun için üzüntü duyarlar."*** demiştir.

Çünkü ölüm nasıl gelecek, ölümden sonra başlayacak olan bölümler ki, ilki kabirdir, hesap kitap vardır, bunlar nasıl geçecek? Bunlardan aklı başında olan kişiler için üzülmemek mümkün mü? Elbetteki, mümkün değildir. Bunu her müslüman, en üst dereceli, ermiş kişilerden tutun da en alt tabakadaki kişilere kadar herkes düşünmektedir ve düşünmek zorundadır da.

**İbn-i Mutî Hazretleri,** birgün evine keyifle baktı ve evi çok çok hoşuna gitti. Bu keyifli bakışından sonra da şöyle dedi:

"— ***Vallahi ey evim! Ölüm olmasaydı seninle sevinir, keyiflenirdim. Eğer o dar kabre girmeyecek olsaydım, şu dünyalıklardan hoşlanır keyif alırdım. Fakat şimdi bunların hepsi boş şeylerdir. Çünkü ölüm ve kabir vardır, sorgu-sual vardır, Cehennem var, azap vardır***" diyerek yüksek sesle ağlamaya başlarmış!..

**Ömer bin Abdül'Aziz,** bir dostuna şöyle öğütte bulunmuştur:

"— ***Ölümü hiç aklından çıkarma, onu çok düşünüp çok hatırla. Çünkü onu hatırladığında bolluk (zenginlik) içinde olsan sana darlık verir*** *(yani, servet ve bolluk içindeyim diye seni şımartmaz. Dünya malı dünyada kalır, diye düşünürsün ve böylece de şımarmamış olursun)*. ***Şayet maiyşet yönünden darda olsan, ölümü hatırlaman sana genişlik*** *(gönül ferahlığı)* ***verir. Yani, bu ölümlü dünyanın ne varlığı, ne de yokluğu Allah'ı gerçekten seven insanlar için müsavidir-eşittir. Çünkü fanidir, geçici ve ölümlüdür.***" demek istemiştir.

# DÖRDÜNCÜ BÖLÜM

## ÖLÜME HAZIRLANMAK

İbn-i Mâce'nin Berâ (Radıyallâhü Anh)dan rivayet ettiğine, göre Râvi demiştir ki, bir cenazenin dini töreninde Resûlullah (Sallallâhü Aleyhi ve sellem) Efendimizle beraber bulunuyorduk. Resûlullah (a.s.) Efendimiz, kabrin kenarına oturdu ve ağladı. O kadar ağladı ki, mübarek gözyaşları yere damladıkça toprak ıslandı. Sonra da orada bulunanlara:

يَا اِخْوَانِى لِمِثْلِ هٰذَا فَاَعِدُّوا

***Kardeşlerim! Kendinizi burası için, böyle birgüne, ölüm için hazırlayın."*** buyurdu. Yani, kendinizi kabirle başlayacak olan âhiret için-ölüm için hazırlayın, hazırlamalısınız demek olur.

***Evet ey dost!*** İnsan kendisini ölüme hazırlamalıdır. Çünkü ölümün, zamanı yoktur, yaşı başı da yok, vakti saati de yoktur. Tabii ki, genci ihtiyarı da yok. Öyle ise, ölüme hazırlanmak, kabir hayatına da hazırlanman demektir. Ölüm ve kabir hayatına hazır olmak âhiret hayatına da hazır olmak demek olur. Kabir ve âhiret hayatının hazırlığı, yani azığı dünyada yapılır. Dünya, çalışma ve hazırlık yapma, amel yeridir, âhiret de çalıştığının karşılığını alma ve bulma yeridir. Bunun içindir ki, dünya hayatında ölüme hazırlıklı bulunmak akıllı kişilerin işidir. Bu konuda gaflet olunmaya.

## Dünyada Yoldan Geçen Bir Yolcu Gibi Olmak

Buhari, Tirmizi ve İbn-i Mâce'nin Abdullah bin Ömer (r.a.)den rivayetlerine göre, İbn-i Ömer (r.a.) şöyle anlatmıştır: Resûlullah (Sallallâhü aleyhi ve sellem), iki omuzumu tutarak buyurdular ki:

يَا عَبْدَاللهِ! كُنْ فِى الدُّنْيَا كَاَنَّكَ غَرِيبٌ
اَوْ عَابِرُ سَبِيلٍ وَعُدَّ نَفْسَكَ مِنْ اَهْلِ الْقُبُورِ

*Manası:* ***"Ey Abdullah! Sen, dünyada*** *(vatanından, memleketinden uzak)* ***bir yabancı*** *(gurbetçi)* ***gibi, veyahut yoldan geçen bir*** *(yolcuymuşsun)* ***gibi ol ve kendini kabirlerdeki kimseler*** *(ölüler)****den say."*** وَقَالَ لِى ***Ve devamla bana dediler ki:***

يَا ابْنَ عُمَرَ! اِذَا اَصْبَحْتَ فَلَا تُحَدِّثْ نَفْسَكَ بِالْمَسَاءِ
وَاِذَا اَمْسَيْتَ فَلَا تُحَدِّثْ نَفْسَكَ بِالصَّبَاحِ وَخُذْ مِنْ
صِحَّتِكَ قَبْلَ سَقَمِكَ وَمِنْ حَيَاتِكَ قَبْلَ مَوْتِكَ

فَاِنَّكَ لَاتَدْرِى يَاعَبْدَاللّٰهِ مَا اسْمُكَ غَدًا

*Manası: "Ey Ömer'in oğlu! **Sabaha çıktığın zaman, akşama çıkacağını düşünme. Akşama ulaştığın zamanda da sabaha çıkacağını düşünme. Hasta olmadan önce sıhhat ve sağlığının değerini bil. Ölümden önce de hayatının kıymet ve değerini bil, âhiretine hazırlan. Çünkü ey Abdullah! Yarın** (ahirette) **isminin ne olacağını bilemezsin."***

**Açıklama:** Abdullah bin Ömer (Radıyallahü Anh)in rivayet ettiği bu Hadîs-i Şerifin birkaç cümlesini açıklama getirmemiz gerekiyor sanırım.

Çünkü kitabımızı okuyan ve okuyacak olan değerli okurlarımızın konuyla ilgili birikimleri aynı olmayıp farklı olabilir. Yani kimi okuyucularımız, konuyu önceden vakıf olabildiği gibi, kimi okurlarımız da ilk defa böyle bir konuyu okumuş olabilir. Hadîs-i Şerifde temsiller, benzetmeler bulunmaktadır. Efendimiz Aleyhisselâm, ünlü sahabi ve aynı zamanda kayınbiraderi olan Ömer oğlu Abdullah'a hitaben:

*"— **Ey Abdullah! Sen dünyada bir garip** (gurbete çıkmış bir kişi) **veya** (yola çıkmış) **bir yolcu gibi ol."*** buyurmuştur.

İşte bu teşbih ve benzetmeler ile ilgili bir kaç cümle ilâve ederek konuyu kavramaya gayret etmemiz gerekiyor.

غريب - **Garib:** Evinden, köyünden ayrılıp azık elde etmek (ailesini geçindirebilecek kadar para kazanmak) için diyar-ı gurbete giden adam.

**Garib,** aynı zamanda vatanından, memleketinden uzaklara gitmiş olan bir yabancı, bir gurbetçi anlamını taşır.

عَابِرِ سَبِيلٍ - **Yoldan geçen bir yolcu:** Yola çıkmış, sefere çıkmış, hareket halinde olan kimse demektir.

Yolcu olan kimse yolculuğu sırasında, bir yerde mola verse, keyiflenmek için mola vermiş değildir. Belki verdiği mola, yolculuğuna, devam edebilmek için biraz dinlenmek ve aynı zamanda yolculuğu sırasında kendisine lâzım ve gerekli olan ihtiyaçlarını almak ve eksiklerini tamamlamak için konaklamış kişi demek anlamına gelir.

Yolculuğa çıkan adam, üzerine fazla yük almaz, ancak seferde, yolculuğunda kendisine lâzım ve gerekli olacak kadar azık ve eşya alır. Lükse ve konfora kaçan ve kendisine gerekmeyecek hiçbir eşyayı alıp da boş yere yorgunluk çekmez.

*Ey dost!* İşte bu temsil ve teşbihleri (benzetmeleri) kavramalıyız. Bunları anlayabilirsek, konuyu anlamış ve gereği gibi de kavramış oluruz.

Gurbete giden akıllı ve doğru yolda olan bir gurbetçi, bir an evvel kendisine lâzım ve gerekli olan şeyleri kazanıp ve kazancını çoğaltarak ve işinde doğru dürüst çalışarak kâr ve kazancını kendi anayurdu olan, döneceği asıl vatanına gönderme yollarını hazırlanır.

Kendi gurbetçiliğini unutup da, kendi vatanında, kendi memleketinde olan yerli kimselerin uğraştığı bağ bahçe yapmak, ev bark, binalar inşa edip kurmak gibi, şeylerle uğraşıp zaman kaybetmez, gücünü, emeğini böyle kendisine yaramayacak şeylerle tüketmez. Gurbetçi kişinin akıllısı, bir an evvel gücünü, kuvvetini ve alın teri olan emeğini derleyip toplayarak asıl vatanı olan, ailesinin yaşadığı kendi memleketine dönmek için, azık biriktirmek ve kârını, kazancını çoğaltma yollarını elde ederek asıl memletine elleri dolu dolu dönmektir.

**Yolcu için de durum böyledir:** Aklı başında ve ne yaptığını bilen bilinç sahibi bir yolcu da, yolculuğu esnasında kendisine gerekmeyecek yükleri ve kendisine lâzım olmayacak eşyaları üzerine ve arkasına yüklenip de boş ve gereksiz yere yorulmaz. Ancak ve yalnızca yolculuğu esnasında ve yolculuğu devam edeceği sürece lâzım ve gerekli olacak azık ve yükünü arkasına yüklenir ve yoluna devam ederek menzil-i maksûduna (gideceği yere) ulaşır. Aklı başında olan bir yolcunun yapacağı en doğru hareket budur.

Yolculuğa çıkan bir yolcunun durumu, gurbette bulunan bir gurbetçinin durumundan daha da sıkıntılı ve korkuludur. Issız çöllerde ve tehlike dolu derelerden ve tepelerden geçen yollarda tek başına olduğu düşünülürse, korku ve kabusun ne boyutlarda olduğu anlaşılabilir.

Mal ve can güvenliğinin nedenli tehlikede olduğu düşünülebilir. Bu kâbuslar içinde yolculuk yapan bir kişi, bu geçtiği tehlikeli yollarda yatıp uyumaz. Hatta yatıp uyumayı ve dolayısıyla dinlenmeyi aklının ucundan bile geçirmez. Onun tek amacı, varacağı yere bir an evvel varmaktır. Bunun içinde gece gündüz demeden, dere tepe demeden yorgun argın yürümektir.

Yolcu, karşılaştığı zorluklara, meşakkatlere aldırmadan asıl memleketine, baba yurduna, aile ocağına selametle ulaşmak özlemindedir. Her yolcu böyle düşünmek zorundadır. Tersini düşünmek, geçtiği yollarda kurda kuşa yem olmak ve helak olup gitmek vardır.

*Ey Âhiret yolcusu!* Efendimizin (Aleyhisselâm) değerli sahabisi ve kayınbiraderi olan Abdullah'a (r.a.) **"bir garip ya da yolcu gibi ol."** tavsiyesi şu demek oluyor: ***"Dünyaya bağlanma, dünyada temelli kalacak değilsin. Ölümden sonrası hayatın için hazırlan. Çünkü senin asıl ve temelli olan yurdun âhiret yurdudur. Sen orası için azık hazırla. Yani ibadetlerini yerli yerince yaparak âhiret yolculuğu için azık çoğaltmaya bak."***

İmâm-ı Nevevî Hazretleri Hadîs-i Şerifi şöyle yorumlamıştır:

*"Dünyaya bağlanıp dayanma. Ona devamlı kalacağın bir vatan gözüyle bakarak aldanıpta âhiretini harap etme. Sakın olaki, dünyada bâki kalacağın gibi bir tutum içine girme. Gurbetçinin, yolcunun, kendisine lâzım ve gerekli olmayan şeylere bağlanmadığı gibi, sen de dünyaya bağlanma, ancak âhirete götürebileceğin amellerle meşgul ol, seninle âhirete gelecek olan kendine lâzım olan işleri yapmaya çalış."*

Hadîs-i şerifi şöyle yorumlayanlar da olmuştur:

***"Kulun dünyadaki durumu, göreve gönderilmiş bir kimse gibidir. Efendisi tarafından bir işi bitirmek ve bir vazifeyi görmek üzere yabancı bir yere gönderilmiş bir kişi de diyebiliriz. Bu kişiye düşen vazife, kendisine verilen hizmeti bir an evvel görüp asıl yeri-***

***ne dönmektir. Kendisini ilgilendirmeyen, kendisine verilen hizmet dışında bir şeylere bağlanıp kalmaz. Kalırsa mahvolur, helak olur, zarar görür."***

İşte bir mümin için de durum böyledir. Mümin bir kul, asıl vatanı olan âhireti düşünmelidir. Allah'a kulluk ve ibadet hizmetini ifa için geldiği bu dünyada, bu asıl görev ve hizmetin dışına çıkarak dünyaya bağlanıp kalmamalıdır. Ölümle geri döneceği asıl vatanı olan âhireti hiç gönlünden çıkarmamalıdır. Bu dünyada kalacağı süreyi düşünüp dünya için çalışmalı, âhirette kalacağı devamlılık süresini de düşünerek âhiret için hazırlanıp, âhiret azığı biriktirmeye çalışmalıdır.

Ve Hadîs-i Şerifin devamında:

وَعُدَّ نَفْسَكَ مِنْ اَهْلِ الْقُبُورِ

***"Sen kendini kabir ehlinden say.*** *(Çünkü ölüm, insana çok yakındır.)"* İnsanın kendisini kabirlerde bulunan ölülerden biri olarak düşünüp kabul etmesi, dünya zinetlerini, dünya gösterişlerini önemsemeden ve kendisini onlara kaptırmadan âhiret için çalışmasını, ibadetlerinde tembellik etmemesini sağlar. Zaten hadisimizin râvisi devamla anlatıyor: Resûlullâh (a.s.) bana dediler ki:

***"— Ey Ömer'in oğlu*** *(Abdullah)*! ***Sabaha çıktığın zaman, akşama çıkacağından sözetme*** *(akşama ulaşırım diye düşünme)*. ***Akşama ulaştığında da, sabaha çıkacağını düşünme*** *(Yani kendi kendine sabaha çıkacağım diye ümid verme)*. ***Hasta olmadan önce, sıhhat ve sağlığının değerini, kıymetini bil. Ölüm gelmeden,***

*ölümünden önce de hayatının kıymet ve değerini bil, âhiretine hazırlan. Çünkü ey Abdullah! Yarın (ahirette) isminin ne olacağını bilemezsin."*

Hadîs-i Şerifin son kısmındaki cümleleri de birkaç kelime ile açıklayalım:

1. **Sabaha çıkınca akşamı beklememek:** Efendimizin bu tavsiyeleri bir mümin için, âhiret hayatının önemini kavrayan bir kul için çok çok önemlidir. Çünkü akıllı bir mümin kişi, sağ salim sabaha ulaşınca, akşamı beklemez. Akşamı beklemek, akşamı gözetlemek şöyle dursun, bir saat sonra başına neler geleceğini bilemez.

Öyle ise, her saatin işini saatinde yapmak gerekmektedir. Akşama ulaşınca da sabahı beklemez. Sağ salim akşama ulaşan kişi yarını (sabahı) beklemez. Beklememesi akıllı bir kişi olduğunun belgesidir. Çünkü bu zaman ve vakitlerin kendisine göre, yapılması gereken ibadetleri, Allah'a olan kulluk vazifeleri vardır. Akıllı mümin bunları yerli yerince eksiksiz olarak yapar ve yapmak zorundadır. Zira sabahtan akşama veya akşamdan sabaha çıkacağına garanti eden herhangi bir belgesi elinde bulunmamaktadır.

Durum böyle olunca bu güzelim öğütleri uygulamak kendi mutluluğuna ulaşması yoludur. Kişinin âhiret azığı toplaması yönünden vakit ve zamanların çok çok önemi vardır.

Nasıl ki, dünya işlerinde **"bugünün işini yarına bırakmak"** kârlı ve kazançlı değilse, âhiret azığı olan ibadetlerimizi ve dini görevlerimizi de, saati saatinde yapmak, ancak ve ancak akıllı bir kul, kazançlı bir mümin olduğumuzun belgelerini göstermektedir. Çünkü ecelin (ölüm anının) akşamı sabahı yoktur, vakti saati yoktur, düşüncesinde olmak büyük bir kazançtır.

**2. Hastalanmadan önce sıhhat ve sağlığın önemi:** Kişinin, hastalanmadan önce, sağlığının kıymet ve değerini bilmesi akıllı bir kişi olduğunun belgesidir. Çünkü, sağlıklı olduğu zamanlarda, hastalıklı günlerinin geleceğini düşünerek hazırlık yapması gerekmektedir. Bu söz, şu demektir:

*"Sağlığın yerinde iken, ölümden sonra, sana gelecek olan âhiret yolculuğunda kendi canına fayda ve yararı olacak ameller işle, sıhhatli iken hayırlı ve sevaplı işler yapmada acele et, bu gibi hayırlı işleri başka zaman yaparım, akşama yaparım, sabaha yaparım diye geciktirme, elinde bulunan fırsatı hayırlı ameller yapma yolunda hemen değerlendirmelisin. Zira aniden bir hastalık gelebilir, elinden sıhhatin, gücün kuvvetin gidebilir ve hayırlı, sevaplı, salih ameller yapamaz bir duruma düşmüş olursun. Sonra da bu,* ***"Sonra yaparım"*** *hayal ve kuruntusu ile âhirete azıksız gitmen anlamına gelir."* demek olur.

Evet, hastalık, insanın ibadetlerine engel olur. Kişi sağlığında yaptığı şekilde rahat ve sağlıklı ibadet yapamaz. Dolayısıyla âhiret azığı olan ibadetlerinde eksiklik ve azlık olur. Halbuki âhiret hayatı çok çok uzun bir hayat, uzun bir yolculuktur. Uzun süren, yolculuğun ve uzun sürecek olan hayatın azığının da çok çok fazla olması gerekir. Bu kısa dünya hayatında bu azığın kazanılması gerekmektedir. Hastalıklar ise, buna mani ve engel olmaktadır. İşte bu incelikten dolayı, mümin bir kul, sağlığın kıymetini hastalanmadan önce bilmesi ve değerlendirmesi gerekiyor, demektir.

3. **Ölümden önce hayatın kıymetini, değerini bilmek:** Bir kimse, kendisine ölüm gelmeden önce, hayatından istifade etmeli, hayatının değerini bilerek ondan yararlanmalı, onda faydalar, menfaatler elde etmeli, âhiret ambarlarını azıkla doldurmalı, elleri dolu dolu olarak âhiret yolcuğuna çıkmalıdır. Dünya, çalışma ve kazanma, bol bol azık (yiyecek-yolluk) toplama ve biriktirme yeridir. İnsan ölünce, çalışma-amel, kazanç kâr yolları kesilmiştir. Ölümle kişinin, amel kapıları kapanmıştır. Artık onun amel defterine ne hayır, ne de şer, ne iyilik, ne de kötülük yazılır. Hiçbir şey yazılmaz. Dünya, amel (iş) yeri, çalışma yeridir. Âhiret ise, hesap, kitap, sorgu sual yeridir. Her insan bu dünyada yaptıklarının hesabını verecektir. Yüce Peygamberimiz (sallallâhü Aleyhi ve sellem) Efendimiz Hadîs-i Şeriflerinde (meâlen) şöyle buyurmuştur:

***"Ademoğlu** (yani insan) **üç şey kendisinden sorulmadıkça kıyamet gününde ayağını bile oynatamaz** (yani bir adım bile atamaz):*

1. ***Ömründen sorulur ki,** ömrünü nerede ve nasıl geçirdin?*

2. ***Gençliğinden sorulur ki,** gençliğini nerede ve nasıl yıpratıp çürüttün?*

3. ***Malından sorulur ki,** malını nereden ve nasıl kazandın, nereye ve nasıl harcadın?* Bu Hadîs-i Şerifin Arapça metnini ilerleyen sayfalarımızda vereceğiz.

Hazret-i İsa (Aleyhisselâm), *"Malda sahibi için üç musibet vardır."* buyurmuştur. Yanında bulunanlar, Hazret-i İsa (Aleyhisselâm)dan sormuşlar:

*"Kişinin malında bulunan bu üç musibet nedir?* demişler.

Hazret-i İsa (Aleyhisselâm):

1. *"Kişi malını helâlden kazanmamıştır."* buyurdu. Mecliste bulunanlar:

— *Kişi malı helâlden kazanırsa veyahut kazanmışsa?* dediler.

Hazret-i İsa (Aleyhisselâm) devamla şöyle buyurdu:

2. *"Haksız yerlere harcarlar"* dedi. Bunun üzerine orada bulunan kişiler şöyle bir soru daha sordular:

— *Ey Allah'ın Peygamberi! Kişi malını ya yerine harcarsa, ne mahzuru olabilir?* dediler. Hazret-i İsa (Aleyhisselâm):

3. *"Allah'a kulluktan alıkoyar, kişiyi Yüce Rabbine ibadet etmekten engeller, yapacağı ibadetlere mani olur"* buyurdu.

*Evet ey dost!* Konumuzu dağıtmayalım derim. İnsana verilen her nimetin hesabı kendisinden sorulacaktır. Bu nimetler, ömür nimeti olabilir, gençlik nimeti olabilir, sağlık nimeti olabilir, mal mülk, servet nimeti olabilir, ilim, teknik, sanat nimeti olabilir, evladü ıyâl, çoluk çocuk nimeti olabilir...

Akl-ı selim sahibi kişiler, şu fani (ölümlü ve geçici) dünyada sahip olduğu nimetlerin kadr-ü kıymetini bilirler ve onları gerektiği şekillerde ve gerektiği gibi kullanırsa, âhiret yurdunda da, güzel güzel harcamaya hak kazanırlar inşaallah!...

*Ey Âhiret yolcusu!* Hadîs-i Şerifimizi rivayet eden Abdullah bin Ömer'den birkaç cümle ile söz etmek istiyorum. Resûlullâh'ın (a.s.) bu zatin (Abdullah'ın) iki omuzundan tutup Hadîs-i Şerifimizde okuduğumuz tavsiyeleri kendisine (Abdullah'a) yapmasındaki incelik neye dayanıyordu? İşte bu incelikten dolayı **Ömer'in oğlu Abdullah'ı** (Abdullah bin Ömer'i) birkaç cümle ile de olsa tanıyalım istiyorum.

**Abdullah bin Ömer Kimdir?:** Arapça'da **"Bin"** veya **"İbn"** kelimeleri Türkçemizde oğul anlamına gelir. Abdullah bin Ömer veya Abdullah İbn-i Ömer, Ömer'in oğlu Abdullah demektir. Abdullah İbn-i Ömer, İkinci Halife Hazret-i Ömer Efendimizin oğludur. Aynı zamanda Sevgili Peygamberimizin (a.s) kayınbiraderidir. Sevgili Peygamberimizin hanımlarından olan Hz. Hafsa (r.a.) validemiz, Hazret-i Ömer (r.a.) Efendimizin kızıdır ve dolayısıyla Hz. Ömer'in oğlu olan Abdullah'ın kız kardeşidir. Bunun için Abdullah bin Ömer, Peygamberimizin kayınbiraderi olma şerefine ermiştir. Abdullah (r.a.) küçük yaşta iken babası Hazret-i Ömer (r.a.) Efendimiz ile birlikte müslüman olmuş ve babasından önce onüç yaşlarında iken Medine'ye hicret etmişti (Bu kitabımızı okuyan kardeşlerimiz Hz. Ömer'in ne zaman ve nasıl müslüman olduğunu ve kaçıncı müslümandı, sanırım okumuştur da, bu konuda bilgisi vardır. Çünkü biz, burada oğlundan bilgi veriyoruz). Abdullah, yaşı küçük olması sebebiyle **Bedir** ve **Uhud** Savaşlarına katılamamıştı. Efendimiz izin vermemişti. Daha sonraları onbeş yaşında **Hendek** Savaşına katılmış ve bundan sonra bütün savaşlara katılmıştı.

Abdullah İbn-i Ömer, Peygamber Efendimize çok bağlıydı. Efendimizin yolunda gitmek ve O'nun ahlakıyla ahlaklanmak için çok çalışırdı. Efendimizin saadetli huzurundan hiç ayrılmak istemezdi. Devamlı olarak Efendimizi takip eder, O (a.s.) nerede namaz kılarsa, izini takip ederek oraya gider ve beraber namaz kılardı. Sünnet-i seniyyeyi yerine getirebilmek için, devamlı Efendimizi taklit ederdi. Bu gayret ve çabalarının mükâfatı olarak, pek çok olaylara şahid (tanık) olup, bunlarla ilgili pek çok Hadîs-i Şerifi dinleme mutluluğuna erdi. Ve Ashab-ı Kiram içinde en çok Hadîs-i Şerif rivayet edenlerden oldu. İbadetlerde, sohbetlerde, savaşlarda ve Veda Haccı'nda da hep Efendimiz (Aleyhisselâm) ile beraber bulunma şerefine ermişti.

İbn-i Ömer (r.a.) son derece Zühd-ü takva sahibi idi. Kendisi zengin olmasına rağmen, hiç dünyaya ve dünyalığa meyli ve bağlanması yoktu. Dünyalığa önem vermeyenlerin başında gelirdi. Haramlardan sakınıp kendisini koruduğu gibi, şüpheli şeylerden de sakınıp korunurdu. Her işin nasıl olduğunu çok araştırıp inceleyerek çok dikkatli hareket ederdi. Haram ve helâl ile ilgili Hadîs-i Şeriflerin pek çoğunu o bildirmiş, rivayet etmiştir. Hz. İbn-i Ömer (r.a.) Peygamber Efendimizden işittiği Hadîs-i Şerifleri hep yazardı, gerekmedikçe de Hadîs-i Şerif rivayet etmezdi. Hz. Ebû Hüreyre'den (r.a.) sonra en fazla Hadîs-i Şerif rivayet edendir. Ashab-ı Kiram arasında çok geniş bir bilgi sahibi (alim) olan, Kur'ân-ı Kerim'i en doğru anlayan ve tefsir eden, Hadîs-i Şerifleri en çok ezber bilen ve yazdıranların başında gelirdi.

İbn-i Ömer (Radıyallâhü Anhü), kamil derecede zühd ve takva sahibi olduğundan, hiç dünyalığa önem vermez, son derece mütevazi ve alçak gönüllüydü. Herkese iyilik etmesini, hayır yapmayı, sadaka vermeyi ve köle azad etmeyi çok severdi. Huyu son derece iyi ve güzel olup, tüm kötülüklerden uzak dururdu. Her işini ve herşeyini Allah için yapar, her konuda Allah'ın rızasını gözetirdi. Hali vakti yerinde olmasına, zenginliği olmasına rağmen, dünya malına hiç gönül bağlamazdı, gönlünü dünyalığa hiç kaptırmadan bir ömür yaşamıştı. Cabir bin Abdullah (r.a.) bu konuda şöyle bir itirafta bulunmuştu:

***"— Hazret-i Ömer ve oğlu Abdullah'ı (r.a.)dan başka içimizde dünyaya meyli olmayan kimse yok gibidir."*** Yani, demek oluyor ki, oğul Abdullah, babası Ömer (r.a.)in yolundaydı. Her ikisi de dünyaya ve dünyalığa önem vermemişlerdi.

Hz. Abdullah (r.a.) binden fazla kölesini, Allah rızası için azad etmişti. Azad ettiği kölelerinden olan İmam-ı Nâfi Hazretleri ki, onu onbin dirheme satın aldıktan sonra, ***"Seni Allah rızası için azad ettim"*** diyerek hürriyetini eline verdiğini bildirmişti.

Zeyd bin Eslem (r.a.), Abdullah İbn-i Ömer hakkında şu hadiseyi anlatmıştır. Demiştir ki Zeyd bin Eslem (r.a.):

Birgün, beraber olduğumuz yolculukta İbn-i Ömer (r.a.), kırda koyun gütmekte olan bir çobana selâm verip hal hatır sordu ve çobanın köle olduğunu öğrendi. Çobanı sınamak için onu imtihan ederek doğruluğunu öğrenmek maksadıyla ona şöyle bir soru yöneltti:

*"— Etli, güzel ve semiz bir koyunun var mı? Getir de kesip beraberce yiyelim."* dedi. Çoban cevap olarak:

*"— Koyun sahibi burada yoktur, ondan habersiz veremem"* dedi. Çobanın bu cevabı üzerine İbn-i Ömer:

*"— Koyun sahibine dersin ki, koyunu kurt yedi."* Çoban daha da sesini yükselterek, İbn-i Ömer'e:

*"— Allah'tan kork, efendi, Allah'tan kork"* cevabını verdi.

Çobanın doğruluğunu ve takva sahibi kişiliğini beğenen Abdullah bin Ömer (r.a.), sürünün sahibini buldurarak hem köle çobanı, hem de koyun sürüsünü bir hayli para ödeyerek satın aldı. Sonra da, köle olan çobanı kölelikten azad ederek koyunları da sürüsüyle azad ettiği çobana bağışlayıp hediye olarak verdi.

Hz. Ömer'in oğlu Abdullah (r.a.), o derece cömert ve kerem sahibi idi ki, sahibi olduğu mallardan en çok sevdiği hangisi ise, onu hediye olarak veya sadaka olarak hemen bağışta bulunurdu. Hele birşeyi fazlaca sevmeye başladı mı, o şeyi hemen Allah rızası için, bir ihtiyaç sahibi olan kimseye bağış olarak verirdi. Abdullah (r.a.)ın hayatını anlatan eserlerde onun şu örnek davranışı da yer almaktadır.

Hz. Abdullah İbn-i Ömer'in birgün gönlü balık yemek istemişti. Emir vermiş, balık alınıp, kızartılarak sofraya getirilmişti. Abdullah (r.a.), canının çektiği balığın önüne konmasıyla, ***"Bismillah" deyip tam yemeye başlayacağı anda, bir fakir gelir. Hz. Abdullah, önüne konan balıktan bir lokma bile tatmadan önündeki balığı olduğu gibi kaldırıp gelen fakire verir, al bunu afiyetle ye."*** der.

Evet, kısaca hayatından birkaç örnek verdiğimiz, Abdullah İbn-i Ömer (r.a.) Hazretlerinin seksen dört veya seksen yedi yaşlarında vefat ettiği rivayet edilmektedir (Radıyallahü Anhümâ-Allah kendilerinden razı olsun.)

***Ey Hak yolcusu!*** Yüce Peygamberimizin, iki omzundan tutup ***"Dünyada bir garip ya da bir yolcu gibi ol."*** tavsiyesinde bulunduğu, İbn-i Ömer, işte böyle bir kimseydi. Âhiret hayatının iyi olmasını isteyen her mümin, sanırım böyle değerli kimseleri, kendisine örnek alacaktır. Bu vesileyle de kendisini dünya gösterişlerinden uzak tutup âhirete olan arzu ve isteğini arttıracaktır. Yani, ibadetlerini zamanında yapacak, haramlardan sakınacak, hep helâlinden yiyip, içecektir. İyiliklerini, hayırlarını arttıracak ve kötülüklerden uzak durmaya çalışacaktır vesselâm!...

Konumuzun başlığı **ölüme hazırlık** idi. Ve Sevgili Peygamberimizin kabrin kenarına oturarak cenaze cemaatine, ***"Kardeşlerim! Kendinizi burası için hazırlayın."*** mübarek hadisi ile konuya girmiştik.

Ölüme hazırlanmak, ölümün kendisine geldiği zaman, hazır bir yolcu gibi bulunmak, kişinin ölüp kabir hayatı ile başlayacak olan âhiret hayatına hazırlanması demek olur. Her yolculukta kişiye gerekli azık lâzımdır.

Âhiret yolculuğuna çıkmış olan bir kişiye de azık, âhiret azığı lâzım ve gereklidir. Âhiret azığı ise, para pul, mal mülk değildir. Âhiret azığı, ibadetlerdir, sevaplar, iyilikler, hayırlar, iyi ve güzel işler (salih ameller)dir. Bunların elde edilmesi için, çalışıp çabalama yeri, dünya dediğimiz bu geçici konaklama alanıdır. Âhiret azığı temin etmek için başka bir alan, başka bir meydan yoktur. Kişi, ne yaparsa, hayır, şer, iyi, kötü bu geçici dünyada yapacaktır. Efendimiz (Aleyhisselâm),

اَلَا اِنَّكُمْ فِى يَوْمِ عَمَلٍ لَيْسَ فِيهِ حِسَابٌ

*"Ey insanlar! Aklınızı başınıza toplayın, gözünüzü açın ki, bir amel (iş) günündesiniz, bunda hesap (sorgu-sual) yoktur."*

وَيُوشِكُ اَنْ تَكُونُوا فِى يَوْمِ حِسَابٍ وَلَيْسَ فِيهِ عَمَلٌ

*"Ve unutmayınız ki, bir hesap gününde bulunmanız da pek yakındır ki, o günde de amel (iş) yoktur." Yani, dünyada yapmış oluduğunuz bütün amelleriniz (işleriniz), eksiksiz olarak amel defterinize yazılıyor. Fakat bu yazılmış olan amel ve işlerinizin bu dünyada hesabı sorulmuyor. Bunların hesabı, sorgu suali âhirete, kıyamet gününe kalıyor. Şu halde ey insanlar! Şu gerçeği aklınıza sokunuz ki, bugününüz*

*(dünyanız)* ***çalışma, iş yapma, iş görme ve iş işleme*** *(salih ameller yapma)* ***günüdür. Yarınki gününüz*** *(ahiret)* ***de hesap verme, sorgu ve suale çekilme günüdür."***

Dünya bir çalışma sahası, bir ekim arazisidir. Ekim mevsiminde (sezonunda) arazisini eken, çalışkan kişiler, hasat ve mahsul toplama zamanında kârlı ve kazançlı çıkar. Çalışmayan tembel kişiler ise, yoksulluk içinde zorluk ve sıkıntı çekerler.

Sevgili Peygamberimiz (Aleyhisselâm), Hadîs-i Şeriflerinde bu gibi teşbih (benzetme)lerle ümmetine âhiret hayatının önemini vurgulamışlardır. Hadîs-i Şerifte buyrulur ki:

اَلدُّنْيَا مَزْرَعَةُ الْاٰخِرَةِ

***"Dünya, âhiretin ekim arazisidir."*** Kişi, çalışıp çabalayacak âhiretin ekin mahalli olan bu dünya arazisinde bu ekim tarlasında gayret gösterirse, mahsül ve ürün toplama mevsiminde eliboş kalmaz. Kişi bu dünyada çalışıp ekecek, âhirette de karşılığını ve amelinden, çalışmasından elde ettiği kâr ve kazancını harcayacaktır.

***Ey dost!*** Akl-ı selim sahibi bir mümin, Efendimizin (Aleyhisselâm) bu öğütlerine kulak verip, kendi akıl süzgecinden inceden inceye karıştırarak kendi tavır ve hareketlerine çeki düzen vermesi gerekir. Akıl terazisi arızalı olanlar bu güzelim öğütlerden menfaat sağlayamaz ve küçük bir yarar da elde edemezler. Fayda ve yarar elde edebilmek için bu fani dünyaya geliş ve gidişindeki inceliği kavramak gerekmektedir.

Yine Efendimiz (Aleyhisselâm) buyurmuştur ki:

حَاسِبُوا قَبْلَ اَنْ تُحَاسَبُوا

***"Hesaba çekilmeden önce, kendi kendinizi hesaba çekiniz."*** Yani, âhiret günü, hesabınız karşınıza açılıp serilmeden, siz bu gününüzde (dünyada) hesaplarınızı kontrol ediniz. Kendi, kendinizi sorguya çekerek hesaplarınızda eksikliğin, karışıklığın olup olmadığına dair bir sorgulamada bulunabilme yeteneği size verilmiştir.

*Ey mümin!* Sana verilen bütün bu ölçüler, senin, ölüm denen devletliye hazır bir vaziyette karşılamanı sağlamak amacıyladır. **Ölümü hatırlamak, Ölüme hazırlanmak, Emel–uzun hayaller, kuruntular, dünyanın faniliği (değersizliği)** gibi, başlıklar altında verilen bilgiler, bu bilgilerin verilme amacı, mümin kişilerin dünyaya kapılmadan, âhiret hayatına hazırlanmalarını sağlamaktır.

# BEŞİNCİ BÖLÜM

## طُولُ اَمَلْ - TÛL -Ü EMEL

## DÜNYADA HİÇ ÖLMEYECEKMİŞ GİBİ PLÂNLAR YAPMAK

*Ey Hak yolcusu!* Dinimizde "Tûl-i Emel" hoş karşılanmaz. Tûl-i emel, sahibi için helâk sebebidir. Yani, bir kişi ki, kendisinde **tûl-i emel** hastalığı vardır, o kimsenin akibetine (geleceğine) pek iyi gözüyle bakılmaz. Hele âhiret hayatının hepten harap olacağı ve hüsranlarla, ahlar-vahlarla karşı karşıya olacağı endişesi gerçeklik kazanır. Konumuzun ilerleyen satır ve paragraflarında okuyucu dostlarım, kendi akl-ı selimleri nisbetinde kendilerine düşecek pay ve hisselerini alacaklarını ümid ediyorum, inşallah!...

**Tûl-i emel ne demektir?** Sözcüklerde tûl-i emel ile ilgili kısa ve uzunca anlatımlar bulunmaktadır. Bunlardan birkaç örnek verelim:

1. **Tûl-i emel,** hırs, tamah, tükenmeyen istek ve arzular, demektir.

2. **Tûl-i emel,** uzun zamanda, seneler sürecinde gerçekleşebilecek (belki de ömür yetmeyecek) istek ve arzular demektir.

3. **Tûl-i emel,** hiç ölmeyecek gibi, dünya istek ve arzularına dalmak ve sadece dünya için, düşünmek ve âhireti önemsememek demektir.

4. **Tûl-i emel,** dünyada hiç ölmeyecekmiş gibi, plânlar yapmak ve dünyaya hırs ve tamah tutkusuyla sarılmak, demektir. Şeklinde izahlar yapılmıştır.

Tûl-i emel, hastalığına yakalanan mümin kişi, kendi dini hayatına çok büyük zararlar vereceği Hadîs-i Şeriflerde ve konu ile ilgili dini kitaplarımızda uzun uzun yazılmıştır. Efendimiz (Aleyhisselâm), bu cümleden olarak şunları buyurmuştur:

"أَرْبَعَةٌ مِنَ الشَّقَاوَةِ – ***Bir kimsede dört özelliğin bulunması helakın işaretidir:***

1. جُمُودُ الْعَيْنِ – ***Göz(ler)in kuruması*** *(günahlarından dolayı ağlamaması),*

2. وَقَسْوَةُ الْقَلْبِ – ***Kalbi(ni)n katılaşması*** *(kalbindeki acıma, esirgeme ve merhamet duygularının yok olmuş, kurmuş olması),*

3. وَطُولُ الْأَمَلِ – ***Tûl-i emel sahibi olması*** *(dünyada hiç ölmeyecek, devamlı yaşayacak gibi, plânlar, proğramlar yapması),*

4. وَالْحِرْصُ عَلَى الدُّنْيَا – ***Ve dünyaya karşı hırs ve tamah'ının artması*** *(ve dolayısıyla ölümü unutmuş olması)****dır.*** Kütüb-ü sitte, Hadîs-i merfudur.

İslâm alimleri, tûl-i emelin sebep olacağı zararları şöyle sıralamışlardı: ***"Tûl-i emel, kişide ibadetlere karşı tembellik meydana getirir. Tevbeyi hep gerilere bıraktırır.***

*(Şimdi daha gençsin, şimdi işlerin çok, yorgunsun, hele biraz şunları, şunları bir hallet sonra yaparsın diye kişiyi oyalar).*

***Kişiyi dünyaya bağlar, âhireti unutturur. Âhireti unutmak, kişinin kalbinde katılık meydana getirir. Bunlar, kişinin kalbinde manevi maraz*** *(hastalık)****ların oluşmasını sağlar.***

***Halbuki, kalpteki acıma, esirgeme ve merhamet duygularının oluşmasını sağlayan rikkat*** *(incelik-yumuşaklık)****, ölümü hatırlamak, kabirdeki durumları hatırlamak, sevapları, azapları kıyametin korkunç hallerini, hesap, kitap, sorgu-sual, Sırat Köprüsü'nden geçiş, Cennet ve Cehennem gibi, hallerin başına geleceğini düşünmek ve bunları hatırlamaya çalışmakla hasıl olacaktır."***

Bir hikmet ehli şöyle der: ***"Tûl-i emel, ecelin*** *(ölüm vaktinin)* ***perdesi gibidir."*** Yani, tûl-i emel hastalığına tutulan kişi, ecelini (ölümün geleceğini) unuttuğu için uzun yaşama hayal ve kuruntusu (tûl-i emeli), ölümle kendi arasında sanki bir duvar ve perde görevi görmektedir, demek olur.

## Tûl-i Emelin İlâcı

Abdullah İbn-i Abbâs (Radıyallâhü Anh)dan rivayete göre, Resûlullah (sallallâhü Teâlâ Aleyhi ve sellem) Efendimiz şöyle buyurmuştur:

اِنَّ الْمَنَايَا قَاطِعَاتُ الْاَمَالِ وَاللَّيَالِى مُدْنِيَاتُ الْاَجَالِ

*Manası:* ***"Muhakkak ki, ölüm*** *(ölüm düşüncesi)* ***tûl-i emeli kesip yok eder. Geceler ise, ecelleri*** *(ölüm süresini)* ***yaklaştırır."***

Evet, ölümü gerçek anlamıyla hatırlayıp düşünebilenler, tûl-i emeli unutur. Tûl-i emel, yetişilmesi güç olan ve elde edilmesi mümkün olmayan hayal ve kuruntular yumağıdır. Hayal peşinde gezenler, kuruntu ve ham hayal hastalığına tutulanların encâmı (geleceği), akibeti (sonu) hüsranla biter.

Hasan-ı Basrî Hazretleri diyor ki:

***"Ey İnsan! Gündüzlerin senin misafirindir. Sen ona güzel bak, güzel güzel hizmette bulun ki, senden memnun olarak ayrılsın ve senin için övgüde bulunsun. Gündüzünü saygıda kusur edersen, seni zemmederek hakkında kötü şeyler söyler. Geceler de böyle yapar.*** *(Yani her ikisinde de)* ***Hakk'a yarar amellerde ve elverişli işlerde bulunursan, onları*** *(gece ile gündüzü)* ***memnun etmiş olursun."*** demek olur.

**"Kitabül'Beyan vet'Tebyin"** isimli eserinde **Cahiz** diyor ki; bir taşın üzerinde şu yazılar kazılmış olarak bulundu:

*"Ey İnsan! Ömrünün kalan kısmının ne kadar az bir süre kaldığını bilsen, kuşkusuz* ***tûl-ü emelden (emelini uzatmaktan)*** *vazgeçersin de Hakk'a olan amelini* ***(yararlı işlerini)*** *çoğaltmaya çaba gösterirsin, hırs ve tamahını, kendi aleyhine olan hilelerini bırakır, kendini aldatmaktan vazgeçersin."*

*"Unutma ki, sen bu emelin* ***(hayalin)****le ancak kıyamet gününde, Sırat Köprüsü'nden geçerken ayağın kayarak Cehenneme düştüğünde, çoluk çocuğunun seni tek başına bırakıp, terkedeceği ve bütün yakınlarının senden uzaklaşacağı ve dahi dostlarının senden yüz çevireceği zaman, gerçeği anlayacak ve pişmanlık duyacaksın."*

Hazret-i Ömer (r.a.), Ebû Zer'e (r.a.):

***"— Yâ Ebâ Zer! Bana öğüt ve nasihatte bulun."*** demişti. Ebû Zer (Radıyallâhü Anh) da:

***"— Yâ Ömer! Ölmeyecek kadar yiyeceğe razı ol, uzun emelli olma. Ölümden kork ve ölüm ile iftar açıncaya kadar dünyaya oruçlu ol."*** demişti. Yani, oruçlu olmak ne demek? Kendini yemeden, içmeden ve dünya keyiflerinden uzak tutmak demektir. Dünyaya oruçlu olmak, dünyalık istek ve arzulardan (Tûl-i emel, uzun hayal ve kuruntulardan) kendini uzak tutmak demek olur. Tıpkı oruçlunun yeme, içme ve dünya keyiflerinden uzak durduğu gibi, teşbihi vardır.

***Ey dost!*** Büyük insanların da öğütleri ve nasihatleri de kendi büyüklüğü nisbetinde engin ve hikmet doludur. Senin, benim gibi, acizin acizi, naçizin naçizi kimselerin, o büyük öğüt ve nasihatleri kavramamız elbette ki beklenemez. Ancak okumakla, yazmakla feyizlenebilirsek, kendimizi bahtiyar addederiz. Vesselâm.

## Tûl-i Emel Aldatıcıdır

Hz. Ebû Derdâ (Radıyallâhü Anh), Şam'a gitmişti. Etrafına toplanan Şam halkına hitaben:

*"— Ey ahâli, ey Şam'lı kardeşlerim! Bu nasihatçı kardeşinizi dinler misiniz?"* diyerek seslenmişti. Bu davet üzerine orada bulunan Şam halkı, onu dinlemek üzere etrafında halka oldular.

Ebû Derdâ (r.a.) Hazretleri, etrafında halka olanlara hitaben konuşmasına şöyle başladı:

*"— Kardeşlerim, size ne oluyor? Bakıyorum ki, içinde oturamıyacağınız koca koca binalar yapıyorsunuz ve yiyemeyeceğiniz malları topluyorsunuz! Sizden öncekiler de yüksek yüksek binalar yaptılar; uzun uzun hayaller* (tûl-i emel)*, uzun uzun emeller kurdular ve çok çok mallar topladılar. Fakat sonunda uzun emelleri onları aldattı, topladıkları malları yok olup gitti ve şimdi meskenleri* (evleri) *mezarları oldu."*

*"Kardeşlerim, dünya, birçok kavim ve milletleri aldattı. Onlar, dünyada hakkıyla dengeli çalışmadılar, derken ölüm onları yakalayıp alıp götürdü de, mallarını, kendilerini övmeyen ve mazur görmeyen kimselere bıraktılar."*

*Evet ey dost!* Tûl-i emel sahibi olan kişi, kendisine gerekmeyen ve kendisinin yararlanamayacağı işlerle uğraşıp durduğu için, ölüm gelip çatınca eliboş kalan müflislerden sayılır. Çünkü uzun emel, kişiyi salih amellerden (elverişli, yararlı işlerden) alıkoyan bir engel demek anlamına gelmektedir.

## Cennete Girmek İsteyen Tûl-i Emeli Bıraksın

İbn-i Ebî Dünya, Hasan Basrî'den rivayet etmiştir. Hazret-i Peygamber (Aleyhisselâm) Efendimiz buyurmuşlardır ki:

اَكُلُّكُمْ يُحِبُّ اَنْ يَدْخُلَ الْجَنَّةَ

***Ümmetim, Ey Ashabım! Hepiniz de Cennete girmeyi istersiniz değil mi?*** Orada bulunanların hepsi;

*"— **Evet ya Resûlallah!**"* dediler. Hazret-i Peygamber (a.s.),

قَصِّرُوا الْاَمَلَ وَاجْعَلُوا اٰجَالَكُمْ بَيْنَ اَبْصَارِكُمْ...

***Öyle ise, emelinizi kısaltın** (tûl-i emeli bırakın). **Ecelinizi** (ölümü) **iki gözünüzün arasında bilin ve Yüce Allah'tan gerektiği gibi utanın.**"* Yani, Allah Teâlâ'dan haya etmek, O'nun büyüklüğüne ve yüceliğine lâyık bir şekilde yapılmalıdır. Mümin kişi, bu ölçüleri yerli yerince yapmalıdır. Tûl-i emel sahibi olanların Cennete girmeleri biraz tehlike arzediyor demek olur.

Yine Efendimiz (Aleyhisselâtü vesselam), buyurmuştur ki,

***Ahiret saadeti isteyen** "وَلْيُقَصِّرْ اَمَلَهُ – kasr-ı emel" **etmelidir.*** Yani emelini kısaltmalı, (tûl-i emeli) bırakmalıdır. demek olur. Çünkü,

وَطُولُ الْاَمَلِ يَصْرِفُ هِمَمَكُمْ اِلَى الدُّنْيَا

***Tûl-i emel, bütün gayretlerinizi dünyaya çevirir.”*** Böyle bir emel, kişiye ecelini unutturur. Ecelin (ölümün) unutulması ise, kişinin dünyaya olan istek ve arzusunu arttırır. Tûl-i emelden hiçbir mümine fayda ve yarar gelmez. Çünkü Tûl-i emel, kişiye aslını ve gerçek vazifesini unutturur ve onu boş ve faydasız işlerle meşgul eder.

## Tûl-i Emel, Kalbi Karartır

Hikmet sahibi alimlerden biri, tûl-i emel hakkında diyor ki:

***“Tûl-i emel-uzun emel, kişinin kalbini karartır. Öyle ise uzun emelli olmaktan sakının; çünkü uzun emel, hayalperest olan ahmakların işidir. Bu hâl*** *(uzun emelli olmak)* ***kişiyi, dünya ve âhiretin hakikatlerini*** *(gerçeklerini)* ***düşünmekten, kişinin kendi nefsini hesaba çekme ve sorgulama özelliğinden alıkoyar. Öyle ise, ey insan!***

***قَصِّرِ الْاَمَلَ – emelini kısalt*** *(azalt)*. ***Çünkü ömür çok kısadır. Tavır ve hareketlerini düzelt ve güzelleştir. Çünkü iyilik azdır.”***

Hz. Ali (r.a.) Efendimiz, bir şiirinde şöyle buyurmuştur:

*“Cahilleri boş kuruntuları* **(emelleri)** *aldatmaktadır. Halbuki eceli gelen herkes ölmektedir ve ölecektir. Ecel* **(ölüm)** *gelip çatınca hiçbir hile, dalavere işe yaramaz ve yaramamaktadır.”*

## İnsan Yaşadıkça Kendisinde Tûl-i Emel Artar:

Hazret-i Peygamber (Aleyhisselâtü vesselâm) Efendimiz buyurmuşlardır ki:

يَشِيبُ ابْنُ آدَمَ وَيَشِبُّ فِيهِ خَصْلَتَانِ:
الْحِرْصُ وَطُولُ الْأَمَلِ

*Manası: "**İnsanoğlu ihtiyarladıkça kendisinde iki haslet** (özellik) **gençleşir** (kuvvetlenir): **Bunlardan biri** (dünyaya ve dünya malına olan) **hırstır. Biri de tûl-i emeldir.**"*

İhtiyarlık yaşına girmiş, yaşlanmış olan kişi ve kişiler, eğer akıllarını başlarına toplamayıp bu iki manevi hastalığa yakalanırlarsa, artık bu kişilerin tedavisi için dünyada çare ve ilaç kalmamış olabilir. Bunların en güzel tedavisi Cehennemde olacaktır. Tûl-i emelin zararlarını konumuzun başından beri sanırım anlatabildik. Dünyaya olan hırs hastalığına gelince onun hakkında da yorum ve açıklamalar gelecektir. Kişinin dünya malına olan hırsı, iki aç kurdun bir koyun sürüsüne dalıp da koyunları boğarak parçalamasından daha tehlikeli bir şekilde dinine zarar verdiği ve vereceği teşbihi Yüce Peygamberimiz tarafından buyrulmuştur.

## Kişinin Mal ve Dünya Hırsı ile Dinine Verdiği Zarar

Kâ'b bin Mâlik El'Ensârî'nin (r.a.) rivayet ettiğine göre, Resûlullah (sallallâhü Teâlâ Aleyhi ve sellem) şöyle buyurmuştur:

مَاذِئْبَانِ جَائِعَانِ اُرْسِلاَ فِى غَنَمٍ بِاَفْسَدَلَهَا مِنْ
حِرْصِ الْمَرْءِ عَلَى الْمَالِ وَالشَّرَفِ لِدِينِهِ

*Manası: **"Bir koyun sürüsünün içine dalan iki aç kurdun, o koyunlara vermiş olduğu zarar, kişinin mal ve dünya gösterişine olan hırsının dinine verdiği ve vereceği zarardan daha ağır ve daha fazla değildir."*** (Tirmizi rivayet etmiştir.)

***Evet ey dost!*** Kurtların verdiği zarar dünya ile ilgilidir. Hırsının kişiye ve dinine verdiği zarar âhireti ile ilgilidir. Âhiret, işleri ebedidir. İşte aklı eren kimseler için, bu temsil ve benzetişte alınacak çok büyük ibret dersleri vardır. Akl-ı selim sahibi kişi ve kişiler, geçici olan, fani ve ölümlü olan dünyalıklara gönül kaptırmaz. Kaptıranlar, büyük aldanış içine girmiştir demek olur.

## Hikâye:

Konumuzla ilgili Sa'di-i Şirâzî'den bir hikayecik vermek istiyorum. Sa'di (Rahmetüllâhi Aleyh) Gülistan adlı eserinde şöyle anlatıyor:

*"Hindistan'da yaşlı bir tüccarla (kervanları olan bezirganbaşıyla) tanıştık. Adamın yüz elli devesi vardı. Üzerleri de kıymetli ve çok değerli ticaret malıyla yüklüydü. Kırk tane kölesi ve hizmetçileri vardı. Bir akşam beni, Kiş adasında bulunan evinde misafir etti. Bu ihtiyar bezirganbaşı (bu zengin adam), bütün gece, durup nefes almaksızın, hiç dinlenmeden sabaha kadar çene çaldı, ham hayallerini, dünyaya olan hırsını anlattı:*

***"Türkistan'da filan adamla ortalık kurmuş, büyük şirketi varmış. Hindistan'da şu kadar malım var, şu kağıdım filan yerin tapusudur. Filan şeye falanca kefildir..."*** gibi, ipe sapa gelmez darmadağın laflar etti. Bazen de, havası hoş, manzarası güzel olduğu için, İskenderiye'ye gitmek istediğini söylüyordu. Bazen de,

***"Yok, yok oraya gitmeyeceğim; çünkü Mağrib Denizi karışıktır."*** diyordu.

Sonra da bana:

***"— Ey Sa'di, dedi. Bir ticaret seferi daha yapmayı düşünüyorum. Onu da yaparsam, ömrümün geri kalan kısmını bir köşeye oturup ticaret saferlerini bırakacağım."***

Sa'di-i Şîrâzî (Rahmetullahi Aleyh) diyor ki:

***"— O yapacağın sefer, hangi seferdir?"*** diye sordum. Senelerin eskittiği ihtiyar bezirganbaşı (yaşlı tüccar), bana dedi ki:

*"— Fürs kükürdünü Çin'e götüreceğim. Çünkü işittim ki, kükürt orada çok pahalıymış, ondan çok para kazanacağım. Oradan da Çin kaselerini Anadolu'ya getireceğim. Anadolu ipeklisini Hindistan'a, Hindistan çeliğini de Haleb'e, Haleb şişelerini ise, Yemen'e, Yemen kumaşlarını da Pars'a götüreceğim. Ondan sonra da ticaret için yaptığım uzun seferleri bırakıp bir dükkanda* (özel yazıhanemde) *oturacağım..."*

Kervan sahibi ihtiyar bezirganbaşı, daha bu anlatılan cinsten (çeşitten) uzun uzun ham hayaller, boş kuruntular, tûl-i emeller, mâl-ü hülyalar sayıp döktü ki, artık söz söylemeye gücü takadı kalmamıştı. Sonunda bitmiş olan gücünü zorlayarak tekrar bana dedi ki:

*"— Ey Sa'di! Sen de, görüp işittiklerinden birşeyler anlatsan da dinlesek."*

Sa'di-i Şirâzî diyor ki, (aklını dünya hayalleriyle, tûl-i emelle bozmuş bu zavallı ihtiyara çok kısa) cevap verdim:

آنْ شُنِى دَسْتِى كه دَرْ سَحْرَاىِ غُورْ،
بَارْسَالَارِ بِيفْتَادْ اَزْ سُتُورْ
كُفْتْ جَشْمِ تَنْكِ دُنْيَا دَارِ رَا،
يَاقَنَاعَتْ يَاخَاكِ كُورْ

Yani; *"Sen işitmişmiydin ki, Gûr Çölü'nde bir bezirganbaşının hayvandan düştüğünü* (ölümün yakaladığını) *ve* (zenginin aç gözünü ya kanâat doldurur, ya mezar toprağı)."

Sa'di (Rahmetullahi Aleyh), Peygamber Efendimizin:

لَا يَمْلَأُ جَوْفَ ابْنِ آدَمَ اِلاَّ التُّرَابُ

*"İnsanoğlunun karnını ancak kara toprak doyurur."* hadîs-i Şerifini hatırlatıyor.

*Ey dost!* Kişinin başına gelen belaların çoğu (hırs, tamah ve tûl-i emel, hayal kuruntular gibi) cehaletinin sebebiyledir. Dünyalığı, nasıl para kazanılacağını öğrenmişte, dinini, âhiretini öğrenmemiş, bu konuların cahilidir. Başkaları için (mirasçılar için) mal topluyor da, kendisi için (ahirette kendisine lâzım olacak azığı, sermayeyi) toplamıyor. Çünkü âhiretin cahilidir. Şâir, kendi kendine nasihat için şöyle demiş:

الم يان لى يا قلب ان اترك الجهلا،

وان يحدث الشيب المبين لنا عقلا

Yani: *"Ey gönül! Benim için cehaleti bırakma zamanı gelmedi mi?*

*Şu görünen ihtiyarlığın bize akıl verme zamanı gelmedi mi?"*

*Evet ey dost!* Kişi, hiç olmasa, saçlarının beyazlamasından, yaşının elliye, altmışa merdiven dayamasından, daha birçok ihtiyarlık alametlerinden olsun, akıl dersi alıp din işlerine, âhiret işlerine yönelmelidir. Aksi halde âhiret yolculuğuna azık torbası boş olarak çıkmak tehlikesiyle karşı karşıya kalacaktır, vesselâm!...

## Peygamberimiz (a.s.) Tûl-i Emel'e Dayanan İşi Hoş Görmezdi

*Ey Hak yolcusu!* Tûl-i emel konumuza Sevgili Peygamberimizin bir Hadîs-i Şerifi ile nihayet vermek istiyorum. Çünkü, âhiret azığı elde etmek için gözetilen bölümlerin bir çoğunda tûl-i emel anlatılabilmektedir. Örneğin; ölümü anmak, hatırlamak, ölüme hazırlanmak, dünyanın değersizliği vs. gibi başlıklar altında anlatılan gerçekler uzun emel ile benzeşen konulardır. Âhiret yolculuğuna hazırlanan veya hazırlık yapması gerekli olduğu ilhamı kendisine verilen bahtiyar kişiler, bu anlatılan konuları hazmetme yoluna girmelidirler. Bu da okumak ve yaşamakla mümkün olur ve olacaktır.

Ebû Saîd'inil'Hudrî (r.a.) şöyle anlatmıştır. Üsâme bin Zeyd (Zeyd oğlu Üsâme r.a.), bir ay vade ile (bir ay sonra ödemek şartıyla) yüz dinara bir köle satın almıştı. Bu durumu işiten Hazret-i Peygamber (Aleyhisselâtü vesselâm) Efendimiz, bu hususu şöyle ifade buyurdular:

اَلاَ تَعْجَبُونَ مِنْ اُسَامَةَ الْمُشْتَرِى اِلَى شَهْرٍ

*(Ey insanlar!)* ***Üsâme'nin bir ay vade ile köle satın almasına şaşmıyor musunuz?*** *(Bu hayret edilecek bir iştir.)*

اِنَّ اُسَامَةَ لَطَوِيلُ الْاَمَلِ

***Gerçekten Üsâme, tûl-i emel sahibi, uzun hayallidir.***

وَالَّذِى نَفْسِى بِيَدِهِ

***Kudret ve iradesi ile yaşadığım*** *(hayatım kudret elinde olan)* ***Yüce Allah'a yemin ederim ki,*** *(ölümü o kadar yakın biliyorum ki),*

مَا طَرَفَتْ عَيْنَاىَ اِلَّا ظَنَنْتُ اَنَّ شَفْرَىَّ لَايَلْتَقِيَانِ

حَتَّى يَقْبِضَ اللّٰهُ رُوحِى

***Her gözlerim açıldığında, kapanmadan Allah Teâlâ, ruhumu alacağını sanıyorum,*** *(gözlerim kapanmadan kalacak diyorum.)*

وَلَا رَفَعْتُ قَدَحًا اِلَى فِىَّ فَظَنَنْتُ اَنِّى

لَااَضَعُهُ حَتَّى اُقْبَضَ

***Ağzıma her lokma alışımda, ölürüm de yutamam sanıyorum.***

***Ey dost!*** Hazret-i Peygamber (a.s.), Ashabının bir ay vade ile alış veriş yapmalarını bile uzun emel, peşinde olduklarını buyurarak onların dünyaya olan meyillerini azaltmaya yönelik tavsiyelerde bulunuyordu. Bir de bizim halimizi düşünelim. Her âhiret yolcusu bu incelikleri kendi hayatı için düşünmek zorundadır. Her kişi kendi kabrine kendisi girecektir.

# ALTINCI BÖLÜM

## HZ. PEYGAMBER'İN (S.A.V.) AİLESİNİN MAİŞETİ YANİ, EV HALKININ GEÇİM TARZI

*Ey Hak yolcusu! Âhiret* saadeti isteyen ve ebedi bir mutluluğa kavuşmak ümidiyle âhirete hazırlık amacı taşıyan her mümin kişiye lâzım ve gereklidir ki, Hazret-i Peygamber (Aleyhisselâtü vesselâm) Efendimizin ve ev halkının, O'nun muhterem ve mübarek zevcelerinin yaşadığı dünya hayatı ile ilgili misal ve örnekleri, geçim tarzlarını ve bu konudaki hassasiyetlerini bilsin ve bilmiyorsa öğrensin.

Çünkü bu vesileyle hem dünyası, hem âhireti mutluluk içinde geçecektir. Zira hayat sadece dünya hayatı değildir. Âhiret hayatı, dünya hayatından da önemli ve elzemdir. Her mümin ve her müslüman, Yüce Peygamberimizin ve mübarek zevcelerinin tercih ettikleri dünya yaşamının hikmet ve inceliklerini kavramaya ve lâyıkıyla anlamaya çalışmalıdır.

İmâm-ı Ahmed ve Taberânî'nin Hz. Enes (r.a.)den rivayet ettiğine göre, Enes (r.a.) şöyle anlatmıştır: Hz. Fatıma (radıyallahü Anha), sevgili babası Resûlü Ekrem (sallallâhü Aleyhi ve sellem) Efendimize bir parça arpa ekmeği getirdi. Resûlullâh (s.a.v.), bu bir parça arpa ekmeğini alınca:

"— *Bu nedir?*" buyurdu. Hz. Fatıma (Radıyallâhü Anha) ise;

"— ***Biraz arpa ekmeği yaptım, içim rahat etmedi, canım babacığım bunu sana getirdim.***" dedi.

Yüce Peygamberimiz (Aleyhisselâm), biricik kızı Hz. Fatıma'nın bu ince hareketine şu yürekler parçalayıcı itirafıyla karşılık verdi:

هَذَا اَوَّلُ طَعَامٍ اَكَلَهُ اَبُوكِ مُنْذُ ثَلَاثَةِ اَيَّامٍ

"— *(Sevgili Yavrum!)* ***Bu getirdiğin bir parça arpa ekmeği babacığının üç günden beri ilk yediği yemek, ağzına giren ilk lokmadır.***" buyurdu.

İbn-i Mâce'nin hasen isnâd ve Beyhakî'nin isnâd-ı sahih ile Ebû Hüreyre (r.a.)dan rivayetine göre, Râvi demiştir ki: Resûlullah (s.a.v.)in yanında bulunduğum bir sırada, Resûlullah'a (a.s.) sıcak yemek getirildi. Resûlullah (sallallâhü Aleyhi vesellem) Efendimiz, yemeği yiyip bitirince:

اَلْحَمْدُ لِلّٰهِ، مَا دَخَلَ بَطْنِي طَعَامٌ سُخْنٌ مُنْذُ كَذَا وَكَذَا

**"Elhamdü lillah"** dedi. ***Ve şu ve şu kadar zamandan beri ağzıma sıcak bir yemek girmemiş idi.*"** buyurdu.

Abdullah İbn-i Ömer (Radıyallâhü Anhüma)dan rivayetine göre, Râvi demiştir ki: Birgün Resûlullah (sallallâhü Teâlâ Aleyhi ve sellem) Efendimiz ile birlikte dışarıya çıkarak Ensâr'dan (Medine'lilerden) bir zâtın hurma bahçesine vardık. Resûl-ü Ekrem (a.s.) hurmalardan koparıp yemeye başladı. Bana da:

فَقَالَ لِى: يَا ابْنَ عُمَرَ مَالَكَ لاَتَأْكُلُ!

"— *Ey Ömer oğlu! Sen niçin yemiyorsun?*" buyurdu. Ben de:

"— ***Canım istemiyor, yâ Resûlallah!***" dedim. Bunun üzerine Hz. Peygamser (sallallâhü Aleyhi ve sellem) şöyle buyurdu:

"— ***Fakat benim canım istiyor. Dört günden beri, mideme bir lokma girmedi (karnım açtır). Eğer Rabbimden istesem bana:***

فَاَعْطَانِى مِثْلَ مِلْكِ كِسْرَى وَقَيْصَرَ

***İran şahının ve Bizans imparatorunun mülkünün mislini verir.***" Ve devamla Abdullah İbn-i Ömer şöyle der: Resûlullah (a.s.) bana hitaben:

"— ***Ey Ömer oğlu Abdullah! Ne dersin, (benden sonra) yaşayacaksın, dünyaya tamah ederek bir senelik yiyeceklerini stok eden zayıf imanlı kimseler göreceksin.***"

Hz. Ömer'in oğlu Abdullah diyor ki: Allah'a andolsun ki, oradan ayılmadan şu âyet (Ankebut Sûresi âyet 60) nazil oldu:

*"Canlılardan niceleri vardır ki, kendi rızıklarını taşımaktan acizdirler* (stok da yapmazlar). *Onları da, sizi de rızıklandıran Allah'tır. O,* "Semi'dir, Alim'dir" *herşeyi en iyi işiten ve en iyi bilendir."* Ankebut Sûresi âyet 60

Râvi İbn-i Ömer (r.a.) der ki, bunun üzerine Hz. Peygamber (a.s.) şöyle buyurdu:

*"Şüphesiz ki, Allah Teâlâ, ne dünya malını biriktirmemi, ne de süfli arzularıma uymamı emretti. Kim ki, ebedi yaşamak isteyerek* (hiç ölmeyecekmiş gibi) *mal biriktirirse, bilsin ki, yaşatmak Allah'ın kudret elindedir. Bilmiş ol ki,* (Ey Ömer oğlu!) *ben, ne altın biriktiririm, ne de gümüş. Ne de yarın için stok yaparım"* buyurdu. (İbn-i Hibban rivayet etmiştir.)

İmâm Tirmizi'nin Ebû Ümâme'den (r.a.) rivayetine göre, Râvi'nin şöyle anlattığı rivayet edilmiştir: Resûlullah (s.a.v.); şöyle buyurdu:

عَرَضَ عَلَىَّ رَبِّى لِيَجْعَلَ لِى بَطْحَاءَ مَكَّةَ ذَهَباً. قُلْتُ:
لاَيَارَبِّ، وَلَكِنْ اَشْبَعُ يَوْماً وَاَجُوعُ يَوْماً، فَاِذَا
جُعْتُ تَضَرَّعْتُ اِلَيْكَ وَذَكَرْتُكَ وَاِذَا شَبِعْتُ
شَكَرْتُكَ وَحَمِدْتُكَ

*Manası: "Bana arz olundu,* (teklif edildi) *ki, Yüce Rabbim! Mekke dağlarını istersem bana* (yani benim için) *altın yapacağını buyurdu* (söyledi). (Ben ise,) *"Hayır, Ya Rabbim!" dedim,* (Ben altın) *istemem, Lâkin ben birgün tok, birgün aç yaşamayı isterim.*

*(Rabbim!) **Doyunca** (doyduğum zaman) **da sana şükrederim, sana hamdü sena ederim dedim."*** buyurmuştur. Râvi demiştir ki: Resûlullah (a.s.) bunu üç kez tekrarladı.

*Ey Âhiret yolcusu!* Bilemiyorum, konuyu kavrayabiliyor musun? Yüce Peygamberimiz, dünya yaşamında en zorunu tercih etmiştir. Altın, gümüş biriktirmeyi, tercih etmemiştir. Krallar gibi, hükümdarlar gibi yaşamayı istememiştir. O (Aleyhisselâtü vesselâm) birgün aç, birgün tok olarak yaşamayı yeğlemiştir. Bu yaşam biçimi Resûlullah'ın (sallallâhü Teâlâ Aleyhi ve sellem) kendi seçimi, kendi tercihidir.

*Ey dost!* Benim senden ricam, bu önemli konuyu lâyıkıyla kavramandır. En azından kavramaya ve anlamaya çalışmandır. Elbetteki senin de dostun veya dostların vardır konuyu anlayabilen. İşte onlarla müzakere yapmalısın, işin sırrını çözmeye gayret etmelisin. Bu kâinat Hz. Muhammed Aleyhisselâm'ın yüzü suyu hürmetine yaratılmıştır. Hz. Muhammed Aleyhisselâm bu dünyaya gelmemiş olsaydı bu kâinat da yaratılmamış ve içinde yaşadığımız dünya da var olmayacaktı. Yüce Rabbinin katında bu denli bir kıymet ve değeri olan o büyük insan (Aleyhisselâtü vesselâm), neden bu çileli yaşamı seçmişti? İşte bu sırrı, bu inceliği anlamak gerekiyor vesselâm!...

Halbuki O Yüce Peygamber (Aleyhisselâtü vesselâm) isteseydi, Yüce Allah, Mekke dağlarını, Mekke vadilerini O'nun (a.s.) için altın yapacağını söz vermişti. Fakat O Yüce Peygamber (a.s.) altın ve gümüş istemiyor, Yüce Allah'ın bir kulu olarak, hem de birgün aç, birgün tok yaşayan bir kulu olarak yaşamayı seçmiş, mütevazi bir kulu olarak yaşamını sürdürmeyi tercih etmiş bir kul olmayı istiyordu. O Yüce Peygamber (Aleyhisselâm) yine isteseydi, İran şahlarının mülkü ve saltanatı gibi, hatta onlardan daha fazlası kendisine (a.s.) Yüce Allah'ı tarafından lütfu ihsan edilecek (verilecek)ti. Bizans imparatorlarının sahip oldukları saltanatlardan katbe kat fazlası O'na (a.s.) Allah tarafından verilecekti. Fakat O Yüce Peygamber (Aleyhisselâtü vesselâm) bunların, bu saltanatların hiçbirini istemedi. O sadece Allah'a has bir kul, mütevazi bir kulu ve O'nun (c.c.) Resûlü (Peygamberi) olmayı yeğledi. İşte bunun için, bu faziletten sebep buyurmuştur ki:

*"— Sevgili yavrum, biricik kızım Fatımam! Getirdiğin bu bir parçacık arpa ekmeği, babacığının üç günden beri boş olan midesine, aç olan karnına giren bir lokmadır, üç günden beri yediği ilk yemektir. Babacığının mübarek ağzına giren ilk lokmadır."* Yürekleri ürperten bu Peygamberi itiraf, her mümini kâmile uyarıcı bir mesaj olmasını dilerim.

Yine, bir dostu tarafından gönderilen sıcak bir yemeği yedikten sonra, Yüce Rabbine *"Hamdedip-Elhamdülillah" deyip, şu kadar zamandır karnıma sıcak bir yemek girmemişti."* buyurarak, hem gelen hediyenin, yapılan ikramın ne kadar makbule geçtiğini, hem de kendisinin (Aleyhisselâm), günlerden beri, çektiği açlığı sabırla karşılayıp, mütevazi kulluğun örneğini sunmuştur biz ümmetlerine.

*Ey dost!* Konuyu anlamaya ve incelikleri kavramaya gayret edelim. Bu fani dünyada başta gelen vazifemizin âhiret azığı elde etmek olduğunu düşünelim. İlerleyen sayfalarımızdaki örneklerle birlikte bu okuduklarımızı da birleştirip bilgi dağarcığımızı doldurup, sonra da ona (dağarcığımıza) ibret nazarıyla nazar edip âhiretimize azık hazırlayalım vesselâm!

Hz. Ebû Hüreyre (Radıyallahü Anhü)den: Terğıb ve Terhib'in kaydına göre, Râvi Ebû Hüreyre (r.a.) şöyle anlatmıştır:

مَا شَبِعَ آلُ مُحَمَّدٍ ﷺ مِنْ طَعَامٍ ثَلَاثَةَ اَيَّامٍ تِبَاعًا حَتَّى قُبِضَ

*Manası:* ***"Muhammed*** *(Sallallâhü Aleyhi ve sellem)****'in ailesi*** *(ev halkı)****, üst üste, üç gün tok olmazdı*** *(olmamıştır)****. Bu durum Hazret-i Peygamber'in*** *(s.a.v.)* ***vefatına kadar devam etti."*** demiştir.

İmâm-ı Buhari ve Müslim'in Ebû Hâzim'den rivayetine göre, Râvi şöyle anlatmıştır: Ebû Hüreyre'yi (r.a.) gördüm, parmaklarıyla işaret ederek şöyle diyordu:

***"— Ebû Hüreyre'nin canı kudret elinde bulunan zat'a andolsun*** *(kudret ve iradesiyle beni yaşatan Yüce Allah'a yemin ederim)* ***ki, Allah'ın Resûlü Muhammed*** *(Sallallâhü Teâlâ Aleyhi ve sellem)* ***arka arkaya üç gün doyasıya buğday ekmeği yemedi. Bu hal O'nun*** *(s.a.v.)* ***dünyadan ayrılmasına*** *(yani vefatına)* ***kadar sürdü."*** demiştir.

İmâm-ı Müslim'in Hazret-i Ayşe (r.a.) validemizden rivayetine göre, Hz. Ayşe validemiz şöyle anlatmıştır:

لَقَدْ مَاتَ رَسُولُ اللهِ ﷺ، وَمَا شَبِعَ مِنْ خُبْزٍ وَزَيْتٍ فِي يَوْمٍ وَاحِدٍ مَرَّتَيْنِ

*Manası:* ***"Gerçek şu ki, Resûlullah*** *(s.a.v.)* ***vefat etti. Ve bir günde iki defa doya doya ekmek ve yağ yemedi*** *(yani, doyasıya günde iki öğün ekmek ve katık olarak da yağ yememiştir)."*

***Ey dost!*** Demek oluyor ki, Allah'ın Habibi ve kainatın medâr-ı iftiharı ve insanlığın övünç kaynağı olarak yaratılan o yüce insan, ömrü boyunca kendi saadet hanelerinde günde iki öğün ekmek ve yağ yemeden âhirete göçmüş, Rabbi'nin Cennetteki sonsuz nimetlerine kavuşmuştur.

Halbuki o yüce insan (s.a.v.), ufak bir işaret buyursaydı, envai çeşit, türlü yemek çeşitleri emrine getirilebilirdi. Bunda zerre kadar şüphe edilmezdi. O yüce insan (a.s.), Mekke dağlarının altın olarak kendisine verilmesini nasıl ki, istememişti, çeşitli yemekler yemeyi de tercih etmiyor, belki bir parça arpa ekmeğini o envai çeşit yemeklere tercih ediyordu. Düşünebilen, aklını doğru istikamette kullanabilen, akledebilen kişiler için bu yüce tercihte alınacak ibret dersleri vardı. O gün öyleydi, bugünde öyle.

Âhiret yolcusu olduğunu düşünebilen ve âhirette de azığın gerekli olacağını akledebilen bahtiyarlara lâzım ve gereklidir ki, Resûlullah'ın hayatından feyzü bereket almış olsunlar ve almalılarda.

İmâm-ı Tirmizi'nin Mesruk'dan rivayetine göre, Râvi şöyle anlatmıştır: Hz. Ayşe (Radıyallahü Anha)nın yanına gitmiştim. Bana yemek çıkarılmasını emretti. Yemek gelip önüme konunca şöyle konuştu:

"— ***Bir yemekten doyduğum da*** *(doyuncaya kadar yediğim de)* ***ağlıyorum*** *(Yani, içimden ağlamak geçtiği zaman mutlaka ağlıyorum)."* dedi. Ben de **"neden ağlıyorsun?"** diye sordum. Hz. Ayşe (r.a.), cevap olarak şöyle buyurdu:

"— ***Resûlullah'ın*** *(s.a.v)* ***dünyadan ayrıldığı vaziyeti hatırlıyorum*** *(Yani O'nun (a.s.) ölmeden önceki halini düşünüyorum)."*

وَاللهِ مَا شَبِعَ مِنْ خُبْزٍ وَلَحْمٍ مَرَّتَيْنِ فِي يَوْمٍ

"— ***Vallahi, et ve ekmekten günde iki defa karnı doymamıştı*** *(Yani bir günde doyasıya iki öğün et ve ekmekten yemedi, yememişti)."* dedi.

İmâm-ı Beyhaki'nin rivayetinde de, Hz. Ayşe validemiz şöyle buyurmuştur:

مَا شَبِعَ رَسُولُ اللهِ ﷺ ثَلَاثَةَ اَيَّامٍ مُتَوَالِيَةً

وَلَوْ شِئْنَا لَشَبِعْنَا وَلَكِنَّهُ كَانَ يُؤْثِرُ عَلَى نَفْسِهِ

*Manası:* ***"Resûlullah*** *(Sallallâhü Aleyhi ve sellem),* ***üç gün peş peşe doyasıya yemek yemedi. İsteseydik doya doya yerdik*** *(yiyebilirdik).* ***Fakat Resûlullah*** *(s.a.v.),* ***başkalarının*** *(yani Ashabının fakirlerini)* ***yedirmeyi severdi*** *(önce onların karınlarını doyurmayı tercih ederdi).* ***Ve kendisi az yerdi."***

*Ey dost!* İşte bu rivayette sana söyleyeceklerimin tümünün açıklaması vardır. Yüce Peygamberimiz isteseydi, her çeşit yemeği ve yiyeceği doyasıya yiyebilirdi. Onun imkânları buna elverişli idi. Fakat O (a.s.), hem en mütevazi bir kulun yaşam tarzını seçmişti, hem de diğer mümin ve müslümanların durumuyla derinden derine ilgileniyordu ve onların durumlarını kendi durumuna tercih ediyordu.

İşte bize düşen görev Efendimizin bu hayat tarzındaki sır ve hikmeti bir nebzecik de olsun kavramaya çaba göstermektir ve iki dünyada da mutlu olabileceğimiz bir yaşam biçimini tercih edebilecek bir anlayışa sahip olabilmemizdir.

## Peygamberimizin Ev Halkının Yaşam Tarzı:

***Ey Hak yolcusu!*** Şimdi de Resûlullah'ın (s.a.v.) aile efradının, pak zevcelerinin ve ev halkının yaşam tarzından birkaç örnek görelim. Görelim ki, âhiretimiz için de azık hazırlığının gerekli olduğu ve olacağı akledebilelim. Bu fani dünyada sürülen saltanatların, yiyilen envâi çeşit yiyeceklerin, giyilen süslü püslü giysilerin âhiret yolculuğunda kişiye herhangi bir yarar sağlamayacağını hatırlayalım. Bu çekilen sıkıntıların boşa olmayacağını, bunların bir hikmeti ve inceliği olduğunu ve olacağını akledelim, fikredelim, biraz da kendi halimizi düşünme fırsatı hazırlayalım ve şimdi gelelim, feyzü bereket alacağımız örneklere...

İbn-i Mâce'nin Hazret-i Âişe (Radıyallâhü Anha)dan rivayetine göre, Hz. Âişe (r.a.) şöyle anlatmıştır:

لَقَدْ كَانَ يَاْتِى عَلَى آلِ مُحَمَّدٍ ﷺ الشَّهْرُ مَايُرَى فِى بيتٍ مِنْ بُيُوتِهِ الدُّخَانُ

*Manası:* ***"Andolsun ki, Hz. Muhammed*** *(sallallâhü Aleyhi ve sellem)**'in ev halkının*** *(yani aile efradının)* ***üzerine bir ay gelir ve geçerdi de onun evlerinin*** *(odalarının)* ***hiç birisinden ateş dumanının tüttüğü görülmezdi."*** Resûlullâh'ın zevcelerinin, her birinin kendi şahsi odaları vardı. Bunların hepsi mescide bitişikti.

***Ey dost!*** Hz. Âişe validemizin bu beyanı, Yüce Peygamberimiz Hz. Muhammed (Aleyhisselâtü vesselâm) Efendimizin hâne-i saâdetlerinde, bir ay gibi uzun bir zamanda, hatta bazen daha da uzun bir zaman diliminde sıcak bir yemeğin pişmediği gerçeğini ortaya koymaktadır.

Ebû Seleme (r.a.), demiştir ki, ben Hz. Âişe (r.a.)den sordum:

***"— Peki onların*** *(yani peygamber ailesinin)* ***yemeği ne idi?"*** dedim. Hazret-i Âişe (Radıyallahü Anha):

"— اَلْاَسْوَدَانِ ***İki siyah idi."***

"— اَلتَّمْرُ وَالْمَاءُ ***Bu iki siyah da hurma ve su idi."*** buyurdu. Ve devamla:

*"Bir de sadakatlı komşularımız vardır ki, bunlar Ensâr'dan* ***(Medine'nin yerlisi)*** *olan komşularımızdı.*

*Bunların süt veren evde besledikleri hayvanları bulunuyordu. İşte bu komşularımız sağ mallarının sütlerini Resûlullah'a ikram olarak gönderirlerdi. O da **(a.s.)** bize **(ev halkına)** ikram eder, içirirdi."* demiştir.

Evet, Yüce Peygamberimizin saâdetli evinde (hâne-i saâdetlerinde) sıcak yemek pişmediği zamanlarda O'nun (a.s.) pak zevceleri ve tüm ev halkının gıdaları hurma ile sudan ibaretti. **"Esvedân-iki siyah"** ifadesi, Medine hurmalarının çoğu siyah oluşundan ve suyun da rengi bulunduğu kaba göre değiştiğinden dolayı olsa gerektir. **"Esvedân"** -iki siyah yiyecek". Bunlarda hurma ve su idi, demek olur.

İmâm-ı Müslim Hz. Âişe (Radıyallahü Anha)dan rivayet etmiştir: Hz. Âişe (r.a.) demiştir ki:

مَا شَبِعَ آلُ مُحَمَّدٍ ﷺ يَوْمَيْنِ مِنْ خُبْزِ بُرٍّ

إِلَّا وَأَحَدُهُمَا تَمْرٌ

*Manası:* ***"Âl-i Muhammed - Muhammed** (sallallâhü Aleyhi ve sellem)**in aile efradı iki gün üst üste buğday ekmeğinden doya doya yememiştir. İki günün biri mutlaka hurma olmuştur."*** İki günün birinde buğday ekmeği yersek, bir gününde de hurma yerdik. Yani, iki gün üst üste yemek için ekmek bulunmazdı da iki günün birinde hurma ile gıdalanırdık demek olur.

Yine İmâm-ı Müslim Hz. Âişe (r.a.)den rivayet etmiştir: Hazret-i Âişe (Radıyallahü Anha) validemiz, Hazret-i Peygamber (Aleyhisselâm)in, ehl-i beyt'inin, aile efradının geçim şeklini ve maişet durumunu şöyle açıklamıştır:

إِنْ كُنَّا آلَ مُحَمَّدٍ ﷺ لَنَمْكُثُ شَهْرًا مَانَسْتَوْقِدُ بِنَارٍ. إِنْ هُوَ إِلاَّ التَّمْرُ وَالْمَاءُ

*Manası:* ***"Şu bir gerçektir ki, biz Âl-i Muhammed, Muhammed ailesi, bazen bir ay olurdu da hiç ateş yakmazdık. Nafakamız, yiyip içtiğimiz sadece kuru hurma ve su olurdu."*** (Müslim Zühd bölümünde tahriç etmiştir.)

Müslim'in Hz. Âişe (r.a.)den diğer bir tahricinde ise, şöyle demiştir: Hz. Âişe (r.a.) şöyle anlatmıştır.

مَا شَبِعَ آلُ مُحَمَّدٍ ﷺ مِنْ خُبْزِ شَعِيرٍ يَوْمَيْنِ مُتَتَابِعَيْنِ حَتَّى قُبِضَ رَسُولُ اللّٰهِ ﷺ

*Manası:* ***"Resûlullah vefat edinceye kadar, Muhammed Aleyhisselâmın aile efradı, arpa ekmeğinden iki gün üst üste doyasıya yememiştir."*** (Müslim Zühd.)

Yine Âişe validemizden Müslim'in rivayetinde buyrulmuştur ki:

مَا شَبِعَ آلُ مُحَمَّدٍ ﷺ مُنْذُ قَدِمَ الْمَدِينَةَ مِنْ طَعَامِ بُرٍّ ثَلاَثَ لَيَالٍ تِبَاعًا حَتَّى قُبِضَ

*Manası:* ***"Ehl-i beyt-i Muhammed*** *(s.a.v.), (yani peygamber ailesi),* ***Resûlullah'ın Medine'ye gelip yerleşmesinden vefatına kadar, buğday ekmeğinden üç gece üst üste doyuncaya kadar yememiştir."*** (Müslim Zühd.)

İmâm-ı Tirmizi, İbn-i Abbas (Radıyallahü Anhüma)dan rivayet etmiştir. Râvi İbn-i Abbâs (r.a.) demiştir ki:

كَانَ رَسُولُ اللهِ ﷺ يَبِيتُ اللَّيَالِيَ الْمُتَتَابِعَةَ

وَاَهْلُهُ طَاوِيًا لَايَجِدُونَ عَشَاءً، وَكَانَ

اَكْثَرُ خُبْزِهِمُ الشَّعِيرُ

*Manası:* ***"Resûlullah*** *(Sallallâhü Aleyhi ve sellem)* ***ve aile efradı, üst üste pek çok geceleri aç olarak geçirirler ve akşam yemeği bulamazlardı.*** *(Yedikleri)* ***ekmekleri ise, çoğunlukla arpa ekmeği olurdu."*** (Tirmizi rivayet etmiştir.)

***Ey Hak yolcusu!*** Şimdi de, seninle buraya kadar okuduğumuz gerçeklerin birkaç cümlelik analizini yapalım isterim. Buraya kadar okuduğumuz gerçeklerde yokluğun, azlığın da belki bir dahli ve rolü vardı. Ama asıl olan Hz. Peygamber'in ve aile efradının bu hayat tarzını ve yaşam biçimini kendi tercihleri çerçevesinde sürdürmeleri gerçeğidir.

Geçen bazı bölümlerde de işaret ettiğimiz gibi, Hazret-i Peygamber (Aleyhisselâtü vesselâm) ve aile efradı eğer isteselerdi, rahat bir dünya hayatı, bolluk içinde bir yaşam sürebilirlerdi. Fakat böyle bir yaşam biçimini hem Hazret-i Peygamber, hem de Ehl-i Beyti olan aile efradı mübarek zevceleri tercih etmemişlerdi. Eğer dikkat etmiş olursak, okuduğumuz hadislerin meâl ve açıklamalarında bu gerçekleri anlamış olmamız gerekir ve mümkündür. Meselâ;

1. Hz. Âişe (Radıyallahü Anhâ), yukarıda geçen açıklamasında şöyle buyurmuştu:

*"— **Resûlullah** (s.a.v), **ve aile efradı üç gün peş peşe doyasıya kadar yemek yemedi** (yememiştir) **isteseydik doya doya yerdik** (yiyebilirdik). **Fakat Resûlullah** (a.s.), **başkalarını** (yani Ashabın fakirlerini) **yedirmeyi severdi.** (Önce onların karınlarını doyurmayı tercih ederdi.) **Ve kendisi az yerdi."*** (Bu hadis yukarıda arapça metni ile birlikte geçmiştir.)

Bu açıklamadan anlıyoruz ki, Hazret-i Peygamber (Aleyhisselâm) ve ailesi efradı, üst üste ***"üç gün doyasıya yemek yememiş"*** olmaları şöyle dursun, hergün birkaç çeşit yemekle, doyasıya ve mükemmel bir lezzette yemeleri mümkündü.

Bu fırsat onların elinde var ve durumda mümkündü. Medine'li (Medine'nin yerlisi) müslümanların ve komşuların, Hazret-i Peygamber'e ve peygamber ailesine gönderdikleri hediyeleri ve gönderilen ikramları ellerinde tutsalardı, bu gelen ikram ve hediyeler dahi onların (Hz. Peygamberin ailesi)nin, günlerce hatta aylarca doyasıya yemelerine yeterdi de artardı bile.

Dahası da var, Hazret-i Peygamber (Aleyhisselâm), kendi şahsi malından pak zevcelerinin senelik yiyecek ve içecek kadar yani onların senelik nafaka ve maiyşetlerini ayırır ve kendilerine verirdi. Ancak Hazret-i Peygamber (Aleyhisselâm) Efendimizin mübarek zevceleri (hanımları) çok çok cömert ve iyilik sever oldukları için, kendi şahsına ait olan özel nafakalarını Allah rızası için fakirlere, dağıtır yoksullara verirlerdi. İşte bu nedenle de kendileri, doyasıya üç gün üst üste buğday ve arpa ekmeği yememiş, yiyememiştir. Çünkü onların (Radıyallahü Anhünne) tek maksat, tek amacı Hazret-i Peygamber Efendimizin yolundan ayrılmamaktı. Yukarıda geçen **"dünyanın değersizliği"** bölümünde de anlatıldığı gibi, Hz. Âişe (Radıyallahü Anha) validemiz, kendisine getirilen seksen bin dirhem parayı birgün içinde ihtiyaç sahibi fakir, fukaraya dağıtmış ve akşama o seksen bin dirhemden hizmetçisine (ikiyüz elli gramlık) bir parçacık et alacak kadar dahi parası kalmamıştı. Hz. Âişe validemizin eline bu kadar paranın gelip geçtiğini öğrenen hizmetçisi:

*"— **Bir dirhemiyle de bize et alsaydınız**"* dileğinde bulunan hizmetçisine Âişe validemiz:

*"— (Elimde para varken) **hatırlatsaydın alırdım.**"* cevabını vermişti. Efendimiz (Aleyhisselâm)ın mübarek zevcelerinden bu insani örnekleri daha da çoğaltabiliriz.

Evet, Hz. Âişe validemizin ***"isteseydik doya doya yerdik** (yiyebilirdik)"* ifadelerinden daha birçok açıklama çıkarabiliriz, örneklerde de verebiliriz.

2. Bölümümüzün başından itibaren geçen hadislerin anlamlarını şöyle kısa kısa bir hatırlayıp konuyu toplayalım:

• *"Hz. Muhammed* (Aleyhisselâm)*ın aile efradı üst üste üç gün tok olmamıştır. Bu durum vefatına kadar devam etmiştir."*

• *"Allah'ın Resûlü Muhammed* **(a.s)** *Efendimiz üç gün arka arkaya* **(doyasıya)** *buğday ekmeği yemedi. Bu O'nun* **(a.s.)** *vefatına kadar sürdü."* Ebû Hüreyre.

• **"Resûlullah** (a.s.) ***bir günde iki defa*** (iki öğün) ***doyasıya ekmek ve yağ yemeden vefat etmiştir."*** Müslim, Hz. Âişe'den.

• *"Resûlullah'ın* **(a.s.)** *ölmeden önceki halini düşünüyorum. Vallahi, et ve ekmekten günde iki defa karnı doymamıştı.* ***(Yani bir günde doyasıya iki öğün et ve ekmek yememiştir.)"*** Tirmizi, Hz. Âişe'den.

• ***"Gerçek şudur ki, biz Âl-i Muhammed*** (a.s.)***, bazen bir ay olur geçerdi de*** (sıcak birşey pişirmek için) ***hiç ateş yakmazdık. Yiyip içtiğimiz*** (nafaka) ***sadece kuru hurma ve su olurdu."*** Müslim Hz. Âişe'den.

• *Âl-i Muhammed* **(a.s.)** *üst üste iki gün buğday ekmeğinden doyasıya yememiştir. İki günün biri mutlaka hurma olmuştur."* Müslim, Hz. Âişe'den rivayet etmiştir.

• **Resûlullah'ın sağlığında O'nun** (Aleyhisselâtü vesselâm) **aile efradı, üst üste iki gün doyasıya arpa ekmeğinden yememiştir."** Müslim, Hz. Âişe'den rivayet etmiştir.

• *"Ehl-i Beyti Muhammed* **(a.s.) (yani Hz. Peygamberin aile efradı)** *Resûlullah'ın* **(a.s.)** *Medine'ye gelişinden tâ vefatına kadar* **(olan zaman diliminde)** *üst üste üç gece doyasıya buğday ekmeği yememiştir."* Müslim Hz. Âişe'den rivayet etmiştir.

***Ey Hak yolcusu!*** Sana verdiğim bu gerçek ölçülerini gönül kulağını açarak okumalısın. Bunlar senin için dünya ve âhiret mutluluğunu sağlayacaktır. Yani, konuyu kavrayabilir ve kendimizi dünyadaki yaşam içindeki faniliğimizi değerlendirebilecek bir ölçüye sahip kılabilirsek, işte o zaman âhiretimizi kazanma yoluna girebiliriz veya girmemize işaret eden bir ışık belirmiş olabilir.

Efendimiz Aleyhisselâtü vesselâm'ın Ehl-i Beyti'nin, Ezvâc-i Tâhirâtının bu konuda sabır ve istiğna göstermeleri, onların yoksulluklarından değildi. Onların, en ucuz ve en kolay elde edilen gıda maddesi, kuru hurma olduğu içindir ki, günde iki öğün yemek yerlerse, bunun bir öğünü mutlaka kuru hurma olması kendi tercihleriydi. Çünkü müslümanlar arasındaki garipler, yoksullar vardı, onların gözetilmesi, kollanması gerekiyordu. Hz. Peygamber Aleyhisselâm'ın hanımları kendilerinden daha çok, ihtiyaç sahibi müslümanların dertleriyle, ihtiyaçlarıyla ilgileniyorlardı. Kendi nafakalarını, bu ihtiyaç sahibi kimselere dağıtıyorlardı. Resûlullah (a.s.), böyle yapıyordu. Onlar da Resûlullah (Aleyhisselâm)ın yolundan gidiyorlardı. Hazret-i Peygamber (a.s.)ın vefatından sonra da aynı iyilik severliğe ve cömertliğe devam etmişlerdir. Müminlerin anneleri ünvanına mazhar olan, Ezvâc-i Tâhirât, Hz. Peygamber Efendimizin izinde yürüyerek, dünyalığa, değer vermemişlerdir ve diğer insanları kendi nefislerine tercih etmişlerdir. Ölçü budur. Bu inceliği kavramak gerekir.

*Ey Dost!* Şunu aklımızda tutmalıyız ki, Resûlullah'ın mübârek zevceleri (hanımları) Resûlullah'ın yolundan gidiyorlardı, yemiyor, yediriyorlardı. Sana bir örnek daha vereyim:

Hz. Âişe (R.A.) validemiz, oruçlu olduğu bir günde kapısına bir fakir geldi. Evinde de sadece bir tek ekmeği vardı, başka yiyecek bir şey yoktu. Hz. Âişe validemiz, hizmetçisine:

*"— O ekmeği gelen fakir kadına ver."* diye emretti. Hizmetçisi:

*"— Efendim, iftarda yiyecek başka bir şeyimiz yoktur."* deyince, Hz. Âişe (Radıyallahü Anha) validemiz:

*"— Allah kerimdir; sen o ekmeği fukaraya ver."* buyurdu.

İftar vaktine az bir vakit kalmıştı. Hz. Âişe'nin (R.A.) hizmetçisi kendi kendine düşünüyordu: İftarda ne yiyeceklerdi, derken kapıda birisi göründü. Komşulardan birisi, Hz. Âişe (R.A.)'ye iftarlık yufka ve et yemeği göndermişti. Onlar ellerinde kuru ekmeği hayra vermişlerdi. Kendilerine yufka ve et yemeği hediye gelmişti.

Hz. Âişe (Radıyallahü Anha) durumu öğrenince, hizmetçisine seslenerek yanına çağırdı ve ona iltifatta bulunmak (yani onun gönlünü almak) üzere:

***"Gel bak, bu senin verdiğin kuru ekmekten daha iyi değil mi?"*** buyurdu. (İmâm-ı Malik (El'Muvatta'da) Hz. Âişe'den rivâyet etmiştir.

Yine İmâm-ı Mâlik sadaka bölümünde Hz. Âişe'den rivâyet etmiştir:

Hz. Âişe (R.A.) validemizin önünde küçük bir üzüm salkımı bulunuyormuş. O anda bir yoksul kadın gelmiş ve Hz. Âişe'den yiyecek birşey istemiş. Hz. Âişe (R.A.), üzümü o yoksula vermiştir.

*Evet ey dost!* Bu faziletler hep âhiret inancının meyveleridir. Dünyada tıka basa da olsa mide doldurmanın hiç bir yararı yoktur. Beş on saat sonra bütün yediklerin ancak birer kazurât olup WC de senden çıkacaktır. Ve sana hiçbir gelir (kâr) getirmeyecektir. Ama bir öğün, bir gün aç kalman, hatta bir kaç gün aç kalman seni öldürmeyecek ve sana bir zararda getirmeyecek olduğunu sen de biliyorsun. Ama fakire, yoksula verdiğin bir lokma, bir kuru ekmek senin için âhiret azığı olacağını düşünmeli ve inanmalısın vesselâm!..

*Ey Hak yolcusu!* Hz. Peygamber Efendimizin ve ailesinin maişetini yani ev halkının geçim tarzı başlığı ile verdiğimiz bu bölümde yer yer kısa açıklamalarda da arz ettiğim gibi, Sevgili Peygamberimizin mübarek hayatını dünya ve âhiret hayatı ile sıkı sıkıya bağlı olarak anlamaya gayret etmeliyiz. Buradaki inceliği kavramaya çaba göstermeliyiz. Yüce Peygamberimizin değer vermediği, dünya hayatının gösterişi, debdebesi ve saltanatıdır. **"Ölüm ve yaşamı yaratan"** Allah Teâlâ; bunları insanları imtihan etmek için yaratmıştır. Dünya ile âhiret birbirlerini tamamlayan iki unsurdur. Âhiret hayatı önemlidir. Çünkü devamlıdır. Dünya geçici olduğu için, kederi de neşesi de önemli değildir, çünkü geçicidir. Hazret-i Peygamber (Aleyhisselâm) dünyanın rahatlığına ve gösterişlerine (lüksüne) değer vermemiştir. Verseydi bu rahat hayatı yaşayabilirdi. Birkaç sayfa önce okuduğumuz örneklerde ve özellikle Hz. Âişe'nin (r.a.), rivayetinde görmüştük ki:

*"Yâ Âişe! Bunu geri gönder. Allah'a yemin ederim ki, eğer isteseydim, Allah Teâlâ, dağları benim için altın ve gümüş yapardı ve yapacaktı."* buyurmuştu Efendimiz. Şunu aklımızdan çıkarmayalım ki, Hz. Peygamber Efendimizin dünya yaşam tarzı kendi tercihidir. Yokluktan, acizlikten ve tembellikten değildir. Hazret-i Peygamber Aleyhisselâm, yememiş yedirmiş, giymemiş giydirmiştir. Hz. Âişe validemiz (r.a.), yukarıda geçtiği gibi;

***"Biz isteseydik en güzel şekilde doyasıya yerdik, yiyebilirdik. Fakat Resûlullah** (a.s.) **yedirmeyi severdi, başkalarını kendisine tercih ederdi. Kendisi yemez ümmetinin muhtaç olanlarını yedirir, giyindirirdi."*** buyurmuştur.

*Evet ey dost!* Şunu aklından çıkarma ki, dünya hayatı ile âhiret arasında zorunlu bir tercih yapmak söz konusu olduğu zaman âhiret hayatı tercih edilir. Çünkü âhiret hayatı devamlı bir hayattır. Sevgili Peygamberimizin şu Hadîs-i Şerifi kulağında küpe olsun.

***"Cennette bir kamçı büyüklüğü kadar yer edinmeniz, dünyadan ve dünyada bulunan herşeyden daha iyi ve daha değerlidir."*** Buhari ve Tirmizi rivayet etmiştir.

İbn-i Mâce ve Hâkim, Enes (r.a.)den rivayet etmiştir. Enes (r.a.) demiştir ki:

*"— **Resûlullah*** (s.a.v.) ***yünden kaba elbise ve yamalıklı*** (yani yamalı) ***ayakkabı giyerdi. Bazen de kıldan yapılmış sert elbise giyerdi. Arpa ekmeği yer, arpa ekmeği kuru ve sert olduğu için su içerdi, su içmeden yatamazdı*** *(yani su yumuşatırdı)."*

Buhari, Müslim, Ebû Dâvûd ve Tirmizi'nin, Ebû Mûsa'l Eş'ârı oğlu Ebû Bürde'den rivayet etmişlerdir. Râvi şöyle anlatmıştır:

Hazret-i Âişe (Radıyallahü Anha), kaba bir kumaştan yapılmış yamalı bir hırka ve entari çıkarıp, bize göstererek:

*"— **Resûlullah** (s.a.v.) **vefat ederken** (vefat ettiği zaman) **üzerinde bu elbiseler vardı."*** demiştir.

Buhari, Müslim ve Tirmizi'nin rivayetine göre, Hz. Âişe (Radıyallahü Anha) şöyle demiştir:

***"— Resûlullah (s.a.v.) vefat ederken evimde bir dağarcık arpadan başka yiyecek hiçbir şey yoktu. Uzun bir süre onunla idare etmişimdir."***

***Ey dost!*** Hazret-i Peygamber Efendimiz, hayatı boyunca dünyalığa değer vermemiş, kendi irade ve tercihiyle zühd hayatı yaşamıştır. O (a.s.) dünyayı kalben terketmişti. Sevgili Peygamberimiz bir hasırın üzerinde gönül huzuru ile uyur ve hiç şikayet etmezdi. Hasır mübarek yüzünde izler bırakmıştı da ***"Size bir minder, temin edip de üzerine yatsanız"*** diyenlere: ***"Benim dünya rahatlığı ile işim yoktur"*** buyurmuşlardı.

## Yüce Peygamberimizin Hasır Üzerinde Yatması

İmâm-ı Tirmizi ve İbn-i Mâce, Abdullah İbn-i Mes'ûd (r.a.)dan rivayet etmiştir. İbn-i Mes'ûd (r.a.) şöyle anlatmıştır:

"Resûlullah (Sallallahü Aleyhi ve sellem) bir hasırın üzerine yatmış, kalktığında hasır örgülerinin izleri (siyah siyah) O'nun (a.s.) mübarek yüzünde yerler, çizgiler ve izler bırakmıştı. Resûlullah (s.a.v.)a:

"— *Yâ Resûlallah! Sana yumuşak bir minder yapsak olmaz mı? Baksanıza hasır yaralayıcı izler bırakmış*" dedim. Alemlerin Efendisi, O yüce insan bana:

مَالِى وَلِلدُّنْيَا مَا اَنَا فِى الدُّنْيَا اِلاَّ كَرَاكِبٍ اِسْتَظَلَّ

تَحْتَ شَجَرَةٍ ثُمَّ رَاحَ وَتَرَكَهَا

***"Benim dünya ile işim yok. Ben dünyada bir ağacın gölgesi altında dinlenip, sonra da*** *(gölgeli ağacı)* ***bırakıp yoluna giden*** *(yoluna devam eden)* ***bir yolcu gibiyim."*** "Cevâb-ı Peygamberi'sini verdi." demiştir.

Taberânî ise, yine Abdullah İbn-i Mes'ûd (r.a.)un dilinden şöyle anlatmıştır: Râvi der ki: Resûlullah'ın yanına gittim. Huzûr-u Saâdetlerine girdim. Hamam sıcaklığı gibi sıcaklığı bulunan bir odada hasır üzerinde uyuyordu. Hasırın izleri mübarek yüzünde, çizgi çizgi yollar yapmıştı. Bu durumu görünce ağladım. Benim ağladığımı gören, (Alemlerin kendi yüzü suyu hürmetine yaratılan o yüce insan) Allah Resûlü (sallallahü Aleyhi ve sellem), bana:

مَايُبْكِيكَ يَا عَبْدَ اللّٰه

"— *Ey Abdullah! Niçin ağlıyorsun?*" buyurdu. Ben de:

"— ***Ey Allah'ın Resûlü! Kisra ve Kayser*** *(İran Şahı ve Bizans İmparatoru)* ***ipek kumaşlardan yapılmış*** *yumuşak döşeklerin üzerinde yatıyor, saltanatlar içinde yaşıyorlar. Sen ise,* (Alemlere rahmetsin), *hasırın üzerinde yatıyorsun, örgüsünün izleri mübarek yüzünüzde iz yerleri yapıyor."* dedim. Benim bu yakınmam üzerine, Alemlerin övünç kaynağı o yüce insan, Efendimiz (a.s.) bana şöyle diyordu:

فَلاَ تَبْكِ يَا عَبْدَ اللّٰهِ! فَاِنَّ لَهُمُ الدُّنْيَا، وَلَنَا الْاٰخِرَةُ
وَمَا اَنَا وَالدُّنْيَا وَ مَا مَثَلِي وَمَثَلُ الدُّنْيَا اِلاَّ كَمَثَلِ
رَاكِبٍ نَزَلَ تَحْتَ شَجَرَةٍ ثُمَّ سَارَ وَتَرَكَهَا

*"— Ağlama, ağlama Ey Abdullah! Dünya onların olsun, onların görüp göreceği sadece dünyadadır. Âhiret de bizimdir, âhiretin ebedi nimet ve saâdetleri bizim içindir. Dünya ile benim bir işim yoktur. Dünya ile benim ilişki durumum, ancak bir yolcunun durumu gibidir. Yolcu, yolculuğu esnasında dinlenmek üzere bir ağaç altında mola vermek üzere iner, biraz ağacın gölgesinde dinlenir, sonra da yoluna devam etmek üzere gölgeliği bırakıp gider"* buyurdu.

## Hz. Peygamberin Yatağı Çok Sert Cisimlerdi

İbn-i Hıbban sahihinde, Hz. Âişe (Radıyallahü Anha)dan rivayet etmiştir. Hz. Âişe (r.a.) şöyle anlatmıştır: Resûlullah (s.a.v.)'in bürdi (bir tür ot) ile örtülü bir divanı vardı. Üzerinde de içine bürdi doldurulmuş siyah bir minder bulunuyordu. Hazret-i Ebû Bekir ve Hazret-i Ömer (Radıyallahü Anhüma) Resûlullah (a.s.)'ın yanına girdiler. Onlar girdiğinde Resûlullah (a.s.) divanında yatıyordu. Onları görünce doğruldu ve oturdu. Mübarek yüzünde ve yanağında divanın izlerini görünce, bu iki dost hemen üzüntülerini dile getirerek:

***"Yâ Resûlallah! Bu divanın üzerindeki sert minder seni rahatsız etmiyor mu? Şu Kisra ve Kayser ipek döşekler, ipek yataklar üzerinde yatıyorlar** (Sen ise, Allah'ın Resûlü bu sert minder üzerinde rahatsız oluyorsun)."* dediler. Hazret-i Resûlullah (a.s.), onların bu endişeleri üzerine:

لَاتَقُولَا هَذَا، فَاِنَّ فِرَاشَ كِسْرَى وَقَيْصَرَ فِى النَّارِ.

وَاِنَّ فِرَاشِى وَسَرِيرِى هَذَا عَاقِبَتُهُ اِلَى الْجَنَّةِ

***"— Yâ Ebâ Bekir, Yâ Ömer böyle söylemeyin! Kisra ve Kayser'in varacağı son yatağı Cehennemde ateştir. Benim bu divanımın ve minderimin akibeti ve neticesi** (sonucu) **ise, Cennettir."*** (İbn-i Hıbban, Hz. Âişe'den tahric etmiştir.)

Yine Hz. Âişe (Radıyallahü Anha)dan rivayete göre, demiştir ki:

***"Resûlullah** (Sallallâhü Aleyhi vessellem)**'in yattığı yatağının içi hurma lifi doldurulmuştu."***

***"Resûlullah** (s.a.v.)**in dayandığı yastığı da hurma lifi ile doldurulmuştu."*** (Buhari, Müslim ve diğerleri rivayet etmiştir.) (Hurma lifi, hurma yapraklarından ve hurma kabuklarından yapılırdı.)

İmâm-ı Beyhekî, Hazret-i Âişe (r.a.)den rivayet etmiştir: Hz. Âişe (r.a.) şöyle anlatmıştır:

*"Yanıma Ensâr'dan* (Medine'li) *bir hanım gelmişti. Hazret-i Peygamber* (Aleyhisselâtü vesselam)*'ın bir tarafı iple bağlanmış, kadife yüzlü sert döşeğini gördü. Gidince evinden yumuşak yün bir döşek* (yatak) *gönderdi. Hazret-i Peygamber (s.a.v.) gelip döşeği görünce:*

"— مَاهَذَا يَا عَائِشَةُ؟ *Bu ne yâ Âişe?"* buyurdu. Ben de:

*"— Yâ Resûlallah! Medine'li felanca hanım geldi, sizin sert yatağınızı görünce, gitti, bu döşeği gönderdi."* dedim. Hz. Peygamber (a.s.):

"— رُدِّيهِ يَا عَائِشَةَ *Yâ Âişe! Bunu geri, gönder.*

فَوَاللهِ لَوْ شِئْتُ لَاَجْرِي اللهُ مَعِي جِبَالَ الذَّهَبِ وَالْفِضَّةِ

*"— Allah'a yemin ederim ki, eğer isteseydim Allah, dağları bana altın ve gümüş yapardı."* buyurdu. (Beyhekî tahriç etmiştir.)

Diğer bir rivayette Medine'li bir hanım şöyle anlatıyor: Hz. Âişe (r.a.)nin yanına gitmiştim. Hazret-i Peygamber (Aleyhisselâtü vesselam)'ın döşeğini (yatağını) elledim, çok sertti, içine bürdi (bir çeşit ot) veyahut hurma lifi doldurmuşlardı. Hz. Âişe'ye (r.a.) ricada bulundum:

*"— Ey müminlerin annesi! Bende bundan daha yumuşak, daha güzel döşek var, onu Resûlullah'a getireyim."* demiştir. Ancak Resûlullah (a.s.) razı olmuyordu.

*Evet ey dost!* Resûlullah (sallallahü Teâlâ Aleyhi vesellem) Efendimizi Ashab-ı Kirâm'ın hem kendileri hem de hanımları çok severlerdi, öyle ki, kendi nefislerinden (öz canlarından, çoluk ve çocuklarından daha çok severlerdi. Bu verdiğimiz örnekler onların sevgilerinin birer belgesidir.

## Hz. Ömer Peygamberimizi Hasır Üzerinde Görünce Ağladı

Hazret-i Peygamber (Aleyhisselâm)in hasır üzerinde yatmalarını bir de Hazret-i Ömer'in görüp üzülmesi vardır ki, Ömer (r.a.), bu hali görünce ağlamıştır.

İbn-i Mâce Hz. Ömer (r.a.)den rivayet etmiştir. Hz. Ömer şöyle anlatmıştır: Ben, Resûlullah (sallallahü Aleyhi vesellem)in yanına vardım ve odasına girdim. Gördüm ki Resûlullah (a.s.) odasında bir hasırın üzerinde yatıyordu. Müsaade alıp yanına oturdum. Yalnızca belden aşağısı elbiseliydi, belden yukarısında bir şey yoktu. Bir de baktım ki, hasır O'nun mübarek vücudunun yan tarafında derin izler yapmıştı. Odasının bir köşesinde içinde birkaç avuç (bir ölçek kadar) arpa bulunan küçük bir torbacık asılıydı. Diğer bir köşesinde de işlenmiş bir deri (tüyleri dökülmüş koyun pösteki) asılıydı. İşte o yüce Peygamberin (a.s.) odasında bulunan eşyalar (bir hasır, içinde birkaç avuç arpa bulunan küçük bir torbacık bir de kullanılan tüyleri dökülmüş koyun postu). Bu manzara karşısında kendi kendime duygulandım, gözlerim yaşardı, gönlümdeki rikkat, gözlerimden yaş olarak akmaya başlamıştı. Resûlullah (Aleyhisselâm) halimi görünce:

مَا يُبْكِيكَ يَا ابْنَ الْخَطَّابِ؟

*"— Niçin ağlıyorsun? Ey Hattâb oğlu!"* buyurdu. Ben de:

***"— Ey Allah'ın Resûlü! Niçin ağlamayayım! Üzerinde yattığınız şu hasır mübarek vücudunuzun yan tarafında yara bere şeklinde izler yapmış. Mübarek odacığınızda şu gördüklerim** (küçücük bir arpa torbacığı, bir de tüyleri dökülmüş pösteki)**den başka birşeycik** (herhangi bir eşya) **yoktur.***

***Halbuki, Kisra, Kayser** (ve krallar) **saltanatlar içinde, içinden sular fışkıran bağlar, bahçeler içinde yaşıyor, kuş tüyü yataklarda yatıyor,** (kâinat yüzü suyu hürmetine yaratılmış olan) **sen ise, Allah'ın Resûlü ve seçkin kulusun, evin bomboştur, hasırın izleri yer yapmıştır. İşte beni ağlatan bu manzaradır."*** dedim.

Bunun üzerine Hz. Peygamber Efendimiz'in Hz. Ömer'e cevabı şu oldu:

يَا ابْنَ الْخَطَّابِ اَمَا تَرْضٰى اَنْ تَكُونَ لَنَا

اْلاٰخِرَةُ وَلَهُمُ الدُّنْيَا

***"Ey Hattaboğlu! Dünya onların olup, âhiretin bizim olmasını istemez misin?"*** buyurarak Ömer'in (r.a.) kendisine gelmesi için teselli verdi.

İmâm-ı Buhârî'nin Amr bin Hâris (r.a.)den rivayetle, Râvi demiştir ki:

***"— Resûlullah** (s.a.v.) **vefat ettiği zaman mal olarak hiçbir şey bırakmamıştır. Yani, ne parası, ne altını, ne de gümüşü, ne kölesi ve ne de hizmetçisi** (cariyesi) **vardı. Yalnızca bindiği katırı ve silahı kalmıştı. Bir de fakirlere sadaka** (hayır) **olarak bıraktığı hur-***

***malığı** (vakıf olarak bıraktığı hurma bahçesi)* ***vardı.*** *(Başka da hiçbir şeyi yoktu).*"

Amr bin Âs (r.a.), insanlara çıkışarak şöyle nasihat ederdi:

"***— Vallahi, Resûlullah** (s.a.v.)**'ın değer vermediği şeylere siz gönül bağlıyorsunuz. Siz dünya malına meylediyorsunuz. Halbuki Resûlullah** (a.s.) **böyle şeylere** (dünyalıklara) **hiç kıymet ve değer vermezdi. Allah'a yemin ederim ki, Resûlullah** (a.s.)**'ın vereceği** (borcu) **alacağından çok olmadığı bir gece geçirmemiştir.***" Amr'ın bu sözlerini dinleyen Ashab'ın bazıları:

"***— Resûlullah'ın** (a.s.) **borçlandığını** (borç ettiğini)* ***hepimiz gördük, biliyoruz.***" dediler.

Hakim'im rivayetinde ise, Amr'ın konuşmasında şu ilâve vardır:

"***— Resûlullah** (a.s.)**'ın hayatında vereceği** (borcu) **alacağından daha çok olmayan üst üste üç gece geçmedi, geçmemiştir.***" demiştir.

İbn-i Hibban'ın rivayetinde de, Amr'ın insanlara çıkışmasında nasihatinde şu ilâve de vardır:

"***— Yüce Peygamberimiz** (a.s.), **dünyalıktan en uzak olan kimseydi. Siz ise, dünyaya ve dünya varlığına en çok meyledenlerden, en çok dünyaya bağlananlardansınız.** (Yani aklınızı başınıza almalısınız.)*" diyordu.

Hz. Âişe (Radıyallahü Anha) der ki;

تُوُفِّيَ رَسُولُ اللهِ ﷺ "***— Resûlullah** (s.a.v.), **vefat ederken,***"

وَدِرْعُهُ مَرْهُونَةٌ عِنْدَ يَهُودِيٍّ ***"Zırhı bir yahudi'nin yanında rehindi."***

فِى ثَلاَثِينَ صَاعاً مِنْ شَعِيرٍ ***"(Hem de) otuz ölçek arpa karşılığında rehin bulunuyordu."*** (Bu hadisimizi Buhari, Müslim ve Tirmizi, Hz. Âişe (r.a.)den rivayet etmiştir.)

*Ey dost!* Bu beyanlar için bir açıklamaya gereksinme duyanlar var mı, çıkar mı bilemiyorum? Ama benim kanaatime göre verilen mesaj gayet açık ve nettir. Ögüt ve nasihat almak isteğinde, ibret dersi almak ihtiyacı duyma bahtiyarlığında olan mutlu olma namzetleri varsa, bu bahtiyarların her biri, kendi başını iki elinin arasına alıp, deriiin deriiin düşünerek kendi hayatını şöyle bir hesaba çekip muhasebesinin kontrolünü yapması kendi menfaati gereğidir, diye düşünüyorum efendim!...

*Ey dost!* Açıklamasını yaptığım bu gerçekler, bazı şom ağızlıların **"Bir lokma bir hırka"** dediği muğalatalar anlamına da değildir. Hazret-i Peygamber Aleyhisselâtü vesselâm dünya hayatında ömrü boyunca dünya malına, dünya rahatlığına hiç değer vermemiştir. Geçen açıklamalarımızda da yer yer bu gerçeklerden örnekler verdik. Yüce Peygamberimiz, başta kendi Ehl-i Beyti-aile efradı olmak üzere Ashab-ı Kiramına da Zühd hayatını (dünya varlığına kalben meyletmemelerini) emir ve tavsiye etmişlerdir. Vereceğimiz örneklerde bu gerçekleri de göreceğiz.

## Ashab'dan Resûlullah'ın Geçim Tarzını Benimseyenler

Hazret-i Peygamber (Aleyhisselâtü vesselâm) Efendimiz, dünya yaşamında hiçbir zaman dünya malına, dünya rahatlığına değer vermemiştir. Yukarıdan beri anlattığımız örnekler bunun belgesidir. Hz. Peygamber Efendimizin sahabileri-candan arkadaşları da onun (a.s.) yolundan gitmişlerdir. Resûl-ü Ekrem (a.s.) Efendimiz, dünya lezzetlerine önem vermezdi. O'nun (a.s.) Ashab-ı Kiramı (r.a.)da dünya lezzetlerine önem vermezdi. Hz. Peygamber (Aleyhisselâm) Zühd hayatının doruğuna ulaştığı gibi, O'nun (a.s.) Ashabının ileri gelenleri de aynı Zühd hayatını (dünya lezzetlerinden uzak durma yaşamını) yaşamaya özen göstermişlerdir.

Hz. Ebû Bekir (Radıyallahü Anh)'ın Resûlullah Efendimizin yaşam biçimini benimsemesi, geçim tarzını hayatına geçirmesi vardı.

Bezzâr ve İbn-i Ebid'Dünya'nın, Zeyd İbn-i Erkam (r.a.)dan rivayetine göre, Râvi şöyle anlatmıştır:

Birgün, Ebû Bekir (r.a.)'in yanındaydım. Su istedi. Ona su yerine bal şerbeti getirip verdiler. Ebû Bekir (r.a.), şerbeti eline alınca birden bire hüzünlendi, kederlendi ve ağlayıp hıçkırmaya başladı (yani, hıçkırarak, hıçkırıkla ağlamaya başladı). Biz rahatsızlandı, acaba kendisine birşey mi oldu? diye telaşlandıksa da, bir türlü kendisine soramadık da. Sonunda ağlaması durunca:

"— *Ey Resûlullah'ın halifesi niçin ağladın?* diye sorduk. Hz. Ebu Bekir (r.a.) şunları anlatmaya başladı:

"— *Birgün ben, Resûlullah (s.a.v.) Efendimizin yanında bulunuyordum. Baktım ki, bir ara kendisinden birşeyi uzaklaştırmak için eliyle iterek "defol defol git" diyordu. Fakat görünürde birşey yoktu. Ben hiçbir şey göremiyordum."* Bunun üzerine Resûl-ü Ekreme:

"— *Yâ Resûlallah! Önünüzden birşeyi iter gibi oldunuz, nedir kendinizden uzaklaştırmak istediğiniz? Halbuki ben birşey göremiyorum"* dedim. Hazret-i Peygamber (Aleyhisselâm) bana:

"— *Yâ Ebâ Bekir! Dünya bana doğru uzandı, bana yaklaşmak istedi. Ben de, ona benden uzak dur"* dedim. Dünya gitti, sonra geri dönerek bana:

"— *Korkma ya Muhammed! Ben seni yakalayamam, sen de bana kavuşamayacaksın. Allah, seni benim şerrimden korudu ve koruyacaktır. Fakat senden sonra gelecekler (ümmetlerin) benden (benim şerrimden, benim vereceğim zarardan) kurtulamayacaklardır,"* dedi buyurdu. Ebû Bekir (r.a.), anlatmasına devamla:

"*İşte Resûlullah (a.s.)'ın bu emri aklıma geldi de, Onun emrine uymayan birşey yaparım da dünyanın, beni yakalamasından korktum ve korkuyorum. Onun için ağlıyorum."* dedi.

Hz. Âişe (Radıyallahü Ahna) babası Ebû Bekir'in vefatından sonra şöyle anlatmıştır:

"*Babam Ebû Bekr-is'Sıddıyk, vefat ettiği zaman, kendisinden hiçbir dünyalık kalmamıştır, ne bir kuruş para, ne bir dirhem, ne bir dinar mirası kalma-*

*mıştır. Çünkü vefatından önce bütün mallarını müslümanların ihtiyaçlarını kollayan Beytül'mâl'e bağışladı."* (İmâm-ı Ahmed, Hz. Âişe'den Zühd bölümünde rivayet etmiştir.)

Hz. Ebû Bekir (r.a.)'den bu örneği verdikten sonra Hz. Ömer (r.a.)'den bir iki örnek ile konumuzu özetlemek istiyorum. Bu örnekleri vermekteki amacım, Hz. Peygamber Efendimizden sonra da insanların en değerlisi bulunan O'nun (a.s.) Halifeleri ve ashabı ne şekilde bir sade ve temiz, mütevazi hayat yaşadıklarına bir göz atalım anlamınadır.

Hz. Ömer (Radıyallahü Anh) müslümanların devlet başkanıdır. O'nun (r.a.) emriyle hareket eden islâm ordusu fetih üstüne fetihler gerçekleştirmektedir. O'nun (Radıyallahü Anh) halifeliğinde bin dörtyüz şehir fethedilmiştir. İran'ın hazineleri ve fetihlerde elde edilen ganimetler su gibi Medine'ye akmaktadır. Buna rağmen islâm devletinin başkanı, Halife Hz. Ömer (r.a.)'in sırtındaki hırkası (cübbesi) on iki yerden yamalıdır. Müminlerin Halifesi Hz. Ömer (r.a.), yabancı devlet elçilerini kabulünde bu on iki yamalı hırkasıyla onların karşısına çıkmaktan bile hiç rahatsızlık duymuyordu. Fakat müslümanlar, Halifenin bu yamalı hırkayı çıkarıp yeni hırkalar, yeni cübbeler giymesini istiyorlardı. Bunların içinde Hazret-i Peygamber Efendimiz'in pak zevcelerinden olan ve aynı zamanda Halife Hz. Ömer (r.a.)'in kızı Hz. Hafsa (r.a.) validemiz de vardı. Müslümanlar, Peygamber Efendimiz mübarek hanımı Hz. Hafsa (r.a.)ya gelip babanız Halife Hz. Ömer (r.a.) sizin sözünüzü dinler, söyleyiniz de sırtındaki yamalı, eski cübbesini çıkarıp da yeni cübbeler, yeni hırkalar giysin, yabancı elçilerin karşısına onlarla çıksın diyorlardı.

Hz. Hafsa (r.a.), Halife babasına ziyarete gider ve bu dilekleri ona iletmek niyyetindedir. Hz. Hafsa (r.a.) bu niyyetle babası Halife Hz. Ömer (r.a.)'e:

"— *Babacığım, hırkanızda on iki tane yama saydım. Bu eski hırkayı bir fakire verseniz de siz, bir yenisini alıp giyseniz olmaz mı? Siz Halifesiniz, devlet başkanısınız, size yabancı elçiler gelip gidiyor, onlar sizi yeni giysiler içinde görmeliler.*" dedi.

Müminlerin halifesi Hz. Ömer (r.a.) kızına;

"— *Ey benim ciğer parem sevgili kızım, ey Resûlullah'ın pak zevcesi! Sen ki Resûlullah'ın temiz zevcelerinden olma şerefine mazhar oldun. Sen ki, O'na (s.a.v.) bizden daha yakındın. Resûlullah'ın (a.s.) bu fani dünyaya hiç mi hiç değer vermediğini bizden daha iyi biliyor ve görüyordun ve gördünde.*" diyerek ağlamaya başladı. Ve devamla kızına şunları söyledi: Resûlullah (s.a.v.) vefatına yakın günlerde bana:

"*Yâ Ömer! Mahşer günü benimle ve Ebû Bekir'le buluşmak istersen, yolumuzdan ayrılma!*" buyurduğunu duymadın mı? *Âhirette Allah'a hesap vermekten bu yamalı elbiseyi giymek daha kolaydır.*" dedi.

Hz. Ömer (r.a.), son nefesinin yaklaştığını anlayınca şöyle mırıldanmış:

"— *Şimdi, şu anda bütün dünya benim olsaydı, kıyamet gününün korku ve zorluklarından kurtulmak için fidye olarak verirdim*" demiş ve sonra oğluna (Abdullah'a):

*"— Oğlum Abdullah! yanağı yere koy"* demiş ve kendisine hitaben:

*"— Ey Ömer, eğer Allah, seni affetmezse, senin vay haline ve senin annenin vay haline"* demiş ve sonra da vefat etmiştir.

*Ey Âhiret yolcusu!* Hz. Ömer (r.a.) ki, Allah Resûlünün (s.a.v.) Cennetle müjdelenmiş olduğu ashabının (arkadaşlarının) önde gelenlerinden, Aşere-i Mübeşşere'den-Cennetle müjdelenen on kişiden biridir. Allah'ın dinine (islâma) hizmeti herkesçe biliniyor, dindarlığı, zühdü, takvası insan gücünün üstünde!... Buna rağmen âhiretin sıkıntılarından korkuyor, tirtir titriyor. Çünkü gerçeği ve hakikatleri biliyor ve bütün benliğiyle inanmış (kabul etmiş, ilmel yakin tasdik etmiş)tir. Cenâb-ı Mevlamız: *"Hiç bilenlerle, bilmeyenler bir olur mu?"* buyurmuştur. Elbette olmaz. Çocuk bilmediği için elini ateşe götürür, yakar ve feryadeder. Çocuk ateşi bilmiyor belki ama acıyı ve ızdırabı biliyor, duyuyor ve hissediyor. Âhiretin gerçeklerini bilmeyen (inanmayan-kabullenemeyen) ölüm şerbetini içmesiyle herşeyi görecek ve bilecektir. Ama faide yok, kurtuluş yok. Elini ateşe veren bebe gibi, hatta kat kat şiddetli azaba dûçar olacak ama artık kurtuluş yok, çare yoktur. Çünkü sağlığın da daha doğrusu fırsat elde olduğu zamanların değerini ve kıymetini bilememiş ve treni kaçırmıştır. Bir daha da o fırsat gelmeyecektir. Aklı başında olan, akl-ı selime sahip olanların bu gerçeklere kafa yormaları gerekiyor ve hatta gerekmekten de öte, kafalarını bütünüyle buraya vermeleri zorunlu oluyor ve olmaktadır.

# YEDİNCİ BÖLÜM

## KABİR HAYATI

*Ey Âhiret yolcusu kardeş!* Kabir hayatı, bir insanın ölmesiyle başlar. Ölen bir insanın kabir hayatı artık başlamış demek olur. Bir insan için ölüm şerbetini içmesiyle yani, ruhunu teslim edip ölmesiyle ve de kabir çukuruna atılıp üzerine toprak doldurulmasıyla kabir hayatı başlamış demektir.

Kabir, âhiret hayatına, ebedi hayata başlamanın ilk giriş kapısıdır. Ebedi hayata geçiş yolu kabir kapısından geçmektedir. Başka yol yoktur. Her insan, dünya hayatına ölüm ile son vererek âhiret hayatına geçmek için kabir kapısından geçmek zorundadır. Dünyada ömür süren her insan, mümin olsun, kafir olsun, dinli olsun, dinsiz olsun kabir adı verilen çukura, mezarcının kazdığı bir buçuk metre derinliği ve bir metre eni bulunan toprak çukuruna girmek zorundadır.

Kabir hayatı, kişinin ölümüyle başlayıp, yeniden diriltilinceye kadar sürecek olan bir geçiş dönemi, bir aralık yaşanacak misafir hayatıdır. Yani bir insan ölür, kabre gömülür, kabir yaşamı başlar. Bu kabir yaşamı, kıyamet kopup tüm insanlar yeniden diriltilip mahşer günü arasat meydanına toplanmasına kadar devam eder. İşte kabir hayatı böyle bir hayattır. Süresinin uzun mu, kısa mı olacağını Allah Teâlâ'dan başka hiçbir kimse bilmez, bilemez ve bilemeyecektir de.

Çünkü **birinci defa Sûr'a üflenecek,** dünya denilen bu alemin altı üstüne çevrilip dümdüz olacak, ne dağ kalacak, ne deniz, ne de bir canlı. Dağlar hallacın attığı yün misali havada, boşlukta uçuşacaktır. Bu yıkımın ne zaman olacağını Allah Teâlâ'dan başka hiç kimse bilemez.

**Sonra, ikinci defa Sûr'a üflenecek,** herkes diriltilip mahşer meydanın da toplanacak, Mahkeme-i Kübra (büyük duruşma, hesap-kitap, sorgu-sual) başlayacak. İşte kabir hayatı, böyle bir merhale ve safhayı içine alan uzun bir zaman dilimidir. Süresini Allah'tan başka kimse bilmiyor ve böyle bir hayat herkes için (yani, kafir olsun, mümin olsun) söz konusudur (olacaktır).

## Şu Halde Bu Hayat (Kabir Hayatı), Nasıl Bir Hayattır?

Allah'ın Resûlü, Yüce Peygamberimizin mübarek sözüyle kabir hayatı şöyledir.

اِنَّمَا الْقَبْرُ رَوْضَةٌ مِنْ رِيَاضِ الْجَنَّةِ اَوْ حُفْرَةٌ

مِنْ حُفَرِ النِّيرَانِ

*"Kabir, ya Cennet bahçelerinden bir bahçe veya Cehennem çukurlarından bir çukurdur."* (Tirmizi, Ebû Saîd'den)

Yani, kişinin dünyadaki ameline göre bir kabir hayatı olacaktır. Salih amelli, iyi ve güzel amelli, dindar kimselerin kabir hayatları, Cennet bahçesi / Cennet bahçelerinden bir bahçe olacağı ve kabrinde Cennet nimetleriyle rızıklanacağı gibi, kötü amelli, günahkâr, günah işlerle kendi ruhunu ve kendi şahsını kirleten günahlardan, kötülüklerden sakınmayan, Allah'ın emirlerini önemsemeyen asi kişilerin ve kafir, fasık kişilerin kabir hayatları da, Cehennem gibi ve Cehennem çukurlarından bir çukur olacaktır. Bunu şöyle de açıklayabiliriz: Kişinin âhiretteki göreceği iyi veya kötü muameleler (işlemler) daha kabre gömüldüğü anda başlıyor ve başlayacaktır demek olur.

İnsan kabrinde ameline göre, iyilik veya ceza (azap) görecektir. Cennetlik bir mümin/müslüman, devamlı olarak bir film seyreder gibi, Cennetteki yerini/makamını görüp seyredecek, ruhu ferahlayacak, sanki orada (Cennette) bulunuyormuş gibi, huzur duyacak, lezzet ve keyif alacaktır. İmandan yoksun (imanını beraberinde götüremeyen), o ilâhi nurdan mahrum olan kafir kişi ise, kabre girdiği andan itibaren daha Cehenneme girmeden o Cehennem azabını, sıkıntı ve ızdırabını mahşer gününe (yeniden diriltilinceye) kadar çekecektir. Çünkü o da, film seyreder gibi, Cehennemdeki yerini görüp seyredecektir.

## Kabir Hayatı Gözardı Edilecek Bir Kavram Değildir

Kabir, âhiret hayatının ilk kapısı, ilk konaklama durağıdır. Kişinin devamlı (ebedi) mutluluğu veya devamlı (ebedi) mutsuzluğu (azabı) burada başlar, başlayacaktır. İman sahibi kimseler orada (kabirde) Cennet hayatı (elemsiz, kedersiz, sıkıntısız, üzüntüsüz bir hayat) yaşayacaktır. İmansız/iman nimetinden mahrum olan kimseler ise, Cehennem hayatı (acı, ızdırap, azap, işkenceli bir hayat) yaşayacaklardır.

Kabre giren, toprağa gömülen kimseler üç sınıfa (gruba) ayrılırlar:

1. ***Müminler, dindarlar.*** *Müslümanlığı gereği gibi yaşayanlar. Salih amel sahibi / Allah'ın emirlerini gereği gibi uygulamaya koyan kimseler.*

2. ***Mümin/inanç sahibi olduğu halde, dini emirleri yapmayanlar,*** *Allah'ın emirlerini yerine getirmeyenler, günahlarından sakınmayanlar, günah kirleriyle kirlenmiş olan günahkâr kişiler (eğer tevbe etmemişlerse).*

3. ***Kafirler,*** *âhiret hayatı yoktur diyen ateistler, münafıklar, hayat, sadece dünya hayatıdır, başka hayat yoktur diyenler.*

Bu her üç sınıf-grup için de kabir ayrı bir durumda olacaktır. Her üç sınıf için de kabir ayrı bir hâl alır, alacaktır. İnsanların dünyada tavır ve davranışlarına göre, kabir ayrı ayrı hünerler sergileyecektir ki, oraya giren insanlar, orada karşılaştıkları o sergilenenleri bu dünya hayatında görmedikleri bir görünümde olacaktır. Müslümanlığı gereği gibi yaşayan gerçek iman sahibi mümin (inanmış) kişiler hep güzel şeyler, huzur veren, emniyet veren şeyler görecek, günahkârlar, imanlarının gereğini yapmayan kişiler azap verici şeyler ve kafir olanlar da azap ve işkence göreceklerdir.

## Peygamberimizin Oğlu İbrahim'in Kabrinde Ağlaması

Kabir hayatının bir insan için çok büyük bir önem taşımasındandır ki, Yüce Peygamberimiz (a.s.) ashabını ve ümmetini bu konuda uyarmıştır. Kendisi de bu konuda biz ümmetlerine örnek bir tavır sergilemiştir.

## Hz. Ömer'in Sözleri ve Ashabının Ağlaması

Allah Resûlü, Sevgili Peygamberimizin erkek çocuğu İbrahim küçük yaşta vefat etti. Efendimizin mübarek gözlerinden yaşlar damlıyordu. Çocuk gömülüp defnedildikten sonra Efendimiz (Aleyhisselâm) oğlunun kabri başında durup şöyle buyurdu:

*"— **Ey oğulcağazım! Kalb mahzun olur, gözlerden yaşlar damlar, Allah bize gazap etti demiyoruz. "Biz Allah'tan geldik, yine Allah'a gideceğiz** (döneceğiz)." Sen şöyle söyle oğlum: **"Rabbim Allah'tır, dinim islâm, babam Resûlullah."*** buyurdu.

Bu tablo karşısında orada bulunan ashabın hepsi ağlayarak gözyaşlarına boğulmuştu. Hele Hz. Ömer (Radıyallahü Anh) kendini tutamaz bir hâl sergileyip cezbeye geldi. Resûlullah (s.a.v.) Efendimiz, Hz. Ömer'e iltifat buyurarak:

"— *Yâ Ömer! Niçin böyle ağlarsın?* diyerek sordu. Hz. Ömer ise, Allah'ın Resûlüne karşı şu ruh inceliğini sergiledi:

"— *Ey Allah'ın Resûlü! Şu yavrucak senin ciğerpare evladındı, daha henüz buluğ çağına bile varmamıştı, çocuktu çocuk yaşını doldurmamıştı. Kalem onun üzerine bir günah bile yazmamıştı, defterinde bir çizik en küçücük bir leke bile bulunmamaktadır. Böyle iken bu günahsız çocuk senin gibi Allah'ın habibi olan bir zatın tevhid telkinine muhtaç olmuştur. Yâ Resûlallah! Ya Ömer'in hâli ne olacak? Kendisi buluğ çağına varmış, üzerinden kalem geçmiş, günahları amel defterine yazılmıştır. Böyle senin gibi, telkin edeceği de yok, ne olacak Ömer'in hâli"* demiş ve sesle cezbeli bir ruh haletinde inlemiş, inlemiş, ağlamıştı.

Bu tablo başta Peygamberimiz (a.s.) olmak üzere orada bulunan Sahâbe-i Kiramın hepsini ağlatmıştı. O anda Cebrail (Aleyhisselâm) teşrif etmiş ve şu meâldeki âyet-i kerimeyi getirmiş (indirmiş)tir:

***"Allah, müminleri dünyada da, âhirette de sağlam bir söz olan Tevhid kelimesi ile sağlam kılmıştır*** *(Gerçek müminlerin ayağını kaydırmaz.)"*

İbn-i Mâce'nin kaydına göre, Yüce Peygamberimiz bir cenazenin defni (gömülmesi) sırasında kabir başında hazır bulunmuşlardı. Râvi Berâ (r.a.) diyor ki:

*Resûlullah (s.a.v.) Efendimiz, kabrin kenarına oturdu ve ağladı. Allah'ın Resûlü, o kadar ağladı ki, mübarek gözyaşları yere damladıkça toprak gözyaşla-*

*rıyla ıslandı. Sonra da orada bulunanlara hitaben şöyle buyurdu:*

***"Kardeşlerim! Kendinizi burası için, şu kabir için hazırlayın."*** dedi. Yani bu demektir ki, kendinizi ölüme hazırlayın, ölümle başlayacak olan kabir hayatına hazırlayın, kabirle başlayacak olan âhiret hayatına hazırlayın demek olur. Ölüm, kabir ve âhiret birbirinin tamamlayıcı halkalarıdır. İnsana ölüm gelir onunla âhiretin ilk kapısı ve ilk durağı olan kabre gelir, artık kabirden içeriye giren bir daha geri dönemez, onun çıkış kapısı kıyamet günü mahşer yerine çıkar, başka çıkış yolu yoktur. İşte akıllı, aklı başında olan her insan bu merhaleleri düşünüp akıl yormak zorundadır.

## Hz. Peygamber, Kızının Kabrinde Üzülmüştü

İbn-i Ömer (r.a.)'in rivayetine göre, Resûlullah'ın kızı Rukıyye (r.a.) vefat etmişti. Resûlullah (s.a.v.), ciğerpare kızı defnedilince kabrinin kenarına oturdu. Efendimizin mübarek yüzünün kederli olduğu görülüyordu. Yüce Efendimizin mübarek yüzü bir müddet sonra sevindiği ve yüzünün kederinin gittiğini gördük. Bunun üzerine kabrin başında bulunan Ashab-ı Kiram'dan bazıları bu halin sebebini sordular. Resûlullah Efendimiz cevaben şöyle buyurdular:

***"Kabrin sıkıntısı ve kızım Rukiyye'nin zayıflığını hatırladım. Kabrin sıkıntılarının O'na kolaylaştırılması için Rabbime dua ettim. Sonra kabrin O'na genişletildiğini gördüm. Allah'a yemin ederim ki, kabir onu öyle sıkıştırdı ki, O sesi, yer ve gök arasındaki***

***herşey işitti."*** Hz. Ömer'in oğlu Abdullah (ibn-i Ömer), böyle anlatmıştır.

Hz. Âişe validemiz, son derece takva ehliydi (Allah'ın emirlerine sıkı sıkıya bağlıydı. Dünyaya hiç önem vermezdi. Elindeki avucundaki varlığını hep fakirlere dağıtırdı. Yine günlerden birgün, (Hz. Peygamberin vefatından sonra) hizmetçisiyle oruçlu olduğu birgün, akşam üstü iftar saatinde bir yoksul kapısını çalar, fakire verecek bir kuru yufkadan başka birşeyciği yoktur. Hizmetçisine o yufkayı fakire ver diye emreder. Hizmetçi:

"— ***Efendim*** der, ***siz oruç, ben orucum, bu bir tek kuru yufkadan başka yiyeceğimiz yoktur, biz ne yiyeceğiz?*** diye itiraz eder.

Hz. Âişe validemiz, hizmetçisine:

***"— Ver o yufkayı fakire, akşama Allah kerim"*** buyurarak emreder. Hizmetçi o kuru yufkayı yoksula (fakire) verir ve fakir gider. İftar saatine beş on dakika gibi az bir zaman kalmıştır. Vakit gelir akşam ezanı okunur ve iftar saati girmiştir. Kapı çalınır, elinde yağlı bir çörekle komşunun kız çocuğu gelir:

***"Bu yağlı çöreği annem size gönderdi."*** der. Hizmetçi yağlı ekmeği veya yağlı çöreği alır ve yüzü güler. Hz. Âişe validemiz hizmetçisine takılır:

***"— Bak,*** der. ***Sen kuru, yağsız yufkayı fakire verdin, şimdi yağlı ekmek-yağlı çöreği yiyorsun."*** buyurur.

İşte Hz. Âişe validemiz böyle bir müslüman, hep yoksulları düşünür, Allah'ın rızasını kazanma yollarını düşünürdü. Elinde avucunda nesi varsa, Allah'ın rızasını kazanmak için verirdi.

İşte bu Âişe validemiz, sevgili eşi, Allah'ın Resûlü, Hz. Peygamber Efendimizden kabir azabının tüyler ürpertici sıkıntısını, azabını anlatmasından ibret dersi alır, çok etkilenip korkardı. Birgün, sevgili efendisi, Allah'ın Resûlüne içini dökerek korkusunu dile getirdi. Ve şöyle dedi:

*"— Yâ Resûlallah! Bana kabir hallerinden, sual melekleri olan Münker ve Nekir'in seslerinden, sorgularından ve kabrin sıkıştırılmasından anlattığınızdan beri, dünyanın hiçbir şeyinden tat ve lezzet alamaz oldum."* dedi.

Onun bu şikâyeti üzerine Hazret-i Peygamber Efendimiz, şöyle buyurdu:

*"— Yâ Âişe! Münker ve Nekir'in sesleri, müminlerin kulağında gözdeki sürme gibidir. Kabrin mümine sıkıştırması ise, bir annenin çocuğunu şefkatle bağrına basıp sıkmasına benzer. Çocuk annesine başının ağrıdığını söyler, annesi de onun başını şefkatle sıkıp okşar. (Yani bunlar - Münker ve Nekir'in sesi ve kabrin sıkışı mümine (salih müslümana zarar vermez.)"*

*Fakat Yâ Âişe! Allah'a isyan eden, O'nun emirlerinden uzak duran, O'dan şikâyet eden kimselerin vay haline! İşte bu asiler yumurtanın taşın üzerine düştüğü zaman nasıl ezilirse, onlar da kabirlerinde öylece ezilirler."* şeklinde buyurmuştur.

## KABİRDE İLK AZAP, KABRİN MEVTAYI SIKIŞTIRMASI

Kabirdeki ilk azap, insanın ölüp kabre girmesiyle ve kabrin onu sıkıştırmasıyla başlar ve başlayacaktır. Bir insanın ölümüyle onun âhiret hayatı başlamış olur. Kabir halleri de âhiret hayatının ilk merhaleleridir.

Bir insan öldükten sonra, artık bir daha dünyaya dönmeyecek ve dönemeyecektir. Kişi dünya hayatında nasıl bir ömür sürmüş, nasıl bir hayat yaşamışsa, âhiret hayatı da kabre girdiğinden itibaren dünyada yaşadığı şekliyle tecelli edecek, ortaya çıkacaktır.

İmanlı ve takva sahibi bir insan olarak yaşayan, salih amelli müslümanların âhiret hayatı, kabirden başlamak üzere mutlu ve sevinçli bir hayat, Cennet hayatı olacaktır.

İmansız ve takvasız (Allah korkusu duymaksızın), kötü amelli olan kimselerin (ki, bu tanıma kafirler ve günahlardan sakınmayan günahkârlar da dahildir) âhiret hayatı azap ve işkenceler içinde geçecek mutsuz ve ızdırap dolu bir Cehennem hayatı olacaktır.

### Kabir Azabı Vardır ve Haktır, Olacaktır

Ehl-i Sünnet inancına göre, kabir azabı vardır, haktır, gerçektir ve bundan kurtuluş yoktur. Kabir azabını hakedenler, kabirlerinde bu azabı görecek ve çekeceklerdir. Kabir hayatı, kişinin ölümü ile başlayıp kıyametin kopması ve insanların yeniden diriltileceği hesap kitabın yapılacağı mahşer gününe kadar devam edecek bir zaman dilimini anlatmaktadır. Aklı başındaki insanlar, bu dünya hayatındaki yaşamlarında âhiretteki başlarına geleceklerİ derin derin düşünmüşler ve düşünmeleri gereken önemli bir sorun olduğunu kavramış kimselerdir. Aksi düşünüldüğü zaman, aklın hiçbir değeri kalmaz. Sağlam birşey ile çürük birşeyi bilemeyecek kadar aklını kaybeden kişiye akıllı denilemez. Ehl-i Sünnete göre, müminler de, münafıklar da belli bir nisbette kabir sıkıştırması, sıkıntısına uğrayacaktır.

Her insan dünyadaki amellerine göre kabir sıkıntısını yaşayacaktır. Mü'min kişilerde kabir azabı görür ve görecektir. Çünkü kabir, bir çeşit âhiretin ilk karakoludur. Bazı ufak tefek günahlar burada affedilir ve affedilecektir.

Böyle önemsiz suçlar Cehenneme bırakılmaz. Bu hâl, müminlerin bazılarına has bir hâldir. Kafirlerin ve münafıkların durumuna gelince, onların âhiret azabı kabirden başlayıp devam edecektir. Çünkü onlar için bu azap bir başlangıçtır.

Hadis alimlerinin, kabrin insanı sıkıştırmasıyla ilgili sözleri şöyledir: Hiçbir insan kabrin kendisini sıkıştırmasından kurtulamaz. Bu konuda mümin de, kafir de aynı işleme, aynı muameleye tabi tutulurlar. Ancak bu konuda bir fark vardır. O da, kabir kafir kişiyi sıkıştırmaya devam eder, mümin kişiyi de, şöyle bir sıkıp sonra onu rahatlatır. Kabir genişleyiverir.

Kabrin, mümin kimseyi sıkıştırması veya sıkması, o müminin bir hatasından dolayı, dünyada işlemiş olduğu bir kusurundan sebeptir. Kabirde sıkışması veya kabrin kendisini sıkması ise, müminin bu hatasına, bu işlemiş olduğu suça bir kefarettir. Bundan sonra, Allah'ın rahmeti mümin kişiye veya kişilere devam edecektir. Kabirde Cennet hayatına yakın mutlu, ferah bir hayat yaşatılacak, sonra da Allah'ın rahmetiyle hesap, sorgu-sualden sonra Cennete girecektir.

## KABİRDE İLK SORGU-SUAL

*Ey Âhiret yolcusu kardeş!* Bir insan ölüp ilk kabre gömüldüğü gün kabirde ilk sorgu suali başlar ve başlayacaktır. İnsan artık ölümü ile girdiği kabrinde tek başına kalmıştır. Bu dünyada yaptığı, işlediği ameli ile başbaşadır. Bu amelleri kabirde ya mutluluğunu yada mutsuzluğunu artıracaktır.

Ölüm şerbetini içip ruhunu teslim eden kişi, kabrinde görevli melekler (Münker ve Nekir) tarafından imtihan edilecektir. Kabrinde kişiye sorulacak sorular çok kısadır. Fakat verilecek cevaplar kabir sahibinin ya mutlu olup bahtiyarlığına vesile olacak ya da mutsuzluğunun ve bedbahlığının belgesi olacaktır.

Kabrine gömülen insana sorulacak soru ve sualler çok kısa kelime ve cümlelerdir. Ama cevabı verebilmek iman ve salih amel ile mümkün olur ve olacaktır. Sorular şudur:

**"Rabbin kimdir?, Peygamberin kimdir?, Kitabın nedir?, Dinin nedir?"** İşte bu kısa soru ve sualler, kişinin ya saadeti veya şekâveti (bedbahlığı) olacaktır.

İmân-ı Kâmil sahibi müslüman kimseler, bu soru ve sualleri çok rahat bir şekilde cevaplandırırlar. İmandan mahrum (kafir) olan ve günahkâr olan kişiler bu soru ve suallere ya hiç cevap veremezler veya cevap vermekte çok zorlanırlar, zahmet çekerler. Bu konuda pek çok Hadîs-i Şerif bulunmaktadır. Hazret-i Peygamber (a.s.) Efendimiz, ümmetlerini uyarmak amacıyla ve insanlığın yolunu aydınlatmak gayesine dayanan pek çok açıklamalarda bulunmuştur.

## MÜNKER VE NEKİR (SORGU MELEKLERİ)

İnsan ölüp kabre gömülünce melekler gelip ölüyü imtihan ederler (sorgu ve suale çekerler) çekeceklerdir.

*Ey Âhiret yolcusu kardeş!* Ölüm şerbetini içip dünya hayatına veda eden her insana kabrinde ilk sorgu sual Münker ve Nekir adı verilen sorgu melekleri tarafından yapılır. Kabrinde bu melekler tarafından sorulan bu sualler çok kısadır, fakat kabre verilen bu kişi (ölü) tarafından verilecek bu cevaplar onun ya mutluluğuna vesile olacak veya bedbahtlığına (mutsuzluğuna) sebep olacaktır.

Altı Hadis kitabından (Kütüb-ü Sitteden) olan Tirmizi'nin Ebû Hüreyre (Radıyallahü Anh)den rivayet ettiğine göre, Resûlullah (sallallâhü Aleyhi vesselem) şöyle buyurmuştur:

***"Bir insan öldüğü vakit, siyah renkli, gök gözlü iki melek kendisine** (ölüye) **gelirler. Yüzlerine bakıl-***

*mayacak derecede korkunç oldukları için bunlardan birine Münker ve diğerine de Nekir adı verilmiştir. Bunlar, kabirindeki ölüye:"*

*"— Bu peygamber Hz. Muhammed (s.a.v.) hakkında ne dersin?* diye sorarlar. Eğer o kabre konan kimse, mümin, inanmış ve dindar bir kişi ise:

*"O Allah'ın kulu ve Resûlü* (Peygamberi)*dir."* diyerek şehâdet kelimesini söyleyip *"Eşhedü en lâ ilâhe illallâh ve eşhedü enne Muhammeden abdühû ve Resûlüh"* der. Melekler ona:

*"Biz, senin böyle diyeceğini biliyorduk,* derler. *Sonra onun kabri eninden ve boyundan yetmiş arşın genişletilir. Sonra bu geniş saha* (alan) *baştan başa müminin şerefine nurlandırılır* (aydınlatılır)*."* Sonra kendisine melekler tarafından,

*"— Artık uyu, rahat et"* denilir. O kabrin sahibi kişi:

*"— Bırakın da gideyim, bu mutlu hayatımı aile efradıma anlatayım* der. Fakat artık kendisine müsaade edilmez (izin verilmez). (Çünkü zamanı bitmişti.) Melekler devamla bu kabir sahibine tekrar:

*"Ey salih amelli kişi uyu, Allah Teâlâ, seni kıyamet gününde yeniden diriltinceye kadar yeni gelin ve güvey uykusu gibi rahat uyu. O gelin ve güvey ki onları düğün sabahı ancak aile halkından en sevimli, en saygılı olan kimse, onları uyandırır."* derler. Sorgu melekleri o mümin kişiye böyle iltifat ederler.

Bu sorgulanan ölü eğer kafir-münafık bir kimse ise, Münker ve Nekir meleklerinin sorularına şöyle cevap verir:

*"— Bilmiyorum, fakat insanlar, o zat* (Muhammed hakkında) ***birşeyler*** (Peygamber) ***diyorlardı, dediklerini işitiyordum, ben de öyle diyordum. Fakat şimdi bilmiyorum."*** der. O iki sorgu meleği Münker ve Nekir:

***"— Biz senin dünyada böyle dediğini ve şimdi de böyle diyeceğini biliyorduk"*** derler. Sonra kabrine:

***"— "Sıkıştır şu adamı"*** diye emrederler. Kabir de onu, sıkıştırır. Öyle sıkıştırır ki, herifin kemikleri birbirine geçer, kemikleri sanki birbirine kaynarcasına sıkıştırılır. Ve Allah Teâlâ, bu münafığı, kafiri yeniden diriltinceye kadar kabrinde azap edilir. (Tirmizi'nin rivayeti böyledir.)

Buhari ve Müslim'in, Hz. Enes (r.a.)'den rivayet ettikleri Hadîs-i Şerifte Resûlullah (s.a.v.) Efendimiz şöyle buyurmuştur:

*"Şüphesiz ki mümin bir kul kabrine konup defnedildiği zaman, onun cenazesini kabre getiren cemaati* **(eşi, dostu, akrabası)** *kabrinin başından geri dönerlerken, onların ayakkabılarının patırtısını, ayak seslerini açık ve net olarak işitir. Tam bu sırada* **(daha cemaat dağılırken)** *onun kabrine iki melek gelir. Ve mevtayı oturturlar. Onu kendilerinin sorularına cevap verecek şekilde oturttuktan sonra, o meyyite* **(ölüye)** *şu soruları sormaya başlarlar: Melekler (Münker ve Nekir):*

***"Şu zat Muhammed*** *(s.a.v.)* ***hakkında ne dersin*** *(görüşün, fikrin, kanaatin)* ***nedir?*** derler. O mümin kişi, hemen cevap verir:

***"Şahâdet*** *(şahitlik)* ***ederim ki, şüphesiz O, Allah'ın kulu ve Allah'ın Resûlüdür*** *(Allah'ın Peygamberidir)"* der. Bunun üzerine sorgu melekleri kendisine:

*"Ey mümin, ey inanmış kişi! Şu Cehennemdeki yerine bak. Allah Teâlâ, bu azap yerini senin için Cennetten bir azapsız, üzüntüsüz ve sıkıntısız bir yerle değiştirdi."* diyerek müjdelerler. O mümin kişi, hem Cehennemdeki ve hem de Cennetteki yerini her ikisini birden görür. Böylece iman nimetinin ne büyük bir nimet olduğunu yeniden ve tekrar görmüş olur.

Şayet o kabrin sahibi meyyit (ölü), kafir veya münafıklardan bir kişi ise, (sorgu meleklerinin bu sorusuna cevap olarak):

***"— Bu zat** (Muhammed s.a.v.) **hakkında birşey bilmiyorum. İnsanların O'na** (peygamber) **dediklerini duyardım, ben de insanların dediği gibi diyordum"*** der. Bunun üzerine sorgu melekleri o kafir veya münafık kişiye kınayıcı ve aşağılayıcı bir uslüpla:

***"Hay sen, anlamaz ve duymaz olaydın"*** derler. *"Sonra bu inançsız kafir veya münafık ölünün iki kulağı arasına* ***(kabir azabına özel)*** *demirden bir topuzla vurulur. O topuzu yiyince o imansız kişi, şiddetli sayha* ***(bağırış-çığlık)*** *ile bir feryâd-ü figan eder ki, onun bu feryadını insanlardan ve cinlerden başka ona* ***(o imansız ölüye)*** *yakın olan herşey işitir."* buyurmuştur Efendimiz. (Hz. Enes (r.a.)'den Buhari'nin rivayeti.)

Tecrîd-i Sarih Tercemesinde izah ve açıklama bölümünde kaydedildiğine göre denilmiştir ki: Bu Hadîs-i Şerifi Müslim ve diğer Sünen-i erbaa (Dört Hadis Kitabı) sahipleri (muellifleri)nin dördü de rivayet etmişlerdir. Bunlardan başka Hâkim, Taberânî, ibn-i Hıbban gibi rivayet ehilleri de eserlerinde rivayet etmişlerdir. Bu rivayetlerdeki metinlerin kimileri uzun ve kimileri de kısa tutulmuş olduklarından birbirlerinde farklılık, ayrıcalık göstermişlerdir deniliyor.

## Müslim, Katâde'den Şu İlaveyi Rivayet Etmiştir:

Mümin, inanmış olan meyyit (ölü), Hz. Muhammed (s.a.v.), Allah'ın kulu ve Resûlü'dür. Cevabını verdikten sonra:

*"O müminin kabri yetmiş arşın genişletilir ve bu geniş saha, yeşilliklerle süslenip düzenlenir. İnsanların kıyamet günü yeniden diriltilinceye kadar ki zaman müddetince zümrüt yeşilliğinde bir mesire havası güzelliğinde devam eder."* demiştir.

Demek ki, salih amelli bir mümin, müslüman kimse, ölüp kabrine gömüldüğü andan itibaren kıyamet günü yeniden diriltilinceye kadar, kabrinde de böyle bir Cennet hayatı yaşayacak, yaşatılacaktır. Bu nimetler, müslümanlığı Allah'ın emrettiği şekilde yaşamanın mükâfatları, Cenâb-ı Allah'ın lütuf ve ikramları olarak bilinmelidir.

## YÂ ÖMER KABİRDE HALİN NİCE OLACAK

*Ey Âhiret yolcusu kardeş!* Yüce Peygamberimiz (a.s.) ölüm ve kabir hallerini müminlere ve Ashab-ı Kiramına (değerli dost ve arkadaşlarına), aile fertlerine sık sık anlatarak, onları bu konularda (ölüm ve âhiret alemiyle, âhiretin ilk durağı olan kabir hayatı konularında) hassas ve uyanık olmalarını sağlar, onları âhiret hayatına önem vermeleri hususunda uyarırdı.

Yine birgün, yüce Peygamberimiz (a.s.) Efendimiz, sevgili dostu ve arkadaşı, değerli kayınpederi, ashabının en ileri gelenlerinden ve Cennetle müjdelenen on kişiden (Aşer-i Mübeşşereden) biri olan Hazret-i Ömer (r.a.) Efendimize hitaben şöyle buyurmuştu:

"— *Yâ Ömer! Sen öldüğün vakit, adamların gidip senin boyuna uygun, üç arşın bir zira ve bir karış uzunluğunda, bir arşın, bir karış genişliğinde sana bir çukur (kabir) kazıp hazırlayarak, geri dönüp, seni gasledip (yıkayıp) kefenledikten ve kefenine kokular sürdükten sonra, seni götürüp toprağa (kabre) koydukları ve üzerine toprak atarak gerisin geri döndükleri vakit, toprağın altında, kabirde halin nice olur?*

*Kabrin en büyük fitnesi (azabı) Münker ve Nekir adındaki iki büyük sorgu sualcisi sana gelirler. Sesleri, yıldırım indiren gök gürültüsüne benzeyen, gözleri ateş çıkaran şimşek çakmasına benzeyen, uzun saçlarını yerlerde sürükleyen ve sivri kazmayı andıran dişleriyle kabrin topraklarını alt üst ederler, dişleriyle kabrin topraklarını deşerler. Çeşitli fitneler çıkarırlar, konuşmalarıyla seni korkuturlar. Yâ Ömer! O vakit halin nice olacaktır?*" buyurdu.

Resûlullah'ın (s.a.v.) bu açıklamalarına karşılık Hazret-i Ömer (r.a.), Allah'a olan iman ve inancından emin bir şekilde Allah Resûlüne (a.s.) şöyle sordu:

"— *Yâ Resûlallah! O zaman bu dünyadaki aklım ve imânım üzere olmayacak mıyım?*" dedi. Allah'ın Resûlü, Sevgili Peygamberimiz:

"— *Evet, bu aklın ve imanın üzere olacaksın yâ Ömer!*" deyince Hz. Ömer (r.a.):

*"— Öyle ise, Allah'ın izniyle o günün üstesinden, senin için o günün hakkından gelirim, onlara gerekli cevapları veririm Yâ Resûlallah!"* dedi.

İslâm alimleri, bu Hadîs-i Şerif, aklın ölümle değişip bozulmayacağına ve ölümle sadece kişinin beden ve uzuvlarının değişip bozulacağına delildir, bundan o hüküm çıkar demişlerdir. Meyyitin (ölünün) aklı başında olacak, dünyada olduğu gibi, kabirde de acıyı ve tatlıyı bilecektir. Çünkü bunları bilen ve anlayan akıldır, et ve kemik yığınından oluşan beden ve ceset değildir.

## KABİR AZABI

*Ey Âhiret yolcusu!* Kabir azabı, âhiret azaplarının ilkidir. İnsanın ölüp de kabre gömülmesiyle kabir azabı başlar. Kabir azabının, ölmüş olan insana dayanılmaz acılar çektirdiğini bildiren Hadîs-i Şeriflerin sayısı bir hayli bulunmaktadır.

Ehl-i Sünnet alimlerimize göre, kabir azabı haktır ve gerçektir. Kur'ân-ı Kerim'in beyanı ve sahih Hadîs-i Şeriflerin bildirmeleriyle varlığı sabittir. Kabir azabı, kitap ve sünnet ile sabit olduğu içindir ki, buna inanmak ve gereğini yerine getirmek lâzımdır. İman ve inancının gereğini yerine getirmeyen kişi, Allah katında asi ve günahkâr bir kimsedir. Çünkü inancının gereği, kişinin Allah'a ibadet etmesi, emirlerini yapıp, yasaklarından sakınması ve haramlardan, günahlardan uzak durması gerekir. Bunları yani, iman ve inancının gereğini yapmadığına göre, o kişi Allah katında asi ve günahkârdır demektir.

İşte kabir azabı, bu gibi günahkâr kimselere, kafirlere ve münafıklara olacaktır. Bu konuyu okuduğumuz âyet ve Hadîs-i Şeriflerden daha açık bir şekilde kavrayıp anlayacağımızı umuyorum.

## Kabir Azabına Delil Olan Âyetler

Kur'ân-ı Kerim'in 40. sûresi olan Mü'min Sûresi'nin 46. âyetinde Firavun ve benzeri kafirler hakkında Allah Teâlâ şöyle buyurmaktadır:

اَلنَّارُ يُعْرَضُونَ عَلَيْهَا غُدُوًّا وَعَشِيًّا وَيَوْمَ تَقُومُ

السَّاعَةُ اَدْخِلُوا اٰلَ فِرْعَوْنَ اَشَدَّ الْعَذَابِ

*Manası:* ***"Âl-i Firavun, sabah, akşam Cehennem ateşine sunulacaklar*** *(Kıyamete kadar kabirlerinde hergün azap olunacaklar).* ***Kıyamet koptuğu gün de: "— Firavun ailesini*** *(Firavunla birlikte olanları)* ***en şiddetli azaba sokun." denilecektir.*** (Mü'min Sûresi 46)

Bu âyet, kafirlerin gece gündüz kabir azabına tâbi tutuldukları ve tutulacaklarına delildir. Yani, sabah, akşamdan murad, devamlı bir şekilde azap edileceklerini anlatırken, bu azabın kabirde olacağının da delilidir. Çünkü âyetin şu bölümü de bunu gösteriyor:

***"Kıyamet koptuğu gün de "— Firavun ailesini en şiddetli azaba sokun"*** denilir. Âyetin bu kısmı, kıyamet kopup, insanlar yeniden diriltilip mahşer günü hesapları görüldükten sonra, kafirler Cehenneme sürülürken, Allah Teâlâ, Cehennemde görevli azap meleklerine yeniden emir vererek: Firavun ve ekibinin özellikle Cehennemin en şiddetli azabı bulunan yerine atılmalarını emir buyurmaktadır. Bu da gösteriyor ki, kafirlerin küfürlerinin derecesine göre, azapları da şiddetli olacaktır.

Tefsir bilginleri demişlerdir ki: Bu âyetteki, sabah, akşamın gelmesi, kafirlerin ve günahkârların (Allah'ın emir ve yasaklarına karşı çıkanların) azaplarının devamlılığına işarettir. Çünkü kabir hayatında sabah ve akşam anlayışı yoktur. Sabah ve akşam mefhumu (anlayışı) bu dünyaya mahsus bir durumdur, denilmiştir.

*Ey dost!* Kabir azabı ile ilgili Hadîs-i Şerifler gerçekten pek çoktur. Allah Teâlâ, kabir azabını Yüce Peygamberine vahyetmiş ve onun nasıl bir kahredici, helâk edici bir azap olduğunu bildirmiştir ki, Hz. Peygamber Efendimiz, kabir azabının önemi konusunda çok hassasiyet göstermiştir. Bu konuda biz ümmetlerine pek çok emir ve tavsiyelerde bulunmuştur. Bu Hadîs-i Şeriflerin bir kaçını bu bölümümüzde yeri geldikçe vereceğiz.

## Kişi Öldüğünde Âhiretteki Yeri Kendisine Gösterilir

Buhari, Müslim ve diğerlerinin İbn-i Ömer (r.a.)'den rivayet ettiklerine göre, İbn-i Ömer (Hz. Ömer'in oğlu Abdullah), demiştir ki: Resûlullah (s.a.v.) şöyle buyurdu:

إِنَّ أَحَدَكُمْ إِذَا مَاتَ عُرِضَ عَلَيْهِ مَقْعَدُهُ بِالْغَدَاةِ

وَالْعَشِيِّ إِنْ كَانَ مِنْ أَهْلِ الْجَنَّةِ فَمِنْ أَهْلِ الْجَنَّةِ

وَاِنْ كَانَ مِنْ اَهْلِ النَّارِ فَمِنْ اَهْلِ النَّارِ . . . اِلَى اٰخِرِهِ...

*Manası:* ***"Sizden birisi öldüğü vakit, sabah, akşam âhiretteki makamı*** *(yeri)* ***kendisine arzolunur*** *(gösterilir)*. ***O kimse eğer Cennet ehlinden*** *(Cennetlik)* ***ise, Cennetliklerin gideceği yer*** *(Cennet)* ***gösterilir. Eğer o kimse, cehennemlik ise, Cehennemliklerin yerinden*** *(Cehennemden)* ***bir yer gösterilir.*** *(Ve görevli melekler tarafından kendisine)* ***işte senin gideceğin yer burasıdır."*** *denilir.* ***"Buradaki halin, kıyamet günü, Yüce Allah'ın seni yeniden diriltip, kabrinden kaldırıncaya kadar devam edecektir."*** denilecektir. (Buhari, Müslim ve diğerleri)

Hz. Âişe (r.a.) validemiz, Resûlullah'a kabir azabından sordum, kabir azabı hakkında şöyle buyurdu:

نَعَمْ يَا عَائِشَةُ: عَذَابُ الْقَبْرِ حَقٌّ

***"Evet, yâ Âişe! Kabir azabı, haktır, vardır ve gerçektir."*** dedi. Hz. Âişe validemiz (r.a.), devamla şöyle anlatmıştır:

***"— Bundan sonra dikkat ettim ki, Resûlullah (s.a.v.) her namaz kıldığında, namazlarının sonunda kabir azabından Allah'a sığındığını gördüm."*** demiştir. (Buhari ve Müslim rivayet etmiştir.)

Yine Buhari'nin rivayetine göre, Resûlullah (s.a.v.) Efendimiz şöyle buyurmuştur:

عَذَابُ الْقَبْرِ حَقٌّ فَمَنْ لَمْ يُؤْمِنْ بِهِ عُذِّبَ فِيهِ

***"Kabir azabı, haktır ve gerçektir. Ona inanmayan, önemsemeyen kimse, kabirde azap olunacaktır*** *(inançsızlığının, gafletinin cezasını kabirde azap olarak çekecektir).*" demektir.

Taberânî'nin İbn-i Mes'ûd'dan (r.a.), rivayetine göre; Resûlullah (s.a.v.), kabir azabının dehşet ve korkunçluğunu anlatmak için şöyle buyurmuştur:

إِنَّ الْمَوْتَى لَيُعَذَّبُونَ فِى قُبُورِهِمْ حَتَّى إِنَّ الْبَهَائِمَ
لَتَسْمَعُ أَصْوَاتَهُمْ

***"Günah olan şeylerden sakınmayan*** *(günahkâr olan)* ***ölüler, mutlaka kabirlerinde azap olunurlar. Öyle bir azap edilirler ki, hayvanlar bile onların çığlık atarak bağırışlarını, feryat seslerini duyarlar."*** (Taberânî).

Hz. Enes (r.a.) şöyle anlatmıştır: Resûlullah (s.a.v.) ile beraberdik. Allah'ın Resûlü (s.a.v.) bir kabirden feryat sesi duydu. Ve bize:

***"— Bu kimse ne zaman ölmüştür?"*** diye sordu. Orada bulunanlardan bir iki kimse:

***"Cahiliye devrinde*** *(müslümanlıktan önceki devirde)* ***öldü*** *(ölmüştür).*" dediler.

Allah'ın Resûlü (s.a.v.) Efendimiz, bunu duyunca sevindi ve şöyle buyurdu:

***"— Eğer, ölülerinizi gömmeyeceğinizden ve gömemeyeceğinizden korkmasaydım, gerçekten Cenâb-ı Allah'tan kabir azabını size işittirmesi için dua ederdim*** *(bu dileğimi Allah Teâlâ'dan isterdim).*" buyurdu. (Müslim)

Tirmizi'nin Hz. Osman (r.a.)'ın azatlı kölesi Hânî'nin rivayetine göre, Hz. Osman (r.a.), Resûlullah'tan (a.s.) şöyle rivayet etmiştir:

اِنَّ الْقَبْرَ اَوَّلُ مَنْزِلٍ مِنْ مَنَازِلِ الْاٰخِرَةِ فَاِنْ نَجَا مِنْهُ فَمَا بَعْدَهُ اَيْسَرُ مِنْهُ وَاِنْ لَمْ يَنْجُ مِنْهُ فَمَا بَعْدَهُ اَشَدُّ مِنْهُ

***"Şüphesiz kabir, âhiret duraklarının ilki** (birincisi)**dir. Eğer kişi, ondan kurtulursa** (kabirde işleri yolunda giderse), **ondan sonrası artık kolaylaşır. Eğer kabirde azaptan** (sorgu-sualden) **kurtulamazsa, ondan sonra gelecek duraklarda işleri daha da zorlaşacaktır."*** buyurmuştur.

Râvi devamla, Resûlullah'ın (s.a.v) bir defasında da şöyle buyurduğunu söylemiştir:

مَارَاَيْتُ مَنْظَرًا قَطُّ اِلَّا الْقَبْرُ اَفْظَعُ مِنْهُ

***"Hiçbir vakit, kabirden daha feci, dehşet vereci, korkunç ve ürpertici bir manzara görmedim."*** buyurmuştur. (Tirmizi)

Bu hadisin râvisi Hânî (r.a.) şu menkıbeyi anlatmıştır:

Hz. Osman (r.a.), bir kabrin yanında durduğu vakit, gözyaşlarını tutamazdı. Öyle ağlardı ki, gözlerinden akan yaşlar, sakallarını ıslatır ve yere damlardı. Yanında bulunanlar, kendisine:

***"Yâ Osman** (r.a.)**! Yanında Cennet ve Cehennemden söz edilip konuşulduğu zaman bu kadar duygulanıp ağlamıyorsun da, bu kabirde ağlıyorsun, bunda ne gördün de ağlıyorsun?*** diyenlere şöyle diyordu:

*"Ah ah! Eğer kabir azabından kurtulursan, ondan sonra, daha büyüklerinden de kurtulursun. Yoksa, aksi olursa; kurtulacağını sanmıyorum. Çünkü Resûlullah'ın şöyle dediğini duydum:*

***"Kabir, şüphesiz âhiret duraklarının birincisidir. Ondan kurtulursan, gerisi kolaydır. Ondan kurtulamazsan, sonra gelecek duraklarda işlerin daha da çetinleşir** (zorlaşır)." Ve bir defasında da:*

***"Kabirden korkunç, insana deşhet veren ve ürpertici hiçbir manzara görmedim."** buyurduğunu hatırlıyorum,* cevabını vermiştir.

## Kafire Kabirde 99 Yılanın Musallat Olması

Ebû Saîdil'Hudrî (r.a.) anlatıyor. Resûlullah (s.a.v.) şöyle buyurmuştur:

يُسَلَّطُ عَلَى الْكَافِرِ فِى قَبْرِهِ تِسْعَةٌ وَتِسْعُونَ تِنِّينًا ...

***"Kabirde kafirin üzerine doksan dokuz tane büyük yılan** (ejderha) **musallat edilir** (kafirin üzerine sarılır)**. Bunlar, kabirde kafiri sokar ve ısırırlar** (kafire azap ederler)**. Bu hal, kıyamet gününe kadar devam eder. Eğer bu yılanlardan biri yeryüzüne bir nefes solumuş olsaydı, yeryüzünde yeşil bir bitki yetişmezdi."*** (Et'Terğib vet'Terhîb)

## KABİR AZABINA DELİL İKİNCİ ÂYET

Kur'ân-ı Kerim'in Tâ'hâ Sûresi 124. âyeti de kafirlerin kabir azabı hakkında nazil olmuştur. İşte o âyet, bu Arapça metnini verdiğimiz âyettir:

وَمَنْ اَعْرَضَ عَنْ ذِكْرِى فَاِنَّ لَهُ مَعِيشَةً ضَنْكًا

وَنَحْشُرُهُ يَوْمَ الْقِيَامَةِ اَعْمَى

***"Her kim de, benim zikrimden** (beni anmaktan) **bana ibadetten yüz çevirirse, şüphesiz onun için dar bir maîşet** (geçim)**, sıkıcı bir hayat vardır. Ve biz onu, kıyamet günü kör olarak diriltiriz."*** (Tâ'hâ Sûresi âyet 124)

Ebû Hüreyre'nin (r.a.) rivayetine göre, bu âyet hakkında Efendimiz (a.s.) Sahabe-i Kiram'a sevgili dostlarına ve arkadaşlarına sorular sorarak âyetteki *"fe inne lehû maîşeten danken –* ***Şüphesiz o kimse için, dar bir mâişet, sıkıntı verici bir hayat vardır"*** âyetinin niçin nazil olduğunu biliyor musunuz? diye sormuştur. Sonra da, Efendimiz (aleyhissalâtü vesselâm), bu sorusunun cevabını kendisi vererek: ***"Bu âyet, kabirde kafirlerin çekeceği azabı bildirmektedir"*** buyurdular. Ve kafir bir kişinin kabrindeki göreceği azabın açıklamasını da şöyle ifade buyurdular:

***"Dar geçim, kafirin kabrindeki azabıdır. Nefsim kudret elinde bulunan Allah'a yemin ederim ki, kafire kabrinde azap etmesi için doksan dokuz ejderha musallat edilir. Ey Ashabım! Bilir misiniz bu ejderha***

*nedir? Her birinin yedi başı olan yetmiş büyük yılandır. O kafir kişiye sokarak, ısırarak, cismini tırmalayarak zehirini akıtırlar. Bu hâl, kıyamete* (yeniden diriltilinceye) *kadar hergün aralıksız devam eder."* buyurmuşlardır.

***Evet, ey dost!*** Bu geçici dünya hayatında, Allah'ı unutan, O'nun mübarek adını anmayı, O'na ibadet etmeyi unutan, varsa yoksa, dünya eğlencesinin peşinde koşan kafirlerin kabir hayatları böyle bir sıkıntı ve azap içinde olacaktır. Kabirlerinden yeniden diriltilip kalkacakları günde, kör olarak kalkacaklar, âmâ olarak haşrolunacaklardır. Âyetin manasını yeniden hatırlayalım:

***"Her kim de, benim zikrimden, beni anmaktan, benim Kur'ân'ımdan, bana ibadet etmekten yüz çevirirse, şüphesiz ki, onun için dar bir maîşet, sıkıcı bir hayat*** (kabir azabı) ***vardır. Ve biz onu, kıyamet günü, kör olarak haşrederiz*** (diriltiriz)." (Tâ'hâ Sûresi 124)

Bu âyetin tefsir ve açıklaması yapılan Hadîs-i Şerifi, Yüce Peygamberimizden dinleyen Ebû Hüreyre (r.a.)'nin rivayet ettiği Hadîs-i Şerifin tamamı şöyledir:

انَّ الْمُؤْمِنَ فِى قَبْرِهِ لَفِى رَوْضَةٍ خَضْرَاءَ فَيُرَحَّبُ لَهُ
قَبْرُهُ سَبْعُونَ ذِرَاعًا وَيُنَوَّرُ لَهُ كَالْقَمَرِ لَيْلَةَ الْبَدْرِ اَتَدْرُونَ
فِيمَا اُنْزِلَتْ هٰذِهِ الْاٰيَةُ: «فَاِنَّ لَهُ مَعِيشَةً ضَنْكًا وَنَحْشُرُهُ
يَوْمَ الْقِيَامَةِ اَعْمٰى» قَالَ: اَتَدْرُونَ مَا الْمَعِيشَةُ الضَّنْكُ؟

قَالُوا: اَللّٰهُ وَرَسُولُهُ اَعْلَمُ. قَالَ: عَذَابُ الْكَافِرِ فِى قَبْرِهِ وَالَّذِى نَفْسِى بِيَدِهِ اِنَّهُ يُسَلَّطُ عَلَيْهِ تِسْعَةٌ وَتِسْعُونَ تِنِّينًا. اَتَدْرُونَ مَا التِّنِّينُ؟ سَبْعُونَ حَيَّةً لِكُلِّ حَيَّةٍ سَبْعُ رُؤُسٍ يَلْدَغُونَهُ وَيَخْدِشُونَهُ اِلَى يَوْمِ الْقِيَامَةِ

Manası: ***"Gerçekten mümin kişi kabrinde yemyeşil, zümrüt gibi bir bahçe içindedir. Onun kabri yetmiş zira'*** (arşın) ***genişletilir. Ve bu geniş saha baştan sona çepeçevre aydınlatılır, öyle ki, ayın ondördüncü günü*** (dolunay) ***gibi nurlandırılır. Ey Ashabım, Ümmetim! Biliyor musunuz, şu âyet*** *"Fe inne lehû maîşeten danken ve nahşuruhû yevmel kıyameti â'mâ* – ***Şüphesiz ki, onun*** (kafir kişi) ***için dar bir maîşet, sıkıcı bir geçim vardır. Ve biz onu, kıyamet günü, kör olarak haşrederiz*** (diriltiriz)." ***Kimin hakkında indirilmiştir? ve "dar maîşet, sıkıntılı hayat*** (geçim), ***nedir bilir misiniz?*** buyurdu. Orada bulunan Sahabe-i Kiram:

***"Allâhü ve Resûlühû – Allah ve Resûlü daha iyi bilir"*** dediler. Bunun üzerine Allah'ın Resûlü, Sevgili Peygamberimiz şöyle buyurdu:

***"— O, yani dar maîşet, sıkıntılı hayat, dar geçim, kafirin kabrinde çekeceği azabıdır. Kafirin kabir azabıdır. Nefsim yedi kudretinde yani, kudret ve iradesi ile yaşadığım Allah'a yemin ederim ki, kafire kabrinde azap etmesi için doksan dokuz ejdarha musallat edilir, edilecektir. Ey Ashabım, ejderha nedir bilir misiniz? "Hayır"*** dediler. Resûlullah (s.a.v.) Efendimiz:

*"O, her birinin yedi başı bulunan yetmiş tane büyük yılandır. Onlar, kafirleri kabirlerinde kâh sokarak, kâh ısırarak, kâh tırmalayarak zehirlerini akıtarak azap ederler. Bu azap kıyamete* (insanların yeniden diriltileceği güne) *kadar hergün gece gündüz aralıksız devam eder."* buyurmuştur. (Tirmizi Ebû Ya'la ve İbn-i Hibban, Ebû Hüreyre'den rivayet etmişlerdir).

Açıklamasını verdiğimiz bu âyeti (Tâ'hâ 124) İslâm alimleri kabir azabına delil göstermişlerdir. Şüphesiz Hz. Peygamberimizin tefsir buyurması da kabir azabının varlığını ve gerçekliğini vurgulamaktadır.

## KABİR AZABINA DELİL OLAN 3. BİR ÂYET

*Ey Âhiret yolcusu kardeş!* Şimdi okuyacağımız İbrahîm Sûresi 27. âyetinin, kabir azabı hakkında indirildiğini söylemiştir Peygamberimiz (s.a.v.).

يُثَبِّتُ اللّٰهُ الَّذِينَ اٰمَنُوا بِالْقَوْلِ الثَّابِتِ فِى الْحَيٰوةِ الدُّنْيَا
وَفِى الْاٰخِرَةِ ۚ وَيُضِلُّ اللّٰهُ الظَّالِمِينَ وَيَفْعَلُ اللّٰهُ مَا يَشَاءُ ع

*Manası:* ***"Allah Teâlâ, iman eden mümin kullarını hem dünya hayatında, hem de âhiret hayatında*** *(kabirde)* ***kavl-i sâbitle*** *(değişmeyen sözle, sabit sözle)* ***tesbit eder.*** *(Tevhide bağlılıklarını sağlamlaştırır, müminlerin dillerini ve ayaklarını kaydırmaz.)* ***Zalimleri ise, şaşırtıp sapıttırır. Allah Teâlâ dilediğini yapar*** *(Çünkü O, tek galip yegane güçlüdür)."*

Yüce Allah, bu dünya hayatında sağlam söze, kavlis sabite, yani Tevhid kelimesine ve Şehadet kelimesine gönülden bağlanan inanmış mümin kullarını, bu imanlarında sağlam ve sabit kılar. Onların ne dillerini ne de ayaklarını bu sağlam sözden kaydırmaz. Bu sağlam kılmak, yerli yerine oturtulmuş, sabitleştirilmiş kılmak, âhiret hayatında da, âhiret hayatının ilk durağı olan kabirde de geçerliliğini korur ve korumaktadır. İşte bu âyet, mümin kullarına Allah Teâlâ'nın bir müjdesidir. Allah Teâlâ, kabirde mümin, müslüman kullarına sorgu sual melekleri olan Münker ve Nekir'in suallerine cevap vermede yardım edecektir, fakat zalimlere, kafirlere yardım etmeyecektir. Zalimler, kafirler, şaşıracak ve sapıtacaktır.

Çünkü onlar dünya hayatında da sapıtmışlardı. Allah Teâlâ, dilediğini yapar, güç onundur. Mümini doğru yolda sabitleştirir, kafiri, zalimi de sapıttırır. Çünkü O (c.c.), yaptığından sorumlu olmaz. İnsanlar ise, yaptıklarından sorumludur. İnsanlar tüm işlerinden sorguya çekileceklerdir demek olur.

Hazret-i Âişe (r.a.) validemiz, takva sahibi bir kimseydi. Allah Teâlâ'nın azabından çok korkardı. Bu korkuların başında da kabirde sorgu meleklerinin suallerine verilecek cevaplar O'nu çok meşgul ediyordu. Çünkü Efendimiz (a.s.) müminlerin kabir azabından Allah'a sığınmalarını sık sık öğütlüyordu.

Hz. Âişe validemiz de Resûlullah'ın bu öğütlerini duyuyordu. Bu nedenle Hz. Peygamber Efendmize sık sık kabir azabı hakkında sorular soruyordu. Bu konularla ilgili açıklamalarımız yukarıda geçmiştir. Onları hatırlayalım.

Hz. Âişe (Radıyallâhü Anh) validemizden şöyle rivayet olunmuştur. Demiştir ki: *Birgün Allah'ın Resûlüne (s.a.v.) şu ricada bulundum:*

***"— Ey Allah'ın Resûlü! Bu ümmet kabirlerinde büyük imtihana*** *(sorgu-suale)* ***çekileceklerdir. Ben bir kadınım, çok zayıfım. O gün kabirde bu soru ve suallere nasıl cevap vereceğim? Benim ve benim gibi zayıf kadınların hali ne olacak?*** *diye sordum. Allah'ın Resûlü bana şu âyet-i kerimeyi okuyarak cevap verdi;*

يُثَبِّتُ اللّٰهُ الَّذِينَ اٰمَنُوا بِالْقَوْلِ الثَّابِتِ فِى
الْحَيٰوةِ الدُّنْيَا وَفِى الْاٰخِرَةِ

*Manası:* ***"Allah Teâlâ, iman sahibi olan müminleri, sabit söz olan Kelime-i Şehadet ve Kelime-i Tevhid sebebiyle hem dünyada, hem de âhirette*** *(kabirde)* ***iyilikte ve hayırda sağlam-sabit kılar, zarara ve azaba uğratmaz."*** buyurdu.

Berâ İbn-i Âzib (r.a.)'den rivayet edilmiştir, demiştir ki: Resûlullah (sallallâhü Aleyhi vesellem) şöyle buyurdu:

يُثَبِّتُ اللّٰهُ الَّذِينَ اٰمَنُوا بِالْقَوْلِ الثَّابِتِ

***"Allah Teâlâ, iman eden müminleri kavli sabitle*** *(yani Şehadet kelimesi ve Tevhid kelimesi ile)* ***sağlam ve sebatlı kılar."*** *âyeti, kabir azabı, yani kabirde olacak sorgu-sual hakkında nazil oldu. Ölüye kabirde: "Men Rabbüke ve men nebuyyüke –* ***Senin Rabbin kim, Peygamberin kim?"*** *diye sorulur. O da;* ***"Rabbim Allah,***

*Peygamberim Hz. Muhammed (s.a.v.)'dir" diye cevap verir. İşte mümin ölünün böyle sağlam cevabı, Allah Teâlâ'nın:*

يُثَبِّتُ اللّٰهُ الَّذِينَ اٰمَنُوا بِالْقَوْلِ الثَّابِتِ فِى الْحَيٰوةِ الدُّنْيَا وَفِى الْاٰخِرَةِ

***"Allah, iman eden müminleri kavli sabitle dünya hayatında ve âhirette** (yani kabir hayatında) **sabit ve sağlam kılar."** meâlinde ki âyet-i kerimesinin canlı bir belgesidir."* buyrulmuştur. (İbn-i Mâce)

Bu Hadîs-i Şerif, altı hadis kaynağı (Kütüb-ü Sitte) olan eserlerin hepsinde rivayet edilmiştir.

Hz. Peygamber (s.a.v.) kabir azabı konusunda çok hassasiyet göstermiş ve ümmetini bu konuda uyarmıştır. Bu konuda daha pek çok Hadîs-i Şerif rivayet edilmiştir. Bunlar sahih (sağlam) hadis kaynaklarımızda mevcuttur.

İslâm alimlerimiz her konuda olduğu gibi bu konuda da çok çalışmış ve Peygamberimizin hadislerini eserlerine alarak bizim gibi aciz kulların anlayabileceği ve bulabileceği şekilde zamanımıza kadar gelmiştir. Bunlar da bizim için Allah Teâlâ'nın bir lütfu, bir ikramıdır. Bunların değerini ve kıymetini bilmeli ve imanımızı Kelime-i Tevhidi ve Kelime-i Şehadeti çok çok zikrederek kuvvetlendirip Allah'a ibadetlerimizi çoğaltmalıyız ve kendimizi âhiret hayatına hazırlamalıyız.

Şu fani, geçici dünya yaşamımızı, oyunla, eğlence ile heba etmemeliyiz. İmanımızın gereğini yapmalı, ibadetlerimizi vaktinde yapıp, namazlarımızı ve salih amellerimizi çoğaltmalıyız. Bunların, bizim âhiret azığımız olduğunu unutmamalıyız.

Âhiretin durakları çoktur. Bunların hepsinde zorluklar vardır. Bu konaklama yerleri veya duraklar, kabir, mahşer, hesapların görüleceği yer olan Mizan, Sırat Köprüsü, Cennet veya Cehennem. Âhiretin ilk durağı olan kabirde işleri (sorgu suali) kolay geçen bir müminin, ondan sonraki işlemleri kolaylaştırır veya kolaylaştıracaktır. Kabre giren müslümanın, ufak tefek günahları varsa, kabirde çektiği veya çekeceği azap ile cezasını ödemiş olur veya olabilir.

Çünkü günahları çok olan bir müslümanın, kabirdeki çektiği ceza (kabir azabı) bu günahlarının karşılığını ödememiş olabilir. O zaman artık bu müslümanın (mümin kişinin) cezasının kalan kısmını Cehenneme girmesi ve cezasını orada ödeyip, Cehennemden çıkarılıp Cennete girmesi ile, azaptan kurtulacaktır. Dini ölçüler çerçevesinde bunun başka yolu yoktur. Ancak, Allah Teâlâ, bu kulunun Cehennem'de cezasını göreceği günahını bağışlaması, affetmesi de umulur.

Allah dilerse mü'min kullarının günahlarını bağışlar, bağışlayabilir. Bu hâl, Allah'la kulu arasında bir meseledir. Şunu da bilmek gerekir ki, kabir azabı çok şiddetlidir. Ancak, Cehennem azabı kabir azabından da şiddetlidir. Çünkü kabir azabı, Cehennem çukurlarından bir çukurdur. Yani bir parçadır. Durum böyle olunca Cehennem azabı daha şiddetlidir.

Şimdi gelelim âyetteki geçen kelimelerin izah ve açıklamalarına.

*Ey dost!* İstiyorum ki, içinde, üzerinde bulunduğumuz konuyu tam anlamıyla kavrayıp gereğini yerine getirerek, Allah'ın lütuf ve keremiyle dünya ve âhirette bahtiyarlar zümresine (grubuna) dahil olalım ve bizler de mutlu, bahtiyarlardan olalım.

Berâ İbn-i Âzib (r.a.) şöyle anlatmıştır: Resûlullah (s.a.v.), yukarıda okuduğumuz kabir azabını bildiren âyetin açıklaması hakkında şöyle buyurdu:

اِنَّ التَّثْبِيتَ بِالْقَوْلِ الثَّابِتِ فِى الْحَيَوةِ الدُّنْيَا

هُوَ الشَّهَادَةُ عِنْدَ الْمَوْتِ

**"*Dünya hayatındaki kavlis' sabit ile tesbitten murad, mümin kişinin ölüm anında, Şehadet kelimesini getirmek*** *(Yani, Eşhedü en lâ ilâhe illallah ve eşhedü enne Muhammeden abdühü ve Resûlüh – Şahitlik ederim ki, Allah'tan başka ibadet edilecek hiçbir ilâh yoktur. Ve yine şahitlik ederim ki, Hz. Muhammed (s.a.v.) Allah'ın kulu ve peygamberidir.)"* diye söylemektir.

وَاِنَّ التَّثْبِيتَ بِالْقَوْلِ الثَّابِتِ فِى الْاٰخِرَةِ هُوَ جَوَابُ

سُؤَالِ الْمَلَكَيْنِ فِى الْقَبْرِ

**"*Ahiretteki kavlis sabit ile tesbitten murad ise, kabirdeki iki meleğin*** *(Münker ve Nekir)* ***sorularına cevap vermek"*** demektir.

Münker ve Nekir denilen sorgucu meleklerin görünüşleri çok korkunç olduğu bildiriliyor. Zaten isimleri de bilinmeyen ve görülmeyen anlamına geliyor. Münker ve Nekir, görülmemiş ve bilinmeyen bir şekilde yaratılmışlardır. Allah Teâlâ'nın bu yaratıklarını böyle korkunç ve çirkin bir halde yaratmasında elbetteki hikmeti vardır. Allah, insanların imanlarında sadık (doğru) olup olmadıklarını bunlarla imtihan edip denemektedir. İnanmış mümin kullarına Allah'ın rahmet ve merhameti yetiştiği gibi, kafirlere, Allah'ın düşmanlarına da Allah'ın gazap ve azabı yetişmektedir.

Bütün bu ilâhi tecelliler, ölümden sonra kabirden başlamaktadır. Kabir azabı ile görevli bulunan sorgucu (Münker ve Nekir) meleklerinin şekli şemali de bu ilâhi tecellilerle alakalı olsa gerektir. Bu meleklerin korkunçlukları, anlatılırken hadislerde, gözlerinin gök renkli, yüzlerinin simsiyah bir renkte olduğu, alt dudaklarının göğüs ve karınlarına kadar sarkmış olduğu, yırtıcı dişlerinin nerdeyse yere değecek kadar uzun, ellerindeki kırbaç ve kamçıyı bütün insanlar bir araya gelse, yerinden bile oynatamayacağı dile getirilerek korkunçlukları vurgulanmaktadır. Bütün bunlar, kabirde kulların imtihanında bir hikmetin tecellisi için olsa gerektir. Kafir olanlar, fasık, facir olanlar kabirlerinde bu durumla karşılaşınca ödleri patlayıp şaşıracakları gibi, mümin olan iyiler de bunları görünce kendilerini derleyip toplayıp imanlarına ve salih amellerine sarılarak cesaretle ve Allah'ın yardımıyla suallerin cevaplarını bülbül gibi söyleyeceklerdir. Yukarıdan beri anlattığımız hakikatler, bu gerçeklere dayanmaktadır.

## Müminlerin Kavli Sabitle Sağlam ve Sebatlı Kılınması

*Ey Âhiret yolcusu kardeş!* Okuduğumuz âyet-i kerime'de üzerinde duracağımız iki nokta var. Tesbit etmek, ve kavlis'sabit (sabit kavil).

**Tesbit;** birşeyi yerli yerince sağlamlaştırma, yerinden oynamaz hâle getirmek, metanetli, kuvvetli kılmak, sağa sola kaydırmamak anlamına gelir.

**Kavlis'sâbit:** Sabit kavil, değişmeyen söz, sağlam söz, sebatli, metanetli söz, kuvvetli söz demektir. Sözlük anlamı budur. Âyet-i kerimedeki **"Bil'kavlis'sabiti"**den murat, Kelime-i Şehadet ve Kelime-i Tevhid'dir. İslâm alimlerinin ve tefsir bilginlerinin yorumları böyledir. Onlar: **"Kavl-i Sabit"**ten maksat, **Şehadet** ve Tevhid kelimeleridir, demişlerdir.

Siz değerli okuyucularımın, Kelime-i Tevhid ve Kelime-i Şehadet'in ne demek olduğunu bildiğiniz görüşündeyim. Onun için burada onların izah ve açıklamasına girmiyorum. Âyet-i kerime'de:

يُثَبِّتُ اللّٰهُ الَّذِينَ اٰمَنُوا بِالْقَوْلِ الثَّابِتِ

*"Yüsebbitüllâhü* – ***Allah tesbit etti"*** demektir. Neyi ile tesbit etti? *"ellezîne âmenü* – ***iman eden mü'min kullarını"*** tesbit etti. Ne ile tesbiit etti? *"bil'kavlis'sabiti* – ***kavl-i sabit*** *(değişmeyen söz)* ***ile"*** tesbit etti demektir. Yani, Allahü Teâlâ, iman eden

mümin kullarını kavl-i sabit olan Kelime-i Tevhid ve Kelime-i Şehadet ile tesbit etti (sağlamlaştırdı, kuvvetleştirdi) demek olur. Şimdi âyet-i kerimenin tamamının anlamını söyleyeyim ki aklımızda kalsın, konumuzu daha iyi kavramış ve anlamış olalım. Manasının tamamı:

***"Allah Teâlâ, iman eden mümin kullarını hem dünya hayatında, hem de âhiret hayatında*** *(kabirde yani âhiret hayatı kabir hayatından başlıyor)* ***kavl-i sabitle-değişmeyen sözle tesbit eder, sabitleştirip kuvvetlendirir."*** demektir.

Dünya hayatında kavl-i sabit ile tesbitin ne anlama geldiğini ve âhiret hayatında da tesbitin ne demek olduğunu Sevgili Peygamberimizin mübarek dilinden sadır olan açıklamayı yukarıdaki satırlarımızda vermiştik.

**Tefsir alimleri demişlerdir ki:** Kişinin ölümü anında hakkın tesbiti üç şekilde olur:

1. Kişinin can çekişme halinde iken küfürden korunması, Tevhid ve Şehadet kelimelerini söylemesinde yardım olunması ve bu yardımla müslüman olarak, iman ile ölmesi, kendisine nasip olur, demektir.

2. Rahmet melekleri gelip ona Allah'ın rahmeti ile müjdelerler.

3. Ölüm anında, can çekişirken Cennetteki yerini görür, kendisine Cennetteki makamı gösterilir, demek olur. Bu sayılan üç mesele dünyadaki kavuştuğu-mazhar olduğu lütuf ve ikramlardır.

Ahiretteki kavuşacağı hakkın tesbiti ise, kabir hayatına başlayınca yani, ölüp kabre girince olur ki, ölmüş olan kişi, kavl-i sabit üzerinde durdurulur. Bu da üç şekilde tecelli eder:

1. Kabrindeki ölüye doğru ne ise, o telkin edilir-söyletilir. Bu nedenle ölmüş mümin kişi, Cenâb-ı Allah'ın razı olacağı yönde sorulara cevap verir. Yani, sorgu meleklerinin kabirde sordukları suallerin cevaplarını doğru olarak verir.

2. Kabirde soru soran meleklerden korkmaz, korkupta telaşa ve heyecana kapılmaz. Allah kendisine sebat ve metanet (kuvvet) verir.

3. Kabirdeki mümin ölü, Cennetteki yerini görür. Bu sebeple onun kabri Cennet bahçelerinden bir bahçe olur.

Bu âhiretteki hakkın tesbiti, yeniden diriltildiğinde de tecelli edecektir. Hesabı, kitabı kolay geçecektir. Kıyamet, mahşer korkularından emin kılınacaktır. İslâm alimleri bu tesbiti de üç şekilde olur demişlerdir.

1. Mahşer hesabındaki soruların cevabını verirken doğru cevap verir. Çünkü bu konuda kendisine doğrular telkin edilir, yani yardım edilir.

2. Hesabı kolaylaştırılır. İlâhi yardım kendisine ulaşıverir, demektir.

3. Bazı ufak tefek günahları varsa, affedilir-bağışlanır. İşte Allah Teâlâ mümin kullarına böyle ihsanda, lütuf ve ikramda bulunacaktır. Alimlerimizin açıklamalarından bu gerçekleri anlıyoruz. İnşaallah, Mevlamızın lütfuna mazhar olanlardan oluruz. Amin...

Şimdi de kabir hallerinden bahseden Berâ İbn-i Âzib'in (r.a.) hadisinin meâlini arz edelim.

Bu konu ile ilgili pek çok hadisin bulunduğunu geçen satırlarımızda söylemiştik. Biz zaten kitabımızda bunlardan sadece bir kısmını siz değerli okurlarımıza verebiliyoruz.

Berâ İbn-i Âzib (r.a.), şöyle rivayet edip, anlatmıştır:

Resûlullah (sallallahü Aleyhi ve sellem) Efendimiz ile birlikte Ensar'dan (Medine'li) birisinin cenazesine katılmıştık. Cenaze defnedileceği (kabre konacağı) sırada kabrin yanına vardık. Allah'ın Resûlü (s.a.v.) kabrin yanına (baş ucuna doğru) oturdu. Bizde sessiz ve sakin bir şekilde oturduk. Bu esnada biz, sanki başımızın üzerinde bir kuş varmış gibi, hiç hareket etmiyor, sesimiz, soluğumuz duyulmuyor bir şekilde duruyorduk.

Allah'ın Resûlü, Sevgili Peygamberimiz (a.s.), elindeki bulunan bir çubukla önündeki toprağı çiziyordu. Sonra, mübarek başını kaldırdı ve iki defa veya üç defa: **"Teavvezû billahi min azabil kabri – Kabir azabından Allah'a sığının"** dedi. Ve sonra da şöyle buyurdu:

***"— Mümin-müslüman bir kimse kabre konulduğu vakit, üzeri topraklanıp tesviye edilip, dostları ve akrabaları*** *(cenaze cemaati)* ***kabrin yanından dönüp giderken, onların ayak seslerini henüz işitip durduğu bir anda*** *(yani daha cemaati dağılmadan)* ***onun yanına iki melek gelir.*** *(Bunlar Münker ve Nekir adı verilen sual melekleridir).* ***Onu*** *(ölüyü)* ***oturturlar. Ve ona sual sorarlar. Melekler ona*** *(ölüye):*

*"— Men Rabbüke –* ***Rabbin kimdir?"*** derler. Meyyit (ölü):

"— *Rabbiyallahü* – ***Rabbim Allah'tır"*** diye cevap verir. Melekler:

"— *Ve mâ dinüke* – ***Dinin nedir?"*** derler. Meyyit:

"— *Diniyel'islâmü* – ***Dinim İslâm'dır"*** der. Melekler:

"— *Ve men'Nebiyyüke* – ***Peygamberin kimdir?"*** derler. Meyyit:

"— ***Ve Nebiyyi Muhammedün (s.a.v.)"*** der.

Resûlullah (sallallâhü Aleyhi vesellem).

"— ***İşte, Allah Teâlâ'nın, "Allah, iman eden kullarını dünya hayatında da, âhiret hayatında da sabit söz*** *(olan)* ***Kelime-i Tevhid üzere sabit kılar" âyetinin manası budur"*** buyurdu. Ve devamla:

"— ***Sonra gökten bir ses gelir: "Kulum doğru söyledi. Onu lâyık olduğu şekilde Cennete yerleştirin. Ona Cennet elbiseleri giydirin. Ona Cennete bakan bir kapı*** *(pencere)* ***açın!"*** buyrulur.

***"Ve ona Cennetin rahatlığı ve güzellikleri verilir. Ve kabri gözünün alabildiğine*** *(görebildiği kadar)* ***bir genişlikte genişletilir."***

Kafire gelince:

***"Ve eğer ölen kişi, kafir veya münafık ise, kabre gömüldüğü vakit, ruhu bedenine geri gelir. Ve iki melek*** *(sual sormak için)* ***gelir, onu*** *(meyyiti)* ***oturturlar ve şu soruları sorarlar. Sorgu melekleri;***

"— *Men Rabbuke* – ***Rabbin kimdir?"*** derler. Meyyit (ölü):

"— ***Ha ha, hı hı?*** diyerek *(kekeler ve sonunda)* ***bilmiyorum."*** der. Melekler:

"— *Dinin nedir?*" diye sorarlar. Kafir kişi yine kekeleyerek:

"— *Ha, hı, bilmiyorum*" der. Melekler:

"— *Şu zat* (Hz. *Muhammed*) *hakkında ne diyorsun?*" diye sorarlar. Ölü aynı şekilde kekeleyerek:

"— *Ha, hı, bilmiyorum*" der. Sonra:

Semadan bir ses gelir:

"*Bu yalan söyledi. Ona Cehennemden bir yer hazırlayın. Ona Cehennem elbisesi giydirin. Ve onun kabrine Cehenneme bakan bir kapı* (*pencere*) *açın*" denir.

"*Sonra ona* (*o imansız ölüye*) *Cehennem ateşinin çekilmez sıcaklığı ve kavurucu rüzgarı gelir. Kabri, onun* (*imansızın*) *kaburga kemikleri birbirine geçinceye kadar onu sıkar ve kabir daralır da daralır. Ve daha sonra o kafirin başına kör ve dilsiz bir Cehennem zebanisi musallat edilir. Onun görevi bu Cehennemlik ölüyü kabrinde kıyamete kadar azap etmektir. O Zebani'nin bir demirden topuzu* (*balyozu*) *vardır ki, bu topuz dağa vurulsa, dağı parçalayarak toz haline getirir. Bu Zebani* (*azap görevlisi*), *o ölüye* (*imansıza*) *bu topuzuyla öyle bir vurur ki, insan ve cinlerden başka, herşey bu işkence ve azabın sesini işitir. Hatta doğu ve batıdakiler bile işitir şeklindedir rivayetler. İşte imansız ölenler, kafirler ve münafıklar kabirlerinde böyle azaplanacaklardır.*" (Bu Hadîs-i Müslim Cennet bölümünde, Buhari Cenâiz bölümünde rivayet etmişlerdir.)

**Ey dost!** Yukarılarda da arz ettiğimiz gibi kabir azabıyla ve kabir halleriyle ilgili pek çok Hadîs-i Şerif bulunmaktadır. Sahih ve muteber sayılan hadis kaynaklarımızın hepsi bunları kaydetmiş ve eserlerine almışlardır.

## ÖLMÜŞLERİN AFFI İÇİN DUA ETMEK LÂZIMDIR

Hz. Osman (Radıyallâhü Anh)'ın rivayetine göre, demiştir ki: Resûlullah (sallallâhü Aleyhi vessellem) Efendimiz, cenazede bulunup defin (gömme) işlemleri bittiği zaman, kabrin yanıbaşında durup ve şöyle buyururdu:

اِسْتَغْفِرُوا لِاَخِيكُمْ وَاَسْئَلُوا لَهُ بِالتَّثْبِيتِ فَاِنَّهُ الْاٰنَ يُسْأَلُ

*"Kardeşinizin bağışlanması, günahlarının affedilmesi için Allah'a dua ediniz. Onun sorgu-sual meleklerinin* (Münker ve Nekir'in) *suallerine doğru cevap verebilmesi dileğinde bulunun. Çünkü şimdi, şu anda* (bu melekler tarafından) *ona sual sorulmaktadır."* İkaz ve uyarısında bulunarak, cenazeye gelen müslümanları bilgilendiriyordu. (Ebû Davud Cenâiz bölümü)

Berâ İbn-i Âzib'in (r.a.) rivayet ettiği hadisin bir bölümünde şu ilâve vardır:

تَعَوَّذُوا بِاللّٰهِ مِنْ عَذَابِ الْقَبْرِ ثَلَاثًا

*Manası:* ***"Ey insanlar! Kabir azabından Allah'a sığınınız."***

اِنَّ الْمَيِّتَ يَسْمَعُ خَفْقَ نِعَالِهِمْ اِذَا وَلَّوْا مُدْبِرِينَ حِينَ يُقَالُ لَهُ يَا هَذَا! مَنْ رَبُّكَ وَمَادِينُكَ وَمَنْ نَبِيُّكَ

*"Şüphesiz ölüye, ey filan! Rabbin kim, dinin ne, peygamberin kim? sorusu sorulurken o* (ölü) *kendisi-*

***ni defnedip*** *(kabre koyup üzerine toprakla örten)* ***cemaatin kabrinin başından ayrılışlarında onların ayak seslerini işitir.*"** buyurmuştur.

Yani demek oluyor ki, meyyit (ölü) daha kabrine konup üzeri toprakla örtüldüğünde, hemen sorgu sual melekleri gelip imtihana başlıyor. Bunu nereden anlıyoruz? ***"Kabrine konan ölüye, Rabbinden, dininden ve peygamberinden"*** sual edilirken, defnedenlerin ayak seslerini işitir, cümlesi bu gerçekleri, bu hakikatleri vurgulamaktadır. Bazı hadislerde, Peygamber Efendimizin her namazın peşinden kabir azabından Allah'a sığındığını ve sığınma duaları okuduğunu bildirmektedir.

# SEKİZİNCİ BÖLÜM

## ÖLÜNÜN ARKASINDAN YAS TUTMAK ONUN AZABINA SEBEBTİR

Müslimin rivayet ettiği bir Hadîs-i Şerifte: Ölünün arkasından bağırıp çağırarak yas tutulması, o ölünün kabrinde azaplar içinde kalmasına, kabrinde azap olunmasına sebep olacaktır. Efendimiz Aleyhiselâm,

اَلْمَيِّتُ يُعَذَّبُ فِى قَبْرِهِ بِمَا نِيحَ عَلَيْهِ

*Manası:* ***"Meyyit** (ölü) **kendisinin üzerine bağırıp, çağırarak yas tutulması sebebiyle kabrinde azap olunur** (olunacaktır)."* buyurmuştur.

***Evet ey dost!*** İşte bu mesele, çok önemli bir konudur. Nice dindar geçinen insanlar görüyoruz ki, ölüsünün arkasından avazının çıktığı kadar, sesinin çıktığı kadar bağırıp çağırarak ağlama tempoşu tuttuğunu görmekteyiz. Bunlar hep dinimizi, bilmemekten ileri gelmektedir. Çünkü bu gibilerinin bağırıp çağırmaları ölüsüne veya anasına, babasına ve sâire (ölüsü herhangi kimse) zerrece bir fayda ve yarar sağlamamaktadır. Tam tersi, o bu bağırıp çağırmasıyla ölüsüne azap ve işkence vermeye sebep olmaktadır. İşte bu gerçeği anlatamıyorsunuz.

Evet, insan ölüsüne elbetteki gözyaşı dökerek ağlar ve ağlayacaktır, ağlaması da tabii ve normaldir. Bu gözyaşları sessizce dökülecektir. Bağırıp çağırıp tempo tutarak değildir. Hele bazı kadınlar görüyoruz ki, ölü evine her gelen akraba ve dostların görünmesiyle bir ağlama temposu başlatıyorlar. İşte bu yanlış davranışlar yüzünden ölen kişi kabrinde azap görecek ve görmektedir.

*Evet ey dost!* İnsan kalbinin kederlenmesi, üzülmesi ve gözlerden yaşların akması câizdir. Hem de olacaktır. Bunlar rahmet ve merhamet damlalarıdır. Hazret-i Peygamberin de gözlerinden yaşlar akmıştır. Ama bu yaşlar şefkat, sevgi ve hasret gözyaşları, rahmet ve merhamet gözyaşlarıdır, buyurmuştur. Hele hele Allah'a isyan bayrağı açarcasına bir takım anlamsız, yani hiç ölüye bir yarar sağlamayacak kelimelerle, ağlayıp, yas tutmak, sevdiği ölüsüne zarar ve azap vermektir. Bu gerçek böyle biline.

## HZ. FATIMA'NIN EFENDİMİZİN HASTALIĞI VE VEFATINDA AĞLAMASI

Buhari ve Müslim'in Hz. Enes İbn-i Mâlik (r.a.)'den rivayetine göre, Hazret-i Peygamber (sallallâhü Aleyhi vesellem)'in hastalığı ağırlaşınca, sıkıntıları çoğaldı. Sevgili babacığının sıkıntılı durumunu gören Hz. Fâtıma validemiz (r.a.):

"— ***Vah babacığım! Ne büyük sıkıntın var!***" diyerek gözyaşları döküyordu. Hazret-i Peygamber (s.a.v.), ciğerparesi Fâtıma'sını teselli ediyor ve:

لَيْسَ عَلَى اَبِيكِ كَرْبٌ بَعْدَ الْيَوْمِ

"*(Sevgili kızım, cigerparem, Fâtımam!)* ***bu günden sonra babanın hiç sıkıntısı olmayacak.***" buyurdu.

Allah'ın Resûlü, Sevgili Peygamberimiz (s.a.v.) vefat edince, bu sefer de Hz. Fâtıma (r.a.) validemiz:

"***Yüce Rabbinin davetine*** *(çağırısına)* ***icabet eden babacığım, vah babacığım! Mekânı-makâmı Firdevs Cenneti olan babacığım vah! Acı haberini sadece ve sadece dostu Cebrail ile paylaşacağım babacığım, vah!***" diye ağlıyordu.

Hz. Peygamberin (s.a.v.) toprağa verilip defnedilişinden sonrada Hz. Fatıma (r.a.) validemiz, babacığının vefatıyla duyduğu üzüntü ve kederini şöyle dile getiriyor ve:

"— ***Allah'ın Resulünün*** *(sevgili babacığımın)* ***üzerine çarçabuk toprak atmaya nasıl eliniz vardı, gönlünüz nasıl razı oldu Resulullah'ın üzerine toprak at-***

*maya nasıl eliniz vardı, gönlünüz nasıl razı oldu. Resulullah'ın üzerine toprak örtmeye?"* diyerek sevdiklerine üzüntüsünü belirtiyor ve ağlıyordu.

*Ey Âhiret yolcusu kardeş!* Bu haberde Allah Teâlâ'dan gelene katlanmak ve sabırla karşılamak konusunda Yüce Peygamberimizin biz ümmetlerine bir gerçeğin öğretisini görüyoruz. Efendimiz Aleyhisselâm'ın **"sekerât-ı mevt"** denilen, hastanın can çekişmekte olduğu sıradaki çektiği sıkıntılar vardır. Bu sıkıntıları Peygamber Efendimiz de çekmiştir.

O (s.a.v.) "sekerât-ı mevt"inde çok sıkıntı çekiyordu. Fakat hiç şikâyet etmiyordu. Allah'tan gelene sabrediyor, sıkıntılarına tahammül ediyordu. Çünkü bunları veren Yüce Allah'tı. O'ndan gelene ancak sabır edilerek Allah'ın rızası kazanılırdı. Peygamberimiz, bu gerçeği ümmetine öğretmek hususunda canlı bir örnek oluyordu. Her insanda olduğu gibi, Hz. Fâtıma (r.a.) validemizde de elem ve kederlerden etkilenme ve onların tesirinden (etkisinden) üzüntüye düşüp ağlamak hassasiyeti vardı. O da üzülüyor, ağlıyordu.

*"— Vah babacığım! Ne kadar da büyük sıkıntın var"* demişti. Yüce Peygamberimiz, kızını teselli ederek, bu dünya sıkıntılarının geçici ve bir sonu olduğunu bildirmek için:

*"Bugünden sonra baban sıkıntı çekmeyecek"* buyurmuştu.

Bu ise, dünya sıkıntılarına sabırla katlanmak gerektiğine, önemli olanın ise âhiret sıkıntılarından kurtulmak olduğunu bildiriyordu.

Hazret-i Peygamberin vefatından sonra, Hz. Fâtıma validemizin söyledikleri onun derin üzüntüsünü açığa vurmasıydı. Hz. Fâtıma'nın ağlayarak söylediği sözler, sevgili babacığının ölümünü kabullenmemesi anlamına değildi.

Bunun için de, ölüm acısını Hz. Peygamberin dostu ve arkadaşı olduğunu bildiği Hz. Cebrâil ile paylaşacağına ve böylece Allah'ın emri olan ölüm acısını biraz olsun hafiflemesini dile getiriyordu.

Çünkü Cebrâil yirmi üç (23) sene müddetince (süresince) Hz. Peygambere gelmiş gitmişti. Hz. Fâtıma'nın bu sözü onun, Allah'ın emrine bağlılığını gösteriyordu. Onun ağlaması ise, sessizce sevgi ve merhametini dile getirmekti.

Hz. Fâtıma din ölçülerinin kabul etmediği bir şekilde ağlamış olsaydı, Allah'ın Peygamberi olan sevgili babacığı, onun ağlamasına engel olur ve ona nasihatte bulunurdu. Hadislerde böyle bir bilgi bulunmamaktadır. Demek oluyor ki, Hz. Fâtıma validemizin ağlaması, şefkat ve merhamet gözyaşlarıydı. Bağırıp çağırma ve Allah'ın ölüm emrine karşı gelmek değildi. Ağlama sesini ancak yanındakilerin duyması kadar da olabilir. Fazlaca olması mümkün değildir. Çünkü ağlarken karşısındaki kimseyle konuşur gibi ağlıyordu.

***Ey Âhiret yolcusu kardeş!*** Okuduğumuz bu hadisten öğreniyoruz ki, ölmek üzere olan bir kişiye üzülmek ve acımak, hatta onun için merhamet gözyaşları akıtmak yani sessizce (bağırıp çağırmadan) ağlamak caiz olduğu gibi, bu hal tabii bir haldir de. Bu durumda dini yönden herhangi bir sakınca ve mahsur da yoktur.

Vefat eden bir insanın, ölümünün arkasından onun iyiliklerini ve yaptığı güzel şeyleri söylemek câizdir, söylenebilir. Yani ölmüş olan kişinin hayırlı meziyetleri varsa onların söylenmesinde herhangi bir sakınca yoktur demek olur. Sesli ağlama konusunda ise bazı alimlerin görüş ayrılığı vardır.

Bazı alimlerimiz, ölü, yakınlarının bağırıp ağlamasından azap görür demişlerdir. Çünkü bu konuda Efendimizin (a.s.) Hadîs-i Şerifi vardır:

***"Yakın akrabalarının ağlayıp sızlanmalarıyla ölü kabrinde azap görür. Hele hele ağıt yakarak ağlayan kişi:** "Vah kolumuz, kanadımız, yardımcımız, giydirenimiz" **diyerek ağlamalar olursa, ölünün yakasından tutularak, ona şöyle sorulur: "Sen onun yardımcısı, kolu kanadı mıydın? Onun giydireni sen miydin?"*** şeklinde ıtap olunur, azap olunur. Hatta buyrulmuştur ki:

*"Ölü, mahallesindeki kimselerin kendisine ağıt tutarak ağlaması sebebiyle azaba uğratılır."* yine merfu' rivayetle gelen bir hadisde buyrulmuştur:

***"Bir kul ölüp kabrine konulduğu zaman, geride kalan çoluk çocuğu, vah beyimiz, şerifimiz, başkanımız, reisimiz, emirimiz! diyerek ağlaşırlar. Kabirde sual melekleri o ölüye sorar:***

***"Dinle bak, senin arkandan neler diyorlar? Sen emir miydin, şerif miydin, reis miydin? Ölü şöyle der: "Ah bir sussalar, şu seslerini bir kesseler, ölü kabrinde öyle bir sıkıştırılır ki, adeta kemikleri*** *(kaburgaları)* ***birbirine geçer."*** Bunu destekleyen rivayetleri yukarıda da verdik.

## Ölüye Ağlamak İki Kısma Ayrılır

*Ey Âhiret yolcusu kardeş!* Ölmüş bir insanın arkasından ağlama konusunu biraz açmak veya bu konunun üzerinde biraz durmak istiyorum. Çünkü bu konu, bazen ölülerimize zarar veriyor, onların kabir azabına çarptırılmalarına sebep oluyor. Bunu bir nebzecikte olsa yukarıdaki satırlarımızda anlatmaya çalıştık. Buna rağmen ben yine birkaç satır daha ilâve ederek açıklık getirmeye çalışacağım. Çünkü ölümüzün arkasından ağlamamak mümkün değildir.

*Ölü arkasından ağlamak iki çeşit olur:*

1. *Bağırıp çağırarak ağlamak .*

2. *Şefkat ve merhametten ağlamak.*

Bu iki türlü ağlamanın hükmü aynı değildir. Bunların anlamları da aynı olmayıp, ayrı ayrı anlama gelmektedir. Bir insan için önemli olan da bu ayrıcalığı anlayıp ona göre hareket etmesi, hem ölüsü için hem de kendisi için hayırlı kapılar açacaktır. Onun için bu konunun üzerinde duruyorum.

**a) Bağırıp çağırarak ağlamak neden kötü ve zararlıdır?**

*Ahiret yolcusu kardeş!* Birazcık ince (derin) düşünürsek, bu çeşit ağlamada Allah'tan gelene itiraz vardır. Halbuki hiçbir insanın Allah'a itiraz etme hakkı yoktur. İnsanın buna hakkı olmadığı gibi gücü de yetmez. Allah Teâlâ, böyle uygun, böyle münasip görmüştür. O kuluna ölüm vermiştir. Ona hayat veren Allah'tır, hayatını alan (öldüren) da Allah'tır. Veren de, alan da Allah'tır. Allah Teâlâ, önce vermiştir, sonra da verdiğini geri almıştır. Verirken iyi de, alırken kötü müdür? Her canlının belli bir ömrü vardır. Hâl böyle olunca Allah'tan gelene sabırla karşılayıp katlanmak gerekmektedir. Allah verdi, Allah aldı şeklinde düşünerek, bağırıp çağırmadan sıcak gözyaşları döküp ağlayabilir ve de ağlamak gerekir. Ve şu âyet-i kerimeyi çokca okuyup kendisini teselli ederek şükür çerçevesi içinde bulunmalıdır:

إِنَّا لِلّٰهِ وَ إِنَّا إِلَيْهِ رَاجِعُونْ

***Okunuşu:*** *"İnna lillahi ve innâ ileyhi râciûn"*

*Manası:* ***"Şüphesiz biz, Allah için varız ve şüphesiz biz, sonunda*** *(öldükten sonra)* ***yine O'na döneceğiz."*** demektir.

Her aklı başındaki bir müslüman, başına bir bela ve musibet geldiği zaman, böyle diyecektir ve demelidir. Çünkü insan, Allah'tan gelmiştir, yine O'na dönecektir. İnsana verilen her nimet, her güzellik emanet olarak verilmiştir. Sonunda (vakti gelince) bu emanetler veren tarafından geri alınacaktır. Şu halde bela ve musibetler karşısında (ki, ölüm en büyük musibettir) insan kendisini kaybederek ümitsizliğe düşüp kendisini mateme kaptırması bütün bu söylediklerimizi yok sayması anlamı taşır.

Böyle yapmakla da başına gelen musibeti sabırla karşılayıp alacağı ecir ve sevaptan mahrum olmuş olur. Çünkü herkesce bilinmektedir ki, başa gelen bela ve musibetlerden dolayı ağlayıp sızlayarak, feryad-ü figan eylemek hiçbir şeyi geri getirmez, getirmemiştir de. Başa gelen keder ve sıkıntıyı da defetmez, edemez (gideremez) de. Zira başa gelecek olan zaten gelmiştir, ilâhi hüküm verilmiştir. Feryad–ü figanın, bağırıp çağırmanın hiç kimseye (ne ölüye, ne de arkasında bıraktığı kederli aileye) bir yararı olmadığı gibi, ölünün azabını arttırır, gerideki kederlilerin de sevabını (ecrini) yok eder ve şeytanı sevindirir. Çünkü şeytan adem oğlunun düşmanıdır.

## Bağırıp Çağırarak Ağlamanın Zararları

Şimdi de bağırıp çağırarak ağlamanın zararlarını ve yasaklarını bildiren bir kaç Hadîs-i Şerif – Sevgili Peygamberimizin mübarek sözlerini Türkçe meâllerini arzedelim istiyorum:

1. İbn-i Mes'ûd (r.a.) rivayet etmiştir: Resûlullah sallallâhü Aleyhi vesellem şöyle buyurmuştur:

***"Ölüleri için ağlarken, yanaklarını vurarak*** *(saçını başını yolarak),* ***yakalarını yırtarak*** *(yakasını paçasını parçalayarak),* ***cahiliyet*** *(İslâmdan önceki cahiliye devrinde olduğu gibi)* ***adeti üzere ağlayıp feryad eden*** *(bağırıp çağıran)* ***bizden*** *(bizim yolumuzda)* ***değildir*** *(müslümanlığından zarar etmiştir)."* (Bu hadisi Buhari, Müslim, Tirmizi ve Nesâi rivayet etmiştir.)

2. Ümmü Atiyye (r.a.) rivayet etmiştir, demiştir ki:

***Allah Resûlü (s.a.v.), biz kadınlar biât ederken-peygambere uyacağımıza söz verirken bizden*** *(şu yolda yani)* ***yüksek sesle bağırıp çağırmak, feryad edip ağlamamamamıza dair söz almıştır."*** (Buhari ve Müslim)

3. Ebû Hüreyre (r.a.) rivayet etmiştir, demiştir ki:

*"Hazret-i Peygamber* (sallallâhü Aleyhi vesellem) *Efendimizin vefatında sesli olarak ağlanmamıştır."* (Bezzar)

4. Zeyd bin Erkam (r.a.) rivayet etmiştir, demiştir ki:

Resûlullah (sallallâhü Aleyhi vesellem) şöyle buyurmuştur:

*"Allah Teâlâ üç şeyde* (yerde) *susmaktan hoşlanır:*

*a) Kur'ân-ı Kerim okunurken,*

*b) Düşmanla savaşılırken,*

*c) Vefat eden bir cenaze kaldırılırken."* (Taberânî rivayet etmiştir).

5. Ümmü Seleme (r.anha) rivayet etmiştir, demiştir ki:

(Kocam) *Ebû Seleme öldüğü zaman, içimden* (gönlümden) *dedim ki: "Garip* (Ebû Seleme) *yabancı bir ülkede gurbette öldü. Ona öyle bir ağlayayım* (öyle bir ağıt yakayım) *ki, dillere destan olsun. Tam ağlamaya hazırlanmıştım ki, benimle ağlayıp beni mutlu etmek için* (komşulardan) *bir kadın çıka geldi. O anda Resûlullah (s.a.v.) bu ağlayıcı kadını karşılayarak ona şöyle buyurdu:*

*"Allah Teâlâ, şeytanı bu evden çıkarmışken, sen tekrar o şeytanı bu eve sokmak mı istiyorsun?"* Ümmü Seleme (r.a.) diyor ki: *"Bunun üzerine ağlamaktan hemen vazgeçtim. Ağlamadım ve ağlamaktan uzak durdum."* (Müslim)

6. Tirmizi'nin Câbir (r.a.)'den rivayet ettiğine göre: Cabir demiştir ki: *"Hazret-i Peygamberin oğlu*

*İbrahim'in ölümünde Efendimizin gözlerinden, sıcak gözyaşları akıyordu."* Abdurrahman bin Avf (r.a.), Hazret-i Peygamber (s.a.v.) Efendimize hitaben dedi ki:

***"— Ey Allah'ın Resûlü! Sen** (ölüye) **ağlamaktan menetmemiş** (alıkoymamış) **mıydın?"*** diye söyledi. Allah'ın Resûlü Sevgili Peygamberimiz (a.s.),

***"— Hayır,** (ben sessiz akan gözyaşlarını değil) **ben ancak şu iki budala ve çırlak sesleri yasakladım:***

***1. Yüzlerin tırmalanması** (saçını başını, elini yüzünü yolmak).*

***2. Ve yakaların yolunması** (üstünü başını yırtmak) **ile musibet** (ve ölüm) **anında sesin** (bağırıp çağırmanın) **ve şeytanın haykırışını"*** buyurdu. (Tirmizi)

***Ey dost!*** Bir insanın, ölmüş olan bir yakını hakkında ağlayıp feryad-ü figan etmesi, ağıtlar yakması bir hüner, bir marifet, bir beceri değildir. Asıl hüner ve beceri, Allah'tan geleni düşünüp Allah'a yönelmektir. Bir musibet anında kendisini, iradesini kaybedip abuk sabuk davranışlarda bulunmak aklı başındaki bir müslümana yakışmaz ve lâyık değildir.

***Ey Âhiret yolcusu kardeş!*** Ölünün arkasından yani bir kimsenin ölümünden sonra bağıra çağıra ağlamak, Sevgili Peygamberimiz tarafından kesinlikle yasaklanmıştır. Bir ölüm esnasında ölünün yakınları tarafından bağıra, çağıra ağıt yakmak, feryad-ü figan koparарak ağlamak ve orada bulunanları ağlatmak (buna hadislerde niyâha adı veriliyor) haramdır, günahtır. Bağırıp, çağırarak ağlamanın zararları başlığı altında verdiğimiz hadis meâlleri sıra numarasında iki numaralı Ümmü Atiyye rivayetindeki hadisde de geçtiği gibi, Sevgili Peygamberimiz (s.a.v.) Efendimiz kadınlardan aldığı biat (söz) maddeleri arasında kadınların «ölülerinin arkasından yüksek sesle ağlamayacaklarına dair kadınlardan söz aldığı» da vardır. Resûlullah'ın bu uygulaması da gösteriyor ki, ölülerinin arkasından vâveyla kopararak, hadislerde de geçtiği üzere:

***"Saçını-başını yolan, üstünü başını yırtan-yakasını paçasını parçalayan, yüksek sesle ortalığı velveleye boğarak sesinin çıktığı kadar avaz avaz bağırarak ağlayan"*** *gibi tabir ve deyimlerle yasaklanmış ve dahi bu tip ve bu cinsten tavır ve davranışlar kınanmıştır. Bu konu ile ilgili bir hayli haber (Hadis-i Şerif) bulunmaktadır.*

Bu konuda bir müslümana düşen görev odur ki, çoluk çocuğuna daha sağlığında bu konuları öğretip ölümünden sonra böyle bir hataya düşmemelerini sağlamaktır. Bu konuda hadislerde örnekler de bulunmaktadır.

Ebû Bürde (r.a.) rivayet etmiştir. Demiştir ki:

*"Babam, Ebû Mûsa el'Eş'arî hastalandı. Bu hastalığı çok şiddetli bir hâl alınca bayıldı. Bunun üzerine hanımı bir çığlık attı ve yüksek sesle ağlamaya başladı. Fakat Ebû Mûsa (r.a.) baygın olduğu için, karısına cevap verecek bu halinden men edecek durumda değildi. Lâkin ayılınca, hanımına şöyle çıkışmıştır:*

***"— Allah'ın Resûlü (s.a.v.) Efendimizin hoşlanmayıp uzak durduğu kimselerden ben de hoşlanmam ve uzak dururum. Biliyorsunuz ki, Resûlullah (s.a.v.)***

*vâveylacı, haykırarak ağlayan, saçını-başını yolan ve üstünü başını yırtan kadınlardan uzak durmuştur. Onların bu hallerini hoş görmemiştir."* diyerek hanımını uyarmıştır. (Buhari, Müslim, Nesâî)

Muğîre bin Şu'be (r.a.) rivayet etmiştir. Resûlullah (s.a.v.) şöyle buyurmuştur:

*"Bir kimsenin (ölünün) arkasından bağıra-çağıra ağlanırsa, bu ağlamalardan dolayı o ölüye kıyamet günü azap olunur."* (Buhari, Müslim, Tirmizi)

*Ey dost!* Özetle diyebiliriz ki, yukarıda açıklandığı şekilde davranan ölü sahipleri ölmüşlerini kendi elleriyle azaba itmektedirler. Bu sebeple bir yakını ölen kimse Allah'ın emri olan ölümü sabırla karşılayıp Allah'tan gelene rıza göstererek sessizce sıcak gözyaşları akıtmalıdır. **"Allah'tan geldik, yine Allah'a döneceğiz"** demeli ve işte (ölen kimse), Allah'a dönmüştür diyerek ağzından dökülen kelimelere dikkat etmelidir ki, ölüm musibetinden ecrini (sevabını) zayi etmemiş olsun vesselâm.

**b) Ölüye sessizce ağlamak şefkat gereğidir:**

*Ey dost!* Yüksek sesle olmamak şartıyla ölüye ağlamak caizdir. Hem de merhamet gereğidir. Yukarıdaki satırlarımızda da belirttiğimiz gibi, ölmüş kişinin peşinden ağlamak iki kısımdır.

Biri yasaklanmıştır ki, bu bağıra-çağıra ağlamaktır. Bunun hakkında bir hayli açıklamada bulunduk.

İkincisi de caiz olan ağlamadır. Şimdi de bu caiz ve mübah olan, sessizce gözyaşı dökülen ağlama hakkında biraz açıklamalarda bulunacağız.

**1.** Cabir bin Atîk (r.a.) rivayet etmiştir:

Hazret-i Peygamber (s.a.v.), Abdullah İbn-i Sâbit'i ziyarete gelmişti (çünkü bu zat ağır hasta idi). Hastanın kendinden geçmiş bir halde olduğunu görünce, Efendimiz (a.s.) sesini yükselterek ona seslendi. Kendisinden cevap alamayınca onun öldüğünü anladı ve

اِنَّا لِلّٰهِ وَ اِنَّا اِلَيْهِ رَاجِعُونْ

"— *İnna lillâhi ve innâ ileyhi râciûn*" dedi. Ve devamla: ***"— Ey Ebür'Rebi'! Emir Allah'ındır. Ne yapalım elden birşey gelmez. Allah'ın emri bize galebe çaldı. Allah'ın dediği olur."*** buyurdu. Resûlullah'ın sözlerini duyan, hastanın yakınları kadınlar, orada çığlık atıp ağlamaya başladılar.

İbn-i Atik (r.a.) da ağlayan kadınları susturmaya çalıştı. Durumu gören Hazret-i peygamber (Aleyhisselâm) Efedimiz, ona şöyle buyurdu.

***"— Kadınları kendi hallerine bırak. Çünkü sesleri fazla çıkmıyor. Fakat vacip olduğu zaman hiçbir kadın ağlamasın."*** uyarısında bulundu. Orada bulunanlar:

***"Yâ Resulallâh vacip olduğu zaman ne demektir?*** diye sordular. Hazret-i Peygamber (s.a.v.) Efendimiz:

***"— Öldüğü zaman demektir"*** buyurdu. (Malik, Ebû Davud, Nesâî)

Evet, Hadîs-i Şerifte görülüyor ki, evin içinde sesleri duyulacak kadar hastaya veya ölüye ağlamak caizdir. Ancak ağlarken abuk sabuk sözler söylememek ve Allah'ın emrine boyun eğerek merhamet ve hüzün gözyaşları dökmek caiz ve mübah oluyor. Sevgili Peygamberimizin ***"Onları kendi hallerine bırak"*** uyarısı da bunu gösteriyor. Ayrıca, ***"Öldüğü zaman hiçbir kadın ağlamasın"*** uyarısı da ölülerin arkasından ağlamamak ölüm musibetinden ecir almak ve Allah'ın emrine boyun eğmek (teslim olmak) ve sevap almak anlamındadır.

Aslında bir müslümanın, bela ve musibet (ölüm ve benzeri durum) anlarında iradesini ve bilincini kaybetmemesi ve Allah'ın emir ve hükmüne teslim olduğunu göstermesi, onun dindarlığının belgesidir. Bu ölçü, erkeklerde de kadınlarda da böyledir.

Bir müslüman, ölüsüne üzülüp sessizce sıcak gözyaşları döker, dökebilir ve dökmelidir de. Bu yaşlar merhamet dolu, şefkat dolu gönülden gelen rahmet gözyaşlarıdır. Sevgili Peygamberimizin mübarek ifade (söz)lerinde de bu bilgileri görüyoruz. Sevgili Peygamberimizin (a.s.) zaman zaman böyle sıcak gözyaşları döktüğünü ve ağladığını biliyoruz. Bunların yasak olmadığını öğrettiğini de biliyoruz. Bir ölüm veya bir hastalık karşısında kalbinde hüzün ve keder duymamak merhametli bir kalbe yakışır mı? Elbetteki yakışmaz. Sevgili Peygamberimizden bir örnek daha verelim ki, konumuzu daha iyi anlamamıza yardımcı olsun.

2. Hz. Ömer'in oğlu Abdullah (r.a.) rivayet etmiştir ve demiştir ki:

Sa'd bin Ubâde (r.a.) hastalanmıştı. Resûlullah (s.a.v.) Abdurrahman bin Avf, Sa'd bin Ebî Vakkas ve Abdullah bin Mes'ud'u yanına alarak birlikte

Sa'd'ı ziyarete gelmişti. Resûlullah (s.a.v.) hasta yatmakta olan Sa'd'ın yanına girdiği zaman, onu elem ve ıstırap içinde baygın bir halde buldu. Hastanın ailesi ve yakınları ise etrafında toplanmış halde idiler. Hastanın da her tarafı örtülüydü. Bu hâli gören Efendimiz (Aleyhisselâtü vesselâm):

"— ***Öldü mü?***" diye sordu. Oradaki bulunanlar:

"— ***Hayır, Yâ Resûlallah*** *(ölmedi)*." dediler.

Resûlullah (sallallâhü Aleyhi ve sellem), islâma büyük hizmeti geçen bu kıymetli sahabisi Sa'd'ın bu ağır durumu karşısında üzülerek ağlamıştı. Oradaki bulunanlar Hazret-i Peygamberin ağladığını görünce, onlar da ağladılar. Bunun üzerine Allah'ın Resûlü (s.a.v.):

"***Bilmez misiniz*** *(yani biliniz)* ***ki, şüphesiz Allah, gözyaşı dökmekle ve kalbin üzülmesiyle insana azap etmez. Fakat*** *(eliyle diline işaret ederek)* ***işte bunun yüzünden*** *(kişiye)* ***azap eder veya merhamet eder*** *(bağışlar)*." buyurdu. (Buhari, Müslim rivayet etmiştir.)

***Ey Âhiret yolcusu kardeş!*** Görüyoruz ki, Sevgili Peygamberimiz (s.a.v.) Ensar'dan (Medine'li) olan Sa'd bin Ubâde'nin, o büyük sahabinin hastalığından çok üzüldüğünü ve sıcak gözyaşlarını akıttığını (ağladığını) ve çevresindekileri de ağlattığını birlikte öğreniyoruz.

Bu şu demektir: Bir hastanın başucunda sessizce gözyaşı döküp ağlamanın caiz ve mübah olduğunu ve bu durumun merhametli bir kalp sahibi insan için gerekli bir durum olduğunu bildirmektedir. Aynı zamanda ölen bir insanın arkasından yine bunun gibi, sessizce (bağırıp-çağırmadan) ağlamanın ve kalbinden üzülmenin yasak olmadığı gibi, normal ve doğal (tabii) bir hâl olduğunu bildirip öğretmektedir.

Sevgili Peygamberimizin ağlaması, inci taneleri gibi akan o nebevi gözyaşlarının mübarek Peygamberi yanaklarına ve sakalına dökülüp ıslattığını gören hasta yakınları da sessizce sıcak, keder ve üzüntü yüklü hasret gözyaşları dökmüştür. Bu hâl, Efendimizin (s.a.v.) hâl ve tavrından islâmi adap ve ölçüleri öğrenmektir.

Hadiste bir de sözle öğretisi vardır Efendimizin (s.a.v.): ***"Allah insana ağlayıp gözyaşı akıtması ve kalbinin üzülmesi sebebiyle azap etmez. Fakat, dili yüzünden azap eder veya merhamet eder*** *(bağışlar)."* buyurmuştur.

İşte insan Efendimizin bu uyarısını kulağına küpe yapmalıdır. Kişi acılı zamanlarında (ölüm-hastalık ve diğer musibet anlarında) ağzından çıkanlara dikkat etmeli, acı ve üzüntüsünün verdiği şaşkınlıkla Allah'a isyan ve Allah'ın verdiği bir durumdan hoşnutsuzluk anlamı taşıyan sözler söylememelidir. Eğer böyle şaşkınlığını ortaya koyan söz ve kelimeler sarfedecek olursa bunun zararı ve azabı yine kendisine veya ölüsüne olacaktır. Bu gerçeği de aklından çıkarmamak gerekir vesselâm.

***"Ölü, ailesinin ve dostlarının bağırıp çağırarak ağlamasıyla azap olunur."*** Hadîs-i Şeriflerini unutmamalıdır.

Sessizce ağlamak konusunda bu bölümün yani **"Ölünün arkasından yas tutmak"** başlığı altında da bilgi vermiştik. Hz. Fâtıma (r.a.) validemizin ağlamasıyla ilgili satırlarda söyleyeceğimizi söylemiştik.

*Ey dost!* Bu konu ile ilgili Hazret-i Peygamber Efendimizin birçok Hadis-i Şerifi vardır. Biz bu konuyu bu kadarla yetiniyoruz. Çünkü bizim kitabımızın hacmi çok geniş ve uzunca bir hacim değildir. Konuyu anlayan ve anlamak isteyen âhiret yolcusuna yetecek miktarda olduğu kanâatindeyim, Allah Teâlâ bildiğiyle amel etmek nasip etsin. Amin.

## ÇOCUĞU ÖLENİN DURUMU VE AĞLAMASI

*Ey Âhiret yolcusu kardeş!* Ölümün yaşı yoktur. Bazı insanlar, çocukken ölür, bazıları henüz gençliğinin baharında ölür, bazıları orta yaşlarda ölür, bazıları da çok yaşar, yeniden çocukluk devresine ayak basar, ihtiyarlığın en sefil ve en rezil devresine erişir, çocuklar gibi ne yaptığını bilmez, yakınları onun bakımından aciz kalır ve ah bir ölse diye bakarlar. Kimi insanlar da daha gün yüzü görmeden anne karnında ölürler, anneleri düşük yapmış olurlar. Bütün bu saydıklarımız biz insanların bildiği, bilebileceği ve de bilmesi mümkün olacak şeyler değildir.

Bunlar, tüm canlıları yaratan yüce kudretin (Allah'ın) bildiği ve bileceği işlerdir. Biz insanlara düşen görev O yüce kudretin (Allah'ın) emirlerine, hükümlerine boyun eğerek teslim olmaktır. Ondan gelen her türlü olaya rıza gösterip isyan etmeden kabul etmektir. Ölüm, canlılara olduğu gibi, insanlara da, çocuklara da kendi kendine gelen ve rastgele gelen bir olay değildir. Hatta tüm varlıkların meydana gelmesi, canlı varlıkların yaratılması, var olmaları ve insanların dünyaya ayak basması, çocukların yaratılması, annelerinden doğmaları kendi istekleriyle olmuyor. Bunun böyle olduğunu her insan biliyor ve bilmektedir. İnsanın dünyaya gelişi kendi isteğiyle olmadığı gibi, ölümü de kendi isteğiyle olmuyor ve olmayacaktır. Hâl böyle olunca, insanoğlu bu tek kudretin (Allah'ın) hükmüne ve emrine razı olacak ve olmalıdır.

## İlk Çocuğu Ölen Kadın

Yeryüzünde ilk çocuğu ölen kadın, insanlığın ilk anası, ilk kadın, Hz. Adem babamızın ilk eşi ve hanımı Hz. Havvâ validemizdir. İnsanoğlunun yaratılmasıyla ve bu dünyaya misafir olarak gönderilmesiyle birlikte ölüm denen devletli acı olay da yaratılmış ve dünya yüzüne yerleştirilmiştir. Nerede insan denen varlık var, orada ölüm denen, acı olay da vardır.

İnsanın bu dünyaya imtihan için, sınanmak için gönderildiği akılda tutulmalıdır. İnsan her an bir imtihan ve sınava çağrılabilir. Önemli olan bu sınavı kazanabilmektir. Bu da Allah'ın emir ve hükümlerine uymak ve ona itaat etmekle olur ve olacaktır.

Evet yeryüzünde ilk evlat acısını, ilk evlat ölümünü tadan ve gören Hz. Havvâ validemizdir. Hz. Havvâ, ölümle karşılaşan ilk annedir.

Hz. Adem'in ilk defa bir çocuğu ölmüştü. Hz. Adem, hanımı Hz. Havvâ'ya bu durumu nasıl anlatacaktı? Çünkü Hz. Havvâ o ana kadar ölüm nedir? bilmiyordu. İşte bunun için Hz. Adem, ölümü nasıl anlatırım diye düşünmüştü. Hz. Adem doğrudan:

*"— Ey Havvâ! Oğlun öldü"* dedi. Fakat Hz. Havvâ bu sözden (ölüm sözünden) birşey anlamamıştı. Şaşkın şaşkın kocası Hz. Adem'in yüzüne bakarak sordu:

*"— Ölüm nedir? Ölüm ne demektir?"* Efendim dedi.

Hazret-i Adem (Aleyhisselâm)'ın Hanımı Hz. Havvâ'ya ölümü en basit bir şekilde anlatması gerekiyordu. Onun için:

***"— Ey Havvâ! Ölüm, insanın birşey yiyip içemez, kalkıp oturamaz, hareket edemez, nefes alamaz hâle gelmesidir. İnsan bu şekilde hareketsiz kalınca ölmüş olur."*** dedi. Hz. Adem böyle der demez, Hz. Havvâ, bir çığlık atarak ağlamaya başladı.

Bunun üzerine Hazret-i Adem (a.s.) hanımı Hz. Havvâ'ya şöyle seslendi:

***"— Ey Havvâ! Sen ve kızların, çığlık atarak ağlamaya baksın. Ben ve oğullarım bundan uzağız."*** dedi. Yani, *Ey Havvâ! Sen bu şekilde ağlarsın, ağlayabilirsin, kızların da ağlar ve ağlayabilirler, fakat ben ve oğullarım böyle ağlamayız, ağlayamayız* demek olur. Birçok kadınların feryad-ü figan eyleyerek, bağırıp-çağırmaları ve çığlık atmaları Hz. Havvâ'dan miras kalmıştır demektir.

*Ey çocuğu ölen kardeş!* Ölüm, insanın başına gelecek en büyük musibetlerdendir. Ölüm, herşeyin tadını bıçak gibi kesip atan bir acı olaydır. Fakat, Allah'tan gelmiştir, dayanılması gerekir ve o yüce yaratıcının emir ve hükmüne gönül rızasıyla katlanmak gerekir. Bağırıp çağırmak, çığlık atmak, ne diriye ne de ölüye birşey kazandırmaz. Aklını başına almak gerekir.

## Kız Çocuğu Ölen Bir Kadın ve Peygamberimiz

1. Enes İbn-i Mâlik (r.a.) rivayet etmiştir. Demiştir ki:

Resûlullah Sallallâhü Aleyhi vesellem, çocuğunun mezarı başında (bağıra-çağıra) ağlayan bir kadının yanından geçti. Kadına:

"— *(Ey hanım!)* ***Allah'tan kork ve sabret***" buyurdu. Kadın:

"— ***Benden uzak dur*** *(çek git başımdan)*. ***Çünkü benim başıma gelen felaket, senin başına gelmemiştir***" dedi. Kadın Hz. Peygamber'i tanıyamamıştı. Resûlullah (s.a.v.) oradan ayrılıp gittikten sonra, orada bulunan biri, kadına: ***"O Allah'ın Peygamberi Hazret-i Muhammed*** *(a.s.)* ***idi"*** dedi. Kadın bunu duyar duymaz üzüntüsünden kendisini kaybetmiş ve beyninden vurulmuşa döndü. Kadın hemen Hz. Peygamberin evinin kapısına koştu. Kapıda adeta nöbet bekleyen kapıcılar aradı göremeyince (Zaten kapıcı veya nöbetçi diye birileri de yoktu). Kadın özrünü bildirmek üzere Hazret-i Peygamber'e (s.a.v.): ***"Ey Allah'ın Resûlü!*** *(beni bağışla)* ***ben seni tanıyamadım."*** dedi. Hazret-i Peygamber (s.a.v.) de:

*"— Asıl sabır, felaketle ilk karşılaştığın anda tahammül edip katlanmandır"* buyurdu. (Buhari, Müslim, Ebû Davud, Tirmizi)

*Ey Âhiret yolcusu kardeş!* Hadis-i Şerifte görüldüğü üzere, Sevgili Peygamberimiz ümmetiyle ve de çevresiyle çok ilgilenirdi. İyilikleri emreder, yanlışları düzeltirdi, ümmetine karşı da son derece yumuşak davranırdı.

Belli ki, kadının çocuğu ölmüştü, mezarının başında ağlıyordu. Fakat bağıra-çağıra ağlıyordu. Bu durum ise, Allah'ın sevmediği bir haldi. Efendimiz Aleyhisselâm, kadına Allah'a karşı saygılı olmasını (Allah'tan korkmasını) ve Allah'tan gelene sabretmesi gerektiğini hatırlatmıştı. Fakat, zavallı kadın (belki de cehaletinden ve iradesizliğinden) kendisinden geçmiş, ne yaptığının, hatta kiminle konuştuğunun bile farkında değildi.

Evet, şu bir gerçektir ki, sevap ve fazilet olan davranış, Allah'tan gelen bela ve musibetlere ilk geldiği anda sabır ve tahammül ederek katlanmaktır. Allah'tan gelene rıza gösterip, Allah böyle uygun görmüş, Allah böyle istemiştir, diye düşünmek, Allah'tan mükâfat (ödül) almak demektir. Yoksa istese de, istemese de gelen bela ve musibetlere katlanmak zorundadır insan. Elinden ne gelir ki insanın? Ama bela ve musibetin ilk geldiğinde Allah'ın emir ve hükmünü severek kabul ederse, manevi sevap ve ecir (ücret) almaya hak kazanmış olur ki, bu Cennettir. İnsan bir ölümle karşılaştığında, evladı veya bir yakını, hatta bir dostu öldüğünde (innâ lillâhi ve innâ ileyhi râciun – Allah'tan geldik yine O'na döneceğiz) demelidir.

*Ey dost!* Ölüm, felaketlerin (musibetlerin) en büyüğüdür. Bir insan için ona katlanmak elbetteki güç ve hatta çok zor bir iştir. Fakat felaketi verenin (Allah'ın) gücüne karşı koyacak bir güç yoktur. Hatta acılı ve kederli kimsenin herşeyi de bu gücün (Allah'ın) iradesi altında bulunmaktadır. Öyle ise, gelen bu felaketin (ölüm acısını) O'ndan (Allah'tan) geldiğini düşünerek katlanmak (sabretmek), sevdiğini veya evladının acısını gönlüne gömmek en büyük kazanç olur ve olacak. Şayet gereği gibi sabır ve tahammül gösterebilir - Allah verdi, yine Allah aldı diyebilecek bir olgunluk-gerçek dindarlık örneği gösterebilirse, bu musibetin (ölümün) neticesi ve sonucu, mükâfatı (ödülü) Cennet olur. Allah'tan gelen bu acıyı sabırla karşılayıp, bağırmadan çağırmadan gizlice, sessizce gözyaşı dökerek *"Allah'ım verdi, Allah'ım aldı, demek ki, kaderde böyle yazmış, nasibi, kısmeti, yiyecek ekmeği, içecek suyu bu dünyada bu kadarmış"* diyerek Allah'ın emir ve hükmüne boyun eğerek teslim olmak, Cenneti kazanmaktır, ölünce Cennete girmektir. İmanlı gönüllerin en büyük kazancı bu nimet (Cennet) nimetidir. Cenâb-ı Allah'ın rızasına, sevgisine ermektir.

## Çocuğu Ölenin Sabrının Karşılığı Cennettir

Nesâî, İbn-i Amr İbn-i el'Âs (r.a.)'dan rivayet etmiştir. Demiştir ki: Resûlullah Sallallâhü Aleyhi vesellem şöyle buyurdu:

*"— **Allah Teâlâ, mümin kulunun ciğerpare yavrusunu** (çocuğunu) **aldığı zaman, o mümin kimse** (çocuğunun ölümüne) **sabrederek ecrini** (sevap ve mükâ-*

*fatını) **Allah'tan bekleyerek O'nun** (Celle celâlüh) **takdirine gönülden boyun eğip teslim olduğunu gösterirse, Cenâb-ı Allah, kendi emir ve hükmüne rıza gösterip teslim olan bu** (acılı) **mümin kulunu Cennetine koymaktan başka bir mükâfat** (ödül) **ile mükâfatlandırmaz** (yani bu kederli kulunu Cennetine koyar)."* demek olur. (Nesâî rivayet etmiştir.)

***Evet ey dost!*** Hadisimizin manası gayet açıktır. Allah Teâlâ, mümin bir kuluna bir çocuk veriyor, sonra da verdiği bu çocuğa ondan alıyor. Çocuğun ebeveyni (anne-babası) çocuğun ölümünü *"Allah verdi, Allah aldı"* inancıyla sabır edip Allah Teâlâ'dan ecir (sevap ve ücretini-mükâfatını) bekleyerek isyan etmiyorlar. İşte Allah Teâlâ, ellerinden emanet olarak verdiği çocuğunu aldığı bu mümin kulunu Cennetine koyuyor. Cennetine koymaktan başka bir ödülle ödüllendirmiyor. En büyük ödül olan Cennetini onlara veriyor. Bu ne büyük bir lütfu ilâhidir düşünebilen bir mümin için aklı başında olan inanmış bir kimse, bilir ve inanır ki, herşey Allah'ın biz kullarına verdiği bir emanettir. Allah, emanetini dilediği zaman alır. Buna hiçbir kulun isyan etmesi, karşı gelmesi iyi bir sonuç getirmez. Getirse, getirse zarar ve Cehennem azabı getirir. İnsan, başka birinden emanet birşey alsa, geri vermez mi? verir. Vermemeye hakkı yoktur. Allah'ın emanet olarak verdiği şeyler de böyledir. Şu halde bir insanın böyle durumlarda sabırlı olması ve Allah'tan geleni gönül hoşluğu ile karşılayıp *"innâ lillâhi ve innâ ileyhi raciûn* - ***Allah'tan geldik Allah'a döneceğiz"*** demelidir. Bağırıp, çağırarak ağlayıp, sızlamak insanlara kendisini acındırmak hiç doğru bir davranış değildir. Allah'tan gelecek ecir ve mükâfatı (ücret ve ödülü) ve Cenneti kaybetmek olur. Bu ölüm sırasında insan sessizce veya evinin içinde yavaş bir sesle ağlayıp gözyaşı dökebilir. Ve dökmelidir de. Çünkü bu gözyaşı merhamet gözyaşıdır, şefkat ve hüzün gözyaşıdır. Bu hâl merhametli, şefkatli gönüllerde bulunur. Bu gözyaşı Cennete girmeye mani (engel) değildir. Bu bilgileri ağlama bölümlerinde de söyledik.

## Üç Çocuğu Ölüp Sabreden Cennete Girer

Enes bin Mâlik (r.a.) rivayet etmiştir. Demiştir ki: Resûlullah sallallahü Aleyhi ve sellem şöyle buyurdu:

"— ***Her kim vefat eden*** *(ölen)* ***üç çocuğunun ölümüne sabreder, sevap ve mükâfatını Allah Teâlâ'dan ümit ederek beklerse, Cennete girer*** *(girecektir).*"

Bunun üzerine bir kadın ayağa kalkıp Resûlullah'a:

"— ***Ey Allah'ın Resûlü! İki çocuğu vefat eden*** *(ölen)* ***de bu ecri*** *(sevabı alır mı?)*" diye sordu. Hazret-i Peygamber (s.a.v.):

"— ***Evet, iki çocuğu ölen de bu sevabı alır***" buyurdu.

Daha sonra bu kadın: "— ***Keşke bir çocuğu öleni de sorsaydım***" diyerek hayıflandı. (Nesâî)

Ebû Hüreyre (r.a.) rivayet etmiştir. Demiştir ki: Bir kadın gördüm, hastalanmış, hastalığı dolayısıyla inleyip sızlayan çocuğunu kucağında Resûlullah'a (s.a.v.) getirdi ve Resûlullah'a:

"— *Yâ Resûlallah! Üç çocuğumu gömdüm* (üç çocuğum öldü). *Bunun da ölmesinden korkuyorum*" dedi. Bunun üzerine Resûlullah sallallâhü aleyhi ve sellem:

"*Ateşe* (Cehenneme) *karşı çok sağlam bir sed* (duvar) *çekmişsin.*" buyurdu. (Nesâî)

Yine Ebû Hüreyre (r.a.) rivayet etmiştir. Demiştir ki: Nebi sallallâhü aleyhi ve sellem buyurdu ki:

"— *Üç çocuğu henüz büluğ çağına ermeden ölen hiçbir müslüman ebeveyn* (anne-baba) *yoktur ki, Allah Teâlâ, onların çocuklarına lütfu ihsan buyurduğu fazl-ü keremi, rahmet ve merhameti sebebiyle, o anne-babayı Cennete sokmasın* (mutlaka Cennetine koyar-koyacaktır)." Ve Resûlullah devamla da buyurdu ki:

"— *O çocuklara* (kıyamet günü) *Cennete girin denilir.* Onlar:

"— *Anne ve babamız Cennete girinceye kadar* (girmeyiz)" derler. Ve çocukların bu isteği üzere, çocuklara:

"— *Siz de, anne ve babanız da birlikte Cennete girin denilir*" buyurmuştur. (Nesâî)

İbn-i Mes'ûd (r.a.) rivayet etmiştir. Demiştir ki: Resûlullah sallallâhü Aleyhi ve sellem şöyle buyurdu:

"*Kimin kendisinden önce, henüz büluğ çağına ermemiş üç çocuğu ölürse, bu çocuklar, o ebeveyn için Cehennem ateşine karşı sağlam bir kale olurlar.*" Bunun üzerine orada bulunan Ebû Zerr (r.a.) sordu:

"— *Ya iki tane olursa?*" dedi. Efendimiz (a.s.):

*"— İki tane olursa da olur."* buyurdu. Bu sefer Ubeyy İbn-i Ka'b (r.a.) sordu:

*"— Yâ Resûlallah! Bir tane olursa?"* dedi. Bunun üzerine Efendimiz (Aleyhisselâm):

***"Bir tane olursa da öyledir. Ancak şartı şudur ki, bu sevaba erebilmek için çocuğu ölen kimse, ilk sadmede** (ilk ölüm acısının geldiği anda) **göstereceği sabır ve Allah'ın emir ve hükmüne boyun eğip teslim olmasına bağlıdır."*** demektir. (Tirmizi)

***Ey dost!*** Görülüyor ki, Cennet pek de kolay değildir. Bir müslümanın her an kendi hareketlerini kontrol altında bulundurması gerekmektedir. Bir musibete uğradığı zaman, hemen Cenâb-ı Allah'a sığınabilecek bir irade ve şuura sahip olacak ve gelen herhangi bir musibet karşısında kendisini kaybetmeyecek, iradesine hakim olup kendisini kontol altında bulunduracak, hemen *"innâ lillâhi ve innâ ileyhi râciûn -* ***Allah'tan geldik yine Allah'a döneceğiz"*** diyecektir ve demelidir. Ve yine ***"Allah verdi, yine Allah aldı"*** demelidir. ***"Allah'ım önce emanet olarak bana evlat verdi sevindirdi, şimdi de emanetini geri aldı"*** diye düşünebilmeli ve düşünmelidir. Cennet pek kolay olmasa gerektir. Bu bilgiler Cennet bahçesinde de gelecektir. Orada da Cennet hakkında bilgiler edinilecektir.

***Ey kardeş!*** Sanıyorum ki, sen konuyu anlıyorsun. Cennet kolay değil dedim. Bu şu demektir. Bir ebeveyn için, çocuk acısına dayanmak, hele hele birkaç tane olunca kolay bir iş midir? Ateş düştüğü yeri yakar demişlerdir. İşte çocukların veya çocuğunun ölüm acısına karşılık Allah kuluna

Cennetini veriyor. Tabii ki, acılı anne-baba Allah'ın istediği gibi davranırlarsa, Cenneti hak ediyorlar. Aksine hareket eden, Allah'ın istediği gibi olmayanlara ne Cennet var, ne de acı bir ıztıraptan kurtuluş vardır. İşte bunları düşünmeli ve ona göre Allah'a saygılı olmalı (Allah'ın azabından korkmalı)dır.

## Düşük Yapan Anneye de Cennet Vardır

Hz. Ali (r.a.) rivayet etmiştir. Demiştir ki: Resûlullah sallallâhü aleyhi vesellem şöyle buyurdu:

***"Düşük yapılan çocuk,** (kıyamet günü) **annesi-babası ateşe** (Cehennem'e) **konacağı zaman karşı koyacaktır. Çocuk Rabbinin huzurunda duracaktır. Anne karnındayken düşük yapılan çocuğa şöyle denecektir: "Ey Rabbine karşı duran düşük! Haydi al da anne ve babanı Cennete sok! Bunun üzerine o kesilmemiş göbeğiyle onları** (anne ve babasını) **ellerinden çekip Cennete sokacaktır"*** buyrulmuştur. (İbn-i Mâce rivayet etmiştir.)

Rezîn'in rivayeti de şöyledir:

***"Düşük sebebiyle ölü doğan çocuk, Cennetin kapısında anne ve babası gelinceye kadar bekleyecektir."***

***Ey Âhiret yolcusu kardeş!*** Bütün bu arzettiğimiz gerçekler, imanlı ve de Allah'ın emir ve hükmüne rıza göstererek isyan etmeyen, Allah'ın verdiği musibetleri ve felaketleri bir imtihan sebebi olarak kabul edip, Allah'ın rıza ve hoşnutluğunu isteyerek hareket etmekle olur. Bu dünyanın bir imtihan alanı olduğunu düşünmeli ve her an bir imtihan ve deneme ile karşılaşabileceğimizi aklımızdan çıkarmamalıdır.

Müslüman, gerçekten inanmış kâmil bir imana sahip olan kimseler bu dünyada musibet ve felaketlerle sınanırlar (imtihan olunurlar). Müslüman kişiye gelen acılar, üzüntüler, günahlarının affına vesile kılınmıştır.

Ebû Saîd ve Ebû Hüreyre'nin (r.a.) rivayet ettikleri bir Hadîs-i Şerifte Sevgili Peygamberimiz şöyle buyurmuştur:

*"Bir müslüman kimsenin başına gelen bir ağrı sızı, herhangi bir yorgunluk, dert keder, hastalık, üzüntü ve hatta küçük bir kaygının* (endişenin) *karşılığında mutlaka Allah Teâlâ, o kimsenin günahlarından bir kısmını siler, bağışlayıp affeder"* müjdesi vardır. (Buhari, Müslim, Tirmizi)

*Ey dost!* Şunu bilmelisin ki, yeryüzünde (evrende) hiçbir şey gelişi güzel (tesadüfen), rastgele olmuş değildir, olmaz ve olamaz. Allah Teâlâ'nın izni ve bilgisi olmadan bir yaprak dahi oynamaz, oynayamaz. Dünyada ve kâinatta (evrende) herşey Allah'ın izni (müsâadesi) ve dilemesi ile olur ve olmaktadır.

Hz. Enes'in rivayet ettiği Hadîs-i Şerifte yüce Peygamberimiz (a.s.) şöyle buyurmuştur:

*"Büyük mükâfat, büyük bela ile beraber gelir. (Felaketler büyüdükçe, kişinin alacağı ecir/ücret ve sevap da o nisbette büyük olur). Muhakkak Allah Teâlâ, bir kimseyi sevdiği zaman, ona bir takım musibetler (felaketler) verir. Allah'ın verdiği bu felaketlerden kim*

***razı olursa** (şikâyet etmezse), **Allah da o kişiden razı olur; kim de bundan** (felaketten) **dolayı öfkelenirse** (şikâyet ederse) **Allah da ona karşı öfkelenir** (ona azap verir).”* (Cem'ul'Cevâid)

## Büyük Felaketin Ecri de Büyük Olur

***Ey Âhiret yolcusu kardeş!*** Dünyada en büyük bela Allah'ın Peygamberlerine, sonra insanların dindarlık derecesine göre, dinlerine bağlılıkları ve Allah'a olan güvenleri nisbetinde bela ve musibetlerle karşılaşırlar. Bu dünya bir imtihan meydanıdır. Cenâb-ı Allah, sevdiği kullarını da imtihana tabi tutar. Kul imtihanı kazanırsa kârı ve kazancı kendisine (kula) aittir. Konumuzu uzatmadan birkaç Hadîs-i Şerif meâli verelim. Bu vesile ile başımıza gelen belâ ve musibetlere göğüs germenin ecir ve sevabının olduğunu, âhiret hayatımızda bizim Cennete girmemize yardımcı olacağını düşünerek acımızın biraz olsun hafiflediğini göreceğiz inancındayım.

1. Mus'ab bin Sa'd babasından, o da Resulullah'tan rivayet etmiştir. Sa'd demiştir ki: Ben:

***“Yâ Resulallâh! İnsanların içinde en şiddetli musibete** (belaya) **uğrayanlar kimlerdir?”*** diye sordum. Resûlullah (s.a.v.) şöyle buyurdu:

*“**Peygamberler, veliler** (ermiş kişiler), **ve veliler gibi, dinine bağlı dindar** (salih) **insanlar en çok felaketlerle karşılaşırlar. Sonra insanlar, dindarlığı** (dinine bağlılığı) **derecesine göre belaya uğratılırlar. İmanı kuvvetli olan insanların imtihanları da ağır ve şiddetli olur. Dinine ve Allah'ın emirlerine sıkıca bağlı***

*olan kişilere, Allah Teâlâ, çetin bir bela ile imtihan eder. Eğer kulun dinine bağlılığı zayıf ve gevşek ise, Allah Teâlâ, o kulunu dindarlığı nisbetinde dener yani, bela ve felaketi hafifler. Mümin kul yeryüzünde yaşadığı sürece Allah'tan gelen belalardan hiç başını kurtaramaz. Böylece kul eceli gelip öldüğü zaman günahlardan temizlenmiş olarak ölür (ve Cennete gider)."* demek olur. (Tirmizi, İbn-i Mâce)

İbn-i Hibbân'ın, ala İbn-i Müseyyeb yoluyla Sa'd'dan (r.a.) rivayeti ise şu tarzdadır: Resûlullah Sallallâhü Aleyhi Vesellem'den insanlar içinde kimlerin daha çok felakete uğradığı ve hangi insanların başına daha çok bela geldiği soruldu. Bu soruyu Hazret-i Peygamber (s.a.v.) şöyle cevapladı:

*"— Peygamberler, veliler, sonra velilere yakın dindar (son derece dinine bağlı olan) kimselerdir. İnsanlar, imanlarının kuvvet ve sağlamlığı nisbetinde (ağır veya hafif) musibetlerle (felaketlerle) imtihan olunurlar (denenirler). Dini kuvvetli olan insanın felaketi (musibeti) de ağır ve şiddetli olur. Büyük belalarla karşılaşır. Kimin de yani, hangi müslümanın da imanı (inancı) zayıf ise, daha az zorlukla karşılaşır, felaketi küçük olur. Şunu bilin ki, kişi yeryüzünde (insanlar arasında) yaşadığı müddetçe bela ve musibete uğrar. Bu ise, onun günahlardan arınıp tertemiz olmasını sağlar."* (İbn-i Hibban Sahihinde)

Efendimiz (sallallâhü Aleyhi vesellem) Hadîs-i Kudsi de şöyle buyurmuştur: Allah Teâlâ buyurmaktadır:

*"İzzetim ve Celâlim hakkı için, mağfiret etmek istediğim (yani günahlarını bağışlayıp affetmek istedi-*

*ğim) kulumu, gerek bedeninde bir hastalık ve gerekse rızkında bir eksiklik* (geçim darlığı) *vermek suretiyle onun tüm kusur ve hatalarını affetmeden onu dünyadan çıkartmam* (onun canını almam)*."*

2. Ebû Hüreyre (r.a.) rivayet etmiştir. Demiştir ki: Resûlullah Sallallâhü Aleyhi Vesellem şöyle buyurdu:

*"Bir müminin, erkek olsun, kadın olsun kendi şahsında veya çocuğunda ya da malında bela ve musibet eksik olmaz. Ta ki, ölünceye kadar böyle devam eder. Ölünce de o kişi Allah'a üzerinde hiçbir günah olmaksızın kavuşur."* (Tirmizi)

3. Hz. Âişe (Radıyallahü Anha) rivayet etmiştir. Demiştir ki: Resûlullah Sallallâhü Aleyhi Vesellem şöyle buyurdu:

*"Allah Teâlâ, bir müslümana verdiği bela ve musibet sebebiyle o kişinin günahlarını affeder, kusurlarını bağışlar. Hatta bir yerine batan ve kendisine sıkıntı veren bir diken batması için de böyledir."* (Buhari ve Müslim)

Yine Müslim'in bir rivayetinde Resûlullah (s.a.v.) Efendimiz:

*"Mümin bir yerine diken batması veya daha büyük bir felaket başına gelmesi, günahlarının affına sebeptir. Yani Allah Teâlâ onun günahlarını affeder"* buyurmuştur. Diğer bir rivayette ise:

*"Musibete uğrayan kişi, bu işin Allah'tan geldiğini düşünüp, durumu sabırla göğüslemek ve Allah'a sığınarak kurtuluşunu Allah'tan beklerse, bu başına gelen musibet sebebiyle onun bir derecesini yükseltir, bir hatasını da bağışlar."* buyurmuştur. (Müslim)

4. İbn-i Abbâs (r.a.) rivayet etmiştir. Demiştir ki: Resûlullah Sallallâhü Aleyhi Vesellem şöyle buyurdu:

*"Herhangi bir kimsenin malına veya canına bir musibet, felaket gelirse, o kimse de bu durumu soğukkanlılıkla karşılayıp insanlara şikâyet etmez herşeyin Allah'tan olduğunu, kurtuluşun da O'nun yardımıyla olacağını ümit ederek, Allah'a sığınırsa, o kulunu affetmek Allah'ın üzerine hak olmuş olur. Yani Allah Teâlâ'nın o kulunu affetmesi garantilenmiş olur"* buyurdu. (Taberânî rivayet etmiştir.)

5. Enes İbn-i Mâlik (r.a.) rivayet etmiştir, demiştir ki: Resûlullah (s.a.v) bir ağacın yanında bulunuyordu. Ağacı kuvvetlice salladı, Allah'ın dilediği nisbette yaprakları bolca dökülüverdi. Bunun üzerine şöyle buyurdu:

*"Musibetler (felaketler), ağrı ve sızılar, insanoğlunun günahlarının dökülmesini benim bu ağacın yapraklarını sallayıp dökmemden daha çok süratli döker."* (İbn-i Ebid dünya ve Ebû ya'la)

*Ey Âhiret yolcusu kardeş!* Yukarıdan beri anlatmaya çalıştığımız kederli ve sıkıntılı bir kulun, manevi ecir ve sevap alabilmesi için, islâmın emrettiği gibi, dindar (Allah'tan korkan ve emirlerine uyan) ve islâmın kabul ettiği ve öğrettiği zorluklara sabırla göğüsleyerek katlanıp tahammül etmesi gerekmektedir.

En büyük felaket ve musibet elbetteki ölüm ve ölüm acısıdır. En küçüğü de kişinin ayağına batan ve ona geçici bir acı veren dikendir. Diğer bütün bela ve kazalar, musibetler, felaketler bu en büyük ve küçük dediğimiz örnek arasında geçenlerdir. Bunların içinde kişiye endişe veren, korku veren her türlü maddi ve manevi hüzün ve kederler de dahildir. Aklı başındaki bir mümin, inanmış bir müslümanın bu musibetlerden manevi bir ecir (ücret) ve sevap alabilir, alması da garantilidir. Bir şartla ki, bunların Allah'tan geldiğini ve Allah Teâlâ'nın dilemesi ile olduğunu, insanlardan hiç kimseye şikâyet etmemesi gerektiğini bilerek, sabır ve tahammül edecek, Allah'a sığınacak, herşeyi O'ndan bekleyecek ve O'nun dilemesiyle olduğunu bilecek ve inanacaktır. Bu ölçüler çerçevesinde hareket eden her insan (tabii ki her insandan maksat inançlı insan demek istiyoruz) başına gelen her acı, her üzücü olaydan manevi ecir ve sevap alacaktır. Bu da âhiret hayatında kişinin yardımına gelen bir menfaat olacaktır. Anlatmaya çalıştığımız konu, bu konudur. Allah Teâlâ, bu dünyada üzüntüye ve kedere uğrattığı kulunu, âhiret hayatında sevindirecektir. Dünyadaki çektiği her üzüntüye karşılık, âhirette ecir (ücret) ve sevap verecektir. Bu da kulun günahlarının affı ve Cennetteki derecesinin yükseltilmesiyle olacaktır.

Konumuzla ilgili birkaç örnek daha vermek istiyorum. Bela ve musibetlerin, ölümün Allah'tan geldiğini, Allah dilemeseydi ne ölüm, ne de bela ve musibet gelmezdi, diye düşünüp kendi insanlığını ve aciz bir varlık olduğunu ve Allah'a sığınmaktan başka bir çarenin olmadığını düşünmek lâzım ve gereklidir. Felaketlere ve ölüme matem tutup, herşeye boş vermek, uygun değildir. Hayat devam eder ve edecektir. Fakat hayatı Allah'ın istediği doğrultu da devam ettirmelidir. Bildiği dini konuları doğru bir şekilde uygulamalı ve bilmediklerini de doğru kaynaklardan araştırıp öğrenmelidir. Bazen bilmek de insana fayda sağlamayabilir. Önemli olan doğruyu yapmak için gayret (çaba) göstermek gerekir. Bu konuda birkaç örnek:

**Hikâyemsi bir öğüt:**

Bir kadının alim (bilgin) bir zata doğruyu anlatması. El'Kâsım bin Muhammed (r.a.) şöyle anlatmıştır: "Hanımım ölmüştü. Muhammed bin Ka'b el'Kurezî bana başsağlığına gelmişti. Ve bana şu hikâyeyi anlattı:

— Hz. Musa Aleyhisselâm'ın milletinden alim, abid (çok ibadet eden) ve gayretli bir adam varmış. Bu zatın güzel, iyi huylu bir de hanımı varmış. Derken bu zatın gönlüne göre olan bu sevimli karısı ölmüş. O alim, bilgili zat, karısının bu ölümüne çok üzülmüş. Adamcağız o kadar kendini kaybetmiş ki, evine kapanıp herkesten ilgisini kesmiş, kimseciklerle konuşmamaya başlamış. Adeta matem havasına girmiş. Çevresindekiler, adamın bu haline hem üzülüyormuş, hem de şaşırıyorlarmış. Çünkü bu adam, hem alim (bilgin), hem de Allah'a bağlı, çok ibadet eden (âbid) birisidir, nasıl böyle olabilir? diyorlarmış.

Sonra kendi milletinden aklı başında, olgun bir kadıncağız, bu konuyu duymuş ve kalkıp o zata gitmiş ve yanında bulunanlara:

*"Ona soracaklarım var, ondan fetva istiyorum, onunla özel olarak konuşmam lâzım, yanında kimse kalmasın"* demiş.

Yanındaki insanlar dışarıya çıkmış ve kadının sorularını sormasına izin vermiş. Kadın söze şöyle başlamış:

"*— Ey üstad! Sana soracaklarım var, sen alim, âbid bir insansın. Sorularımın fetvasını ve cevabını istiyorum*" demiş. Hanımı ölen o alim zat:

"*— Sorun nedir, sor bakalım?*" der. Kadın:

"*— Efendim* der, *ben komşum olan bir kadından bilezik aldım. Bilezikleri emanet olarak vermişti. Bu emanet bileziği bir zaman kullandım. Tabii ki ödünç ve emanet olarak takınmıştım. Şimdi ise, komşum hanım haber gönderdi ve bileziği kesin olarak geri istiyor. Ne dersiniz, bileziği ona temelli (devamlı) olarak geri vereyim mi, yoksa vermesem olur mu?*" Hanımı ölen alim:

"*— Evet, vallahi bileziği gerisin geri sahibine vermen lâzımdır*" der. Kadın:

"*— Ama üstad, o bilezik uzun zamandır bendedir, ben kullanıyorum, üstelik onu çok da sevdim*" diye itiraz eder. Alim zat:

"*— Olsun, sende uzun zamandır kalmış olabilir, sevmiş de olabilirsin. Fakat sen onu emanet olarak aldığın için, sahibin onu senden geri isteyebilir ve istemeye hakkı vardır*" der. Bu sefer kadın o soru sorduğu alim zata şöyle der:

"*Ey üstat! Allah sana merhamet etsin, rahmetiyle esirgesin! İşin gerçeği böyle ise, Allah Teâlâ sana emanet olarak verdiği şeyi (yani ölen karını) şimdi geri aldığında neden bu kadar üzülüyorsun, bu derece (Allah'a darılır, O'na isyan eder, O'na küser gibi) üzülmeye hakkın var mıdır? Sana onu (ölen karını) bir müddet beraber yaşayın diye emaneten vermiştir, sonra da onu geri isteyip senden almıştır. Buna bu kadar üzülmen, insanlarla ilişiğini kesmen senin için câiz mi?"*

Kadının bu sözleri o alimi kendisine getirdi. Kederden gelen şaşkınlığı ve iradesinin gevşekliğini bu kadının ince görüş ve zekâsıyla birden izale oldu (ortadan kalktı). Kadının sözleri alimin gönül gözünü, açtı ve alimin üzüntüsü gitti ve yeniden yaşama ve insanların arasına karışma ümidi geldi. Herşeyi bilen Allah Teâlâ, bu alim, âbid ve gayretli adamı da o hanım kulunun sözleriyle uyarmış oldu denilmiştir. (Mâlik, Cem'ul'fevâid)

***Ey Âhiret yolcusu kardeş!*** Önemli olan alim (bilgin) olmaktan çok, iradeli ve kendisini kontrol edebilir, şuurlu ve Allah'ın emirlerine ve yasaklarına karşı uyanık bir hayat yaşamaktır. Bir insan çok bilgili olabilir ama bu bilgisini Allah'ın istediği yolda kullanmaz veya kullanamazsa, o bilginin hiçbir değeri yoktur. Bilgisi az olup da Allah'ın istediği gibi, hareket eden ve etmeye çalışan bir kişi, bilgisi çok fakat ameli yok veya iradesi eksik ve gaflet içinde olan kişiden daha değerlidir Allah katında. Allah'tan gelen nimetlere şükretmeyen ve Allah'tan gelen felaketler karşısında sabır ve anlayış gösteremeyen insan bilgin de olsa, daima manevi zarardadır. İnsanın eşine, çocuğuna veya malına bir felaket gelebilir. Bunlar şüphesiz ki, Allah'tan gelmiştir. Bunlara sabırla göğüs gererek, Cenâb-ı Allah'tan yardım dilemek gerekir. Feryat ederek bağırıp çağırmak, Allah'a isyan etmek, insanlara küsmüş gibi, kendisini herşeyden uzak tutmak olgun ve aklı başındaki bir insana yakışmaz ve yakışmıyor da. Ölümle ilgili kitaplarda bulunan bir hikâyeciği sana anlatayım.

## Bir Kadının Başına Gelen Büyük Felaketler

Beterin beteri vardır demişlerdir. Ey dost! Sana ibret dolu bir hikâyecik arzedeceğim ki, düşünebilen bir kişi için çok ibret dersi alınacak bir olaydır.

Basra'da dolaşan bir zat, bulunduğu yerde bir kadın gördü. Kadının yaşına göre yıpranmamış bir hali vardı. Kadının bu hali adamın nazar-ı dikkatini çekmiş olacak ki, adam durup dururken kadına şöyle bir iltifatta bulundu:

*"— Maşaallah! Sağlığınız yerindedir. Böyle bir güzellik bu yaşta hiçbir kadında görmedim. Bu da senin hiçbir sıkıntıya düşmemiş olman, dünyada üzülmemiş ve kedersiz bir hayat sürmenden ileri geliyor olsa gerek"* demiş.

Adamın bu sözleri üzerine kadın şu ibret dolu cevabı vermiş:

*"— Ey Allah'ın hoşgörülü kulu! Ben Allah tarafından öyle bir imtihana tabi tutulmuşum, öyle bir ağır sınava sokulmuşum ki, bu denemede hiç kimse bana yardım edemiyor. Ben öyle bir kedere, öyle bir üzüntüye düşmüşüm ki, bu üzüntüde hiçbir kimse bana ortak değildir!"*

Kadına iltifat eden kimse, deyip diyeceğine pişmanlık içinde kadının büyük derdini sormak ve dinlemek zorunda kalır ve kadına:

***"— Nedir bu, kimsenin ortak olmadığı ve yardım edemediği derdin?"*** diye sorar. Kadın başına gelenleri şöyle anlatır:

*— Kocam, Kurban Bayramı'nda kesmek için bir koç aldı ve Kurban Bayramı günü koçu kurban olarak kesti. Benim henüz yaşları küçük dünya güzeli iki erkek çocuğum vardı. Bunlar aralarında oyun oynarken büyüğü, küçük kardeşine demiş ki:*

***"— İster misin, babamın kurbanlık koçu nasıl kestiğini sana göstereyim mi?"*** diyerek oyun oynamaya başlamışlar. Küçüğü de bu oyunu kabul ederek:

***"— Evet, isterim"*** demiş. Kadın:

*"— Büyük oğlum, küçüğünü yatırıp kesmiş. Bizim ise, ancak çocuk kanlar içerisinde tepinerek bağırdığında haberimiz oldu. Küçük kardeşinin kan içinde bağırmasından korkarak kaçan büyük oğlum, bir dağa çıkmış. Kaçtığı dağda onu kurt yedi. Babası onu aramaya çıktı, o da kayadan düşüp öldü".* Ve devamla kadın:

***"— Üzüntü çekmemiş, kedere uğramamış, yıpranmamış dediğin kadın** (yani ben) **işte böyle bir ilâhi imtihana ve denemeye tâbi tutuldum. Allah'ıma hamdolsun, O'ndan geldik, O'na döneceğiz"*** deyip sözünü kesmiş.

***Ey Âhiret yolcusu kardeş!*** Bu dünya bir imtihan meydanıdır. Burada imtihan olunup da kazanan kullar, âhirette rahat edecek, Cennette sevinecektir. Hani bir atasözümüz vardır: **"Beterin beteri var"** demişlerdir. İnsanların başına bazen umulmadık musibetler, bela ve kazalar gelebilir. Hiçbir kimse bunları önceden düşünüp aklına getiremez. Büyük görülen bir musibet, bakarsın ki, ondan daha büyükleri de vardır. Yüce Allah'tan dileriz ki, tüm musibetlerden mümin, müslüman kullarını korusun, amin!...

Hani haberlerde okur veya görürüz. Adam çoluğunu çocuğunu almış, bir deniz kenarına gitmiş, biraz hava alalım, dinlenelim diye. Bakıyorsun adam, ailesinden birkaç kişiyi denizde bırakıp da gözleri yaşlı dönüyor. Yani ailesinden birkaç kişi boğuluyor. Bunlar görülen ve duyulan az felaketler midir? İçlerinden biri denize giriyor, yüzme bilmediği veya denizin derinliğini ve akıntılı olduğunu bilmediği için o, denize kapılıyor derken, arkasından durumu bilmeyenler de onu kurtarmak içiin koşuyor suya. Onlarda durumu bilmediği için hepsi de, denizin azgın suları içinde boğulup gidiyor. Hem de aileden birkaç kişi. Kezâ (bunun gibi) trafik kazalarında bir aile sönüyor. Cenâb-ı Allah, cümle kullarını böyle akla hayale gelmez musibetlerden, felaketlerden korusun, amin!

Bu durumlar karşısında kulun: *"İnnâ lillâhi ve innâ ileyhi raciûn* - ***Allah'tan geldik yine O'na döneceğiz"*** demeli ve bu dünyada imtihanı kazanmalı ve Allah'a halis bir kul olarak dönmeye çalışmalıdır. İsyan etmek, bağırıp çağırmak, birilerine suçu yükleyip dövünmek hiçbir kimseye bir yarar sağlamıyacağını akıl etmelidir. Bu dünya fani ve geçicidir. Herkes burada misafirdir. Kimileri erken gider, kimileri de biraz geç gider. Ama eninde sonunda herkes yolcudur. Önemli olan çıkılacak bu yol (ahiret yolu) için azık hazırlamalıdır. Hiçbir yolcu azıksız yola çıkmaz. Âhiret yolcusu olan her insan da azık hazırlamalı ve azıksız yola çıkmamalıdır. Âhiret azığı ise, bu dünyada hazırlanır. Bu gerçeği bilmeli ve hiç unutmamalıdır. Yolculuğunun ne zaman başlayacağını hiç kimse bilmez. Öyle ise her an hazırlıklı olmalıdır.

## Kâmil İman Sahibi Bir Kadının Çocuğunun Ölümüne Sabrı

Şimdi de erkek çocuğu ölünce onu yıkayıp kefenleyerek hazırlayan ve çocuğun babası, yani kadının kocası gelince, çocuk iyidir, şimdi rahatladı diyerek kocasını hiç telaşlandırmadan yemeğini yedirip, sonra yavaş yavaş çocuğunun ölümünü söyleyen bir müslüman annenin sabrını -Allah'tan gelene tahammül edişini ve Sevgili Peygamberimizin hayırla müjdesine erişini okuyacağız:

Buhari, Müslim, ve Ebû Dâvûd'un, Hz. Enes İbn-i Mâlik (Radıyallahü Anh)den rivayetine göre, Enes (r.a.) şöyle anlatmıştır:

*"Ebû Talha'nın erkek çocuğu ağır hasta idi. Çocuğun babası Ebû Talha gündüzleyin evinde olmadığı bir anda çocuk ölmüştü. Ebû Talha'nın hanımı ve çocuğun annesi olan Ümmü Süleym, çocuğunun öldüğünü görünce, onu kendi elleriyle gasledip (yıkayıp) kefenledi. Ve evinin bir köşesine koydu. Evdekilere de sıkı sıkıya tenbih ederek:*

***"— Siz, Ebû Talha'ya** (yani çocuğun babasına) **hiçbir şey söylemeyeceksiniz. Ben, kendisine çocuğun öldüğünü uygun bir sözle bildiririm"*** dedi.

Nihayet akşam olunca Ebû Talha evine geldi. Ebû Talha oruçlu idi. Hanımı Ümmü Süleym, kocası Ebû Talha'ya mükellef bir sofra hazırlamıştı. Ebû Talha:

*"— Çocuk nasıldır?"* diye sordu. Annesi (yani Ebû Talha'nın hanımı Ümmü Süleym):

*"— Çocuk şimdi çok iyidir, rahata ermiştir"* diyerek cevap verdi.

Ebû Talha, yedi, içti, karnını güzelce doyurdu. Bu arada hanımı Ümmü Süleym de o zamana kadar yapmadığı ve alışık olmadığı bir şekilde süslenip püslenerek kocası Ebû Talha'nın yanına geldi. Hanımının bu çekiciliği Ebû Talha'nın içini gıdıkladı. Hanımın çekiciliği hoşuna gitti. Hemen karısıyla yattı, onunla ilişkide bulundu. Karısı Ümmü Süleym, kocası Ebû Talha'nın tatmin olduğunu ve rahatladığını görünce; artık çocuğunun öldüğünü kocasına haber vermek amacıyla sözüne şöyle başladı:

*"— Ey Ebû Talha! Bir kimse, bir kimseye emanet birşey verse, sonra da o emanet veren kimse, bir müddet sonra verdiği emaneti geri istese, emanet olarak elinde bulunduran kimse, vermemezlik edebilir mi?"* diye sordu. Ebû Talha:

*"— Hayır, vermemezlik edemezler, emanet olarak alınan şey, sahibi istediği zaman geri verilir, verilmesi şart ve gereklidir."* dedi. Bu cevap üzerine Ümmü Süleym, kocasına:

*"— Öyle ise, oğlunu geri alınmış böyle bir emanet olarak kabul et. Sabret ve karşılığını (sevabını) Allah'tan bekle! Çünkü oğlun (çocuğun) öldü"* dedi. Bu acı haberi duyunca Ebû Talha karısı Ümmü Süleym'e çok kızdı ve:

*"— Ey kadın! Madem ki durum böyledir, niçin hiçbir şey olmamış gibi davrandın? Şimdi de tutmuş, oğlumun öldüğünü söylüyorsun, öyle mi?"* dedi. Ve derhal kalkıp Hazret-i Peygamber Sallallâhü Aleyhi Vesellem'e gidip durumu bildirdi (şikâyette bulundu). Ve o gece olup bitenleri olduğu gibi Resûlullah'a (s.a.v.) bir bir anlattı.

Hazret-i Peygamber Sallallâhü Aleyhi Vesellem, Ebû Talha'ya ve hanımı Ümmü Süleym'e şöyle dua buyurdu:

*"— Ey Ebû Talha! Allah Teâlâ, bu gecenizi sizin hakkınızda mübarek kılsın (Bu geceniz sizin için hayırlara ve bereketlere vesile olsun)."* dedi.

Ebû Talha'nın hanımı Ümmü Süleym, o geceki birleşmeden hamile kalmıştır. Efendimizin (a.s.) bereketle dua etmesi bu hayra işarettir.

Hazret-i Peygamber (s.a.v.) bir sefere (yolculuğa) çıkmıştı. Ümmü Süleym de kocasıyla birlikte bu sefere katılmıştı. Resûlullah (s.a.v.) seferden döndüğü zaman, Medine'ye geceleyin girmezdi. Mübarek adetleri böyle idi. Medine'ye yaklaşınca Ümmü Süleym'in doğum sancıları tutmuştu. Bu sebeple kocası Ebû Talha, hanımının yanında kalmıştı. Hazret-i Peygamber yoluna devam etti. Ebû Talha şöyle demeye başlamıştı:

*"— Yüce Rabbim, Sen biliyorsun ki, ben Senin Sevgili Peygamberin ile Medine'den beraber çıkmayı ve O'nunla beraber Medine'ye girmeyi çok severim. Fakat bu defa bildiğin sebepten dolayı O'ndan (s.a.v.) ayrılmış durumdayım."* derken hanımı Ümmü Süleym kocasına:

*"— Ey Ebû Talha! Artık sancım geçti, duyduğum sancılar kesildi. Haydi sen de git"* dedi. Enes (r.a.) diyor ki,

*"— Biz de yolumuza devam ettik."*

Medine'ye geldiklerinde Ümmü Süleym'e yine doğum sancısı tutmuştu. Çok geçmeden Ümmü Süleym, nur topu gibi bir erkek çocuk doğurmuştu. Enes devamla diyor ki,

Annem, Ümmü Süleym bana: *"— Ey Enes! Bu çocuğu hiç kimse emzirmeden doğruca Allah'ın Resûlü Sallallâhü Aleyhi Vesellem'e götüreceksin"* dedi.

Nihayet sabah olunca çocuğu alıp doğruca Resûlullah'a (a.s.) götürdüm. Vardığımda Resûlullah (s.a.v.) beni görünce şöyle buyurdu:

*"— Her halde Ümmü Süleym doğurdu."* dedi. Ben de:

*"— Evet, Yâ Resûlallah!"* dedim. Ve çocuğu Resûlullah'ın (s.a.v.) mübarek kucağına verdim. Resûlullah (s.a.v.) Medine'nin en güzel, en cins hurmasını getirtti. Mübarek ağzında hurmayı iyice çiğnedi, hurma yumuşayınca, ağzından çıkartıp çocuğun ağzına, koydu. Çocuk hurmayı iyice emdi. Allah Resûlü Sallallâhü Aleyhi Vesellem, çocuğun durumunu görünce şöyle lâtife buyurdu:

*"— Bakın, bakın! Ensâr'ın* (Medine'lilerin) *hurma sevgisine bakın!"* buyurdu. Ve sonra Resûlullah (s.a.v.) çocuğun yüzünü okşadı ve çocuğa *"Abdullah"* ismini koydu, demiştir. Enes bin Mâlik (Buhari, Müslim, Ebû Dâvûd)

Diğer bir rivayette İbn-i Uyeyne (r.a.) demiştir ki: Medineli bir zat dedi ki: *"Bu çocuğun yani Ab-*

*dullah'ın dokuz oğlunu gördüm, bunların hepsi Kur'an bilgisini öğrenmişlerdi. Yani hepsi ehl-i Kur'an idi. Kur'an'ı en güzel şekliyle okuyorlar ve manasını da biliyorlardı."* demiştir.

*Ey Âhiret yolcusu kardeş!* Bu güzel kıssa hakkında birkaç kelimelik, küçük bir yorum ve açıklamada bulunmak sanırım yararlı olacaktır. Bu ibretli kıssadan hisse alabilmemize vesile olacaktır sanırım. Çünkü bunda Alah'tan geleni sabırla karşılamak ve Allah'tan geleni seve seve kabul etmek, her babayiğidin işi olmasa gerektir. Benim diyen her babayiğit bu sabrı gösteremez. Gösterse, gösterse Allah'ın sevgili kulları gösterebilir ki, o sevgili kul da Allah'ın sevdiği gibi bir kul demek olur. Gerçi Allah her kulunu sever de ama sevgili olmadan olmaya meziyetler olduğunu da düşünmek gerekir.

*Ey dost!* Okuduğumuz bu Hadîs-i Şerif, müslüman bir annenin üstün bir meziyet ve niteliklerini ortaya koymaktadır. Allah'ın emirlerine teslim olan, boyun eğen her müslüman anne bu üstün meziyetli müslüman anneden ibret dersi almalıdır.

Hadîs-i Şerifte üstün meziyetini okuduğumuz Ümmü Süleym kimdir?

Ümmü Süleym, Neccâroğullarındandır. Enes İbn-i Mâlik'in annesidir. Ümmü Süleym, kendi kabilesiyle birlikte müslüman olmuştur. Kocası Mâlik, karısı Ümmü Süleym'in müslüman olmasına kızarak Şam'a gitmiş ve orada müslüman olmayarak kafir olarak ölmüştür. Böylece Ümmü Süleym, dul kalmıştır. Ümmü Süleym'in bu ilk kocası Mâlik'ten bir erkek çocuğu kalmıştı. Çocuğun adı Enes idi. İşte Enes İbn-i Mâlik Hazretleri bu çocuktur. O da annesi ile müslüman olmuş ve islâm kahramanları arasına girmiştir. Üzerinde durduğumuz hadisimizin râvisi (rivayet edeni, anlatanı odur. Yani Enes İbn-i Mâlik'tir (Radıyallahü Anh - Allah kendisinden razı olsun).

Enes Hazretleri (kafir olan babası Mâlik'ten) yetim kaldığı zaman, sekiz, on yaşlarındaydı. Annesi Ümmü Süleym, oğlu Enesi getirip Resûllulah'a (s.a.v) ve O'nun (a.s.) hizmetine vermişti. Müslim'in Hz. Enes İbn-i Mâlik'ten rivayetine göre, Ümmü Süleym, oğlu Enes'in elinden tutarak huzuru sâadete (Peygamberimizin huzuruna) getirmiş ve şöyle konuşmuş:

***"— Yâ Resûlallah! Bu oğlum Enesciktir. Sana hizmet etmesi için getirdim. Onun için*** *(Enesciğim için)* ***dua buyurunuz."*** demişti.

Ümmü Süleym'in bu dileği üzerine Resûlullah Sallallâhü Aleyhi ve sellem de şöyle buyurdu:

***"Yâ Rabbi! Bu çocuğun malını, evladını çoğalt"*** diye dua etmişti. Hadis kaynaklarımızın bildirdiğine göre: Sevgili Peygamberimizin bu duâsı bereketiyle Cenâb-ı Allah, Hz. Enes'e hem mal yönünden çokluk (zenginlik) vermiş, hem de evlat bakımından çokluğa (bolluğa) eriştirmiştir. Müslim'in sahihinde rivayet edip söylediğine göre, Hazret-i Enes İbn-i Mâlik (r.a.) Allah'a yemin ederek ***"Malım çoktur, evladım, evladımın evladı*** *(torunlarım)* ***da çoktur. Bugün yüzden fazla çoluk çocuğum olduğunu sayı-***

*yorlar"* buyurarak Cenâb-ı Allah'a şükrettiğini kaydetmişlerdir. Ümmü Süleym'in dindarlığını, dininin güzelliğini ve üstün yiğitliğini, sabrını anlatan bu hadisimizin râvisi de Enes İbn-i Mâlik (Radıyallahü Anh)dır.

Ümmü Süleym'in ilk kocası öldükten sonra, Ebû Talha, kendisi ile evlenmek için Ümmü Süleym'i istemiştir. Fakat o zaman Ebû Talha daha müslümanlığı kabul etmemişti (müslüman olmamıştı).

Ümmü Süleym, Ebû Talha'nın bu evlilik teklifini reddetti (kabul etmedi). Ben bir kafir ile evlenmem, evlenemem demişti.

Ebû Talha ısrarla Ümmü Süleym'le evlenmek için aracılar koyuyordu. Sonunda Ümmü Süleym, kesin kararını bildirdi ve:

*"— Ey Ebû Talha! Gerçekten ben de seni beğeniyorum. Evlenmek isteyen bir kadın için senden iyisi olamaz. Fakat, sen kafir bir adamsın, ben ise, müslüman bir kadınım. Seninle kesinlikle evlenemem. Eğer müslüman olursan senden hiçbir ziynet istemem, senin müslüman olman benim mehrim olsun"* dedi.

Ebû Talha müslüman oldu ve Ümmü Süleym ile evlendi. Bundan sonra Ebû Talha en ünlü islâm mücahidleri arasına girmiş oldu. Ebû Talha, bütün savaşlarda Allah'ın Resûlünün yanında yer aldı. Efendimiz Hadîs-i Şerifinde:

*"Asker içinde Ebû Talha'nın haykırıp nara atması yüz kişininkinden daha hayırlıdır."* buyurmuştur. Savaşlarda Peygamberimizin huzurunda başına toprak saçarak:

*"Hayatım senin aziz hayatın için feda olsun yâ Resûlallah!"* der ve sonra oklarını düşman saflarına yağdırmaya başlardı. Bütün harplerde Efendimizi korumak için göğsünü Peygamberimizin mübarek vücudunu korumak için siper ederdi.

Ebû Talha, Peygamberimizin vefatından sonra, Kurban ve Ramazan Bayramları dışında bütün hayatını nafile oruç tutmakla geçirmiştir.

İşte Ümmü Süleym, böyle bir yapıda olan Ebû Talha'yı müslüman edip onunla evlenmişti. Ümmü Süleym, çok ince zekâlı ve dindarlığın zirvesine ulaşmış bir islâm anası idi.

Sahihi Müslim'in Câbir (Radıyallahü Anh)'den rivayetine göre, Resûlullah (s.a.v.) Ümmü Süleym hakkında şöyle buyurmuştur:

*"— Bana Cennet gösterildi. Orada Ebû Talha'nın karısı Ümmü Süleym'i gördüm"* buyurmuştur. Yine Müslim'in diğer bir rivayetinde Resûlullah (a.s.) şöyle buyurmuştur:

*"Enes'in annesi Ümmü Süleym'i Cennette gördüm"* demiştir. İşte Ümmü Süleym böyle bir müslüman anne idi. Hem Allah'ın rızasına ermiş, hem de Peygamber'in (a.s.) iltifat ve sevgisine mazhar olmuştu.

Şimdi de hadisimizde geçen kelimelerin üzerinde birkaç kelime ile açıklamada bulunalım. Hadîs-i Şerifin konusu olan çocuğun adı Ebû Umeyr'dir. Bu çocuk çok zeki, akıllı bir çocuktur. Bu nedenle babası Ebû Talha onu çok severdi.

Hatta Hazret-i Peygamber de onu çok sever ve onunla şakalaşırdı. Hz. Enes İbn-i Mâlik (r.a.) demiştir ki; Hz. Peygamber (a.s.) Efendimiz, çocukların arasında bulunur ve onlarla şakalaşırdı. Benim küçük kardeşimin kafeste beslediği bir kuşu vardı. Efendimiz (a.s.), bu kuştan ötürü kardeşime:

*"Yâ Ebâ Umeyr! kuşun serçecik nasıldır?"* der ve kardeşimle şakalaşırdı." (Buhari)

İşte Ümmü Süleym'in ölen çocuğu böyle sevimli bir çocuktu. Ama emir Allah'ındı. *"Allah verdi, Allah aldı diyordu Ümmü Süleym. Emir büyük yerden gelmişti. Emanet olarak verilmişti, şimdi de emanetini geri aldı."* Diye düşünüyor ve üzüntüsünü gönlüne atıyordu. Çocuğunun ölümüne sabırlı davranmış, onu yıkayıp kefenlemiş ve üzerine örtmüştü. Evdekilere de (ev halkına da) sıkı sıkıya tembih etmiş, çocuğun ölüm haberini babası Ebû Talha'ya söylemeyeceklerdi. Çocuğun annesi olarak, o uygun bulduğu bir anda çocuğun ölümünü babasına söyleyecekti. Demek ki, onun da düşündüğü birşey vardı. Belli ki, tek amacı Allah'ın rızasını kazanmaktı. Onun için bu büyük acıya gönül rızasıyla göğüs gerip katlanıyordu. Allah'ın rızasını kaybetmemek için elinden gelen çabayı sarfediyordu.

Kocası Ebû Talha'nın eve geliş saatinde onun akşam yemeğini, belki de iftar yemeğini en güzel şekilde hazırlamıştı. Kapıdan girince hemen sofraya buyur edip onu yedirmiş, içirmişti. Bu arada herzamankinden daha çok çekici bir süsle süslenmiş ve kocası Ebû Talha'ya üzülecek birşeyin olmadığı hissini vermişti. Böylece kocasınını her isteğini karşılamaya hazır olduğunu ortaya koymuştu. Kocası Ebû Talha'nın çocuğu hakkındaki nasıldır sorusuna da pek ustaca bir cevabla: ***"O şimdi daha rahattır"*** diyerek aslında çocuğun gerçek durumunu dile getirmiştir. Karısının bu cevabını çocuğun iyileştiği manasında anlayan Ebû Talha, eşiyle cinsel ilişkide bulunacak kadar sevinmiş ve rahatlamıştı.

Ümmü Süleym, keskin zekâsıyla kocasının çocuğunu çok sevdiğini bildiği için böyle bir yola başvurmuş ve kocasını çocuğunun ölüm haberinin acısına hazırlamış oluyordu. Nitekim çocuğu emanet olarak verilen birşeye benzetmesi ve emanetin istenildiği vakit geriye verilmesi gerektiğini kocası Ebû Talha'nın ağzından da tasdik ettirdikten sonra, bu emanetin geri alındığını, yani çocuğun öldüğünü söylemesi, onun amacının bu olduğunu göstermektedir.

Ümmü Süleym'in çocuğun ölümü karşısında gösterdiği sabrı ve metaneti, çocuğu ölen hiçbir annenin göstermesi düşünülebilecek bir meziyet değildir. Ümmü Süleym, bu davranışıyla benim diyen bir kadının gösteremeyeceği kahramanlığı ve yiğitliğini, Allah'a olan güven ve imandaki olgunluğunu belgelemiştir. Allah katındaki ecrini ve alacağı mükâfatını (ödülünü) lâyıkıyla haketmiştir.

Resûlullah (sallallâhü Aleyhi vesellem) Efendimizin Ebû Talha ailesine yapmış olduğu duası da bu olgun davranışın Sevgili Peygamberimiz tarafından takdir edildiğini göstermektedir. Bu acılı anne Ümmü Süleym'in gösterdiği büyük sabrının ödülü olarak kendisine yeni doğan oğlu Abdullah gibi hayırlı bir evlat ve bu hayırlı evlat (Abdullah)dan dünyaya gelen dokuz tane hayırlı torun (ki hepsi Kur'ân ilmini bilen alim) kazandırmıştır. Bu şu demek olur ki, büyük acılara katlanmanın, ecri (ücret) ve mükâfatı da büyük oluyor. Bu hadisteki okuduğumuz olay, âhiret yolcusu olduğunu hiç aklından çıkarmayan her müslüman için en güzel doğru yolda yürüme örneğidir. Allah'ın rızası ve hoşnutluğu bu gibi güzel ve olgun davranışlarla kazanıldığı gibi, Cennete girmek ve o nimetler evine girmeye hak etmek de yine bu gibi meziyetlere sahip olmakla elde edilir. Büyük acılara ve musibetlere sabrederek göğüs germek, kişinin Allah'a olan güveninin ve güçlü bir imanının belgesidir vesselâm.

## Peygamberimizin Gözlerinden Yaşlar Dökülmesi

*Ey Âhiret yolcusu kardeş!* Her konuda olduğu gibi, ölüm denen acı olay karşısında da nasıl davranacağımız konusunda bizlere en güzel ve en doğru örnek Sevgili Peygamberimizdir. Çünkü o da bir insandı. Melek değildi. Sevgili Peygamberimizin de bizim gibi bir insan olması, bizim başımıza gelen acı, tatlı her olayın onun da başına geldiğini görmekteyiz. Zira o da (a.s.) bizim gibi duygular taşıyordu. Sevinçli anları olduğu gibi, üzüntülü günleri de oluyordu. Yerine göre bizim gibi, tebessüm ettiği, güldüğü-gülümsediği gibi, en büyük acı veren bir ölüm olayı karşısında da mübarek gözlerinden yaşlar akardı. Çünkü onun da çocukları, torunları ve sevdikleri vardı. Hele hele ümmetini çok severdi.

Sevgili Peygamber (a.s.) Efendimizin kendisi hayatta iken çocukları ölmüş, torunları ölmüş ve ashabından-arkadaşlarından canı gibi sevdiği insanlar ölmüştü. Bunların ölüm acılarını Sevgili Peygamberimiz de hayatında yaşamıştı. Ancak bu acıları kullarına (insanlara) veren Allah Teâlâ'dır. Allah'ın verdiği, takdir edip yazdığı bu musibetler karşısında Yüce Peygamberimizin davranışı diğer insanlardan-bizlerden farklı idi. Bu durumu da Efendimizin tavrı, davranışları ve sözleriyle bizlere (insanlara) anlatmış ve anlatmaya çalışmıştır.

**En büyük musibet olan ölümün verdiği acılar karşısında Sevgili Peygambirimiz de sıcak gözyaşı dökerek ağlamıştır.**

Üsâme İbn-i Zeyd Radıyallahü Anhümâ'dan şöyle rivayet edilmiştir:

Üsâme Hazretleri demiştir ki: Resûlullah (Sallallâhü Aleyhi vesellem)'in kızı Zeyneb'in (r.a.), (çocuğu çok hasta ölüm döşeğinde) yatıyordu. Resûlullah'a bir adamla haber göndererek:

*"Oğlum ölmek üzeredir lütfen bize kadar geliniz"* dedi. Allah'ın Resûlü (sallallâhü Aleyhi vesellem), kızından bu haberi getiren kimseye:

*"Ona* (kızım Zeyneb'e) *geri dön ve ona selamımı söyleyip şunu bildir:*

*"Alan da veren de Allah'dır. Almak ve vermek istediği herşey Allah'a aittir. Ve Allah'ın katında* (ilâhi ilminde) *herşeyin belirli bir ömrü vardır. Sabretsin ve*

***bu sabrının Allah katında ecri** (ve sevabı) **olduğunu hatırlasın** (ecir ve sevabını Allah'tan beklesin)."* buyurdu.

Bu defa, yani ikinci defa (Peygamberimizin sevgili kızı) Zeyneb (r.anha), Resûlullah'a (a.s.) (Sevgili babacığına) ant (yemin) vererek:

*"— (Sevgili babacığım) **her halde-mutlaka geliniz.**"* diyerek tekrar haber gönderdi.

Bu ikinci haber üzerine Hazret-i Peygamber (Aleyhisselâtü vesselâm), kalktı ve beraberinde (yanında) Sa'd İbn-i Ubâde, Muâz İbn-i Cebel, Übeyy İbn-i Kâ'b, Zeyd İbn-i Sâbit ve daha başka kimseler de olduğu halde (kızı Zeyneb'in evine geldi. Efendimizin torunu, hasta) çocuk, Hazret-i Peygamber (sallallâhü Aleyhi vesellem'in (sevgili dedeciğinin) kucağına verildi. Yavrucak pek zor nefes almaktaydı. Vücudu za'fiyetten bitmiş tükenmiş ölmek üzereydi. Allah Resûlü'nün (s.a.v.) mübarek gözlerinden inci taneleri gibi yaşlar dökülüyordu. Resûlullah'ın yanında bulunan Sa'd İbn-i Ubâde (r.a.):

***"— Ey Allah'ın Resûlü! Bu ağlayış, bu gözyaşı da nedir?"*** diyerek hayretini dile getirdi. Allah Resûlü (s.a.v.) ise şöyle buyurdu:

*"— **Bu gözyaşı, Allah'ın merhametli kullarının gönüllerine koyduğu merhamet duygusudur** (Allah'ın rahmetinin eseridir). **Allah Teâlâ bu rahmetini kullarından şefkatli, merhametli olanlara ikram eder**"* dedi. (Buhari, Müslim, Nesâî)

## Kısa Bir Açıklama:

*Ey Âhiret yolcusu kardeş!* Hadisimiz, ölümlerde ve başa gelen musibetlerde sessiz olarak ağlamanın caiz olduğuna delildir. Bir kimse ölüsünün arkasından sessiz olarak ağlayabilir. Bu halin kişinin şefkatli ve merhametli bir kalbe sahip olduğunun belgesidir. Çünkü Resûlullah'ın (s.a.v.) mübarek gözlerinden yaşlar akmıştır. Sesli ağlama değil, şefkat ve merhametin belgesi olan gözlerin yaş akıtmasıdır.

Sa'd İbn-i Ubâde'nin: ***"— Yâ Resûlallah! Bu ağlayış, bu göz yaşıda nedir?"*** şeklindeki sorusu ise, şöyle açıklanmıştır: O ana kadar ölüye ağlamanın her çeşidinin yasak olduğunu biliyor ve zannediyordu. Bu konuda Allah'ın Peygamberinden bir açıklamasını istediği için böyle bir soruyu sormuştur. Hazret-i Peygamber (s.a.v.) de sessiz ağlamanın câiz olduğunu bildirmişti ve: ***"Bu akan gözyaşları, Allah'ın merhametli kullarının gönüllerine yerleştirdiği rahmet ve merhametinin eseri (belgesi)dir"*** buyurdu. Yani kasıtlı ve isteyerek yapılan bir hareket değildir demek olur.

Ölmüşlerimizin arkasından sesle, bağırıp çağırarak ağlamanın yasak ve haram olduğuna dair bilgileri yukarıda geçen bölümlerimizde verdik. Gerçi sessiz ağlama ile ilgili bilgiler de verdik ama, bu hadisimizin konusu olduğu için yine birkaç kelime ile bir açıklama gerektiğini düşündük ve verdik.

Sevgili Peygamberimizin (a.s.) kızının ilk çağırdığında gitmeyipte kızına selâm göndermesi ve ona nasıl davranması gerektiğini bildirmesi ve ikinci sefer kızının and vererek, yemin vererek haber salmasından sonra kalkıp ashabından bazı kişileri de yanına alıp beraberce gitmesi bir hikmete mebni olsa gerek. Sevgili Peygamberimiz Aleyhisselâtü vesselam, burada sevgili kızı Zeyneb'e bir gerçeğin öğretisini bildirmiş olabilir. Hatta biz ümmetlerine de bir gerçeği işaret etmiş olabilir. (Yani biz ümmetine şöyle bir öğreti olabilir ki, böyle anlarda bir çağrıyı gelir gelmez hemen alelacele gitmek gerekmez, gidilmediği zaman bir sorumluluk yoktur).

Hazret-i Peygamber Efendimizin sevgili kızı Zeyneb'in ilk haberinde hemen gidemeyişi, belki de bir meşguliyetinden dolayı idi. Belki de sevgili kızını musibetler karşısında sabır ve metanetli davranmasını, Allah'a gerçek bir teslimiyetle O'nun (Celle Celâlüh) emir ve hükmüne boyun eğmesini sağlamaktı. Nitekim hadisimizde haber getiren aracı kimseye Efendimiz (a.s.):

***"Kızım Zeyneb'e geri dön, benden selâm ile şöyle dediğimi bildir. «Alan da veren de Allah'tır. Allah'ın katında herşeyin belirli bir ömrü vardır. Kızım sabretsin ve bu sabrının Allah katında ecri*** *(mükâfatı)* ***olduğunu hatırlasın.*** *(Ecir ve sevabını Allah'tan beklesin).»"* buyuruyor. İşte bu buyruk, biz ümmetlerine de Efendimizin bir emir ve bir tavsiyesidir. Bu başa gelen musibetleri rıza ile karşılama öğretisidir. Sabır denen o büyük nimet de en büyük musibet olan ölüm anında gereklidir. Hatta ailesinden veya yakınlarından biri ölmüş veya ölmek üzere olan bir müslümana nelerin tavsiye edilebileceğinin bir örneğidir. Efendimiz Aleyhisselâm ölmek üzere veya ölmüş olan yavrucağın dedesi olarak, çocuğun annesi olan sevgili kızına söyleyeceği sözlerden ziyade (çok), ölüm veya hastalık olayına karşı nasıl davranacağını öğretmiş oluyor ki: ***"Kızım sabretsin ve ecrini Allah'tan beklesin"*** buyurmuş ve bu tavsiyesine gerekçe olarak da değişmeyen bir gerçeği hatırlatmıştır: ***"Alan da veren de Allah'tır. O'nun katında herşeyin belli bir ömrü*** *(belli bir vakti)* ***vardır"*** buyurmuştur.

Böyle acılı nazik zamanlarda bu değişmez gerçekleri bir müslümanın hatırlaması veya bilinçli biri tarafından hatırlatılması, insanı sakinleştirip teselli ederek biraz olsun rahatlamasını sağlar. Çünkü gelen büyük musibetin acı etkisiyle ne yapacağını şaşırmış, ağzından çıkanı kulağı duymayacak bir hâle gelmiş insalara bu türlü hatırlatmalarda bulunmak, hem gönüllerini almaya vesile olur, hem de akıllarını başlarına almalarına sebep olup, sabır ve Cenâb-ı Hakk'ın emrine boyun egerek teslimiyet göstermelerine yardımcı olunmuş olur.

Resûlullah (sallallâhü Aleyhi vesellem) Efendimizin, Muâz İbn-i Cebel'e (r.a.) de bu yönde bir taziyesi vardır ki, akl-ı selim bir müslüman için çok değerli bir teselli öğretisidir.

***"Ey Mûaz! Allah sana sabretme gücü versin ve ecrini*** *(mükâfatını)* ***arttırsın. Bizi ve seni Allah'a şükretmeye muvaffak*** *(başarılı)* ***kılsın. Çünkü canlarımız, mallarımız, aile fertlerimiz Allah Teâlâ'nın bize güzel ve tatlı hediyeleri ve geçici bir süre için yanımıza ver-***

*diği emanetlerdir. Allah Teâlâ, sana o çocuğu vermekle seni sevindirmiştir. Şimdi ise, büyük bir ecir (mükâfat) karşılığında onu senden geri aldı. Eğer onun karşılığında Cenâb-ı Allah'tan rahmet, mağfiret ve hidayet bekliyorsan, sabret... Üzüntü ve kederin Allah'tan alacağın ecri (mükâfatı) yok etmesin (gidermesin). Sonra pişman olursun. Ey Mûaz! Bil ki, ağlayıp sızlamak, hiçbir şeyi geri getirmez. Hüzün ve kederi de defedemez (gideremez). Başa gelecek olan zaten gelmiştir."* (Hâkim, el'Müstedrek)

## Peygamberimizin Emir ve Tavsiyelerine Uymanın Mükâfatı

*Ey Âhiret yolcusu kardeş!* Sevgili Peygamberimizin öğrettiği yoldan gitmek, insanı hem dünyada hayırlara kavuşturur hem de âhiret hayatında Allah'ın ihsan ve ikramına (Cennetine) ulaştırır. Bunun çok örnekleri vardır. Biz sadece birini vereceğiz ki, o da yüce Peygamberimizin temiz eşi Ümmü Seleme (r.a.) validemizin anlattığı hadisedir.

Hazret-i Peygamber Efendimizin sevgili eşi Ümmü Seleme validemiz şöyle anlatmıştır. Allah'ın Resûlü, Sevgili Peygamberimizin şöyle emir ve tavsiyede bulunduğunu kocam Ebû Seleme'den duydum. Peygamberimiz buyurmuştur ki:

*"Herhangi bir müslümanın başına bir musibet (felaket) geldiği zaman, o müslüman şöyle derse:*

إِنَّا لِلّٰهِ وَإِنَّا إِلَيْهِ رَاجِعُونْ

*"İnnâ lillâhi ve innâ ileyhi râciûn"*

*Manası:* ***Bu Allah'ın emridir, Allah'tan gelmiştir. Biz Allah'tan geldik, yine Allah'a döneceğiz."***

اَللّٰهُمَّ اَجِرْنِى فِى مُصِيبَتِى وَاخْلُفْ لِى خَيْرًا مِنْهَا

*"Allâhümme ecirnî fî musîbeti vahlüf lî hayran minhâ"*

*Manası:* ***Allah'ım! Benim başıma gelen bu musibetimde bana sabır ver, sabrımın ecrini*** *(mükâfatını)* ***ver. Ve onun*** *(bu musibet ve felaketin elimden aldığının)* ***daha hayırlısını ver, diyerek Allah'a sığınırsa, Allah'tan sabır ve yardım isterse, Allah Teâlâ ona*** *(musibette-felakete uğrayan kimseye)* ***onun yerine*** *(musibet ve felaketle elinden aldığı şeyin yerine)* ***daha hayırlısını, daha iyisini verir"*** buyurmuştur.

Ümmü Seleme (Radıyallâhü Anha) validemiz devamla şöyle anlatıyor: ***"Kocam Ebû Seleme öldüğü zaman, Allah'ın Peygamberinin emir ve tavsiyesini yerine getirdim*** *(yani yukarıdaki âyet ve duayı okudum).* ***Sonra da içimden şöyle dedim. Bu musibet başıma geldi*** *(kocam öldü).* ***Kocam Ebû Seleme'den daha hayırlı, daha iyi*** *(koca)* ***kim olabilir? Ebû Seleme ki, Resûlullah'a ilk hicret eden ev sahibidir. Ben bunu içimden böyle dedim.*** *(Ebû Seleme defnedildikten sonra)* ***yani ben dul kaldıktan sonra, Allah'ın Peygamberi beni istedi. Ben içimden öyle düşünmüştüm ama Allah Teâlâ bana ondan*** *(ölen kocam Ebû Seleme'den)* ***daha hayırlısı olan Resûlullah'ı*** *(Allah'ın Resûlü, Peygamberi)* ***Sallallahü Aleyhi Vesellem'i ihsan ve ikram etti.*** *(Bana koca olarak Peygamberimizi nasibetti.)"*

Hazret-i Peygamber Sallallâhü Aleyhi Vesellem, ben dul kalınca, Hâtib İbn-i Belta'a'yı bana dünürlük için elçi (aracı) olarak gönderip istetdi. Ben mazeret olarak dedim ki:

"— ***Benim bir kızım vardır; üstelik ben çok kıskanç huyu olan bir kadınım.***" Hazret-i Peygamberin (s.a.v.), benim bu sözlerime cevabı şöyle oldu:

"— ***Kızına gelince*** *(yani kızını mazeret gösteriyorsa)*, ***biz Allah Teâlâ'ya dua ederiz, kızını anasına*** *(Ümmü Seleme'ye)* ***muhtaç olacak durumdan kurtarır. Kıskançlık huyu için de Allah'a dua ederiz ve o kıskançlığı ondan giderir***" buyurdu. (Ve Ümmü Seleme kabul ederek Peygamberimizle evlenerek Peygamberimizin eşi olmak ve müminlerin annesi olmak şerefine erdi.) (Müslim, Ebû Dâvûd ve Tirmizi)

***Ey Âhiret yolcusu kardeş!*** Hadisimizde düşünülmesi gereken çok incelikler bulunmaktadır. Salim bir kafayla düşünülürse bu incelikleri her müslüman kendi anlayış yeteneği nisbetinde, bu incelikleri az veya çok kavrayabileceğini sanıyorum. Önemli olan bir müslümanın, Hz. Peygamberimizin (s.a.v.) emir ve tavsiyelerini öğrenip onlara uyabilmesidir. İşte ecir ve sevaba ermek ve hayırlara kavuşmakta o zaman olacaktır.

Hz. Ümmü Seleme validemizin Hazret-i Peygamberimizin buyruğunu daha önce kocası Ebû Seleme'den öğrenmiş olması ve başına gelen büyük musibet (kocası Ebû Seleme'nin ölümü) anında Peygamberimizin emir ve tavsiyesini yerine getirmesi: Allah'tan geldik yine Allah'a döneceğiz (ayetini okuması) ve karşılaştığı ölüm musibetini sabır göstererek ecrini (ücret ve ödülünü) Allah'tan beklemesi, onun büyük hayra kavuşmasına vesile olmuştur. Bu dünyada erdiği hayır Allah'ın Peygamberine zevce (eş) olma şerefine mazhar olmasıdır. Âhiretteki alacağı ecir de Allah'ın hoşnutluğu karşılığında Cennet ve Cennet nimetlerine kavuşması olmuş olacaktır.

Hz. Ümmü Seleme (r.a.)de bir insandı, onun da kalbinden ister istemez birşeyler geçecekti ve geçmiştir de: ***"Ben Peygamberimizin tavsiyesini yaptım, buyurduklarını okudum. Fakat kocam Ebû Seleme'nin ölümünden sonra ondan hayırlı bir koca nasıl bulabilirim. Ondan iyisi mi olur?"*** gibi aklına sorular takılmıştı. Halbuki görünmeyeni (gaybı) bilen Allah'tır. Allah kendisine sığınan kullarını elbetteki mahrum etmez. Nitekim Ümmü Seleme'yi de mahrum etmedi, ona insanların en hayırlısı olan Allah'ın Resûlü Hz. Muhammed'i koca olarak nasip etti. Halbuki Ümmü Seleme (r.a.)'nin gönlünden bile geçirmediği ve de geçiremeyeceği hatta hayal bile edemeyeceği bu hayrı ancak Allah biliyordu. Hazret-i Muhammed (Sallallâhü Aleyhi Vesellem) de Allah'ın Peygamberidir. O'nun da söyledikleri Allah'ın rızası çerçevesindedir. Onun için Hz. Muhammed Aleyhisselâtü Vesselam her ne söylemişse haktır ve gerçektir. Onun için Allah'ın Peygamberi Hazret-i Muhammed'in emir ve tavsiyelerine uyan ve O'nun (a.s.) buyruklarını yerine getiren dünya ve âhirette daima hayır içinde olur ve olacaktır. Nitekim hadisimizin hem râvisi, hem de olayın kahramanı olan Ümmü Seleme (r.a.), Hazret-i Peygamberin emir ve tavsiyelerine (Sünnetine) uyanların neticede mutlaka kazanacaklarının canlı bir örneğidir.

## BİR FELAKET ANINDA SÖYLENECEK KELİMELER

*Ey Âhiret yolcusu kardeş!* Bir kulun (insanın) başına gelen her türlü felaketin karşılığında o kulun Allah'tan alacağı bir ecir (ücret), bir mükâfat (ödül) vardır.

Çünkü Allah Teâlâ ve O'nun yüce Peygamberi Hz. Muhammed (a.s.) müminlere böyle müjdelemişlerdir. Ancak bunun şartı şudur: Allah'tan gelen o felaketi, o musibeti sabırla göğüslemek ve:

*"Biz Allah'a aidiz - Allah'ın kullarıyız, Allah'tan geldik ve öldükten sonra yine O'na döneceğiz"* diyerek Allah'a sığındıkları ve o felaketten insanlara şikâyette bulunup ah vah, offlamak, püflemek ve kendisini acındıracak ve şikayet babında sözler söylemeyecek ve söylememelidir. Zaten söylese de bu felaketler üzerinden kalkacak değildir. Felaket dolayısıyla kaybettiği şeylerini ona geri verecek bir kuvvet de yoktur. Başına gelen bu felaketlere sabır göstermeyip Allah'a dayanmadığı zaman da kaybı ve zararı katmerli, yani çok büyük olacaktır.

Çünkü sabretmediği gibi, Allah'a yönelmediği ve O'na dayanmadığı için başına gelen musibetten, felaketten ecir ve mükâfat alma hakkını kaybetmiştir. Felaketin, musibetin götürdüğü şey de geri gelecek değildir. Böylece kişi, hem maddi, hem de manevi zararda boğulmuş demektir.

Ama eğer musibet (felaket) ilk geldiği anda kişi kendisini toparlayıp hiç paniğe kapılmadan (hayırdır inşaallah! *"Biz Allah'ın kuluyuz, Allah'tan*

***geldik, yine Allah'a döneceğiz"*** bunda da bir hayır vardır) sözleriyle Allah'a sığınırsa, bağırıp çağırmadan sabır gösterirse, başına gelen bu felaketin (musibetin) ecrini (ücretini) ve sevabını âhirette alacaktır. Allah'ın lütfuna, ikramına erecek Cennete girecektir.

Böyle burada çektiği felaketin, musibetin acısını veya zararını âhirette hayır ve iyilik (sevap) olarak bulacaktır demek olur. Şunu da unutmamak gerekir ki, insanı Cennete koyacak sabır veya insanın Cennete girmesine sebep ve vesiyle olacak olan sabır, felaketin ya da musibetin ilk vuruşunda, ilk geldiği dakikada gösterilecek olan sabırdır. İşte bu ilk an, ilk dakikalarda gösterilen davranışlar çok önemlidir.

Yukarıdaki satırlarımızda da olduğu gibi, anlatmaya çalıştığımız püf nokta budur. Geçen sayfalarımızda, kızının kabri başında bağırıp çağırarak ağlayan bir kadına Hz. Peygamber (sallallâhü Aleyhi vesellem) Efendimizin bir öğüdü, ya da bir uyasırı vardı, onu hatırlayalım. Efendimiz (a.s.) kadına:

***"Asıl sabır,*** *(ecir ve sevabı olan sabır)*, ***felaketle karşılaştığın ilk anda tahammül edip katlanmaktır."*** buyurdu. (Arapça metni şöyledir: *innemes' sabru indes' sadmetil' ûlâ*) (Buhari, Müslim)

***Evet ey dost!*** Felaketzedeyi, musibetzedeyi Cennete sokan sabır, Resûlullah'ın (s.a.v.) bildirdiği, işte bu sabırdır. Bunun başka türlü tarifi yoktur. *"Sadmetil' ûlâ* - ***İlk vuruşta"*** felaketin ilk çarpışında kişi, aklını başına alabilirse sabırla göğüsleyip ***"Allah'tan geldik, yine Allah'a döneceğiz"*** deyip başına gelen felakete göğüs gerebilirse, Cenneti kazandı demektir.

Tersine davranışlarda yani musibetin ilk çarpışında abuk sabuk sözler söyleyip, Allah'tan geldiğini düşünmeyen kişi veya kişiler, davayı kaybetmişlerdir. Sonra seslerini kesip felakete katlansalar da, artık onların ki sabır, yani Allah katında ecri ve sevabı olan sabır değildir. Nitekim kız çocuğu ölen kadının bağırıp çağırdığını gören Efendimiz, kadına:

*"— **Ey kadın! Allah'tan kork** (Allah'ın emir ve hükümlerine rıza göster), **sabret**"* öğüt ve uyarısında bulunduğunda kadın, Allah'ın Resûlüne:

***"— Benden uzak dur, çek git başımdan. Benim başıma gelen felaket senin başına gelmemiştir"*** diyerek Allah'a isyan ettiğinin bilincinde değildi.

İşte bunun gibi davranışlarda bulunan felaketzedeler, davayı (Cenneti ve Allah'ın rızasını) kaybetmişlerdir. Anlatmak istediğimiz bu tür davranışların yanlış ve günah olduğunu ve felakete uğrayan kişinin veya kişilerin dikkatli olmaları gerektiğidir.

***Ey dost!*** Musibet veya felaketin küçüğü olsun veya büyüğü olsun, ona uğrayan her müslümanın, Allah'tan alacağı bir ecir, bir sevap vardır. Büyük musibetin ecri büyük, küçük musibetin ecri ve sevabı da küçüktür. En büyük musibet ölümdür. Ölüm musibetine sabır gösterebilenlerin alacağı ecrin karşılığı Cennettir.

Aslında mümin/müslüman kişiyi üzüntü ve sıkıntıya sokan herşey, bir musibettir. Bir müslümanın ayağına batan dikenin bile ecir ve sevabı vardır. Bu da bir musibettir. Çünkü dikenin batması bu müslümana sıkıntı ve acı vermiştir. Bir müslümanın malına gelen musibet, evladına gelen musibet ve şahsına gelen musibet ve felaketlerin Allah katında hepsinin ecri ve sevabı vardır. Bunların örneklerini Hadîs-i Şeriflerin Türkçe meâlleriyle geçen sayfalarımızda vermiştik.

## Felaket ve Musibet Anında Şu Âyet Okunmalıdır

Abdullah İbn-i Abbâs (r.a.) rivayet etmiştir. Demiştir ki: Resûlullah (s.a.v.):

*"— Belâ ve musibet anında okumaları için benim ümmetime verilen kelimeler, benden önceki peygamberlerin ümmetlerine verilmemiştir. O kelimeler:*

اِنَّا لِلّٰهِ وَ اِنَّا اِلَيْهِ رَاجِعُونَ

***Okunuşu:*** *"İnnâ lillâhi ve innâ ileyhi râciûn"*

*Manası:* ***"Şüphesiz ki, biz Allah'a âidiz*** *(Allah'ın kuluyuz)* ***Allah'tan geldik. Şüphesiz ki, yine O'na döneceğiz, kelimeleridir"*** buyurmuştur. (İbn-i Mâce ve Tirmizi)

## Musibetzede Şu Kelimelerle Dua Ederse Kazanır

Ümmü Seleme (r.a.) validemiz rivayet etmiştir. Demiştir ki: Resûlullah (sallallâhü Aleyhi vesellem) şöyle buyurdu:

***"Herhangi bir müslümanın başına bir musibet*** *(belâ, kaza, sıkıntı, üzüntü)* ***geldiğinde şu kelimeleri:***

اِنَّا لِلّٰهِ وَ اِنَّا اِلَيْهِ رَاجِعُونَ. اَللّٰهُمَّ اْجُرْنِى فِى

مُصِيبَتِى وَاخْلُفْ لِى خَيْرًا مِنْهَا

**Okunuşu:** *"İnnâ lillâhi ve innâ ileyhi râciûn. Allâhümme' curnî fî musibeti vahlüf lî hayran minhâ"*

***okursa, Allah Teâlâ, o sıkıntı ve musibete uğrayan kulunu uğradığı musibet ve sıkıntıdan dolayı ecir ve sevap verir, ve felaket sebebiyle kaybettiği şeyden daha hayırlısını kendisine lütf-u ihsan ve ikram buyurur*** *(yani zarara uğradığı şeyin daha iyisini verir)."* demek olur.

*Dua Kelimelerinin Manası:* ***"Bu*** *(başıma gelen)* ***Allah'ın emridir. Şüphesiz ki, biz, Allah'a âidiz. Allah'tan geldik, yine Allah'a döneceğiz. Allah'ım bu başıma gelen musibet ve felaketlerden dolayı bana ecir ve sevap ver. Felaket sebebiyle kaybettiğim bu varlığımdan daha hayırlısını bana yeniden lütfunla ikram et"*** demektir. (Müslim, Ebû Dâvûd, Tirmizi ve diğerleri)

***Ey dost!*** Başına bir bela ve kaza gelen, musibete, herhangi bir sıkıntıya uğrayan kişi, bu kelimelerle dua eder de Allah'a sığınır, O'nun emrine ve verdiği bu sıkıntıya sabırla göğüs gererek katlanırsa, çektiği sıkıntı ve üzüntünün ecir ve mükâfatını kazanmış olur. Ve felâket sebebiyle kaybettiği maddi varlığının yerine Cenâb-ı Allah daha iyisini verir. Allah'ın hazinesi boldur. O'nun için hiçbir şey zor ve imkânsız değildir. Sadece O'nun (Celle Celâlüh) dilemesi yeterlidir. Ol dediği şey, hemen oluverir.

Bir insanın başına felaket mi geldi. Felaket sebebiyle malı mülkü mü yok oldu. Böyle durumda kalan kişi, yukarıdaki geçen Peygamberimizin öğrettiği gibi davranabilirse, öğretilen o kelimelerle de duâda bulunulursa Allah'ın kendisine ne büyük hayır ve rızık kapıları açtığını görür ve görecektir. Yeter ki, bir insan Allah'ın dediği ve Peygamberimizin öğrettiği gibi hareket etmesini bilsin ve hareket etsin kâfidir. Kendisine bütün hayır kapıları açılır ve açılacaktır.

Bir insanın evladı mı öldü? Böyle hareket ederse, Allah daha hayırlısını vermeye gücü yetendir. Aslında sadece maddi kaybın yerine gelmesi de yeterli değildir. Bir de âhirette yararını göreceği ecir ve mükâfatı (alacağı ödülü) vardır. Allah'ın rızası ve Allah'ın Cenneti vardır. Aklı başında olan bir müslümanın bunları da düşünmesi kendi menfaati gereğidir.

Bir kimsenin eşi mi öldü? Yukarıda anlatılan şekilde hareket ederse, Allah kendisine ölen eşinden daha hayırlı olan bir eş nasip eder. Allah'ın gücü herşeye yeter.

Hadisimizin râvisi Ümmü Seleme (r.a.) validemizin kocası Ebû Seleme öldüğünde nasıl hareket ettiğini öğrendik. Ve kendisine insanların en hayırlısı olan Peygamberimizi nasip etmiştir Cenâb-ı Allah. Sözün kısası, Peygamberimizin emir ve tavsiyelerine uyarsak, her iki dünyamız da Cennet hayatı gibi huzurlu olacaktır vesselâm.

Hz. Hüseyn İbn-i Âli İbn-i Ebû Talib (r.a.) rivayet etmiştir. Demiştir ki: Allah'ın Resûlü (sallallâhü Aleyhi vesellem) şöyle buyurdu:

*"— Herhangi bir kimsenin başına bir felaket gelipte, daha sonraları o musibeti hatırladıkça istirca âyetini, yani:*

انَّا لله وَ انَّا الَيْهِ رَاجِعُونَ

*Okunuşu: "İnnâ lillâhi ve innâ ileyhi raciûn -* ***Cümlelerini tekrarlayıp okursa, başına gelen o felaketin zamanı geçmiş olsa bile, Allah Teâlâ bu âyeti tekrar okuyan o kimsenin bu haline felaketin ilk geldiği gündeki verdiği ecir ve mükâfat gibi onun amel defterine sevap ve mükâfat*** *(ödül)* ***yazdırır."*** (İbn-i Mâce rivayet etmiştir.)

***Evet ey dost!*** Allah Teâlâ, kullarının daima kendisini hatırlamalarını ve ***"Allah'tan geldik, yine Allah'a döneceğiz"*** düşüncesi içinde yaşam sürmelerini seviyor ve bu şuûr (bu bilinç) çerçevesinde hayatlarını yaşamalarından razı oluyor (hoşlanıyor).

***"İnnâ lillâhi ve innâ ileyhi râciûn"*** Âyeti Bakara Sûresi 156. âyetin son cümleleridir. Âyetin başı ve tamamının Türkçe meâli şöyledir:

***"Gerçek sabır edenler o kimselerdir ki, kendilerine bir belâ*** *(musibet)* ***geldiği zaman,*** *(Allah'ın hükmüne-emrine)* ***teslimiyet göstererek: "— Biz Allah'a âidiz, varlığımız Allah'ın tasarrufundadır ve sonunda öldükten sonra da yine O'na döneceğiz"*** *derler."*

156. âyetin devamı olan 157. âyette ise, gerçek sabır ehli olan bu mümin kullarına Allah Teâlâ'nın verdiği ve vereceği mükâfatlar (ödüller) açıklanmaktadır. Şöyle ki:

***"İşte onlar*** *(o istircâda bulunup yani, "innâ lillâhi ve innâ ileyhi racıûn" diyerek Allah'a sığınan gerçek sabır ehli kimseler)* ***için*** *(Yüce)* ***Rabbleri tarafından mağfiretler*** *(günahlarını affetme, bağışlama)* ***vardır. Ve rahmet*** *(merhametler)* ***vardır*** *(Cennet vardır).* ***Ve iş-***

*te hidayete ermiş, doğru yolu takip etmiş olanlar da yalnızca onlardır.*"

Abdullah İbn-i Abbâs (r.a.) demiştir ki: Bu âyetler (156, 157. âyetler) hakkında Resûlullah (s.a.v.) şöyle açıklamada bulundu:

"— ***Allahü Teâlâ, verdiği musibete karşı emrine teslimiyet gösteren, kendisine sığınan ve felaket anında*** *"İnnâ lillâhi ve innâ ileyhi raciun"* ***diyerek kendisine*** *(Allah'a)* ***yönelen kullarına hayırdan özellikle üç mükâfat yazılacağını bildirmektedir. Allah Teâlâ'nın bu üç özel ikram ve mükâfatı:***

1. *Allah Teâlâ tarafından affedilmek* ***(kulun günahlarının bağışlanması),***

2. *Allah'ın rahmetine* **(Cennete)** *kavuşmak* ***(gerçek sabrın karşılığı Cennettir),***

3. *Hidayete ermiş, doğru yolu bulmuş olmak, doğru yolda bulunmak...*"

Hazret-i Peygamber açıklamasına devamla şöyle buyuruyor:

"***Her kim, felaket*** *(musibet)* ***anında:*** *(İnnâ lillâhi ve innâ ileyhi râciun - Biz Allah'tan geldik (Allah'ın kuluyuz), (öldükten sonra yine O'na döneceğiz)* ***derse, Allah Teâlâ onun başına gelen felaketi hayra çevirir, O'nun sonunu*** *(neticesini)* ***güzel eder, onun sevdiği ve razı olacağı mükâfatı verir.***" (Taberânî, Mu'Cemül'Kebirinde rivayet etmiştir).

***Ey Hak yolcusu!*** 156. âyetin başında bildirdiği üzere *"İnnâ lillâhi ve inna ileyhi raciûn"* cümleleri sadece ölüm musibetinde (ölümlerde, ölüm haberi alınca) okunmuyor. Bir müslümanın başına gelen her felakette, her musibette, her üzüntü ve sıkıntıda okunması gereken bir sabır göstergesidir. Herkesin bildiği üzere, ölüm, musibetlerin en büyüğüdür. Ölüm olayında okumak elbetteki musibetzedeye, Allah'tan gelene teslimiyet göstererek boyun eğmesini sağlayacak en mükemmel bir yardımcıdır. Çünkü ölüm, dayanılması güç olan bir felakettir. Kişi o anda Allah'a sığınmazsa, Allah korusun kadere rıza göstermeme gibi bir tehlike ile karşılaşır ki, bunun sonucu bütün hayırlardan mahrum olma tehlikesi doğurur. Ama musibete düşen bir müslüman, *"Allah'tan geldik, yine O'na döneceğiz, hayatımız, bütün varlığımız Allah'ındır, O'nun kudret elindedir, O'nun tasarrufundadır, en sonunda hepimiz ölüp yine ona döneceğiz"* düşüncesine girerse, o zaman ölüm felaketinin acısını kolay atlatmış olur. Allah'ın Resûlü (sallallâhü Aleyhi vesellem)'in yukarıdan beri arzetmeye çalıştığımız tüm emir ve tavsiyeleri bu gerçeği dile getirmektedir.

## Çocuğunun Ölümüne Sabır Edene Cennette Bir Köşk Verilir

*Ey Âhiret yolcusu kardeş!* Herkesin bildiği ve senin de bildiğin gibi bu dünyaya gelen her insan âhiret yolcusudur. Yaşanılan bu dünya hayatı, bir misafirlik döneminden ibarettir. Her insan bu dünya misafirhanesinde bir süre (az ama çok) yaşar ve ölüm denen acı olay ile âhiret yurduna, sürekli kalacağı, asıl ikâmetgahına dönmektedir. Bu hakikati, bu gerçeği hatırlamamızı (veya yeni ifadeyle anımsamamıza) vesile olur düşüncesiyle bazı paragraflarımızın başlangıcında, ***"Ey Âhiret yolcusu kardeş!"*** diye söze giriyoruz. Konumuza bu hitapla başlıyoruz.

Evet şimdi gelelim ara başlığımızın konusuna; yani çocuğunun ölüm acısını sabırla göğüsleyen bir müslümana Cennette Allah Teâlâ tarafından bir köşk yaptırıldığını bildiren Hadîs-i Şerife:

Sünen-i Tirmizi Ebû Mûsa Radıyallahü Anh'dan rivayet etmiştir. Allah Resûlü (Sallallâhü Aleyhi vesellem) şöyle buyurmuştur:

***"— Bir kulun*** *(müslüman kimsenin)* ***çocuğu öldüğü zaman, Allah Teâlâ*** *(herşeyi en iyi bildiği halde)* ***meleklerine*** *(şöyle bir soru yöneltir)"* der ki:

***"— Kulumun çocuğunun ruhunu kabzettiniz*** *(canını aldınız)* ***mı?"*** Melekler cevap olarak:

***"— Evet, kulunun çocuğunun ruhunu kabzettik, canını aldık"*** derler. Cenâb-ı Allah, meleklerine hitaben şöyle der:

***"— Kulumun gönlünün meyvesi, ciğerparesini kopardınız öyle mi?"*** Melekler cevaplarında yine:

***"— Evet yâ Rabbi! Kulunun gönlünün meyvesini kopardık"*** diye cevap verdiler. Bu sefer Cenâb-ı Allah meleklerine şöyle sorar:

***"— Peki, bu durum karşısında kulum ne dedi?"*** Melekler:

***"— Yâ Rabbi! Bu acı karşısında kulun sana hamdederek istircâda bulundu*** *(Yani "İnnâ lillâhi ve innâ ileyhi raciûn dedi)."* diye cevap verdiler. Meleklerin bu şahitliği üzerine Cenâb-ı Allah:

***"Öyleyse haydi o kulum için Cennette bir köşk yapın ve yaptığınız köşkün adına da Hamd Köşkü deyin** (Hamd Köşkü adını koyun!)**, diye meleklerine emir verir."*** (Tirmizi rivayet etmiştir.)

***Ey dost!*** Yukarıdaki paragraflarımızda da arzettiğimiz gibi, musibetzedeyi (felakete uğrayan kimseyi) Cennete koyacak olan hakiki sabır, felaketin ilk geldiği dakikalardaki gösterilen sabırdır. Çünkü felaketin geldiği andaki gösterilecek sabır, kolay kolay her babayiğidin gösterebileceği bir durum değildir, bu cidden çok zor bir davranıştır. Ama Cennette kolay ve ucuz değildir.

Sevgili Peygamberimizin tarif buyurduğu sabır, kulun felaketin ilk darbesine göstereceği mukavemetin ve teslimiyetin ecir ve mükafatına kavuşturan sabırdır. Efendimiz: *"innemes'sabru inde sadmetil' ûlâ -* ***Büyük ecir ve sevaba vesile olan*** *(Cennete götüren)* ***sabır, musibetin*** *(felaketin)* ***ilk darbesi geldiği sırada tahammül edip katlanabilmektedir"*** buyurmuştur.

Hadisimizde geçen **"Sadme"**, sert birşeye vurmak demektir. **"Ûlâ"** da ilk demektir. Şu halde *"ınde sadmetil'ûlâ -* ***İlk darbe, ilk vuruş"*** demek oluyor. Bir belânın, bir felaketin ilk meydana gelişi, insanı şaşırtır, sanki insanı yerden yere vuruş gibi olur.

İşte bu ilk anda insan, yere düşmeyip veya şaşkınlığa uğramadan kendisini kontrol edip de Allah'a sığınabilirse, ne yapalım? Allah'ın emri ve hükmü böyleymiş, Allah'tan gelene ne yapabiliriz? ***"Şüphesiz biz, Allah'ın emrinde bulunuyoruz, sonunda yine ona döneceğiz*** *(yani öldüğümüz zaman Allah'a döneceğiz, Allah'a dönüyoruz)."* Allah böyle istemiş, böyle istedi, başımıza bu felaketler geldi. Allah'ın gücüne karşı konulmaz, şeklinde düşünüp kaderine rıza göstererek sabredip Allah'ın emir ve hükmüne, Allah'ın dileğine boyun eğerse, O'na teslim olursa, bağırıp çağırmadan, kimseye şikâyet etmeden, başına gelen felaketi kimseye yüklemeden sükûnet, sessizlik içinde Allah diyerek, Allah böyle istedi böyle oldu anlayışı ile davranırsa, Allah bu acılı kulunu, sabırlı ve itâatkâr kulunu Cennetine koyuyor.

Çünkü bu kulunun davranışını seviyor ve ondan hoşnut ve râzıdır. Şunu unutmayalım ki, Allah hoşnut olmadığı kulunu veya kullarını Cennetine koymaz. Bir mümin kulun Cennete girmesi, Allah Teâlâ'nın o kulundan hoşnut ve razı olması demek olur.

Allah'a hamdetmek, kadere rıza göstermek demek olur ki, kederli (acılı-sıkıntılı) mümin, ***"Allah'ım bütün bu başıma gelenler benim iradem*** *(isteğim)****le değil, senin iraden*** *(dilemen, istemen)****le olmuştur. Senin yaptığın herşeyinde bir hikmeti*** *(bir sır)* ***vardır"*** diyerek ilâhi takdire boyun eğerek teslim olmak demektir.

Ebû Üsame (r.a.) rivayet etmiştir. Demiştir ki: Resûllulah'ın (s.a.v.) şöyle buyurduğunu dinledim:

***"Allah Teâlâ, buyuruyor ki: "Ey Ademoğlu*** *(ey insan)!* ***felaketin ilk gelişinde sabredip ecrini*** *(sevap ve mükâfatını benden)* ***istersen, ben senin için*** *(doğrudan doğruya)* ***Cennete girmenden başka bir mükâfata razı olmayacağım.*** *(Senin mükâfatın Cennet olacaktır, seni mutlaka Cennetime koyarım)."* demektir. (İbn-i Mâce)

*Evet, ey dost!* Sevgili Peygamberimizin Hadîs-i Kudsi ile verdiği bu müjde aklı başında olan mümin kişiler için ne büyük bir müjdedir. Şu fani (geçici) dünyada olgun bir müslüman her fırsatı âhiret ağızı olsun diye değerlendirmelidir. (Hadis-i Kudsi demek, manası Allah'tan, sözleri (kelimeleri) Peygamberimizin ifadesi demektir).

## Musibete Katlanıp Cennetlik Olan Kadın

Atâ İbn-i Ebî Rebah şöyle rivayet etmiştir: Abdullah İbn-i Abbâs (Radıyallahü Anhüma), bana: ***"— Ey Atâ! Sana Cennetlik bir kadın göstereyim mi?"*** dedi. Ben de:

***"— Evet, göster"*** dedim. Abdullah İbn-i Abbâs (r.a.) şöyle anlattı:

***"— İşte şu iri yarı siyah kadın var ya! İşte bu kadın, birgün Hazret-i Peygamber'e*** *(s.a.v.)* ***geldi ve şöyle dedi:***

***"— Ey Allah'ın Resûlü! Beni sar'a tutuyor*** *(sar'a hastalığım var)* ***ve bu hastalık geldiği zaman düşüyorum, üstüm başım açılıyor. Ne olur iyileşmem için Allah'a dua ediver."***

Hazret-i Peygamber (sallallâhü Aleyhi vesellem), o kadına şöyle buyurdu:

***"İstersen bu haline sabret de Cenneti haket*** *(kazan)*. ***Ama yinede sen istiyorsan, sana şifa vermesi için*** *(iyileşmen için)* ***Allah'a dua edeyim."*** Bunun üzerine kadın:

***"Ben bu hastalığıma sabderedim. Ama hiç olmazsa, sar'a nöbeti tuttuğu zaman, yere düştüğüm-***

*de üstümün, başımın açılmaması için Allah'a dua ediver."*

*Allah Resûlü (sallallâhü Aleyhi vesellem) de onun için dua etti. (Ve bir daha sar'a nöbeti gelip düştüğünde üstü başı açılmadı).* (Buhari, Müslim rivayet etmiştir.)

***Ey Cennet isteyen kardeş!*** Hadisimizi sanıyorum can kulağını açarak okudun. Şimdi birkaç kelime ile bu hadisimizi açıklayalım. Belli ki, Cenâb-ı Allah, bu kadın kulunu sar'a hastalığına mübtelâ kılmış, bu hastalıkla kadını imtihana tabi tutmuştur.

Sar'a nöbeti geldiği zaman bu kadıncağız bayılıp yere düşüyor ve üstü başı açılıyordu. Bu inanmış, bilinçli müslüman hanım bu durumdan rahatsızlık duyuyordu. Bu nedenle Sevgili Peygamberimize müracaat etmiş ve iyileşmesi için O'ndan (s.a.v.) dua edivermesini istemişti.

Sevgili Peygamber Efendimiz, bela ve musibete sabretmenin karşılığının Cennet olduğunu ve olacağını, Cennetle ödüllendirileceğini, hem bu musibetzede kadına ve onun şahsında biz ümmetlerine öğretmek için o kadına:

***"İstersen bu haline sabret de Cennete gir ama istersen iyileşmen için Allah'a dua edeyim"*** buyurmuştur.

Efendimizin bu önerisi üzerine kadın sabrı, hastalığına sabretmeyi, yani Cenneti tercih etti (Cenneti istedi). Fakat bayılıp düştüğünde üstünün açılmaması için dua edivermesini istedi. Efendimiz de dua buyurdu ve kadın bu endişesinden kurtuldu. Allah'ın kendisi için takdir ettiği sar'a hastalığına Cennet karşılığında sabretti ve Cenneti haketti (kazandı) demek olur.

Efendimiz (s.a.v.), kadına iki hayırdan birini tercih etmesini (seçmesini) teklif etti. Akıllı kadın devamlı olanı tercih etti. Cenneti seçti. Çünkü Cennet hayatı ebedi (sürekli) olan bir hayat idi. Halbuki hastalıktan şifa bulması, iyileşmesi bu fani, geçici dünya hayatı için bir hayırdı.

Efendimiz, dua buyurduğunda belki iyileşecekti ama üç gün sonra, belki de birkaç saat sonra eceli gelip ölecekti. O zaman hastalığından şifa bulsa, iyileşse kazancı ne olacaktı? Öyle ise, geçici olan hayrı değil, sürekli ve ebedi olan hayrı seçmeliydi. Akıllı kadın da onu yaptı. Belli ki kadının bilinci ve İslâmi şuûru kemâle ermiş bir müslümandı.

Şimdi bu inceliği aklı olmayan bazı din cahili sivri zekâlı kişiler garipseyebilir. Belki de Efendimizin tedaviye karşı bir öneride bulunduğu izlenimi anlayabilir. Hiç de öyle değildir. Efendimiz (a.s.) daima ümmeti için hayır olan yolu tavsiye etmiştir. Kadına ***"istersen iyileşmen için dua edeyim"*** buyurması sağlığa verdiği önemin belgesidir. Ancak kadının hastalığından iyileşeceğine dair Allah'tan başka hiçbir kimse bilemez. Bu inceliği de hesaba katmak lâzımdır.

Hz. Abdullah İbn-i Abbâs (r.a.), Allah Resûlü'nün (s.a.v.) tavsiyesi üzerine, kadının zor olanı (yani sabrı) tercih etmesi (seçmesi)ni dikkate almış ve kadının daha dünyada iken Cennetlik olduğu kanaâtine (görüşüne) varmıştır. Kadının bu davranışı İbn-i Abbâs'ın (r.a.) şâyân-ı takdirine mûcip olduğu için de, Atâ İbn-i Rebâh'a:

*"Sana Cennetlik olan bir kadın göstereyim mi?"* diyerek kadının ruhsatla davranışı terkedip azimetle ameli seçmesini anlatmıştır.

*Ey dost!* Hadisimizde dünyada başa gelen bela ve musibete sabretmek, âhiret hayatında sabreden kimseyi Cennete girdirir, Cennetlik eder, Cenneti kazandırır. Başına gelen musibet gücü yetip de katlanabilen bir müslümanın azimetle amel etmesi, azimete sarılması, ruhsatla, (caiz olan bir amelle) hareket etmesinden daha faziletli, âhiret azığı isteyen kimseler için daha kazançlı, daha kârlıdır. Okuduğumuz bu Hadîs-i Şerifimiz bizlere bunu da bildirmektedir.

## Kulun İki Gözüne Karşılık Cennetin Verilmesi

*Ey Âhiret yolcusu kardeş!* Şimdi okuyacağımız Hadîs-i Kudsi, bir insan için gözlerinin ne büyük bir önem taşıdığını ve bu önemli uzvunu (organını) kaybeden, yani gözlerinin kör olmasına karşılık Cennete kavuşacağına, bu da tabii ki, bu felakete sabreden kişiye verileceğini öğreneceğiz.

Enes İbn-i Mâlik (r.a.), Allah Resûlü (sallallâhü Aleyhi vesellem) Efendimizin şöyle buyurduğunu dinlediğini anlatıyor:

***"Allah Teâlâ şöyle buyuruyor: Ben kulumun iki sevgilisini almakla** (yani iki gözünü kör etmekle) **kulumu imtihan ettiğim** (denediğim) **zaman, kulum sabreder ve bu musibetin ecrini** (ücret ve mükâfatını) **sa-***

*dece benden beklerse, gözlerine karşılık olarak o kulama Cenneti(mi) veririm"* müjdesini vermiştir. (Buhari ve Tirmizi)

*Ey dost!* Yukarıda da arzettiğim gibi, Cenneti haketmek, kazanmak pek kolay olmadığı gibi, Cennetin bedeli de ucuz değildir. Bir insanın en değerli en kıymetli uzvu (organı) gözleridir. Bunun böyle olduğunu bu okuduğumuz Hadîs-i Kudsimizde vadedilen, yani Allah Teâlâ tarafından söz verilen ödülün büyüklüğünden de, yani gözlere karşılık Cennetin verilmesinden de anlıyoruz.

Bir kul için gözlerinin değerinin büyüklüğünü bildiren bir Hadîs-i Şerifte şöyledir: Bezzar (r.a.) şöyle anlatmıştır: Resûlullah (s.a.v.):

***"Hiçbir insan, dininden dönmesi dışında, gözlerini kaybetmekten** (körlükten) **daha büyük ve daha ağır bir musibet ve belaya uğramış değildir.** (Bir mümin için, en büyük felaket gözlerini kaybetmesidir.)"* buyurdu.

Hadisimizde gözler için Cenâb-ı Allah *"Habibeteyhi - **İki sevgilisi**"* benzetmesinde bulunmuştur. Bu göz nimetinin büyüklüğüne işarettir.

Her akl-ı selim, bilmektedir ki, kaybedilen nimetin büyüklüğü ve değerinin yüksekliği nisbetinde onu kaybına (yokluğuna) sabırla göğüsleyip katlanmak da o nisbette zor ve ağırdır.

İşte bu sebeple Hadîs-i Kudsimizde, iki gözünü kaybettiği halde hiç şikâyet etmeyip (yani Allah Teâlâ'dan başka hiçbir insana bu halinden söz etmeyip) sabrederek teslimiyet gösteren, Allah'tan geldi, Allah'ım böyle uygun görmüş diyen kimseye Allah Teâlâ, Cennetini vereceğine söz vermiş ve vermektedir. Hadisimiz bizlere bu müjdeyi bildiriyor.

*Ey dost!* Cennet ucuz olmadığına göre, gözlerin kaybına Allah'ın istediği sabrı ortaya koyabilmek de, dünyada en zoru başarmak demek olacaktır. Yine de hatırlatalım ki, gerçek sabır, Allah'ın karşılığında Cennetini verdiği sabır, kişinin gözlerini ilk kaybettiği anlarda, felaketin gözlerini ilk aldığı zamanlardaki gösterdiği sabır olduğunu da unutmamalıdır.

Gözlerini ilk kaybettiği anlarda kendi kendine dövünen, ona buna (insanlara) şikâyetler yağdırıp sonunda çaresizliğini, acizliğini anlayıp da artık gözlerinin körlüğüne katlanmak durumunda kalan bir müslüman, gerçek sabrın ödülünü alamaz. Cenneti hakedip kazanmış olamaz. Çünkü bu kişinin gösterdiği sabır değil çaresizlik demek olur.

*Evet ey dost!* Gerçek sabır ve gelen musibeti Allah'ın istediği doğrultuda atlatabilmek konusunda geçen sayfa ve satırlarımızda gereği kadar bilgi verdik. Bu konuda bilgi edinip Allah'ın rızasını ve Cenneti kazanmak isteyen müslüman kimselerin yukarıda geçen sayfalarımızı yeniden gözden geçirip okumalarını tavsiye ederim vesselâm!

# DOKUZUNCU BÖLÜM

## KABİRLERİ ZİYARET ETMEK

*Ey Âhiret yolcusu!* Bir müslümanın kabirleri ziyaret etmesi sünnettir - Peygamberimizin yaptığı ve tavsiye ettiği bir iştir. Yüce Peygamberimiz kendisi bizzat kabir ziyaretinde bulunmuşlardır.

Hz. Âişe (r.a.) validemiz, Resûlullah Aleyhisselâm Efendimizin **"Cennetül'Bakıy"** mezarlığını sık sık ziyaret ettiğini ve **"Cennetül'Bakıy"** kabristanına vardığı zaman şöyle dediği rivayet edilir:

*"Esselâmü aleyküm! Dâre kavmin mü'minine ve etâküm mâ tûadüne, ğaden müeccelûne ve innâ inşâallâhü biküm lâhikün.*

*"Allahümmağfir li ehli bekî'il ğarkad"*

***"Selâm size, ey müminler yurdunun sakinleri! Size söylenen gerçekler sonunda başınıza geldi ve yarın için bekletilmektesiniz. İnşaallah, yakında** (eninde sonunda) **biz de size** (aranıza) **katılacağız."***

***"Allah'ım! Bakîül'ğarkad mezarlığında yatanları bağışla** (günahlarını affet)."* (Müslim, Nesaî)

**"Bakîul'ğarkad"** Peygamberimizin "Cennetül'Baki" mezarlığı için söylediği tabirdir.

**"Cennetül'Bakî",** Medine'de Resûlullah'ın mescidinin (Mescid-i Nebevî'nin) hemen karşısında, yani bugün Resûlullah'ın yattığı yeşil kubbenin (Kubbe-i Hadrâ'nın) Cibril kapısının karşısındaki Medine'nin büyük kabristanının adıdır. Resûlullah zamanında "Cennetül'Bakî" mezarlığı ğarkad adı verilen böğürtlen çalılarıyla kaplıydı. Bu nedenle olacak ki, Efendimiz buraya "Bakîul'Ğarkad" adını vermiştir. Hacca veya umreye giden müslüman Türkler, Medine'nin en büyük mezarlığı olan burayı "Cennetül'Bakî" olarak bilir ve söylerler. Bugün bu mezarlık, Mescid-i Nebevi'nin avlu duvarına bitişik durumdadır.

Hz. Âişe validemizin anlattığına (rivayetine) göre, Hazret-i Peygamber Efendimiz, Hz. Âişe validemizin yanında kaldığı gecelerin sonuna doğru **"Cennetül'Bakî"** mezarlığına çıkarak (giderek) kabristanı ziyaret ettiği ve yukarıda geçen selâm ile kabristanda yatan mümin ve müslüman mevtalara selâm verdiği ve onlar için dua ettiği ve mağfiret (bağışlanma) dilediği bildiriliyor.

Müslim ve Nesâî'nin rivayet ettiği hadislerde bildirildiğine göre Hazret-i Peygamber Efendimiz, Allah'tan aldığı bir emirle **"Cennetül'Bakî"** kabristanında yatan müslümanların günahlarının bağışlanması için dua edip istiğfar etmesi emrini aldıktan sonra, bu kabristana gidip, orada yatmakta olan müminlere (müslümanlara) selâm verip (Allah'tan esenlik dileyip) onların affı için istiğfar ettiği değişik haberlerle bildirilmektedir.

Bizler, biz müslümanlar da Peygamberimizin bu sünnetini yerine getirmemiz gerekmektedir. Özellikle ölmüşlerimizin kabirlerini ziyaret edip, onların esenlikleri için Peygamberimizin öğrettiği gibi selâm verip, onların günahlarının affı için, kabir azapları varsa ondan kurtulmaları için Allah Teâlâ'dan onların affü mağfiretleri için dua edip istiğfarda bulunmamız müslümanlığımızın gereğidir.

Hazret-i Peygamber Efendimizin kabristana gidip kabir ziyaretlerinde okuduğu değişik duaları, istiğfarları ve selâm vererek kabir ehline değişik hitapları vardır. Bunlardan birkaçını gelecek sayfalarımızda vereceğiz (yazacağız) inşaallah!

## Müminler İçin İstiğfarla Emrolunmak

*Ey Âhiret yolcusu!* Ben burada Hz. Âişe validemizin anlattığı hadisin tamamının meâl ve anlamını vermek istiyorum. Çünkü Cebrâil (a.s.) Allah Resûlüne gelip müminler için istiğfar etmesi emrini bildiriyor. Şimdi Âişe validemizi dinleyelim.

Hz. Âişe (r.anha) validemiz (huzurunda) bulunanlara hitaben:

"— ***Size kendimden ve Allah Resûlü*** *(sallallâhü Aleyhi vesellem)****'den bahsedeyim mi? diye söze başladı.*** " Muhammed bin Kays bin Mahreme (r.a.) diyor ki, biz de:

"— ***Evet, bahset*** " dedik. Hz. Âişe (r.a.) validemiz şöyle anlattı:

"— ***Benim nöbetimde Hz. Peygamber*** *(sallallâhü aleyhi vesellem)****'in*** *(benim evimde)* ***benim yanımda*** kaldığı bir geceydi. Yatsı namazından döndükten sonra, Resûlullah ridasını çıkardı ve ayakkabılarını çıkardı. Ayakkabılarını yanı başına koydu. İzârının (entarisinin) bir ucunu yatağının üzerine yayıp serdi ve yattı. Aradan bir zaman geçti. Benim uyuduğuma kanaat getirince (uyuduğumu sanınca), sonra yavaşça kalktı, yavaşça ridasını giydi, ayakkabılarını da sessizce giyip usulca kapıyı açıp ses çıkarmadan çıkıp dışarıya gitti. Ben de ardından giyindim, baş örtümü başıma aldım ve iyice kapanıp sarılıp sarmalandım, Resûlullah'ın peşinden onu takip (izlemek) için çıktım. Resûlullah (s.a.v.) Bakî' mezarlığına varıp durdu. Fakat bir hayli uzunca durdu. Ve ellerini kaldırıp (dua halinde) uzun bir müddet tuttu. Ellerini üç kere kaldırıp uzunca bir zaman kalkık vaziyette tuttu. Sonra döndü kabristandan ayrıldı. Ben de gerisin geri döndüm. Resûlullah (s.a.v.) adımlarında hızlandı, ben de hızlandım. Resûlullah (a.s.) daha süratli yürümeye başladı, ben de daha süratli yürümeye başladım. Resûlullah (a.s.) koşmaya başladı, ben de koştum ve O'ndan önce eve girdim, yatağa yattım. Resûlullah (a.s.) ben yattıktan sonra içeri girdi. Şüphelenmiş olacak ki bana sordu:

"— Yâ Âişe! Ne var, nefes nefesesin böyle?" dedi. Ben:

"— Hiçbir şey yok" dedim. Resûlullah (s.a.v.):

"— Yâ Âişe! Bana ne olduğunu söyleyecek misin? Yoksa Lâtif ve Habir (sıfatlarıyla muttasıf) olan Allah bana bildirecektir." buyurdu. Resûlullah (a.s.) böyle deyince, ben durumu anlatmaya başladım:

"— Yâ Resûlallah! Anam, babam sana feda olsun!" dedim ve olanları kendisine bir bir anlattım.

Resûlullah (sallallâhü Aleyhi vesellem) şöyle buyurdu:

"— *Demek ki, önümdeki karartı sendin öyle mi?*" Ben de:

"— *Evet*" dedim ve içimde, bana rahatsızlık veren bir korku ve sıkıntı meydana geldi. Resûlullah (a.s.), göğsüme acıtacak derecede vurdu ve sonra şöyle buyurdu:

"— *Yâ Âişe! Allah ve Resûlünün sana haksızlık edeceğini mi sandın?*" dedi. Ben de:

"— *İnsanlar ne kadar gizleseler de mutlaka Allah onu bilir*" dedim. Resûlullah (a.s.):

"— *Evet*" buyurdu ve devam ederek şöyle anlattı:

"— *Yâ Âişe! Sen beni gördüğünde, bana Cibrîl* (Cebrâil a.s.) *gelmişti. Sen ev halindeydin* (giyinik değildin), *onun için yanıma gelmedi. Senden gizlendi ve bana seslendi. Ben Cebrâil'e cevap verdim ve onu sana söylemedim. Senin yatıp uyuduğunu sanıyordum. Seni uyandırmak ve evde yalnız bırakmak istemedim, üzülürsün diye düşündüm.*" Cibril (Cebraîl a.s.), bana şöyle seslendi:

"— *Ey Allah'ın Resûlü! Rabbin sana Bakî'ye* (Bakî' mezarlığına) *gidip onlar için* (kabirde yatanlar için) *Allah'tan mağfiret* (onlar için istiğfar) *dilemeni emretti*" dedi, buyurdu.

Hz. Âişe, ben dedim ki:

"— *Ey Allah'ın Resûlü!* (Kabirdekilere) *nasıl mağfiret dileyeceğim* (nasıl istiğfar edeceğim)*?*" diye sordum. Resûlullah (s.a.v.):

*"— Şöyle söylersin:*

*"Esselâmü alâ ehlid'diyâri, minel'mü'minine vel'müslimine ve yerhamullahül'müstakdimîne minnâ vel'müste'hirîn. ve innâ inşâallâhü biküm lâhıkûn"*

***"Selâm** (selâmetlik ve esenlik)**, mümin ve müslümanların diyarı** (yurdu) **sakinlerine** (ahalisine)**! Allah Teâlâ, bizden önce gidenlere** (ölmüşlerimize) **de sonra gideceklere de rahmet** (merhamet) **etsin!** (Ey kabirlerinde yatanlar!) **İnşâallah** (Allah istediği zaman) **biz de size katılacağız** (eninde sonunda öleceğiz ve sizin yanınıza geleceğiz)**."* (Müslim ve Nesâî rivayet etmiştir.)

Yine Âişe validemiz rivayet etmiştir: Demiştir ki: Resûlullah (sallallâhü Aleyhi ve sellem) Veda Haccı'ndan sonra, vefatına yakın zamana kadar benim nöbetimde benim yanımda kaldığı, gecelerde sabaha doğru Bakî'ye (Baki' mezarlığına) gider ve şöyle derdi:

اَلسَّلَامُ عَلَيْكُمْ، دَارَ قَوْمٍ مُؤْمِنِينَ، وَاَتَاكُمْ مَاتُوعَدُونَ

غَدًا مُؤَجَّلُونَ، وَاِنَّا اِنْ شَاءَ اللّٰهُ بِكُمْ لَاحِقُونَ.

اَللّٰهُمَّ اغْفِرْ لِاَهْلِ بَقِيعِ الْغَرْقَدِ.

*"— Esselâmü aleyküm dâre kavmin müminîne ve etâküm mâ tûadûne ğaden müeccelûne ve innâ inşâallâhü biküm lâhikûne.*

*Allahümmağfir liehli bakî'il ğarkad"*

*Mânâsı: **"Selâm** (ve selâmetlik) **size** (sizin üzerinize olsun) **müminler yurdunun ahâlisi! Size vâdolu-***

***nan gerçekler size söylenen kabir halleri başınıza geldi ve yarın için*** *(âhiret-kıyamet günü için)* ***de bekletilmektesiniz. İnşâallah biz de size mutlaka katılacağız.***

***Allah'ım! Bakî'ül Garkad ehlini sen bağışla*** *(Bakî kabristanında yatanları affümağfiret buyur).*" demektir. (Müslim, Ebû Davûd ve Nesâî)

Yine Nesâî'nin rivayetine göre, Süleyman İbn-i Büreyde demiştir ki: Resûlullah (s.a.v.) kabristana geldiğinde:

"— ***Ey müminler ve müslümanlar, diyarındakiler! Size selâm olsun! İnşallah, biz de size kavuşacağız*** *(biz de öleceğiz)* ***siz bizden önce geldiniz*** *(öldünüz)*. ***Biz de arkanızdan geleceğiz. Allah Teâlâ'dan bizim ve sizin için afiyetler ve mağfiretler dilerim***" diye dua ederdi. (Nesâî)

Abdullah İbn-i Abbas (r.a.) şöyle anlatmıştır:

Resûlullah Sallallâhü Aleyhi Ve sellem Medine'de bazı kabirlere uğradı. Yüzünü kabirlere karşı dönerek şöyle buyurdu:

اَلسَّلَامُ عَلَيْكُمْ يَا اَهْلَ الْقُبُورِ، يَغْفِرُ اللّٰهُ لَنَا وَلَكُمْ،

اَنْتُمْ سَلَفُنَا وَنَحْنُ بِالْاَثَرِ

*"Esselâmü aleyküm yâ ehlel kubûr! Yağfirullâhü lenâ ve leküm, entüm selefünâ ve nahnü bil'eseri"*

*Mânâsı:* "***Selâm ve selametlik*** *(esenlik)* ***sizin üzerinize olsun - ey bu kabirlerde yatanlar! Allah Teâlâ, bizi de sizi de bağışlasın*** *(günahlarımızı affü mağfiret buyursun)*. ***Siz bizden önce gittiniz*** *(öldünüz)*. ***Biz de*** *peşinizden geleceğiz (öleceğiz). (Ama geç ama erken biz de ölüp sizin yanınıza geleceğiz.)"* demektir. (Tirmizi Cenaiz)

***Ey Âhiret yolcusu kardeş!*** Siz okuyucu kardeşlerime nakletmeye çalıştığım kabir ziyareti ile ilgili Efendimizin (a.s.) söz ve uygulamaları aslında bizlerin anlayabileceği derecede gayet açık ve nettir. Ancak bu konu ile yeni ilgilenmeye başlayan bazı okuyucu kardeşlerimiz olabilir düşüncesi ile biz birkaç kelimelik bir açıklama yapmanın uygun olacağını düşündük.

**Birincisi:** Şu son olarak verdiğimiz Abdullah İbn-i Abbâs (r.a.) hadisimizde gördüğümüz, bir iki noktaya bakalım.

Bir müslüman kabir ziyareti maksadıyla bile olmasa, bir müslüman kabiristanının yanından geçerken orada yatanlara selâm verebilecektir. Selâm verilebileceğine bu hadisimiz bir delildir. Aynı zamanda bu hadisimiz, kabristanda yatanların kendilerini ziyaret edenleri tanıyacaklarına ve verdikleri selâmı alacaklarına da işarettir.

Aksi taktirde (tersi düşünüldüğünde) bu verilen selâm abesle iştiğal edilmiş olmak lâzım gelmiş olur. Yani hiçbir yararı ve faydası olmayan bir durumla boşa oyalanılmış demek olur, hâşâ! Cenâb-ı Allah ve O'nun yüce Peygamberi, hiçbir zaman, insanlara faydası ve yararı olmayan ve olmayacak bir hususu onlara yapınız diye emir ve tavsiye etmezler. Cenâb-ı Allah, kullarına karşı çok merhametli olduğu gibi, Peygamberini de kendi isteklerini kullarına ve ümmetlerine ulaştırması ve öğretmesi yolunda göndermiş ve O'nu (a.s.) ümmetlerine karşı çok şefkatli ve merhametli kılmıştır (yaratmıştır).

**İkincisi:** Hadislerimizde ***"Allah Teâlâ, bizi de sizi de bağışlasın,*** *(mağfiret)* ***buyursun."*** şeklindeki dua cümlesinin beyan buyrulmakta olduğunu görüyoruz. Bunun manası veya anlamı bir müslüman, bir kimseye dua veya istiğfar edileceği (günahlarının affını isteyeceği) zaman, bu duacı veya istiğfarcı müslüman, önce kendisinden başlaması gerektiğinin öğretisidir. Hadisimizde geçen bu tertip (sıra) buna delildir. Nitekim Kur'ân-ı Kerim'de de Cenâb-ı Allah duaları bu tertip-bu sıra üzere bildirmiştir. Birkaç misâl (örnek) verelim:

1. ***"Ey Rabbimiz! Kıyamet gününde, beni, anne ve babamı ve bütün müminleri*** *(inanmış müslümanları)* ***bağışla*** *(affü mağfiret eyle)*." (İbrâhim Sûresi, âyet 41)

Bu âyette Cenâb-ı Allah, kulunun nasıl dua edeceğini öğretiyor: Önce kendi nefsinden **"Beni"** diye başlıyor. ikinci derecede ana ve babasına **"anne ve babamı"** diyor. Üçüncü derecede **"ve bütün müminleri bağışla"** diyor. Duaya (Allah'tan isteklerine) önce kendi nefsinden başlanması gerektiği Allah tarafından kuluna ve kullarına öğretiliyor demektir.

Duada ve istiğfarda izlenilecek yol, takip edilecek usul, kâide böyledir. Allah ve Peygamberi bu tertip (sıra) üzere öğretmiştir. Hani ne derler: **"Önce can, sonra cânân"** doğrudur. Farzedelim ki bütün dünya hidayette doğru yoldadır, sen olmadıktan sonra, sana ne faydası ve yararı olacaktır? Elbetteki bir koca hiç (sıfır)dir. Bazı safsata sözler, hasta kafaların ürünleri vardır. "Efendim, önce insanlar iyi olsun sonra ben, önce komşuma versin sonra bana" filan kabilinden abes şeyler bunlar. Önce ben iyi olmalıyım, sonra herkese iyilikte bulunmalıyım demelidir. Allah'ın hazinesi bol, sana verince öbürlerine de verir. Bak Allah Teâlâ, insanın kendi nefsini (canını) anne ve babasından bile önce getirmiş, öğretirken öyle öğretmiştir.

İşte akl-ı selim sahibi kişinin izleyeceği yol budur. Aklı sağlıklı olmayanın işi de sözü de sağlıklı olmaz. Allah ve Resûlünün öğretisini kulaklarımıza küpe yapmalıyız. Bizim için doğru olanı Allah ve Peygamberi bize öğretmiştir. Doğru yol, çıkar yol, belasız, kazasız, selametle, esenlikle gidilecek ve varılacak yol budur. Sıraya koyarken önce kendi nefsini (canını), anne-babanı, yakınlık derecesine göre akrabalık, dostluk, arkadaşlık ve din kardeşliği üzerinde hakkı bulunanlar sıraya konulur. Dualarda, hayırlı dileklerde bunlar derecesiyle zikredilir-söylenir. Akl-ı selim ve onun ürettiği mantık da bunu yeğler. Salim aklın yolu birdir vesselâm.

Efendimiz Aleyhisselâm, Hadîs-i Şeriflerinde: ***"En kıymetli, en faydalı dua, kişinin kendi nefsi için yaptığı duadır"*** buyurmuştur. (Hz. Âişe (r.a.) rivayet etmiştir).

Übey İbn-i Ka'b'ın rivayeti ise, Efendimiz: ***"Bir kimseyi hatırlayıp da, onun için dua ettiği zaman, Efendimiz duaya kendi nefsinden başlardı"*** demiştir.

**Üçüncüsü:** Hz. Âişe (r.a.) validemizin rivayet ettiği hadisimizde ise, Hz. Âişe (r.a.) validemizin kadınsı hissinin galip gelişini, Hazret-i Peygamberin (a.s.) Cebrâil'in davetiyle yavaşça kalkıp evden dışarı gidişini, şüphelenip, acaba benim nöbetimde benim yanımdan gecenin bu vaktinde kalkıp da öbür hanımlarından birinin yanına mı gidiyor vesvesesiyle Efendimizi takip edip (izleyip) O'nun (s.a.v.) Cennetül Bakî' mezarlığına ümmeti için affü mağfiret dilemeye gitmiş olduğunu öğreniyor. Ve sonra da durum ortaya çıkınca Allah'ın Peygamberi Efendimizin:

***"— Yâ Âişe! Allah ve Resûlünün sana haksızlık edeceğini mi sandın?"*** buyurarak, Hz. Âişe (r.a.) validemize sitemini görmüş olduk. Hz. Âişe validemizin bu hissi davranışından da bir kadın ne kadar dindar ve bilgili olursa olsun onun bazen kadınsı hislerine kapılabileceğini öğretmiş ve aile sahibi bir müslümanın bu durumlarda hanımına karşı anlayışlı davranması ve onu meselenin gerçekliği konusunda aydınlatıp rahatlatması gerektiğini de öğretiyor demek olur. Çünkü Efendimiz (a.s.) gecenin bu vaktinde evinden çıkıp kabristana gidip ziyaret etmesinin Allah'ın emri ve bu emri aracı melek (vahiy meleği) Cebrâil'in (a.s.) getirmesiyle olduğunu hanımı Hz. Âişe validemize anlatmasıyla onu rahatlatmıştır.

Aynı zamanda Sevgili Peygamberimizin kabristana gidip ümmetinin âhiret hayatına intikal edenlerine (mümin ve müslümanlara) nasıl selâm verip, nasıl hitap edileceğini ve neler söylenebileceğini öğrettiğini ve Efendimizin (a.s.) ümmeti ile ne kadar yakından ilgilendiğini göstermektedir.

Bu ilgisi dirilere olduğu gibi vefat edenlere de eşit denebilecek bir seviyededir demektir. Çünkü Efendimizin:

***"— Allah Teâlâ, bizi de sizi de bağışlasın** (günahlarımızı affü mağfiret buyursun). **Siz bizden önce gittiniz, biz de peşinizden geleceğiz"*** ve yine:

***"Allah; bizim geçmişlerimize ve geleceklerimize de rahmet ve mağfiret buyursun"*** ifadeleri O'nun (a.s.) ümmetine (mümin ve müslümanlara) olan yakın ilgisini ve engin şefkat ve merhametinin belgesidir. Efendimiz (a.s.), ümmetinin geçmişlerini (ölmüşlerini) ve geleceklerini hayatta olanlarını da hiç unutmamaktadır demek olur. Biz mümin ve müslümanlar da Efendimizin bu engin rahmet (esirgeme) ve şefkatine lâyık bir ümmet olmaya çalışmalıyız ve bu yolda elimizden gelen ve gelebilecek çabayı göstermeliyiz.

**Dördüncüsü:** Efendimizin kabirleri ziyaretinde: **"İnşâallah - Allah dilerse, Allah nasip ederse"** cümlesi geçmektedir. Bu cümle, Kur'ân-ı Kerim'in Kehif Sûresi 24. âyetinin ilk cümlesidir. Cenâb-ı Allah şöyle buyuruyor: ***"Allah'ın dilemesine bağlamadıkça** (yani inşâallah demedikçe) **hiçbir şey için "Bunu yarın yapacağım" deme.*** (Kehif Sûresi 23, 24) Hazret-i Peygamber Aleyhisselâm'ın "İnşâallah - Allah dilerse" cümlesini hadisinde kullanması teberrük ve Kur'ân'a bağlılığının engin göstergesidir. Bazı tefsir alimlerinin görüşüne göre ise, hadisteki "İnşâallah" cümlesi o kabristan içindir. Yani, **"inşâallah"** biz de bu kabristana, sizin yanınıza gömülürüz" demektir.

Yine Hadisimizde geçen Efendimizin (a.s.) hem kendisine, hem de mevtalara "afiyet dileğinde-isteğinde" bulunması, bunun (afiyetin) bir insan için istenebilecek şeylerin en önemlisi ve en kıymetlisi olduğuna delildir. Çünkü bir insan için afiyet (her sıkıntıdan selâmette olmak) kadar değerli ve önemli birşey yoktur. Ölüler için afiyet demek, kabir azabından ve âhirette hesap-kitap sorumluluklarından kurtuluşu demektir.

*Ey Âhiret yolcusu kardeş!* Bu okuduklarımızı özetlersek, Hazret-i Peygamber (s.a.v.) Efendimizin bu hadisleri, kendi hayatında çevresinde bulunan ashabına (arkadaşlarına) ve biz ümmetlerine, kabristan ziyaretine gittikleri vakit nasıl hareket edeceklerini ve neler söyleycbileceklerini öğretmektir.

**Altıncısı:** Hz. Âişe validemizin hadisinde ***"Size vadolunan gerçekler size söylenen kabir ve âhiret halleri başınıza geldi ve yarın için*** *(ahiret-kıyamet günü için)* ***de bekletilmektesiniz"*** sözünden maksat da, kabir hayatına giren müminler, dünyada iken Kur'ân'ın ve Peygamberimizin bildirip haber verdiği bilgilerin hak ve gerçek olduğunu gözleriyle gördükleri ve başlarına gelen bu halleri bilfiil yaşadıklarına ve bu hallerin daha çetin (şiddetli) olanlarını da kıyamet günü, hesabın, kitabın ortaya çıkacağı gün göreceklerine bir vurgudur. Toprağın altına girenler bu hallerin iki kere ikinin dört ettiği kadar gerçek olduğunu görmüşler ve dünya hayatında yaşarken gerçek sandıkları dünyalıkların yalan ve yararsız olduğunu çoktan anlamışlardır. Efendimiz (a.s.) bu cümleleriyle hem ölmüş toprak altında yatanlara kendisinin (a.s.) söylediklerinin şaşmaz hakikatler (gerçekler) olduğunu yakinen, gözleriyle görmüş olduklarını vurgulamak ve hem de dirilerin, henüz daha ölüp de toprak altına girmemiş olan bizim gibilerin ibret dersi almalarını sağlamak için bu uyarıcı sözlerini söylemiştir.

## Hz. Ali Efendimizin Kabirdekilere Sorusu

Hz. Saîd İbn-i Müseyyib şöyle anlatmıştır:

Birgün Hz. Ali İbn-i Ebî Tâlib'le Medine kabristanına girdik. Hz. Ali (r.a.) Efendimiz kabristandakilere şöyle hitap etti:

"— *Esselâmü aleyküm ve rahmetullah! Ey kabir ehli! Siz mi bize haber vereceksiniz, yoksa biz mi size haber verelim?* Râvi diyor ki:

Birden bire kabirden bir ses geldi:

"— *Ve aleykümüsselâm ve rahmetullah! Yâ Emirel'müminin! Bizden sonra arkamızda (dünyada) olanları bize sen anlat, neler oldu?*" dedi.

Hz. Ali (Radıyallahü Anh) onlara şu sözleri söyledi:

- *"Dünyada dul bıraktığınız hanımlarınız şimdi başkalarıyla evlendi.*
- *Geride bıraktığınız mallarınız, paylaşılıp dağıldı ve bitti.*
- *Yaptığınız ve geride bıraktığınız evleri başkaları tuttu, şimdi ise, onlarda düşmanlarınız oturuyor. İşte bizim tarafta olan haberlerimiz bunlardır*" dedi.

Kabirdeki ölülerden bir ses gelerek şunları söyledi:

*"— Bizim taraftan haberler: Kefenlerimiz çürüyüp yırtıldı ve dağıldı. Saçlarımız tek tek dökülüp dağıldı. Derilerimiz lime lime dökülüp soyuldu. Gözlerimizden ve burnumuzdan kanlar ve irinler aktı, kurudu; şimdi kurtlar, böcekler yuva yaptı. Yaptığımız amellerin (işlerin) karşılığını eksiksiz bulduk. Arkamızda (dünyada) bıraktıklarımızı ise kaybettik. Şimdi ise, dünyada yaptığımız amellerle başbaşa kaldık"* dedi. (Suyûti)

*Ey Hak yolcusu!* Bu pırlanta sözler, ehl-i imânın şevkini artırırken ehl-i dalâletin, ehl-i dünyanın (dünyaperestlerin) hazin âkibetini gözler önüne sermektedir.

*Ey Âhiret yolcusu kardeş!* Keşfül Kubûr ehl-i diye isimlendirilen bazı değerli insanlar vardır. Kabirlerde olanları görürler. Cenâb-ı Allah, kabir ahvalini bu sevgili kullarına keşfeder (açar). Cenâb-ı Hak, istediği kuluna kabir aleminde olan bitenleri gösterir. Kabirdekilerin hallerinden, haberdar olurlar, onlarla konuşurlar. Bunlara "ehl-i keşfil'Kubûr" tabir ediliyor. Hz. Ali Efendimiz de bu lütfa erenlerdendir. Anlattığımız Menkıbesi de bu cinstendir.

Bu pırlanta sözleri anlayabilen bir müslüman, kabir ziyaretlerinden çok feyiz alır ve bu feyzin hayır ve bereketini görür. Kendisini kabre hazırlar, ölüm ve ölüm acısını tadıp kabir çukuruna karargah kuranlardan ibret dersi alarak kendisine çeki düzen verir.

## Kabirdekiler Ziyaretçilerini Tanır

*Ey Âhiret yolcusu kardeş!* Mümin-müslüman bir kimse ölüp kabre konulduktan sonra, her ne kadar dünya ile alakası (ilgisi) kesilsede, işlediği sevaplar, hayır ve güzel amelleri kendi lehine devam eder. Kur'ân-ı Kerim ve Fâtiha Sûresi gibi kısa sûreler ruhuna okunup gönderilen dua ve istiğfarlar kendisine sevinç ve rahatlık sağlar. Kabrinde kendisine verilen selâmı da duyar ve sêlama karşılık verir ve memnuniyetini, sevincini ifade eder. Fakat mevtanın bu cevabını bizim gibi insanlar duyamaz ve anlayamaz. Ancak Allah Teâlâ'nın bazı has-özel kulları bu durumu duyar ve anlar. Allah duyurur. Yukarıda arzettiğimiz "Ehl-i keşfil' kubur" adı verilen zatlar, bu halleri duyan ve bilen muhteremlerdir. Hz. Ali (r.a.) Efendimizi de misal (örnek) olarak sunduk.

Hazret-i Peygamber Efendimiz, mezardaki mümin ve müslümanın kendisini ziyaret edeni ve ziyaret edenleri tanıyacağını ve verdiği selâmı alacağı konusunda şöyle buyurmuştur:

*"Mümin bir kimse, din kardeşinin kabrini ziyaret ettiği ve kabrinin yanına oturduğu zaman, kabrinde yatmakta olan kimse, ziyaretçisi ile ünsiyet eder ve yanından kalkıncaya kadar söylediklerinin aynısını söyleyerek ona iâde eder (karşılığını verir)."* (Suyûtî)

*"Bir kimse, tanıdığı bir kimsenin kabrinin yanından geçerken ona selâm verse, kabrindeki kişi, onu (selâm vereni) tanır ve selâmını alır. Şayet tanımadığı*

***bir mümin** (burası kabirdir diye) **selâm verse, verdiği selâmı alır, fakat o kimseyi eskiden** (sağlığında) **tanımadığı için, yine onu tanımaz** (kim olduğunu bilmez).*" (Suyûtî)

Ebû Hüreyre (r.a.) bu konuda şöyle rivayet etmiştir:

Birgün Ebû Rezîn (r.a.) Hazret-i Peygamber (s.a.v.)'den sordu:

"— ***Yâ Resûlallah! Benim yolum mezarlığın yanından geçiyor. Oradan geçerken mezarlarında yatanlara ne gibi şeyler söyleyebilirim?***"

Resûlullah sallallâhü aleyhi ve sellem, bu sahâbisine: "*Şöyle dersin*":

"***Esselâmü aleyküm, ey bu diyarın mümin ve müslüman halkı! Siz bizden önce gittiniz, biz de peşinizden geleceğiz ve inşâallah size kavuşacağız*** *(sizin aranıza katılacağız).*" buyurdu. Ebû Rezîn, tekrar sordu:

"— ***Yâ Resûlallah! Ölüler benim bu sözlerimi duyar mı?***" dedi. Efendimiz (s.a.v.):

"— ***Evet duyarlar ve selâmı alırlar*** *(ama cevaplarını insanlar duyamaz).*" buyurdu. Efendimiz (a.s.) devam ederek:

"***Yâ Ebâ Rezin! O kabristanda yatan ölüler sayısınca meleklerin sana selâm vermelerini*** *(senin selâmına karşılık vermelerini)* ***istemez misin?***" buyurdu. (Suyûtî)

**Ey Âhiret yolcusu!** Yukarıdaki geçen paragraflarımızda da söylediğim gibi, şayet kabirlerinde yatan ölmüşlerimiz yani müslüman ölüleri, kendilerine verilen selâmları duymamış ve anlamamış olsalardı ve de kendilerine verilen bu selâmların kendilerine bir hayır, bir iyilik sağlamamış olsalardı, Hazret-i Peygamber sallallâhü aleyhi ve sellem Efendimizin kabristana gidip mevtalara, kabristandaki yatanlara verdiği selâmlar boşuna bir meşguliyet (uğraşı) olmaz mıydı? Elbetteki boşuna bir uğraş olurdu. Şu halde Sevgili Peygamberimizden naklettiğimiz bu hadisler gösteriyor ve delil oluyor ki, hayatta olan, yaşayan bir müslümanın, kabristandaki yatan ölmüşlerine ve müslüman kardeşlerine verdiği selâmları kabrinde yatan ölüler duyuyor ve selâmı alıyor ve kendisi de "ve aleykümüs selâm!" diye karşılık veriyor. Ancak bizim gibi müslümanlar bu karşılığı duyamıyor. Ama duyabilen Allah'ın hâs-özel kulları da vardır ki bunların kimler olduğunu yukarıda açıkladık. Efendimizin ölmüşlere verilen selâm konusundaki hadisleri delildir ki, ölmüşlere verilen selâmlar, onlar için hayra, sevince sebep oluyor ve onlar seviniyor; kabirlerinde rahata ve sevince eriyor vesselâm!...

*Evet, ey dost!* Mümin ve müslümanlar, her zaman birbirleriyle selâmlaşırlar. Bu selâmlaşma dünyada da, âhirette de ve âhiretin ilk durağı olan kabirde de ve hatta Cennette de devam eder ve edecektir, vesselâmü alâ menittebiıl hüdâ!...

## Ölmüşlerimize Kur'ân Okunabilir mi?

*Ey Âhiret yolcusu kardeş!* Allah Teâlâ, Kur'ân-ı Kerim'inde şöyle buyuruyor:

*"Biz Azimüşşan, Kur'ân'ımızı müminler için* (inanç sahibi müslümanlar için) *bir şifa ve bir rahmet kaynağı olarak indirmişizdir. Zalimlerin, kafirlerin ise, ancak* (sadece) *hüsranını, zarar ve ziyanını arttırır."* (İsrâ Sûresi âyet 82)

İşte bu âyet delildir ki, mümin ölülere, iman sahibi olarak (müslüman olarak) yaşamış olan ölmüşlerimize Kur'ân okuyup onlara (onların ruhlarına) bağışlamak, mümin ve müslüman ölmüşlerimizin Allah Teâlâ'nın rahmet ve merhametine ermelerine ve âhiret sıkıntılarının ilki olan kabir sıkıntılarından kurtulmaları için de, Allah'ın şifa ve selâmetine vesile olur ve olacaktır. Bu Âyet-i Celile, Allah Teâlâ'nın mümin kullarına lütfettiği bir ihsanı ve ikramı olduğuna delildir.

Kur'ân-ı Kerim, müminlerin dünya yaşamında nasıl bir şifa ve rahmet ise, onların âhiret hayatlarında da (ki âhiret hayatının ilk menzil ve durağı kabir alemidir, kabir hayatıdır bu hayatta da) rahmet ve şifadır. Dünya hayatındaki şifa maddi (geçici) şifadır. Âhiret hayatındaki şifa da âhiret sıkıntılarından (kabir sıkıntılarından) kurtuluş ve selâmete ermek demek olur. Bu demektir ki, Kur'ân okuyup ölmüşlerimizin ruhlarına bağışlamak, onların sıkıntılarını giderir, onların ferahlamalarını sağlar, kabirlerini nurlandırır-ışıklandırır. Bu hakikatleri (gerçekleri) böyle bilip böyle inanmak ölmüşlerimize ikramda bulunmak demektir.

Şimdi bazı kötü niyyetli, konuyu kendi çirkin emellerine ermek için saptıran sapıtmış kişilerin fitneye sebep olan sözlerine kapılmamak gerekir. Bu tip fitnecilerin sözlerine aldanıpta ölenlerin (ölülerin) ruhlarına okunan Kur'ân'ın bir yararı yokmuş diye, ölmüşlerini "müminlere şifa ve rahmet" vesilesi olan Kur'ân nûrundan mahrum etmemek akıllıca bir davranış olur.

*Ey Âhiret yolcusu kardeş!* Kabirlerinde yakınlarımızın (ölmüşlerimizin) devamlı suretle bizlerden (dirilerden) manevi yardım beklediklerini unutmamalıyız. Bizden onlara gelecek (gidecek) bir duâ, bir Fâtiha, bir İhlâs onların rahatlamalarını sağlamaktadır. Çünkü kabir hayatı o kadar çetin şartlarla iç içedir ki, arkasında bıraktığı yakınlarından (dirilerden) gelecek en küçük bir manevi yardım onların ruhlarına bağışlanan kısa bir dua, kısa bir bağışlanmalarını dile getiren bir "istiğfar" onlar adına verilen minnacık bir hayır (sadaka) onların ruhlarını serinletecektir, azap ve sıkıntılarını hafifletecektir.

Sevgili Peygamberimiz sallallâhü aleyhi ve sellem'in konumuza ışık tutan ve yolumuzu aydınlatan nurlu sözü, Hadîs-i Şerifi şöyledir:

*"— Kabrinde yatan meyyit (ölü), suya düşen ve boğulmak üzere olup da boğulmaktan kurtulmak için, çevresindekilerden yardım isteyen, bağırıp çağırarak, feryâdü figân ederek imdat isteyen kimseye benzer. Kabrinde yatan meyyit de kendisine bir taraflardan gelecek manevi yardımı gözetler. Bu yardımı babasından veya kardeşinden veyahut sevdiği, dost bildiği kimselerden ümit ederek bekler. Beklediği bir*

*küçük hayır, bir kısa dua kendisine gelip ulaştığı zaman, bu duanın sevabı ona (kabrinde yatana) dünya ve dünyada bulunan herşeyden daha kıymetli, daha değerli olur. Çünkü hayatta olanların-dirilerin ölenler için verecekleri hediyeleri ancak (sadece) dua ve istiğfardır (ölmüşleri için yapacakları dua ve istiğfar (bağışlanmalarını istemek)dir).*" (Mişkâtül, Mesâbih)

Dua ve istiğfar, Türkçe kelimelerle şöyle denir veya denebilir:

*"Allah'ım, ölmüşlerimize rahmet ve merhamet eyle. Günahlarını affü mağfiret eyle. Suçlarını, hata ve kusurlarını bağışla. Kabirde sıkıntısı olanları, kabir azabına düçâr* **(düşmüş)** *olanların azaplarını affeyle, mağfiretine erenlerden et, çünkü sen yegane bağışlayıcı ve affedicisin, amin!"* demelidir.

## Ölmüşlerimizin Kabrinde Neler Okuyabiliriz?

Sevgili Peygamberimiz (a.s.), ölmüşlerimizin kabrinde neler okuyabileceğimizi ve Kur'ân'dan hangi sûre ve âyetleri okumamız gerektiğini bizlere bildirmiştir:

***"Yâsin Sûresi, Kur'ân'ın kalbidir. Yâsin Sûresini okuyan kimse, âhiret yurdunu isteyerek*** *(ahiret sevabını ümit ederek)* ***okursa, Allah, kendisini*** *(okuyanı)* ***mağfiret eder*** *(günahlarını affeder).* ***Ölmüşlerinize Yâsin Sûresini okuyunuz."*** (Ahmed İbn-i Hanbel Müsnedinde rivayet etmiştir.)

Bu Hadîs-i Şerif, Yâsin Sûresi'nin hem ölmek üzere olan (ölüm döşeğindeki) hastaya okunacağına, hem de ölmüş müminlerin ruhlarına bağışlanmak üzere okunabileceğine delildir.

Hz. Ebû Bekir (r.a.) Efendimizin rivayet ettiği şu Hadîs-i Şerif de konumuza açıklık getirmektedir. Hz. Ebû Bekir (r.a.) demiştir ki: Allah Resûlü sallallâhü aleyhi ve sellem şöyle buyurdu:

*"— Bir kimse, Cuma günü, anne ve babasının veya bunlardan birinin kabrini ziyaret eder de onların kabrinde Yâsin Sûresini okursa, Cenâb-ı Hak, onun günahlarını bağışlar."* (İbn-i Mâce rivayet etmiştir.)

*Ey dost!* Cenâb-ı Hakk'ın lütfuna ve merhametine bak ki, vefat etmiş anne ve babasının kabrini ziyaret edip onların başında Yâsin Sûresini okuyan vefakâr evladın, anne ve babasına karşı olan evlatlık görevini yapmaya çalışması Allah Teâlâ'nın hoşuna gidiyor ve onun günahlarını affederek bağışlıyor. Doğrusu bu hadisimiz anne ve babasına karşı hayırlı bir evlat olmanın çok büyük bir sevabı olduğunun delilidir.

İslâm alimleri demişlerdir ki, her cuma akşamından cumartesi gününün kuşluk vaktine kadar vefat etmiş (ölmüş) olan müslüman kişiler, hayatta kalan (sağ olan) yakınlarından manevi bir hediye beklerler. Evlatlarından, ciğerparelerinden, yavrularından Kur'ân-ı Kerim okumalarını ve ruhlarına hediye edilmesini bekler, eşinden, dostundan, hısım ve akrabasından dua ve istiğfar beklerler. Sonra da onlara hal nisaniyle şöyle bir uyarıda bulunurlar:

*"Ey malımıza mülkümüze sahip olup paylaşan yavrularımız, ey malımıza mirasa konan mirasçılarımız! Pek yakında siz de bizim gibi olacaksınız, bizim gibi bu kara toprağın altına gireceksiniz, işte o zaman asıl gerçeklerin nelermiş olduğunu göreceksiniz.*

*Siz bizi unutmayınız ki, sizden sonrakiler de sizi unutmasınlar. Sizlerin okuyup ruhumuza göndereceğiniz Kur'ân-ı Kerim ve dualarınıza çok, hem de pek çok ihtiyacımız vardır. Bizim için okuduğunuz dualarınızdan çok yararlanıyoruz, rahatlıyoruz"* derler.

İslâm alimlerince, bir müslümanın, ölmüşlerinin ruhları için Kur'ân-ı Kerim okuduğu zaman, arkasından da bir dua (bağışlama duası) ile ruhlarına bağışlamasını tavsiye etmişlerdir. Hazret-i Peygamberin (a.s.) sahabileri de bu şekilde hareket etmişlerdir. İmâm-ı Beyhakî'nin rivayetine göre, İbn-i Ömer (Hz. Ömer'in oğlu Abdullah) (r.a.), Bakara Sûresi'nden okunabilecğini söylemiştir.

Hz. Ömer (Radıyallahü Anh), ölüp kabre defnedildikten (gömüldükten sonra, ruhuna Fâtiha Sûresini ve Bakara Sûresi'nin sonu olan "Amener'Resûlü"yü okunmasını vasiyet etmiştir. Bu bilgi İmâm-ı Ahmed İbn-i Hanbel'e nakledilince, kendisi şöyle demiştir: ***"Ben daha önceleri bu duruma muhaliftim. Fakat, bazı güvendiğim kimseler, Hz. Ömer'in*** *(r.a.)* ***bu vasiyetini bana söylediklerinden sonra, artık eski fikrimden vazgeçtim. Ölmüşlerin ruhlarına ve kabristana girdiğiniz zaman, Fâtiha Sûresini*** *(Elham-ı Şerifi)*, ***İhlâs*** *(Kul hüvallâhü ehad)* ***Sûresini ve muavvizeteyni'yi*** *(Felak ve Nâs Sûrelerini)* ***okuyup ve sevaplarını ölmüşlerinizin ve hatta kabristanda yatan bütün iman ehlinin ruhlarına bağışlayıp hediye edin. Çünkü okunan ve bağışlanan sevaplar onların ruhlarına erişiverir."***

Hasan Basrî Hazretleri demiştir ki: Kabristana girdikten sonra şu (aşağıdaki) duayı okuyan kimseye o kabristanda yatan ölüler sayısınca sevap yazılır ve onlar kendisine hayır dua ederler. Okunacak dua budur:

*"Allahümme Rabbe hâzihil'ecsâdil'bâliyeti vel'ızâmin' nahıratil'letî haracet mineddünyâ ve hiye bike mü'minetün. Allâhümme fe edhil aleyhâ rûhen minke ve selâmen minnî"*

*Manası:* ***Ey çürümüş cesedlerin ve dökülmüş kemiklerin Rabbi Allah'ım! O cesetlerin ve kemiklerin sahipleri, dünyadan çıktıkları*** *(öldükleri)* ***zaman sana iman etmişlerdi*** *(onlar mümin ve müslümandı).* ***Onlara senin tarafından rahmet ver*** *(onları merhametinle affedip bağışla).* ***Benim selâmımı da onlara ulaştır*** *(onlara esenlikler, selâmetlikler ver)."* demektir. (Nimeti İslâm böyle kaydediyor.)

İmâm-ı Kurtubî demiştir ki: *"İslâm alimleri, ölüler için verilen sadakaların, okunan Kur'ân'ın, edilen duaların ve onların affı için yapılan istiğfarların sevaplarının onların* ***(ölülerin)*** *ruhlarına ulaşacağı konusunda ittifak* ***(söz birliği)*** *etmişlerdir"* diye söylemiştir.

Hazret-i Peygamber Efendimiz şöyle buyurmuşlardır:

***"— Her kim, bir kabristan yanından geçerken, onbir*** *(11)* ***İhlâs*** *(Kul hüvallâhü ehad)* ***okur, sevabını da orada yatan mevtalara hediye ederek bağışlarsa, Allah Teâlâ, okuyan kimseye oradaki mevtalar*** *(ölüler)* ***sayısınca sevap verir, mevtalar da okunan İhlâsın sevabıyla rahat ve sevince ererler."***

Cenâb-ı Allah, çok kerim (cömert) ve ikrâmı bol olandır. Hem okuyan kuluna sevaplar vererek ikramda bulunuyor, hem de kabirlerinde yatan kullarına rahmet ve merhametiyle ikramda bulunuyor.

*Ey Âhiret yolcusu kardeş!* Kabir ziyaretinden maksat (amaç), orada yatanlara dua etmek, Kur'ân-ı Kerim'den sûreler, âyetler okuyarak onlara (ölmüşlere) ihsanda (iyilikte) ve ikramda bulunmak olduğu gibi, ziyaretçi müminin de âhireti hatırlaması, kabir ve ondan sonra gelecek olan âhiret hallerini düşünmesi gerçeğinin meydana gelmesidir. Bir mümin için bu iki nokta önemlidir.

## Kabirleri Ziyarete Gelince

Kabir ziyareti, cuma günleri yapıldığı gibi, diğer günler de yapılabilir. Fakat cuma günleri yapılması daha kuvvetli mendûb (sevap)dur.

Şâfii mezhebi ile Mâliki mezhebi alimlerinin görüşüne göre, onların tercih edilen sözleri, kabir ziyareti perşembe gününün ikindi vaktinden başlayarak cumartesi günü sabah güneş doğuncaya kadar yapılması kuvvetli mendubdur.

Hanbeli mezhebi alimlerinin görüşüne göre ise, kabir ziyareti için hergün yapılabilir ve günler arasında bir ayrıcalık yoktur demişlerdir.

Şu halde kabir ziyareti yapmak isteyen kimse, perşembe, cuma ve cumartesi kabir ziyaretini yapabilir. Diğer günlerde de yapabilir. Ancak yukarıda da söylediğim gibi, bu günlerin sevabı daha çoktur. Bu konuda daha geniş bilgi edinmek isteyenlere **"Dirilerimizin Kalbinde, Göçenlerimizin Kabrinde Yâsin-i Şerif"** isimli kitabımıza bakabilir.

Bu kitabım, bu konularda en geniş bilgileri içermektedir. Aynı zamanda Yâsin, Tebâreke ve Amme Sûreleri de vardır. Yâsin bağışlama ve kabir duaları da asıllarıyla birlikte bulunmaktadır. Anne ve babasının kabirlerini, sevdiklerinin kabirlerini ziyaret etmek isteyenler için en güzel bir kılavuz (rehber) eserdir. Okuyucu kardeşlerime önemle tavsiye ederim.

## Ölüye Dirilerin İyilik ve Sevap Göndermesi

*Ey Âhiret yolcusu kardeş!* Yukarıda geçen satır ve paragraflarımızda da söylediğimiz gibi, hayatta olan kimselerin, ölmüşlerine okuduğu dua ve istiğfarların meyyite (ölüye) fayda ve yarar vereceğine delil olacak hadislerimizin açıklamalarını yazmıştık. Bu konuda ise, islâm alimlerinin ittifak (söz birliği) ettiklerini de söylemiştik. Ancak dirilerin okudukları ve ölmüşlerinin ruhuna bağışladıkları Kur'ân konusunda bazı alimler yararlı olur, ruhlarına gider, bazıları da ruhlarına gitmez, ölüye yararı olmaz demişler. Böylece bu Kur'ân okuma konusunda görüş ayrılığı vardır denmiştir.

Günümüzde de bazı şöhret düşkünlüğü ve gösteriş budalaları bu konuyu istismar edip, bazı müslümanların kafasını karıştırmıştır. Müslümanların din bilgisi konusunda zayıflıklarından ve dini bilgi eksikliklerinden dolayı onların kafalarını karıştırarak şöhret edinme zavallılığına düşmüşlerdir. Cenâb-ı Allah bu zihniyetteki kötü kişilere fırsat vermesin amin!...

*Ey Hak yolcusu!* Ehl-i Sünnet alimlerimizden bir cemaât (bir grup) ile, Hanefi alimlerine göre; bir kimse, kendi amelinin (sevabını) başkasına (ölmüşlerine) bağışlayabilir. Bu yapılan amelin, namaz, oruç, hac ve sadaka gibi ibadetlerden biri olmasıyla Kur'ân-ı Kerim okumak, dua ve zikirde bulunmak veyahut herhangi bir ameli, ibadet sayılacak bir işi yapmak arasında bir fark, bir ayrıcalık yoktur. İslâm alimleri arasında delil olma nokta-i nazarından tercih edilen (kabul edilen) en makbul görüşte budur.

Dâre Kutnî'nin tahriç ettiği bir rivayete göre:

Bir adam, Hazret-i Peygamber sallallâhü aleyhi ve sellem'e gelerek, ölmüş olan annesiyle babasına vefatlarından sonra nasıl yardımda bulunabileceğini, nasıl iyilik edebileceğini sormuştur: Hazret-i Peygamber (s.a.v.), o adama cevap olarak şöyle buyurmuştur:

***"— Kendi namazınla beraber onlar için de namaz kılman, kendi orucunla beraber onlar için de oruç tutman, kendin sadaka vermenle beraber onlar için de sadaka vermen"*** diye tavsiye etmiştir. Ebû Dâvûd, Mâkıl İbn-i Yesar (r.a.)'dan Kur'ân okuma konusunda da şu hadisi tahriç etmiştir:

***"Ölmüşlerinize Yâsin Sûresi'ni okuyun"*** buyurmuştur.

Bu Hadîs-i Şerifte, diğer sevaplar gibi ölüye okunan Kur'ân'ın sevabının bağışlanması konusunda nasstır (delildir). Yine bunun gibi, Buhâri ve Müslim'in tahriç ettikleri bir Hadîs-i Şerifte, Hazret-i Peygamber'in (s.a.v.) Kurban Bayramı'nda kendisi için bir koç kurban ettiği, ümmeti için de bir koç kurban ettiği bildirilmektedir ki, bu da bir kimsenin amelinin sevabını hediye edilip ona fayda ve yarar vereceğine delildir.

Bir insan ölmüş anne ve babasının ruhlarına bağışlamak niyetiyle sadaka verir-verebilir. Sadakanın sevabı da ölmüş anne ve babasının ruhuna gider. Onlar da kabirlerinde sevinir ve rahata ererler. Bu misal ve örneği çoğaltabiliriz. Diğer yakınlarımız için de aynı şekilde iyilik yapabiliriz onların ruhları için fazladan (nafile) namaz kılar ve nafile oruç tutar, sevabını onlara bağışlayabiliriz.

Enes İbn-i Mâlik (r.a.) rivayet etmiştir. Demiştir ki, bir adam gelerek Hazret-i Peygamber'e (a.s.) sordu:

***"— Yâ Resûlallah! Babam hac farizasını yerine getiremeden öldü, onun için ne yapabilirim?"*** Allah Resûlü sallallâhü aleyhi ve sellem şöyle sordu:

***"— Babanın borcu olsa ödemez miydin?"*** Adam:

***"— Evet, öderdim yâ Resûlallah!"*** dedi. Resûlullah (s.a.v.):

***"— İşte hac da onun borcudur, öde!"*** buyurdu.

Zeyd İbn-i Erkam'ın (r.a.) rivayet ettiği Hadîs-i Şerifte şöyledir: Resûlullah (s.a.v.):

***"Her kim, hacca gitmeyen anne babası yerine hacca giderse*** *(hac ederse)****, anne ve babası haccetmiş olurlar*** *(hac sevabı alırlar)****. Âlem-i Berzah'taki ruhları müjdelenir ve kendisi de*** *(hacceden evlat da)* ***Allah katında iyilerden yazılır."***

***Ey dost!*** Daha bunun gibi birçok Hadîs-i Şerif vardır bu konularda. Akl-ı selim sahibi bir mümin ve müslümana lâzım ve gereklidir ki, ölmüşlerine nafile (fazla) ibadet sayılan amellerle yardım etsin, onların kabirlerinde rahat ve sevinçli bir merhale geçirmelerine yardımcı olsun.

# ONUNCU BÖLÜM

## TAZİYE VE BAŞSAĞLIĞI DİLEĞİNDE BULUNMA

*Ey Âhiret yolcusu kardeş!* Bir müslümanın, yerine getirmesi gereken dini, ahlâki vazife (görev)lerden biri de, müslüman kardeşlerinden birinin ölüm acısıyla karşılaştığı yani, bir ölümü olduğu, ailesinden veya yakınlarından biri öldüğü zaman, ona taziyede (yeni tabirle başsağlığında) bulunmasıdır.

**Taziye,** ölüsü olan kimseye veya yakınlarından biri vefat eden (ölen) kimselere sabır dileğinde veya sabır tavsiyesinde bulunmak demektir. Yani, bir yakını ölen kimseye gidip ***"Efendim, emir Allah'ın hayatı veren de, alan da O'dur*** - *(Celle Celâlûh).* ***Allah, merhumu*** *(eğer kadın ise merhumeyi)* ***affetsin ve rahmetine erdirsin, rızasına kavuştursun. Size de sabırlar versin, sabrınızı arttırsın. Allah Teâlâ, merhumun*** *(veya merhumenin)* ***âhiretini, dünyasından daha hayırlı etsin, âhiretini mâmur eylesin...)"***denmeye taziye (sabır dileme, sabır tavsiye etme) deniyor.

**Taziye'den amaç,** acılı kimseye ve kimseleri teskin etmek, sakinleştirmek ve acısını paylaşarak onu veya onları rahatlatmak demektir. Böyle acılı günler, nazik zamanlardır. Bu acılı günlerde değişmeyen ilâhi gerçekleri bir müslümanın hatırlayabilmesi veya bilinçli bir müslüman kardeşi tarafından hatırlatılması, ölüm acısıyla direnci zayıflayan insanı veya insanları sakinleştirip teselli ederek biraz olsun rahatlamasını sağlar ve sağlayacaktır. Çünkü başına gelen büyük musibetin (ölümün) acı etkisiyle ne yapacağını şaşırmış, direnci kırılmış, iradesi zayıflamış, belki de bu büyük felaketin (ölümün) etkisiyle ağzından çıkanı kulağı duymayacak bir hâle gelmiş, şaşkın kelebekler gibi, alık alık çevresine bakınmakta, lisân-ı hâliyle manevi bir yardım beklediği izlenimi vermekte olduğu çevresi tarafından sezilmektedir.

Bu haldeki acılı insanlara Allah'tan gelene tahammül ederek katlanmanın, sabır etmenin manevi ecri (ücreti) ve sevabı olduğunu söylemenin ve bu türlü hatırlamada bulunmanın, o acılı insanların gönüllerini almaya vesile olduğu gibi, onların acılarını da paylaşmanın verdiği güçle o acılı insanların akıllarını başlarına almalarına da sebep olur ve olabilir.

Bu vesileyle sabır edilmesinin gerekliliğini kavrayıp Cenâb-ı Hakk'ın emrine boyun eğerek teslimiyet göstermenin yerinde bir hareket olacağını anlamış olur ve olabilirler. Böylece de taziyede bulunan müslüman, acılı din kardeşine manevi bir yardımda bulunmuş olur. Bu insanî davranışından sebeptir ki, Cenâb-ı Allah, ona (taziyede bulunana) da manevi ecir ve mükâfat verecektir. Bu gerçeğin böyle olduğuna dair de Efendimiz sallallâhü aleyhi ve sellem'in Hadîs-i Şeriflerinde bu konu ile ilgili müjdeleri bulunmaktadır. Efendimizin müjdesi şöyledir:

***"Her kim, başına bir musibet** (ölüm, bela, kaza ve üzücü hadiseler) **gelen mümin kardeşine taziyede bulunursa, aynen onun gibi mükâfat alır. Yani, musibet sahibine verilen ecrin misli, sevabın aynısı kendisine de verilir"*** buyurmuştur. (İbn-i Mâce, Abdullah İbn-i Mes'ûd'dan rivayet etmiştir.)

Ebû Berze (r.a.)'nın rivayet ettiği Hadîs-i Şerifte şöyledir: Hazret-i Peygamber (s.a.v.) şöyle buyurmuştur:

***"— Her kim, çocuğunu kaybeden** (ölen) **bir kadına taziyede** (başsağlığında) **bulunursa, ona** (başsağlığı dileğinde bulunan kimseye) **Cennette bir elbise giydirilir."***

Yani bu davranışından, din kardeşinin acısını paylaşmasından, ona sabır etmesi dileğinde ve tavsiyesinde bulunmasından dolayı kendisine özel ve çok değerli bir Cennet elbisesi giydirilir ki bu güzel davranışının simge ve hatırasını hatırlatır durur, demektir. (Tirmizi rivayet etmiştir.)

## Bir Felaketten Dolayı Din Kardeşine Geçmiş Olsun Demenin Sevabı

Amr İbn-i Hazm'dan (r.a.) rivayete göre, Resûlullah (s.a.v.) şöyle buyurmuştur:

***"Bir müslüman ki, din kardeşine başına gelen bir musibet*** *(herhangi bir felaket, belâ, kazadan)* ***dolayısıyle taziyede*** *(geçmiş olsun, Allah sabır versin dileğinde)* ***bulunursa, kıyâmet gününde, Allah Teâlâ, ona*** *(taziyede bulunana bu güzel davranışından dolayı)* ***keramet*** *(iyilikler simgesi olan)* ***elbiselerden bir elbise giydirir."*** (İbn-i Mâce ve Beyhakî rivayet etmiştir.)

***Ey Âhiret yolcusu!*** Geçen satırlarımızda da yazıldığı gibi, taziye; herhangi bir felakete ve musibete uğramış kimseye sabır dileğinde ve sabretmesi yolunda sakinleştirici, aklını başına getirici sözler söylemektir. Böyle bir davranışta bulunmak, acılı müslümanı rahatlatır, üzüntüsü hafifler, kendisini toparlar ve toparlayabilir.

Bu da daha çok geçmiş olsun, canın sağolsun diyen kişinin söyleyeceği güzel sözlere, akla mantığa uyan teselli edecek ve sakinleştirecek cümle ve kelimelere bağlıdır.

Şunu da aklımızdan çıkarmayalım ki, bizim söylemeye çalıştığımız, anlatmaya çalıştığımız teselli edici sözler, Allah'ın emirlerini baş tacı eden ve O'nun Peygamberinin tavsiyelerini kurtuluş reçetesi olarak kabul eden insanlar için geçerlidir. Âhiret bilgisinden ve âhirette elde edilecek manevi ecir (ücret) ve sevabın kıymet ve değerini kavrayamayan, bu konuda bilgi edinmeyen bir kimseye anlatalabilecek kelimeleri bilmek o yolun yolcularının işidir.

Musibet ve felaketler konusunu ise, yukarıdan beri hayli anlattık ve anlatmaya çalıştık. Akl-ı selim sahibi kişilere fazlasıyla kâfi gelecek (yetecek) ölçüde yorumlar verdik. Şu yazdığımız satırlar da onlarla bağlantılıdır.

Taziye konusunda Sevgili Peygamberimizin çok önemli buyrukları olduğu gibi, İslâm alimlerininde çeşitli açıklama ve yorumları bulunmaktadır.

Allah Teâlâ, Kur'ân-ı Kerim'inde: ***"Ey müminler! Birbirinize iyilikte ve takvada** (Allah'ın emirlerini baştacı edinmekte) **birbirinizle yardımlaşın."*** (Mâide Sûresi âyet 2)

Taziye, mümin kardeşine yapılan bir iyiliktir, hayra ve sabra yöneltmektir. Acısı ile başbaşa bırakılan bir kişi, Allah korusun daha büyük bunalımlara girebilir. Fakat, bir mümin kardeşinin ona maddi ve manevi yardım ve destekte bulunması, onun derlenip toplanmasına sebeptir. Sevgili Peygamberimiz de bu konuda şöyle buyurmuştur:

***"Mümin bir insan dindaşının yardımında bulundukça, Allah Teâlâ da o kimsenin yardımında bulunur"*** müjdesini vermiştir.

***Evet ey dost!*** Musibete (felakete) uğrayan insanlara taziyede (başsağlığında, geçmiş olsunda), bulunmak, hem dindarlık ve hem de insanlık görevlerindendir. İnsan tek başına yaşayabilecek bir güçte yaratılmamıştır. İnsan toplum içinde; toplu halde yaşamaya mahkumdur.

İnsan toplumsal hayata ne derece uyarsa, o nisbette mutlu ve korkusuz bir hayat sürdürebilir. İnsan komşuları, dostları olmadan mutluluğu yakalayamaz. İnsanın, bu dünya hayatında komşuya, eşe dosta, akrabaya çok önemli derecede ihtiyacı vardır. Hem de içtiği su, yediği gıda ve teneffüs ettiği hava kadar gereksinmesi vardır.

Taziye müslümanlar arasındaki, özellikle komşular arasındaki sevgi, saygı bağlarını güçlendirdiği gibi, insanların birbirlerine olan ihtiyaçlarını da ortaya koyar. Tek başına yaşamayı bir hüner sayan bazı egoist kişiler bile böyle bir felaket karşısında tek başına yaşamaya özenmenin insani bir yaşam olmadığı ve olmayacağı kanısına vararak hidayete (doğru yola) yönelmiştir. Böyleleri çok görüle gelen olaylardan olmuştur.

## Şimdi Gelelim Taziye Sözlerine

Taziyede neler söylenir ve söylenebilir?

*Ey Âhiret yolcusu!* Taziye (başsağlığı) için söylenebilecek sözlerde bir kısıtlama yoktur. Kişi dilinin döndüğü, kafasının yattığı sözlerle taziye edebilir. Bunda örf ve adetin de rolü olabilir. Onun için değişik ifadelerle, değişik kelimelerle taziyede bulunabilir.

Bununla beraber din bilgisine vakıf olan bir kimse ile, din bilgilerinden yoksun olan bir kişinin taziye ifadesi de elbette acılı kimseye teselli ve teskin edip rahatlatma yönünden aynı olmaz.

## Peygamberimizin Taziye İçin Söyledikleri

*Ey kardeş!* Yukarıda anlatmıştık ki, Yüce Peygamberimizin sevgili kızı Zeyneb'in küçük oğlan çocuğu ölüm döşeğinde yatıyordu. Hz. Zeyneb (r.a.), bir adam göndererek sevgili babacığını (Peygamberimizi) çağırdı:

**"Oğlum ölüyor,** bazı rivayetlerde **oğlum öldü"** şeklindedir. Peygamberimiz, torununun acı haberini almasına rağmen hemen kalkıp gitmedi. Haber getiren aracı adama:

***"Kızım Zeyneb'e geri dön. Benden selâm ile şöyle dediğimi bildir:"***

***"Alan da veren de Allah'tır.*** *(Çünkü aldığı da verdiği de Allah'a aittir, Allah'ın mülküdür. Kendisine ait olan emanetini geri almıştır.)* ***Allah'ın katında herşeyin belirli ömrü*** *(eceli)* ***vardır. Kızım sabretsin ve sabrının Allah katında ecri*** *(mükâfatı)****nın olduğunu hatırlasın-ecir ve sevabını Allah'tan beklesin"*** buyurdu.

Hazret-i Peygamber'in (s.a.v.), kızına söylediği buyruk, bir taziye örneğidir. Efendimizin sevgili kızına olan bu buyruğu biz ümmetleri için de geçerli bir tavsiyedir. Bu tavsiye, başa gelen musibetleri rıza ile karşılama, ***"Biz Allah'tan geldik, yine O'na döneceğiz"*** öğretisidir. Çünkü sabır adı verilen o büyük nimet, musibetlerin en büyüğü olan ölüm anında gereklidir.

Efendimizin (a.s.) sevgili kızına emir ve tavsiye ettiği bu pırlanta sözler, ailesinden veya yakınlarından birini kaybetmiş veya kaybetmek üzere olan bir müslümana nelerin tavsiye edilebileceğinin bir örneğidir.

Hazret-i Peygamber (s.a.v.) Efendimiz, ölmek üzere veya ölmüş olan yavrucağın dedesi olarak, çocuğun annesi olan ölüm acısı ile yüreği yanan sevgili kızına (Zeyneb'ine) söyleyeceği sözlerden daha çok, ölüm olayına karşı nasıl davranacağını öğretiyor ki: *"Kızım, sabretsin ve ecrini Allah'tan beklesin"* buyuruyor. Ve bu tavsiyenin gerekçesi de değişmeyen bir gerçeğin gönüllere yerleştirilmesidir.

*"Alan da veren de Allah'tır. Herşey Allah'ındır, Allah mülkünde dilediği gibi tasarruf etme hakkına sahiptir. O'nun katında herşeyin belli bir yaşamı, belli bir ölüm vakti vardır."*

O vakit gelince ne bir saniye geri bırakılır, ne de bir saniye öne alınır. O tam saniye saniyesine uygun bir şekilde seyreder.

## Hz. Peygamberin Muâz b. Cebel'e Yazdığı Taziye (Başsağlığı) Mektubu

Allah Resûlü sallallâhü aleyhi ve sellem Efendimiz'in Mûaz İbn-i Cebel'e (r.a.) çocuğunun ölümü nedeniyle bir taziye mektubu yazmıştır ki, aklı başında olan bir müslüman için çok değerli bir teselli örneğidir. Efendimiz şöyle başlıyor:

*"Ey Mûaz! Allah Teâlâ sana sabretme gücü versin ve ecrini (mükâfatını) arttırsın. Bizi ve seni Allah'a şükretmeye muvaffak (başarılı) kılsın. Çünkü canlarımız, mallarımız, aile fertlerimiz Allah Teâlâ'nın bize bahşettiği güzel ve tatlı hediyeleri ve geçici*

*bir süre için yanımıza verdiği emanetlerdir. Allah Teâlâ, o çocuğu sana vermekle bu dünyada seni sevindirmiştir. Şimdi ise, büyük bir ecir* (mükâfat) *karşılığında onu senden geri almıştır. Eğer onun karşılığında Allah Teâlâ'dan rahmet, mağfiret ve hidayet bekliyorsan, sabret... Dikkat et, üzüntü ve kederin Allah'tan alacağın ecri* (ücret ve mükâfatı) *yok etmesin* (gidermesin). *Sonra pişman olursun. Ey Mûaz! Bil ki, ağlayıp sızlamak, hiçbir şeyi* (ölüyü) *geri getirmez. Hüzün ve kederi de def edemez* (gideremez). *Başa gelecek olan zaten gelmiştir. Selâmlar."* (Hâkim ve Taberânî)

*Ey Âhiret yolcusu!* Hazret-i Peygamber (s.a.v.), Mûaz İbn-i Cebel'e (Yemen'de görevliyken) Yemen'e bu taziye mektubunu göndermiştir. Bu taziyede bir müslümana söylenebilecek herşey söylenmiştir. Sabrederse, büyük ecir alacak ve âhiret sevabı olarak kazancı büyüktür. Sabretmezse, âhiret kazancından mahrum kalacaktır. Sonra, ağlayıp sızlamak, ölüyü geri getirmez, hiçbir şeyi geri getiremez. Başa gelecek olan bela, musibet (ölüm) zaten gelmiştir.

Bağırıp çağırmak, sıkıntıları, üzüntüleri giderir mi? Gidermez. Şu halde Allah'tan geleni sabrederek kendi benliğine, iradesine hakim olarak bu acının getireceği ecir ve sevabı, kendi eliyle yok etmemelidir. İşte aklı başında olan bir müslüman kârını-zararını hesap etmelidir. Sabır yolunu seçmelidir. Sabrın ne demek olduğunu da yukarı da çocuğu ölenler bölümünde anlattık.

İbn-i Cüreyc (Rahimehullah) demiştir ki: *"Her kim, başına gelen musibet ve felakete karşı Allah'tan*

***alacağı ecir ve sevabı düşünerek sabretmezse, sonunda bu acıya alışarak hayvanlar gibi teselli bulur."*** Yani sevap bakımından hiçbir şey eline geçmez, bütün alacağı sevabı kaybetmiştir, demek olur. Bu sözler de çok büyük uyarı vardır. Hayvanlar gibi, ağlayıp sızlamaktan yorgun düşüp kendi kendine teselli olmaktansa insan gibi, Allah'tan gelene sabredip âhirette ecrini-sevabını alıp Cennete girmeye haketmelidir.

Nesâî'nin rivayetine göre, Resûlullah (s.a.v.) arkadaşlarından birini aradı. Ashab-ı Kiramdan o adamı tanıyanlar: ***"Yâ Resûlallah! Onun çocuğu öldü."*** dediler. Sonra Resûlullah (s.a.v.) adamı arayıp buldu. Çocuğunun nasıl olduğunu sordu. Adam Hz. Peygambere çocuğunun öldüğünü söyledi. Bunun üzerine Hz. Peygamber (a.s.), adama taziyede bulundu. Sonra adamın üzüntüsünü gidermek ve teselli etmek üzere şöyle buyurdu:

***"Ey falanca! Sana söyleyeceğimin, hangisi daha senin işine gelir, seni sevindirir: Çocuğun sağ olup ömrün boyunca onunla dünyada sevinip faydalanman mı yoksa yarın kıyâmet gününde o çocuğun cennet kapılarından birine senden önce varıp da sana Cennetin o kapısını açması mı?"*** Adam hemen cevap verdi:

***"Yâ Resûlallah! Doğrusu, çocuğumun benden önce Cennete gidip Cennetin kapısını bana açması, benim daha işime gelir, beni daha çok sevindirir, bu hal benim için daha sevimlidir"*** dedi. Bunun üzerine Hz. Peygamber sallallâhü aleyhi vesellem şöyle buyurdu:

*"— İşte sana bu vardır" yani çocuğunun ölümünü sabırla karşılıyorsun ve ecrini Allah'tan bekliyorsun, çocuğun senden önce Cennete gidecek, Cennet kapılarından birine varıp senin gelmeni bekleyecek sen varacaksın çocuğun Cennetin kapısını sana açacak ve seni Cennete koyacaktır. "Senin için işte bu vardır."* (Nesâî rivayet etmiştir.)

Evet, taziye ile ilgili islâm alimlerinin çok değişik yorum ve açıklamaları vardır. Biz konumuzu uzatmamak için onları buraya almıyoruz. Verdimiz taziye örneklerinin yeterli olduğu kânaatindeyiz. Ne demişler: *"Anlayana sivrisinek saz, anlamayana davul zurna az."* Yani, konudan istifade etmek isteyen bir müslümana yetecek kadar anlattık, konuyu fantazi olsun diye okuyup dinleyenlerin bir kulağından girip bir kulağından çıkıp gidecektir. O yine kendi bildiğini okuyacaktır, demek istiyorum.

## Taziye Ölü Defnedildikten Sonra Üç Gün İçinde Yapılmalıdır

Bir de taziye ile ilgili şu kısa bilgiyi vermek istiyorum:

İslâm alimleri, demişlerdir ki, taziyeden maksat, ölüm sebebiyle acıya düşmüş cenaze sahiplerini teselli ederek acılarını hafifletmek olduğu için, en uygun taziye adabı, taziyeyi ölü defnedildikten sonra üç gün içinde yapmaktır. Çünkü, çok kere acı ve keder hızını üç gün içinde kesmiş olur. Bu sebepten dolayı üç günden sonra taziye için gidip de ölüm acısının verdiği hüzün ve kederi atlatmaya çalışan kederli ailenin acılarını yenilemek olacağından islâm alimlerinin bazıları bunu uygun görmemiş ve hoş karşılamamışlardır. Taziye görevi üzerine gerekli olan insanlar bu konuda vaktinde hazırlanıp ölünün gömülmesinden üç gün içinde bu insanî görevi yerine getirmelidir. Aksi halde ölüm acısıyla yıpranmış cenaze sahibi insanların acılarını paylaşıp azaltma yerine, onların acılarının uzayıp gitmesine sebep olunmuş olur.

Ancak ölünün yakınlarının dışarıda olup da cenazenin defninden birkaç gün sonra gelmişlerse, onlara taziyeye gidilebilir. Ayrıca hastalık gibi dışarıdan gelmek gibi mazereti olan kimseler de durumları müsait olunca taziyeye gitmesinde bir sakınca olmaz.

Yine herhangi bir mazeretinden dolayı taziyede bulunmamış olan bir kimse, eğer cenaze sahibi kimseler, gücenecek ve kırılacak kimselerse, her ne kadar geçte kalınmış olsa, onları gücendirmemek için taziyeye gidilebilir.

Taziyeyi cenaze sahibinin evinde yapmak gerekir. Müstehap olan budur. Bu sebepten dolayı mezarlıkta ve cenaze sahibinin kapısının önünde durupta taziyede bulunmak mekruhtur. Çünkü bid'attır (sonradan uydurulmadır).

Cenaze sahibinin taziyeye gelenler için evinde üç gün beklemesinde bir sakınca yoktur. Fakat üç günden sonra, işine gücüne gitmeyip taziyeye gelecekleri beklemek iyi değildir, mekruhtur. İslâm alimlerinin görüşleri budur.

**Taziye,** cenaze sahibinin evine bizzat gidilerek yapılabileceği gibi, mektup, telefon, telgraf ve benzeri vasıta ve araçlarla da yapılabilir. Hatta gazeteye ilân verilerek de yapılabilir. Çünkü taziye konusunda önemli olan cenaze sahibine teselli vermek ve gönlünü rahatlatmaktır.

Gayr-i Müslimlere taziyede bulunmak gerektiği zaman, onlara şöyle denir:

*"Başınız sağolsun, Allah sabır versin, hidâyet ihsan etsin"* gibi sözler söylenir ve taziye yapılmış olur.

## Cenaze Evine Yakın Komşuların Yemek Yapıp Götürmesi Sünnettir

Ölüm olan eve yakın komşuların ve akrabalarının uzak olsun yakın olsun, yemek yapıp getirmeleri veyahut göndermeleri hem sünnettir hem de güzel bir davranıştır, övgüye şayan bir harekettir. Ölü evine büyük bir musibet, felaket gelmiştir. Onlar acı içinde, üzüntü ve keder içindedirler. Dirençleri kırılmış, ağızlarının tadı kesilmiş yok olmuş ve moralmen çöküntü içindedirler. Böyle bir acılı aileye komşularının ve akrabaların yemek yapıp götürmesi ya da göndermesi mendûb'tur (büyük sevaptır).

Bu konuda Hazret-i Peygamber sallallâhü aleyhi ve sellem Efendimiz, Mute Savaşında şehit düşen Câfer-i Tayyar'ın ev halkı (ailesi) için yemek yapmalarını kendi ailesi (Peygamber ailesi)ne emir vererek şöyle buyurmuştur:

***"Câfer'in ailesine yemek yapıp götürün! Çünkü onların başına yemek yapmalarına engel olan büyük bir felaket** (ölüm felaketi) **gelmiştir."*** (Tirmizi, Ebû Dâvûd ve İbn-i Mâce)

Câfer-i Tayyar (r.a.) Peygamberimizin amcası Ebû Talib'in oğlu ve Hz. Ali'nin (r.a.) kardeşidir. Yani Peygamberimizin amcasının oğludur. Câfer-i Tayyar (r.a.), Mekke'de müslümanların işkence gördüğü dönemde Habeşistan'a ilk hicret eden müslümanların başında geliyordu.

Hadisimizin râvisi Abdullah İbn-i Câfer İbn-i Ebî Talib (r.a.)dır. Yani, hadisimizi anlatan Abdullah, Câfer-i Tayyar'ın oğludur. Ailesi Habeşistan'a hicret ettiğinde Habeşistan'da doğmuştur. Habeş'de o çileli günlerde doğmuş olanlardandır. Hadisimizin râvisi olan bu zat (Abdullah İbn-i Câfer) demiştir ki:

***"Câfer'in ailesine yemek yapın"*** emrinin söylenmesine kadar, ölü evine yemek yapmak adeti yoktu. Resûlullah (a.s.) bu hadisini söylediğinden itibaren cenaze evine yemek yapıp götürmek adet oldu. Daha önceleri (yani bu hadis-i Peygamberi'den önce) cenaze evi halkı, kendileri yemek yapıp taziye (başsağlığı) için gelenlere sofra kurup yemek yedirirlerdi. Resûlullah'ın bu hadisi:

***"Câfer'in ailesine yemek yapıp götürün. Çünkü onların başına büyük bir felaket** (ölüm) **gelmiştir."*** emrinden sonra, cenaze evinde yemek yapma adeti kalktı. Ve yakın akrabalardan, komşulardan yemek yapıp cenaze evine götürmek adeti (alışkanlığı) başladı." (İbn-i Mace)

*Ey dost!* Abdullah İbn-i Câfer'in (r.a.) verdiği bu bilgide deniyor ki, ölüm olan evde ev sahibinin yemek pişirip hazırlaması ve ölü evine taziyeye gelenlere ikram edip yedirmesi, hem bir cahiliye (müslümanlıktan önceki zamana özel) adetidir. Bunun yanında (hem de) cenaze halkına (sahibine) zamansız bir külfet, hazırlıksız bir yük olacağından ve de olduğundan alimler tarafından mekruh görülmüş ve hoş karşılanmamıştır.

Dört mezhebin ve mezhep alimlerinin bu konuda görüşleri vardır. Bu konu Ümmet-i Muhammed (a.s.) için, müslümanlar için hayati bir önem taşımaktadır. Musibetlerin en büyüğü sayılan bu ölüm acısına düşen bir müslüman kardeşinin ev halkına, diğer müslümanların yardımcı olmaları, onların islâmi anlayışlarının derinliğinin ve olgunluğunun bir göstergesi ve islâmi bilincin yerli yerinde olduğunun bir belgesi sayılmaktadır.

**Hanefi mezhebi alimlerine göre,** cenaze evine komşuların ve cenazenin akrabalarının, cenaze evinin insanlarına birgün, bir gece (24 saat) yetecek kadar yemek hazırlayıp (pişirip) götürmeleri müstehap (büyük sevap)tır denilmiştir. Ve Peygamberimizin: **"Câfer'in evine yemek gönderin"** hadisi, delil olarak gösterilmiştir. Devamla denilmiştir ki: ***"Cenaze evi halkının ziyafet verir gibi, başsağlığına gelenlere yemek yedirmeleri mekruhtur*** *(uygun değildir).*

***Çünkü, ziyafet vermek, neşeli ve sevinç hallerinde uygun görülen bir haldir. Keder ve üzüntünün dorukta olduğu bir zamanda meşru değildir, hatta çir-***

*kin bir bid'attır."* Buna delil olarakta Cerîr İbn-i Abdillâhil' Becelî'nin rivayet ettiği:

*"Biz ölü evinde toplanıp cenaze sahiplerinin, toplananlara yemek yapıp yedirmelerini "NİYÂHAT"tan sayardık."* hadisidir, demişlerdir.

Evet, Niyâhat, yaka paça yırtarak ölünün arkasından ağlamak demektir. Bu, geçen sesli ağlama bölümünde açıklanmıştır. Niyâhat, haram olan bir davranıştır. Bunu da tek kelime ile hatırlatmış olalım. (İbn-i Mâce Cenâiz 1611 ve 1612 nolu hadisler).

**Mâliki mezhebi alimlerine göre,** cenazesi bulunan kimsenin evine (yani ev halkına) yemek yapıp hediye alarak göndermek mendubdur. Çünkü bu insanlar yemek yapmakla uğraşamazlar. Ölüm musibeti, onların direncini yıkmıştır. Bu güçsüzlük haliyle yemekle uğraşamazlar.

Mâlikî alimlerinin şu uyarıları önemlidir) demişlerdir ki: Ancak, ölünün ev halkı, yüksek sesle ağlayıp bağırarak feryâd-ü figan ediyorlar ve çirkin sözler söylüyorlar, abuk sabuk sözlerle saçmalıyorlarsa, bu cenaze evine yemek yapıp götürmek haramdır. Bunlara yemek yapıp götürmekle onların bu haram olan davranışlarına yardım edilmiş olur, demişlerdir Mâlikî alimleri.

**Şâfii mezhebi alimlerine göre,** cenaze çıkan ev halkına, komşuları ve akrabaları tarafından yemek yapıp göndermek ve bu yemeğin de birgün, bir gece (24 saat) yetecek kadar olması ve ölüm acısı ile harap olmuş bu insanların yemek yemeleri için ısrar edilmesi ve onların yemek yemelerinin sağlanması müstehaptır. (Mâlikî'lerin uyarısı Şâfii'lerde de var:) Ancak, niyâhat edenlere yemek yapıp göndermek haramdır. (Niyâhatın ne demek olduğunu biraz evvel söyledik.) Haram oluşu da şudur: Niyâhat, haramdır. Çünkü haram (günah) işleyenlere yardım etmekte haram ve günahtır.

Cenaze çıkan evin sahiplerinin yemek yapıp taziyeye gelenleri yemeğe çağırmaları mekruhtur demişlerdir. Şâfii alimlerinin delilleri de Cerir İbn-i Abdillâhil' Becelî'nin hadisidir (Yukarıda kaynağını verdik). Şâfii alimlerinden Zekeriyyâ El' Ensâri demiştir ki: Cerîr'in (r.a.) hadisi *"mekruhluğun ötesinde haramlığa delildir."* diye söylemiştir.

**Hanbelî mezhebine alimlerine göre,** cenaze çıkan ev halkına üç gün süresince yamek yapıp göndermek sünnettir. Cenaze evine gelen taziyecilere (başsağlığına gelenlere) yemek yapılmaz. Hatta onlara böyle birşey yapmak mekruhtur. Baş sağlığı için gelenlerin yemek yemek için toplanmaları mekruhtur. Bu kişilere yemek yedirmek, mekruh olan, dinin hoş görmediği bir işe yardımcı olmak demek olur. Bu ise uygun değildir. Ahmed İbn-i Hanbel demiştir ki: *"Cenaze evine toplanan insanlara ölü ailesinin yemek yapması, cahiliyet devrinin işi ve adetidir"* diyerek bu harekete şiddetle karşı çıkmıştır. (İbn-i Mâce 1611. hadisin açıklamasında bu bilgiler kayıtlıdır.)

Konumuzun fıkhî yönüne gelince, cenaze çıkan ev halkına son derece şefkat ve merhamet gösterip onlara yemek yapıp göndermek, meşrû ve mendubdur (büyük sevaptır).

*Ey Âhiret yolcusu kardeş!* Cenaze çıkan ev halkına yapılacak dini, ahlaki ve insani görevlerimizle ilgili dört mezhebin alimlerinin görüş ve yorumlarını size nakletmiş olduk. İsteyen istediği gibi hareket edebilir. *"İsteyen inanır, isteyen inanmaz."* Herkesin amelinin karşılığı kendisinedir. Kimse, kimsenin ne günahını, ne de sevabını alamaz. Herkes kabrinde kendi kendisine ait işlerin yararını veyahut da zararını görecektir. Allahu A'lem bissavab - doğruları en iyi bilen Allah Teâlâ'dır vesselâm!...

*Ey Hak yolcusu kardeş!* Unutma ki, Allah Teâlâ kullarının yaptığı bütün hareket ve davranışlarını görüp gözetmektedir. Kullarının en küçük bir fiilini (işini) davranışlarını, konuşma ve sözlerini kudret filmine, disketine alıp kaydetmektedir. Öyle ki, en küçük "zerre miktarı iyilik" karşılığını bulurken "zerre miktarı kötülük" de cezasını bulacaktır. Şu halde akl-ı selim sahibi mümin-müslüman kişiler, fiillerini (işlerini) davranışlarını bu ilâhi ölçüye göre ayarlamalıdırlar. Çünkü herşey Yüce Rabbimizin tarassutu ve gözetmesi altındadır. Kur'ân-ı Kerim'de: ***"İnneke lebil'mirsâd - Şüphesiz Rabbin,*** *(bütün kullarının hallerini)* ***her an görüp gözetmektedir"*** (Fecr Sûresi âyet 14) O'nun için, yorulmak, usanmak, dalgınlık, uyku ve uyuklama gibi eksiklik belirtisi olan hallerden hiçbirisi yoktur. Bu sayılan noksan nitelikler aciz yaratık olan insanoğlu içindir. Allah Teâlâ, bu gibi noksan sıfatlardan uzak ve yücedir. Bu noksan nitelikler insanoğlu içindir.

Hâl böyle olunca Allah Teâlâ'nın koyduğu yasakları, haram ve mekruhları işlemeye kalkanlar, O'nun (Allah'ın) huzuruna vardıkları zaman, işlemiş oldukları büyük küçük her günahın hesabını vereceklerdir. Bunlardan kurtuluş yoktur, inkâra kalkmakta yoktur. Çünkü kudretin kaydettiği filmler, disketlerin düğmesine basılacak, her insan burada, yapmış olduğu küçük büyük her amelinin kayda alınmış olduğunu görecek ve ***"... yazıklar olsun bize!*** *(Aman Allah'ım!)* ***bu nasıl bir kitaptır ki, küçük büyük hiçbir şey bırakmayıp yaptıklarımızın hepsini sayıp dökmüştür"*** diyeceklerdir. (Kehif Sûresi âyet 49)

***Evet, ey dost!*** Böyle bir çetin sorgulama gününde bu hâle düşmemek için bu dünyada mekruhlardan, haramlardan uzak durmak gerekmektedir. Üç günlük dünya gezisine çıkan dünyaperest kişiler, gidecekleri yerle ilgili, bir takım bilgiler edinmek ihtiyacı duyarlar, bunu daha geziye çıkmadan edinirler. Peki, bir daha dönüşü olmayan bir yolculuğa çıkacak olan âhiret yolcularının, bu dönüşü olmayan, ebedi yolculuklarını yapacak oldukları âhiret yurdu için kendilerine yetecek kadar bir bilgi edinmeleri gerekmez mi? Cevabını siz verin...

# ON BİRİNCİ BÖLÜM

## KIYÂMETİN KOPMASI – KIYÂMET ALAMETLERİ

*Ey Âhiret Yolcusu Kardeş!* Kıyâmetin kopması demek, yaşadığımız dünyanın ölmesi, yıkılıp yok olması demektir. Her canlının bir ölümü, maddi yaşamının bir yok oluşu olduğu gibi, içinde yaşadığımız dünyanın da bir ölümü vardır. Vakti, zamanı gelince içinde yaşadığımız bu dünya da ölecektir. Evet, bu dünyada bulunan, yaşayan her şeyin bir sonu, bir ölümü vardır ki, onun adına kıyâmet deniyor. İnsanların ömrünün tükendiği zaman hemen öldüğü gibi, dünyanın ömrü tükenince de kıyâmet kopar, kopacaktır.

Allah Teâlâ'nın emriyle, **İsrâfil Sûr'a** üfürünce, yer gök yerinden oynayacak ve herşeyin altı üstüne gelecektir. Taş, taş üstünde kalmayacak, dağlar parçalanıp toz haline gelecek, tozları havada renkli atılmış yün zerreleri gibi uçuşacak, gök yarılıp yıldızlar ipi kopmuş inci boncuk taneleri gibi dağılıp düşecek, ay ve güneş ışığını kaybedip dürülmüş kitablar gibi olacak, herşey dünya düzenindeki özelliğini ve varlığını kaybedecektir.

*Ey Dost!* Kıyâmetin zelzelesi, deprem ve sarsıntısı, yani kıyâmetin kopması, öyle müthiş, öyle korkunç olacak ki; onun verdiği korku ve dehşetten o gün yaşayan herkes kendinden geçecek, korkusundan şaşırıp sersemleşecek, âdetâ aklını ziyan edecektir. Öyle ki, emzikli kadınlar, emzirdikleri çocuklarını unutacaklar (onları fırlatıp emziklerinden atacaklar), gebe (hâmile) olanlar, içinde bulundukları durumun korku ve dehşetinden çocuklarını düşürecekler (düşük yapacaklar), her şey hercümerc olacak, o anda yer yerinden oynayacak, yeryüzündeki o koca koca dağlar yerinden sökülüp parçalanmış ve zerreleri atılmış pamuk ve yün gibi dağılıp havada uçuşacak, gökyüzündekiler parçalanıp tarumar olacak.

Dünyamızı aydınlatan, verdiği ziyâsıyla ışıklandıran güneş kararıp dökülecek, yıldızlar ipi-sicimi kopmuş inci taneleri gibi, dağılıp dökülecek, koca koca denizler, okyanuslar kaynayıp birbirine karışacaklar.

Yerlerin altındakiler, yer yüzüne açığa, meydana çıkacaklar. Sözün kısası; yerlerin göklerin düzeni tamamen bozulacaktır. İşte kıyâmetin özeti bu, kıyâmet budur.

Dünyanın ölümü ve sonu demek olan bu kıyâmetin varlığını ve gerçekliğini bildiren Kur'ân-ı Kerîm'de pek çok âyet-i kerîme vardır.

Kıyâmetin varlığını ve gerçekliğini anlatan bu âyet-i kerîmeleri, ilerleyen sayfalarımızda misâl ve örnek olması için yazacağız.

Kıyâmetin, yani kıyâmet adı verilen ve kıyâmet sözcüğünün anlattığı ve dile getirdiği yeni bir safha, yeni bir merhale ve yeni bir bölüm daha vardır ki, buna yeniden diriliş adı verilmiştir.

Dünyanın kıyâmeti koptuktan sonra, herşey yok olacak, hiçbir canlı kalmayacak. Yalnız ve yalnız Allah Teâlâ bâki kalacaktır. Dünya (evren) böyle bir müddet bomboş kaldıktan sonra, Allah Teâlâ, ölüleri yeniden diriltecektir. Âlem başka bir âlem olacaktır. Herşey değişecek ve hayat o âleme (âhirete) uygun bir şekilde yeniden başlayacaktır.

Bu yeni hayât da, İsrâfil'in ikinci defâ Sûr'a üfürmesiyle başlamış olacaktır. Allah'ın emriyle İsrâfil, Sûr adı verilen şeye üflemesiyle insanlar, uzun bir uykudan uyanır gibi, Allah'ın emriyle uyanıp gözlerini açacaklar ve görecekler ki, dünya eski bildikleri dünya değildir, herşeyde bir başkalık, her şeyde bir değişiklik vardır.

İşte o anda, artık herkes işin vehametini anlayacak, işin gerçekliği olanca netliğiyle ortaya çıkarak yeni durum anlaşılacaktır.

İşte o zaman her insan, kendi derdine yanmaya başlayacaktır. O gün, ana baba günüdür, her insanın kendi derdine düştüğü gündür!...

Allah'ın emriyle **İsrâfil (a.s.)** tarafından ikinci defa **Sûr'un üfürülmesiyle** bütün yaratılmışlar yeniden dirilerek kabirlerinden kalkacaklar ve şaşkınlık içinde beklemeye başlayacaklardır. Bu hâle **"öldükten sonra tekrar dirilme"** adı verilir. ***Haşır*** *(mahşer yerinde toplanma)*, ***Hesap, Sorgu, Sual*** *(dünyada yaptıklarından sorgulanma)*, ***Mizân*** *(amellerin* *tartılması),* ***Sırat*** *(Sırat Köprüsü'nün kurulması),* ***Kevser*** *(Kevser Havuzu),* ***Şefâat, Cennet ve Cehennem.*** İşte bu merhale ve safhalar hep ikinci dirilişten sonra olacak gerçeklerdir.

***Gerçek bir müslüman inanır ve inanması gerekir ki:*** *"Her şey gibi, dünyanın da bir sonu, bir yok oluşu vardır. Bir gün gelip şu dünyanın da nizam ve intizamı (düzeni) bozulacak, değişecektir.*

*Mutlaka kıyâmet kopacak, dünyânın düzeni yok olacaktır. Bu yıkılış ve yok oluştan sonra, Allah Teâlâ'nın emriyle insanlar tekrar diriltilecektir. Her insan, bu dünyada yaptıklarından, işlediklerinden sorgu suâle çekilecek ve sorgulanacaktır. Bu dünyada yaptıkları iyilikleri ve kötülükleri gözleriyle görüp anlayacaktır.*

*Haklı, haksız ortaya çıkacak, kimin kimde bir hakkı varsa, o alınacak hak sahibine verilecektir.*

*İyiler Cennete, kötüler Cehenneme gönderileceklerdir. Böylece her insan dünyada yaptığının karşılığını (iyilikse mükâfatını, kötülükse cezâsını) görecektir. O gün, temiz bir kalb (kalb-i selîm)'den dünya da iken yapılmış olan güzel ve iyi işlerden, hayır ve hasenattan başka hiçbir şey fayda ve menfaat vermeyecektir.*

*Dünya hayatında Allah Teâlâ'nın emirlerini tutmuş, Allah'ın Peygamberlerini tanımış (inanmış), hiçbir kimseye kötülük etmemiş ve elinden geldiği kadar herkese iyilik etmiş ve etmeye çalışmış olanlar, Cennete girecekler, Allah Teâlâ'ya ve O'nun lûtuflarına ve her türlü nimetlerine, ikramlarına kavuşacaklar ve ebedî (sürekli) olarak orada (Cennette) kalacaklardır. Bir daha Cennetten çıkmayacaklardır. Sonsuz olarak orada nîmetler içinde, gönüllerinin her istediğine ermiş olarak kalacak ve yaşayacaklardır."*

**Kıyâmet kelimesinin sözlük anlamı,** ayaklanmak, ayağa kalkmak, ayağa dikilmek ve yeniden dirilmek mânâlarına gelir.

**Terim olarak** (dînî anlamı) **ise,** dört büyük melekten biri olan ***İsrâfil*** (Aleyhisselâm)***'in*** "Sûr" ***adı verilen ve niteliği Allah tarafından bilinen bir şeye üflemesiyle dünyanın*** (kâinatın) ***düzeninin bozulması ve herşeyin alt üst olması, yıkılması ve ikinci*** "Sûr"***a üflenmesiyle de, bütün ölülerin yeniden diriltilip kâbirlerinden ayağa kalkarak mahşer yerine süratla gelmeleri ve büyük toplanma yeri olan mahşer meydanında hazır bulunmaları ve ayakta dikilmeleri anlamına gelir.***

*Buna göre* **(terim anlamı)** *kıyâmet kelimesi, iki önemli devreyi anlatıyor:*

**Birincisi:** Dünyanın ölümüne, kâinâtın yıkılıp yok olmasına, herşeyin alt üst olup dümdüz bir ova haline gelmesi demek anlamına gelir ki, **"Sûr"un birinci defa üflenmesiyle** meydana gelecektir.

**İkinciside:** Yıkılıp yok olan ve ölen şeylerin (insan ve hayvânâtın) yeniden diriltilip ayağa kalkması, kıyâmet günü adı verilen mahşer yerine yönelmesidir ki, bu da **"***ihyâ* = ***yeniden dirilme*"** anlamını ifâde etmesidir. Bu da **"Sûr"un ikinci defa Allah'ın emriyle İsrâfil** (Aleyhisselâm)'ın üflemesinden sonra ortaya çıkacak merhalesi (devresi)dir.

**"Sûr"** adı verilen nesnenin (âletin) nasıl bir şey olduğunu, ancak Allah Teâlâ bilir. Allah Teâlâ, bu konuda Kur'ân-ı Kerîmi'nde herhangi bir bilgi vermemiştir. Kurân-ı Kerîm, "Sûr"un üflendiği zaman, kıyâmetin nasıl kopacağı konusunda pek çok âyet-i kerîme olmasına rağmen, ancak **"Sûr"** nasıl bir şeydir, niteliği nedir?

İşte bu bilgiyi, kullarına vermemiştir Allah Teâlâ. Bu konuda (Sûr'un nasıl bir şey olduğu konusunda) Hazret-i Peygamber (Sallallahü aleyhi ve sellem Efendimiz)'de herhangi bir bilgi vermemiştir. İnsanların bunu bilmesinde herhangi bir fayda ve menfaat olacak olsaydı, Allah Teâlâ, kullarından bu bilgiyi esirgemezdi. Efendimiz de (s.a.v.) böyle bir bilgiyi biz ümmetlerinden esirgemezdi.

Aslında "**Sûr**"un niteliği, niceliği konusu, biz insanları ilgilendiren bir konu da değildir. Bizim görevimiz, O'nun varlığını kabul etmek ve inanmaktan ibârettir. Niceliği, nasıllığı Allah'ın ilmine âit bir gerçektir.

Çünkü âhiret âlemine âit işlerin biz insanlar tarafından anlaşılabilmesi mümkün değildir. Âhiret meselelerinin hiç birisi bu dünya şeylerine benzemez ve benzemediği de İslâm âlimlerince müslümanlara duyurulmuştur. Ve denilmiştir ki: ***"Sakın ola ki sakın! Âhirete âit meseleleri, dünyadaki olanlarla ölçmeye kalkışmayın!.. Âhiret âlemi başka bir âlemdir. Âhirette olan şeylerin, dünyada ancak*** *(sâdece ve sâdece)* ***isimleri vardır. Oradaki vücudlar*** *(bedenler)* ***O âleme hâs*** *(özel)* ***bir vücuddur.*** *Meselâ:* ***İsrâfil*** *(a.s.)* ***'in*** *Sûr'u üfürmesi,* ***insanların*** *amellerinin tartılması,* ***herkesin*** *amel defterinin* ***ortaya çıkması,*** *Sırat Köprüsü'nden* ***geçilmesi, Cennette şöyle nîmetler var, her çeşit meyveler ve sâire ve sâire dediğimiz zaman, aklımıza dünyada bildiğimiz bir boru, bir terâzi, bir köprü, katlanmış kağıt formalarının oluşturduğu bir defter, dünyadaki meyveler gelmemelidir.***

*Âhiret âlemine âit olan şeylerin hepsi, O âlemin devamlılığına (ebedîliğine) âit şeylerdir. Onların hakikatlarını (gerçekliğini), nasıllığını (nasıl olduklarını) Allah'tan başka kimse bilemez. Cennet meyveleri, Cehennem, ateşi de böyledir. Onlar bizim bu dünyada bildiğimiz, gördüğümüz şeyler değildir. Bizim görevimiz, bunların varlığına inanmak, îman etmektir ve diğer hususların Allah'a âit olduğunu kabul etmemizdir."*

*Ey Hak Yolcusu!* İşte bu nokta önemli bir noktadır. Bunun hikmetini, sır ve inceliğini anlayamıyanlar, cennetin duvarlarını, nimetlerini de bu dünyadakilerin aynısı gibi görmek hatâsına düşmüşlerdir.

## KIYÂMET OLAYINI BİLDİREN ÂYETLER

*Ey Âhiret Yolcusu Kardeş!* Kıyâmetin kopması, aklın kabul ettiği bir olaydır. Çünkü kâinâtın (evrenin) sahibi (yaratıcısı ve yöneticisi) olan Yüce Allah'ın kâinattaki (evrendeki) düzeni bozması dolayısıyla bugün tabiatı düzenleyen kanunların alt üst olması aklın görüp kabul ettiği ve akıl açısından mümkün olan bir olaydır. Yani insan aklına göre, kıyâmet olayının olması ve gerçekleşmesi mümkün ve câizdir. Akıl bunu inkâr edip (yok sayıp) aksini isbat edemez. Ancak, bil'fiil gerçekleşmesi hususuna gelince dînî delillerle isbat edilmiştir.

*Ey Dost!* Zelzeleler (günümüz diliyle depremler), günümüz bilim dünyasına, ulaştığı teknik başarıları ve medeniyetlerine bakarak, kâinâtın (evrenin) sırrını öğrendim, dünyaya sahip oldum zannına kapılan insanoğluna acı bir uyarı, ibret verici bir derstir.

Bu muazzam kâinâtı yaratan (yokken vâr eden) ve akılları hayrete düşüren bu muazzam nizamı (düzeni) kuran kudret (Allah Celle Celâlüh) dilediği (istediği) zaman, onu bozmaya ve altını üstüne getirmeye kâdir (gücü yeten)'dir. Bunun belgesini isteyenlere sık sık görülen beş on saniyelik zelzeleler (depremler) ve diğer tabii âfetler (yanar dağlar, lav püskürten su ortasındaki yerler ve sâireler) bunun canlı belgeleridir.

Şimdi gelelim, kıyâmetin geleceğini bildiren, bir çok âyet-i kerîme'den bir kaçını misâl ve örnek vererek, konumuza açıklık getirmeye:

**Hacc Sûresi, birinci, ikinci âyetler:**

يَاأَيُّهَا النَّاسُ اتَّقُوا رَبَّكُمْ اِنَّ زَلْزَلَةَ السَّاعَةِ شَيْءٌ عَظِيمٌ

*Mânâsı:* ***"Ey insanlar! Rabbınızın azâbından korkup sakının. Çünkü Kıyâmetin kopuş saatinin zelzelesi*** *(deprem ve sarsıntısı)* ***azîm = çok büyük bir şeydir. Cidden müthiş ve korkunç bir olaydır."*** (Hacc sûresi âyet 1)

Kıyâmetin kopması, dünyamızın yıkılıp altının üstüne gelmesi, o kadar çabuk olacak ki, sanki asırlık ulu bir Çınarın kökünden yıkılıp devrilmesiyle çıkan korkunç bir gürültünün (çatırtının) ortalığı dehşete (korkuya) vermesi gibi, *"Sayha-i vâhide =* ***tek bir çığlığın duyulması****"*dır. Cenâb-ı Allah, zelzelenin, kıyâmetin koptuğu andaki depremin şiddet ve korkunçluğunu insanlara anlatmak için bakınız ne misaller (örnekler) göstermek için ne buyuruyorlar. Sûrenin ikinci âyeti, kıyâmetin kopuşu anındaki zelzelenin vereceği şaşkınlığa ve çâresizliğe bak sen. Allah Teâlâ o andaki olacakları şöyle anlatıyor:

يَوْمَ تَرَوْنَهَا تَذْهَلُ كُلُّ مُرْضِعَةٍ عَمَّا اَرْضَعَتْ

***"Onu*** *(yani o depremi)* ***göreceğiniz gün, her emzikli kadın, emzirdiği çocuğundan vazgeçer*** *(korkusundan çocuğunu yere fırlatır)."* Yani, o zelzelenin, o zangır zangır sallayan depremin verdiği korku ve şaşkınlıkla ne yaptığını bilmeyerek, memesindeki emzirdiği minicik yavrusunu emzirmekten vazgeçip memesinden çeker ve yavrusunu yere fırlatıp kendi canının derdine düşecektir demektir.

وَتَضَعُ كُلُّ ذَاتِ حَمْلٍ حَمْلَهَا

***"Ve her hamile kadın, doğum vakti gelmeden*** *(korkusundan)* ***çocuğunu düşürür*** *(düşük yapar)."* Yani, hamile olan bir kadın, o kıyâmet kopuş saatinin depreminin verdiği korku nedeniyle günü gelmeden karnındaki bebeğini düşürür, korkunun verdiği şaşkınlıkla düşük yapar demektir.

وَتَرَى النَّاسَ سُكَارَى وَمَاهُمْ بِسُكَارَى

***"Ve insanları sarhoş olmuş görürsün. Halbuki gerçekte onlar sarhoş değildirler. Fakat Allah'ın azabı çok çetin, çok şiddetlidir."*** (Hacc Sûresi, âyet 2)

Dünyanın Kıyâmetinin kopuşu, dünyanın yıkılışı anındaki tabloyu Zümer Sûresi, âyet 68'de de şöyle anlatılmaktadır:

وَنُفِخَ فِى الصُّورِ فَصَعِقَ مَنْ فِى السَّمٰوَاتِ وَمَنْ فِى الْاَرْضِ

"(Birinci defa) ***Sûr'a üfürülmüştür de, Allah'ın diledikleri*** (meleklerden bazıları) ***dışında göklerde ve yerde kim ve ne varsa, hepsi ve her şey korkudan çarpılıp*** (ödleri patlamış olarak) ***cansız yere düşüp ölmüştür*** (ölecektir)." (Zümer Sûresi, âyet 68)

Kıyâmetin kopuşu ve dünyanın yıkılışı, kâinâtın düzeninin bozuluşunu, **El'Hâkka Sûresi**'nin 13 ve 16'ncı âyetlerinde de şöyle bildirilmektedir.

فَاِذَا نُفِخَ فِى الصُّورِ نَفْخَةٌ وَاحِدَةٌ . وَحُمِلَتِ الْاَرْضُ وَالْجِبَالُ فَدُكَّتَا دَكَّةً وَاحِدَةً . فَيَوْمَئِذٍ وَقَعَتِ الْوَاقِعَةُ . وَانْشَقَّتِ السَّمَاءُ فَهِىَ يَوْمَئِذٍ وَاهِيَةٌ .

Mânâsı: "***Kıyâmet borusu*** (Sûr) ***birinci defa tek üfürülüşle üfürüldüğü zaman, yeryüzü ve dağlar yerlerinden oynayıp*** (kaldırılıp) ***bir tek çarpılışla çarpıldığı ve paramparça edildiği zaman işte o gün olan olmuş*** (kıyâmet kopmuş)***tur. Gök de yarılıp parçalanmıştır. O gün, o da, artık bütün güç ve ölçüsünü*** (dengesini) ***kaybetmiş çökmüştür.***" (el'Hâkka Sûresi, âyet 13, 14, 15 ve 16)

**İnfitar Sûresi**nin birinci âyetinden beşinci âyetine kadar ise kıyâmetin kopuşu şöyle anlatılmaktadır:

اِذَا السَّمَاءُ انْفَطَرَتْ . وَاِذَا الْكَوَاكِبُ انْتَثَرَتْ . وَاِذَا الْبِحَارُ فُجِّرَتْ . وَاِذَا الْقُبُورُ بُعْثِرَتْ . عَلِمَتْ نَفْسٌ مَا قَدَّمَتْ وَاَخَّرَتْ .

*Mânâsı: **"Gök çatlayıp yarıldığı zaman, yıldızlar yerlerinden koparak dağılıp döküldüğü zaman, denizler birbirine katılıp tek deniz haline geldiği zaman, kabirler deşilip içindekiler dışarıya çıkarıldığı** (alt üst edildiği) **zaman, işte o zaman... Her insan, ne yaptığını, neyi yapmadığını iyice anlayacaktır."*** (İnfitar sûresi, âyet, 1,2,3,4,5)

**Tekfir Sûresi**nde ise, kıyâmetin kopması şöyle anlatılmaktadır:

اِذَا الشَّمْسُ كُوِّرَتْ . وَاِذَا النُّجُومُ انْكَدَرَتْ . وَاِذَا الْجِبَالُ سُيِّرَتْ .

*Mânâsı: **"Güneş katlanıp dürüldüğü zaman, yıldızlar kararıp döküldüğü zaman, dağlar yerlerinden sökülüp yürütüldüğü** (toz duman olduğu) **zaman** (artık kıyâmet kopmuştur.)"* (Tekvir Sûresi, âyet 1,2,3)

Yine dünyanın yıkılıp yok oluşu, kıyâmetin kopuşu ile ilgili bilgiler verilirken **Vâkia Sûresi** âyet 4,5,6'da şöyle dile getiriliyor:

اِذَا رُجَّتِ الْاَرْضُ رَجًّا . وَبُسَّتِ الْجِبَالُ بَسًّا .
فَكَانَتْ هَبَاءً مُنْبَثًّا .

*Mânâsı: "**Yeryüzü şiddetli bir sarsıntı** (deprem-zelzele) **ile sarsılıp zangır zangır sallandığı zaman, dağlar parçalanıp toz duman hâline geldiği zaman,** (bütün bunlar):*

اِذَا وَقَعَتِ الْوَاقِعَةُ . لَيْسَ لِوَقْعَتِهَا كَاذِبَةٌ .

*"**Kıyâmet koptuğu vakit** (olacaktır). **Zaten kıyâmetin kopacağını yalanlayacak hiçbir güç, elinde delil ve belgesi olan hiçbir kimse de yoktur.**"* (Vâkia Sûresi, âyet 1,2)

Konumuzun dehşet ve korkunçluğunu anlatan **Zelzele Sûresi**nin başlangıç âyetleri ise, Kıyâmetin şiddetini şu bilgilerle açıklamaktadır:

اِذَا زُلْزِلَتِ الْاَرْضُ زِلْزَالَهَا . وَاَخْرَجَتِ الْاَرْضُ
اَثْقَالَهَا . وَقَالَ الْاِنْسَانُ مَالَهَا . يَوْمَئِذٍ تُحَدِّثُ
اَخْبَارَهَا . بِاَنَّ رَبَّكَ اَوْحَى لَهَا .

*Mânâsı: "**Yeryüzü o müthiş depremi** (zelzelesi) **ile sarsılıp sallandığı vakit, ve yeryüzü içindeki** (altındaki) **ağırlıkları dışarıya çıkarıp attığı zaman, insan, büyük bir şaşkınlık içinde: "Buna ne oluyor?" dediği zaman, işte o gün, yer** (yüzü), **üzerinde olup biten*** *(iyi-kötü) **her şeyi anlatır da anlatır. Çünkü Rabbin ona** (yere anlatacağı şeyleri) **vahyetmiş** (öğretmiştir).”* (Zilzâl-Zelzele Sûresi, âyet 1,2,3,4,5)

***Ey Kardeş!*** İşte Kur'ân'ın haber verip bildirdiği kıyâmetin kopması ve dünyanın yıkılıp yok olması bu kadar dehşet verici ve insanın aklını başından gidericidir. Kıyâmetin bu dehşet ve şaşkınlık yaratan bilgileriyle gerçek mü'minler-müslüman kişiler, kendilerine çeki düzen verirler, yaşam ve davranışlarını Allah'ın istediği doğrultuda olması için çalışıp gayret gösterirler. Hatalı ve kusurlu davranışları varsa, onları düzeltir, tevbelerini sıklaştırırlar.

Kafir olanlar, inançlarında bozukluk olanlar da bu ciddi haberler (Kıyâmet haberleri) çerçevesinde belki kendilerine gelirler de, iman etmek için, kendi nefislerinde özeleştiride bulunurlar. İmana gelirler. Kur'ân-ı Kerîmin, âhiret ve kıyâmet konusu üzerinde önemle durması bu gerçeklere dayanmaktadır.

***Ey Âhiret Yolcusu Kardeş!*** Kur'ân-ı Kerîmde yer alan kıyâmetin kopması ile ilgili âyetlerin büyük bir çoğunluğu Mekke devrinde nazil olmuştur. (Mekke'de inmiştir). Kıyâmetin dehşet verici sahneleri, insana korku verecek tablolar çizerek tasvir edilmektedir. Dağların yerlerinden kaldırılıp bir tek çarpıntıda paramparça olup tuzla buz olması, hallâcın attığı pamuk ve yün misâli atılıp havada rengârenk uçuşmaları, göklerin çatlayıp yarılması ve gücünü, dengesini kaybederek yere dökülüp dağılması, yıldızların yerlerinden koparak dökülüp ipi kopmuş inci boncuk taneleri gibi dağılması, güneşin katlanıp dürülmüş hâle gelip ışığını kaybedip kararması, yeryüzünün müthiş bir depremle sallanıp alt üst olması ve içindekilerin dışa çıkması gibi teşbih ve benzetmelerle korkunç bir tablonun çizilip tasvir edilerek kıyâmetin ve kıyâmet manzaralarının anlatılması, hiç şüphesiz inançsız ve inkârcı insanları korkutup onları imana, islâma davet etmek amacına dayanmaktadır. Bu âyetlerin çoğunun Mekke'de gelmesi (nâzil olması) da bu gerçeğe dayandığını göstermektedir.

***Âhiret yolcusu kardeşim,*** bütün insanlar âhiret yolcusudur. Bunun için ***"Ey Âhiret yolcusu"*** hitabını kullanıyorum. Hz. Âdem babamızla başlayan insan nesli dünyanın yıkımı ve ölümü anlamına gelen kıyâmete kadar sürecek olan bütün gelmiş geçmiş insanlar âhiret yolcusudur. Bu dünyaya gelen her insan ölüp âhirete gitmiş ve gitmektedir. Kıyâmete kadar da bu böyle devam edecektir. Âhireti yok sayan (inkâr eden) insanlar da ister istemez âhiret yolcusudur. Allah öyle diyor ve Allah'ın dediği olur, oluyor ve olacaktır.

***Ey Âhiret Yolcusu!*** Buraya kadar dünyanın yıkımı ve ölümü anlamına gelen kıyâmet kelimesinin birinci anlamını yani kıyâmetin oluşu, kopuşu ile ilgili âyetlerden birkaç misâl (örnek) verdik. Şimdi de kelimenin diriliş anlamına gelen kıyâmet'ten haber veren âyetlerden misâller ve örnekler vereceğiz. Yukarıdaki geçen satırlarımızda da belirttiğimiz gibi, kıyâmet kelimesi, hem kainâtın düzeninin bozulup dünyadaki herşeyin yıkılıp yok oluşuna isim olmuş, hem de bu yok oluştan sonra insanların yeniden diriltilip mahşer yerine toplanmalarını dile getiren bir kelime olmuştur.

## SÛR'A İKİNCİ DEFA ÜFÜRÜLÜŞ

### İnsanların Yeniden Dirilişi, Kıyâmet Gününün Başlaması

*Ey Âhiret Yolcusu Kardeş!* Kur'ân-ı Kerîm'de insanların öldükten sonra tekrar diriltileceklerine dâir pek çok âyet-i kerîm'e bulunmaktadır.

**İsrâfil** (Aleyhisselâm)**'ın ikinci defa "Sûr"** adı verilen kıyâmet borusunu üflemesiyle bütün insanlar ve mahlûkât yeniden diriltilecekler ve böylece mahşer ve kıyâmet günü başlayacaktır. ***Buna âhiret hayatının başlaması da denir.***

Zümer Sûresinde İsrâfil (Aleyhisselâm)'ın "Sûr" adı verilen boruya iki defâ üfleyeceği bildirilmektedir: Âyetin Kur'ân-ı Kerîm'deki metni şöyledir:

وَنُفِخَ فِى الصُّورِ فَصَعِقَ مَنْ فِى السَّمَوَاتِ وَمَنْ
فِى الْاَرْضِ اِلاَّ مَنْ شَاءَ اللّٰهُ ثُمَّ نُفِخَ فِيهِ اُخْرَى
فَاِذَا هُمْ قِيَامٌ يَنْظُرُونَ

*Mânâsı: "(İsrâfil tarafından birinci defa)* ***Sûr'a üfürülmüştür. Allah'ın dilediği dışında göklerde ve yerde kim var, ne varsa, hepsi ölmüştür. Artık kıyâ-***

*met kopmuş, kâinat yıkılmış yok olmuştur. Sonra Sûr'a tekrar ikinci defa üfürülmüştür. Bu defa bakarsın bütün insanlar, kabirlerinden ayağa kalmış, etrafına bakınıp duruyorlar."* (Zümer Sûresi, âyet 68)

Yâsin Sûresi, âyet 51'de de Sûr'a ikinci defa üflenişi şöyle bildirmektedir:

وَنُفِخَ فِى الصُّورِ فَاِذَاهُمْ مِنَ الْاَجْدَاثِ
اِلَى رَبِّهِمْ يَنْسِلُونَ

*Mânâsı: "İsrâfil tarafından ikinci defa, Sûr'a üfürülmüştür. Bir de görürsün ki, insanlar kabirlerinden kalkmış, Rablarının huzuruna doğru koşup gidiyorlar."* (Yâsin Sûresi, âyet 51)

**İsrâfil** (Aleyhisselâm)**'ın Sûr'a iki defa üflemesi** arasında bir bekleme zamanı geçecektir. Yani birinci defa **Sûr'un üflenmesi** ve evrenin yıkılıp yok oluşu ile bütün mahlûkatın yeniden dirilişi arasında boş bir zaman geçecektir. Bu boşluk veya bu aralık zaman zarfında birinci Sûr'dan sonra **İsrâfil** (a.s.)**'da ölecektir.** Sonra Allah onu **ikinci Sûr'u üflemesi** için yeniden yaratacaktır.

İslâm âlimleri, işte bu iki üfleme arası yani, birinci **Sûr yok oluşu,** ikinci **Sûr yeniden dirilişi,** bu iki devre arası geçen veya geçecek zamanın ne kadar bir zaman olduğu veya olacağı hakkında kesin bir şey söylememişler veya söyleyememişlerdir. Hz. Peygamber Aleyhisselâm Efendimiz bu konuda açık bir bilgi vermemiş ve bu konu ile ilgili bir açıklamada bulunmamıştır.

Ebû Hureyre (r.a.)'nin rivâyet ettiği bir hadis-i şerîfde Efendimiz: ***"İsrâfilin Sûr'a iki defa üfürmesi arasında kırk (40) zaman vardır."*** buyurmuştur. Hadis-i nakleden Ebû Hüreyre'ye, meclisinde bulunanlar:

*"Yâ Ebâ Hüreyre! Kırk gün mü?"* diye sormuşlar. Ebû Hüreyre (r.a.): ***"Bilmiyorum, cevabını vermiş. Bunun üzerine oradakilerden birisi "Kırk ay mı, kırk yıl mı?"*** diye sorularını tekrarlamışlar. Ebû Hüreyre (radıyallâhü anh) yine:

*"Bilmiyorum"* cevabını vermiştir. Çünkü Hz. Peygamber (a.s.) Efendimiz konuyla ilgili bir açıklama da bulunmamıştır. (Buharî, Tefsir-i Sûre; Müslim, fiten; Ebû Dâvud, Cenâiz)

*Ey Dost!* Aslında bunun zamanını bilmek, insanlara bir yarar getirmez. Eğer getirecek olsaydı Efendimiz (a.s.) mutlaka bir açıklama yapardı. İnsanlara düşen görev bu âhiret işlerinin hak ve gerçek olduğuna inanmalarıdır. Diğer âhiret işleri de böyledir.

## Kıyâmetin Ne Zaman Kopacağını İnsanlar Bilebilir Mi?

*Ey Âhiret Yolcusu Kardeş!* Kıyâmetin ne zaman kopacağını, insanlardan hiçbir kimse bilmez ve bilemez. Çünkü bu konuda Allah Teâlâ'nın Kur'ân-ı Kerîm'inde çok açık ve net uyarıları vardır. Bu konu (kıyâmetin kopması) üzerinde Allah Teâlâ, Kur'ânında çok açık bir uslubla durmuş ve bununla ilgili net-açık, herkesin anlayabileceği bir tarzda açıklamalarda bulunmuştur. Çünkü Mekke kâfirleri (müşrikler), Allah'ın Peygamberi Hz. Muhammed (s.a.v.)'in kıyâmeti anlatması ve âhiret hallerinden açıklamalar yapmasından çok rahatsız oluyor ve olmuşlardı. Onun için bu konularda Hazreti Peygamber (s.a.v.) Efendimize devamlı sorular sorup durmuşlardır. Allah Teâlâ'da, vahiy meleği Cebrâil (a.s.) ile Kur'ân âyetlerini indirerek Resûlü (Peygamberi) Hz. Muhammed Aleyhisselâmı bilgilendirmiş ve bu konuda işin gerçek tarafını net ve açık bir ifâdeyle açıklamıştır.

## Kıyâmetin Ne Zaman Kopacağını Ancak Allah Bilir

Bu konuda ne Allah'ın Resûlü (Peygamberi), ne O'na (a.s.) vahiy (Kur'ân-ı) getiren Cebrâil (a.s.), ne de zamanı gelince kıyâmetin kopmasını bilfiil gerçekleştirmekle görevlendirilecek olan İsrâfil (a.s.) bir bilgi sahibi değildirler. Çünkü Allah Teâlâ, kıyâmetin kopacağı zamanı ancak (yalnızca) kendisinin bildiğini değişik âyetlerinde açıklamıştır. Şimdi bu konuyla ilgili bazı âyetlerin misâl ve örnek metinlerini ve açıklamalarıyla meâllerini verelim:

إِنَّ اللّٰهَ عِنْدَهُ عِلْمُ السَّاعَةِ

*Mânâsı:* ***"Kıyâmetin vakt-i saatini bildiren bilgi ancak Allah katındadır. Yani, kıyâmetin ne zaman kopacağını, kıyâmet saatinin ne zaman geleceğini yalnız Allah bilir."*** (Lokmân Sûresi, âyet 34)

Yine bu konuda Kur'ân-ı Kerîm'in A'râf Sûresi, âyet 187'de Allah Teâlâ şu açıklamayı dile getirmekte ve şöyle buyurmaktadır:

يَسْئَلُونَكَ عَنِ السَّاعَةِ اَيَّانَ مُرْسٰيهَا ط قُلْ اِنَّمَا
عِلْمُهَا عِنْدَ رَبّٖى ج لَا يُجَلّٖيهَا لِوَقْتِهَا اِلَّا هُوَ ط
ثَقُلَتْ فِى السَّمٰوَاتِ وَالْاَرْضِ ط لَا تَاْتٖيكُمْ
اِلَّا بَغْتَةً يَسْئَلُونَكَ كَاَنَّكَ حَفِىٌّ عَنْهَا ط قُلْ اِنَّمَا
عِلْمُهَا عِنْدَ اللّٰهِ وَلٰكِنَّ اَكْثَرَ النَّاسِ لَا يَعْلَمُونَ

*Mânâsı:* ***"Ey Resûlüm! Sana kıyâmetten sorup duruyorlar: Ne zaman kopacak kıyâmet diyorlar?*** *(Onlara)* ***de ki: "Onun ilmî yalnızca Rabbimin katındadır. Onun vaktini O'ndan başkası açıklayamaz*** *(O kıyâmeti tam vaktinde ancak Rabbim tecelli ettirecektir).* ***O kıyâmet, öyle büyük bir meseledir ki, ona tahammül edip katlanabilecek, ne göklerde ne de yerde hiçbir kimse yoktur!.. O size apansızın gelecektir. Ey Resûlüm! Sanki Sen Onu tamamıyla*** *(tümüyle)* ***biliyormuşun gibi, O'nu senden sorup duruyorlar.*** *(Ey Resûlüm! onlara)* ***de ki: "Onunla ilgili gerçek bilgi yalnızca Allah'ın nezdinde*** *(yanında)****dır. Ama insanların çoğu bunu bilmezler*** *(anlamakta istemezler)."* (A'râf Sûresi, âyet 187)

*Yani, ey kâfirler! Ben, tam olarak kıyâmetin kopacağı saati size söyleyemem, çünkü ben de gayb hakkında bir şey bilmiyorum. Sadece Rabbimin bana bildir-*

*diklerini biliyorum. Öyleyse, bundan dolayı, sadece benim Peygamberliğimi ölçmek için, kıyâmet hakkında bana sorular sorup durmanız sizin ahmaklığınızın bir belgesidir,* demektir.

***Ey Âhiret Yolcusu Kardeş!*** Konumuzla ilgili daha birçok âyet-i kerîme bulunmaktadır. Bizim bu küçük kitabımızın sayfaları onların hepsini buraya alıp açıklamalarının yapılmasına müsâit değildir.

Âhiret yurdunun varlığını kabul eden her müslümana bizim verdiğimiz bu bir iki âyet dahi yetecektir. Çünkü, gerçekten îmanında eksiklik olmayan bir müslüman için önemli olan şey, kıyâmetin ne zaman kopacağını bilmek değildir. Önemli olan şey, kıyâmetin kopmasıyla başlayacak olan âhiret hayatı için gerektiği şekilde hazırlanabilmek ve Allah'ın istediği şekilde bir kul olma yoluna girebilmek için çaba sarfetmektir.

İnsanların kıyâmetin ne zaman kopacağını bilmesi mümkün olmadığı gibi, farz-ı muhal (düşünülmesi bile mümkün olmayan bir durum iken) bir insan, kıyâmetin ne zaman kopacağını bilse, eline ne geçecektir? Zaten bir insan, kendisi öldüğü zaman kıyâmeti kopmuştur. İnsan kıyâmetin ne zaman kopacağını farz-ı muhal bilmiş olsaydı, sanki öldükten sonra, kıyâmet için hazırlık mı yapacak? Zaten her insanın ölümü, kendisinin kıyâmetinin kopuşu demektir.

Sevgili Peygamberimiz (Aleyhisselâtü vesselâm) Hadis-i Şerîflerinde şöyle buyurmuşlardır:

مَنْ مَاتَ فَقَدْ قَامَتْ قِيَامَتُهُ

*Mânâsı: "Bir insan ölünce, onun kıyâmeti kopmuştur."*

*Evet Ey Dost!* Şimdi bu adamın veya bu kişinin (kadın olsun, erkek olsun), kıyâmeti koptuğuna göre, bunun büyük kıyâmetin kopuş zamanını öğrenmesi bu kişiye ne kazandırır? Elbette hiç birşey kazandırmaz. Şu halde akıllı (aklı başındaki) bir müslümanın böyle bir soru sorması mümkün değildir. Olsa olsa, dengesi yerinde olmayan, imanında zayıflık olan veya din konusunda câhilliğin, bilgisizliğin doruğunda olan bir zavallı durumunda olan bir kişinin veya kıpkızıl kâfir (âhireti-kıyâmeti yok sayan, inanmayan) bir kimsenin gevezelik olsun diye kıyâmetin ne zaman kopacağını sorarak eğlenip gevezelik etmek, fantezilik olsun diye vakit geçirmek demek olur. Bu davranış da Cehenneme bilet kestirmek demektir.

İslâm âlimleri, iki türlü kıyâmet vardır demişlerdir. Birincisi küçük kıyâmet (Kıyâmet-i Suğra) ki, kişinin ölümüyle kıyâmetin kopmuş olması demektir.

İkincisi de büyük kıyâmettir (Kıyâmet-ı Kübrâ) ki, bu da kâinatın yıkılıp yok oluşu ve sonra yeniden dirilip sorgulanmak üzere bütün halkın mahşer meydanında toplanmaları demektir.

*Ey Kardeş!* Bir insanın görevi kıyâmet ne zaman kopacaktır diye araştırmak değildir. Onun görevi dünyada yaşadığı, müddetçe, hem dünyasını hem de âhiretini mamur etmeye (düzeltmeye) çalışmaktır. Hem Allah'ına, hem de insanlara karşı borçlu olduğu görevleri eksiksiz yerine getirmeye gayret göstermektir.

Rahmetli Nasreddin Hoca'ya bir gün, birkaç geveze bir araya gelerek sormuşlar; *"Hoca Efendi, kıyâmet ne zaman kopacak? Şunu bize bir anlatsan istiyoruz"* demişler.

Hoca Merhum: *"— Benim karı ölürse, küçük kıyâmet, ben ölürsem büyük kıyâmet kopmuş demektir"* demiş.

*Ey Dost!* Rahmetli Hoca'nın şu sözü o kadar kıymetli, o kadar mânâlı, o kadar büyük bir sözdür, o kadar yerinde bir sözdür ki, bunun üstüne başka bir söz daha olmaz, olamaz!... Dikkat edilirse, kıyâmeti sorup duran ahmaklara ne güzel kestirme bir cevabdır. Nasreddin Hoca büyüklüğünü burada da göstermiştir. Cevabı kısa bir cevabdır ama, tam bir cevabdır.

Hoca merhum, bu geveze ahmaklara demek istiyor ki: Kıyâmetin ne zaman kopacağını hiç kimse bilmez. Hem onu (kıyâmetin ne zaman kopacağını) düşünmek benim görevim değildir. Kıyâmetten, kıyâmetin ne zaman kopacağından bana ne? Kıyâmetin ne zaman kopacağı bana bir fayda, bir yarar sağlar mı? Sağlamaz. Şu halde kıyâmetin ne zaman kopacağı beni ilgilendirmiyor.

Beni ilgilendiren kendi kıyâmetimdir. Ben kendi kıyâmetimi düşünüyorum. Faraza benim karı ölecek olsa, evimde bir kızılca kıyâmet kopar, evin düzeni bozulmuş olur. Hele bir kaç da irili ufaklı çocuk da varsa, artık sen gümbürtüyü, kızılca kıyâmeti seyret. İşte bu, benim için, benim başıma kopmuş küçük kıyâmettir. Ben öldüğüm zaman ise, artık başıma büyük kıyâmet kopmuştur.

Beni ilgilendiren, beni kara kara düşündüren işte bu iki kıyâmettir. Sizler de kendi kıyâmetinizi düşünün, başınıza kıyâmet kopmadan önce hazırlanın da, başka kıyâmetlere karışmayın vesselâm!..

*Ey Dost!* Kıssadan hisse derler ya! Artık her insan bundan kendisine düşen hisseyi almalı da, kendisini ilgilendirmeyen konuları değil de, kendisini ilgilendiren konulara bakmalı ve kendisine menfaat ve yarar sağlayacak meselelerle ilgilenmelidir vesselâm!...

Konumuzu dağıtmışken bir de şu hususu hatırlatmakta yarar olduğunu görüyorum. İnsanoğlunun bazı meseleleri bilmemesinde kendisi için hayır vardır. Çünkü, Allah Teâlâ kulları için herhangi bir maslahat olmayan, bilmemesinde ise bir çok hayır olan bir çok meseleyi kullarına bildirmemiştir. Meselâ: Ölüm bu meselelerden biridir. Kezâ kıyâmetin bilinmemesi de bunlardan biridir. Yine bunun gibi, insan yarın veya bir kaç dakika sonra başına ne gibi işler, ne gibi belâlar, musîbetler geleceğini de bilmez. Bunları daha da çoğaltabiliriz. Biz, konumuz olan ölümle kıyâmet konusunda bir kaç söz söyleyelim ki konumuzun dışına çıkmamış olalım.

İnsanoğlu ölümünün vaktini, zamanını bilmemesi, kendisi için büyük bir hayırdır. Ölüm gününü ve öleceği saati, öleceği zamanı bilen bir kimse, şu dünya yaşamında rahat bir hayat sürebilir mi? Ne mümkün, süremez. Şu kadar yıl, şu kadar ay, şu kadar gün ve şu kadar saat kaldı diye sayıklayıp durur. Ve şu dünya hayatında bir taşı bir taş üstüne koymaz, koyamaz. Halbuki ne zaman öleceğini bilmediği için bu dünyada hiç ölmeyecekmiş gibi, çalışır da çalışır. Çoğu zamanda, başkaları için çalışır, ama bunun farkında bile olmaz. Hanlar, apartmanlar yapar da yapar, yine de doymaz. Bakarsın apansızın ölüm gelmiş ve öbür dünyaya göçüp gitmiştir. Demek oluyor ki, kişinin ölüm zamanını ve saatini bilmemesi, onun şahsî hayatını sürdürmesi için gereklidir. Allah Teâlâ Sünnetullahı, Âdetullahı böyle kurmuştur. Allah, kulları için ne hayırlıysa onu koymuş kural olarak dünyaya.

Konumuzla ilgili şöyle bir **kıssa vardır.** Kısa olarak onun için birkaç satırımızı ayıralım istedim. **Kıssa** şöyledir:

Mûsâ Aleyhisselâm'ın ümmetinden biri, hayvanların dilinden anlamayı ve hayvanlarla konuşmayı kafasına takmış, öyle takmış ki, bu işi nasıl öğrenirim diye gece gündüz kafa yormaya başlamış derken aklına Mûsâ Aleyhisselâma müracaat etmek gelmiş. Gitmiş, Mûsâ Aleyhisselâma:

***"— Yâ Mûsâ! Hayvanların dilini öğrenmek, onlarla konuşup hasbihal etmek, onlarla sohbet etmek istiyorum"*** demiş.

Mûsâ Aleyhisselâm kendisine bir takım öğüt ve nasîhatlerde bulunmuş ve son olarak şöyle demiş:

***"— Ey insan! Hayvanların dilini öğrenmek, sana bir hayır getirmez. Sen hayvanların dilini öğrenmek için sarfedeceğin (harcayacağın) zamanı kendine yararlı olacak işleri öğrenmek için sarfet, önce sana lâzım olacak şeyleri öğren..."*** demişse de, adam ısrarla:

*"Ey Allah'ın Peygamberi! Ne olur Allah Teâlâ'ya benim için niyaz ediver de, hayvanların lisanını (dilini) bana öğretsin"* diye yalvarmış. Mûsâ (a.s.):

*"Ey adam! Kendine gel, hayvanların dilinden anlamaman senin için daha hayırlıdır, gel dertsiz başını derde sokma"* buyurdu.

Mûsâ Aleyhisselâm, Tur-u Sina'ya (Tur Dağı'na) gidip Cenâb-ı Hakk'a niyaza vardığında, Cenâb-ı Allah, Mûsâ aleyhisselâma:

*"— Yâ Mûsâ! Sana gelip hayvanların dilini öğrenmek isteyen kulumun dilediğini kabul ettim. Bundan böyle bütün hayvanların dilinden anlayacaktır. Fakat o kuluma söyle bu konuda çok dikkatli ve uyanık olsun (gaflete düşüp yenilmesin). Bu hal başına musîbet getirmesin"* buyurdu.

Hz. Mûsâ (a.s.) Tur Dağı'ndan dönüşünde o kişiyi karşısında buldu. Durumu anlattı ve dikkatli olması gerektiğini de uzun uzun anlattı...

Ertesi gün sabahı, adamcağız günlük işlerini görmek üzere, evinin ahırına girdi. Çift öküzü ile eşeğinin konuşmalarını dinledi. Öküz eşeğe dert yanıyordu:

*"Ah, eşek kardeş, halimi hiç sorma? Yaz olunca sabana, güz olunca, kış olunca arabaya koşuyorlar beni. Hastalığımı, sağlığımı soran yok, yarı aç, yarı tok durmadan dinlenmeden ha bire çalıştırıyorlar."* diyordu. Eşek, öküze:

*"— Be öküz kardeş, sen akılsızlığına doyma. Her sürülen yere gideceğine, hastalanmış rolü yap, sahibimiz geldiği zaman, yat yerinden kalkma, o seni kaldır-*

*mak için, bir kaç tekmeler, kaldıramayınca da, bu öküz hasta diye seni istirahata bırakır."* diye akıl vermiş.

Bu konuşmaları duyan meraklı adamcağız kendi kendine:

***"— Bak, demiş! Hayvanların dilini öğrendiğim iyi oldu. Ben şimdi size gösteririm. Bana oyun oynamanın cezâsını görün de aklınız başınıza gelsin."***

Adamcağız, öküzü alıp tarlaya götürmek için, ona birkaç tekme atarak kaldırmak istediyse de öküz oralı bile olmadı. Adamcağız içinden hıı dedi:

*"Vah, vah! Gâliba benim öküzüm hastalanmıştır! Eh, ne yapalım, onun yerine bugün eşeğimizi götürelim de öküzümüz istirahat etsin?"* diyerek eşeği alıp tarlaya götürerek sabana koştu. Akşama kadar oturup dinlendirmeden çiftini sürdü. Eşek de gevezeliğinin ve kötülüğünün cezasını çekmiş oldu. Kendi kazdığı kuyuya kendi düşmüştü. Binlerce pişman, fakat olan olmuştu. Neyse eşek akşam oldu ahıra döndüğünde, arkadaşı, öküzü dinlenmiş ve hayatından memnun bir halde buldu. Sahibleri adamcağız da ahır kapısının aralığından onları dinliyordu. Eşek, öküze öfkeli öfkeli:

***"— Ben sıramı savdım, yarın işine hazır ol"*** dedi. Öküz:

*"— Ben işin kolayını senden öğrendim, bir kaç gün daha böyle istirahat edeceğim, bundan böyle de dinlenme yollarını öğrendim"* dedi.

Eşek, bu sefer başka bir oyun düşündü:

***"Öküz kardeş, sakın ola ki sakın, bir daha böyle bir oyuna baş vurma. Bugün, tarlada sahibimiz tarla komşumuzla konuştu. Senin iş görmediğinden, yaş-***

***landığından, bir daha böyle hastalanırsan seni kasaba satıp kestireceğinden söz ettiler."*** dedi.

Öküz, ölüm sözünü duyunca aklı başına geldi. Ölmektense çalışmak iyidir deyip ertesi sabah, sahibi daha ahıra girer girmez, ayağa kalkıp tarlanın yolunu tuttu. Hayvanların sahibi ise halinden mennundu ve kendi kendine konuşarak:

*"— Bak, diyordu: Peygamberimiz Hz. Mûsâ (a.s.), hayvan dilini öğrenip de ne yapacaksın? diyordu. Daha ilk günden bunun yararını gördüm. Kim bilir? daha neler öğrenip, ne kadar yararlar elde edeceğim"* deyip duruyordu.

Ertesi gün, horuzun ötüşüyle uyandığında, horozla, köpeğin konuşmalarını dinledi. Horoz, köpeğe:

***"Yarın, sana et ziyafeti var, bizim öküz ölecek"*** diyordu.

Adamcağız, bunu duyar duymaz, o gün öküzü pazara götürüp sattı. Kendi kendine de, ***bak*** dedi ***hayvanların dilini öğrenmekle zarardan kurtuldum. Yoksa öküz ölecekti. Şimdi ise, bunun parasıyla gidip yeni öküz alırım"*** diyordu.

Ertesi sabah, yine horozun sesiyle uyandı. Yine horozla köpek aralarında konuşuyorlardı. Köpek, horoza:

*"— Bak, horoz kardeş, öküzün öleceğini söyledin, sahibimiz götürüp öküzü sattı. Bizim dilimizden anlıyor mu nedir?"* dedi. Horoz:

***"Köpek kardeş, öküzü sattı, ama sana yeni bir haberim var, sana yine yiyecek et yemeği artıkları var. Çünkü, bizim efendinin kölesi bugün ölecek"*** dedi.

Adamcağız bu konuşmayı duyunca, bu sefer elindeki köleyi götürüp pazara sattı. Kendi aklınca da, artık bu yeni öğrendiği hayvanların dilinde anlama hüneriyle zarardan kurtulup hep kazançlı çıkıyordu.

Fakat adamcağızın rahat ve huzuru kaçmıştı. İşini gücünü bırakmış, hep ahırda ve kapısının önünde hayvanlarını dinlemekle vaktini, zamanını geçiriyordu. Ancak bu çilenin farkında ve bilincinde bile değildi. O sadece ölecek olduğunu haber aldığı şeyleri satmakla, zarardan kurtulup kârlı ve kazançlı olduğunu düşünerek kendisini avutuyordu.

Ertesi günün sabahı, köpek, horoza çıkışarak:

*"Horoz, horoz! Sen yalan söyleyip beni aldatıyorsun. Bak, köle de satıldı. Ben yine etsiz kaldım, nedir? bu senin yalanların?"* diyordu. Horoz, bu sefer kendisini savunarak:

***"Köpek kardeş, benim bu işte bir suçum yok ki! Öküz ölecek dedim, satıldı. Köle ölecek dedim, satıldı. Anlaşıldı ki, bizim efendi bizim dilimizden anlıyor ve bizi dinliyor. Ama sen, merak etme, sana yeni bir haberim var. Bizim efendi ölecek. Sen fazlasıyla et yemeği artıkları yiyeceksin. Çünkü efendinin oğulları davarlardan bir kaçını keserek babaları için ölü yemeği hazırlatacaklardır elbette"*** dedi.

Macera delisi aklı kıt adamcağız, bu sefer aklını kaybedecek bir halde çılgına döndü. Ne yapacağını şaşırdı. Sonunda aklına geldi ve Allah'ın Peygamberi Hz. Mûsâ Aleyhisselâma koştu. Olup bitenleri anlattı. Ne yapacağını ve ne yapması gerektiğini sordu. Bu dertten kurtarması için yalvardı. Hz. Mûsâ (a.s.) adama gereken nasihatı verdi:

*"Ey insan! Sen, üstüne lâzım olmayan şeye niçin istekli oldun? Allah Teâlâ, kulları için hayırlı olanı bu dünya hayatında âdet olarak yaratmıştır. Halbuki, insanların, hayvanların dilini bilmeleri, onlar için hayırlı olsaydı, Allah, onu yaratır, âdet hâlinde olur, her insan onların dilinden anlardı. Demek oluyor ki, insanlar için bunda hayır yoktur, Allah'ın âdeti de böyle oldu." Yani, insanlar hayvanların dilini anlamıyorlar. Bu durum ise, insanlar için daha hayırlıdır. Sen, eğer hayvanların dilinden anlamasaydın, öküzün ölecekti. Senin canına gelecek ölüm musîbeti, malına (öküzüne) gelmiş olacaktı ve sen ölmeyecektin. Bundan sonra sana ölüm yaraşır."* buyurdu.

Sonunda adamcağız öldü. Ölümünden öncede şöyle söylene söylene can verdi:

*"Ey ahmak adam! Allah Teâlâ, her şeyi yerli yerince, hikmetiyle yaratmıştır. Eğer kulların herşeyi bilmeleri kendileri için hayırlı olsaydı, Yüce Rabbimiz, onu kullarından esirger miydi? Hâşâ! Hiç esirgemezdi. Sen ey akılsız nefsim! Üstüne lâzım olmayan şeyi istedin, Yüce Rabbim de bu dileğini kabul ederek verdi. Fakat, ey nefsim sen imtihanı kaybettin."*

**Ey Dost!** Kıssadan hisse derler ya! İşte bu da hisse alınacak bir kıssadır.

**Ey Âhiret Yolcusu Kardeş!** İnsanlar için, bazı şeyleri bilmemek, o şeyi bilmekten hayırlıdır. İnsanlar için, ölüm gününü bilmemeleri, bilmelerinden hayırlıdır. İnsanların kıyâmetin ne zaman kopacağını bilmeleri gerekseydi, Allah Teâlâ onu insanlara Peygamberi Hz. Muhammed (aleyhisselâm) vasıtası (aracılığı) ile bildirirdi. Kıyâmetin ne zaman kopacağı, senesi, ayı, günü ve saati bilinseydi, acaba insanlar o zaman, aya çıkmaya, dünyayı, fezâyı fethetmeye, hatta o kadar ki, günlük işlerinde çalışıp çabalamaya kalkışırlar mıydı? Bu ve bunun gibi dünya yaşamıyla ilgili faaliyetlere değer verebilirler miydi? Ne mümkün!.. O zaman yeryüzünde hayat ve yaşam durur, imar edilmiş, bakımlı görünümlü her yer harabeye dönerdi. O korkunç ânın elem ve ıstırabı ile bütün insanları âdetâ çıldırırdı.

Nâziât Sûresi, âyet 42, 43, 44, 45, 46'da bu beş âyet-i kerîme'de kıyâmetin ne zaman kopacağını soranları Cenâb–ı Allah değişik bir uslubla cevaplandırmaktadır:

يَسْئَلُونَكَ عَنِ السَّاعَةِ اَيَّانَ مُرْسٰيهَا . فِيمَ اَنْتَ
مِنْ ذِكْرٰيهَا . اِلٰى رَبِّكَ مُنْتَهٰيهَا . اِنَّمَا اَنْتَ مُنْذِرُ
مَنْ يَخْشٰيهَا . كَاَنَّهُمْ يَوْمَ يَرَوْنَهَا لَمْ يَلْبَثُوا اِلَّا
عَشِيَّةً اَوْ ضُحٰيهَا .

*Mânâsı:* ***"Ey Resûlüm!*** *(O kâfirler)* ***sana kıyâmetten*** *(kıyâmetin ne zaman kopacağından)* ***sorup duruyorlar. Onun gelip çatması ne zamandır? diyorlar. Sen onu nereden bildireceksin*** *(Allah bildirmedikçe)!..*

*(Çünkü) **Onun nihâî ilmi yalnızca Rabbine âittir. Sen ancak ondan korkanları uyarırsın. İnkâr edenler kıyâmeti gördükleri gün, onlara öyle gelir ki: Sadece bir akşam veya bir kuşluk vakti kadar** (dünyada) **kaldıklarını sanırlar.**"* (Nâziât Sûresi, âyet 42-46)

***Ey Âhiret Yolcusu!*** Bu beş âyet-i kerîme'yi bir kaç kelime ile açıklamak yerinde olacaktır.

**1. 42'nci âyet:** "*Yes'elûneke anis'sâati eyyâne mürsâhâ* = ***Ey Resûlüm!*** *(o kafirler)*, ***sana kıyâmetten*** *(kıyâmetin ne zaman kopacağından)* ***sorup duruyorlar: Onun*** *(kıyâmetin)* ***gelip çatması ne zamandır? diyorlar.***"

Bu âyetten yani 42'nci âyetten itibâren 46'ncı âyete kadar olan bu beş âyet-i kerîme, kıyâmet gününü yalanlayan, inanmayıp yok sayan ve kıyâmetle ilgili Kur'ân'ın verdiği haberleri yani Kur'ân âyetlerini alaya alan kimselerin durumunu dile getirmektedir.

Mekkeli müşrikler, Allah'ın Resûlü (Peygamberi) Hazret-i Muhammed sallallahü aleyhi ve sellem'den tekrar tekrar kıyâmetin ne zaman kopacağını sorup duruyorlardı. Amaçları da kıyâmetin tarih ve zamanını tesbit etmek değil, sadece alay etmek içindi. Yani, müşrikler, ***"Kıyâmet ne zaman gelecek?"*** sorusunu, gerçek olarak onun vaktini öğrenmek için sormuyorlardı. Kıyâmetin yılını, ayını, gün ve saatini öğrenmek suretiyle kıyâmet için hazırlık yapmayı düşünmüyorlardı. Aslında onlar, kıyâmetin geleceğini imkânsız sanıyor, inanmıyorlardı. Dolayısıyle **"Kıyâmet ve yeniden diriliş"** için, bir hikâye anlatıyorsun. Güyâ bu anlattığın hikâye gerçekleşecekmiş. Bu kıyâmeti bize gösterirsen o zaman sana inanırız diyorlardı. Mekkeli müşrikler, Hz. Peygambere ve Peygamberin yanında olan mü'minlere hitaben şöyle diyorlardı: ***"Bize kıyâmetten, yeniden dirilişten haber ver, vakti, zamanı nedir, ne zamandır?"***

وَيَقُولُونَ مَتٰى هٰذَا الْوَعْدُ اِنْ كُنْتُمْ صَادِقِينَ

***"Ey Resûlüm! Mekke kâfirleri sana diyorlar ki" "— Eğer doğru söylüyorsanız, şu vaad*** *(kıyâmet ve yeniden dirilişin vakti)* ***ne zamandır?*** *(bize onun vaktini söyleyiniz)*." (Mülk Sûresi âyet 25)

Yani, Mekke müşrikleri, inatlarından ve kibirlerinden dolayı veya alay etmek için "Ey Muhammed, ey müslümanlar! Eğer siz kıyâmetin ve yeniden dirilişin (Haşrin) gerçek olarak geleceği sözünde doğru söyleyen kimselerseniz, bize onun vaktini ve zamanını söylemelisiniz" diyorlardı.

Allah Teâlâ, kâfirlerin bu isteklerinde samimi olmadıklarını bildirmek için, Resûlüne hitaben şöyle buyuruyor:

قُلْ اِنَّمَا الْعِلْمُ عِنْدَ اللّٰهِ وَاِنَّمَا اَنَا نَذِيرٌ مُبِينٌ

*"(Habîbim Ya Muhammed (s.a.v.)! O Mekke müşriklerine)* ***de ki: "— O kıyâmetin kopması ve yeniden dirilişin bilgisi yalnızca Allah katındadır. Ben ise, sadece açık açık anlatan*** *(azabla korkutucu)* ***bir Peygamberim."*** (Mülk Sûresi, âyet 26)

Yani, Hz. Peygamber (a.s.) Mekke müşriklerine şöyle demiş gibidir: ***"Ey kâfirler! Ben kıyâmetin mu-***

*hakkak surette geleceğini biliyorum ve sizlere sadece ondan haber veriyorum, onun mutlaka geleceğini söylüyorum. Onun ne zaman geleceğini bildiren bilgi Allah katındadır. Benim görevim sadece insanları haberdâr etmektir.*

*Ben bu görevimi yapıyor ve sizleri haberdâr ediyorum. Onun ne zaman geleceği, ne zaman gerçekleşeceği beni ilgilendirmez, ilgilendirmiyor. Ben sadece apaçık bir uyarıcı, kalblere o günün korkusunun ürpertisini duyuran bir korkutucu bir uyarıcıyım. Siz ister inanın, ister inanmayın, ama bu büyük belâlı-azablı gün başınıza gelecektir. Kabul etseniz de etmeseniz de bu azabı göreceksiniz."*

*Evet, Ey Kardeş!* Bu mesele şöyle açıklanabilir: Kimin, ne vakit, ne zaman öleyeceğini Allah Teâlâ'dan başka hiç kimse bilmiyor ve bilemez. Fakat, herkesin bir gün mutlaka öleceği kesindir, bunu herkes de kabul ediyor, dinlisi de dinsizi de. Şimdi biz veya başka birisi, bu bilgiye dayanarak, bir dostumuza; ölmeden önce işlerini yoluna koyması için pekâlâ söyleyebilir, tavsiye edebiliriz. Şimdi, bizim bu uyarıyı yapabilmemiz için, bu dostumuzun ne zaman öleceğini bilmemiz mi gerekir? Hayır, bilmemiz gerekmez. İşte Hz. Peygamberimizin kâfirleri kıyâmetin azabıyla kalblerine korku ürpertisi vererek uyarmasını daha iyi kavramış olabildik sanırım.

2. 43'ncü âyet: "*Fîme ente min zikrâhâ* = *Ey Resûlüm! Sen onu nereden bildireceksin - Allah bildirmedikçe kıyâmetin ne zaman kopacağını sen bilmiyorsun ki, bunu onlara bildiresin, çünkü o, sadece Allah'ın bildiği gayb haberlerindendir."*

Peygamberin (a.s.) görevi, Allah Teâlâ tarafından kendisine verilen bilgileri insanlara ulaştırmaktan, tebliğ edip anlatmaktan ve öğretmekten ibârettir. Çünkü, Peygamber de bir insandır. Gayb'ı görünmezi bilmez, bilemez. Ancak Allah Teâlâ tarafından bildirilenleri bilir. Yüce Allah Peygamber'ine (a.s.) bildirdiklerinin açıklanmasını isterse, Peygamber (a.s.) onu açıklar, insanlara tebliğ eder, bildirir, öğretir. Allah, bildirmesini istemezse, Peygamber o meseleyi insanlara bildirmez, o konuda açıklama yapmaz, yapamaz. İşte Nâziat Sûresi, 43'ncü âyeti bu gerçeğe parmak basmakta ve bu hakikati bildirmektedir.

*"Fîme ente min zikrâhâ =* ***Ey Resûlüm! Sen O'nu*** *(kıyâmetin zamanını)* ***nereden bildireceksin?*** *(Allah sana bildirip böyle bir görev vermedikçe, senin kıyâmetin zamanını açıklaman gerekmez. Bu iş, senin görevin içinde değildir.)*

Şu halde: ***"Ey Habîbim! Senden kıyâmetin ne zaman gelip çatacağını, ne zaman kopacağını sorup duruyorlar. O'nun zamanını bildirmek senin neyine*** *(senin görevin değildir).* ***Sen onu nereden*** *(nasıl),* ***bildireceksin Allah bildirmedikçe! Kıyâmetin zamanı senin bilgin dahilinde değil ki, bunu onlara bildiresin. Çünkü onun bilgisi Rabbine âittir. O*** *(kıyâmet)* ***büyük bir iştir*** *(büyük bir olaydır).* ***Onun bilgisi, ilmî ancak Rabbinin katındadır, Rabbine âittir.***

***Onun zamanının açıklanması senin işin*** *(senin görevin)* ***değil, senin görevin, Rabbin tarafından verilen emir ve bilgileri tebliğ etmen, insanlara bildirmendir. Kıyâmetin kopuşu bilgisi bize*** *(Biz Azîmuşşa-*

*na) âittir."* Sen müşriklerin saygısızlıklarına aldırma. Onlar gününü göreceklerdir.

3. 44'ncü âyet: *"İlâ Rabbike müntehâhâ* = ***Onun nihâî ilmi yalnızca Rabbine âittir yani, en son vaktine kadar, en sonunda o ve onunla ilgili bilgi Rabbine âittir. Kıyâmetin nihâî ilmi Allah'a mahsustur. Kim olursa olsun onun nihâi ilmi kimseye verilmemiştir. O halde neden dolayı onu sorup duruyorlardı!***

Şu bir gerçektir ki, kâfir olanlar, âhiret hayatını ve öldükten sonra, insanların yeniden diriltilip hesap vereceklerine inanmayan, inkâr edenler, Hazret-i Peygamber'in (a.s.) kıyâmetle ilgili verdiği haberlerden, kıyâmetin dehşet verici sahnelerinden bilgiler vermesinden rahatsız oluyorlardı. Bu nedenle kinleri, düşmanlıkları ve azgınlıkları gün geçtikçe artıyordu. Onun için sık sık gelip Allah'ın Resûlü (Peygamberi) Hz. Muhammed (Aleyhisselâm)'dan kıyâmetin kopacağı zaman ve saatinden sorular soruyarlardı. Âyet-i Kerîmelerde bildirildiği üzere: *"Ve yekûlüne metâ hâzel'va'dü* = ***diyorlardı ki: O kâfirler, müşrikler, şu dehşet verici, korkularla tasvir edip tablosunu çizdiğiniz kıyâmetin, yeniden dirilişin saati, hangi saat, zamanı ne vakittir?"*** diye alay etmek amacıyla Allah'ın Resûlüne gelip sorular sorarak rahatsız ediyorlardı.

İşte bu âyetler ve daha kıyâmetin vaktini, saatini yalnızca Allah Teâlâ'nın bildiğine ve O'ndan başka sonradan yaratılmışların bu büyük olayın zamanını, vaktini, saatini bilmeyeceğini, bilemeyeceğini açık açık münkirlerin kafalarına vura vura bu gerçeği vurgulamaktadır.

Aynı zamanda Allah'ın Peygamberi Hz. Muhammed'in (a.s.) kıyâmetin ne zaman kopacağını bildirmek için veya bildirmesi için Allah tarafından görevlendirilmediği ve kıyâmetin vaktini söylemesi için de kendisine Allah tarafından bir emir verilmemiş olduğunu göstermekte ve Hz. Peygamberi (a.s.) teselli etmekte ve moral vermektedir. Çünkü Mekke müşrikleri yeterince rahatsızlık veriyorlardı. Bu âyet-i kerîmeler ve konuyla ilgili diğer âyet-i kerîmeler bu gerçeği açığa çıkararak inançsız insanların bu ve bu gibi davranışlarını kınamaktadır.

**4. 45'nci âyet:** *"İnnemâ ente münziru men yahşâ hâ =* ***Ey Resûlüm! Sen ancak ondan*** *(kıyâmet gününden)* ***korkanları uyarırsın. Senin verdiğin kıyâmetle ilgili bilgiler, öğüd ve nasîhatler sadece âhirete inanmış insanlara te'sir eder*** *(etkiler).* ***Onlar kıyâmet gününün azabından korkarlar. Çünkü onların, o güne*** *(âhiret gününe)* ***imanları vardır."*** (Nâziat âyet 45)

***Ey Dost!*** Bu âyet-i kerîmede şu incelik vardır. Allah Teâlâ'nın özellikle kıyâmet gününün dehşetinden korkanların Allah'ın Peygamberinin verdiği haber ve bilgilerden yararlandıkları ve Peygamberin öğüdlerinden etkilenerek kıyâmetin azabından korktukları dile getirilmektedir.

Demek oluyor ki, Allah'ın Peygamberinin verdiği korkutucu haberler (kıyâmet haberleri) âhirete imânı olan mü'min kimseleri korkutuyor ve uyarıyor. Bu inançlı insanlar onun korkusundan istifâde ederek kendilerine geliyorlar, o dehşetli güne hazırlık yapmak için güzel, salih ameller işliyorlar.

Kıyâmet gününün azabından korunmak için, iyi bir müslüman olmaya daha bir önem veriyorlar. Allah'ın emirlerini yerine getirmeye, yasaklarından kaçıp korunmaya gayret gösterip çaba sarfediyorlar. Şu halde âyetin anlamı: ***"Peygamber** (a.s.) **sadece kıyâmetten korkanlara tebliğ etsin, duyurma görevini onlara yapsın" demek değildir. Peygamberin görevi, Allah'ın emirlerini ve özellikle Allah'ın kelâmı olan Kur'ân-ı bütün insanlara tebliğ eder (duyurur)."*** Peygamberin (a.s.) bu tebliğinden kâfirler, müşrikler yararlanamaz, istifâde edemez. Çünkü inanmıyorlar. Onlar Kıyâmetten, âhiret azabından korkmuyorlar. Çünkü âhiretin varlığını, kıyâmetin olacağını inkâr ediyor (yok sayıyor)lar.

Ama kıyâmetin varlığını, mutlaka olacağını ve geleceğini, âhiret hayatının varlığını kabul edenler, böyle bir inanca sahip olanlar (mü'minler, müslümanlar), kıyâmetin haberlerinden korkuyorlar. Çünkü O günün pek yakında geleceğine inanıyorlar. Âyetimizden anlamamız gereken mana:

***"Ey Resûlüm** (Peygamberim)**! Senin yapmış olduğun tebliğine kıyâmetin azabını duyurmana sâdece ondan korkanlar kulak verip dinleyecek ve sadece senin bu korkutucu uyarından onlar** (kıyâmetin geleceğine inananlar) **istifâde edeceklerdir"*** demektir.

5. 46'ncı âyet: *"Ke ennehüm yevme yeravnehâ lem yelbesû illâ aşiyyeten ev duhâhâ"* ***Onlar kıyâmeti** (inkâr edenler) **kıyâmeti gördükleri gün** (yani kabirlerinden kaldırılıp mahşer meydanına sürüldükleri zaman)**, onlara öyle gelir ki,** (sanki onlar dünyada ve kâbirlerinde) **sadece bir akşam veya bir kuşluk vakti***

***kadarcık bir zaman kaldıklarını sanırlar."*** Yani dünyada ve kâbirde bir günün akşam vakti veya kuşluk vakti gibi, kısa bir süre kalmış olduklarını zannederler. (Naziât sûresi, âyet 46)

***Ey Âhiret Yolcusu!*** İnançsızlar için âhiret azabının dayanılmazlığı Kur'ân-ı Kerîm'de bir çok âyet ve sûrede çok açık bir şekilde beyan edilmekte ve insanoğlu en dehşetli bir anlatımla uyarılmaktadır.

Bazı âyetlerde kâfirlerin pişmanlıklarını ve dünyada pek az bir süre kaldıklarını sızlanmalarını bildiren âyetlerden bir kaç misâl (örnek) verirsek şöyledir:

***"Kıyâmet saati gelip çattığında*** *(yani kıyâmet koptuğu gün bütün insanlar yeniden diriltilip kâbirlerinden kaldırılarak mahşer yerine sürülürler. İşte o günde)* ***mücrimler*** *(günahkâr kâfirler),* ***yemin ederek dünyada sadece bir saat gibi kısa bir süre kaldıklarını iddia ederek ileri sürerler.*** *(Onların yemin etmeleri, ya yalan yeredir veya kıyâmetin korku ve dehşetinden dünyanın süresini unutmuşlardır.)* ***İşte onlar*** *(o günahkâr mücrimler dünyada iken de, doğruluktan, yalana doğru söz söylemekten yalan söz söylemeye)* ***böyle döndürülüyor, böyle çevriliyorlardı."*** *Evet, onlar, dünyada iken de Peygamberin (a.s.) verdiği kıyâmet haberlerini yalanlamışlardı.*

## Kâfirlere Dünyada Ne Kadar Kaldıkları Sorulacak. Bir Gün Veya Bir Günün Yarısı Kadar Kaldık Diyecekler.

Bu gerçeği Allah Teâlâ, Mü'minûn Sûresi, âyet 112, 113'de şöyle bildiriyor:

*"Allahü Teâlâ, kâfirlere kıyâmet günü bir azarlama olarak şöyle buyuracak:* **"— Yeryüzünde** *(dünya hayatında)* **kaç yıl kaldınız?"** diye sorulur. (Kâfirlere sorulan bu soru, onları kınama ve azarlama sorusudur.) Kâfirler kendilerine sorulan bu sorulara şöyle cevap verecekler:

*"— (Biz dünyada)* ***bir gün veya bir günün birazı kadar*** *(yani bir günden de az)* ***kaldık.*** *(İşin doğrusu biz bunu pek bilemiyoruz. İsterseniz bunu aklında tutabilen günleri hesap etmesini bilenlere sorun. Çünkü bizim aklımız başımızdan gitmiş durumdadır. Gerçekten biz azap içinde olmamız nedeni ile bilemiyoruz).* ***derler."***

Bunun üzerine Allah Teâlâ, onlara şöyle buyurur:

**"— Siz doğrusu** *(dünyada)* ***pek az kaldınız*** *(çünkü âhiretteki durumunuz sonsuzdur).* ***Bu gerçeği bilmiş olsaydınız, bana isyân etmez*** *(emirlerime karşı gelmez)****diniz."*** (Mü'minûn sûresi, âyet 112, 113, 114)

**Ey Âhiret Yolcusu Kardeş!** Konumuz kıyâmetin kopmasıydı. Şimdi konumuzu toparlarsak, kıyâmetin kopacağının ilmi (bilgisi) Allah katındadır. Allah'tan başka hiç kimse kıyâmetin ne zaman kopacağını bilmez.

Cibril hâdisî diye bilinen meşhur hâdisde Cebrail (a.s.) Peygamberimize gelip iman, islâm ve ihsan'ın ne demek olduğunu sorduktan sonra, kıyâmetin ne zaman kopacağını da sormuştu. Hz. Peygamber şu cevabı vermişti kendisine:

***"Kıyâmet işinde soru sorulan (ben) soru sorandan (senden) daha bilgili değildir."*** buyurdu. (Buhârî iman bahsi)

Hz. Peygamber (a.s.) Kıyâmetin zamanı konusunda hiçbir açıklama yapmamıştır. Açıklamasını bunun nedenini yukarı sayfalarda yaptık.

Aslında bir müslüman için önemli olan, kıyâmetin ne zaman kopacağını bilmek değildir. Kıyâmetin kopmasıyla başlayacak olan ebedî hayata, âhiret hayatına gerektiği şekilde hazırlanabilmektir. Önemli olan budur. Bir insanın, kıyâmetin zamanını bilmesi, kendisine ne hayır getirir? Getirse getirse belâ ve musîbet getirir. Bu açıklamalarımızı da geçen satırlarımızda vermiştik.

## KIYÂMET ALÂMETLERİ

*Ey Âhiret Yolcusu Kardeş!* Kıyâmet alâmetleri, büyük ve küçük alâmetler olmak üzere iki başlık altında toplanmıştır. Yani İslâm bilginleri, kıyâmetin kopacağını bildiren işâretleri iki bölüm halinde incelemişlerdir. Bunlara da küçük alâmetler, büyük alâmetler demişlerdir. Küçük alâmetlerin sayısı çoktur. Büyük alâmetler ise, bir Hâdis-î Şerîfde on adet olarak bir arada bildirilmiştir.

Küçük alâmetler, insanların kendi elleriyle, isteyerek ortaya koydukları veya koyacakları şeylerdir (hal ve hareketler, davranışlardır) ki, büyük alâmetlerden çok önceleri ortaya çıkacak olan görüntülerdir. Büyük alâmetler ise, dünyanın yıkımı, kainâtın yok olmasından hemen önce ortaya çıkacak olan olaylardır. Yani kıyâmetin kopmasının, her şeyin yıkılıp yerle bir olmasının hemen öncesinde meydana gelecek (ortaya çıkacak) ve birbirini izleyecek olan, birbiri ardına olacak hâdise ve olaylardır.

Kıyâmetin büyük alâmetleri, doğa kanunlarını aşan ve insanların irâdelerinin, istek ve arzularının dışında gerçekleşen ve gerçekleşecek olan olay ve hâdiselerdir. İnsanların gücü bu hâdiseleri önlemeye yetmeyecektir. Bunlar İlâhî Kudretin (Allah'ın) irâdesiyle tecellî edecek demektir. Hazret-i Peygamber (s.a.v.) bir Hâdis-î Şerîfinde:

***"Kıyâmetin kopmasından önce şu on alâmeti*** *(Kıyâmet alâmetini)* ***görmediğiniz müddetce*** *(sürece)* *dünyanın sonu gelmeyecektir dünya yıkılıp yok olmayacaktır."* buyurmuştur. (Müslim ve İbn-i Mâce Fiten bölümlerinde rivâyet etmişlerdir.) Peygamberimizin (a.s.) bildirdiği bu on kıyâmet alâmetleri şöyledir:

## Büyük Alâmetler

Huzeyfetül'Gıfârî'den rivâyet edilmiştir. Demiştir ki: Biz bir gün kendi aramızda konuşurken, Hazreti Peygamber (a.s.) yanımıza çıka geldi. Bize: ***"— Ne konuşuyorsunuz?"*** buyurdu. Biz de: ***"Kıyâmet gününün hallerinden konuşuyoruz."*** diye cevap verdik. Bunun üzerine Hazreti Peygamber (s.a.v.):

***"Şüphesiz on alâmet görülmedikçe kıyâmet kopmayacaktır."*** buyurdu. **Sonra şunları saydı:**

1. *Deccal'ı,*
2. *Duman (Duhan)'ı,*
3. *Dabbetül'arz'ı,*
4. *Meryem Oğlu İsâ'nın yere inmesini,*
5. *Ye'cüc ve Me'cüc'ü*
6. *Güneşin Batı'dan doğmasını,*
7. *Doğu'da,*
8. *Batı'da ve*
9. *Cezîretül'arab'da (Arab Yarımadası'nda) ortaya çıkacak olan yer batması, yer çöküntüsünü ve son olarak da,*
10. *Yemen'den çıkarak insanları mahşere sürecek ateşin meydana çıkmasını"* buyurdu. (Müslim ve İbn-i Mâce Fiten bölümlerinde tahriç etmiştir)

Ayrıca kıyâmetin bu on büyük alâmetin diğer Hâdis-i Şerîflerde ve İslam âlimleri tarafından uzun yorum ve açıklamaları yapılmıştır. Şimdi gelelim bu olayların kısa kısa açıklamalarına:

## 1. Deccâl Nedir?

(Deccâl) kelimesi, yalancı, hilekâr, göz boyayıcı, düzenbaz ve sahtekâr anlamına gelen bir kelimedir. Yalancı Deccal şeklinde kullanılır. Deccâl, büyük kıyâmet alâmetlerinden olarak ortaya çıkacak yalancı kişinin adı olmuştur.

Deccal kelimesi Kur'ân-ı Kerîm'de geçmez. Hz. Peygamberin hâdislerinde çok detaylı olarak bildirilmiş büyük belâlardan (fitnelerden) biridir. Deccâl, insanoğlunun dünya hayatında (yeryüzünde) karşılaşacağı en büyük belâ, felâket (fitne) olarak bildirilmektedir.

İbn-i Kesir demiştir ki: ***"Allah Teâlâ, dünyada ilk önce şeytanı insanlara belâ** (imtihan sebebi) **etmiştir. Dünyanın sonunda da Deccal'ı belâ edecektir."***

Kıyâmete yakın Deccal çıktığı vakit, dünyayı felâket bulutları kaplayacaktır. Çünkü Deccal çok yalancı, bozguncu biri olarak ortaya çıkacaktır. İslamın ve müslümanların inançlarını ifsad edecek, müslümanları kötülüğe çekmeye ve bozgunculuğa sürüklemeye çalışacaktır.

Hâdis-i Şerîflerde, Deccal'ın bir gözünün kör olduğu, iki gözünün (kaşının) arasında "kâfir" olduğu yazılı olacaktır. Mekke ve Medine'ye giremeyeceği, ortaya çıktıktan sonra yeryüzünde kırk gün kalacağı ve bu kırk gün içinde İstidrac kabîlinden bazı olağanüstü olaylar göstereceği bildirilmektedir.

İstidrac, Allah Teâlâ'nın dinsiz kâfirlerin sapıklığını arttırmak için onların istekleri doğrultusunda bazı fırsatlar vermesi sonra da o kâfiri ansızın yakalayıp tepelemesi demektir. Deccal'ın yeryüzünde ne kadar kalacağı Hazreti Peygamber (Aleyhisselâm) Efendimize sorulduğu zaman, Efendimiz (a.s.):

*"Kırk gün kadar kalacaktır. Bu kırk günün birinci günü, bir yıl kadar uzun olacaktır. İkinci günü, bir ay kadar, üçüncü günü, bir hafta kadar uzundur. Diğer günleri ise, bilinen normal günler gibidir."* buyurmuştur.

Deccal, Tanrılık iddiasında bulunacak, kendisinin Tanrı olduğunu söyleyerek insanların kendisinin Tanrılığına inanmalarını isteyecektir. İnsanlardan bir tâife (bir kâvim) Deccal'ın Tanrı olduğuna inanacaklardır.

Allah Teâlâ, Deccal'a istidrac kabîlinden bazı olağanüstü fırsatlar vermiş (verecek)tir.

Bu da o sapık bozguncunun dinsizliğini arttırmak için olup sonra da onu ansızın yakalayıp helâk etmesi içindir. Deccal'ın fitnesinin (belâsının) dehşet verici, her tarafı mahv-ü perişan edici bir tehlike olduğunu her Peygamber kendi ümmetine bildirmiş ve Deccal'ın belâsından korunma yollarını göstermiştir.

Allah Teâlâ tarafından Deccâl'a verilen olağan üstü hallerden bazılarını Efendimiz (a.s.) Hâdîs-i Şerîflerinde beyan buyurarak bildirmiştir:

Ashâb-ı Kîram tarafından Deccal'in Sür'atı, ne kadar hızlı hareket edebileceği de sorulmuştur.

*"— Ya Resûlallah! Deccal'in yeryüzündeki Sür'atı ne kadardır?"* şeklinde sorulmuştur. Efendimiz (a.s.) sorulan bu sorulara şöyle cevap vermiştir:

*"— **Arkasından rüzgâr esen bulut gibidir.** (Yani, rüzgârın önüne katıp sürüklediği bulut gibi Sür'atli, hızlıdır.) **İnsanların yanından rüzgâr gibi geçip gider** (gidecektir)."* buyurduktan sonra, Efendimiz Deccal hakkında daha bazı bilgiler verdi: Deccal Tanrılık iddiâsında bulunacak, kendisinin Tanrı olduğunu söyleyerek yanlarına vardığı bir kavmi kendisine iman etmelerini, yani Deccal'in Tanrı olduğunu kabul etmelerini söyleyecek ve o kavim (millet) Deccal'a iman edecekler, onun Tanrı olduğunu, kabul ederek ona (Deccal'a) tapınacaklar. Bunun üzerine Deccal, Tanrılığını ispat etmek (kanıtlamak) için, gökteki bulutlara emredecek yağmur yağdırmalarını isteyecek ve gökteki bulutlar da hemen yağmur yağdıracaktır.

Yeryüzüne emir verecek, bitkilerini bitirmeleri için, yeryüzü de hemen bitki ve ürünlerini bitirecektir. (Otlar, çayırlar, çimenler ve diğer yeşil bitkiler bitiverecek). Deccal'a inanan kavmin (milletin veya topluluğun) hayvan sürüleri ve sağmal hayvanları otlaklarından akşam üstü dönüşlerinde, eskisine nazaran daha gelişmiş, karınları davul gibi şişmiş (doymuş), göğüsleri sütle dolmuş, (memeleri karpuz gibi yere doğru sarkmış) ve bütün hayvanlar sanki kilolarla et haline gelmiş bir halde otlaklarından evlerine dönerler (döneceklerdir).

Deccal, bu olağanüstü halleri gösterdikten sonra o kendisine inanan kâfir olanların yanından ayrılır ve başka bir kavmin (başka bir insan topluluğunun) yanına varır. Bu yanına vardığı insanları da kendisinin Tanrılığına inanmalarını ister, onların da kâfir olup kendisine (Deccal'a) tapmalarını söyler (söyleyecektir). Fakat o insanlar, onun bu teklifini reddeder (reddedecektir). Deccal'a inanmayacaklardır. Deccal da bu insanların yanından ayrılıp gidecektir. Fakat bu reddeden kavmin (insanların) başına felâketler gelecektir.

Allah Teâlâ, bu insanları imtihana (sınamaya) tabi tutacaktır. Başlarına kıtlık felâketi gelecektir. Mallarını ve ellerinde olan her şeylerini kaybedeceklerdir. Sabahleyin kalktıkları zaman görecekler ki, bütün suları kurumuş, otlakları, çayır çimenleri kurumuş ve tüm hayvanları helâk olup yok olmuştur. (İşte bu ise büyük bir imtihandır.)

Bu arada Deccal, bir harabeye uğrayacak ve harabeye seslenecek: ***"— Definelerini** (içinde gizlediklerini)* ***ortaya çıkar"*** der (diyecek). O harâbedeki defineler (gizli-gömülü olan herşey) Deccal'ın arkası sıra gidecek. Tıpkı bir kovanda bulunan bal arılarının arıbeyi adı verilen arının peşisıra gittiği gibi gideceklerdir.

Sonra Deccal, genç ve babayiğit görünüşlü bir adamı yanına çağırıp kendisine (Deccal'a) inanmasını (iman etmesini) söyleyecek. Genç adam, Deccal'ın bu davetini kabul etmeyip reddedecek. Deccal, gencin bu hâline öfkelenerek bir kılıçla genci ikiye bölecek, genci iki parça edecektir. İki parçaya ayrılan gencin her parçasını bir okun ulaşabileceği bir hedef mesâfesine fırlatıp atacak. Yani iki parça arası, bir okun atıldığı yer ile ulaşabileceği hedef mesafesi uzunluğunda olacaktır.

Deccal daha sonra, parçalanmış bu genci yanına çağıracak. Genç dirilip yüzü ay parçası gibi parlayarak güler bir yüzle Deccal'a doğru gelir. (Yani gencin bu hâli, Deccal'ı kınama ve onunla alay etme anlamı taşıyarak, ey kâfir! Senin sapıklığın hakkında şu anda bilincim daha da kuvvetlenmiş durumdadır ve senden asla korkmuyorum demek istemiş olup ve Deccal, bir daha o gence dokunamayacaktır).

## Hz. İsâ Ve Deccal

Deccal ile insanlar bu halde bulunurken, Deccal bu kötülükleri yapmakta olduğu bir anda, ansızın Hz. İsâ (aleyhisselâm) Allah tarafından gönderilecektir. Hz. İsâ (aleyhisselâm), Özel bir renkte boyanmış iki elbise (bir takım elbise) içinde, ellerini iki meleğin kanatları üzerine koymuş bir halde Dımaşk'ın doğusundaki ak (beyaz) minâre'nin yanına iner (inecektir). (Bu yerde şimdiki halde her ne kadar beyaz bir minâre yok ise de. Deccal'ın ineceği o kıyâmete yakın, oraya böyle beyaz bir minâre yapılacaktır.)

Hz. İsâ (aleyhisselâm), pırıl pırıl parıldayan yüzüyle başını öne doğru yere eğince saçlarından terler damlar (damlayacak), başını doğrultup kaldırınca iri inci tâneleri gibi nûranî damlalar dökülür. O'nun (aleyhisselâm) nefesinin kokusunu duyan hiçbir kâfirin ölmemesi mümkün değildir. (O'nun nefesini koklayan her kâfir derhal ölür, ölecektir). O'nun (Hz. İsâ'nın) nefesi baktığı yere (gözünün alabildiği mesâfeye) ânında ulaşır, ulaşacaktır. Hz. İsâ (a.s.) Deccal'ın peşine düşer (düşecektir). O'nu (Deccal'ı Kudüs yakınındaki) Bâb-ü Lüd'de (Lüd kapısı yanında) yakalayıp öldürür (öldürecektir).

Sonra İsâ (Aleyhisselâm) Allah Tealâ'nın kendilerini Deccal'in şerrinden (kötülüklerinden) koruduğu bir grup insanın (yani bir takım insanların) yanına gelir (gelecektir). Onların yüzlerini meshederek (okşayarak) Deccal fitnesinin (belâsının) sona erdiğini müjdeler (söyler). Bu hareketiyle onların kalbindeki Deccal korkusunu gidermiş olur (olacaktır). Ve oradaki insanların cennetlik olduklarını veya onların cennetteki kavuşacakları yüksek derecelerini haber vererek bildirip anlatır (anlatacaktır). (Müslim ve İbn-i Mâce'nin Nevvas Bin Sem'ân'dan rivâyet ettikleri hâdis'den alınmış bir bölümdür).

*Ey Dost!* Deccal ile ilgili bilgi vermeyi burada kesiyorum. On büyük alâmetin sonunda tekrar Deccal belâsıyla (fitnesiyle) ilgili Hâdis-i Şerîflerden bölümler ve paragraflar vermek istiyorum.

Şimdi gelelim kıyâmetin kopmasından (dünyanın kâinatın yıkılıp yok olmasından) önce çıkacak olan ve kıyâmetin yaklaşmış olduğunu haber veren (haber verecek olan) on büyük alâmetin ikincisine (Duhan'a).

## 2. Duhan Nedir?

Duhan kelimesi, sözlükte (Lugatta) Duman demektir. Duhan, kıyâmet alâmetlerinin on büyük alâmetinden biridir. Hattâ belki de birincisidir. Duhan fitnesinden (musîbetinden) sonra diğer dokuz alâmet gelecektir. Deccal duman fitnesinin arkasından gelecek olabilir. Önemli olan bu on alâmetin sırası değil, zamanı gelince bu felâketlerin gelmesi ve gelecek olmasıdır. Mü'minlerin bu fitne ve musîbetlerden etkilenip imanlarında herhangi bir tehlike ile karşılaşıp da imanlarını zarardan kurtarabilmeleridir. Önemli olan bu yönüdür. Hazreti Peygamberin ümmetini uyarması da, onların imanlarını korumaları gerçeğine dayanmaktadır.

Duhan (Duman) fitnesi, kıyâmetin kopmasına yakın bir vakitte çıktığı zaman, iman sahibi gerçek müslümanları çok etkilemeyecektir. Sadece mü'minleri nezleye tutulmuş gibi bir hâle getirecektir. Mü'minler, kıyâmet alâmeti olan dumanın yerle gök arasını doldurduğu vakit, sanki nezleye yakalanmış bir insanın durumunda olacaklardır. Bu kıyâmet alâmeti olan duman (Duhan)'dan kâfir olan imansızlar çok büyük azap göreceklerdir. Bu Duhan'ın çıktığı an, kâfirler aklı başından gitmiş sarhoşlar gibi olacaklardır. Sağa sola yalpalayarak yerlere kapanacaklardır. Bu duman kâfirlerin burunlarından, kulaklarından girip arkalarından (dübürlerinden) çıkacaktır.

Hz. Ali (Radıyallâhü anh)'dan şöyle rivâyet edilmiştir: Kıyâmet alâmeti olan Duman (Duhan), kıyâmetin kopmasından önce çıkacak (gelecek) olan bir dumandır ki, kâfirlerin kulaklarından girecek, öyle ki, her birinin başını püryan olmuş (kebap olmuş, kızartılmış) bir baş hâline çevirecektir. Mü'minler ise, bu durumdan sadece nezle olacaklardır. Bütün yeryüzü içinde ateş yakılmış (ateşle doldurulmuş), fakat Duman'ın çıkması için bir delik bile olmayan bir eve döndürülmüş gibi olacaktır.

Huzeyfe (r.a.) Hadisinde anlatıldığına göre, Hazreti Peygamber (a.s.) şöyle buyurmuştur:

*"Kıyâmet alâmetlerinin ilki duhandır. Hazreti İsâ (aleyhisselâm)'ın gelmesi ve Aden'in derinliklerinden çıkacak olan bir ateştir ki, insanları mahşere sevkedecektir."* Hadisimizin râvisi Huzeyfe (r.a.):

*"— Yâ Resûlallah! O duhan nedir?"* diye sormuş, Hz. Peygamber (a.s.) Duhan sûresi 10 ve 11.'nci âyetini: *"O semânın (gökyüzünün) açık bir duhan (duman) ile geleceği bir gündür ki, o (duman) insanları saracaktır."* Okudu ve şöyle buyurdu: *"O duhan doğu ile batı arasını kaplayıp dolduracak ve kırk gün kırk gece öylece kalacaktır. Mü'minlere nezle gibi bir şey (hâl) olacak, kafirler ise, sarhoş gibi olup burun deliklerinden, kulaklarından girip aşağısından (dübüründen) dumanlar çıkacaktır."* (Müslim Fiten, Ebû Dâvûd Melâhım, Tirmizi fiten, İbn-i Mâce Fiten)

İmâm-ı Nevevî demiştir ki: *"Bu duman (duhan), kâfirlerin nefeslerini tıkayacak ve onları perişan edecektir. Mü'minlere ise, bir nezlenin verdiği rahatsızlık kadar bir rahatsızlık verecektir. Kıyâmetin kopmasına yakın bir zaman da ortaya çıkacak olan bir dumandır. Kırk gün yeryüzünde kalacaktır."*

Evet, bu duhan (duman) fitnesi (belâsı) mü'minlere bir zarar vermeyeceğine dâir islam âlimlerinin de görüş birliği vardır.

## 3. Dâbbetül'arz Nedir?

(Büyük Kıyâmet alâmetlerinden biri de dâbbetül'arz'dır. Dâbbetül'arz, kıyâmetin kopmasına yakın bir zamanda yerden çıkacak olan canlı bir yaratığın adıdır. Dâbbetül'arz'ı anlatan pek çok Hâdis-i Şerîf vardır.

Keşşaf sahibi demiştir ki, yer hareket edip yarılacak ve Safâ Tepe'sinin altından **"Dâbbetül'arz"** adı verilen canlı yaratık yerden çıkacaktır. Sağ elinde Hazreti Mûsâ (a.s.)'ın asâsı ve sol elinde Hazreti Süleyman (a.s.)'ın mührü bulunacaktır. Asa ile mü'minin yüzüne dokunacak, mü'minin yüzü nurla parlayacak ve yüzünde mü'min yazılacak. Süleyman (a.s.)'ın mührü ile kâfirin burnuna vurup damgalayacak ve kâfirin alnında kâfir yazacaktır. Böylece kâfirle, mü'min ayırt edilecek (tanınacak)tır.

Dâbbetül'arz, Kur'ân-ı Kerîm'de bildirilmiştir. Nitekim Neml Sûresi; âyet 82'de şöyle buyrulmaktadır:

***"Kıyâmet hakkındaki sözümüzün gerçekleşme zamanı yaklaşınca onlara yerden bir dâbbe*** *(canlı yaratık)* ***çıkarırız. O da insanların bizim âyetlerimize, özellikle kıyâmete ait âyetlerimize inanmadıklarını*** *(yüzlerine karşı)* ***söyleyecektir."***

Dâbbetül'arz'ı anlatan bu âyet-i kerîme, kıyâmet kopmadan, kainât yıkılıp yok olmadan önce ortaya çıkacak önemli ve olağan üstü bir olayı anlatmaktadır.

*"Ve izâ vakaal'kavlû aleyhim =* ***yani, azabın inmesi ve kıyâmetin kopması yaklaştığı zamanda ve kâfirlerin*** *(Allah'ın âyetlerini yalan ve yok sayanların)* ***cezalandırılma zamanı geldiğinde*** *= Ehracnâ lehüm dâbbeten minel'ardı tükellimühüm, ennennâse kânû bi'âyâtinâ lâ yûkınûn =* ***kâfirler için*** *(kâfirleri azap etmek için),* ***o büyük alâmeti*** *(Dâbbetül'arz'ı)* ***çıkaracağız. O*** *(Dâbbetül'arz)* ***insanlara konuşacak ve onlarla*** *(kâfir olan insanlarla)* ***münâzara edecek*** *(tartışacak).* ***Onun insanlara söyleyeceği sözlerden bazıları şunlardır:***

***"Ey insanlar! Bilesiniz ki, Allah'ın lânet ve azâbı zâlimler ve kâfirler üzerinedir. O zâlimler, o kâfirler, Allah'ın âyetlerine inanmayan ve onları yalan sayanlar*** *(yok sayanlar)****dır."*** şeklinde konuşacaktır Dâbbetül'arz.

Tefsir âlimleri (bilginleri)'nden İbn-i Kesîr şöyle demiştir: ***"Dâbbetül'arz adı verilen bu acayip hayvan, âhir zamanda, insanların bozulduğu, din-iman, hayâ ve ahlâk tanımadıkları, Allah'ın emir ve yasaklarını tamamen terkettikleri Allah'ın dininin kurallarını değiştirdikleri bir zamanda çıkacaktır. Bu garip hayvan insanlarla konuşacak ve onlarla görüşecektir."***

İbn-i Abbâs (r.a.) şöyle demiştir: *"Dâbbetül'arz, insanlara söz söyleyecek (onlara hitap ederek nutuk çekecek) ve söz söyleyip hitap ettiği kimselere, insanların, Allah'ın âyetlerine iman etmediklerini söyleyecektir."*

Diğer bazı rivâyetlere ve yorumlara göre, Dâbbetül'arz'ın çıkışı, hayvanın kesilip yok olduğu, iyiliklerin söylenmediği ve unutulduğu, belki de yok sayıldığı ve kabul edilmediği bir zamanda, kötülüğün ise, benimsendiği, güzel görüldüğü ve kötülüğü yasaklayacak ve kınayacak kimselerin bile olmadığı (kalmadığı) bir zamanda olacaktır denilmiştir.

Bu bilgilerden yani, Dâbbetül'arz konusunda gelen bilgilerden anlaşılmaktadır ki, Dâbbetül'arz, olağan üstü, fevkalâde büyük, özel bir kıyâmet alâmetidir.

Neml Sûresi 82'nci âyetinin tefsirinde Elmalılı M. Hamdi Yazır merhum, Dâbbetül'arz konusunda şunları söylemiştir: Ebû Hüreyre'nin (r.a.) rivâyet ettiği bir hadis-i şerîfde Resûlullah (s.a.v.) buyurmuştur ki:

***"Dâbbetül'arz, Mûsâ'nın asâsı, Süleyman'ın mührü yanında olarak çıkacak, asâ ile mü'minin yüzünü parlatacak, mühür ile kâfirin burnunu vurup kıracak, insanlar sofraya toplanacak, mü'min ve kâfir tanınacak."*** (Tirmizî, Tefsir-i sûre)

Bu hadis-i şerîfe göre de, "Dâbbetül'arz", maddî ve mânevî olağanüstü (normalin üzerinde) bir kuvvet ve saltanat ile ortaya çıkıp büyük bir islam devleti kuracak lider olmuş oluyor. Şüphe yok ki, Mûsâ'nın asâsına, Süleyman'ın mührüne sahip olan bir kimse, büyük bir şahsiyet olacaktır demek olur. Hem de kötülerden değil, iyi ve hayırlılardan olacak biridir. Bütün mü'minlerin yüzünü gülderecek, kâfirlerin burnunu kıracaktır. Âyette:

*"Tükellimühüm ennennâse kânû bi'âyâtinâ lâ yûkınûn* = ***Onlara insanların âyetlerimize kesin bir***

*imân getirmemiş olduklarını* (yüzlerine karşı) *söyler."* buyrulması da, bunu gerektiriyor. Şu halde buna "Dâbbe" ismi verilmesinin sebebi, O'nun kâfirlere karşı acımasız olacağı ve Allah Teâlâ'nın kudretine göre O'nun meydana çıkarılmasının zor bir şey değil, yerden normal bir Dâbbe çıkarmak gibi kolay bir şey olduğunu anlatmaktadır. Burada bazı haberleri (rivâyetleri) de kaydedelim:

İbn-i Cerîr'in Huzeyfe İbn-i Esîr'den rivâyet ettiğine göre: *"Dâbbe'nin üç çıkışı vardır: Birisinde bazı çöllerde çıkar* (çıkacaktır). *Sonra gizlenir* (gizlenecek-kaybolacak). *Birisinde de emirler* (liderler) *kan dökerken bazı şehirlerde çıkar* (çıkacak), *yine gizlenir* (gizlenecek gözlerden kaybolacak). *Sonra* (üçüncü olarak), *insanlar mescidlerin en değerlisi* (şereflisi), *en büyüğü ve fazîletlisi olan Mescid-i Haram'ın içinde iken yeryüzü sallanıp kendilerini fırlatmaya başlar. Derken halk* (insanlar) *kaçışır, mü'minlerden bir grup kalır ve bizi Allah'ın takdirinden hiçbir şey kurtaramaz deyip mescidde kalırlar. Dâbbe* (Dâbbetül'arz) *onların üzerlerine çıkar, mü'minlerin yüzlerini parlak yıldızlar gibi parlatır. Sonra hareket eder, artık ne onu takip eden* (izleyen) *yetişebilir, ne de ondan kaçan kurtulabilir.* (Dâbbe) *bir adama varır, namaz kılıyordur,* (Dâbbe), *vallahi sen namaz ehli* (namaz kılan) *değilsin der yakalar, mü'minin yüzünü ağartır, kâfirin yüzünü karartır, burnunu kırar"* dedi. *O zaman insanlar ne halde olur? diye sorduk. "Arâzîde komşu, malda ortak, yolculuklarda arkadaş olurlar."* dedi.

İlim ehlinden (âlimlerden) bir çokları Dâbbe'nin (Dâbbetül'arz'ın) ortaya çıkması, emr-i bil mârûf (iyiliklerin önerilmesi-iyilikleri emir) ve nehy-i anil münker (kötülüklerden menetme, kötülükleri engelleme) terkedildiği zamandır demişlerdir. Abdullah İbn-i Ömer'den (r.a.) rivâyet edilmiştir ki: Bu âyet Neml Sûresi 82. âyeti emr-i bil mârûf, nehy-i anil münker terkedildiği vakit gerçekleşir demektir demiştir. Bu yoruma göre, bu âyetin bildirdiği gerçek, müslümanlar da bozulup aleyhlerinde hüküm (azap hükmü) hak olduğu vakit gerçekleşecektir demek oluyor. (Elmalılı merhum kaydettiği satırlar burada bitti.)

İbn-i Mâce, Dâbbetül'arz hakkındaki hadisin açıklamasında Neml Sûresi 82. âyetin yorumunda tefsir âlimi Râzî'nin yorumunu şöyle açıklamaktadır. Râzî demiştir ki: İlim adamları, Dâbbetül'arz konusunda çeşitli yönlerden yorumlar yapmışlardır. Bu yönlerden **birinci yönü:** Dâbbetül'arz denilen bu hayvanın büyüklüğünün yapısı hakkındadır. Bir hadis-î şerîfe göre, bunun uzunluğu altmış zirâdır. Başının, yani Dâbbetül'arz'ın başının bulutlara değdiği rivâyet olunmuştur (söylenmiştir). Ebû Hüreyre'den (r.a.) rivâyet edilen bir hadis-i şerîfe göre, iki boynuzunun arası, bir fersah uzunluğu kadardır buyrulmuştur.

**İkinci yönü:** Onun (yani Dâbbetül'arz'ın) yaratılış biçim ve şekline dâirdir. Dört ayaklı olduğu, derisinin tüy ve kılla kaplı ve iki kanatlı olduğu rivâyet olunmuştur (söylenmiştir). İbn-i Cüreyc'den yapılan rivâyete göre, başı, öküz başına, gözü; domuz gözüne, kulağı; fil kulağına, boynuzu gergedan boynuzuna benzer, boynu; deve kuşu boynu gibi, göğsü; arslan göğsüne benzer, rengi; pars rengine benzer, böğrü; inek böğrüne benzer, kuyruğu; koç kuyruğu gibi, ve ayağı; deve ayağına benzer olduğudur.

**Üçüncü yönü:** Onun (yani Dâbbetül'arz'ın) yerden çıkışı konusundadır. Hz. Ali (r.a.)'dan rivâyete göre, yerden çıkışı üç gün sürer (sürecektir) (Başı bulutlara dokunur, ayakları da yerdedir.)

**Dördüncü yönü:** Onun çıkacağı yer konusundadır. Bir rivâyete göre, Mescid-i Haram'dan (Kâbe'nin bulunduğu mescidden) çıkacak, diğer bir rivâyete göre Safâ Tepe'sinden (Kâbe'nin bulunduğu ve Say'ın başlangıcı olan Safâ'dan) çıkacak ve Arapça konuşacaktır.

**Beşinci yönü:** Dâbbetül'arz'ın kaç defa çıkacağı konusudur. Bir rivâyete göre, üç defa çıkacaktır. Birinci de önce Yemen'de çıkacak ve bir süre sonra gizlenecek (gözlerden kaybolacaktır). Sonra Bâdiye denen yerden çıkacak ve uzun bir süre yine gizlenecek (gözlerden kaybolacak). Sonra cemâatin Kâbe'de / Mescid-i Haram'da bulunduğu sırada Hacer-i Esved köşesinin hizasından ve Mahzûmoğulları binasının karşısındaki yerden çıkacak. Orada bulunan cemâatin bir kısmı korku ve dehşetinden kaçacak, diğer bir kısmı da kaçmayıp orada durup bekleyecektir. (Bunlar da İbn-i Mâce'nin kaydettiği bilgilerdir.)

***Evet ey âhiret yolcusu!*** Kıyâmet kopmasına yakın Allah Teâlâ böyle acâyip bir mahlûk yaratacaktır. Kıyâmet alâmetlerinin büyüklerinden bir alâmettir. Bunun hakkında daha bir çok hadis-i şerîfler ve islam âlimlerinin (din bilginlerinin) söylemiş olduğu yorumlar bulunmaktadır. Dâbbetül'arz'ın şeytanı öldüreceği de rivâyetler ve yorumlar arasında bulunmaktadır. Hiçbir kimsenin Dâbbetül'arz'ın karşısına çıkabilecek gücünün olmadığı ve onun herkesi tepeleyip kahredeceği de anlatılmaktadır. Allah Teâlâ, kıyâmeti kâfirlerin başına koparacaktır. Kâfirlerden intikam alacaktır. Büyük kıyâmet alâmetlerinin içeriğini aklımıza alıp yerli yerince akledip düşünerek bu gerçeğin böyle olduğunu görüp anlayabiliriz vesselâm...

## 4. Hz. İsâ'nın (a.s.) Yeryüzüne İnmesi:

Büyük kıyâmet alâmetlerinden biri de, Hazreti İsâ Aleyhisselâm'ın yeryüzüne inecek olması (inmesi)dir. Ehli-Sünnet inancına göre, kıyâmetin kopmasından, dünyanın ve bütün kâinâtın (evrenin) yıkılıp yok olmasından önce Hazreti İsâ Aleyhisselâm yeryüzüne inecektir. Hristiyanları İslama dâvet edecek (çağıracak), Deccal'i öldürecek ve Hazret-i Muhammed Aleyhisselam'ın şerîatı ile hükmedecek, İslam şeriatını uygulayacaktır. (Buhârî ve Müslim)

Hz. İsâ (Aleyhisselam)'ın yeryüzüne ineceğine ve müslümanlığı uygulayacağına dair bir hayli hadis-i şerîf bulunmaktadır. (Muhammed Enverşâh el'Keşmîrî, bunlardan yüz bir tanesini bir eserinde bir araya toplamıştır.)

Hz. İsâ (a.s.), Deccal'in bütün kötülüklerini ortaya koyup, pervâsızca her fenâlığı yaptığı bir sırada Allah Teâlâ tarafından gökyüzünden yeryüzüne gönderilecektir. Bu bilgilerin bir kısmını Deccâl'ı anlattığımız bölümde anlattık. Hz. İsâ (a.s.) Deccal'ı kendi eliyle öldürüp yok edecektir. Yeryüzündeki insanlar, Ye'cûc ve Me'cûc belâsından da Hz. İsâ'nın (a.s.) duâsı bereketiyle kurtulacaklardır.

Allah Teâlâ, Hz. İsâ'ya: *"Yâ İsâ! Ben yarattıklarımdan öyle bir mahlûklarımı çıkardım ki, onlarla savaşmaya hiçbir kimsenin gücü yetmez. Sen mü'min kullarımı Tûr Dağı'na çıkarıp orada toplu bir halde onları koru"* diye vâhiy indirecek ve bu meyan da Cenab-ı Allah, Ye'cûc ve Me'cûc'ü gönderecektir. Allah'ın belâsı olan bu Ye'cûc ve Me'cûc fitnesi, her dağın tepesinden hızla ineceklerdir.

Hz. İsâ (a.s.) hem Deccal'la hem de Ye'cûc ve Me'cüc fitnesi (belâsı) ile uğraşacaktır. Ama her iki fitne (belâ)'nın da ölümü Hz. İsâ (aleyhisselâm)'ın aracılığı ile olacaktır. Hz. İsâ (a.s.) ile ilgili bilgi biraz da Ye'cûc ve Me'cûc maddesinde gelecektir.

## 5. Ye'cûc ve Me'cûc Nedir?:

(Ye'cûc ve Me'cûc olayı büyük kıyâmet alâmetlerindendir. Kıyâmetin kopmasına çok yakın bir zamanda insanların başına belâ olacak Ye'cûc ve Me'cûc fitnesi (belâsı), Deccal fitnesinden (belâsından) sonra en büyük bir fitne ve belâ olacaktır. Ye'cûc ve Me'cûc, Kur'ân-ı Kerîm'de iki sûrede bildirilmektedir. Birisi, Kehîf Sûresi, 94 ile devamı âyetlerdir ki, bu âyette Ye'cûc ve Me'cûc'ün bozguncu, fitne ve fesâd çıkaran, insanların başına belâ olan bir kâvim, bir millet olduğu, Ye'cûc ve Me'cûc'ün şerrinden korkmuş olan zamanın insanları tarafından Zül'Karneyn'e şikâyet edilip ondan (Zül'Karneyn'den) yardım istenildiği bildiriliyor. Âyetlerin Türkçe meâli şöyledir:

***"Ey Zül'Karneyn!*** *(iki kabile olan)* ***Ye'cûc ve Me'cûc, bu yerde*** *(bu ülkede)* ***fesâd çıkarıyorlar.*** *(Her türlü kötülük bunlarda: Adam öldürme, soygun, yağma ve gasp ve bozgunculuğun her türlüsü bu kavimde mevcuttur)* ***Bizimle onlar arasında bir set*** *(sağlam bir engel)* ***inşâ etmen*** *(yaptırman)* ***için sana vergi*** *(haraç)* ***vermeyi teklif ediyoruz, ne dersin?"*** (Kehîf âyet 94) Zül'Karneyn, bu teklife şöyle cevap vermiştir:

***"Ey insanlar! Rabbimin bana verdiği imkânlar*** *(nimetler)*, ***sizin bana vereceğiniz maldan daha hayırlıdır*** *(benim mala, paraya-pula ihtiyacım yoktur)*. ***Siz bana beden gücüyle*** *(beden kuvvetiyle)* ***yardım edin*** *(yardımcı olun)* ***de, sizinle onlar arasına bir engel*** *(sağlam bir set-duvar)* ***yapayım"*** dedi. (Kehif Sûresi, âyet 95) ve neticede Zül'Karneyn onların yani, bu insanların isteğini yerine getirdi ve onları, Ye'cûc ve Me'cûc denen kötü insanların şerrinden kurtardı. Onların da güç yardımı, iş gücüne katılmalarıyla hiç biri insan gücünün aşamıyacağı sağlam bir set, bir engel yaptı.

(Bu konuda geniş bilgi edinmek isteyenler Tefsir kitaplarına, Kehif Sûresi ilgili âyetlerin tefsirlerine bakabilirler.)

İkinci sûre ise, Enbiya Sûresidir. Bu sûrenin 96.'ncı âyetinde şöyle buyrulmaktadır.

***"Nihâyet Ye'cûc ve Me'cûc'un önü açıldığı*** *(önlerindeki setin açılma vakti geldiği)* ***zaman, o Ye'cûc ve Me'cûc her dere ve tepeden*** *(yani her yönden)* ***hızla akın edip çıkarlar. Hak olan söz*** *(kıyâmetin kopması)* *pek yaklaşmıştır. İşte o zaman kâfirlerin gözleri yuvalarından fırlayıp dikilivermiştir ki: "Vah bize, yazıklar olsun bizlere! Doğrusu bizler bundan (kıyâmetten) gaflet içindeydik; hayır (hayır), bizler zâlim kimselerdik (Hakk'ı kabul etmiyorduk)" derler (diyeceklerdir).* (Enbiyâ Sûresi, âyet 96-97)

*"Vakterabel'va'dül'Hakku = Kıyâmetin kopma vakti yaklaşmıştır."* (Enbiya 97) Ye'cûc ve Me'cûc'ün çıkışı kıyâmetin kopmasının çok yakın olduğunu gösterir.

Tefsir âlimleri (bilginleri) şöyle demişlerdir: *"Allah Teâlâ, Ye'cûc ve Me'cûc'ün çıkışını kıyâmetin kopmasının yaklaşmış olduğuna bir alâmet kıldı."*

Abdullah İbn-i Mes'ûd (r.a.) demiştir ki: *"Ye'cûc ve Me'cûc fitnesi çıktıktan sonra, insanlara göre, kıyâmetin kopmasının yakınlığı, günlerini doldurmuş, doğum sancısını bekleyen bir kadının durumu gibidir. Öyle ki, günlerini tamamlamış bu kadın, çocuğunu gece mi doğuracak, gündüz mü doğuracak olduğunu bilmez (bilemez)."*

Bu âyetlerin önü ve sonunda gelen âyetleri okuduğumuz zaman görürüz ki, âyetlerde bildirilen tehdit ve korkutmalar, kâfirleri ve günaha dalan günahkârları bir uyarı niteliği taşımaktadır. Kıyâmet kopacaktır, bu dünyanın altı üstüne gelecektir, sonra sorgu sual günü gelecektir. Ve bu gün gelmeden önce zerrece aklı olanlar kendilerine çeki düzen vermeleri kendi kazançlarınadır.

Kıyâmetin vakti, saati belli değildir, onu ancak Allah bilir. Fakat kıyâmetin yakın olduğunu gösteren alâmetler vardır ki, bunlara büyük alâmetler denir. Bunlar çıkmaya başlayınca hepsi arka arkaya gelir. Ye'cûc ve Me'cûc'de bu büyük alâmetlerdendir. O çıktığı zaman, doğumu yaklaşmış bir kadının doğumunu beklediği gibi, sizler de ey insanlar! Kıyâmetin kopmasını bekleyin demek olur. Ye'cûc ve Me'cûc'ün geleceği konusunda da bir hayli hadis-i şerîf vardır.

İbn-i Mâce'nin, Abdullah İbn-i Mes'ûd (r.a.)'dan rivâyet ettiği hadisde Hz. İsâ (a.s.)'ın dilinden kıyâmet alâmetlerinden Deccal, Ye'cûc ve Me'cûc ile ilgili bilgiler bulunmaktadır. Hazreti Peygamber (a.s.) Mirac'a çıktığı gece Mirac'da, Hz. İbrahim, Hz. Musâ ve Hz. İsâ (Aleyhimüsselâm) Efendilerimizle görüştüğü esnâda kıyâmet alâmetleri konusunda müzâkerelerde bulunmuşlardır.

Hz. İsâ (Aleyhisselâm) demiştir ki: "Kıyâmetin kopmasına yakın meydana gelecek olaylar (kıyâmet alâmetleri) konusunda bana bilgi verildi. Ancak, kıyâmetin kopma vakit ve saatini Allah'tan başka hiç kimse bilemez. Onun bilgisi Allah'a âittir dedikten sonra, Deccal'ın çıkmasını anlatmıştır. Demiştir ki; Hz. İsa (a.s.): "Sonra ben gökyüzünden yeryüzüne ineceğim ve Deccal'ı öldüreceğim. Bundan sonra insanlar memleketlerine dönecekler. Bu sefer onların karşısına Ye'cûc ve Me'cûc fitnesi (belâsı) çıkacaktır.

Ye'cûc ve Me'cûc, her dere ve tepeden, her yönden çıkıp hızla gidecekler (yayılacaklar)'dir. Uğradıkları yerin her şeyini bozup yıkacak, yok edeceklerdir. Bir gölden su içip o gölün suyu bitecek (göl kuruyacak)'tir. Onların bu kötülüklerinden insanlar bıkıp feryâd-ü figân edecek Allah'tan yardım isteyeceklerdir. Ben de Allah'a duâ ederek bu kötü insanların (Ye'cûc ve Me'cûc'un) helâk olmaları için dilekte bulunacağım. (Benim bu dileğim - duâm kabul olunacak) ve onların hepsi helâk olup öleceklerdir.

Bu sefer yeryüzü onların ölümüyle kokmuş cesetlerle dolmuş olup ayak basacak yer olmayacak. Ben yine Allah'a duâ edeceğim. Allah da bir su (yağmur) gönderecek o su onların kokmuş cesetlerini sürükleyip denize atacaktır. İşte o alâmetler belirince kıyâmetin kopmasının yakınlığı, hâmile bir kadının doğumunu bekleyen âilesinin âniden doğumla karşılaşacaklarını bekledikleri hâmile kadının hâli gibi olacağı, bana bildirildi demiştir. Hz. İsâ (a.s.) Râvi, bunun delili Enbiyâ Sûresi 96ncı âyetidir demiştir. (Bu âyetin açıklamasını yukarıda vermiştik.)

Müslim, Tirmizî ve İbn-i Mâce'nin fiten bölümlerinde Nevvâs İbn-i Sem'an (r.a.)'dan rivâyet ettikleri uzunca bir hâdisde de Ye'cûc ve Me'cûc konusunda bilgi verilmiştir.

Resûlullâh sallallâhü aleyhi ve sellem, Deccal'ı anlattığı bu uzunca hâdisinde Ye'cûc ve Me'cûc fitnesinden de bahsetmiştir. Hz. İsâ (a.s.) Deccal belâsını defettikten sonra, yani Allah Teâlâ'nın yardımı ile Deccal'ı öldürdükten sonra, Allah Teâlâ, Hz. İsâ'ya (a.s.) şöyle vahyeder:

*"Yâ İsâ! Kimsenin öldüremiyeceği kullar yarattım, yanındaki kullarımı toplayıp Tûr Dağı'na götür"* emrini verir. Allah Teâlâ bu arada Ye'cûc ve

Me'cûc adını verdiği insanları yeryüzüne göndermiş (gönderecek)tir. Onlar tepelerden (her yönden) süratla inip yayılır. Önde giden (öncü)leri Tabariye Gölüne varıp gölün suyunu tümüyle içip bitirirler. Arkadan gelenler: ***"Bir zamanlar burada su varmış, ama şimdi kurumuş"*** derler.

Hz. İsâ, bu sıralarda Tûr Dağı'nda mahsûr kalmış ve açlık sıkıntısı çekmektedirler. Hz. İsâ (a.s.) ve yanındaki mü'minler, içinde bulundukları bu belâdan kurtarması için, Cenâb-ı Allah'a duâ ederler. Allah Teâlâ, kudretiyle deve boynu kurtçukları yaratır ve bu kurtçukları Ye'cûc ve Me'cûc'ün enselerine musallat eder. Ye'cûc ve Me'cûc hepsi bir anda bu kurtcuklar tarafından öldürülmüşlerdir.

Hz. İsâ ve yanındaki mü'minler Tûr Dağı'ndan inerler, fakat adım atacak yer bulamazlar, her taraf Ye'cûc ve Me'cûc'ün kokmuş cesetleriyle kaplıdır. Hz. İsâ ve berâberindeki mü'minler yine Cenâb-ı Allah'a duâ ve niyazda bulunurlar.

Allah Teâlâ, bu sefer deve boynuna benzer kocaman cüsseli kuşlar yaratıp gönderir, o kokmuş cesetleri götürüp Cenâb-ı Allah'ın dilediği yere atarlar. Akabinde Allah Teâlâ öyle bir yağmur gönderir ki, bu bol yağmur her tarafı pırıl pırıl temizleyip ayna gibi yapar. Sonra Allah Teâlâ, yeryüzüne emir verir:

***"Ey arz, meyveni bitir, bereketini getir."*** Öyle bir bereket gelmiştir ki, bir grup insan bir tek nar ile doyar ve kabuğu ile gölgelenir (gölgelenecektir). Her konuda yeryüzü bereketlerle dolmuştur.

### 6. Güneşin Batı'dan doğması:

Güneşin Batı'dan (battığı yerden) doğması büyük kıyâmet alâmetlerindendir. Güneş geçici olarak battığı yerden (Batı'dan) doğduğu zaman, kıyâmetin kopacağı, dünyanın ve kainâtın (evrenin) yıkılıp yok olacağı zaman gelmiş veya pek yaklaşmış demek olur. İşte kıyâmetin büyük alâmetlerinden olan güneşin Batı'dan doğması görüldüğü vakit artık kâfirin iman etmesi câiz değildir. Yâni kâfir kimsenin Allah'a iman etmeye kalkması kabul edilmez. Yani Allah Teâlâ böyle bir imanı kabul etmez demek olur.

Kıyâmetin kopmasının büyük alâmetlerinden olan Hz. İsâ Aleyhisselâm'ın yeryüzüne inmesinden sonra, yani İsâ Aleyhisselâm yeryüzünde iken güneş muvakkat (gezici) olarak doğacaktır. Bu olayı gören herkes artık imana gelecek, Allah'a ve Hz. Muhammed'e iman edecektir. Fakat kıyâmet alâmetleri kesin olarak görüldüğü için bu alâmetlerden sonraki iman Allah tarafından kabul edilmeyecektir.

Ebû Hüreyre (r.a.) şöyle rivâyet etmiştir: Demiştir ki; Ben, Resulullah (sallallâhü aleyhi ve sellem)'den şöyle buyururken işittim:

***"Güneş battığı yerden doğmadıkça Kıyâmet kopmayacaktır."*** *(Lâ tekûmussâatü hattâ tatluuşşemsü min mağribiha)* ***Evet güneş batıdan doğmadıkça kıyâmet kopmayacaktır. Güneş batıdan yani battığı yerden doğup da insanlar onu görünce, yeryüzünde bulunan bütün insanlar imana gelecek*** *(iman edecek)****ler.***

*İşte o zaman, daha önce iman etmemiş olan (kafir olan) kimselerin bu imanları kabul edilmeyecek, bu insanların imanları kendilerine yarar sağlamayacaktır."* (İbn-i Mace fiten bab 32)

Bu konuda daha bir hayli hadis-i şerîf vardır. Bu hadisler, güneşin battığı yerden (batıdan) doğmasıyla tevbe kapısının kapanacağına delildir. Güneşin batıdan doğması büyük kıyâmet alâmetidir. Bu alâmet gerçekleşince yani güneş battığı yerden doğunca, artık bundan sonra daha önce iman etmemiş olan, kâfir olan bir kişinin iman etmesi makbul değildir. Böyle bir iman, sahibine hiçbir hayır ve iyilik getirmez. Günâhkâr, âsi bir mü'minin de bu alâmetten sonra tevbe etmesi de kabul olunmaz, böyle bir tevbe, sahibine hiç bir hayır ve menfaat getirmez. Bunun Kur'ân-ı Kerîm'deki delili En'âm Sûresindeki 158nci âyet-i Kerîmedir. Bu âyetin Türkçe meâli şöyledir:

***"...Rabbinin bazı alâmetleri** (Kıyâmet alâmetleri) **geldiği gün, önceden inanmamış** (kâfir olan) **veya imanında bir hayır kazanmamış olan** (âsî) **kimseye artık imanı bir yarar sağlamaz."*** (En'am, âyet 158)

Tefsir âlim (bilgin)leri, âyetteki Rabbinin bazı âyetlerinin gelmesi (Kıyâmet alâmetleri)nden maksat, güneşin batıdan doğmasıdır demişlerdir.

Şu halde konuyu kavramamız için tekrar edelim: ***Rabbi'nin bazı âyetleri, yani kıyâmet alâmetleri geldiği gün, daha önce iman etmemiş olup da onda** (o alâmetle)**, o alâmeti gördükten sonra iman eden kâfir kimseye bu imanı fayda ve yarar vermez. Bir de, iman edip de bir hayır işlememiş, önceki imanında bir hayır kazanmamış olan âsî*** *(büyük günahkâr)*

***kimseye de imanı hiçbir fayda ve yarar vermez, bir menfaat sağlamaz.***

Taberî bu konuda şöyle demiştir: ***"Daha önce Allah'a ortak koşmuş olan kimselerin, bu kıyâmet alâmetinin gelmesinden sonra, iman etmeleri kendilerine hiçbir fayda ve yarar getirmez. Çünkü onların bu imânı Allah'ın emriyle kendilerine gelen şiddetli korkudan dolayı olmuştur. Bu kimselerin imanlarının hükmü, kıyâmetin kopması anında iman etmenin hükmü gibidir."***

Yukarıda verdiğimiz hadisimizi tekrar hatırlarsak; ***"Güneş batıdan doğuncaya kadar*** *(yani doğmadıkça)* ***kıyâmet kopmaz. Güneş batıdan doğup da insanlar onu görünce, bütün insanlar iman ederler. İşte bu an, daha önce iman etmemiş olanlara bu imanlarının hiçbir fayda ve yarar vermeyeceği bir andır."*** (Bu hadisi, İbn-i Mâce, rivâyet ettiği gibi, Buhârî Fiten ve Müslim iman bahislerinde (rivâyet etmişlerdir.)

Sekerât-ı mevt-ölmek üzere olan, can çekişmekte olan bir kimsenin (bir kâfirin) imanı, iman ediyorum demesi, nasıl fayda vermiyor, Allah tarafından kabul görmüyorsa, adı geçen kıyâmet alâmeti olan güneşin batıdan doğduğunu gördükten sonra da yapılan imanın herhangi bir yararı sahibine olmayacaktır.

İmanın şartı gaybe inanmaktır. Yani imân etmenin asıl esprisi "gaybî" oluşundan kaynaklandığına göre, görünmeyen "gaybî" alâmetlerin açıkça ortaya çıkması, kâfirin imanına, yani inanmaya engeldir demek olur. Kuru bir iman, yani sâlih bir amel işletmeyen bir iman, sahibini günahlardan engel olmamış kuru bir imandan da tam anlamıyla yararlanılamaz (yararlanılmaz). Yani, bu durumdaki kimsenin tevbesi kabul olunmaz. Bu âsî, sâlih amelsiz, kuru imanlı kimse Cehenneme girecektir. Günahları kadar Cehennemde yanacak, azap görecektir. Eğer konusunu ettiğimiz kıyâmet alâmeti ortaya çıkmadan tevbe ederse, tevbesi kabul olur. Cenâb-ı Allah dilerse onun günahlarını affeder. Ama güneş batıdan doğuncaya kadar bu tevbeyi yapmamış ise artık tevbesi yok hükmündedir. Kabul olunmaz demektir. Ehl-i sünnet âlimlerinin görüşü de budur.

Güneşin batıdan doğmasını kıyâmet alâmeti olarak bildiren âyet-i kerîme ve hadis-i şerîflerde kâfirlere ve imanı olup da bir hayır kazanmamış, sâlih amel işlememiş olan günahkâr kimselere açık bir uyarı bulunmaktadır. Ellerindeki fırsatı kaçırmadan acele olarak iman etmeleri ve salih amel işlemeleri önerilmektedir. Çünkü ölümün vakti zamanı belli olmadığı gibi, kıyâmetin bu alâmeti gelmeden önce de aklını başlarına almaları bu durumdaki insanlar için lâzım ve gereklidir.

## 7nci, 8nci ve 9ncu Büyük Kıyâmet Alâmetleri de Yer Batması, Yer Çöküntüsüdür.

Kıyâmet kopmadan önce üç yerde yer batması ortaya çıkacaktır. Birincisi, Şarkta, ikincisi Garb'da ve üçüncüsü de cezîretul'Arab'da meydana gelecektir. Kainâtın düzeni bozulup yıkılmadan önce, Doğu'da, Batı'da ve Arab yarımadasında olmak üzere üç yer çöküntüsü meydana gelecektir.

### 10. Yemen'den Büyük Bir Ateşin Çıkması:

Büyük Kıyâmet alâmetlerinden biri de, Yemen veya Hicaz taraflarından kuvvetli, büyük bir ateşin ortaya çıkması ve her tarafı, hatta çok uzak yerleri bile aydınlatacak olmasıdır. Bu korkunç ateşin insanları mahşere sevkedeceği de gelen rivâyetlerdendir.

### Kıyâmet Alâmetleri Bilgileri Gaybi Bilgilerdir

*Ey Âhiret Yolcusu Kardeş!* Yukarıda anlattığımız on büyük kıyâmet alâmetinin ortaya çıkacak olması **gaybî** bilgilerdir. Kıyâmetle ilgili her bilgi **gayb** sahasına girer.

**Gayb** sahasında akıl ve duyular hiçbir işe yaramaz. Çünkü **gayb,** akıl ve duyular yoluyla kendisi hakkında bilgi edinilemeyen varlıklar sahası **alanı**dır. Bu saha ve alanın bilgisi Allah katındadır. Allah Teâlâ, gayb konusunda dilediği kadar peygamberine bilgi verebilir ve vermiştir. Peygamber (a.s.) de bu gaybî bilgilerden gerekli gördüklerini ümmetlerine anlatmıştır. Allah'ın peygamberinin haber verdiği ve ümmetlerini uyardığı kıyâmet alâmetleri de bu bilgilerdendir.

Özet olarak demek istiyorum ki, gayb konusundaki bilgiler, ya Allah Teâlâ tarafından bildirilmesi veya Allah'ın peygamberinin haber vermesiyle öğrenilebilir. Yani insanoğlu gaybî bilgileri ya **Kur'ân-ı Kerîm'den** yada **hadis-i şeriflerden** öğrenebilir. Kur'ân-ı Kerîm'de altmışa (60) yakın yerde gayb konusunda bilgiler verilir. Bu da bu konunun önemini gösterir. Bir insanın imânının geçerliliği de gayb'a inanmış olmasıdır. Gayb'a iman mü'min (inanmış) olmanın şartıdır.

Gayb ile ilgili âyetler'de gayb'ı sadece Allah'ın bileceği vurgulanmaktadır. Allah Teâlâ, Allah'lığının sırlarını kimseye bildirmez. Ancak gayb ile ilgili bilgilerin dilediği kadarını peygamberine ve dahî peygamberlerine bildirmiştir. Cin sûresi 26. ve 27nci âyetlerinde bu konuya şöyle açıklık getirmektedir: ***"Allah Teâlâ, bütün gaybı** (görülmeyen ve hissedilemeyenleri) **bilir. Gayb sahasını kimseye göstermez, sırlarına kimseyi ortak etmez."*** (Cin Sûresi âyet 26) ***"Ancak bildirmeyi dilediği peygamberi müstesnâ** (o bunun dışındadır)."* (Cin Sûresi âyet 27)

İşte gaybî bilgi konusuna giren kıyâmet alâmetleri (büyük olsun, küçük olsun), Kıyâmet, âhiret, Cennet, Cehennem ve âhiret hayatıyla ilgili bilgiler veya daha bir çok hususla ilgili bütün bilgiler Allah Teâlâ tarafından Hazret-i Peygamber Efendimize bildirilmiştir. O da (s.a.v.) bu hususlardan uygun gördüklerini, bildirilmesi gerekenleri ümmetlerine (bizlere) bildirmiştir. Bu bilgiler âhiretine önem veren âhiret hayatını, dünya hayatından önde tutan her müslüman için çok önemli bilgilerdir.

*Ey Dost!* Allah Teâlâ, bu olağanüstü olayları, özet olarak anlatmaya çalıştığımız kıyâmet alâmetlerini, kıyâmeti kopararak kâinatı (evreni) alt üst etmeden, dünyamızı yıkıp yerle bir etmeden önce, insanları uyarmak, kendilerinin ne büyük bir tehlike içinde olduklarını bildirmek için ve dolayısıyle insanoğlunu ikaz ve uyarı için meydana getirecek (ortaya çıkaracak)tır. Allah herşeye kadirdir, O'nun gücü herşeye yeter.

Kıyâmet alâmetlerinin ortaya çıkmasında değişik rivâyetler vardır. Bizim yukarıda sıraya koyuşumuz, belirli bir sıra değildir. Bazı rivâyetlere göre, ilk çıkacak olan büyük kıyâmet alâmeti Deccâl'dır. Başka bir rivâyete göre ise, ilk çıkacak olan alâmet, güneşin batıdan doğmasıdır. Bu sebeble hangi kıyâmet alâmetinden sonra kıyâmetin kopacağını sadece Allah Teâlâ bilir.

Büyük kıyâmet alâmetlerinden önce ortaya çıkacak çok sayıda küçük alâmetler bulunmaktadır. Bunları konumuzun başlığında da belirtmiştik. İslâm âlimleri kıyâmet alâmetlerini iki başlık altında toplamışlardır. Bunlar küçük alâmetler ve büyük alâmetler adını almışlardır demiştik. Büyük alâmetlerin sayısı az olduğu için önceden onları kısaca anlatmış olduk. Şimdi de küçük kıyâmet alâmetlerinin bir kısmını satırlarımıza almaya çalışacağız.

Şunu da aklımızdan çıkarmayalım ki kıyâmet, kâfirlerin ve insanların kötülerinin üzerine kopacaktır. Kıyâmet kopmadan önce ahlâksızlık alıp başını gidecektir. İnsanlar, insanlığını yitirecek, hayvanlar gibi, sadece yiyip içmesi, nefislerinin hayvani isteklerini yerine getirmesi için var güçleriyle çaba gösterecekler, haram, helâl anlayışı ortadan kalkacak ve insanlar akla hayâle gelmeyen kötülükler yapacaktır.

Bu özellikte insanlar arasında mü'minler kalmayacaktır. İşte böyle bir zamanda kıyâmet kopacaktır.

Sevgili Peygamberimiz (a.s.), bu hususu çeşitli Hadis-i şeriflerinde dile getirmiştir. Bu Hadis-i şeriflere göre, Kıyâmet kopmadan önce, mü'minlerin ruhları alınacak ve onların âhirete göçmeleri sağlanacaktır. (Müslim fiten) Böylece Kıyâmet kötü insanlar ve kâfirler üzerine kopacaktır.

## Küçük Kıyâmet Alâmetleri:

Kıyâmetin gün begün yaklaştığını gösteren küçük kıyâmet alâmetleri insanların kendi istekleriyle gerçekleşen veya ortaya çıkan olaylardır. İnsanlar âdeta kendi hür irâdeleriyle, tercih ve arzularıyla dünyamızın altını üstüne getirip yok olmayı istiyorlar desek çok yerinde bir tesbit ve yorum olur. Çünkü insanlar bozulmasa, kıyâmetin kopması ve dünyâmızın ömrünün uzaması gerekecektir. Yeryüzünde yaşayan insanlar ne kadar hızlı ve çabuk kötüleşirlerse, dünyamızın ömrü de o nisbette azalacak ve yıkılması çabuklaşacak demek olur.

Sahih Hadis kitablarımızda Kıyâmetin kopması ile ilgili bölümlerde kıyâmetin kopmasını çabuklaştıran ve büyük kıyâmet alâmetlerinden önce ortaya çıkan ve çıkacak olan küçük kıyâmet alâmetlerinin başlıcaları ve en önemlileri şöylece özetlenebilir.

1. *Câriyenin sahibini doğurması.* (Müslim Îman bölümü)

2. *İnsanların bina yapmakta birbirleriyle yarış yapmaları, yüksek binaların çoğalması,*

*3. Ana babaya isyanın, saygısızlığın artması*

*4. Kadın nüfusunun çoğalması, erkek nüfusunun azalması*

*5. Paranın çoğalması, herkesin zengin olması*

*6. İşlerin ehil olmayan kimselere verilmesi, adam kayırmaların çoğalması, ehliyetsiz kimselerin söz sahibi olması.*

*7. Adam öldürme olaylarının çoğalması, bir hiç yüzünden, sebebsiz yere cinâyetlerin yayılması.*

*8. Ölçü ve tartıda hîlenin yaygınlaşması, esnaf takımının ahlakının bozulması.*

*9. Haram ve helâlin aranmaması, kişilerin haram ve helâli önemsememesi, helâl kazancın, helâl paranın azalması.*

*10. İlim kalkacak, cehâlet (bilgisizlik) artacak, islâmî ilimler kaldırılacak bilgisizlik yayılacak.*

*11. Zinanın (fuhuş) artması ve ortalarda, insanların gözleri önünde alenî, açıktan açığa yapılması.*

*12. İçki içenlerin artması, alkoliklerin, sarhoşların çoğalması,*

*13. Kumar, fal oyunları ve araçlarının artması,*

*14. Zelzelelerin, depremlerin çoğalması, insanların huzurunun kalmaması,*

*15. Âni ölümlerin çoğalması,*

*16. Zamanın kısalması, gece ile gündüzün bir olması,*

*17. Belâların artması, insanların belâlardan bıkması; insanlar "şu kabirde yatanın yerinde keşke ben olsaydım" diyerek kendisini yerden yere vurması.*

*18. Kişilerin dine ters de olsa kadınına itaat etmesi, kadının sözünde köle olması.*

*19. İnsanlarda emniyet, emânet his ve duygularının kalkması yok olması*

*20. Çalgı âletlerinin ve şarkıcı kadınların çoğalması*

Ve daha birçok kıyâmetin gelmesine öncülük eden, küçük kıyâmet alâmetleri bulunmaktadır. İyiliklerin yasaklanması, kötülüklerin baskı ile yaptırılması, insanların başında kötülerin idâreci olarak bulunması, insanların sadece isimlerinin müslüman olması veya İslamın sadece isminin kalması ve kurallarından hiçbirinin yapılmaması ve Kur'ân-ı Kerimin sadece resminin olup da, hükümlerinin terkedilmesi, insanların dinlerinin para ve yöneldikleri yönün kadınlar olması gibi durum ve davranışların ortaya çıkacağı ve çıkması, bunların hepsinin muhakkak görülecek kıyâmet alâmetleri olduğu hadislerde bildirilmiştir.

***Ey Âhiret yolcusu kardeş!*** Yukarıda isimlerini verdiğimiz küçük alâmetlerinin bazılarının kısa yorum ve açıklamalarını hadislerin Türkçe anlamlarıyla birlikte vermekte aklı başında olan okuyucularım için yarar olduğunu düşünerek vermek istiyorum.

## Câriyenin Sahibini Doğurması

Müslim ve Buhârî'nin îman bölümünde Hz. Ömer (r.a.)'den rivâyet ettikleri meşhûr (ünlü) Cibrîl hadisi olarak bilinen Hadis-i şerifde Kıyâmet alâmetlerinin de sorulduğu bildirilmektedir.

Hz. Ömer (r.a.) şöyle anlatmıştır:

Bir gün Resûlullâh Sallallâhü aleyhi ve sellem'in huzurunda bulunduğumuz bir sırada, üzerinde süt gibi beyaz elbiseli ve simsiyah saçları olan bir adam çıka geldi. Adamın üzerinde yolculuk belirtisi yoldan gelmiş en ufak bir işaret bile yoktu. İçimizden onu tanıyan biride bulunmuyordu. Bu garib adam Hazret-i Peygamberin yanına gelip dizinin dibine oturdu. Dizlerini peygamberin dizlerine dayadı, ellerini kendi dizlerinin üzerine koydu (diz çöküp oturdu) ve konuşmaya başladı. İlk sözüne şöyle başladı:

*"Yâ Muhammed! Bana İslamdan haber ver (yani bana İslamı anlat)"* dedi. Hz. Peygamber (a.s.) ona İslamın beş şartını söyledi. İslamın şartlarını ona tek tek söyleyerek anlattı. Bunun üzerine gelen yabancı adam:

*"— Doğru söyledin Ya Muhammed!"* dedi. Hz. Ömer (r.a.) diyor ki: Bu yabancı adamın, hazret-i Peygambere hem soru sorup hem de doğruluğunu tasdik etmesi orada bulunan bizlerin tuhafına (garibine) gitmişti. Bu yabancı adam sözüne devam ediyordu:

*"— Ya Muhammed! Şimdi de bana îmanı anlat, iman nedir?"* dedi. Hazret-i Peygamber (s.a.v.), îmânın altı şartını teker teker sayarak imânın açıklamasını ona anlattı. Adam yine ***"doğru söyledin"*** diyerek tasdik etti ve:

***"— Peki ihsan nedir?"*** dedi. Efendimiz ihsanı da anlattı. Adam yine öncekilerinde olduğu gibi: ***"Doğru söyledin"*** diyerek tasdik etti ve bu sefer:

***"— Ya Muhammed! Şimdi de kıyâmetin ne zaman kopacağını anlat"*** dedi. Hazret-i Peygamber Sallallâhü aleyhi ve sellem, bu yabancı adama:

***"— Soru sorulan** (ben)**, soru soran** (sen)**dan daha bilgili değilim"*** buyurdu. Adam bu sefer:

***"— O halde Kıyâmetin kopacağına işâret eden alâmetlerini bana anlat."*** dedi. Adamın bu isteği üzerine Allah'ın Resûlü (peygamberi) aleyhissalâtü vesselâm Efendimiz, kıyâmetin alâmetlerinden şu iki alâmeti (işâreti) dile getirmek üzere şöyle buyurdu:

1. *"En telidel'emetü rabbetehâ =* ***Câriyenin, efendisini*** *(köle kadının sâhibini)* ***doğurmasıdır.*** *(kıyâmet alâmetidir)."*

2. *"Ve en teral'hufâtel'urâtel'âlete riâeşşâi yetetâvelüne fil'bünyâni =* ***yalın ayak, başı kapak, çıplak ve fakir olan davar çobanlarının*** *(yüksek yüksek)* ***binâ*** *(apartmanlar)* ***yapmakta birbirleriyle yarış yaptıklarını görmendir*** *(kıyâmet alâmetidir)."*

Hadisimizin râvisi Hz. Ömer (r.a.) diyor ki: Bu yabancı adam, sorduğu bu sorulardan sonra kalkıp sessizce, çekip gitti. Ben bir süre öylece kalakaldım. Daha sonra Hz. Peygamber (a.s.):

*"— Yâ Ömer! Soru soran kişi, kimdi biliyor musun?"* dedi. Ben de, *"Allah ve Resûlü bilir"* dedim. Hazret-i Peygamber (s.a.v.):

*"— Yâ Ömer! O Cebrâil'di, size dîninizi öğretmeye geldi."* buyurdu. (Müslim İman babı. Bu hadis Kütüb-ü Sitte'de yer almıştır.)

Biz, bu iki kıyâmet alâmeti hakkındaki hadis âlimlerinden bazılarının görüş ve yorumlarından bazılarını söylemek istiyoruz.

Bazı hadis bilginleri demiştir ki: Câriyenin (köle kadının) efendisini veya sahibini doğurmasından maksat, toplumda (insanlar arasında) kötülerin çoğalıp köle ve câriyelere, hizmetçilere gösterilen kötü davranışları, kendi öz annesine de göstermek, öz annesine köle ve câriye muamelesi yapmak ve annesine eziyet etmek, ona saygı ve hürmet etmemek demektir ki, böyle davranışlarda bulunan kişilerin çoğalması kıyâmet alâmetidir.

Bazı hadis alimleri bu konuda câriye merkezli yorumlar da yapmışlardır. Bunların günümüzde geçersiz olduğu için onları buraya almadık. Şu halde annelerin, kendilerine câriye ve hizmetçi muâmelesi (davranışı) içinde olacak âsî, şerîr evlatlar doğurmaları çoğaldığında kıyâmeti, dünyanın yıkılmasını beklemek gerektiği vurgulanmaktadır demek olur.

Karısını evin sâhibesi makam ve mevkiine çıkarıp öz annesini câriye hizmetçi mevkisine düşüren hayırsız evlâtlar çoğalınca, dünyayı da insanların başına yıkmaya sebeb olacaklardır. Babalarını köle yerine koyan hayırsız şerîr (kötü) evlatlar da bu sınıfa (gruba) girmektedir. Bunların yeri zaten cehennem olacaktır ki, yaşasın cehennem diyoruz. Böyle şerîr evlatların hakkından cehennem gelecektir. O da pek uzak değildir. İnsan ömrü dediğin nedir ki, 50-60 sene, bilemedin 70 sene olsun. 70 sene dediğin nedir ki, göz açıp kapamadan gelip geçecektir.

## Çobanların Yüksek Binalar Yapması

Kıyâmet alâmetleri adı verilen şeylerin hiçbir zaman iyiliğe işâret olmadığını kabul eden hadis âlimlerine göre, bu hadis-i şerifdeki teşbih ve benzetme yani:

***"Yalın ayak, çıplak ve fakir koyun** (davar) **çobanlarının şehre inip yüksek binalar yapmakta birbirleriyle yarışması"***, servet ve samanın (zenginliğin) âhir zamanda kişisel hiçbir değeri olmayan düşük insanların eline geçerek, dünyanın düzeninin tamamen bozulup rezilleşeceğine, dünyanın insanların başına yıkılmasına sebeb olan ve sebeb olacak kıyâmet alâmetlerinden demişlerdir.

Şimdi düşünelim, çobanlar dağlarda, yaylalarda ve çadırlarda yaşarken birden bire şehre ve kasabaya inerek yüksek yüksek binalar yapacaklar. Bunları yapmakla da kalmayacak, bir de birbirleriyle yarışa, kibirlenmek, böbürlenmek gibi, kötü davranışlar içine girecekler. Bu teşbih ve benzetmeler, sağlıklı düşünebilen insanlar için iyiye işâret değildir. Onun için Efendimiz (a.s.) bu gidişatın toplumu felakete götüreceğinin işâreti saymış ve kıyâmet alâmetidir buyurmuştur.

Bu teşbih ve benzetmelerden yorum çıkaran bilginler çok olmuştur: *"Yalın ayak, başı kapak, çıplak, fakir çobanların, koyun çobanları, siyah deve çobanları, davar çobanları, yüksek yüksek binalar* (apartmanlar) *yapacak, bir de aralarında yarışa, rekâbete girecekler."* Bu dünyâ düzeninin bozulması değil de nedir? Demek ki, lüks ve israf artacak, insanlar gösteriş budalası olacaklar, gösteriş peşinde koşmaktan çıldıracaklar. Öyle ki, dünün ayağı çıplak fakiri, bugün, yüksek bina (apartman) yapma yarışına girişecek kadar çıldırmış!.. Bunu yapan zenginlik, gösteriş budalalığı, lükse düşkünlük nefsinin isteklerine esir olmak, daha açık bir ifâdeyle, bütün değer ölçülerini yitirip yegâne ölçünün servet ve para olarak kabul edildiği ve edileceği bir zamanın gelmesi kıyâmeti çabuklaştıracaktır demek olur. Çünkü yeryüzündeki insanlar ne kadar çabuk kötüleşirlerse, kıyâmet o kadar çabuk olacaktır.

## İnsanın Belâlardan Bıkıp Ölümü İstemesi

Küçük kıyâmet alâmetlerinden biri de, bir kimsenin belâlardan bıkarak bir kabrin başına varıp da: ***"Keşke senin yerine bu kabirde ben olaydım"*** demesidir. O kişinin bu sözü söylemesi dindarlığından dolayı değil, sadece belâlardan bıkıp usandığı için bu sözü söylemekte ve ölümü istemektedir.

Ebu Hüreyre (r.a.)den rivâyet edildiğine göre, Resûlullah Sallallâhü aleyhi ve sellem şöyle buyurmuştur:

*"Lâ tekûmus'sâatü hattâ yemurrar'racülü bi'kabrir'racüli feyekûlü: Yâ leytenî mekâneh =* ***Kıyâmet kop-***

***maz, ta ki bir insan, bir kimsenin kabrinin yanından geçerken, keşke onun yerine bu kabirde ben olaydım demedikçe** (Kıyâmet kopmayacaktır).*" (Müslim fiten 53)

Yine Ebû Hüreyre (r.a.) şöyle demiştir: Resûlullah (s.a.v.) şöyle buyurdu: "*Vellezî nefsî biyedihî! Lâ tezhebüd'dünyâ hattâ yemurrar'racülü alel'kabri feyemerrağu aleyhi ve yekûlü: Yâ leytenî küntü mekâne sâhibi hâzel'kabri. Ve leyse bihid'dînü illal'belâü* = ***Nefsim yedi kudretinde bulunan Allah'a yemin ederim ki, kişi bir kimsenin kabrinin yanından geçerken kendini o kabrin üzerine atıp da, "Ah! Keşke şu kabirde yatanın yerinde ben olsaydım" diyerek kendini yerden yere vurmadıkça dünyâ bitmeyecektir** (Kıyâmet kopmayacaktır). **O kimsenin böyle söylemesi dindarlığından değil, sadece başına gelen ve içine düştüğü belâlar yüzünden böyle davranacaktır.***" (Müslim fiten 54)

***Ey Âhiret yolcusu!*** Kıyâmet kopmadan önce, insanlar, böyle tahammül edilmez belâların yağmur gibi yağdığı günler göreceklerdir. Bu günler, insanı canından bezdiren, yaşadığına bin pişman eden, ölümü tercih edecek kadar insanın aklını alt üst eden korkunç günlerdir. Kıyâmete yakın zaman da yaşayanlar bu azablı günleri yaşayacaktır. Sevgili Peygamberimizin haber verdiğine göre, dünyâ öyle günler görecek, öyle günler yaşanacaktır ki, ***"kâtil niçin öldürdüğünü, maktul** (öldürülen) **de niçin öldürüldüğünü bilemeyecektir.***" (Müslim fiten 55-56)

Böyle cehennemî bir işkenceli yaşam sunan dünyâ hayatından bıkmış olan insanlar, rastladığı bir kabrin üzerine kendini atıp, o kabirde yatan kişinin yerinde olmayı isteyecektir. Bir grup insanın cenâze götürürlerken omuzlarında taşıdıkları tabutu görünce, adeta imrenerek bakacak ve gözlerini fal taşı gibi açıp; *"Bu tabutta giden keşke ben olsaydım"* diyerek ölümü yaşama tercih edecektir. Yukarıda arzettiğimiz Hadis-i şerifde vurgulandığı gibi, dinle imanla hiçbir bağı (ilgisi) bulunmayan kişilerin bile hayattan bezip usanacağını, ölümü, ölmeyi tercih edeceğini görmekteyiz. Halbuki din, iman bağını koparmış insanların ölümden nefret ettikleri görüle gelen günlük olaylardır. Ama belâlar, insanın aklını alt üst eder, dünyâ hayatını çekilmez bir hâle getirir. Kim bilir, ölümü istemekten de öte, canına kıyan insanlar (intiharlar) belki böyle bir nedenden mi, o güzel hayatlarına son verip cehennemi cennete tercih ediyorlar. Bunlar düşünülmesi gereken meseleler olabilir mi? Olmalı mı? Bunu siz değerli okuyucularımın irfanına bırakıyorum.

## Kıyâmete Yakın Kadın Nüfusu Artacak

İbni Mâce'nin Enes İbn-i Mâlik (r.a.)dan rivâyetine göre, Resûlullah (s.a.v.) şöyle buyurmuştur:

***"Şüphesiz Kıyâmet alâmetlerindendir: Elli kadının bir tek erkeğin himâyesinde*** *(korumasında)* ***olduğu günler gelecek, erkeklerin*** *(sayısının azalıp)* ***gitmesi ve kadınların*** *(çoğunlukta)* ***kalması kesinlikle Kıyâmet alâmetlerindendir."*** (Bu hadisi Buhârî, Müslim, Tirmizî ve Nesâi de rivâyet etmiştir.)

Hadis bilginleri bu konudaki hadisleri farklı açıdan yorumlamışlardır. Fakat bazıları ise, hadisin açık manasıyla kadın ve erkek sayısındaki görülecek bu farkın herhangi bir sebebe dayanmaksızın Kıyâmet alâmetlerinden sayılmasını kabul etmişler, bu ilahi bir takdirdir, yorumunu tercih etmişlerdir.

Müslim ve Buhârî'nin Ebû Mûsâl'Eş'ârî'den (r.a.) rivâyet edilen bir hadis-i şerif'in son kısmında da bu konuda şöyle buyurmuş Efendimiz (a.s.):

***"İnsanların üzerine öyle bir zaman gelecek** (öyle bir zaman görecekler) **ki erkeklerin azlığı, kadınların çokluğu** (yani erkek nüfusunun azlığı, kadın nüfusunun çokluğu) **sebebiyle, kırk kadının bir erkeğin himâyesine** (korumasına) **sığındığı görülecektir.** (İşte bu kıyâmet alâmetidir.)"*

Evet kıyâmetin yaklaştığı günlerde bu âfetler (fitneler) görülecektir. Bir evvelki verdiğimiz hadis-i şerifin meâlinde de görüldüğü üzere ki, elli kadının bir tek erkeğin bakımına muhtaç, himâye ve korumasına muhtaç olmaları, bir erkeğin elli kadının geçimini üstlenmek gibi ağır bir yükün altına girmesi elbette bir fitne (imtihan), kıyâmetin yaklaştığına haberci olması, o günlerde yaşamın zorlaştığını anlatıyor.

Bu kadınlar, belki de özellikle akraba ve yakınlarından kalmış olan bir erkeğin kendilerini bakıp kollamasını isteyeceklerdir denebilir. Bazı hadis yorumcuları (âlimler), kıyâmet öncesi insanların kötüleşmeleri nedeniyle menfaat elde etmek için çıkarılacak büyük savaşlarda erkeklerin yüzde doksan dokuzu hayatlarını kaybedecek, ölüp gidecektir. Böylece bu insanların görüp gözettiği kadınlar himâyesiz kalacak. İşte o zaman kırk veya elli bu kadar kadın bir tek erkeğin bakımına muhtaç olacaktır, demişlerdir. Daha başka yorumlar da vardır. Bununla beraber tercihe şayan yorum ise, yukarıda arzettiğimiz birinci yorumdur ki, Allah Teâlâ kıyâmete yakın kadın nüfusunun çokluğunu meydana getirmesi, kıyâmet alâmetidir demeleridir.

## Kıyâmete Yakın Zina (Fuhuş) Belâsının Açıktan Açığa İşlenecek Olması Kıyâmet Alâmetidir

Enes İbn-i Mâlik (r.a.)'den rivâyet olunmuştur: Hz. Peygamber (a.s.) şöyle buyurmuştur:

***"İlmin kaldırılması, cehâletin ortaya çıkıp artması** (halk arasında bilgisizliğin yayılması)**, zinanın** (fuhşun) **artarak yaygınlaşması ve içki içenlerin çoğalması, kesinlikle kıyâmetin alâmetlerindendir."*** (İbni Mâce)

Abdullah İbn-i Mes'ûd (r.a.)'un rivâyet ettiği hadisde:

***"Kıyamet, insanların kötüleri üzerine kopacaktır. Bunlar insani değerlerden yoksun, iyilik bilmez, kötülüğü yaymaya çalışan, merkeblerin meydanlarda çiftleşmesi gibi, insanların gözleri önünde, meydanlarda, açıklık olan ortalık yerlerde birbirleriyle çiftleşen** (cinsel ilişkide bulunan) **kötü kimselerdir. Kıyâmet bunların üzerine kopacaktır"*** buyrulmuştur.

Müslim'in Nevvâs İbn-i Sem'an (r.a.)'den rivâyet ettiği ve deccalin anlatıldığı uzun Hadis-i şerifin son kısmında da şöyle buyruluyor:

***"...Allah Teâlâ, Kıyâmeti koparmadan** (dünyanın ve kainâtın altını üstüne getirmeden) **önce güzel koku-***

***lu, tatlı bir rüzgar gönderir** (gönderecektir), **bu rüzgar onları koltuk altlarından sarmalayıp her mü'minin ve müslümanın ruhunu kabzederek alıp götürür** (götürecektir). (İşte o zaman)*

*Ve yebkâ şirâun'nâsi, yetehâracûne fîhâ tehârucel'humuri. Fe'aleyhim tekûmus'sâatü = (İşte o zaman) **yeryüzünde insanların en kötüleri kalır** (kalacaktır); **onlar, merkebler** (eşekler) **gibi, birbirleriyle tepişip herkesin gözü önünde cinsel ilişkide bulunur** (bulunacaklardır). **İşte kıyâmet bunların** (bu insanî değerlerden yoksun kötü kişilerin) **üzerine kopacaktır** (dünyâ bu şerirlerin üzerine yıkılıverecektir)."* (Müslim fiten 110)

Hadisde geçen **"Tehârûc"** insanların gözleri önünde eşeklerin yaptığı gibi kadınlarla cinsel ilişkide bulunmak demektir.

***Ey Âhiret yolcusu kardeş!*** Hadis-i şerifimizdeki teşbih (benzetme) çok düşündürücüdür. Tüm insanî değerlerden yoksun, insanların en şerîr (kötü)lerinin bu hayvanî davranışlarının artması bu güzelim dünyâmızı helâk edecek, insanların başına yıkılmasına neden olup yıkımını çabuklaştıracaklardır.

***Ey dost!*** Kıyâmete yakın günlere mi girdik, ne dersin? Yirmi birinci asırda zinânın (fuhşun) suç sayılmasını (suç kabul edilmesini) gerilik simgesi kabul edenler, acaba bu güzelim dünyayı insanlığın başına yıkmak için acele edenlerden mi? Böyle bir amaçları mı var? Yoksa eşeklerin yaptığı o işi, onlar da eşeklik yaşantısını kendilerine lâyık görüyorlar da onun için mi böyle davranıyorlar? Yoksa dünyadan bıkmışlar da, kıyâmetin kopmasını çabuklaştırıp da cehennemin ateş çukurlarına atılmak için mi acele ediyorlar?

*Evet ey dost!* Şu bir gerçek ki, insânî değerlerini yitiren, din îman yoksullarının acele etmelerine hiç gerek yoktur. Zaten öldükleri vakit kıyâmetleri kopacaktır. Bu da çok uzak değildir. Belki yarın, belki yarından da yakındır. Kötülerin de iyilerin de dönüp varacağı yer Allah'ın huzûru olacaktır. Kötüler inansa da, inanmasa da gerçek değişmiyor ve değişmeyecektir. Tüm insanlık önünde sonunda dönüp dolaşacak Allah'a varacaktır. Kafir olanlar inansa da inanmasada iş böyle olacaktır.

Alkollü içkileri içenlerin çoğalması veya artması da kıyâmet alâmetlerinden biri olduğu hadisimizde bildirilmektedir. Kıyâmetin çabuk gelmesine davetiye çıkaran bu mel'ûn, her gün yüzlerce ailenin kıyâmetini kopararak ocaklarına kibrit suyu dökmektedir. Buna rağmen hala içki içmeyen Allah'ın kullarını gericilik damgasını vurmaya devam eden kıyâmet dellallarına dur diyen akl-ı selim sahibi birinin çıktığını bir görenimiz yok. Şâyet olsaydı, her akşam televizyon kanallarında aynı sahneyi seyreder miydik? Demek ki, yani anlaşılıyor ki, bu alkol (içki) çılgınlarının hakkından ancak cehennem gelecektir. Bunlar için yaşasın cehennem demekten kendini alamıyor insan!..

## Kıyâmetten Önce Öldürme Olayları Artacaktır

Küçük kıyâmet alâmetlerinden biri de, kıyâmetin kopmasından önce, adam öldürme olaylarının çoğalmasıdır. Kıyâmetten önce, insanların bir hiç yüzünden cinâyetlere kurban gidecekleri felâketlerle yüzyüze gelmeleri kıyâmet alâmetidir.

Ebû Hüreyre (r.a.)'nın rivâyetine göre, bir hadisinde Hazret-i Peygamber (a.s.) Efendimiz: *"Lâ tekûmüs'sâatü hattâ yeksüral'hercü =* ***Herc çoğalmadıkça kıyâmet kopmayacaktır."*** buyurmuştur. Orada bulunan sahabe-i kiram:

***"— Herc nedir? Yâ Resûlallah!"*** diye sormuşlar. Efendimiz (a.s.):

***"— Öldürmedir, öldürmedir."*** buyurmuştur. (Müslim fiten 18)

Yine Ebû Hüreyre (r.a.)'den rivâyet edilmiştir. O şöyle anlatmıştır: Hz. Peygamber (s.a.v.) Efendimiz:

***"Nefsim yed-i kudretinde bulunan Allah'a yemin ederim ki, insanların üzerine öyle bir zaman gelecek*** *(öyle bir zaman görecekler)* ***ki, katil niçin öldürdüğünü bilmeyecek; maktûl*** *(öldürülen)* ***de neden dolayı öldürüldüğünü bilmeyecektir."*** buyurdu. (Müslim fiten 55)

Hazret-i Peygambere, bu nasıl olacak diye soruldu. Efendimiz aleyhissalâtü vesselâm:

***"Bu öldürmedir! Kâtil de, maktûl de cehennemde olacaktır."*** buyurdular. (Müslim fiten 56)

Evet, insanların başına böyle fitnelerin (belâların) yağdığı zamanlar gelecek ve insanlar böyle bozulmuş bir dünyayı göreceklerdir. İnsanoğlu malından, canından olacağı bu fitneleri kıyâmetin kopmasından önce görecek ve fitnelerin, belâların artması yüzünden can ve mal emniyeti olmayacaktır. Dolayısıyla dünya da çekilmez ve dayanılmaz bir cehennem gibi olacaktır.

***Ey Âhiret yolcusu kardeş!*** Küçük kıyâmet alâmetlerinin sayısı çoktur. Bunların hepsini buraya yazmayı istedik, ancak kitabımızın belirli bir sayfada olması gerekiyor. Onun için bu kadarla iktifâ edip diğer konulara geçiyorum.

# ON İKİNCİ BÖLÜM

## BA'SÜ BA'DEL-MEVT
## ÖLDÜKTEN SONRA YENİDEN DİRİLMEK

*Ey Âhiret yolcusu kardeş! "Ba'sü Ba'del-Mevt"* deyiminin Türkçesi *"Öldükten sonra yeniden dirilmek"* demektir. Bütün insanlar öldükten sonra yeniden diriltileceklerdir.

Öldükten sonra yeniden dirilmek İslâm inancının (imanın) altı şartından, altı esas ve temelinden biridir. Öldükten sonra yeniden dirilmeyi kabul etmeyen, mü'min ve müslüman sayılmaz. Yani Allah Teâlâ, öldükten sonra yeniden dirilmeyi kabûl (iman) etmeyen (inanmayan) insanları mü'min ve müslüman olarak kabûl etmiyor ve onlara âhiret gününde kâfirlere yaptığı işlemi yapacağını haber veriyor.

İşte bu sebebledir ki, islâm bilginleri öldükten sonra dirilmeye iman etmeyen insanları mü'min ve müslim denilemeyeceğini söylemişlerdir. Çünkü öldükten sonra dirilmek, âhiret hayatının başlangıcıdır. Şu halde öldükten sonra dirilmeye inanmayan kişiler âhiret hayatına da inanmamış olurlar demektir.

Öldükten sonra dirilmeye, inanmayan kimseler (kâfirler), âhiret hayatını (dolayısıyla âhireti) yok sayanlardır. Çünkü müşrikler (kâfirler) âhirete inanmıyorlardı. Kur'ân-ı Kerîm bu gerçeği şöyle dile getirmektedir:

وَقَالُوٓا اِنْ هِىَ اِلَّا حَيَاتُنَا الدُّنْيَا وَمَا نَحْنُ بِمَبْعُوثِينَ

***"O kâfirler: "Hayat sadece bu dünyâ hayatından ibarettir** (Bizim için dünyâ hayatından başka hayat yoktur). **Biz öldükten sonra tekrar** (yeniden) **diriltilecek de değiliz** (öldükten sonra tekrar dirilmek yoktur.) **dediler"*** (En'am Sûresi âyet 29)

Öldükten sonra yeniden dirilmek, âhiret hayatının başlangıcıdır. Bu önemden dolayı Kur'ân-ı Kerîm, bu inanca (âhirete iman etmeye) büyük ehemmiyet (önem) vermiştir. Öldükten sonra yeniden dirilme konusu üzerinde ısrarla ve önemle durmuş ve bir çok âyetlerinde bu konuyu vurgulamıştır. Ve aynı zamanda öldükten sonra yeniden dirilmenin hak ve gerçek olduğunu belgeleyen aklî deliller getirerek insanların öldükten sonra yeniden dirilmeye inanmalarını istemiş ve istemektedir. Çünkü inanmayanlar (kafir olanlar) kıyâmet günü çok pişman olacaklar ve öldükten sonra yeniden dirilmenin hak ve gerçek olduğunu da gözleriyle görüp tasdik edecekler, doğruluğunu görüp inanacaklar. Fakat vakit ve zamanı geçmiş olduğundan cehenneme atılacaklardır. Allâh Teâlâ, kullarına karşı çok merhametli olduğu için bu dünyâ hayatında onları (kullarını) uyarıyor. Fakat, kafirliğin yoluna girmiş, kâfirliği yol ve meslek edinmiş olan kişiler, Allâh'ın bu merhametli, şefkatli uyarılarına kulak tıkamışlardır. Allâh Teâlâ da onların hakkettikleri ceza ve azabı onlara vermiş ve tattırmıştır: Şimdi misâl ve örnek olarak verdiğimiz âyetin devamı olan **En'âm Sûresi 30.ncu** âyetinde şöyle buyruluyor:

وَلَوْ تَرَى اِذْ وُقِفُوا عَلَى رَبِّهِمْ ط

**"Ey Resûlüm!** *(Öyle diyen yalancıların ne demişlerdi?* ***"Bu dünya hayatımızdan başka hayat yok ve biz bir daha,*** *(öldükten sonra)* ***dirilecek de değiliz"*** *demişlerdi. İşte böyle söyleyen yalancıların o kâfirlerin),* ***yüce Rablarının, yani Allah Teâlâ'nın huzuruna, hesab vermek için sevk edilip durduruldukları zaman hallerini bir görsen!.. Neler olacak neler!..***

قَالَ اَلَيْسَ هَذَا بِالْحَقِّ ط

***"Allah Teâlâ muhakkak ezelî hitabıyla şöyle buyuracak:*** *"Eleyse hâzâ bil'Hakk =* ***Nasıl, ölümden sonra bu diriliş ve bu hesâba çekilme, hak ve gerçek değil miymiş?"*** diyecek. Burada kâfirlerin o günkü duruşlarındaki korkunçluğu anlatmak için **"lev"** kelimesinin cevabı hazfedilmiştir (yazıya alınmamıştır). Bu Arabça dilinde o günkü durumun dehşet ve korkunçluğunu ifâde eder.

"Eleyse" kelimesinde soru edatı olan "Hemze" de kafirlerin öldükten sonra yeniden dirilmeyi yalan saymalarını kınamayı ve o kafirleri horlamayı, onları aşağılamayı anlatır. Arabça grameri bilenler bu incelikleri bilirler Allah Teâlâ, ***"Ey kâfirler! Nasılmış, öldükten sonra yeniden dirilmek hak - doğru değil miymiş?"*** sorusuyla onları aşağılıyor ve onların yalanlamalarını kınıyordu. Öldükten sonra dirilmeyi yalan sayan o kafirler, şöyle cevab verecekler:

قَالُوا بَلَى وَرَبِّنَا

***"Evet ey Rabbim hakmış, Rabbimizin yüce şanına yemin ederiz ki, hakmış** (doğruymuş), **diyecekler.*** "Kâle" Allah Teâlâ, muhakkak buyuracak ki:

قَالَ فَذُوقُوا الْعَذَابَ بِمَا كُنْتُمْ تَكْفُرُونَ ع

***"Öyle ise şimdi acı mı, tatlı mı kâfirliğinizden ötürü azabı tadın. Çünkü siz buna inanmıyor, inkar ediyordunuz** (yok sayıyordunuz)."* (En'âm âyet 30)

Bundan sonraki âyetlerde kâfirlerin (öldükten sonra dirilmeyi yok sayarak inanmayanların kıyâmet günündeki fecî ve korkunç halleri anlatılmaktadır. İsteyen bu âyetlerin tefsirlerine Tefsir kitablarından bakabilir.

Allah Teâlâ, Kur'ân-ı Kerîm'de öldükten sonra yeniden dirilme konusu üzerinde önemle durmuş, bu konuda uyarıcı, korku ve ürperti veren sahneler tasvir edilmiş ve bir çok Kur'ân âyeti bu konuyu inceden inceye tablolaştırmakla birlikte, öldükten sonra dirilmenin hak ve gerçekliğini ortaya koyan aklî (aklın red edemiyeceği) deliller ve açık, net belgeler de sunmakta ve akl-ı selîm (sağlıklı akıl) sahiblerinin nazarına vermektedir. Kur'ân-ı Kerîm'de bunun misâl ve örnekleri hayli bulunmaktadır. Bunlardan bir kısmı şöyledir:

Rûm Sûresi 27nci âyette Allah Teâlâ bu gerçeği şöyle vurgulamaktadır:

وَهُوَ الَّذِى يَبْدَؤُا الْخَلْقَ ثُمَّ يُعِيدُهُ وَهُوَ اَهْوَنُ عَلَيْهِ ط

***"Bütün varlıkları ilk önce yoktan var eden*** *(hiçbir benzeri ve modeli, örneği yokken yaratıp var eden)* ***ve sonra da*** *(kıyâmet günü)* ***onu tekrar yeniden diriltecek olan Allâh'tır. Bu öldükten sonra yeniden diriltme,*** *(ilk yaratıştan)* ***O'na*** *(Allah'a)* ***daha kolaydır."*** (Rûm Sûresi, âyet 27)

Allah Teâlâ'nın, gerek ilk yaratması, gerekse öldükten sonra yeniden yaratması (diriltmesi) Allah'a göre aynıdır. Allah'ın sonsuz kudretinde ikisi de birdir. Allah'a güç gelen, O'nun için hiçbir zorluk yoktur, bu düşünülemez bile.

***"O'nun işi, bir şeyi yaratmak, var etmek dilediği*** *(istediği)* ***vakit, sadece "ol" demektir ve o şey hemen*** *(derhal)* ***oluverir."*** (Yâsin Sûresi, âyet 82)

Ortada ister bir madde (bir model, bir örnek) olsun, isterse olmasın, farketmez (hiçbir şeyi değiştirmez). Bu, kâfirlerin (öldükten sonra yeniden dirilişi), aklı yatmayan câhillerin şübhe ve tereddütlerine bir cevabtır. Kâfir olanlara bir uyarı, akılları sağlıklı ise, akıllarını başlarına toplayıp (alıp) bu gerçekleri vicdanlarına indirerek yola (hidâyete - imana) gelmeleri için bir ikaz demektir. Bâtıl ve sapık iddialarından vazgeçmeleri için bir hidâyet önerisidir.

Yoksa ilk yaratma Allah'a zor gelmiş değil ki, onları ve tüm insanları, öldükten sonra tekrar (yeniden) yaratması daha kolay gelmiş olsun. Buradaki vurgulanan mesele kafirlerin sapık ve batıl şübhe ve tereddütlerini gidermeye işârettir.

Tefsir âlimleri (bilginleri) demişlerdir ki: Allah Teâlâ, burada kullarının anlayabileceği bir şekilde hitap etmiştir. Yani, ey insanlar! Sizin takdirinize ve görüşünüze göre; sizin mantığınız ve kurallarınıza göre, yoktan yaratabilen güce, öldükten sonra yeniden diriltmek daha kolay değil midir? Elbette daha kolaydır.

Şu halde yoktan yaratıp var ettiğine inanıyorsunuz da, öldükten sonra yeniden diriltmesine neden inanmıyorsunuz demek olur ki, bu bir kınamadır. Kâfirlerin sapık mantıklarını bir aşağılamadır. Sizin sapık mantığınız hiçbir işe yaramaz demek olur.

Allah Teâlâ, ilk insan olan Hazret-i Âdem'i yoktan (hiçbir öncesi, geçmişi yokken) topraktan insan olarak yaratmıştır. Hz. Âdem'in neslini (zürriyetini) de meniden yaratmıştır. Bunu yapan (yaratan) kudret (Allah) öldükten sonra tekrar diriltmeye de kâdirdir. Çünkü O'nun gücü herşeye yeter. Kur'ân-ı Kerîm, insanları uyarmak için bu gerçeklere misal ve örneklerle hep açıklık getirmiş, şöyle buyurmuştur:

*"Ey insanlar! Eğer tekrar diriltilmenizden şüphe ve tereddüt ediyorsanız, ilk yaratılışınızı şöyle bir hatırlayın. Yaratmaktaki ilk kudretimizi (gücümüzü) açıkça göstermek için, biz sizin aslınızı (Âdem'i) topraktan, sonra onun neslini nutfe (meni-sperm)den yarattık."* (Hacc Sûresi, âyet 5)

Allah Teâlâ, sağlıklı akıl sahibi insanları bu konuda düşünmeye çağırma noktasında göklerden ve yerden de örnek ve misaller veriyor. Belki düşünürler de yola (hidâyete) gelirler diye insanları uyarıyor. Çünkü göklerin ve yerin yaratılması, öldükten sonra, insanların yeniden diriltilmesinden daha zor ve daha güç bir durumdur. Allah Teâlâ, bu hâli de düşünmeye değer ölçüsüyle insanların nazarına veriyor. Kur'ân-ı Kerîm'in Mü'min Sûresi 57nci âyetinde şöyle buyuruyor:

*"Şübhesiz göklerin ve yerin yaratılması, insanların (öldükten sonra, ikinci defa olarak) yaratılmasından daha büyük bir iştir. Fakat insanların çoğu bunu bilmezler."* (Mü'min Sûresi, âyet 57)

Kur'ân-ı Kerîm, öldükten sonra, dirilişi büyük önem vermektedir. Ve bu konu üzerinde çok durmaktadır. Hazret-i Peygamber Efendimiz Hadis-i şeriflerinde de **"Ba'sü Ba'del-Mevt"**i geniş bir şekilde açıklamalarda bulunmuştur ve bu inanç esâsına net açıklamalar getirmiştir. Çünkü Mekke müşrikleri (kâfirleri) bu konuyu (öldükten sonra dirilmeyi) bir türlü kabul etmiyor ve şiddetle karşı çıkıyorlardı. Yukarıda verdiğimiz misallerde de bunların bazılarını arzetmiş bulunuyoruz. Onlar, *"hayat sadece dünyâ hayatıdır, öldükten sonra dirilmek yoktur"* diyorlardı.

Tefsir bilginlerinin eserlerinde kaydettiklerine göre, Übeyy İbni Halef adında bir kâfir (müşrik), eline çürümüş bir kemik alarak Resûlullah'ın (a.s.) huzûruna geldi. Çürümüş kemiği kâfir elinde ufalayarak Resûlullah'ın (a.s.) üzerine doğru tozlarını üfledi ve alay ederek:

*"Yâ Muhammed! Biz, bu şekilde çürüyüp toz haline gelmiş kemikler olduktan, yani bizim kemiklerimiz çürüyüp toprak olduktan sonra, Allah'ın bizi dirilteceğini mi söylüyorsun?"* dedi. Resûlullah Sallallâhü aleyhi ve sellem, o kafire şöyle cevap verdi:

***"Evet, Allah onu diriltecek ve seni de öldükten sonra yeniden diriltecek ve seni ateşe** (cehenneme) **sokacak"*** buyurdu. Bunun üzerine Yâsin Sûresinin şu âyetleri nâzil oldu (peygamberimize indirildi):

اَوَلَمْ يَرَ الْاِنْسَانُ اَنَّا خَلَقْنَاهُ مِنْ نُطْفَةٍ فَاِذَا هُوَ خَصِيمٌ ٧٧
مُبِينٌ . وَضَرَبَ لَنَا مَثَلًا وَنَسِىَ خَلْقَهُ ط قَالَ مَنْ يُحْيِى
الْعِظَامَ وَهِىَ رَمِيمٌ . قُلْ يُحْيِيهَا الَّذِى اَنْشَاَهَا اَوَّلَ
مَرَّةٍ ط وَهُوَ بِكُلِّ خَلْقٍ عَلِيمٌ . ٧٩

Mânâları: ***"İnsan** (özellikle o inatçı kâfir) **görmüyor mu ki, biz onu bir damla sudan** (meni-sperm sıvısından) **yarattık. Şimdi de bakıyorsun ki, apaçık bir düşman kesilmiş isyân ediyor."*** (Yâsin Sûresi âyet 77)

***"Kendi** (bu bir damla meniden) **yaradılışını unutarak bize karşı bir de misal getirmeye kalkışıyor, ve 'şu çürümüş kemikleri kim diriltecek' diyor."*** (Yâsin Sûresi âyet 78)

***"Resûlüm ya Muhammed!** (O kafire) **De ki: "Onları ilk defa yaratmış olan** (Allah) **diriltecektir. Çünkü O, her türlü yaratmayı gayet iyi bilir."*** (Yâsin Sûresi âyet 79)

Bu âyetler, öldükten sonra yeniden dirilmenin ve haşrın gerçekleşeceğini bildiren açık ve kesin delillerdir. Âyetler herhangi bir açıklama ve yoruma bile gerek duyulmayacak kadar açık ve nettir.

Öldükten sonra yeniden dirilişi alaya alan ve çürümüş kemiklere can vererek diriltecek olan kudreti (Allah'ı) sorgulamaya kalkan kişinin (kâfirin) düştüğü rüsvaylık halini anlatmaktadır.

**"Evelem"** kelimesindeki soru, istifhâm-i inkârî olup âhireti - yeniden dirilişi inkâr eden, kabul etmeyip yok sayan kâfiri veya kâfirleri kınama ve azarlama, aşağılama mânâlarına gelir.

*"Fe izâ hüve hasîmün mübîn =* ***Şimdi de bakıyorsun ki, o** (kafir insan) **apaçık bir düşman kesilmiş."*** İçine düştüğü o batıl yolda, sapıklığında inat ediyor, şiddetli bir mücâdeleci ve çatışmacı davranıyor. Kendisini yoktan vâr eden Rabbine karşı mücâdele ediyor. O'nun kuvvet ve kudretini (gücünü) inkâr ediyor (yok sayıyor) ve öldükten sonra dirilişi ve haşrı yalanlıyor (yok sayıyor). İnsanı cansız bir sperm sıvısından (meniden) yaratan ve yaratabilen kudret (Allah) öldükten sonra onu tekrar (yeniden) yaratamaz mı? (Elbette ki yaratır.) İşte bu âyetle de kâfirlerin bâtıl ve sapık anlayışları reddediliyor ve onların hal ve davranışları kınanıyor ve onlar rüsvaylık içinde bırakılarak susturuluyor.

Bundan sonraki âyetlerde de Allah'ın sonsuz gücü ve büyüklüğü dile getirilerek Yâsin Sûresi bitiriliyor. Daha geniş bilgi isteyenler Yasin Sûresinin tefsirini Tefsir kitablarımızdan bakabilir.

Kur'ân-ı Kerim'de yeniden dirilişi anlatan **"Ba's"** kelimesi on beş âyet-i kerîmede yer almaktadır. Kur'ân-ı Kerîm bu konuya büyük önem vermiş ve vermektedir.

"Ehli sünnet inancına göre, insanlar öldükten sonra, yeniden diriltileceklerdir. Bu diriliş, hem ruh, hem de cesedle olacaktır. Hem ruhlar, hem de cesetler diriltilecektir. Allah kurumuş, çürümüş kemikleri ve kabirlerde olan tüm ölüleri diriltecektir. Allah çürümüş kemiklere de can verecektir. Hacc Sûresi âyetlerinde şöyle buyruluyor:

***"Bu böyledir. Çünkü Allah, Hakk'ın, gerçeğin ta kendisidir.*** *(Allah tek Hakk'tır. Herşey O'nunla varlık kazanır, O'nunla ayakta durur)* ***ve ölüleri dirilten de O'dur*** *(Allah'dır)*. ***Çünkü O, herşeye kadir, herşeyi yapabilendir*** *(Gücü herşeye yetendir)*.**"** (Hacc Sûresi, âyet 6)

***"Ve şunu da iyi bilin ki, o kıyâmet saati mutlaka gelecektir, onda asla*** *(kesinlikle)* ***şüphe yoktur. Ve Allah kabirlerde olanları diriltecektir."*** (Hacc Sûresi, âyet 7)

***"Hal böyleyken insanlardan öyleleri vardır ki, hiçbir bilgisi, hiçbir delili*** *(rehberi)* ***veya*** *(vahye dayanan)* ***ışık tutucu*** *(aydınlatıcı)* ***bir kitabı olmadığı halde Allah hakkında*** *(ve Allah'ın dini hakkında)* ***inatla tartışır durur."*** (Hacc Sûresi, âyet 8)

**"***(Böyleleri)* ***Allah yolundan saptırmak için*** *(haktan yüz çevirip kibir ve gururla)* ***boynunu eğip bükerek tartışmasını sürdürür. Onun hakkı dünyâda bir rüsvaylık*** *(horluk-hakirlik)* ***olacaktır. Kıyâmet gününde ise, ona cehennemin yaygın azabını tattıracağız."*** (Hacc Sûresi, âyet 9)

*Ey Âhiret yolcusu kardeş!* Öldükten sonra dirilmek mü'min, müslüman olmanın altı şartından biridir. Bilindiği üzere imânın şartları altıdır. Bunlar, İslamın ve müslümanın **"amentü"**sünde bulunan şartlar ve temel esaslardır. Bu altı şarttan (esastan) bir tanesini bile, reddetmek, kabul etmemek, aklının buna yatmaması, kişiyi dinden çıkarır (kâfir olduğunu belgeler). Bir insanın mü'min olabilmesi (kafirlikten kurtulabilmesi) için bu altı esasın, altısını birden kabul edip inanması gerekli ve şarttır (farzdır - Allah'ın emridir). Bunlardan bir tanesine inanmamak, altısına birden inanmamak anlamına gelir ki, öldükten sonra cehenneme atılıp azab görmesini ve devamlı olarak cehennemde kalması anlamınadır. Yukarıda geçen satır ve paragraflarımızda da arzetmeye (anlatmaya) çalıştığımız gibi, öldükten sonra dirilmenin hak ve gerçek olduğunu gösteren bir çok delil ve belgelerin dünyâ hayatında görüldüğü ve görülmesi aklı başında olan ve bu konularda biraz olsun bilgisi olan insanlar için mümkün olan gerçeklerdir. Allah Teâlâ, kullarına olan merhameti ve şefkati gereği bu konuda kullarını uyarmak için her türlü örnek ve misalleri insanların gözleri önüne sermiştir.

Bunların bazılarını yukarıdaki satırlarımızda verdik. Her aklı başında (sağlıklı bir akla sahib olan) insan veya insanlar için öldükten sonra dirilme olayının gerçek olduğunu gösteren delîl ve belgelerinin benzerlerini dünyâ hayatında görüp imanını daha da kuvvetlendirebileceği gibi, imandan yoksun olanları (kâfir olanları) da iman sahibi olmalarını sağlar. Meselâ (örneğin) insanoğlunun uykusu buna (öldükten sonra dirilmenin gerçek olduğuna) bir delil ve bir belgedir. Çünkü Allah Teâlâ, uyku olayını bu konuda delil ve misal getiriyor. Allah Teâlâ, Kur'ân-ı Kerîm'inin Zümer Sûresi âyet 42'de şöyle buyuruyor:

***"Allah Teâlâ, ölen insanın ölüm vakti** (eceli) **geldiği zaman, ölmeyenin de** (eceli gelmemiş olanın da) **uykusunda ruhlarını alır.** (Şimdi bu halde olan insanların hepsi ölüdür. Çünkü bu durumda her iki taraf da olandan bitenden habersizdir.) **Şimdi bu durumdayken eceli gelip hakkında ölüm emri verdiği insanın ruhunu tutar** (onu cesedine geri vermez, artık o ruhu kıyâmete kadar, yeniden dirilinceye kadar ruhlar âleminde tutar), **diğerlerini** (uykudakilerini) **belirli bir vakte kadar** (ki ecelleri gelinceye kadar) **salıverir** (cesedlerine geriverir - geri gönderir). **Hiç şüphe ve tereddüt yok ki, sergilenen bu misal ve örnekde sağlıklı düşünecek ve düşünebilecek bir kavim** (insanlar) **için ders alınacak ibretler vardır."*** (Ez'Zümer Sûresi, âyet 42)

Âyet-i kerimeden anlaşıldığı üzere, ölüm ve öldükten sonra yeniden dirilmenin bir benzerini, bir misâlini insanoğlu uyumasında ve uyanması halinde bu dünyâda yaşamaktadır. Şu halde öldükten sonra yeniden dirilmek gerçeği, akla uzak bir olay değildir. Kendi hayır ve şerrini, kâr ve zararını ayırt edebilecek bir akla sahib olan her insan bu gerçeği kavrayabilecektir. Verilen haber ve bilgiler onu gösteriyor.

**Kurtubî demiştir ki:** *"Bu âyet-i kerimede, Allah Teâlâ'nın kudretinin büyüklüğüne, tek ilah olduğuna, öldürenin ve diriltenin yalnızca kendisi olduğuna, dile-*

*diğini yaptığına ve bunları O'ndan başkasının yapamıyacağına dikkat çekilmektedir. "İnne fî zâlike..." cümlesinde: İşte şu sayılan hârikulade işlerde, tefekkür edebilen, onları düşünüp ibret dersi alan bir kavim, bir insan topluluğu, bir millet için, Allah'ın ilminin ve O'nun gücünün sonsuzluğunu gösteren açık ve kesin deliller, kesin belge ve alâmetler vardır demek olur."*

**Ey dost!** Bazı tefsir kitablarımızda bu âyetin açıklamalarında şöyle denilmiştir.

Allah Teâlâ, eceli gelen insanların ruhlarını bedenlerinden alır. Büyük ve asıl ölümdür. Yine Allah Teâlâ, eceli gelmeyen insanların ruhlarını da uykularında alır ve bunlarda ölülerdir. Yani bu insanlar uykularında ölüdürler. Çünkü hiçbir şeyin farkında ve bilincinde değildirler. Bu da küçük ölümdür. İbni Cüzeyy demiştir ki: Allah Teâlâ, ruhları iki şekilde alır. Birisi gerçek anlamda tam bir alıştır ki, buna "ölüm" denir (Gerçek ölüm). İkincisi ise, uyku ölümüdür. Çünkü uykudaki insan, görememek, işitememek ve hiç birşeyin farkında olamamak yönünden gerçek ölü gibidir. En'âm Sûresi 60ncı âyeti de yine bu anlamı haber vermektedir:

***"Geceleyin sizi öldüren** (ölmüş ölü gibi uyutan) **ve gündüzünde ne işlediğini** (ne yaptığınızı) **bilen; Sonra da takdir edilen** (yazılan) **ömrünü tamamlasın diye, gündüzün** (sabahları) **sizi dirilten** (uykudan uyandıran) **O'dur** (Allah'tır). **Sonra dönüşünüz yine O'nadır. Sonra da O, dünyâda yaptıklarınızı size haber verecektir.** (Sizi hesaba çekip sorgulayacaktır.)"* (En'âm Sûresi, âyet 60)

Tarih boyunca, yani geçmişte de günümüzde de, inananların (mü'minlerin) dışında kalan insanların büyük bir kısmı, öldükten sonra yeniden dirilme gerçeğine inanmamaktadır. Bu kimselerin öldükten sonra dirilmeye iki sebebten dolayı inanmadıkları görüle gelmektedir. Birincisi, bu gibi kişiler, akıllarıyla bu meseleyi idrak edememelerinden bu önemli konuyu kavrayamamalarından ileri gelmektedir. İkincisi de, dünyâda yaptıkları isyanın, dini kuralları çiğnemelerinin hesabını verme korkusudur. Kur'ân-ı Kerîm bu konunun üzerine önemle eğilmektedir. Konu ile ilgili bazı örnekleri geçen bölümlerimizde vermiş bulunuyoruz.

Öldükten sonra dirilmenin mutlaka olacağını Allâh Teâlâ, Kur'ân'ının birçok âyetlerinde haber vermiş ve bildirmiştir. Allah'ın Peygamberi Sallallahü aleyhi vesellem Efendimiz de hadis-i şeriflerinde bildirmiştir. Bu konuda akıl, ilim ve duygularla bilgi elde edilemez. Bu konu gaybî ilmin çerçevesine giren bir konudur.

Hiçbir ilim adamı, hangi konunun uzmanı olursa olsun, öldükten sonra yeniden dirilme yoktur şeklinde bir ilmi ispat edemez. Çünkü Kur'ân'ın bildirdiği deliller ve belgeler, öldükten sonra yeniden dirilmenin olacağı gerçeği aklın kabul ettiği bir hakikattır. Aklın mümkün gördüğü bir gerçek Kur'ân ile de olacağı vurgulanınca, artık o gerçeğe inanmak zorunlu olur. Bu misalleri yukarıdaki bölüm ve paragraflar halindeki satırlarımızda açıklamış bulunuyoruz.

Öldükten sonra yeniden dirilmenin gerçekleşeceğine delil olarak Kur'ân-ı Kerîm, geçmişte meydana gelmiş bazı misaller de vermiştir. Bunlardan biri, Kur'ân-ı Kerîm'in on beşinci cüzünde bulunan Kehif Sûresinde anlatılan Ashab-ı Kehif olayıdır. Yine Bakara Sûresi, 260ncı âyetinde anlatılan Hazret-i İbrahim'in kesip parçalara ayırdığı dört kuşun Cenâb-ı Allah tarafından yeniden diriltilmesi ve kuşların Hz. İbrahim'e geri gelmeleri olayıdır (hadisesidir). Yine aynı sûre (Bakara Sûresi) 259ncu âyetinde bildirilen Hazret-i Üzeyir hadisesidir. Bu konuda gerekli bilgi edinmek isteyen değerli okuyucularımız Kur'ân-ı Kerîm tefsirlerimize bakabilirler. Kolay bulunması için Sûre adı ve âyet numaralarını da vermiş bulunuyorum.

Allah Teâlâ, yeryüzünde (toprakta) meydana gelen değişimleri de yeniden dirilmeye örnek (misal) olarak vermektedir. Kışın yaprakları dökülen ağaçlar kurumuş ve ölmüş bir hal alır. Yazın gelmesiyle bu kurumuş ağaçlar yeniden yeşillenip yeniden canlanırlar (dirilirler). Yemyeşil yapraklarıyla, rengarenk çiçekleriyle ve meyveleriyle yaz mevsiminde insanoğluna neşe ve sevinç verirler. Sonbaharda yine yaprakları sararıp dökülüverir. Bütün ağaçlar ölüp gider. İşte bu değişimler insanların öldükten sonra yeniden dirileceklerine dâir kesin delil ve şaşmaz belgelerdir. Toprağa atılan bir tek kuru ve ölü tanecikten toprağın yarılıpta yeniden yeşil bitkiler çıkıp kısa bir zamanda sebzeler, meyveler vermesi de bir delildir. Allah Teâlâ bütün bunları yeniden dirilmeye misâl olarak vermektedir. (Rûm Sûresi, âyet 19-24, 50, Hadid Sûresi âyet 17, Yâsin Sûresi âyet 33)

# ON ÜÇÜNCÜ BÖLÜM

## HAŞR VE MAHŞER MEYDANI

**Haşr** kelimesi, sözlükte "toplanmak, bir araya gelmek demektir. Dil bilimcileri **"Haşr"**ın sözlük mânâsını şu şekilde de yorumlamışlardır: "Bir topluluğu bulunduğu yerden zor kullanarak çıkarıp bir meydanda toplamak" demektir.

Bazı lügatlarda **"Haşr"**, "insanları yerlerinden çıkartıp bir yerde (bir meydanda) toplamak" mânâsına gelir denilmiştir. Bazı sözlüklerde ise, "Haşr" toplanmak mânâsınadır denerek kısa ifâdelerde bulunulmuştur. Sözlük mânâlarından anlaşılıyor ki, "haşr" toplanıp bir arada bulunma mânâ ve anlamı taşımaktadır.

**Haşr,** İslâmî (dînî) bir terimdir. Bu terim sözlük anlamıyla da çok iç içe uyumludur. Sözlüklerde gördüğümüz ifâdeler, kısa olsun, uzun olsun bu gerçeği anlatıyor.

**Haşr** kelimesi, dînî bir terim olarak da: "Bütün ölülerin diriltilip toplanma (mahşer) meydanında toplamak" demektir. Bunu terim olarak şu şekilde ifâde edenler de var: **Haşr:** "Allah Teâlâ'nın kıyâmet günü bütün insanları hesâba (sorguya) çekmek üzere yeniden diriltip kabirlerinden çıkararak mahşer meydanında (toplanma yerinde) biraraya toplaması" demektir. Şöyle de diyebiliriz: Haşr, "kıyâmet gününde yeniden diriltilecek olan bütün mükellef (sorumlu) olan insanların bu dünyâda yapıp ettiklerinden hesaba (sorguya) çekilmek üzere bir araya toplanması" anlamına gelir.

**Mahşer** kelimesi, **"haşr"** kökünden alınmış bir kelimedir. Büyük toplanma yeri demektir. Mahşer meydanı diyoruz. Mahşerî kalabalıkların bir arada toplu halde bulundukları yer anlamınadır.

Kıyâmet (kabirlerden kalkış) ve diriliş gerçekleştikten sonra, **Haşr,** yani büyük toplanma meydana gelecek. İşte bu büyük toplanmanın yapıldığı alana, mahşer meydanı veya mahşer yeri adı verilmiştir.

Mahşer yerinin bir adı da, "Arasât meydanı"dır. Arsalar, düzlük alanlar demektir. Kıyâmet günü, insanların gözleri, bu arsalarda (arasât meydanında) gözlerinin alabildiğine dalacaklardır. Mahşer yerinin bir diğer adı da **"Mevkıf"**tır. Bekleme yeri demektir. İnsanlar mahşer meydanında dünyadaki yaptıklarının hesabını vermek için bekleyeceklerdir. Mevkıf = bekleme meydanı denmesi bundandır.

Kur'ân-ı Kerîm'de mahşer meydanında geçecek merhalelerden söz eden pek çok âyet-i kerîme vardır.

Mahşer günü gündemi, çok yoğun bir gündemdir. Hesab kitab, sorgu suâl, amellerin tartılması (Mîzân), sırat köprüsünden geçme, cennet ve cehennemi hak etme hep bu mahşer meydanında ortaya konacaktır.

İşte bu yoğun gündemden dolayıdır ki, Mahşer günü çok sıkıntılı ve dehşet verici çetin bir gün, mahşer halkının korkudan ödlerini parçalayıcı bir gündür. Sıcağın, güneşin cehennemî bir azabın verdiği sıkıntının doğuracağı korku ve kalbleri parçalayan ürpertilerin verdiği son imtihanı başaramama korkusu herkesi kendi derdine düşürecektir. Kişi kardeşinden, annesinden, babasından, eşinden ve çoçuklarından kaçacaktır. Bu tabloyu Kur'ân-ı Kerîm şöyle tasvir etmekte (çizmekte)dir:

يَوْمَ يَفِرُّ الْمَرْءُ مِنْ اَخِيهِ ۙ . وَاُمِّهِ وَاَبِيهِ ۙ . وَصَاحِبَتِهِ وَبَنِيهِ ۜ . لِكُلِّ امْرِئٍ مِنْهُمْ يَوْمَئِذٍ شَاْنٌ يُغْنِيهِ ۜ .

***"İşte o gün** (kıyâmet günü-mahşer günü), **kişi kardeşinden, annesinden, babasından, eşinden ve çocuklarından kaçar** (kaçacaktır). **Çünkü o gün, herkesin başından aşkın** (kendisine yetecek) **derdi, kaygısı ve tasası vardır."*** (Abese Sûresi, âyet 34-37)

Bu dehşetli çetin günün bir diğer tasviri Meâriç Sûresi âyet 10 ile 15'de şöyle dile getirilmektedir:

***"Akraba akrabanın halini sormaz ve dost dostun hal ve derdini sormaz.*** *(Sormayacak, soramayacak çünkü her insanın kendine yetecek derdi vardır.)"*

*"(Dost, akraba)* ***birbirlerine gösterilirler.*** *(Fakat buna rağmen, hiçbir can dost, dostunun halini ve candan akraba, akrabanın halini sormaz, soramaz. Çünkü her insan kendi derdindedir.)* ***Her günahkâr, o günün azabından kurtulmak için, oğullarını*** *(çocuklarını),* ***eşini, kardeşini, kendisini koruyup barındıran sülâlesini ve hatta dünyâda olanların hepsini*** *(yeryüzünde kıymete değer ne varsa, kim varsa tümünü birden)* ***fidye olarak verip de kurtulmak, sadece kendi canını kurtarmak ister. Fakat ne mümkün! Şüphesiz o halis katıksız bir alevdir*** *(o cehennem alev alev yanan bir ateştir, günahkârları yakalayıp sarıverir).* ***Derileri kavurup soyar.*** *(Tüm organları söküp çıkarıverir. Eli, ayağı, bütün uzuvları söküp atar.)"* (Meâriç Sûresi, âyet 10-16) ***Ey dost!*** Âyetlerin mânâları yeterince açık ve nettir, açıklama ve yorum gerektirmeyecek derecede bizim anlayacağımız güzelliktedir.

Bu konuda Lokman Sûresinde de şöyle buyrulmaktadır:

***"Ey insanlar! Allah'a karşı gelmekten korkup sakının. Öyle bir günün azabından çekinip korkun ki, o gün hiçbir baba, evladına asla*** *(kesin kes)* ***bir fayda veremez ve bir yarar sağlayamaz.*** *(Ona bir yardımda bulunamaz.)* ***Ve hiçbir evlad da, babasına bir yarar, bir menfaat sağlayamaz*** *(bir yardımda bulunamaz).* ***Allah Teâlâ'nın va'di*** *(söylediği)* ***haktır, gerçektir. O halde dünyâ, sizi aldatmasın ve çok hilekâr şeytan da sizi Allah'ın*** *(affediciliği ile)* ***aldatmasın, Allah'ın affına güvendirmesin."*** (Lokman Sûresi, âyet 33)

*Evet ey dost!* Allah Teâlâ, rahmet ve merhametinin çokluğu ve sonsuzluğunun belgesi olarak kullarını böyle uyarıyor. Daha fırsat elde iken, doğru yolu bulup cennete namzet olmak ve mahşer yerinde sıkıntılardan kurtulmak için bu dünyâda Allah'ın emir ve yasaklarının gereğini yerine getirerek Allah'ın azabından korunmak mümkündür. Aksi halde kıyâmette kimsenin, kimseye hatta babanın evlâdına veya evlâdın babasına en küçük bir yardımı bile olmayacaktır. Yardımları şöyle dursun; kişi, kardeşinden, annesinden, babasından, eşinden ve çocuklarından kaçacaktır. Bunları Allah Teâlâ haber veriyor, yukarıda Kur'ân âyetlerini beraber okuduk değil mi? İşte kıyâmet günü, mahşer günü böyle belâlı, korkunç bir gündür. Bugünün azabından ve dehşet verici hallerinden korunmak için bu dünyâda insanın aklını başına alıp Allah'ın istediği yolda yürümesi gerekir vesselâm.

"Kaçmak" demek olan **"Yefirru"** fiili, o gün (Kıyâmet günü, Mahşer günü), hiçbir kimsenin, birbirine yardım edemiyeceğini ve kişinin kendisinden yardım isteyecekler korkusuyla, dünyâdaki en yakınlarından bile kaçacağına işâret etmektedir.

Ayrıca bu ve diğer meâllerini verdiğimiz âyetler, dünyâda Allah'ın emir ve yasaklarını unutarak, Allah'tan hiç korkmadan ve âhirette karşılaşacağı bu bildirilen durum ve hallerden gaflette olarak, birlikte günah işlediklerinden dolayı, birbirlerine şahitlik etmesinler ve sorumlu tutmasınlar diye, bugün (mahşer günü) birbirlerinden kaçmaktadırlar şeklinde de anlaşılması mümkün ve uygundur.

Çünkü o gün (Kıyâmet günü, mahşer günü), kişiler birbirlerine suçlamada bulunarak şahit yapmaları da korkulan ve korkulacak hallerdendir. Ama o gün, her insanın kendisine yetecek bir derdinin olduğu vurgusu bunların da ötesinde bir olgudur.

## Hz. Ayşe Validemizin Peygamberimizden Haşri (Yeniden Dirilmeyi) Sorması

İbni Mâce'nin kaydına göre, Hazret-i Ayşe validemiz, Rasûlullâh (s.a.v.)'den Kıyâmet günü insanların nasıl haşrolunacaklarını (diriltilip mahşer meydanında toplanacaklarını) sormuştur.

Bu Hadis-i şerifin yukarıda verdiğimiz (Abese) 37nci âyetiyle ilgisi var, hem de Kıyâmet günü mahşer yerinde insanların ne büyük bir sıkıntı içinde oldukları tasviri vardır. Buhârî ve Müslim'in de rivâyet ettiği bu hadisde Hz. Ayşe validemiz Peygamberimiz Efendimizden şöyle soruyor:

*"Ya Resûlallah! Kıyâmet günü insanlar nasıl haşredilecekler?"* Hazret-i Peygamber Sallallahü aleyhi ve sellem Efendimiz, şöyle cevab vermiştir:

يُحْشَرُ النَّاسُ يَوْمَ الْقِيَامَةِ حُفَاةً عُرَاةً غُرْلاً

*"İnsanlar, kıyâmet gününde yalın ayak, çırıl çıplak ve sünnetsiz olarak haşredileceklerdir"* buyurdu. Hz. Ayşe vâlidemiz, şaşırmış bir halde: *"Eyvah! O ne felaket, ne sefâlet!"* diyerek:

يَا رَسُولَ اللّٰهِ

اَلنِّسَاءُ وَالرِّجَالُ جَمِيعًا يَنْظُرُ بَعْضُهُمْ اِلَى بَعْضٍ

***"Yâ Resulallah! Kadınlar ve erkekler beraber olacaklar, onlar birbirlerinin ayıbına bakacaklar."*** diye sormuş. Bunun üzerine Hazret-i Peygamber Sallallahü aleyhi ve sellem, durumun korkunçluğunu ve şiddetini vurgulayarak şöyle buyurmuş:

***"Yâ Âişe! İnsanların derdi başından aşkın, durumları korkunç, birbirlerine bakmak ne mümkün!"*** buyurup şu âyet-i kerimeyi okumuştur:

لِكُلِّ امْرِئٍ مِنْهُمْ يَوْمَئِذٍ شَأْنٌ يُغْنِيهِ ط

***"Çünkü o gün, her insanın başından aşkın*** *(kendisine yetecek)* ***derdi, kaygısı ve tasası vardır."*** (Abese Sûresi, âyet 37)

Yine Müslim'in tahricine göre, Abdullah İbn-i Abbâs (r.a.) demiştir ki: Ben, Resûlullah Sallallahü aleyhi ve sellem (cemâate) hutbe okurken dinledim ve hutbesinde şöyle buyurdu:

"***Ey insanlar! Hiç şüphesiz siz, Allah'ın huzûruna yürüyerek yalın ayak, çırıl çıplak, sünnetsiz olarak*** *(mahşer yerine)* ***varacaksınız*** *(haşredileceksiniz)*." Sonra Resûlullah (s.a.v.) şu âyeti okumuştur:

***"Onu*** *(insanı)* ***ilk yarattığımız gibi, onu tekrar dirilteceğiz. Katımızdan*** *(bizden)* ***verilmiş bir söz olarak bunu mutlaka yapacağız."*** (Enbiyâ Sûresi, âyet 104)

Hadisde geçen "Gurlen" kelimesi sünnetsiz (sünnet edilmemiş) demektir. Bu hadisten maksat, Kıyâmet gününde insanların vücudlarından hiç bir eksiklik olmamak şartıyla dünyaya ilk getirildikleri gibi yeniden diriltilip haşrolunacaklarını bildirmek demektir. (Müslim)

O gün (Kıyâmet günü, mahşer meydanında) mutlak hakimiyet (otorite) tek olan ve herşeye gâlip olan Allah'ın olduğu açığa çıkacaktır. Zâlimler, gaddarlar ve zorbalar O'nun önünde boyun eğerek hor hakir haşredilirler. Pişmanlıklarından ellerini ısırıp parmaklarını parçalayacaklardır. Kur'ân-ı Kerîm bu çetin tabloyu şöyle tasvir ediyor:

***"İşte o gün** (mahşer günü)**, gerçek hükümranlık** (mutlak otorite ve bütünüyle idâre) **Rahman olan Allah'ındır.** (Hakimiyetin tümüyle Allah'a ait olduğu ortaya çıkacaktır.) **Kafirler için ise, o gün çok çetin zor bir gün olacaktır."*** (Furkan Sûresi, âyet 26)

وَيَوْمَ يَعَضُّ الظَّالِمُ عَلَى يَدَيْهِ يَقُولُ يَالَيْتَنِى اتَّخَذْتُ
مَعَ الرَّسُولِ سَبِيلاً. يَاوَيْلَتَى لَيْتَنِى لَمْ اَتَّخِذْ فُلاَناً خَلِيلاً

***"O** (zorlu çetin) **gün** (mahşer gününde)**, ellerini ısırıp** (parmaklarını) **parçalayacak: "Ah nolaydı** (keşke) **ben de o ulu peygamberin yolundan gideydim** (O'nunla beraber olaydım. Yani Hazret-i Muhammed'in yanında yer alaydım. O'na uyarak, O'nunla birlikte İslâm'a bağlı kalaydım. Bu gün beni azabtan kurtaracak olan doğru yola gireydim)**. Vah bana, yazıklar olsun bana! Keşke felancayı dost ve arkadaş edinmeseydim** (o zalimi, o mel'ûnu niye kendime dost arkadaş edindim, meğer ben, ne akılsız, ne ahmak adammışım) **der** (diyecektir)**."*** (Furkan Sûresi, âyet 27-28)

Âyetlerde geçen bazı kelimelerin yorum ve açıklaması hususu şöyledir: Furkan 26ncı âyette geçen ***"Kâfirler için çok zor bir gün olacaktır."*** cümlesi, mahşer günü, kâfirlerin durumunun çok kötü ve dayanılmaz bir zorluk içinde geçeceğini anlatırken, aynı zamanda bu günün (mahşer gününün) îman sahibi mü'minler için kolay bir gün olacağının da işâretini vermektedir.

Ebû Hayyan'ın yorumu şöyledir: Âyetteki kâfirler için ifâdesi, o günün yani, mahşer gününün, mü'minler için kolaylaştırılacağını göstermektedir. Allah Teâlâ, mü'minlere lütfuyla muâmele edecek ve işlerini kolaylaştıracaktır. Hadis-i şerifde şöyle buyrulmuştur: ***"Kıyâmet günü mahşer yeri, mü'mine öyle kolaylaştırılır ki, ona dünyâda kılmış olduğu bir farz namaz ânı kadar kolay ve rahat gelir."*** Hatta Ahmed İbni Hanbel'in tahriç ettiği lafız şöyledir: ***"Canım kudret elinde olan Allah'a yemin ederim ki, o gün*** *(mahşer günü)* ***iman sahibi mü'mine mutlaka hafifletilecektir."*** buyrulmuştur. (Ahmed İbni Hanbel, Ebû Saîd-inil'Hudrî'den rivâyet etmiştir.) Efendimiz (a.s.), bu hadisini ravinin bir sorusu üzerine söylemiştir.

27nci âyetteki ***"Zâlimin ellerini ısırıp parmaklarını parçalayacak"*** cümlesi, bu zalim insanın dînin emirlerine karşı sırt çevirip onları terk ettiğinden ve peygamberin yolundan ayrılıp sapıkların, dalâlete (sapıklığa) düşmüş olanların yoluna girdiği için ve dünyâ hayatında zâlimlerin ve günahkârların arkadaşlığını, dostluğunu tercih ederek benimsediği için, o gün mahşer gününde, herşeyin ortaya çıktığını görünce, gittiği yolun yanlış ve edindiği dost ve arkadaşların yanlış kişiler olduğunu görünce pişmanlık duyacağını dile getiriyor. Allah Teâlâ, bu âyetiyle peygamberin yolundan (din yolundan) ayrılıp başka bir yola (dalâlet, sapıklık yoluna) giren ve kendi nefsine zulmetmiş (haksızlık etmiş) olan zâlimin, zâlimlerin pişmanlığını haber veriyor. Kıyâmet günü, o mahşer, meydanında, büyük mahkemede sorgulanma zamanında pişmanlığın bir fayda vermeyeceği bir günde zâlimin hırslanıp kendi akılsızlığına üzülerek hırsından iki elini ısırıp parmaklarını parçalayacağını bildiriyor.

Âyet aynı zamanda dünyâ hayatında kişinin dost ve arkadaş edinirken dikkatli ve uyanık davranması gerektiğini de vurgulamaktadır. İyi arkadaşın yararı olduğu (olacağı) gibi, kötü ve sapık (dalâlet ehli) arkadaşın, dostun da zararı olacaktır. Bu nedenle âyet aklı başında olan insanları uyarmaktadır. Bu konuda sevgili Peygamberimizin de bir hayli uyarısı vardır. Hadis-i şeriflerinde buyurmuşlardır ki:

***"Kişi, dostunun, arkadaşının dîni üzeredir. Bu nedenle herbiriniz kiminle dostluk, arkadaşlık yaptığına baksın*** *(bu konuda uyanık olsun)."* Bu uyarılardan anlıyoruz ki, gerçek dostluk ve kişiye hayır, menfaat getirecek arkadaşlık dindeki dostluk ve arkadaşlıktır. Dindâr kişinin dostu, arkadaşı da dindar olmalıdır (olması gerekir). Dinsiz, îmansız kişilerle dostluk kurmak, dost olmak, insanı dininden, îmanından eder. Ahlaksız, sapık kişilerle arkadaşlık, insanın ahlâkını ve dürüstlüğünü bozar. Bunların mahşer gününde hesabı verilecektir. Orada o çetin günde ellerini ısırıp parçalamak gibi bir pişmanlığı da vardır. Onun da hiçbir yararı olmayacaktır. Çünkü olan olmuştur, hüküm (karar) verilmiştir. Bileti de cehenneme kesilmiştir. Artık dönüş yoktur. Bunun dönüş yeri bu dünyâdır. Kıyâmet gününde dönüş yolu dönüş kavşağı yoktur. Zâlimlerin, kötülerin yolu cehenneme çıkar (çıkacaktır). Efendimiz (a.s.), bir hadislerinde Ashâb-ı Kirâmına şu uyarıda bulunmuştur:

***"Mü'minle dostluk kur ve yemeğini de müttakî kişi yesin."*** buyurmuştur. (Ebû Davud ve Tirmizî)

Buradaki yemek yedirmekten maksat, birisini ikrama ve ziyâfete çağırıp yemek vermek anlamınadır. İnanmış, mü'min bir kimsenin, sapık kötü insanları ikrama ve ziyâfete çağırıp da onlara yemek yedirmesi, onlarla dostluk, arkadaşlık kurması anlamına gelir ki, bu davranışı kendisine (mü'mine) zarar verir. Bu bir uyarıdır.

Özel dâvet yemeklerinde, özel ikramlarda dinle ilgisi bulunmayan kimselerle beraber olmayı alışkanlık haline getiren bir mü'min yanlış yapıyor, âhiret hayatına büyük zararlar veriyor demek olur ki, hadisimizde de bu uyarı vardır. Yoksa bir ihtiyaç halinde takvâ ehli (dindâr) olmayan bir kimsenin de karnı doyurulabilir. Bunun da sevâbı ve fazîleti vardır. Kur'ân-ı Kerîm'de bu meziyetteki (yani ihtiyaç sahibi birinin karnını doyuran) kimse övülmüştür: ***"O mü'minler ki kendi yiyeceklerini Allah rızası için, fakire, yetime ve esirlere ikram edip yedirirler."*** (İnsan Sûresi, âyet 8) buyruluyor.

Şimdi esirler, takva sahibi (dindar) olmaları bir yana, bir çoğu belki müslüman bile olmayabilir. Kur'ân-ı Kerîm böyle bir ayrım yapmıyor.

*Ey dost!* Senin anlayacağın bir mü'min/müslüman kimse, âhiret hayatında yani mahşer gününde kendisine zarar verecek her türlü hal ve davranışlardan bu dünyâda kendisini koruması gerekmektedir. Zâlimlerle, kötülerle dostluk kurup da dînine en küçük bir zarar getirmemelidir. Yukarıda anlattığımız gibi kişi, dostunun, arkadaşının yaşayış tarzından, gidişatından etkilenir. Efendimizin (Aleyhisselâm) uyarıları da bu yöndedir: ***"Kişi, dostunun dini üzeredir*** *(onun gidişatını, yaşayış tarzını benimser, ondan etkilenir).* ***Onun için herbiriniz dost edineceği kişiye dikkat etsin."*** (Tirmizî ve Ebû Dâvûd)

Ölçü ve uyarılardan anlaşılan odur ki, bir müslüman, müslümanla (dindar kimselerle) oturup kalkmalıdır. Çünkü müslüman, dindar kimseden müslümana zarar gelmez. Müttakî (Allah saygısı yerinde olan gerçek müslüman, Allah'ın sevdiği özellikleri taşıyan insan demektir bu) kimselerin yemeğini yemek ve bu özellikteki kimselere yemek yedirmek, iyilerle (salihlerle) beraber olmak anlamı taşır.

Bu hal ve davranışlar dostluğu geliştirir, mahşer gününde Allah için dost olanlar, Allah için birbirlerini sevenler kârlı ve kazançlı çıkacaklardır. Allah onlara lütfuyla muâmele edecek ve rahmetiyle karşılayacaktır.

***Mü'minler bu dünyada dost seçmesini bilmelidir.*** Yukarıdaki satırlarımızda bu önemli ölçüye açıklık getirmek için sözümüzü uzatıp satırlarımızı çoğalttık diyebiliriz. Ancak bu ölçü önemli bir ölçüdür. Bir ucu dünyada, bir ucuda mahşer gününe ve oradan da cennete veya cehenneme dayanmaktadır. Efendimiz: ***"Kişi sevdiğiyle beraberdir"*** buyurmuş. Sevilmeyen insan dost edinilmez. Mü'mini seven, onunla dostluk kuran cennete gideceğinden mahşer gününde de pek zorluk görmeyeceği için pek pişmanlık da geçirmez. Fakat, kafiri seven zâlimi seven ve onunla dost olan mahşer gününde pişmanlık duyacak bu pişmanlık bir yarar sağlamayıp cehenneme bilet kesilecek.

Allah Teâlâ, Kur'ân-ı Kerîm'inde Hz. Peygamberin dostlarının kimler olduğunu bildirmek üzere şöyle buyuruyor:

***"... Onun*** *(yani Hazret-i Peygamberin)* ***dostu ve yardımcısı Allah'tır. Cebrâil de, mü'minlerin iyileri*** *(salih mü'minler)* ***de onun dostu ve yardımcısıdır. Bunların arkasından bütün melekler de ona yardımcıdır."*** (Tahrîm Sûresi, âyet 4)

Sevgili Peygamberimiz (a.s.) de hadislerinde:

***"— Akrabam olan felan oğulları ailesi benim dostlarım değildir. Benim dostlarım Allah Teâlâ ile sâlih mü'minler*** *(mü'minlerin iyileri)****dir. Fakat o insanlarla aramızda akrabalık bağı bulunduğu için kendileriyle görüşüp konuşurum*** *(akrabalık ilişkilerimi kesmem)****."*** (Buhâri ve Müslim)

***Ey dost!*** Bir müslümanın hayatı sadece dünyâ hayatından ibâret değildir. Öbür dünyâ dediğimiz âhiret hayatı da bir müslümanın daha çok önem verdiği bir hayattır. Bu dünya bir müslümanın ekim mevsimi, ekim alanı diyebiliriz. Burada ne ekilirse, öbür hayatta onu alacaktır. Kötü dost, kötü arkadaş, verimsiz çorak bir arazi gibidir. İnsanın başına belâdan başka bir şey getirmez. Bu akraba olsa da böyledir. Onun için akraba da olsa kötülerden dost edinilmez. Okuduğumuz âyet ve hadisler biz mü'minlere, müslümanlara bu ölçüyü vermektedir.

Efendimizin hadisinden anlayacağımız mana şudur: Efendimiz (a.s.) Ben hiçbir kimseyi sırf akrabamdır diye dost edinip sevmem (sevemem). Ben sadece Allah'ı severim. Allah'ı seveni severim. Çünkü O'nu sevmek ve O'na karşı en üstün saygı ve hürmeti besleyip taşımak her mü'minin görevi ve kulluk borcudur.

Salih mü'minlerin iyileri akrabam olmasalar bile benim dostlarımdır. İyi mü'min olmayanlar ise, akrabam da olsalar, benim dostlarım değildirler ve olamazlar da. Ama hem akraba, hem de mü'minlerin iyilerinden olanlar kâmil müslümanlar, hem sevilmeye ve hem de dost edinilmeye en lâyık güzel insanlardır.

***Ey âhiret yolcusu!*** İnsanlar, sevdikleriyle berâber olmayı isterler. Her insanın tercihi bu yoldadır. İnsanı yoktan var eden Allah Teâlâ'nın kanunları da bu doğrultudadır. Kıyâmet günü mahşer meydanında herkes sevdikleriyle berâber haşrolacaklar (diriltilip toplanacaklar)dır. Bu konuda âyet-i Kerîmeler ve hadis-i şerifler bulunmaktadır.

Hz. Enes'in (r.a.) şöyle rivâyet ettiği bildirilmektedir:

Bir adam, Resûlullâh'a (s.a.v.) gelerek şöyle sordu:

***"— Ey Allah'ın Resûlü! Kıyâmet ne zaman kopacak?*** dedi. Efendimiz (a.s.):

*"— **Kıyâmet için ne hazırladın?** (Hazırlığın var mı?)"* buyurdu. Adam:

*"— **Allah ve Resûlünün sevgisini** (Allah ve Resûlünü seviyorum)."* dedi.

Bunun üzerine Efendimiz Sallallâhü aleyhi ve sellem:

*"**O halde sen, sevdiğinle berabersin** (sevdiğinle beraber olacaksın)."* buyurdu. (Buhârî ve Müslim)

Diğer rivâyetlerde Efendimizin ***"Kıyâmet için ne hazırladın?"*** sorusuna adam: ***"Öyle fazlaca namaz, oruç ve sadaka hazırlamış değilim. Ancak ben, Allah'ı ve peygamberini çok seviyorum."*** şeklinde cevab vermiştir.

***Ey dost!*** Hadisde bazı incelikler vardır. Bunlardan dikkatimizi çeken biri de şudur. Kıyâmetin ne zaman kopacağını soran adama sevgili Peygamberimizin ***"Kıyâmet için ne hazırladın?"*** buyurarak soruya soru yöneltmesi, asıl önemli olan konuyu vurgulamasını ortaya koymaktadır. Kıyâmet nasıl olsa bir gün kopacak, bundan kişinin bir kazancı olmaz.

Kişi için önemli olan o gün için ne hazırlamış olduğunu düşünmesidir. Herkesin düşünmesi gereken yönü de burasıdır. Kıyâmetin ne zaman kopacağına kafa yormaktansa, koptuğu zaman elimde neyim var, kendime yetecek amelim var mı? diye kafa yormak daha yerinde ve daha kazançlı bir hareket olur (olacaktır) demektir.

Bir müslümanın, önemle üzerinde duracağı konu, kime ve kimlere karşı gönlünde sevginin oluşmuş olduğuna dikkat etmesidir. Çünkü işin sonunda kıyâmet günü onlarla (sevdikleriyle) berâber bulunmak gerçeği vardır. Zâlimle, günahkârla beraber olmada ellerini ısırıp parmaklarını parçalamak olduğu gibi, Allah'ı seven kâmil (sâlih) mü'min, müslüman kişilerle berâber olmak da ise, mutluluk ve bahtiyârlık vardır. Mahşer günü bu gerçekler aynen gerçeleşecek hal ve durumlardır.

Mahşer gününün bir ismi de hesab günüdür. Çünkü insanlar yeniden diriltilip mahşer yerine sürülecekler ve orada toplanacaklardır. Bu toplanma Allah'a hesab vermeleri içindir. Bu toplanış onları hesaba çekmek için gerçekleşmiş olacaktır.

## HESAB GÜNÜ

***Ey Âhiret yolcusu kardeş!*** Kıyâmet gününe, hesab günü de denir. Aslında Kıyâmet günü denildiğinde haşr, hesab, mizan, sırât, cennet ve cehennem gibi safhalar (merhaleler) hepsi kıyâmet günü olacak gerçeklerdir.

Kıyâmet gününün Kur'ân-ı Kerim'de bir çok ismi vardır:

1. ***Yevmül'Kıyâmeh*** *(Yeniden diriliş, kabirlerden kalkış günü),*
2. ***Yevmül'âhireh*** *(Âhiret günü-gelecek hayat)*
3. ***Yevmüd'Din*** *(Cezâ günü),*
4. ***Yevmül'Hesab*** *(Hesab günü),*
5. ***Yevmül'fasl*** *(Karar günü),*
6. ***Yevmül'hasreh*** *(Pişmanlık günü),*

*7. Yevmüt'tegâbun* *(Kusurların ortaya döküldüğü, açığa çıktığı gün)*

Ve daha bir çok isimleri vardır.

**Kıyâmet günü,** haşır veya mahşer günü, **Allah'a dönüş günüdür.** Bütün yaratılmışlar, dünyada yapıp ettiklerinin hesabını kendilerini yoktan var eden yaratıcılarına karşı verecekleri bir gün demektir.

Allah Teâlâ, Kıyâmet günü mahşer yerinde bütün insanları hesaba çekecek, onlara dünyâda yaptıkları herşeyden soracaktır. Hatta o kadar ki, hardal tanesi kadar küçük amellerinden bile sorgulanacaklardır. Bu konularda Kur'ân-ı Kerim, pek çok âyetlerinde bilgiler vermektedir. Yüce Allah, bu dünya hayatında kullarını uyarmış ve uyarmaktadır.

Bu hayatta (dünyâda) yüce yaratıcısının uyarılarına kulak asmayanlar, O'nun emirlerine kulak vermeyenler âhirette o uçsuz bucaksız mahşer meydanında kurulan en büyük mahkemede (Mahkeme-i Kübrâ'da) hesab verecekler ve o müthiş günde sorgulanacaklardır. İnsanların öbür dünyaları, yani âhiretteki yaşamları, ya cennette veya cehennemde süreceğine göre, kimin cennete gideceği, kimin de cehenneme gideceği, ilâhi mahkemede adâletle yapılacak, hesab kitab, sorgu sualden sonra ortaya çıkacaktır.

Amel defterlerinin sahiblerine dağıtılması (verilmesi), amellerin tartılması (mîzan), hepsi o dehşetli günde tecelli edecek (ortaya çıkacak)tır.

## Kıyâmet Günü Hesâbı Sorulacak Beş Şey

*Ey Âhiret yolcusu kardeş!* Kıyâmette hesab gününde insanlar, bu dünyada yaptıkları her hal ve hareketinden, her nimetten hesaba, sorgu suale çekileceklerdir. Şu beş önemli hususda kulların ilk hesaba çekilişleri kulların durumunu zorlaştıracaktır.

***Kişinin ömrünü nerede bitirip tükettiği, öğrendiği bilgisini*** *(ilmini)* ***nerelerde kullandığı*** *(hayra mı, şerre mi çalıştığı)*, ***malını nereden kazandığı*** *(helalından mı, yoksa haramdan mı elde ettiği)*, ***malını nereye harcadığı*** *(haram yerlere mi, helâl yerlere mi sarfettiği)*, ***vücudunu nerelerde yıpratıp eskittiği.***

Her insana bu beş şey sorulmadıkça kişi ayağını yerinden bile oynatamayacaktır.

Efendimiz aleyhissalatü vesselâm bu gerçeği şöyle ifâde buyurmuşlardır:

لَا تَزُولُ قَدَمَا عَبْدٍ يَوْمَ الْقِيَامَةِ حَتَّى يُسْأَلَ عَنْ عُمْرِهِ
فِيمَ اَفْنَاهُ، وَعَنْ عِلْمِهِ فِيمَ فَعَلَ فِيهِ، وَعَنْ مَالِهِ مِنْ
اَيْنَ اكْتَسَبَهُ وَفِيمَ اَنْفَقَهُ، وَعَنْ جِسْمِهِ فِيمَ اَبْلَاهُ؟

*Mânâsı:* ***"Hiçbir kul, kıyâmet gününde şu beş şeyin hesabını vermeden iki ayağını yerinden bile kıpırdatamaz*** *(oynatamaz, oynatamıyacaktır)*:

1. *Ömründen:* ***Ömrünü nerede tüketip yok ettiğinden*** *(sorulur)*.

2. *İlminden:* ***İlmiyle ne gibi işler yaptığından*** *(sorulur).*

3. *Malından:* ***Malını nereden kazandığından*** *(helal mı, haram mı?).*

4. *Malından:* ***Malını nerelerde harcadığından*** *(helâle mı harama mı?)*

5. *Bedeninden:* ***Vücudunu nerelerde yıpratıp eskittiğinden*** *(sorulur).*" (Tirmizî Ebû Berze'den)

Yine Tirmizî'nin İbni Mes'ûd (r.a.)dan rivâyetinde ise, insana verilen bu beş nimetten biri de gençlik nimeti olduğu bildirilmektedir. Abdullah İbni Mes'ûd'un rivâyet ettiği hadis-i şerifin metni şöyledir:

لَا تَزُولُ قَدَمَا ابْنِ آدَمَ يَوْمَ الْقِيَامَةِ مِنْ عِنْدِ رَبِّهِ حَتّٰى يُسْأَلَ عَنْ خَمْسٍ: عَنْ عُمْرِهِ فِيمَا اَفْنَاهُ، وَعَنْ شَبَابِهِ فِيمَا اَبْلَاهُ، وَعَنْ مَالِهِ مِنْ اَيْنَ اكْتَسَبَهُ وَفِيمَا اَنْفَقَهُ وَمَاذَا عَمِلَ فِيمَا عَلِمَ

*Mânâsı:* ***"Kıyâmet günü insanoğluna beş şeyden hesab sorulmadıkça Rabbinin huzurundan ayaklarını dahi oynatamayacaktır."*** (Tirmizî)

***Ey Âhiret yolcusu!*** Kıyâmet gününde hesaba çekilmek haktır ve gerçektir ki, her insan bu dünyâda yapıp ettiği herşeyden sorgulanıp hesaba çekilecektir. İnsanoğluna verilmiş her nimet bir emânettir. Her emânetin hesabı da hesab günü dediğimiz kıyâmet günü sorulacaktır.

Bir insanın hayatı (ömür sermâyesi) kendisine Allâh Teâlâ tarafından verilmiş bir emânettir. Emâneti yerli yerince korumak gerekir. Ömrü Allah'ın emir ve yasakları çerçevesi içinde geçirmek, insanın emâneti koruduğu anlamı taşır.

Bilgi (ilim) de böyle, o da Allah'ın bir emânetidir. Emâneti korumak, hesab gününde kişinin yüzünü ağartacaktır.

Mal mülk kazanmak için helal yollara başvurmak bir insan için farzdır (Allah'ın emridir). Bir mü'mine/müslümana haramdan para kazanıp mal mülk edinmek yaraşmaz. Helal yollardan kazandığı parayı yine helal yollara harcamak, haram yollara sapmamak ve zenginliğin hakkını (zekatını-sadakasını) vermek farzdır (Allah'ın emridir). Bunlar korunduğu zaman hesab gününde işler kolaylaşır.

Vücud sağlığı da Allah Teâlâ'nın insana verdiği nimetlerin en önemlilerinden biridir. Vücudunu korumak, sağlığına önem vermekle olur. Vücudumuz da Allah'ın bir emânetidir. Allah'ın yasaklarından kendisini koruyan kişi, Allah'ın emri çerçevesinde yaşam sürerse ve vücud sağlığını da korursa, kıyâmette (hesab gününde) yüz akıyla hesabını verir (verecektir).

İnsan göz nuru dökerek öğrendiği hayırlı ilmin değerini bilmeli ve ilmiyle âmil olmalı, ibâdetlerinde ihlâsı yakalamalıdır ki, ilminin hayır ve bereketini hesab gününde görmelidir.

***Ey dost!*** Bir insanın kıyâmet gününde hesaba çekilmesi bu beş şeyle sınırlı olmadığını biliyorsun sanırım. Daha hesabı verilecek ne çok fiil ve amelleri bulunmaktadır insanın. Bunları da yeri geldikçe anlatmaktayız.

## Ameller Yönünden Kulun İlk Hesabı Namaz Olacaktır

***Ey Âhiret yolcusu kardeş!*** Namaz Allah'ın kulu üzerindeki hakkıdır. Namaz hukûkullah'dır (Allah'ın mü'min kulu üzerindeki haklarındandır). Kıyâmet günü, mahkame-i Kübrâ'da Allah'ın hukûkundan hesabı ilk sorulacak amel, kulun kıldığı beş vakit farz namazı olacaktır. Beş vakit farz namazlarında paçayı kurtaran kulun diğer gelecek hesabları kolaylaşacaktır.

Ebû Hüreyre (r.a.)'in rivâyetine göre, Resûlullah (s.a.v.) şöyle buyurmuştur:

اِنَّ اَوَّلَ مَا يُحَاسَبُ بِهِ الْعَبْدُ يَوْمَ الْقِيَامَةِ مِنْ عَمَلِهِ صَلَاتُهُ فَاِنْ صَلَحَتْ فَقَدْ اَفْلَحَ وَاَنْجَحَ وَاِنْ فَسَدَتْ فَقَدْ خَابَ وَخَسِرَ ...

Mânâsı: *"Kıyâmet gününde kulun hesaba çekileceği ilk ameli onun namazıdır. Eğer namazı düzgün, yerli yerince kılınmış olursa, işleri iyi ve yolunda gider, kurtuluşa erer. Şâyet namazı düzgün olmayıp hesabını verememişse, sorgulamada kaybeder ve pe-*

*rişanlık başlamışdır. Eğer farz namazlarında bir noksanlık çıkarsa, Allah Teâlâ şöyle buyurur:*

*"Kulumun nâfile* (fazla) *namazları var mıdır, onlara bakın. Farzların eksikliği nâfilelerle tamamlanır. Sonra kul, diğer amellerinden* (ibâdetlerinden) *de bu şekilde hesâba çekilip sorgulanır."* (Tirmizî)

*Ey dost!* Namaz, Allah Teâlâ'nın kulu üzerindeki hakkıdır. Bir insan namaz ibâdetini Allah'ın rızasını kazanmak ve Allah'a olan kulluk borcunu ödemek için kılar. Bu kulluk görevinden kurtuluş yoktur. Bu dünyada her insan Allah'ına ibâdet ve tâatte bulunacaktır. Her insan kulluk görevi olan bu namazı ve bütün ibâdetlerini yerine getirmesi kendi üzerine farzdır (Allah'ın emridir).

İbâdetler, Allah'ın kulu üzerindeki bulunan hakkıdır. Allah Teâlâ, kulu üzerindeki hakkını dilerse affeder, dilemezse affetmez, kulunu azab eder. Bu kulu ile Allah arasında bulunan bir haktır. Allah Teâlâ, bu hakkından vazgeçer, rahmet ve merhametiyle kuluna işlem yapabilir. Bu Allah'ın dilemesine, istemesine bağlıdır.

Bir de kul hakları vardır. Her insan kul hakkından da hesaba çekilecektir. Kıyâmet günü kul hakkından kurtuluş yoktur. Onun affı yoktur.

## Kıyâmet Günü Kul Hakkının Hesabı

Evet Allah Teâlâ, kıyâmet günü kendine âit haklardaki noksanlıkları, eksiklik ve kusurları dilerse kulundan affedecektir. Fakat kullara âit hakları affetmez, affetmeyecektir. O hakların affı, üzerinde kul hakkı bulunan kimsenin, dünyada hak sahibi kişiyle helallaşmasına bağlıdır. Kıyâmet gününe kalan kul hakları, borçlu olan kişinin sevablarından, ibâdetlerinden alınıp hakkı olan kimseye verilmesiyle ödenecektir. Bu öyle bir ince sorgulamadır ki, üzerinde kul hakkı bulunan kişinin dünyada yapmış olduğu salih amellerinin sevabı, hak sahibi olanların alacaklı olanların haklarının ödenmesine yetmezse, alacaklı olan hak sahibinin günahları borçlu olan kişiye yüklenmek yada cezalandırılmak sûretiyle hesabı görülür. Efendimizin bu konuda şöyle bir hadisi bulunmaktadır.

## Asıl Müflis Kimdir?
## Kıyâmet Günü Müflis (İflas Etmiş) Kişi Kimdir?

Ebû Hüreyre (r.a.) rivâyet etmiştir. Demiştir ki: Bir gün, Resûlullah sallallahü aleyhi ve sellem: "*E tedrûne menil'müflisü?* = **Asıl müflis** *(iflas etmiş kişi)* ***kimdir bilir misiniz?***" diye sordu. Orada bulunan sahabeler:

"— ***Ya Resûlallah! Bizce müflis, hiç dirhemi, parası pulu ve malı olmayan kimsedir***" dediler. Ashâbının bu cevabları üzerine sevgili Peygamberimiz şöyle buyurdular:

اَلْمُفْلِسُ مِنْ اُمَّتِى مَنْ يَاْتِى يَوْمَ الْقِيَامَةِ

بِصَلَاةٍ وَصِيَامٍ وَزَكَاةٍ

"***Benim ümmetimden gerçek*** *(asıl)* ***müflis o kimsedir ki, Kıyâmet günü namaz, oruç ve zekatla gele-***

***cektir** (yani namaz, oruç ve zekat ibâdetlerini gereği gibi yapmış yerine getirmiş olarak gelecektir).* ***Fakat,***

وَيَاْتِى قَدْ شَتَمَ هَذَا وَقَذَفَ هَذَا وَاَكَلَ مَالَ

هَذَا وَسَفَكَ دَمَ هَذَا وَضَرَبَ هَذَا

***"Şuna sövmüş, buna iftira etmiş, şunun malını yemiş, bunun kanını akıtmış, şunu bunu dövmüş olarak gelmiştir. Sonra,***

فَيَقْعُدُ فَيَقْتَصُّ هَذَا مِنْ حَسَنَاتِهِ وَهَذَا مِنْ حَسَنَاتِهِ

*"(Bu yaptıklarının hesabını vermek üzere)* ***oturacaktır. Hakkını almak için şu hak sahibi iyiliklerinden, sevablarından alacak, bu hak sahibi de iyiliklerinden sevablarından alacaktır."*** Şâyet

فَاِنْ فَنِيَتْ حَسَنَاتُهُ قَبْلَ اَنْ يُقْتَصَّ مَا عَلَيْهِ مِنَ الْخَطَايَا

اُخِذَ مِنْ خَطَايَاهُمْ فَطُرِحَ عَلَيْهِ ثُمَّ طُرِحَ فِى النَّارِ

***"Eğer davâsı görülmeden hasenâtı** (iyilikleri-sevâbları)* ***biterse** (bitiverirse),* ***borçlu olduğu kimselerin günâhlarından alınarak kendisinin** (borçlunun)* ***üzerine yüklenecektir. Ve sonra da** (bu müflis adam)* ***Cehenneme** (ateşe)* ***atılacaktır."*** (Tirmizî, Kıyâmet bölümünde, Müslim de Birr bölümünde rivâyet etmiştir.)

***Ey Âhiret yolcusu kardeş!*** Hadisimizde bir kulun, önce Allah'a karşı görev ve sorumluluklarından hesaba çekilerek sorgulanmasını görmekteyiz. Ve bunun önemini de kavramış bulunduğumuza inanıyorum. Çünkü Allah Teâlâ, üzerinde kul hakları bulunan kişinin âhiret azığı olan ibâdetlerinden, sevablarından, iyiliklerinden alıp hak sahiblerine haklarını ödetecektir.

Bir evvelki hadisimizde de bir kulun nâfile ibâdetlerinin önemi vurgulanmaktadır. Bir mü'min, farzları tam olarak yaparak, eksiksiz bir şekilde yerine getirirken nâfile ibâdetlerini de önemle yapmış olduğundan Kıyâmet günü hesabını rahatlıkla verip yüce Rabbimizin lûtuf ve keremiyle cennete uçacaktır.

Farz ibâdetlerin yanında nâfile ibâdetleri onun derecesini yükseltecektir. Nâfile ibâdetlerimiz namaz olduğu gibi, oruçta da, zekatta da (sadaka olarak) ve haccda da olabilir. Çünkü nâfile namaz olduğu gibi, nâfile oruç, nâfile hacc ve nâfile zekat (sadakalar) vardır. Nâfile demek, farz ibâdetlerin dışında Allah rızasını kazanmak için fazladan yapılan ibâdetler, hayır ve hasenatlar, iyilikler demektir.

## Kıyâmet Günü Bütün Haklar Sahiblerine Verilecektir

### Öyle Ki, Boynuzsuz Koyun Boynuzludan Hakkını Alacaktır

*Ey Âhiret yolcusu!* Kıyâmet günü, hesabların, alacakların, hakların kılı kılına zâlimden alınıp mazlûma (hak sahibine) verileceği bir gün demektir. Bütün ince hesabların görüldüğü günün adı, kıyâmet günü, hesab-kitab, sorgu suâl günüdür. Zerrece haksızlığa uğrayanın bu en minik hakkı bile haksızlık yapandan (zâlimden) alınıp sahibine (mazlûma) verilecektir. Sevgili Peygamberimizin (a.s.) bu konuda net açıklamaları ve uyarıları bulunmaktadır.

Ebû Hüreyre (r.a.)'den rivâyet edilmiştir. Demiştir ki: Resûlullâh Sallallâhü aleyhi ve sellem şöyle buyurdu:

لَتُؤَدُّنَّ الْحُقُوقَ اِلَى اَهْلِهَا يَوْمَ الْقِيَامَةِ حَتَّى يُقَادَ لِلشَّاةِ الْجَلْحَاءِ مِنَ الشَّاةِ الْقَرْنَاءِ

***"Kıyâmet gününde, bütün haklar sahiblerine mutlaka ödenecektir. Hatta boynuzsuz koyunun, boynuzlu koyundan hakkı bile alınacaktır."*** Müslim ve Tirmizî

Bu hadis-i şerif, kıyâmet gününde hayvanlarında diriltilerek mahşer yerine getirileceğine delildir. Kur'ân-ı Kerîm'de de buyrulduğu üzere: ***"Vahşi hayvanlar bir araya getirilip toplandığı zaman..."*** (Tekvir Sûresi, âyet 5)

Hayvanlar da hesab gününde mahşer yerine getirilecektir. Yani hayvanlar da kıyâmet gününde diriltileceklerdir.

Amme Sûresinin en son âyetinde ve en son cümlesi olan *"ve yekûlul'kâfiru yâ leytenî küntü türâben"* cümlesi de bu gerçeği dile getirmektedir. Bu cümlenin mânâsı (Türkçe anlamı) şudur: ***"O kıyâmet gününde kâfir kişi: 'Keşke toprak olsaydım' diye dövünecektir."***

Kâfirin bu pişmanlığı, insan olmayıp da toprak olmayı temenni etmesi şu meseleden dolayı olacağını söylemişlerdir müfessirler: Kıyâmet günü mahşer meydanında toplanan tüm insanlar hesaba tâbi tutulduklarında, o büyük mahkeme (mahkeme-i Kübrâ) de sorgulandıkları zaman, hayvanlar da diriltilmiş o mahşer meydanında hazır bulunacaklardır. Hayvanlar haklaştırıldıktan sonra, boynuzsuz koyun boynuzlu koyundan hakkını alıp hatta hayvanlar sahiblerinden ve diğer insanlardan da haklarını aldıktan sonra Allah'ın toprak olun emriyle toprak olup gideceklerdir. Çünkü hayvanlar sorumlu yaratıklardan değildir. Onlar için cennet ve cehennem hayatı ve ebedî bir hayat veya sürekli bir azab söz konusu değildir. Onun için bu hesablaşmadan sonra hayvanlar toprak olup yokolacaklardır.

İşte kıyâmet günü bu işlemi gören kâfir kişiler, kendilerinin insan olmayıp da, hayvan olma isteklerini ortaya atacaklardır. Çünkü insan oldukları için sorgu sualden, hesab kitabdan sonra cehenneme gireceklerini kesin bir gözle görmüşler ve sürekli olarak orada (cehennemde) azab edileceklerini de kesin belgelerle belgelendiklerini de gören kâfirler, dünyâ hayatında keşke insan olarak değil de hayvan olarak yaşasaydık da yani Allah Teâlâ, bizi insan değil de hayvan olarak yaratsaydı da bugün biz de sorgulanıp hesaba çekildikten sonra toprak olsaydık temennisini ortaya koymuş olmaları toprak olup yok olsaydık, yok olup gitseydik demeleri bu gerçeği dile getirmektir.

İşte kâfir kişinin bu itiraflarını bildiren âyet-i kerimeler de hesab gününün ne büyük bir çetin gün olduğunu göstermektedir. İslâm âlimlerimiz demişlerdir ki: Boynuzsuz hayvanın boynuzlu hayvandan kısas yoluyla hakkının alınması teklif (sorumluluk) kısası değil, mukâbele kısası (Kısas-ı mukâbele) nevinden (cinsinden)dir.

Hadis-i şerifdeki incelik ve teşbih şu demektir ki: Hesab günü her türlü hak ve hukûkun hak sahibine veya hak sahiblerine verileceğini anlatmaktadır ki, mükellef (sorumluluğu) olmayan hayvanlara bile böyle ince hesablar uygulanırsa, her fiil ve işinden sorumlu olan insanların hâli nice olur şeklinde bir uyarıyı anlamak hiç de zor olmasa gerektir. Bu uyarılar insanın aklına mutlak adâletin tecelli edeceğinin görüntüsünü yerleştirmek demek olur.

***Ey Âhiret yolcusu!*** Allah Teâlâ, mutlak adâlet sâhibidir. Mahşer meydanında, o ince hesabların yapıldığı hesab gününde bütün haklar, hak sahiblerine verilecek, hiç kimseye zerre kadar haksızlık edilmeyecektir. Kur'ân-ı Kerîm'inde yüce Rabbimiz:

***"Zerre miktarı hayır ve iyilik yapan onun karşılığını** (ödülünü) **görecek** (alacak)**tır. Zerre miktarı şerr ve kötülük yapan da onun cezasını görecek ve çekecektir."*** (Zilzâl-Zelzele Sûresi, âyet 7-9)

Bu uyarılar kıyâmet günü mutlak adâletin ortaya konacağının uyarılarıdır. Aklı başında olan kişileri zulümden, haksızlık yapmaktan uzak durmalarının gerektiğini bildiren uyarılardır. *"Ve mâ lizzâlimiyne minnasîyr* = ***Kıyâmet gününde zulmedenlerin** (zalimlerin) **yardımcısı yoktur, olmaz** (olamaz)."* (Hacc Sûresi, âyet 71)

"*Ittekuz'zulme fe innez'zulme zulümâtün yevmel'kıyâmeti* = ***Zulümden sakınıp uzak durunuz, ondan şiddetle kaçınınız. Çünkü zulüm, kıyâmet gününde zâlim kişiye, zifiri karanlık olacaktır.***" Bütün hayırlardan mahrum bırakacaktır, cehenneme odun edecektir. Zulüm, bütün kötülükleri ve haksızlıkları içine alan bir kelimedir.

Zâlimde her türlü kötülüğü irtikap eden, her çeşit pisliği yapan, yapabilen ve her türlü haksızlığı (zulmü) hiç çekinmeden işleyen kişi demektir. Zulüm, adâletin karşıtı (zıddı) demektir. Zâlim kişiler (insanların haklarını gasbedenler, insanlara eziyet edenler) kıyâmet gününde cezâlarını en ağır şekilde göreceklerdir. Yapılan en ufak bir haksızlık (zulüm) cezasız kalmayacaktır.

Yüce Peygamberimiz, ümmetine olan derin şefkatinden dolayı bu konuda biz ümmetlerini hep uyarmışlardır. Efendimiz'in (a.s.) uyarılarından biri de Ebû Hüreyre (r.a.)'nin rivâyet ettiği şu hadis-i şerifdir. Efendimiz Sallallâhü aleyhi ve sellem buyurmuşlardır ki:

"*(Ey ümmetim!)* ***Kimin üzerinde din kardeşine karşı yapılmış bir haksızlık nedeniyle bir hak varsa, altın ve gümüş paraların hiç bir değer taşımadığı gün*** *(Kıyâmet günü-hesab günü)* ***gelmeden önce, bugün bu dünyâda helallaşsın.*** *(Aksi takdirde bu hakkı kıyâmet günü çok ağır bir şekilde ödeyecektir.)* ***Çünkü o gün*** *(Kıyâmette, hesap gününde)*, ***o din kardeşine yaptığı haksızlık kadar*** *(üzerine geçirdiği hak kadar)* ***sevablarından alınacak hakkı olan kimseye verilecektir. Eğer sevâbı yoksa, hak sahibi kimsenin günâhla-***

***rından alınıp haksızlık yapan** (üzerinde hak bulunan) **kimseye yüklenecektir."*** (Buhârî ve Tirmizî)

***Ey dost!*** Burada mü'minlere, kimsenin hak ve hukûkunu üzerlerine geçirmemeleri ve kimseye haksızlık etmemeleri konusunda, şâyet böyle bir hata yapmış ise, birilerinin kendisine geçmiş hakkı varsa, onunla helallaşarak ölüm gelmeden önce hakkını ödemesi için bir uyarı vardır. Hakdan maksat, maddî olduğu gibi mânevî haklar da dahildir. Yukarıda Arabça aslını da verdiğimiz **"Müflis"** hadisimizde bunun açıklaması diyebiliriz.

## Asıl Müflis Kimdir?

Yukarıda yazdığımız Ebû Hüreyre (r.a.)'nin rivâyet ettiği hadis-i hatırlayalım. Efendimiz (a.s.) Ashabıyla sohbetinde onlara şöyle sormuştu:

***"Asıl müflis** (iflas etmiş kişi) **kimdir bilir misiniz?"*** Orada bulunan sahâbeler:

***"— Ya Resûlallâh! Bizce müflis, hiç parası pulu ve malı mülkü olmayan kimsedir"*** demişlerdi. Sahâbe-i Kiramın bu cevabları üzerine Efendimiz aleyhissalâtü vesselâm şöyle buyurdular:

***"Ümmetimden asıl müflis o kimsedir ki, kıyâmet günü namazı ile orucu ve zekatı ile gelir.** (Yani dünyada bu ibâdetlerini yerli yerince yapmış ve sevablarını elde etmiş olarak gelir. Fakat üzerinde bir takım kul (insan) hakları olduğu halde gelmiştir.) **Ona sövmüş, buna iftira etmiş, şunun malını yemiş, bunun kanını akıtmış** (ona tokat atmış, buna hakaret etmiş), **onu dövmüş, bunu aşağılamış olarak gelmiştir. Yaptığı ibâdetlerin, hayır ve iyiliklerin sevabları da işte böy-***

*lece ona buna dağıtılacaktır. Şâyet bu hak sahiblerinin haklarını ödemeden sevabları ve iyilikleri bitecek olursa, bu sefer borçlu olduğu hak sahiblerinin günahlarından alınarak kendisinin üzerine yüklenecektir. Sonra da bütün hayır ve sevabları biten bu muflis adam cehenneme (ateşe) atılacaktır."* (Müslim ve Tirmizî)

***Ey dost!*** Buradaki mânâyı bir kimsenin günâhı başka bir kimseye yüklenir mânâsında anlama. Çünkü Allah Teâlâ: ***"Bir günah sahibinin günahı başka bir kimseye yüklenmez"*** (En'âm Sûresi âyet 164) buyuruyor deme. Hadisimizdeki mesele insanların hakkını gasbeden ve onlara zulmeden (haksızlık eden) zâlimi zulmü sebebiyle cezalandırma demektir. Yüce Allah adâleti gereği insanların haklarını yiyen günâhkar zâlimin sevabları, günahları karşılığında elinden alınmış demektir. Konuyu böyle anlamamız gerekmektedir.

***Ey Âhiret yolcusu!*** Yukarıda açıkladığımız gibi zerrece iyiliğin karşılığı iyilik olarak görüleceği gibi, zerrece kötülüğün karşılığı da cezası çekilmek üzere azabı görülecektir. Aklı başında olan bir mü'minin derin derin düşünmesi lâzım ve gereklidir. Âhiret azığı olan sevablarını, ibâdetlerini başkalarına kaptırmak ne büyük bir gaflet ve ne büyük bir iflastır (müflisliktir) ki, sonucu da cehenneme sürülmek, ateşe atılmaktır.

Hal böyle olunca kul hakkından (insanların haklarından) sakınmak lâzım ve gereklidir. Aksi halde kıyâmet günü, Mahkeme-i Kübrâ'da (o büyük mahkemede) bütün ibâdetlerinin sevablarını, işlemiş olduğu küçük bir hata ve kusur yüzünden kaybedip küçük bir alacağı olan kimseye kaptırmak ne büyük bir iflastır, ne büyük bir müflis durumuna düşmek, ne büyük bir zarar, ne büyük bir kayıbtır.

Yine bir haberde buyrulmuştur ki: ***"Zâlim** (hak yiyen) **kişi, yaklaşık yirmi beş kuruşluk bir hak için, cemâat ile kılınmış yedi yüz namazın sevâbı hak yiyen kişiden alınıp, hak sâhibine** (hakkı yenen kimseye) **verilir** (verilecektir)."* buyruldu.

Her zâlim (haksızlık eden, zulmeden kişi) için, Arasât meydanında (mahşer yerinde), hesab gününde, şöyle bir ses duyulacak:

***"Ey mahşer halkı! Şu kimse, filânın oğlu felancadır. Bugün Allah Teâlâ'nın huzûrunda bunda hakkı bulunan hak sahibleri gelip, bundan haklarını alsınlar. Çünkü bugün adalet günüdür."*** denir.

Bu nidâ (bu ses) üzerine bütün hakkı olan hak sahibleri, toplanıp haklarını isterler (isteyeceklerdir). Bu çağırmadan sonra çocuklar babalarından, annelerinden, anne-baba çocuklarından, kardeş kardeşinden, akraba akrabalarından ve diğer insanlar, hakkı bulunan insanlardan haklarını isteyecekler. Hayvanlar birbirlerinden (boynuzsuz hayvanlar boynuzlu hayvanlardan) ve insanlardan (sahiblerinden), kendilerine eziyet etmiş olanlardan haklarını isteyeceklerdir.

İslâm âlimleri demişlerdir ki, haklar içinde ödenmesi en zor olan hak, hayvan hakları ile kâfir haklarıdır. Çünkü hayvanlara ve kâfirlere sevablardan verilmez ki hakkı ödensin. Kâfirin küfrü kendisinden ayrılmaz ki günâhı alınıp mü'min kimseye yüklenmez ki, hakkı ödensin. Çünkü kafirin yeri cehennemdir. Kâfire sevab verilemez. Hayvana da sevab verilmez ki, hakkı ödensin. Çünkü hayvanlar için sevab gerekmez. Onlar hesablaşmadan sonra toprak olup gidecekler. Bunun açıklamasını yukarıda yapmıştık. O açıklamamız hatırlansın. Bunun için derim ki, hayvan hakkı ile kâfir hakkının ödenmesi çok zor bir durumdur ki, kişi bu haklardan dolayı azaba uğratılıp ceza görebilecektir. Dikkat olunması gereken bir meseledir ki, unutulmaya...

## Hesab Günü, Üç Çeşit Kimse Değerli Amelinin Sevabını Almaya Hak Edemez:

### Şehîd, Âlim ve Hayır Yapan Kişi

*Ey Âhiret yolcusu kardeş!* Kıyâmet günü şu üç sınıf kimse aslında çok büyük sevabı gerektiren amellerinin sevablarını hak edemediklerini görür (göreceklerdir). Bu kişiler: Şehîd, âlim (din âlimi) ve büyük hayır işleri yapan hayır sahibi kişi. Bunların yapmış (işlemiş) oldukları amelleri onların cennetlik olmalarını gerektiriyordu. Fakat cennete gitmeyi hak edemediler. Neden? ***Ey dost!*** Şimdi can kulağını vererek dinle ve oku!..

Müslimin Ebû Hüreyre'den (r.a) rivâyet ettiğine göre, Hazret-i Peygamber sallallâhü aleyhi ve sellem Efendimiz şöyle buyurmuştur:

***"Kıyâmet günü, mahşer meydanında ilk hesabı görülecek şu üç sınıf insandır. Bunlar: Şehîd, âlim, (hayır işleyen) zengin.***

*"Şehîd sorgulanmak (hesaba çekilmek) üzere huzûra getirilir. Allah Teâlâ, onu hesaba çekmek için neler yaptığını soracak. Kendisine (şehide) verilen nimetler hatırlatılarak bir bir sorulur (sorulacaktır).* Şehîd şöyle cevablayacak:

***"— Ya Rabbi! Senin rızanı kazanmak için senin yolunda savaşıp çarpıştım ve şehîd edildim"*** diyecek. Fakat Allah Teâlâ ona:

*"— Sen yalan söylüyorsun. Sen benim rızam uğrunda değil, kendin namına çarpışıp öldürüldün. O andaki düşüncen sana cesûr adam, korkusuz adam, kahraman adam desinler diye ortaya atılıp savaşıyordun ve senin için söylemelerini istediklerini de söylediler. Senin için ne kahraman adam, ne cesûr ve ne korkusuz adamdır dediler. Sen çarpışmanın ödülünü dünyada halktan aldın ve benim için çarpışmadın"* buyuracak. Ve o (şehîdim diyen) adam yüz üstü atılır (atılacaktır)." (Bu niyeti ve düşüncesi Allah rızası olmayan adam, şehidlik gibi değerli bir amelinin sevabını alamayacaktır.)

İkincisi, Kur'an ilimleriyle ömrünü geçiren âlim, Kur'ân ilmi öğrenip öğreten ve insanlara Kur'ân okuyan ve dinleten din âlimidir. Bu da sorgulanmak üzere huzûra alınır (alınacaktır). Allah Teâlâ, buna da verdiği nimetleri birer birer hatırlatır. Ve kendisine verilen bu nimetlerle neler yaptığı sorulur (sorulacaktır). Bu âlim kişi de sorulara şöyle cevab verir:

***"— Ya Rabbi! Senin rızanı kazanmak için insanlara ilim öğrettim, Kur'ân okudum, dinlettim; Kur'ân okumasını öğrettim. Bunları hep senin için yaptım"*** der (diyecektir). Fakat Allah Teâlâ ona da:

*"Yalan, sen yalan söylüyorsun. Sen ilmi öğrendiğin zaman senin düşüncen ve niyyetin hep kendi adına idi. Kur'ân okuduğun ve okuttuğun zaman, insanlar beni beğensinler, ne güzel okuyor, âlim adam, edîb adam, fasîh adam, ne güzel sesi var, ne güzel okuyor" desinler diye okuyor ve konuşuyordun . Nitekim halk (insanlar) sana öyle de dediler. (Yani âlim adam, fasîh adam, ne güzel okuyan adam da dediler.) Sen çalışmanın karşılığını dünyada aldın."* Bunun da yüz üstü cehenneme atılması emredilecek ve cehenneme yuvarlanacaktır.

Üçüncüsü, hayırlarıyla ünlü zengindir. Cenâb-ı Allah, kendisine sayısız nimet ve zenginlikler verdiği bir kulunu da huzûruna alır ve ona da verdiği bunca servet, samandan, bunca nîmetlerden hesaba çekmek üzere hatırlatır. Vermiş olduğu nimetlerden sorar. Zengin kul cevab olarak:

***"Ya Rabbi! Senin verdiğin zenginliği senin rızan için verdim, dağıttım.*** *(Şu şu yoksulların karnını doyurdum. Şu şu hayırları yaptım. Şunu şunu senin rızanı kazanmak için paralar döktüm.)"* der (diyecektir). Ancak yüce Allah ona da şöyle buyurarak:

*"Ey kulum, yalan yalan söylüyorsun! (Sen bunları hep insanların övgüsünü almak için yaptın (yapıyordun). Sen bütün bunları desinler diye yapıyordun. İnsanlar senin için ne cömert adam, ne hayırsever adam desinler diye verdin paralarını, bunun için harcadın servetini"* denecek. Sonra bu adam da yüz üstü cehenneme sürülür (sürülecektir). (Müslim) Başka bir rivâyette ise, ***"Cehenneme ilk girecek olanlar bu üç sınıf kimsedir"*** buyrulmuştur.

Kıyâmet günü, hesab günü, mahşer günü arâsat meydanında insanlar bu dünyada yapmış oldukları amellerine göre, zorluk veya kolaylık göreceklerdir. Zerrece iyilik kolaylık getirdiği gibi, zerrece fenalıklar, kötülükler de zorluk getirecektir. Dünyâ amel yeri olduğu gibi, âhiret ve kıyâmet günü de dünyâda yapılan amellerin karşılığını alma ve görme yeridir. İşte bu gerçeklerden ötürüdür ki, âhirette görülecek hesablar çok incelenecektir. Amel defterleri ortaya çıktığı zaman hiç bir insan günahını, kusur ve hatasını inkâr etme ve itiraz etme gibi bir yola başvuramayacaktır. Kişinin amel defteri ortaya konacak küçük büyük her kusur ve hata oraya kaydedilmiş olarak bulunacak ve insan kendi gözüyle bunları okuyup itirafta bulunacaktır.

## Amel Defterlerinin Dağıtılması

Amel defterleri, amellerin tartılması (mîzan) kişilerin hesaba çekilmeleriyle bire bir ilgilidir. Bunlar, insanların amellerinin iyiliğini ve kötülüğünü, hayrı ve şerri açık açık ortaya koyacak belgelerdir. Bu önemli belgeleri ilerleyen sayfalarımızda özel başlıklar altında âyetlerin ve hadislerin ışığı altında açıklamaları yapılacaktır. İyi âmel sahiblerinin amel defterleri sağ taraflarından, kötü amel sahiblerinin amel defterleri sol taraflarından verilecektir.

Kıyâmet gününün bir adı da hesab günü olması nedeniyle insanların kıyâmette hesaba çekilmeleri konusunu, amel defterlerinin dağıtılma konusundan önce bir nebzecik açıklamış bulunuyoruz. Aslında hesaba çekilme ve amel defterlerinin dağılması ve Mahkeme-i Kübrâ'da (büyük mahkemede) sorgulanma konusu içiçe olan bir konudur. İnsanların amellerinden hesaba (sorgu suâle) çekilmelerinde amel defterlerinin rolü çok önemlidir.

## Amel Defterlerinin Sahiblerine Verilmesi

*Ey Âhiret yolcusu!* Her insanın bir amel defteri vardır. Bu amel defterleri, mahşer meydanında, hesab gününde sahiblerinin ellerine verilecektir. Her insan, kendi amel defterinde hayrını, şerrini, iyiliğini ve kötülüğünü kendi gözleriyle görecek ve okuyacaktır. Her insan, eline aldığı ve amellerinin yazılı bulunduğu bu amel defterlerini okuduğunda, kendisinin cennetlik mi, cehennemlik mi olduğunu anlayacaktır.

Yeri geldikçe işaret ettiğimiz gibi, amel defterlerinin dağıtılması çok önemli bir safhadır. Mahşer halkı, ***"Kitabım sağdan mı, yani sağımdan mı, solumdan mı verilecek"*** korkusuyla kimse, kimseyi hatırlamayacak, kimse kimseyle ilgilenmeyecektir. Kitabını sağından alan mahşer ehli: ***"Kurtuldum"*** diye sevinecek; kitabını solundan alan ise, ***"azap ve şiddetle"*** karşılacağını anlayacak ve üzülecektir. Nitekim Kur'ân-ı Kerîm'de şöyle buyrulmaktadır:

فَاَمَّا مَنْ اُوتِيَ كِتَابَهُ بِيَمِينِهِ فَيَقُولُ هَاؤُمُ اقْرَؤُا
كِتَابِيَهْۚ . اِنِّي ظَنَنْتُ اَنِّي مُلَاقٍ حِسَابِيَهْۚ . فَهُوَ فِي

عِيشَةٍ رَاضِيَةٍ ۙ . فِى جَنَّةٍ عَالِيَةٍ ۙ . قُطُوفُهَا دَانِيَةٌ .

كُلُوا وَاشْرَبُوا هَنِيئًا بِمَا اَسْلَفْتُمْ فِى الْاَيَّامِ الْخَالِيَةِ .

*Mânâsı:* ***"Amel defteri sağ tarafından verilen kimse*** *(sevinir ve):* ***"İşte kitabım*** *(amel defterim),* ***buyurun okuyun inceleyin. Şüphesiz ben, hesabımla karşılaşacağıma*** *(kuvvetle)* ***zannım vardı*** *(biliyordum)"* ***der. İşte o*** *(kitabı sağdan verilen),* ***hoşnut olduğu bir hayat içindedir.*** *(O artık mutluluk veren bir yaşama kavuşmuştur.)* ***Çok güzel*** *(pek yüksek)* ***ve kıymetli cennet bahçelerindedir. Meyveleri sarkmış, hemen el ile toplanacak durumdadır. Kendilerine*** *(o cennetlilere)* ***şöyle denir: "Geçmiş günlerinizde*** *(dünyadayken)* ***yaptığınız hayırlı amellere*** *(güzel işlere)* ***karşılık âfiyetle yiyin, için!"*** (Hakka Sûresi, âyet 19-24)

Ne güzel bir müjde! Sanki karnesini takdir ve teşekkürle almış bir çocuk sevincini andırıyor. Mahşer halkına kendi âilesiymiş gibi: ***"Bakın, bakın işte benim iyiliklerimi gösteren defterim, alın okuyun!.."*** diyor.

İşte sınıfta kalanlar, kitabları (amel defterleri) sol tarafından verilenler!.. Onlar üzgün ve kederlidir.

Hakka Sûresi'nin 25nci âyetinden itibaren gelen âyet-i kerîmelerde şöyle buyruluyor:

وَاَمَّا مَنْ اُوتِىَ كِتَابَهُ بِشِمَالِهِ فَيَقُولُ يَا لَيْتَنِى لَمْ اُوتَ

كِتَابِيَهْ ۚ . وَلَمْ اَدْرِ مَا حِسَابِيَهْ ۚ . يَا لَيْتَهَا كَانَتِ الْقَاضِيَةَ ۚ .

مَآ اَغْنٰى عَنِّى مَالِيَهْۚ . هَلَكَ عَنِّى سُلْطَانِيَهْۚ .

*Mânâsı: "**Kitabı** (amel defteri) **sol tarafından verilen kimse** (kederle): "**Eyvah!**" **der. Keşke kitabım** (amel defterim) **verilmeseydi! Ve keşke hesabımın ne olduğunu bilmeseydim! Âh nolaydı, o** (ölüm hayatıma) **kesin bir son vermiş olsaydı** (tekrar dirilmeseydim)**! Malım** (mülküm, servetim, zenginliğim) **bana bir fâide vermedi. Bütün saltanatım benden ayrılıp gitti.** (Gücüm iktidarım, otoritem yok oldu gitti.)"* (Hakka Sûresi, âyet 25-29)

Amel defteri soldan veya arkasından verilmesi iyiye işaret olmadığını her insan biliyordu. Onun için imansızlar da biliyordu ki, böyle esefleniyor. Böyle keşke temennîlcrinde bulunuyorlardı.

Amel defteri adı verilen bu belge, her insanın dünyâdaki iyilik ve kötülüğünün tescillenmiş belgesidir. Konuşma dilimizde Amel defteri adı verilen birçok yazılmış sayfalardan oluşan bu belgelere Kur'ân-ı Kerîm'de **"el'Kitab"** adı verilmiştir. Allah Teâlâ, kıyâmet gününde, mahşer meydanında kullarını (insanları) sorgulamak için ve yüce adâletinin gerçekleşmesinde doğruların ortaya çıkmasında belgelenmesi ve her insan için bir kitab (amel defteri) ortaya çıkaracaktır. Bu kitabda (amel defterinde) insanın dünyâda işlemiş olduğu her fiili, söylemiş olduğu her sözü kaydedilip tesbit edilmiş (sabitleştirilmiş)tir.

Bu konuda Allah Teâlâ'nın yüce kitabı Kur'ân-ı Kerîm'deki beyanlarını (açıklamalarını) öncelikle bir görelim.

## Amel Defteri Dediğimiz Kitab'ın Ortaya Konması

وَوُضِعَ الْكِتَابُ فَتَرَى الْمُجْرِمِينَ مُشْفِقِينَ مِمَّا فِيهِ
وَيَقُولُونَ يَاوَيْلَتَنَا مَالِ هَذَا الْكِتَابِ لَايُغَادِرُ صَغِيرَةً
وَلَاكَبِيرَةً اِلَّآ اَحْصَيهَا ج وَوَجَدُوا مَا عَمِلُوا حَاضِرًا ط
وَلَا يَظْلِمُ رَبُّكَ اَحَدًا ع

*Mânâsı:* ***"Kitab** (önlerine) **konulmuştur. Mücrimlerin** (suçlu-günahkârların), **o kitapdaki yazılı olan kayıtlardan korkmuş olduklarını ve şöyle sızlandıklarını görürsün: "— Vâh halimize** (yazıklar olsun bize)! **Bu nasıl** (bir) **kitapmış** (ki), **küçük büyük hiçbir şey bırakmayıp** (yaptıklarımızın) **hepsini sayıp dökmüş!" Böylece onlar bütün yaptıklarını** (önlerinde) **hazır bulmuşlardır.** (Resûlüm) **Senin Rabbin hiç kimseye zulmetmez."*** (Kehif Sûresi, âyet 49)

Allah Teâlâ, hiçbir kuluna zulmetmez (zerrece haksızlık etmez). Onun için her insanın sevab ve günahlarının yazıldığı bir kitabı (amel defteri) vardır. İnsanın bu hayat dosyasını/amel defterini yazan özel kâtibler, yazıcı melekler görevlendirilmiştir.

Her insanın sevab ve günâhlarını yazan iki melek vardır. Bunların birisi sevabları yazar, birisi de günahları yazar. Bu iki melek görevli bulunduğu insandan hiç ayrılmaz. Hiçbir hata ve kusur, hiçbir yanlışlık yapmazlar. Görevli bulundukları insanın en küçük (zerrecik) bir sevabından en büyük sevabına kadar hiç birini onun amel defterine yazmayı bile geciktirmez. Hepsini saniye saniyesine kaydeder, an be an kişinin amel defterine geçirir. Bu melek sağdaki melektir. Diğer melek de günahları yazar. O da soldaki melektir. Onun görevi de hizmetinde bulunduğu insanın en küçük (zerrecik) bir günahından tutun da en büyük günahlarına varıncaya kadar hepsini o kişinin amel defterine yazar, kaydetmedik hiçbir günah, hiçbir hata ve kusur bırakmaz.

Allah Teâlâ, o adalet gününde günahkarların serdedeceği bütün mazeret kapılarını kapatmıştır. Mahşerde kurulacak olan o büyük mahkemede (Mahkeme-i Kübrâ'da) hiçbir mücrim (günahkar) herhangi bir mâzeret, herhangi bir özür beyan edemeyecektir. Suçlu olduğunu gösteren belgeler (amel defteri) ve dahası da vardır ki, bütün âzâları (vücûd organları) dile gelecek kendisinin aleyhinde şahitlik edecektir. Evet Allah Teâlâ, bu dünyâda kullarını uyarıyor:

***"O gün, herkesin kitabı** (amel defteri önüne) **konulmuştur** (konulacaktır). **Resûlüm ya Muhammed! Mücrimlerin** (suçlu günâhkarların) **amel defterlerinde bulunan kayıt ve belgelerden korkarak titrediklerini görür, sızlanarak "Vah halimize** (yazıklar olsun bize)**! Bu nasıl kitapdır ki, küçük büyük hiçbir şey bırakmadan dünyâda yaptıklarımızın hepsini kaydedip tesbit etmiş, hepsini sayıp dökmüş" dediklerini görürsün. Onlar böylece, dünyâda yapmış olduklarını** (önlerinde) **hazır bulmuşlar** (bulacaklar)**dır.** (Resûlüm) **senin Rab-***

***bin hiç kimseye zulmetmez** (Suçsuz insana ceza vermez, sevab işleyenin de mükâfâtını azaltmaz).”* (Kehif Sûresi, âyet 49)

## Herkese Kendi Kitabını (Amel Defterini) Okuması Emredilecek

*Ey dost!* Kur’ân-ı Kerîm’in bildirdiğine göre, herkese kendi kitabını (amel defterini) okuması emredilecektir: *“İkra’ kitabek =* ***Kitabını oku”*** denecektir. Bu emir karşısında okuma bilen de bilmeyen de kitabını (amel defterini) okuyacaktır. Kişinin kendi amel defterini (kitabını) okuması için, onun okuma yazma bilmesi gerekmeyecektir. Çünkü her insan Allah Teâlâ’nın ilhamıyla okuma yeteneğine kavuşacak ve kendi kitabını (defterini) okuyacaktır.

Kur’ân-ı Kerîm’in İsrâ Sûresinde amel defteriyle ilgili bilgi:

وَكُلَّ اِنْسَانٍ اَلْزَمْنَاهُ طَٓائِرَهُ فِي عُنُقِهِ ؕ وَنُخْرِجُ لَهُ يَوْمَ الْقِيَامَةِ كِتَابًا يَلْقَيهُ مَنْشُورًا . اِقْرَاْ كِتَابَكَ ؕ كَفَى بِنَفْسِكَ الْيَوْمَ عَلَيْكَ حَسِيبًا ؕ . مَنِ اهْتَدَى فَاِنَّمَا يَهْتَدِي لِنَفْسِهِ ج وَمَنْ ضَلَّ فَاِنَّمَا يَضِلُّ عَلَيْهَا ؕ وَلَا تَزِرُ وَازِرَةٌ وِزْرَ اُخْرَى ؕ وَمَا كُنَّا مُعَذِّبِينَ حَتَّى نَبْعَثَ رَسُولًا .

*Mânâsı: **“Her insanın amel defterini boynuna doladık** (astık). **Ve Kıyâmet günü insan için** (sayfaları)*

***açılmış olarak önüne konacak** (amelleri yazılı) **bir kitap çıkaracağız** (da o insana) **Kitabını oku! Bugün, kendi hesabını kendin göreceksin** (deriz). **Kim doğru yolu** (hidayeti) **seçerse, bunu ancak kendisi** (kendi iyiliği) **için seçmiş olur. Kim de doğruluktan saparsa, ancak kendi aleyhine** (zararına) **sapmış olur. Hiçbir günâhkar, başkasının günâhını yüklenmez. Biz bir peygamber göndermedikçe, hiç kimseye azab edecek de değiliz."*** (İsrâ Sûresi, âyet 13,14,15)

Sevgili Peygamberimiz de Hadis-i şeriflerinde şöyle buyurmuştur:

***"Kıyâmet gününde her insanın ameli** (bu dünyada yaptıkları ve işledikleri amel defterinde) **boynunda asılı olarak bulunacaktır."*** (Müsned-i Ahmed)

Şimdi bu okuduğumuz üç âyet-i Kerîme'nin bir kaç kelimelik bir açıklamasını yapacak olursak şöyle diyebiliriz.

1. "وَكُلَّ اِنْسَانٍ اَلْزَمْنَاهُ طَٓائِرَهُ فٖى عُنُقِهٖ" = ***Her insanın amel defterini boynuna dolayıp astık."*** Yani her insan dünyâda yaptığı amellerinin karşılığında bir rehindir. Onun karşılığını görecek ve alacaktır. Dünyâda yapmış olduğu amelleri, bir gerdanlığın boyunda bağlı olduğu asılı bulunduğu gibi, kişinin boynunda bağlıdır, ebedi olarak ondan (sahibinden) ayrılmaz. Her insan bu gerçekleri mahşer günü sorgulandığı, hesaba çekildiği gün, çok açık ve net olarak görecektir. Çünkü Allah Teâlâ, âyetin devamında öyle bildiriyor:

"وَنُخْرِجُ لَهُ يَوْمَ الْقِيَامَةِ كِتَابًا يَلْقَيهُ مَنْشُورًا" = **Biz Azîmüş'şan, *o insanın önüne bir kitab çıkaracağız. Bu***

***kitab öyle bir kitab ki, sayfaları açılıp yayılmış olan bir kitab olacaktır."***

Bu ilâhî kitap öyle bir kitap ki, sahibinin işlemiş olduğu iyi ve kötü bütün amellerini kaydeden, küçük büyük hiçbir amelini atlamayan (geçiştirmeyen), hepsini en ince teferruâtına varıncaya kadar yazan bir kitabdır bu. Bu kitab adeta dile gelmiş konuşan bir kitabdır. Bütün bilgileri içinde toplamış, hepsi sağlam belgeler halinde, sayfaları açık ve serilmiş (yayılmış) bir durumda sahibinin gözleri önüne konulmuş ve sahibine çıkışarak emir vermektedir: **"Oku kitabını"** bütün yaptıkların buradır diyor. İkinci âyet bu gerçeği anlatmaktadır:

2. "اِقْرَأْ كِتَابَكَۜ كَفٰى بِنَفْسِكَ الْيَوْمَ عَلَيْكَ حَسِيبًاۜ" = ***Ey insan! Oku kitabını*** *(amel defterini oku denilecek).* ***Oku kitabını!*** Bugün kendi hesabını kendin göreceksin. Sen şu kitabında gördüklerini oku, bunlar senin için yeterli, kendi hesabını kendin dile getirmen yeterli görülecektir emir ve hitabıyla karşılaşacaktır amel defteri sahibi.

Amel defterlerinin açılması Tekvîr Sûresi onuncu âyetinde de dile getirilmektedir. Bu sûrenin 10ncu âyeti şöyledir:

"وَاِذَا الصُّحُفُ نُشِرَتْ" = ***Sahîfeler açıldığı zaman*** *(amel defterlerinin sahifeleri açılıp yayıldığı, gözler önüne serildiği zaman demektir.)*

Evet amel defterinin sayfaları açıldığı zaman: "عَلِمَتْ نَفْسٌ مَٓا اَحْضَرَتْ" = ***Her insan, ne hazırlayıp getirdiğini bilecektir*** *(görecektir).*" (Tekvîr Sûresi, âyet 14)

Âl-i İmrân, 30ncu âyeti de bu gerçeği dile getirmektedir. O hesâb günü çetin bir gündür, bütün sırlar ortaya dökülecektir. Amel defterleri, insanın uzuv ve organlarının dile gelerek konuşturulması bu cümledendir.

يَوْمَ تَجِدُ كُلُّ نَفْسٍ مَا عَمِلَتْ مِنْ خَيْرٍ مُحْضَرًا ۚ
وَمَا عَمِلَتْ مِنْ سُوءٍ ۚ تَوَدُّ لَوْ اَنَّ بَيْنَهَا وَبَيْنَهُ اَمَدًا
بَعِيدًا ۗ وَيُحَذِّرُكُمُ اللّٰهُ نَفْسَهُ ۗ وَاللّٰهُ رَؤُفٌ بِالْعِبَادِ ۚ.

*Mânâsı:* ***"O gün*** *(amel defterlerinin ortaya konulduğu gün),* ***her nefis*** *(her insan),* ***ne hayır işlemiş ve ne kötülük yapmışsa, onları önüne konmuş olarak hazır bulmuştur*** *(bulacaktır). (Bu hali gören insan)* ***isteyecek ki,*** *(yaptığı)* ***kötülükler*** *(günâhlar)* ***ile kendi arasında uzun bir mesâfe bulunsun.*** *(Ey insanlar! Bu uyarısıyla)* ***Yüce Allah, sizi kendisine karşı gelmekten*** *(azabından)* ***korkutup sakındırıyor. Çünkü Allah, kullarına karşı çok merhametli ve şefkatlidir.*** *(Onların doğru yolda olmalarını ister.)"* (Âl-i İmran Sûresi, âyet 30)

***Evet ey dost!*** Kur'ân'ın "el'kitab" ve "suhuf = sayfalar" adını verdiği her insanın bir amel defteri bulunmaktadır. Kıyâmet gününde her insanın amel defteri, sahibinin hesabının en âdaletli bir şekilde görülmesini ve kişinin âdil bir şekilde sorgulandığını ortaya koyacaktır. Çünkü kişiler (insanlar) kendi hesablarını kendileri görecektir. İşlemiş oldukları günâhları kendileri itiraf ederek kuzu kuzu suçlarını kabul edeceklerdir.

**3.** İsra Sûresinden okuduğumuz üç âyetten sonuncusu, yâni üçüncüsünün açıklamasında şunları diyebiliriz ki, bunları bilmemiz de sonsuz yararlar vardır.

"مَنِ اهْتَدَى فَاِنَّمَا يَهْتَدِى لِنَفْسِهِ ج وَمَنْ ضَلَّ فَاِنَّمَا يَضِلُّ عَلَيْهَا ط = *Kim hidâyeti (doğru yolu)* ***seçerse*** *(benimserse)* ***bunu ancak kendi iyiliği için seçmiş olur. Kimde doğruluk*** *(doğru yol)****dan saparsa, kendi zararına*** *(kendi aleyhine)* ***sapmış olur.***

"وَلَا تَزِرُ وَازِرَةٌ وِزْرَ اُخْرَى ط = ***Hiçbir günahkar, başkasının günahını yüklenmez*** *(bu durumu kimse üstlenmez)."*

Bir sual akla gelip, iyi ama, herkes (her insan), hidâyet ve dalâleti, doğruluk ve sapıklığı nasıl belirleyip bilecektir, denecek olursa, buna cevab olarak âyetin devamında buyruluyor ki, Allah Teâlâ:

***"Biz, bir peygamber göndermedikçe, kimseye azâb etmeyiz."*** Peygamber gönderilincede hidâyet de sapıklık da tebliğ edilmiş demek olur. Ancak bunu kabul edip etmemek her insanın kendi boynuna dolanmıştır. Herkesin amelinin kendi boynuna dolanmış olmasının anlamının özeti bu son âyet (İsra Sûresi, 15nci âyeti) ile açıklığa kavuşmuş demek olur.

Her insanın yaptığı iyiliğin sevabı ve işlemiş olduğu günâhın cezâsı, kendisinedir. Bir insan ne yaparsa kendisine yapar. Nitekim âyet-i kerimede şöyle buyuruluyor:

مَنْ عَمِلَ صَالِحًا فَلِنَفْسِهِ وَمَنْ اَسَاءَ فَعَلَيْهَا ط

وَمَا رَبُّكَ بِظَلَّامٍ لِلْعَبِيدِ

*Mânâsı: "**Kim salih bir amel işlerse, sevabı kendisinedir, kim de kötülük yaparsa** (kötü bir amel işlerse) **zararı** (cezası) **kendinedir. Rabbin kullarına asla** (zerrece) **zulmetmez.**"* (Fussilet Sûresi, âyet 46)

Yani, her kim ki, bu dünyâda iyi işlerden, makbul güzel işlerden bir iş yaparsa kendi lehine ve kazancınadır, menfaati kendisine aittir. Kim de kötü bir iş, Allah'ın hoş görmediği bir iş yaparsa, onun da cezasını çekecek ve zararını görecek olan yine kendisidir. Allah hiç bir ameli karşılıksız bırakmaz, iyiliğin ödülünü verdiği gibi, kötülüğün de ceza ve azabını verir ve verecektir. Onun içindir ki, kullarının her işini, her fiilini, her sözünü ve niyyetini melekleri tarafından tesbit ettirerek belgelettirmiştir.

## İnsanın Uzuvları, Âzâ Ve Organlarının Konuşması

Bu belgelerin yanı sıra bir de her insanın uzuvlarını, derilerini konuşturarak sahibleri hakkında şâhitlik (tanıklık) yaptırarak kullarının durumlarını iyiden iyiye, inceden inceye ortaya çıkaracaktır. Yüce Allah, kullarının her hâlini bildiği, gördüğü halde, kullarını sorgulamakta işi olduya bittiye getirmeyip mutlak adâletini kullarına göstermek için ve kullarına zerrece zulmetmediğini belgeleriyle göstermek için böyle ince eleyip sık dokurcasına kullarının hesabını görecektir.

Evet Allah Teâlâ, kullarının her fiil ve hareketini, her söz ve davranışını insanın kendi uzuv ve organlarını konuşturmak sûretiyle kişi hakkında şahitlik yaptıracaktır. Bunun sebeb-i hikmeti o büyük duruşmada yalancıların ağızlarını kapamak ve mâzeret kapılarını kapatmaktan ibârettir. Çünkü yalancı günahkârın tüm âzâları ve kendi organları aleyhinde şâhitlik edecektir. Kur'ân-ı Kerîm bu gerçekleri şöyle bildiriyor:

يَوْمَ تَشْهَدُ عَلَيْهِمْ اَلْسِنَتُهُمْ وَاَيْدِيهِمْ وَاَرْجُلُهُمْ

بِمَا كَانُوا يَعْمَلُونَ

Mânâsı: **"O gün** *(o duruşma günü, büyük mahkemede)* ***o yalancı günahkârların aleyhinde kendi dilleri, kendi ayakları şahitlik ederler*** *(edeceklerdir).* ***Bütün yaptıkları fenalıkların ve günahlarını bir bir söyleyerek onların*** *(sahiblerinin)* ***aleyhlerinde tanıklık yapacaklardır."*** (En'Nûr Sûresi, âyet 24)

Ve yine Yasin Sûresi, âyet 65'de şöyle buyruluyor:

اَلْيَوْمَ نَخْتِمُ عَلَى اَفْوَاهِهِمْ وَتُكَلِّمُنَا اَيْدِيهِمْ وَتَشْهَدُ

اَرْجُلُهُمْ بِمَا كَانُوا يَكْسِبُونَ

Mânâsı: **"O gün onların** *(kafirlerin)* ***ağızlarına mühür basarız.*** *(Yalan konuşmaları dinlenmez.)* ***Elleri konuşur.*** *(Yaptıkları amelleri-iyi yada kötü işleri bize elleri anlatır.)* ***Ayakları da şâhitlik eder.*** *(Böylece yaptıkları iyi yada kötü doğru olarak ortaya çıkar. Çünkü eller doğruyu söyler, ayaklar da doğru şahitlik ederler.)"* (Yâsin Sûresi, âyet 65)

Fussilet Sûresi âyetlerinde de şöyle buyruluyor:

حَتّٰى اِذَا مَا جَاؤُهَا شَهِدَ عَلَيْهِمْ سَمْعُهُمْ وَاَبْصَارُهُمْ وَجُلُودُهُمْ بِمَا كَانُوا يَعْمَلُونَ . وَقَالُوا لِجُلُودِهِمْ لِمَ شَهِدْتُمْ عَلَيْنَاۜ قَالُوا اَنْطَقَنَا اللّٰهُ الَّذ۪ى اَنْطَقَ كُلَّ شَيْءٍ وَهُوَ خَلَقَكُمْ اَوَّلَ مَرَّةٍ وَاِلَيْهِ تُرْجَعُونَ

*Mânâsı:* ***"Sonunda oraya geldikleri zaman*** *(hesap vermek için beklediklerinde),* ***kulakları, gözleri ve vucudundaki deriler konuşur, sahiblerinin aleyhinde şahitlik ederler.*** *(Dünyada yapıp ettikleri ne varsa hepsini, onların (kafirlerin) aleyhindekileri de anlatıp şahitlik ederler. Kafirler, günahkarlar)* ***derilerine şöyle dediler*** *(diyecekler):* ***"Niçin aleyhimize şâhitlik ettiniz?" Derileri ve uzuvları: "— Herşeyi konuşturan Allah, bizi de konuşturdu. Hem sizi ilk defa yaratan O'dur ve sonunda yine O'na döndürüleceksiniz." derler.*** (Fussilet Sûresi, âyet 20-21)

Her insan Allah'ın adâletinden razı olduğu gibi ve hiçbir kuluna zerrece haksızlık etmediğini gözleriyle görüp günahkârlar kendi suçlarını kendileri itiraf edeceklerdir. Bu konuda Kur'ân-ı Kerîm' de hayli bilgiler vardır.

يَوْمَئِذٍ يَصْدُرُ النَّاسُ اَشْتَاتًا لِيُرَوْا اَعْمَالَهُمْ

*Ma'nası:* ***"O gün*** *(Kıyâmet günü),* ***insanlar amellerini görmeleri ve karşılığını almaları için, grup grup***

***hesab meydanına getirilirler.*** *(Îman ehli mü'minler ayrı gruplar halinde, küfür ehli kâfirler de ayrı gruplar halinde amel defterlerindeki belgeleri görmeleri için gelirler.)"*

Yani hesab günü olan kıyâmet gününde, insanlar daha çok amel ve inançları birbirine benzerlik arzedenlerin oluşturacağı grublar ve topluluklar halinde hesab meydanına getirileceklerdir.

Başka bir yorumda ise, görevli olan meleklerin kendi ölçüleri çerçevesinde, insanları bölükler (grublar) halinde sevkedeceklerine işârettir denilmiştir. O gün insanlar, amellerini görsünler için getirileceklerdir.

فَمَنْ يَعْمَلْ مِثْقَالَ ذَرَّةٍ خَيْرًا يَرَهُ ۗ.

وَمَنْ يَعْمَلْ مِثْقَالَ ذَرَّةٍ شَرًّا يَرَهُ.

*Mânâsı:* ***"Çünkü her kim zerre miktarı bir hayır*** *(iyilik)* ***yapmışsa*** *(işlemişse),* ***onu ve onun karşılığını*** *(sevabını)* ***görecek ve alacaktır. Her kim de bir zerre miktarı şerr*** *(kötülük)* ***yapmışsa*** *(işlemişse),* ***onu ve onun karşılığını*** *(ceza ve azabını)* ***görecektir."*** (Zilzâl/Zelzele Sûresi, 6,7,8)

**"Zerre"** demek, görülür, görünmez derecede gayet küçük karınca veya güneş ışınında sezilebilen toz zerreciklerine de zerre denir denilmiştir. Zerre çok az ve çok küçük bir şey demektir. İnsanların gözünde pek değeri olmayan minnacık ölçü ile ifâde edilmek anlamınadır. Bunda anlatılmak istenen asıl maksat ve amaç ise, en küçük bir hayır (iyilik) veya şerrin (kötülüğün) bile Allah yanında (katında) kaybolmayacağının anlatımı ve hatırlatılması demektir.

*Ey Âhiret yolcusu kardeş!* Bu ilahî ölçü karşısında aklı başında olan her insan kendisine bir çeki düzen vermek zorunda olduğunu anlamalıdır. Yani şu fanî (geçici) dünyada zerre büyüklüğünde bir hayır ve iyilik (sevap) işleyen kişi, âhirette onun karşılığını, zerre kadar şerr (kötülük) ve günah işleyen kişi de âhirette, hesab gününde onun karşılığını (cezasını, azabını) göreceği kesin olduğuna göre, her insan kendisini bu haber ve bilgilere, daha doğrusu bu ilâhî uyarılara göre hazırlamalı ve de hazırlamak zorundadır.

Yüce Allah, bütün kullarına hayır nedir, şerr nedir, iyilik nedir, kötülük nedir, sevab nedir ve günah nedir? Hepsini bildirmiştir. Peygamberler göndermiş ve bu peygamberlerine ilâhî mesajlarını indirmiş ve bu bilgileri bütün kullarına ulaştırmıştır. Peygamberi Hazret-i Muhammed'i bütün insanlığa son peygamber olarak gönderdiğini ilan etmiştir. Son ilâhî kitabı olan Kur'ân-ı Kerîm'ini de meleklerin en büyüklerinden olan Cebrâil (a.s.) vasıtasıyla son peygamberi Hazret-i Muhammed'e (a.s.) göndermiştir.

Artık her insan kendi boynuna dolanıp asılmış olan amel defterine iyi ve güzel şeyler yazdırmalıdır. Çünkü Allah Teâlâ, bütün nîmetlerini kulları üzerinde tamamlamıştır. Kullarına her türlü hayır yollarını öğrettiği ve öğretme mesajlarını tebliğ edip ulaştırmıştır. Şimdi kullara düşen görev bunları belleyip gereğince amel etmek ve amel defterlerine hayırlar,, iyilikler ve güzellikler yazdırmak için çaba göstermek zorundadır.

## Kirâmen Kâtibîn ve Hafaza Melekleri

Her bir insanın yanında (üzerinde) görevlendirilmiş iki melek vardır. Bu iki melek, üzerinde görevli bulunduğu kişinin iyi ve kötü bütün amellerini, söz ve davranışlarını yazmaktadırlar. Hem de hiçbir eksik ve fazlası olmamak şartıyla yazmaktadırlar. Kulların (insanların) tüm ef'âl (fiil) ve a'mâlini (işlerini) yazan bu meleklere Cenâb-ı Allah, **"Kirâmen Kâtibîn = değerli yazıcılar"** adını vermiştir.

*Ey Âhiret yolcusu!* Allah Teâlâ, kullarının bu dünyâda yaptığı amelleri (işlediği her türlü iyiliği ve kötülüğü) kayda aldırmış (yazılı belgeye geçirmiş) bulunmaktadır. Yüce Rabbimiz, kullarının her türlü hal ve durumunu ilâhî kayda aldırarak tesbit ettirmiştir. Bu görevi yapmaları içinde meleklerinden bazılarını görevlendirmiştir. Bu özel görevle görevlendirilmiş olan melekler, kulun (insanın) her türlü iyi ve kötü amellerini yazmakla görevlidir.

Bunlara çeşitli adlar (isimler) verilmiştir. Kur'ân-ı Kerîm, bunlara **"Hâfizîyn"** ve **"Kirâmen Katibîn"** ismiyle bildirmektedir. Bazı âlimler, "Kirâmen Kâtibîn" meleklerine "Hafaza" melekleri de demişlerdir.

Hafaza kelimesi, Hıfz eden hiç unutmayan, koruyan, koruyucu melekler demektir. Her kişinin (insanın) yanında görevli bulunan melekler vardır. Bu melekler, Allah tarafından vazifelendirilmiştir. Bunlar, koruyup gözetlemekle görevli bulundukları kişinin yanından bir an, bir nefes bile ayrılmazlar. Çünkü bu melekler, görevli bulundukları o kişinin, o insanın yaptığı her işini onun amel defteri adı verilen hayat dosyasına kaydedip geçirmekle görevli ve sorumludurlar.

Melekler hiç hata yapmazlar. Allah Teâlâ'nın verdiği emirleri harfi harfine uygulayıp yerine getirirler. Meleklerin özelliklerinden biri de böyle olmalarıdır. Melekler, Allah Teâlâ'nın emirlerine hiç âsî (karşı) gelmezler.

Allah Teâlâ, Kur'ân-ı Kerîm'de Kirâmen Kâtibîn ve Hafaza melekleri hakkındaki gerçeği şöyle dile getirmektedir:

وَاِنَّ عَلَيْكُمْ لَحَافِظِينَۙ . كِرَامًا كَاتِبِينَۙ .

يَعْلَمُونَ مَا تَفْعَلُونَ .

*Mânâsı:* ***"Ey insanlar! Şunu iyi bilin ki, üzerinizde gözcülük eden*** *(Hafizîyn = Koruyucu)* ***melekler vardır.*** *(Amellerinizi yazan)* ***dürüst, şerefli yazıcı*** *(kâtib)* ***melekler vardır. Bu melekler, sizin bütün yaptıklarınızı bilirler."*** (İnfitar Sûresi, âyet 10,11,12)

***Ey Âhiret Yolcusu!*** Yüce Rabbimizin bildirdiği bu melekler, her insanın bu dünyâdan âhirete götüreceği her türlü sermâyesini, yani (sevablarını ve günahlarını) üzerinde görevli bulundukları her insanın amel defterine yazıp kayda geçiren meleklerdir. Bu meleklerin görevi çok önemli görevlerdir. Bütün insanların hesabı, bu meleklerin yazdığı amel defterine göre yapılacaktır. O büyük mahkemede (Mahkeme-i Kübrâda) insanlar amel defteri denilen dünya hayatında yazdırdıkları hayat dosyalarına göre sorgulanacaklardır.

Yüce Rabbimiz, bu değerli katib(yazıcı)lerin yazdırdıkları amel defterlerinin önemini dikkatlere çekmek için ayette bu şerefli ve değerli yazıcı (katib) meleklerin dört tane vasfını (özelliğini) vurgulamaktadır:

1. **"Hâfizıyn"**dır. Hıfzedip koruyanlar, hiç unutmayanlardır. Zihinde saklayıp muhafaza edenlerdir. Çünkü bu vasıfların ve özelliklerin bulunmadığı bir görevlinin yazdıkları geçerli olmaz. Onun için yüce Rabbimiz, kullarının amel defterlerini yazmakla görevlendirdiği meleklerin (Kirâmen katibîn) çok önem taşıyan vasıf ve özelliklerini bildiriyor.

**Hafaza** ve **Hâfizıyn** kelimeleri, hafız kelimesinin çoğuludur. Hafız kelimesi ise, H, f, z harflerinin oluşturduğu Hıfz kökündendir. Hıfz kelimesi, zihinde saklama, hatırda tutma, muhafaza etme anlamınadır.

**Kirâmen kâtibîn** adı verilen bu melekler de, üzerinde görevli bulundukları kulun (insanın) iyi ve kötü bütün amellerini hıfzederler. Hiç unutmazlar ve hesab gününe o büyük mahkemeye (Mahkeme-i Kübrâ'ya) taşırlar.

2. **Kâtibdirler** (yazıcıdırlar). Kulların (üzerinde görevli bulundukları insanların) bütün işlerini

(amel defteri adı verilen kitaba) yazarlar. Çünkü yazmakda delilller, belgeler daha bir sağlamlığı ortaya koyar. Şüpheler, itirazlar ortadan kalkar.

**3. Kiram sıfatına lâyık,** Kerîmlik özelliğine sahibdirler. Kerîm ve Kirâm kelimeleri, büyüklük, ululuk, şereflilik, doğruluk ve dürüstlük asâlet sahibi olmak gibi anlamlara gelir. Yani Ḥafaza ve Kiramen Katibîn melekleri, çok şerefli, doğru dürüst ve adaletlidirler. Çünkü böyle bir özelliğe sahib olmayanların şahitlikleri ve notları (yazıları) geçerli olmaz.

**4. Yazdıklarını bilerek yazarlar.** Yani üzerinde görevle oldukları kişilerin her hâl ve hareketini, iyi ve kötü her işini bilirler ve bildikleri bu bilgileri de o kişinin amel defterine hiç bir eksik ve fazla bir nokta bırakmadan olduğu gibi yazarlar. Aynı zamanda bu yazıcı melekler (Kirâmen Kâtibîn), Kıyâmet gününde, o büyük mahkemede (Mahkeme-i Kübrâ'da) görevli bulundukları insan hakkında şâhitlik ederlerken, bu yazdıkları amel defterlerinde bulunan bütün bilgileri eksiksiz bilirler. Çünkü bu melekler böyle özelliklerle donatılmıştır.

*Evet ey kardeş!* Yüce Rabbimiz hiçbir insanı kendi hâline bırakmamıştır. İnsanoğlunu tüm yaratılmışların üstünde çok değerli bir varlık olarak yaratmıştır. Bu değer ve üstün yaratılmanın bedeli ve faturası olarak da, insanı her iş ve fiilinden, her söz ve hareketinden sorumlu olduğunu bildirmiştir. Onun için de, insanoğlunun her türlü hâl ve hareketini, söz ve davranışını bir kütüğe, muazzam yaprakları olan bir kitaba (insanların deyimiyle amel defteri sayfalarına) kaydettirmiş ve zabtu rabt altına almıştır.

Kullarının her halini ilm-i ezeliysiyle en ince noktasına kadar en iyi bildiği halde, bu işle görevli melekler yaratmıştır. Bu işle görevlendirdiği meleklerini de bazı yüksek sıfat ve özelliklerle kullarının bilgisine sunmuştur. Yüce Rabbimizin kullarının amel (iş)lerini gözetleyip yazmaları ile ilgili şerefli, dürüst, üstün vasıflı kâtibler (yazıcılar), gözcülük eden, güvenilir bekçiler, murâkıblar, insanların işlerini hıfzedip koruyucu melekler görevlendirilmesinin hikmet ve amacı, onların (insanların) özür ve mazeretlerini geçersiz kılmak ve Kıyâmet günü yapılacak sorgu suâlin sağlamlığı ve iki kere ikinin dört ettiği gibi kesinliğini anlamaları içindir.

Bu kesin hesablaşmanın anlaşılması ve gönüllere yerleştirilmesi için de bu sıkı kontrol ve denetimini kullarına duyurmuş ve uyarmıştır. Yukarıdaki okuduğumuz âyetleri tekrar hatırlayalım:

"وَاِنَّ عَلَيْكُمْ لَحَافِظِينَۙ = ***Ey insanlar! Şunu iyi bilin ki, üzerinizde gözcülük eden, bütün işlerinizi hıfzedip koruyan (koruyucu) melekler vardır."*** (İnfitar Sûresi, âyet 10)

"كِرَامًا كَاتِبِينَۙ = ***Bunlar şerefli, dürüst yazıcılar, yüksek katiblerdir."*** (İnfitar Sûresi, âyet 11)

"يَعْلَمُونَ مَا تَفْعَلُونَ = ***Onlar, siz her ne yaparsanız bilirler.*** *(ve sizin hakkınızda bütün bu bildiklerini sizin kitabınıza (amel defterinize) yazarlar. Küçük, büyük hiçbir amelinizi (işinizi) bırakmazlar, hepsini noktasına, virgülüne kadar yazıp kaydederler.)"* (İnfitar Sûresi, âyet 12)

## İnsanın Ağzından Çıkan Her Sözü Yazılıyor

*Ey Allah için kardeş!* İnsanoğlunun yaptığı iyi ve kötü her işi yazıldığı gibi, söylediği her söz de görevli melekler tarafından yazılıyor. İnsanoğlunun ağzından çıkan her sözü, iyi olsun kötü olsun mutlak kaydediliyor. Yüce Rabbimiz öyle haber veriyor:

***"Bir insan, hiçbir söz söylemeye dursun ki, onun yanında bulunan gözcü melek söylediğini yazmamış olsun = mutlak o melek söylediklerini yazıyor."*** (Kaf Sûresi, âyet 18)

Bu sûrenin üç âyetini birlikte mütâlea edelim ki, Allah Teâlâ kullarını inceden inceye nasıl uyarmakta olduğunu görmüş olalım.

Yüce Rabbimiz, Kur'ân-ı Kerîm'inin Kaf Sûreyi celilinin 16, 17 ve 18nci âyet-i kerimelerinde biz kullarını şöyle uyarmaktadır:

وَلَقَدْ خَلَقْنَا الْاِنْسَانَ وَنَعْلَمُ مَا تُوَسْوِسُ بِهٖ نَفْسُهُ ج
وَنَحْنُ اَقْرَبُ اِلَيْهِ مِنْ حَبْلِ الْوَرِيدِ . اِذْ يَتَلَقَّى
الْمُتَلَقِّيَانِ عَنِ الْيَمِينِ وَعَنِ الشِّمَالِ قَعِيدٌ .
مَا يَلْفِظُ مِنْ قَوْلٍ اِلَّا لَدَيْهِ رَقِيبٌ عَتِيدٌ .

*Mânâsı:* ***"Andolsun ki, insanı biz yarattık ve nefsinin ona*** *(insana)* ***ne gibi vesveseler verdiğini biliriz.***

*Şüphesiz biz ona şâh damarından daha yakınızdır. Çünkü onun* (insanın) *sağında ve solunda oturan, her söz ve davranışını tesbit edip yazan iki koruyucu* (hafaza) *melek vardır. İnsan hiçbir söz söylemez* (söylemeye dursun) *ki, onun yanındaki* (görev için) *hazır bulunan melek o sözü yazmamış olsun - mutlaka o söylenen sözü yazar."* (Kaf Sûresi, âyet 16, 17, 18)

*Ey Âhiret yolcusu!* Şimdi başımızı iki avucumuzun arasına alarak bir düşünelim! Şu üç âyetin mânâsını okuyup gereğine îman eden bir insan hiçbir fenalık yapabilir mi, hiçbir günah işleyebilir mi, hiçbir hak-hukuk yiyebilir mi, hiçbir ayıp işleyebilir mi?.. Evet yüce Allah, bu ilâhî uyarılarıyla kullarını uyarmakta ve aklı başında olan kullarını kendilerine çeki düzen vermelerini ve ilâhî adâletin kurulacağı günde her söz ve fiilin hesabının sorulacağını hatırlatmakla uyarmaktadır.

*Ey dost!* İnsanoğlu ister kabul etsin, ister yoktur diyerek inkar etsin, ilâhî gerçek değişmez. Hep Allah'ın dediği olur, oluyor ve olacaktır. Allah Teâlâ rahmeti ve merhameti gereği kullarını başı boş, kendi hallerine bırakmamıştır. Mahkeme-i Kübrâsında, o büyük mahkemede ilâhî adâletin inceden inceye icrâ olunacağı o adâlet gününde, iddiâlar, deliller, inkârlar, şâhitler, savunmalar, bütün şartlar yerine getirilecektir.

Kulların amel defterleri, bu defterleri yazan melekler ve şâhit melekler, kişinin kendi öz bedeninin organları (uzuvları), derileri hepsi şahitliklerini ortaya koyacaklardır. Bütün bunlar, günahkarlar ve suçlular için yalan ve mazeret kapılarını kapatmaktır.

Yüce Allah kendi sınırsız ilmiyle muâmele etmiyor da, kullarının kendi kazandıkları ve kendi itiraflarıyla muâmele ediyor. Kıyâmet günü, bir kul dünyada kendi söylediklerini, kendi kulağıyla dinleyecek, yaptıklarını kendi gözleriyle görecektir. Yirmi birinci asırda görmekte olduğumuz teknik ve iletişim âletlerinin akıllara durgunluk veren gelişmeleri karşısında âhiret âleminde olacağı haber verilen bu hallerin inkar edilmesi veya akla uzak sayılması kapıları da kapanmıştır.

Âziz bir varlık olan insan eline geçirdiği bir küçük kamera ile en ince noktaları bile kaydederken ve insan sesini hattâ en hafif bir inlemeyi bile ince bir şeride (banda) veya CDye kaydedebilirken, insanı bir damla sudan ve bu kainatı yoktan var eden yüce Allah, elbette ki kullarının suçlarını kendi dillerinden söyleyip dinletmeye kadirdir.

İşte her akl-ı selim sahibi kul bunları düşünmeli, yüce Allah'ın emir ve tavsiyelerini eksiksiz yerine getirmelidir.

Evet şimdi gelelim konumuza. Her insanın üzerinde gözcü, koruyucu melekler vardır. Bu melekler üzerinde görevli bulundukları kişinin ne yaptığını ve ne söylediğini gözeterek murakaba eden (denetleyen) bir murakıbtır, yazan bir katibdir. İnsan iyi yada kötü ne söylerse veya iyi yada kötü ne yaparsa bu görevli melekler hepsini o kişinin amel defterine yazarlar. Kişi bu meleklerden asla kaçamaz ve hiçbir yere gizlenemez. İster karanlık zifiri karanlık bir yerde olsun, ister balta girmemiş ormanlık bir yerde. Issız çöllerde veya kimsenin bulunmadığı tenha bir yerde bulunsun, her yerde ve her zaman bu melekler onun yanında hazır bulunurlar. İnsanoğlu ne kadar gizli bir iş yaparsa yapsın, onlardan gizleyemez. Onlar (melekler) onun (insanın) yaptığı, işlediği herşeyi yazmaktadır. Onun için Allah Teâlâ, bu gözetleme memurlarına (meleklerine) **"Kirâmen Kâtibîn** yani şerefli, dürüst yazıcılar" adını vermiştir. Bu melekler, hiçbir kimseye kin ve nefret duymazlar ve tarafsız bir şekilde üzerinde görevli bulundukları insanların amel defterlerini eksiksiz bir şekilde tutarlar, kişinin amellerini (iyi ve kötü ne işlerlerse) o deftere yazarlar.

Görevlerini eksiksiz olarak yerine getirirler. Görevleri sırasında kişinin defterine asla ve asla uydurma şeyler yazmazlar. Rüşvet almazlar ki, hâşâ rüşvet alarak kişinin lehine veya aleyhine bir şey yazsınlar. Onlar bu gibi günahlardan berîdir (uzaktır). Onun için üzerlerinde görevli bulundukları insanların iyi işlerinde de, kötü işlerinde de eksik yada fazla hiçbir şey yazmazlar. Ayrıca bu meleklerin özelliklerinden biri de bunların üzerinde görevli bulundukları kişi hakkında herşeyi bilebileceği bir yetenek ve kapasitede olmalarıdır. Allah Teâlâ bu meleklerinin özelliklerini bildirirken:

"يَعْلَمُونَ مَا تَفْعَلُونَ = ***O şerefli, dürüst yazıcılar*** *(Kirâmen Katibîn)* ***sizin yaptığınız ve yapmakta olduğunuz herşeyi bilirler."*** (İnfitar Sûresi, âyet 12) buyurmuştur. İşte bundan dolayı bu melekler görevli bulundukları insanın gizli olsun, açık olsun her ne yaparsa yapsın onlar bu yapılanları bilir ve görürler. Çünkü sürekli o insanın yanındadırlar ve ondan hiç ayrılmazlar. Fakat insan bunların/bu görevli meleklerin kendi yanında ve korumasında olduğunu bile fark etmez, fark edemez. Hatta bu melekler, üzerinde görevli bulundukları insanın hangi niyyetle bir iş yaptığını bile bilirler. Bu inceliklerden dolayıdır ki, bu değerli, dürüst yazıcıların (katiblerin) tutmuş oldukları sicil defterleri, çok mükemmel bir şekilde yazılmış değerli kitab haline gelmiştir. Kur'ân bu defterlere **"el'Kitâb"** adını vermiştir. Bu kitab, o kadar mükemmel, o kadar sanat harikasıdır ki, onu görenler hayretlerinden ve şaşkınlıklarından âdetâ küçük dillerini yutacaklardır. Ve hayretlerini, şaşkınlıklarını ***"Bu kitab nasıl bir kitabmış, ne acayib kitabmış"*** diye dile getireceklerdir. Nitekim geçen satır ve paragraflarımızda da anlattığımız Kehif Sûresi âyet 49 da bu önemli konu şöyle geçmişti:

***"Kitab ortaya** (önlerine) **konulmuştur. Mücrimlerin** (suçlu günahkarların) **onun içindekilerden** (kitabın içindeki yazılı belgelerden) **korkmuş olduklarını ve şöyle sızlandıklarını görürsün: "Vah hâlimize, yazıklar olsun bize! Bu nasıl bir kitabdır ki, küçük büyük hiçbir şey bırakmayıp, yaptıklarımızın hepsini sayıp dökmüş** (âdetâ dökümanını çıkartmıştır)**." derler. Böylece bütün yaptıklarını karşılarında** (önlerinde) **hazır bulmuşlardır** (bulacaklardır)**. Resûlüm, senin Rabbin hiç kimseye zulmetmez, zerrece haksızlık etmez."***

***Ey Âhiret yolcusu!*** İnsan yalnız değildir. İnsanı yaratan kudret, onu yalnız başına bırakmamıştır. Herşey insan için olduğu gibi, insan da Allah'a ubûdiyet (kulluk) için var edilmiştir. İnsan, yeryüzünde (dünyâda) her nimetten yararlanıp keyif sürmekten hoşlanırken, Allah'a karşı görevleri bulunduğunu da hiç unutmadan yapmak zorunda olduğunu düşünmeli ve bu görevden sorumlu olduğunu seve seve kabul edip yapmalıdır. İnsanı kendi haline bırakmayan, başı boş, sorumsuz bir halde yaşamasını istemeyen Allah Teâlâ, insan için ne ince hesablar, ne hassas ölçüler, ne özel plan ve programlar hazırlamış olduğunu açık açık bildirmektedir.

İnsan her fiilinden, her yaptığından hesaba çekilerek sorgulanacaktır. Yüce Allah herşeyi kuşatan İlm-i ezeliyse herşeyin en ince oluşumlarını bilmektedir. Bunun yanında bir de meleklerini görevlendirmiş, kullarının her türlü fiil ve davranışlarını kontrol altında bulundurup yazdırmaktadır. Bu şekilde sıkı denetim ve kontrolu altında olan insanın bir de a'zâ ve organlarını dile getirecek ve konuşturacaktır.

Her insanın organları kendi sahibi hakkında iyi veya kötü olduğuna dâir şahitlik yapacaktır. Kur'ân-ı Kerîm'de bu bilgiler insanlığa sunulmaktadır. Böyle bir denetim, böyle bir sıkıdan sıkıya kontrol altında bulunduğunu anlayıp kavrama yeteneğinde olan her aklı başındaki insan kendisini Allah'a kulluk (ubûdiyyet) çerçevesine zorlamak durumunda olmalıdır. Bu davranış her insanın kendi menfaati gereğidir.

## İnsanın Sağında ve Solunda Oturan İki Melek

*Ey dost!* Yukarıdaki verdiğimiz âyette de geçtiği üzere:

*"İnsanın sağında ve solunda oturan iki melek vardır. Bu melekler, o insanın bütün yaptıklarını yazmaktadır."* Oturmak anlamına gelen "Kaîd" kelimesi bu âyette geçmektedir. Meleklerin oturma keyfiyetini biz insanlar bilemeyiz. Bunun mahiyetini ancak Allah bilir. Bizim aklımıza alacağımız gerçek, insanın yanından hiç ayrılmayan ve insanın üzerinde devamlı bir şekilde gözetleyen iki meleğin görevlendirilmiş olduğunu düşünüp bilmesi ve bu bilinç ile yaşamasıdır.

Bazı İslâm âlimlerinin görüş ve yorumlarına göre, her insanın yanında bulunan beş tane görevli melek vardır. Bu meleklerden birisi, kişinin sağında olup sevablarını yazar. Diğer birisi de solunda olup o kişinin günahlarını yazar. Birisi de karşısında olup o kimseye iyi ve güzel şeyleri ona ilham eder (kalbine getirir). Bir diğeri de arkasında olup o kişiden zararları engel olup giderir. Diğer bir melek de alnının karşısında bulunur ki, salevât-ı şerîfe okuyunca, bu okuduğu salevâtı Hazret-i Peygamber'e (a.s.) ulaştırır. Bazı âlimler böyle demişlerdir.

Diğer bazı İslâm âlimleri ise, insanın hizmetinde daha çok melek görevli bulunmaktadır demişlerdir. Muhaddisler (Hadis âlimleri) yorumlarında sağ taraftaki melek, sol tarafta bulunan meleğin amiridir. Bir insan günah işleyince, sol taraftaki görevli melek, sağ taraftaki meleğe yazayım mı? diye sorar. Sağ taraftaki âmir (emredici) melek, biraz bekle belki tevbe eder, yaptığı günahından pişmanlık duyup tevbe ve istiğfâr eder, der. Tevbe ve istiğfâr etmezse, yaz deyip emreder. Ve Allah Teâlâ, bizi böyle âsi günahkar kişiden kurtarsın diyerek böyle şerli, fenâ amelli kişilerden uzak olma temennisinde bulunurlar.

Bazı melekler, tüm insanların doğru yola girmeleri için onlara yani insanlara duâ ederler. Bazı meleklerin insanlara şefâat edecekleri bildirilmektedir. İşte bu nedenledir ki bazı ülemâ (âlimler) insanlara hizmet yönünden görevli meleklerin altmışa yakın bir adette (sayıda) olduğunu söylemişlerdir.

*Ey hak yolcusu!* Yukarıdan beri sıfat ve özelliklerini açıklamaya çalıştığımız insan üzerinde görevli bulunan meleklerden akl-ı selim sahibi kişiler, hep sakınma, onlardan utanma duyguları içinde hareket etmişlerdir. Verilen bu bilgilerin amacı da bu değerli ve şerefli meleklerin hazır bulunduğu duygusu insanların kalblerine yerleştirme amacı taşımaktadır. Çünkü insanın yüksek mevkide bulunan değerlerin huzurunda bulundukları vakit, söz ve davranışları yönünden çok dikkatli oldukları bilinen bir gerçektir. İnsanoğlunun yaradılışında bu hassasiyet vardır. Kendilerinde melek ve âhirette hesab verme inancı olan kimseler, her hal ve hareketlerinin melekler tarafından yazılıp korunduğu bilincinde olunca, söz ve davranışlarında daha dikkatli hareket edecekleri kaçınılmaz bir gerçektir.

Her insanın yaptığı bütün işler, fiil ve ameller melekler tarafından kayda alınıp muhafaza edilmekte ve korunmaktadır. Allah Teâlâ Kur'ânın'da:

***"Ey günahkârlar! Yaptığınız bütün hîleleri meleklerimiz yazıp kaydediyor."*** (Yûnus Sûresi, âyet 21)

***"Her insanın önünde ve arkasında, Allah'ın emriyle onu koruyan ve yaptıklarını yazan*** *(kayda alan)* ***tâkibçi melekler vardır."*** (Râd Sûresi, âyet 11)

Hazret-i Peygamber Aleyhisselâm insanlarla beraber bulunan görevli meleklerin vazîfelerini açıkladığı bir Hadis-i şeriflerinde şöyle buyurmuşlardır:

***"Şüphesiz ki Allah Teâlâ, soyunup anadan üryan çıplak vaziyette bulunmanızdan sizi men'ediyor*** *(yasaklıyor)*. ***Sizden hiç ayrılmayan koruyucu meleklerden utanın. Çünkü bu melekler, üç halin dışında sizden hiç ayrılmaz. Bu üç hal ise, Helâda bulunduğunuz hal, cima*** *(cinsel ilişki)* ***hali ve gusül halidir. Sizden biri banyo yaptığı*** *(boy abdesti aldığı)* ***zaman, elbisesi*** *(külot)* ***veya bir bez parçası*** *(peştamal)* ***ile avret yerini örtsün."*** (Bezzâr İbn-i Abbas'tan rivâyet etmiştir.)

Bu ölçüler çerçevesinde İslâm âlimleri bir insanın yalnız da olsa anadan üryan bir vaziyette ortalıkta dolaşmasını etrafında bulunan görevli meleklerine saygısızlık olacağından dolayı câiz görmemişlerdir. Yeterli din bilgisine sahib olan kimseler bu konuları bilirler. En azından ilmihal bilgisine vakıf olan kişilerin bu konuda bilgileri vardır. Konumuzla ilgili olduğu için biz kısa da olsa birkaç cümle ile yetiniyoruz vesselâm...

Buhârî ve Nesâî'nin rivâyet ettiği bir hadis-i şeriflerinde Efendimiz Aleyhisselâm şöyle buyurmuşlardır:

*"Gece melekleri ile gündüz melekleri sabah ve ikindi namazları vaktinde kişinin yanına gelirler ve görev devir teslimi yaparlar. Allah Teâlâ, bu meleklerine:*

***"— Kullarım ne yapıyorlardı?*** *diye sorar. Bu görevli melekler:*

***"— Onlara vardığımızda namaz kılıyorlardı, ayrıldığımızda da namaz kılıyorlardı."*** *derler.* (Buhârî Ezan 31 ve Mevâkit 16'da, Nesâî salat 21'de zikretmiştir.)

Yüce Allah, şüphesiz ki, kullarının her halini bilmektedir. Meleklerine soruşu onları kulları hakkında şâhitlik yapsınlar içindir. Bu inceliği geçen satırlarımızda da belirtmiştik.

# ON DÖRDÜNCÜ BÖLÜM

## MÎZAN

### Mahşer Günü Amellerin Tartılması

Mîzan Arabça bir kelimedir. Türkçe sözlük anlamı, "ölçü, tartı âleti olan terâzi" demektir. Dînî deyim anlamı ise: "Kıyâmette mahşer günü, her insanın bu dünyada yapmış olduğu amellerin (sevab ve günahlarının) tartılacağı bir adâlet terâzisi (ölçüsü) anlamına gelmektedir. Bu ölçü (terâzi) ile her insanın yapmış olduğu iyi ve kötü amellerinin miktarı belirlenip anlaşılmış olacaktır. Bu ölçünün nasıl olacağını, keyfiyet ve mahiyetini yalnızca Allah Teâlâ bilir. İnsanlar bu konuda hiçbir bilgiye sahib değildirler. Çünkü âhiret hayatına âit gerçekler bu dünya hayatındaki şeylere benzemez. Âhirete âit değerler, o âleme özel değerlerdir. Mahşer günü, sevab ve günahların tartılmasında zerre kadarcık bile olsa, herhangi bir yanlışlığın olmayacağı mahşer gününde, mîzanın kurulduğu amel sahibleri ve mahşer halkı tarafından apaçık görülecektir. Bu konuda Allah Teâlâ şöyle buyurmuştur:

وَنَضَعُ الْمَوَازِينَ الْقِسْطَ لِيَوْمِ الْقِيَامَةِ فَلَا تُظْلَمُ نَفْسٌ شَيْئًا ۖ وَإِنْ كَانَ مِثْقَالَ حَبَّةٍ مِنْ خَرْدَلٍ أَتَيْنَا بِهَا ۗ وَكَفَىٰ بِنَا حَاسِبِينَ

*Mânâsı:* ***"Biz Azimüşşan*** *(şânı yüce Allah),* ***Kıyâmet gününde, insanları amel defterlerini tartmak için, adalet terâzileri kuracağız. Artık hiçbir kimse zulme*** *(haksızlığa)* ***uğratılmayacaktır. Yapılan bu amel*** *(sevab ve günah),* ***bir hardal tanesi kadar küçük bile olsa, onu getirip tartıya*** *(adâlet terazisine)* ***koyarız*** *(koyacağız).* ***Hesab gören olarak da şânı yüce olan Biz, kifâyet ederiz*** *(yeteriz).*" (Enbiya Sûresi, âyet 47)

Hesaba çekilme günü olan mahşer meydanında insanların bu dünyâda yaptığı bütün fiil ve amellerin (günâh ve sevablarının) tartıya (terâziye) konularak ölçülüp tartılması, hakkın ve ilâhî adâletin bütün açıklığıyla ortaya çıkarılması gayesine dayanmaktadır. İnsanların amel defterlerinin, dünyâ yaşamındayken yaptıkları amellerin yazılı bulunduğu hayat dosyalarının tartılması o gün yapılacak sorgulamanın ne kadar önem taşıdığını vurgulamaktadır. Âyet-i Kerimede bu incelikler bu ciddi uyarılar apaçık bulunmaktadır.

فَلَا تُظْلَمُ نَفْسٌ شَيْئًا وَإِنْ كَانَ مِثْقَالَ حَبَّةٍ مِنْ خَرْدَلٍ...

*"Hiçbir kimse", en basit, en küçük haklarından bile, herhangi birinde "zulme, haksızlığa uğratılmaz (uğratılmayacaktır)."* Tam tersine -iyi olsun, kötü olsun - her hak sahibinin hakkı tamı tamına eksiksiz olarak verilir (verilecektir). Hatta öyle ki, onun ameli (sevab ve günahı) ***"bir hardal tanesi kadar küçük bile olsa"*** yani, son derece basit az ve küçük bir şey bile olsa, **"onu"** o ameli (sevab ve günâhı) **"getiririz."** Getirip o kurduğumuz adâlet terâzisine, o ilâhî tartı âletine koyarız, koyacağız ve ağırlığını amel sahibine ve mahşer halkına gösterip kendi gözleriyle görmelerini sağlayacağız, şeklinde anlaşılan bu incelikler, insanoğlunun kalbine korku ve uyarılar vermek amacına dayanmaktadır.

Çünkü kullarının hesabını görecek, kullarını ödüllendirecek veya cezalandıracak olan yegâne güç ve kuvvet yüce Allah'ındır. Onun için Allah Teâlâ âyetin bitiminde ***"Kulların** (insanların) **hesablarını gören** (görücü) **olarak biz yeteriz"*** buyruluyor. Çünkü yüce Rabbimizin bilgisi ve adâleti dışında kalan hiçbir şey yoktur demek olur.

Kıyâmet günü amellerin tartılması hakk ve gerçektir. Sevabları ağır gelenler kurtuluşa ermişler ve cennete girmeye hak kazanmışlardır. Bu gerçek şu âyet-i Kerime'de bildirilmektedir.

وَالْوَزْنُ يَوْمَئِذٍ الْحَقُّ فَمَنْ ثَقُلَتْ مَوَازِينُهُ

فَاُولٰٓئِكَ هُمُ الْمُفْلِحُونَ

*Mânâsı:* ***"Kıyâmet günü, mahşer meydanında hesablar görülürken amellerin*** *(günah ve sevabların)* ***tartılması haktır, vardır ve gerçektir. Mutlaka olacaktır. Tartıda*** *(mizanda)* ***sevabları ağır basanlar kurtulmuştur*** *(kurtuluşa ermiş ve saadete mutluluğa kavuşmuşlardır)."* *Yani Cennete girmeye hak edenlerden olmuşlardır.* (Ârâf Sûresi, âyet 8)

Günahları ağır gelenler ise, büyük bir hüsrana uğrayıp cehenneme girmeye lâyık olmuşlar yani, Cehennemlik oldukları belgelenmiştir. Bu da şu âyet-i kerime'de bildirilmektedir:

وَمَنْ خَفَّتْ مَوَازِينُهُ فَاُولٰٓئِكَ الَّذِينَ خَسِرُٓوا
اَنْفُسَهُمْ بِمَا كَانُوا بِاٰيَاتِنَا يَظْلِمُونَ

*Mânâsı:* ***"Mizanda sevabları hafif gelip günahları ağır basan kimseler, hüsrâna, büyük zarar ve ziyana uğramışlardır. Çünkü bunlar âyetlerimizi inkâr eden kâfirlerdir."*** (Ârâf Sûresi, âyet 9)

Kıyâmet günü mahşer meydanında, en büyük zarar ve ziyana uğrayanlar şüphesiz ki, kafir olan kişiler olacaktır. Ondan sonra büyük günah işleyen kişiler olacaktır. Hep insan günahları nisbetinde zarar içinde olacaktır.

Bazı âlimlerin yorum ve açıklamalarına göre, Kıyâmet günü âhirette kurulacak olan mizân (yani günah ve sevabların, iyilik ve kötülüklerin ölçülüp tartılacağı mânevi ölçü âleti) dünyadaki ölçü ve tartı âleti olan terazilerin yani dünya terâzilerinin tam tersinedir. Çünkü dünyâdaki tartı âletinde (terâzide) ağır gelen taraf aşağı basarken, âhiretteki mizanda ağır gelen taraf (ağır basan kefe) yukarıya kalkacaktır. Ve Arş'a doğru yükselecektir. Çünkü ağır gelen ameller (sevab ve iyilikler) kıymet ve hürmete lâyık değerler olarak ortaya çıkacaktır.

İmâm-ı Gazâlî'nin yorumuna göre, mîzânın iki gözü (kefesi) vardır. Zulmet (simsiyah karanlık) bir halde, diğeri de nûrdur (pırıl pırıldır). Nûr tarafına (kefesine) sevablar ve zulmet gözüne (kefesine) de günahlar konarak tartılır. Hak ve adâlet ölçüsü olan Mîzân vardır, varlığı hak ve gerçektir. Allah Teâlâ, kendi katındaki amellerin derecelerine göre bir hak ve âdalet ölçüsü tartı (terazi) yaratır. Bununla kulların (insanların) amelerinin miktarları ortaya çıkarak kullar amellerini görmüş ve öğrenmiş olurlar. Böylece hak ettikleri karşılığı katlanmalarında itirazları olmamış olur.

Kurtubî'nin yorum ve anlatımına göre, Hak ve adâlet ölçüsü olan mîzânın gözleri (kefeleri) o kadar büyüktür ki, tek bir gözüne âdetâ bütün yerler ve gökler sığacak haldedir. Sevab ve iyiliklerin konduğu gözü (kefesi) nurdan ve günahların (kötülüklerin) konduğu tarafı da karanlıktandır. Sevablar tartan kefesi cennet tarafında, günahları tartan gözü de cehennem tarafındadır.

Rivâyet edildiğine göre, Hazret-i Dâvûd (a.s.), Cenâb-ı Allah'tan mîzânı (Hak ve adâlet terâzisini) göstermesini taleb etmiştir (istemiştir). Yüce Allah, sevgili kulu ve peygamberi olan Hz. Dâvûd'a mizân göstererek talebini yerine getirdi. Hz.

Dâvûd gördü ki, mizânın her kefesi (gözü) doğuyla batının arası kadar büyüklük ve genişliktedir. Bu halin azametini gören Hz. Dâvûd haşyetinden, korku ve taaccubundan bayılıp düştü. Bir müddet sonra ayılıp kendisine geldiğinde, hayretler içinde kalarak şöyle dedi:

*"Allah'ım! Ey yüce Rabbim! Bunun kefesini sevab ve iyiliklerle doldurmaya kimin, hangi kulun gücü yeter!"* Allah Teâlâ kulu ve peygamberi Hz. Dâvûd'a şu müjdeyi verdi:

*"— Ben bir kulumdan râzı olduğum zaman, onun tartısının kefesini bir hurmayla doldurur ağır bastırırım."* buyurdu.

*Ey Âhiret yolcusu kardeş!* Yüce Rabbimizin kullarına âhiret hallerini açık açık Kur'ân-ı Kerimin-de bildirmesi kullarına olan engin merhametinin belgesidir. Kullarını bu dünyada uyarmasıdır. Kıyâmetin hesabının, sorgu suâlinin ve mizânın çetinliği (zorluğu) kullar tarafından bilinip korunma ve sakınma yoluna gidilirse, bundan yine kullar kârlı ve kazançlı çıkacaktır. Allah'a gönül bağlayan mü'minler ve takvâ sahibi kimseler, Allah'ın azabından, âhiretin hallerinin çetinliğinden hep korkmuşlardır. Kur'ân-ı Kerîm, bir çok âyetinde bu gerçeği dile getirmiştir:

*"Takva sahibi o kişilerdir ki, görmedikleri halde Rabbinin azabından korkarlar"* (Enbiyâ Sûresi, âyet 49) buyurmuştur. Bütün bu korkuların kaynağı kıyâmetin hallerinin çetinliği ve azabının şiddet ve dayanılmazlığıdır. Bunun yanında hesabın, kitabın sorgu suâlin ve amellerin mîzanda tartılışı,

iyilerin kötülerden ayrılması, hepsi yıldırım hızıyla sür'atli bir şekilde halledileceğinden ileri gelmektedir.

Sevgili Peygamberimiz de ümmetlerini hep uyarmış ve âhirette kazançlı çıkmaları yolunda tavsiyelerde bulunmuştur. Efendimizin bir hadisi şöyledir:

**"*Ey insanlar! Hesab gününde yüce Rabbiniz, arada herhangi bir tercüman olmaksızın, sizlerden her birinizle konuşacaktır. Orada kişi sağına bakacak önceden gönderdiği iyi, hayırlı işleri, bu dünyada iken yaptığı hayır ve iyilikleri görecektir; soluna bakacak, kötülüklerini*** *(vaktiyle bu dünya hayatında iken yaptığı fenalıklarını)* ***görecektir. Önüne*** *(ön tarafına)* ***bakınca ise, yalnızca cehennemi görecektir. Ey Ümmetim! Yarım hurma ile de olsa, cehennemden korununuz.*"** (Bu hadisi Buhârî ve Müslim rivâyet etmiştir.)

Bu Hadis-i şerifi buraya almamız son cümlesi olan *"Yarım hurma ile de olsa cehennemden korununuz"* cümlesi içindir. Cenâb-ı Allah, ne buyurmuştu? Konumuzun başında verdiğimiz mîzân başlığının birinci âyetinde "*...yapılan amel (iyi veya kötü iş) bir hardal tânesi kadar bile küçük ve basit olsa, onu da getirip kişinin mîzanına (amel terazisine) koyacağız*" buyurmuştu.

Âhiret hayatında cehennemden ve cehennem azabından korunmak ve kurtulabilmek için, dünyâ hayatımızda salih amel (iyi işler) yapmak gerekmektedir. Küçük gördüğümüz, en basit bir iyilik bile bizleri cehennemden ve kıyâmetin azabından koruyabilir. yoksula verilecek bir lokma kuru ekmek, Allah'ın rızası çerçevesinde hayır olarak verilen veya verilecek olan yarım hurma dahi olsa, basit (küçük) görülmemelidir. Küçük gibi görülen bu iyilikler kıyâmet günü kişinin mizanına (amel terazisine) konacak ve sevab kefesinin ağır gelmesini sağlayacaktır.

## Mîzânda Ağır Gelecek İki Kelimelik Duâ Ve Zikir

Sevgili Peygamberimiz Kıyâmet günü amellerin tartılmasında mü'minin mizânında ağır basacak, söylenmesi kolay iki kelimelik bir zikri (duâyı) ümmetlerinin dillerinden bırakmamalarını, fırsat buldukça okumalarını tavsiye etmiş (öğütlemiş)tir. Bu iki kelimelik zikir için şöyle:

***"İki kelime vardır ki, dilde** (söylenmesi) **çok hafifdir** (kolaydır). (Kıyâmet günü) **mîzanda ise, çok ağır gelecektir. Bu iki kelime Allah katında çok sevimlidir - yani Allah Teâlâ bunları söyleyen kulunu çok sever." Bu iki kelime: "Sübhânallâhi ve bihamdihi, sübhânallâhil'azıym"dir."*** Buyurmuştur. (Buhârî, Müslim ve diğerleri rivâyet etmiştir.)

Aklı başında bir mü'min elindeki her fırsatı iyiye ve hayra ermek, yüce Rabbimizin hoşnutluğunu kazanmak ve O'nun (celle celâlüh) sevgisine ermek için değerlendirmelidir. Hayır ve iyilik adına, sevabının olduğunu bildiği ve öğrendiği dinimizin beğendiği en küçük bir sevab ve iyilik fırsatını kaçırmamalıdır. Nefsine uyup tembellik etmemelidir.

Ehl-i sünnet alimleri demiştir ki: ***"Kıyâmet günü, mizânda amellerin veznedilmesi*** (tartılması) ***bü-***

*tün mahşer halkının içinde, Allah Teâlâ'nın dostlarını (mü'minleri) düşmanlarından ayırmak ve dosdoğru, şaşmaz adaletini herkese göstermek içindir. Böylece de dost düşman, mü'min kâfir herkes, Allah Teâlâ'nın, zulmünden zulmetmekten münezzeh (çok yüce) olduğunu anlayacaklardır."*

## Mîzân Kimlere Olacaktır

Bir grup Allah dostları, hesabsız, hesâba çekilmeden doğruca cennete gireceklerdir. Cenâb-ı Allah'ın böyle değerli dostları, velî kulları vardır. Yüce Allah bu değerli kullarını hesâba çekmeyecektir. Yüce Allah bu kullarına lutuf ve rahmetinin bolluğunun belgesi olarak ikram ve ihsanda bulunacaktır. Bu değerli kullara mizan da yoktur, bunların amelleri mizana konmayacak, amelleri tartılmayacaktır.

Kâfirlerin, yani tastamam kafir olanların da mîzanları yoktur, amelleri tartıya tabi tutulmayacaktır. Bu grup kâfirler de doğruca cehenneme sürülecektir. Kafirler hakkında Cenâb-ı Allah şöyle buyuruyor:

"فَلَا نُقِيمُ لَهُمْ يَوْمَ الْقِيَامَةِ وَزْنًا... = ***Âhiret hayatını inkar eden, yok sayan kafirler için kıyâmet gününde, hiçbir vezin - tartı işlemi yapmayacağız, onların amellerini tartmak için mîzân koymayacağız.*"** Çünkü kafirlikleri sebebiyle amelleri hiçbir değer taşımayıp boşa gitmiştir. Tartıya değer makbul hiçbir amelleri yoktur. (Kehif Sûresi 103 ile 105 âyetleri) kafirlerin âkıbetlerini böyle bildirmektedir.

Mizân, amellerin tartılma işlemi, iyiliği kötülüğüne, hayrı şerrine karışmış olan günâh ile sevabı birbirine karıştırmış kişilerin amelleri için tartı muâmelesi gerçekleşecektir. Böylece günahlarla sevabları, iyiliklerle kötülükleri, hak ve adalet mizanından geçirildikten (tartıldıktan sonra) âkıbetlerine kavuşacaklardır. Yani iyi amelliler cennete, kötü amelliler cehenneme gireceklerdir.

Kâria Sûresindeki mîzan ile ilgili âyetler (6.ncı âyetten itibâren) şöyledir:

فَأَمَّا مَنْ ثَقُلَتْ مَوَازِينُهُ ۙ . فَهُوَ فِي عِيشَةٍ رَاضِيَةٍ ۭ

*Ma'nâsı:* ***"Kıyâmet günü mizanda kimin sevabları ağır gelirse, o kimse hoşnut olacağı** (sevineceği) **bir hayata** (cennete) **kavuşmuştur."***

وَأَمَّا مَنْ خَفَّتْ مَوَازِينُهُ ۙ . فَأُمُّهُ هَاوِيَةٌ ۭ

***"Kimin de sevabları hafif günahları ağır gelirse, onun gideceği yer cehennemdir.** (O da cehennemin çukuruna boylamıştır.)"* (Kâria Sûresi, âyet 6, 7, 8, 9)

Abdullah İbn-i Mes'ûd (r.a.) demiştir ki: ***"Kıyâmet gününde insanlar hesaba çekilirler** (çekileceklerdir). **Her kimin ki, iyi amelleri kötü amellerinden bir tane bile fazla olursa, o kimse cennete girer. Kimin de kötü amelleri iyi amellerinden bir tane bile olsa, fazla gelirse, o da cehenneme girer."***

İnsanlar, Kıyâmet günü ilahî huzurda hesaba çekilecekler, sorgulanacaklar. Sonra amelleri, iyi ve kötü işlerinin miktarı herkesin (mahşer halkının) gözleri önünde mizanda tartıldıktan sonra, cennet veya cehenneme gönderilerek herkes amelinin karşılığını görecektir. Cennetlikler cennete gönderilerek mükafatlandırılmış (ödüllendirilmiş) olacaklar. Cehennemlikler de cehenneme sürülerek cezalandırılmış olacaklardır.

Bu konuda İnfitar Sûresinde iki cümleden ibâret olan on üç ve on dördüncü âyetlerinde çok açık ve net olarak özetlenmiştir:

اِنَّ الْاَبْرَارَ لَفِى نَعِيمٍ ج . وَاِنَّ الْفُجَّارَ لَفِى جَحِيمٍ ج

*Mânâsı: "**İyiler muhakkak** (şüphesiz) **ki, naim cennetinde** (nimetler içinde)**dirler. Kötüler** (kafirler) **de, cehennemdedirler.**"* (İnfitar Sûresi, âyet 13, 14)

Yukarıda verdiğimiz âyetlerden başka da bu konuda hayli âyet-i Kerîme vardır. Sevgili Peygamberimizin de aynı konuyla ilgili pek çok Hadis-i şerifi bulunmaktadır.

Hz. Âişe (r.a.) vâlidemiz âhiret hayatını kazanabilmek için, devamlı olarak Efendimize âhiret hayatı ile ilgili sorular sorar ve bilgi sahibi olmaya çalışırdı. Birgün, yine cehennemin dehşetini düşünerek ağlamaya başlamış Âişe vâlidemiz. Resûlullah Sallallâhü aleyhi ve sellem Efendimiz, pâk zevcey-i muhteremelerine sormuş:

***"— Seni ağlatan nedir? Niçin ağlıyorsun yâ Âişe!"*** buyurmuşlar. Hz. Âişe vâlidemiz:

***"— Cehennemi hatırladım da onun için ağladım."*** dedi. Ve devamla sordu:

*"— **Yâ Resûlallah** (ey Allah'ın Resûlü)! **Kıyâmet gününde aile ferdlerini** (yani bizleri) **hatırlayacak mısınız?**"* dedi. Allah'ın Resûlü (s.a.v.) Efendimiz, sevgili pâk zevcesine şu cevab-ı peygamberilerini verdi.

*"Yâ Âişe! **Kıyâmet günü üç yer vardır ki, o yerde kimse, kimseyi hatırlamıyacaktır:***

***Birincisi, mîzânda** (amellerin tartılma sırasında) **ki, kişi mizânının ağır mı, yoksa hafif mi geldiğini öğreninceye kadar.** (Bu sırada kimse, kimseyle ilgilenemez.)*

***İkincisi, amel defterlerinin sahiblerine verildiği andır "— İşte al kitabını oku!" denildiği vakit ki, kişi kitabını sağ taraftan mı, sol taraftan mı, yoksa arkasından mı verildiğini** (verileceğini) **öğreninceye kadar.***

***Üçüncüsü, sıratta, sırat köprüsünün cehennem üzerine kurulduğu vakit** (burada sırat köprüsünün yanında dururken ki, sırat köprüsünden cehenneme düşmeden geçebilecek mi, geçemeyip cehenneme mi düşecek? İşte bu yerde kimse kimseyi hatırlamaz, hatırlayamaz, hatırlamıyacaktır.)"* (Ebû Dâvûd Sahih senetle)

# ON BEŞİNCİ BÖLÜM

## ŞEFÂAT

Kıyamet gününde ilk şefâat kapısı peygamberimiz Hz. Muhammed tarafından açılacaktır.

Şefâat kelimesi Arapça bir kelimedir. Türkçe anlamı şöyledir;

"Araya girip aracı olmak; yardım etmek, başkası için yardım istemek, bir kimseden aracı olmasını istemek; başkası hesabına yalvarmak, rica etmek istirhamda bulunmak; birinin işinin görülmesi ihtiyacının giderilmesi için dua etmek, başkasının menfaatı için taleb ve istekde bulunmak gibi anlamlara gelmektedir. Türkçemizde daha başka sözcüklerle de ifade edilebilir.

Şefâatçı (aracı) olmak, iki kişi arasında bir üçüncü kişinin bulunması anlamını taşımaktadır. Suçlu bir kimsenin affedilmesini sağlamak için aracı (şefaatçı) olan kimsenin o suçu affedecek, suçlunun hata ve kusurunu bağışlayacak olan son söz ve kudret sahibi kimseye gidip rica etmesi gerekiyor. İşte buna dilimizde şefaatçı (aracı) olmak şeklinde ifade edilmiştir.

Şefâat, bir sıkıntının, bir ihtiyacın giderilmesi için yapılabileceği gibi, bir kimsenin derece ve mertebesinin yükseltilmesi için de yapılabilir. Bunun örnekleri aşağıdaki satırlarımızda gelecektir.

**Şefâat, dini bir terim olarak da, peygamberimiz Hazret-i Muhammed Aleyhisselam efendimizin bütün ümmeti adına Allah Teâlâ'nın yüce katında aracılık etmesi, ümmetinin bağışlanması için yüce rabbine yalvarıp niyazda bulunmasıdır.** Diğer peygamberler, alimler, şehidler,veliler ve salih amel sahibi müminler de **şefaat** edeceklerdir. Yeri geldikçe açıklamaları yapılacaktır.

Şefâat konusu ile ilgili birçok ayet-i kerime vardır. Şefâat ile ilgili hadis-i şeriflerin ise sayısı bir hayli kabarıkçadır.

**Şefâat konusu, yüce Rabbimizin kullarına olan engin rahmet ve merhametinin lütuf ve ikramının açık bir belgesidir. Allah Teâlâ, bahaneler yaratarak kullarını affedip cennetine koymak, cehennem azabından kurtarmak istemesi hikmetine dayanmaktadır.** Şefâat, Allah Teâlâ'nın ulu zatına ait bir hak ve salahiyettir. Şefâat, Allah'ın izin ve müsadesiyle olacağından hiç kimse tarafından itiraz olunmaz, olunamaz olan bir mutluluk ve rahmet **hadisesidir.** Kur'ân-ı Kerîm bu noktalara açıklık getirmiştir.

"*...Allah'ın izni olmadıkça hiç kimse şefâatçı olamaz (şefaat edemez).*" Yani şefaatı kabul olunmaz.
Yûnus Sûresi âyet 3

Yine her müslümanın bildiği namaz arkalarında yani, beş vakit kıldığı namazın sonunda tesbih dualarıyla birlikte okuduğu "Ayetel Kürsi" adı verilen Bakara süresinin 255. ayetinde yüce rabbimiz şöyle buyuruyor:

لَهُ مَا فِى السَّمٰوَاتِ وَمَا فِى الْاَرْضِ مَنْ ذَا الَّذِى يَشْفَعُ عِنْدَهُۤ اِلَّا بِاِذْنِهِ

*Manası:* ***"Göklerde ve yerde ne varsa hepsi O'nundur*** *(Allah'ındır)*, ***O'nun mülküdür. O'nun*** *(Allah'ın)* ***izni olmadan, O'nun huzûrunda kim şefaât edebilir? Yani Allah'ın izni, müsâadesi olmadan hiçbir kimse şefâat edemez."*** demektir.

Âyet-i kerimedeki **"O'nun izni olmadan"** cümlesiyle Allah Teâlâ, bazı seçkin ve değerli kullarına şefâat etme izni vereceğine işâret buyurmaktadır. Bu şefâat etme yetkisinin de ilk olarak Allah'ın son peygamberi olan, peygamberimiz Hazret-i Muhammed'e verileceğini diğer âyetlerden öğrenmiş bulunuyoruz, Çünkü Allah Teâlâ, son peygamberi olan Hazret-i Muhammed'e "Makâm-ı Mahmud'u" vaad buyurmuştur.

## Makam-ı Mahmud

Mahşer halkının hamd ile yükselteceği, hamd övgüleriyle yücelteceği muazzam makam demektir ki, hamdin (hamd cümlelerinin) gerçek anlamının dayanağı olan mutlak yakınlık makamı yani hadis-i şeriflerde bildirilen **"Livâül'Hamd"** hamd sancağı (Hamd bayrağı) altında cereyan edecek büyük şefâat (şefâat-ı uzma) makamıdır ki, İsrâ Sûresi, âyet 79 da şöyle buyruluyor:

... عَسَىٰ اَنْ يَبْعَثَكَ رَبُّكَ مَقَامًا مَحْمُودًا

Mânâsı: ***"Resûlüm yâ Muhammed! Rabbinin, seni, övülmüş bir makama*** *(Makâm-ı Mahmûd'a)* ***göndermesi pek yakındır."*** (İsrâ Sûresi âyet 79)

İşte bu âyetin bildirdiği âhiretteki en büyük şeâat makamıdır. Bu makam-ı uzma, Hazret-i Muhammed'e bahşedilmiş (verilmiş) bir değer, bir mükâfâttır. Duhâ Sûresinda ise bu mazhariyet şöyle dile getirilmektedir:

وَلَسَوْفَ يُعْطِيكَ رَبُّكَ فَتَرْضَىٰ

Mânâsı: ***"Gelecekte*** *(Kıyâmet gününde)* ***Rabbin sana*** *(şefâat makamını)* ***verecek sen de hoşnut olacaksın."*** (Duhâ Sûresi âyet 5)

İmâm-ı Nevevî ve bazı İslâm âlimleri, Kıyâmet günündeki gerçekleşecek olan şefâat-i peygamberî'yi beş safhada, beş ayrı merhalede olacağını söylemişlerdir.

1. Mahşer günü ilk şefâat kapısını Peygamberimiz Hazret-i Muhammed (a.s.) açacaktır. Bu şefâat, Allah Teâlâ tüm mahşer halkını arasat meydanında toplayıp onları hesaba, sorgu ve suâle çekmek için toplayacaktır. İnsanlar burada dayanılmaz bir ızdırap ve sıkıntı içinde olacaklardır. Mahşerin beyinleri kaynatan sıcaklığı ve mahşerin gerçek manzarası bütün şiddetiyle ortaya çıkması insanları perişan ve dayanılmaz hâle sokacaktır. Mahşer halkı bir an evvel sorgularının yapılması için peygamberlerin şefâatçı olarak Cenâb-ı Allah'a müracaat etmelerini isteyecekler. Diğer peygamberler bu şefâatçi olma görevini kabul etmeyecektir. Ancak Peygamberimiz Hz. Muhammed (a.s.) bu vazifeyi kabul edecektir. Yüce Peygamberimiz (a.s.) yüce Rabbinin huzûrunda secdeye kapanarak:

***"Allah'ım! Senden nefsim için değil, şu kullarının içinde bulundukları sıkıntılarını gidermeni istiyorum"*** diyerek, mahşer halkının sorgu-sual işlemlerinin başlaması ve diğer peygamberlerin de şefaat edebilmeleri için izin verilmesini sağlayacaktır. Yüce Allah, sevgili peygamberinin bu şefâatını kabul edecek ve şefâat izni vereceği sevgili kullarına şefâat etmeleri müsaadesiyle beraber sorgu-sual işlemleri için emir verecektir.

İşte buna en büyük şefâat, adı verilmiştir. Çünkü bu şefâat başta diğer peygamberler de olmak üzere bütün insanlığı içine alan bir şefâattir. Bu şefâat makamına da **"Makam-ı Mahmûd"** adı veriliyor.

2. Bir kısım (grup) mü'minlerin hesaba sorgu suâle çekilmeden cennete girmelerini sağlayan şefâattır. Bu da yüce peygamberimize özel olarak verilen bir şefâat iznidir. Buna diğer şefâat etme izni verilecek kimseler dahil değildir.

3. Hesaba çekilip sorgu sual edildikten sonra, cehennem azâbına lâyık olmalarına rağmen Efendimizin şefâat etmesiyle cehenneme girmeyip cennete girmelerini sağlayan şefâattir. Bu da peygamberimize mahsus bir şefâattir.

4. Cehenneme giren günahkar mü'minler hakkında yapılacak şefâattir ki, bu kimselerin cehennemden çıkmalarını sağlayacaktır. Bu tevhid ehli olan, yani îman ile ölen bütün günahkârlar sonuç itibariyle Allah'ın izni ile cehennemden çıkarılmaları demektir. Cehennem de yalnızca kafirler kalacak demek olur.

5. Cennetteki mü'minlerin derecelerinin yükseltilmesi ve cennet nimetlerinin arttırılması için yapılacak şefâattir.

## Şefâat Konusunda Peygamberimizin Hadisleri

Ebû Hüreyre (radıyallahü anhü) rivayet ediyor (anlatıyor): "Resûlullah (Sallallâhü aleyhi ve sellem) şöyle buyurdular:

لِكُلِّ نَبِيٍّ دَعْوَةٌ مُسْتَجَابَةٌ، فَتَعَجَّلَ كُلُّ نَبِيٍّ دَعْوَتَهُ، وَاِنِّى
احْتَبَأْتُ دَعْوَتِى شَفَاعَةً لِاُمَّتِى يَوْمَ الْقِيَامَةِ، فَهِىَ نَائِلَةٌ
اِنْ شَاءَ اللّٰهُ تَعَالَى: مَنْ مَاتَ مِنْ اُمَّتِى لَايُشْرِكُ بِاللّٰهِ شَيْأً

Manası: *"**Her peygamberin** (Allah tarafından mutlaka) **kabul edilen bir duâsı vardır. Her peygamber o duâyı yapmada acele etti.** (yani kabul edilecek olunduğunu bildikleri bu duâlarını dünyâ hayatında yaptılar.) **Ben ise,** (kabul edileceğini bildiğim) **bu duâmı Kıyâmet gününde, ümmetime şefâat etmek için sakladım** (kullanmayı âhirete bıraktım). **Ona inşaallah, ümmetimin şirk koşmadan ölenleri nail olacaktır. Yani, inşaallah o, ümmetimden Allah'a hiçbir şeyi şirk koşmadan** (ortak edinmeden) **ölenlere nasip olacaktır.**"* (Müslim îman bab 86)

*Ey Dost!* Hadisimizi daha iyi anlayabilmemiz için kısa bir açıklama yapalım. Bu açıklamalarımız da hadis kaynaklarımızda olan açıklamalardır. Bu kaynaklarımızda deniyor ki:

***"Her peygamberin yüzde yüz Allah tarafından kabul edilen bir duâsı vardır. Ve her peygamber, kabul edilen ve kabul edilecek olan bu duânın hangi duâ olduğunu bilir. Ama yaptıkları geri kalan bir çok duâlarının Allah nezdinde kabul edilip edilmeyeceğini bilmezler. Bunların ise, bazıları kabûl edilir, bazıları ise kabul edilmez."*** Ama duâlar kabul edilir ümidiyle yapılır. Bu durum peygamberler için de böyledir, diğer mü'minler için de böyledir. Ancak duâ etmek bir ibâdettir, kabul edilip edilmeyeceği düşünülmeden duâ edilir ve edilecektir. Duâlar da kabul edilecek ümidiyle edilmelidir.

Kadı Iyaz demiştir ki: ***"Her peygamberin kabul edilen duâsından murad, o peygamberin ümmeti hakkında ettiği duâdır."*** Yine hadisimizin açıklama ve yorumunda denilmiştir ki:

Bu hadis-i şerif, Hazret-i peygamberin (s.a.v.) ümmetine karşı son derece şefkat ve merhametli olduğuna da bir delildir. Kabul olunacak makbul duâsında, ümmetini kendisine ve ehl-i beytine (â-ile ferdlerine) tercih etmektedir. Kabul edileceğinden emin olduğu makbul duâsını, ümmetinin en çok başının dertte olduğu zamana, Kıyâmet gününe saklamıştır. Halbuki diğer peygamberler, daralınca bu makbul duâlarını yapmışlardır. Peygamberler, bu makbul duâlarını şahsı için de, dünyası için de kullanır, kullanabilir. Nitekim Kur'ân-ı Kerîm'de bunun örnekleri vardır. Nuh (Aleyhisselâm): Kafirlerden bıkmış da onların aleyhinde: ***"Ey Rabbim! Kâfirlerden yeryüzünde tek bir kişi bırakma"*** diye duâ etmiş duâsı kabul olup çıkan tufanla bütün kâfirler helak olmuştur. (Nuh Sûresi, âyet 26)

Hz. Zekeriyya (Aleyhisselâm) yaşının yüzü geçmesine ve karısının da kısır olmasına rağmen: ***"Rabbim, sen yüce katından bana bir oğul ver"*** diye duâ etmiş, Allah, bu makbul duâsını kabul edip ona bir oğul vermiştir.

Daha örnekleri çoğaltabiliriz. Kur'anda bulunmaktadır. Ama sevgili peygamberimiz, hep ümmetini düşündüğü içindir ki, makbul duâsını, Kıyâmet gününe, ümmetlerine şefaat etmek ve onları kurtarmak için âhirete tehir etmiştir (bırakmıştır).

Ehl-i sünnet âlimlerimiz, hadisden şu delili de çıkarmışlardır: ***"Îmân ile ölen bir müslüman, günahkar da olsa, cehennemde ebedi kalmayacaktır. Günahının cezasını çektikten sonra cehennemden çıkarılıp cennete konacaktır."*** demişlerdir ehl-i sünnet bilginleri.

## Peygamberin Şefâati Büyük Günahlara Olacak

Câbir Bin Abdullah (r.a.)'dan rivâyet edildiğine göre, kendisi: Ben, Hazret-i Peygamber (Sallallâhü aleyhi ve sellem) Efendimizi şöyle buyururken işittim, demiştir:

اِنَّ شَفَاعَتِى يَوْمَ الْقِيَامَةِ لِاَهْلِ الْكَبَائِرِ مِنْ اُمَّتِى

*Mânâsı:* ***"Şüphesiz, Kıyâmet günü benim şefaatim, ümmetimden büyük günah işleyenler için olacaktır."*** (Tirmizî, Ebû Davûd) Tirmizî Cabir'den (r.a.) şu ilaveyi de zikretmiştir: ***"Büyük günahı olmayanın şefâate ne ihtiyacı olacak!"*** yani asıl mesele büyük günahı olanların kurtuluşudur.

***Ey Hak Yolcusu!*** Şefâat izni vermek, Allah'ın hakkıdır. Yüce Allah'ın bu yetki ve selâhiyetini O'nun (Celle Celâlüh) izin ve müsaadesi olmadan hiçbir peygamber kullanamaz, kullanmayı bile düşünme cesaretini gösteremez. Gelecek olan hadis-i şeriflerin öğretilerinden de bunu öğrenmiş bulunacağız. Yüce Allah şefâat etme yetkisini, izin ve müsâadesini Habîbi olan, peygamberler halkasının en sonuncusu bulunan yüce peygamberi Hazret-i Muhammed'e vermiştir. Allah Teâlâ böyle murad etmiş, böyle dilemiştir, hiçbir kulun peygamber de olsa, niçin böyle yaptın ya Rabbi! demeye hak ve selâhiyeti (yetkisi) yoktur.

İşte bu hikmetten dolayıdır ki, peygamberimiz Hz. Muhammed'e ümmetinden büyük günah işleyenlere şefâat etme izni verilmiştir. Bu ilahi nimetin, lutûf ve ikrâmın işâreti olarak da: ***"Şeksiz, şüphesiz, Kıyâmet günü, benim şefâatim, ümmetimden büyük günah işleyenler için olacaktır."*** buyurmuştur.

## Kıyâmet Günü İlk Şefâat Edecek Olan Hz. Muhammed Aleyhisselâm'dır

*Ey Âhiret Yolcusu!* Kıyâmet günü, Allah Teâlâ'nın yüce katında ilk şefâat edecek olan sevgili peygamberimiz Hazret-i Muhammed Aleyhisselâmdır. Hadis-i şerifi Tirmizî, Ebû Saîd (r.a.)'den şöyle rivâyet etmiştir. Resûlullâh sallallâhü aleyhi ve sellem şöyle buyurmuştur:

اَنَا سَيِّدُ وَلَدِ آدَمَ يَوْمَ الْقِيَامَةِ وَلَا فَخْرَ، وَبِيَدِى
لِوَاءُ الْحَمْدِ وَلَا فَخْرَ، وَمَا مِنْ نَبِىٍّ يَوْمَئِذٍ آدَمُ
فَمَنْ سِوَاهُ اِلَّا تَحْتَ لِوَائِى وَاَنَا اَوَّلُ شَافِعٍ وَمُشَفَّعٍ
وَلَافَخْرَ وَاَنَا اَوَّلُ مَنْ تَنْشَقُّ الْاَرْضُ عَنْهُ وَلَافَخْرَ

Mânâsı: ***"Kıyâmet gününde ben, Âdem evlatlarının efendisiyim. Bunu övünmek için söylemiyorum. Livâül'Hamd sancağı benim elimde olacaktır. O gün Âdem peygamber dahil ve ondan sonraki herkes benim sancağımın altında olacaktır. Övünme yok*** *(yani bunu övünmek için söylemiyorum)*. *(Kıyâmet günü)* ***İlk şefâat edecek olan ve şefâati*** *(Allah katında)* ***kabûl edilecek olan da benim. Övünme yok. Arzın*** *(yerin)* *kendisi için ilk yarılacağı (ve yerden ilk çıkacak olan) benim. övünme yok."* Tirmizî

*Ey Âhiret Yolcusu!* Efendimizin bu mübârek sözünün bitiş noktalarında *"ve lâ fahre =* ***övünme yok"*** buyurması, Allah Teâlâ'nın kendisine (Aleyhisselâm) olan lutüf ve nimetini anlatmak içindir.

Çünkü, Allah Teâlâ hazretleri kendisine (Efendimiz Aleyhisselâm'a) bu yüce mertebeyi ihsan ve ikram etmiştir. Efendimiz de bu ilâhi lutfu ümmetlerine bildirmiş ve anlatmıştır. Kendisine verilen bu özellikleri övünmek için değil, Allah'ın vergisi olduğu için anlatmıştır. Çünkü bu anlatışı, Allah'ın Kıyâmet günü kendisine (a.s.) yüklediği görevi ümmetine bildirmesi anlamınadır. Zira Allah Teâlâ, O'nu (Alcyhisselâm) bütün Âdem'in evlatlarının efendisi (büyüğü) kılmış ve bu mertebeyi ümmetinin de bilmesini istemiştir ki, ümmeti de peygamberlerinin, yani Hz. Muhammed'in Allah katındaki değerini, üstünlüğünü ve yüce mertebesini bilsinler de ona göre saygı ve bağlılıklarını göstersinler, Kıyâmet günü o yüce peygamberlerinin (Hz. Muhammed'in) şefâatına kavuşsunlar ve O'nun şefâtına hak kazansınlar demek olur.

Efendimizin (a.s.): *"ve lâ fahre =* ***övünme yok"*** cümlesinden şu manayı da anlayabiliriz. Yani peygamber (a.s.) Efendimiz biz ümmetlerine şunu anlatmış oluyor: Ey ümmetim, ey insanlık! Benim eriştiğim bu yüce mertebe ve meziyetler Rabbim Teâlâ'nın bana olan lutüf ve keremidir, benim kendi gücüm ve çalışmamla elde ettiğim bir durum değildir. Bu sebebden dolayıdır ki, benim övünmeme ve iftihar etmeme gerek yoktur. Bütün saydığım ve anlattığım bu güzellikler bana Allah Teâlâ tarafından verilmiş, ihsan ve lutuflar ve ikramlardır, demek olur.

Livâül'Hamd = Hamd sancağı, Hamd bayrağı, Kıyâmet günü sadece ve sadece peygamberimiz Hazret-i Muhammed'e bir ikramdır. Hazret-i Âdem (Aleyhisselâm) ile ondan sonra gelen bütün peygamberler bile O'nun (Aleyhisselâm) bu bayrağı (sancağı) altında toplanacaktır. Tabii ki bütün inananlar da dahil.

## Peygamberimizin Ümmetine Şefâat Edebilmek İçin Var Gücüyle Gayreti

*Ey Cennet İsteyen Kardeş!* Sen bu dünyada yüce Peygamberimizin şefâatini hakketmek, layık olabilmek için var gücünle salih ameller, iyi ve hayırlı işler, yüce Peygamberimize salevât-ı şerifeler okuyarak gayret sarfetmeye bak. Çünkü Peygamberimiz, Kıyâmet günü ümmetlerini cehennemden ve o günün dayanılmaz sıkıntılarından şefâat ederek kurtarmak için var gücüyle âdeta çırpınırcasına gayret sarfederek: ***"Ya Rabbi, ümmetim, ümmetim"*** buyurarak yüce Rabbinden ümmetinin kurtuluşu için affını, bağışlanmasını dilemektedir.

İbn-i Mace'nin, Ebû Mûsâ el'Eş'arî (r.a)'den rivâyetine göre; Resûlullah Sallallâhü aleyhi ve sellem şöyle buyurdu:

خُيِّرْتُ بَيْنَ الشَّفَاعَةِ وَبَيْنَ اَنْ يَدْخُلَ نِصْفُ اُمَّتِى

الْجَنَّةَ. فَاخْتَرْتُ الشَّفَاعَةَ لِاَنَّهَا اَعَمُّ وَاَكْفٰى.

*Mânâsı:* ***"Ben şu iki konuda serbest kılındım: Birisi, Kıyâmet günü ümmetime ve iman sahiblerine şefâat etmem konusu. İkincisi ümmetimin yarısının cennete girmesine razı olmam konusudur. Ben, Kıyâmet günü şefâat etmeyi seçtim.*** *(Tercihim Kıyâmet günü ümmetime ve mü'minlere şefâat etmek yönündedir.)*

***Çünkü Kıyâmet günü şefâat etmem daha geniş, daha çok yararlı olacaktır."*** (İbn-i Mâce)

Bu hadisdeki geçen şefâat, Hazret-i Peygamber'e (a.s.) verilmesi ve şefâatının kabul edilmesi Allah Teâlâ tarafından vaadedilen ve kabul edilmesi de kesin olan şefâatıdır. İslâm âlimlerinin görüşü budur.

Hazret-i Peygamberin şefâati, Kıyâmet gününde çeşitli durumlarda olacaktır. Yüce Peygamberimizin şefâat etme yolunu tercih edip kabul etmesi, ümmetinin tamamını şefâat etmek istek ve ümidinden ileri gelmiş ve gelmektedir.

Çünkü, Resûl-ü Ekrem Efendimiz, Hadis-i şeriflerinde (Yukarıda aslı ve metni de geçti):

***"Kıyâmet günü benim şefâatim, ümmetimden büyük günah işleyenler için olacaktır."***

Yani ben, büyük günah işleyen ümmetlerime de şefaat edeceğim, demek olur. Zaten salih amel sahibi, müttekî ve kendisine (a.s.) son derece bağlı ümmetlerine her konuda yardımını esirgemediği onlara şefâati de bol olacaktır. Kusurlu ümmetlerini gözeten bir peygamber-i âlîşan, elbetteki sevdiği ümmetlerine daha bol izzet ve ikramda bulunacak demektir. Salih amel sahibi, peygamberine sonsuz bir aşk-u mahabbetle bağlı olan, Allah'ın emir ve yasaklarını bilip harfiyyen uyan fazîlet sahibi ümmetine şefâat edip hesabsız cennete koyacaktır.

Yüce Peygamberimizin şefâatinin çeşitlerini yukarıda anlatmıştık.

1. Mahşerde bekleşen mahşer halkının sıkıntılarını gidermek için yapılan şefâat. Buna şefâatı uzma (en büyük şefâat) denildiği gibi, genel (umûmî) şefâat da denilir. Bu şefâat yalnızca Hazret-i Muhammed'e özel bir şefâattir. Diğer hiçbir kimse bu şefâate dâhil değildir.

2. Bir grub mü'min, müslümanın sorgusuz sualsiz cennete girmelerini sağlayan şefâati Resûlullah da var.

3. Cehenneme girmeye hak etmiş, cehennem azabına müstehak olmuş bazı günahkar mü'min, müslümanların, yüce Peygamberimizin şefâatiyle affedilmesi.

4. Günahlarının çokluğu sebebiyle cehennemde azap görenleri şefâatla affedilip çıkmaları.

5. Salih mü'minlerin cennetteki mertebe ve derecelerinin yükselmesi için yapılan şefâatler. Bazı âlimler şefâat çeşidinin, bölümlerinin beşden fazla olduğunu söylemişlerdir.

## Kıyâmet Günü Mahşer Halkının Şefâatçı Aramaları Ne Demek

*Ey Allah için kardeş!* Dilimin döndüğü kadarıyla konumuzu sana anlatabilmek için gücümün nisbetinde açıklamalar yapmak istiyorum.

Şimdi diyeceksin ki, Kıyâmet günü, insanın aklını başından alan o sıkıntı, o azablar içinde kıvranan o insanların aklına bir şefâatçı aramak nereden gelecek?

İşte senin bu soruna İslâm âlimlerimiz, Hadis âlimlerimiz cevablarını bulup vermişlerdir. Demişlerdir ki: Allah Teâlâ, Kıyâmet günü, sonsuz rahmet ve şefkâtiyle kullarını o azabdan kurtarmak için, kullarının aklına şefâatçı aramak düşüncesini ilham edecek ve bu düşünceyi kullarının aklına getirecek, onlara adeta şefâatçı arama yollarını öğretecektir. İnsanlar yani, mahşer halkı peygamberlerin kadr-ü kıymetinin Allah katında çok büyük olduğu düşüncesiyle ilk olarak, Allah'ın ilk kulu ve ilk peygamberi, insanlığın da ilk babası olan Hazret-i Adem peygamberden başlayarak şefâatçı arayacaklar. Önce Hazret-i Adem Aleyhisselâm'a baş vuracaklar. Böyle böyle Hazret-i Muhammed'e kadar gelip onun şefaatına ereceklerdir. Bu konumuzla ilgili açıklamalar ilerleyen satırlarımızda yapılacaktır.

## Hz. Muhammed'in (a.s.) Âhirette Sahib Olduğu Üstünlükler

*Ey Âhiret Yolcusu!* Âhiret hayatında, Kıyâmet günü Peygamberimiz Hz. Muhammed'in üstünlüğü, kıymet ve değeri bütün açıklığıyla ortaya çıkacaktır. Çünkü yüce Allah böyle dilemiştir, böyle olacaktır. Aşağıdaki okuyacağımız hadisler bizlere bu gerçekleri öğretiyor.

Tirmizî'nin, Enes (r.a.)'den rivâyetine göre, Resûlullah (s.a.v.) Hadis-i şeriflerinde şöyle buyurmuşlardır:

اَنَا اَوَّلُ النَّاسِ خُرُوجًا اِذَا بُعِثُوا وَاَنَا خَطِيبُهُمْ
اِذَا وَفَدُوا وَاَنَا مُبَشِّرُهُمْ اِذَا اَيِسُوا لِوَاءُ الْحَمْدِ
بِيَدِى وَاَنَا اَكْرَمُ وَلَدِ آدَمَ عَلَى رَبِّى وَلَا فَخْرَ

*Mânâsı: "(Kıyâmet günü kabirlerden insanların yeniden)* ***diriltilip kaldırıldıkları zaman,*** *(kabrinden)* ***ilk çıkacak olan insan ben olacağım.*** *(Tüm insanlar)* ***Allah'ın huzuruna geldikleri zaman, hatibleri*** *(ilk konuşanları)* ***ben olacağım!*** *(Mahşer halkı herşeyden)* ***ümîdlerini kestiği bir zamanda da kendilerine müjdeler verecek olan da*** *(yine)* ***ben olacağım! Livâül'Hamd*** *(Hamd bayrağı)* ***benim elimde olacaktır! Yüce Rabbimin katında Âdem evlatlarının en keremlisi*** *(en üstünü)* ***benim.*** *(Bütün bu fazîlet ve üstünlüklere rağmen)* ***övünme yok!"*** *(Yani ben bunları övünmek için söylemi-*

*yorum. Bu meziyetler Rabbimin bana lutuf ve ikramlarıdır. Bu gerçekleri bilesiniz diye anlatıyorum.)*

Başka bir rivâyette ise şöyle buyrulmaktadır:

***"Kıyâmet günü insanlar yeniden diriltilip kabirlerinden kalktıkları zaman, kabrinden ilk çıkacak olan insan benim. Tüm insanlar Allah Teâlâ'nın huzuruna geldikleri zaman, kumandanları ben olacağım. İnsanlar sukût ederken** (konuşmazken)**, hatibleri** (konuşanları) **yine ben olacağım. Tutuklanıp hapse mahkum edildikleri zaman, şefâatçıları** (aracıları) **yine ben olacağım. ümidsizliğe düşdükleri zaman, kendilerine müjdeler verecek olan ben olacağım! Kerem sancağı benim elimdedir. Yüce Rabbimin katında Âdem evlatlarının en kıymetlisi benim.** (Fakat, buna rağmen) **övünme yok. Yanımda görev için her birerleri tertemiz incilere benzer tam bin hizmetçi etrafımda dolaşıp duracaklardır."*** (İmam-ı Tirmizî tahriç etmiştir.)

Ebû Hüreyre'nin (r.a.) rivâyet ettiği Hadis-i şerifde ise, Efendimiz (aleyhissalâtü vesselâm) şöyle buyurmuştur:

وَاُكْسَى حُلَّةً مِنْ حُلَلِ الْجَنَّةِ ثُمَّ اَقُومُ عَنْ يَمِينِ الْعَرْشِ
لَيْسَ اَحَدٌ مِنَ الْخَلاَئِقِ يَقُومُ ذَلِكَ الْمَقَامَ غَيْرِى

*Mânâsı:* ***"Cennet elbiselerinden bir elbise giydirileceğim. Sonra arşın sağ yanında duracağım. Yaratılmışlardan o makamda benden başka hiç kimse bulunmayacaktır."*** (Tirmizî)

Ebû Saîd (r.a.)'in Tirmizî'nin menakıb bölümünde rivâyet etmiş olduğu Hadis-i Şerif ise, şöyledir:

أَنَا سَيِّدُ وَلَدِ آدَمَ يَوْمَ الْقِيَامَةِ وَبِيَدِى لِوَاءُ الْحَمْدِ

وَلَافَخْرَ وَمَا نَبِىٍّ يَوْمَئِذٍ آدَمَ فَمَنْ سِوَاهُ اِلَّا تَحْتَ

لِوَائِى وَأَنَا اَوَّلُ مَنْ تَنْشَقُّ عَنْهُ الْاَرْضُ وَلَافَخْرَ

*Mânâsı:* ***"Kıyâmet günü ben Âdemoğlunun seyyidiyim! Hamd sancağı*** *(Livâül'Hamd)* ***benim elimde olacaktır. Övünme yok.*** *(Bunu anlatmakla övünmüyorum veya bunu övünmek için anlatmıyorum.)* ***O gün Âdem ve diğer peygamberler de dahil olmak üzere herkes benim Hamd sancağımın*** *(bayrağımın)* ***altında olacaktır! Kendisine arzın*** *(yerin)* ***ilk yarılacak olduğu insan benim*** *(yani yer yarılıp da kabrinden ilk çıkacak ben olacağım).* ***Bunu övünmek için anlatmıyorum.*** (İmâm-ı Tirmizî)

Ebû Hüreyre'nin (r.a.) anlattığı Hadis-i şerif de şöyledir:

أَنَا سَيِّدُ وَلَدِ آدَمَ يَوْمَ الْقِيَامَةِ وَاَوَّلُ مَنْ يَنْشَقُّ

عَنْهُ الْقَبْرُ وَاَوَّلُ شَافِعٍ وَاَوَّلُ مُشَفَّعٍ

*Mânâsı:* ***"Kıyâmet günü Âdemoğlunun*** *(insanların efendisi)* ***seyyidi benim! Kabrin yarılıp da kendisinden ilk çıkacak olan insan benim*** *(yani dirilip de kabrinden ilk önce çıkacak olan insan ben olacağım).* ***Kıyâmet günü*** *(insanlara)* ***ilk şefâat edecek olan ben olacağım. Şefâati kabul edilecek*** *(şefâat etmek için izin verilecek)* ***olan da ben olacağım!"*** (İmam-ı Müslim)

Abdullah İbn-i Abbas (r.a.)'ın rivâyet ettiği hadis:

أَنَا حَامِلُ لِوَاءِ الْحَمْدِ يَوْمَ الْقِيَامَةِ وَلاَفَخْرَ. وَأَنَا أَوَّلُ شَافِعٍ وَأَوَّلُ مُشَفَّعٍ وَلاَفَخْرَ. وَأَنَا أَوَّلُ مَنْ يُحَرِّكُ حَلَقَ الْجَنَّةِ فَيُفْتَحُ لِي فَأَدْخُلُهَا مَعِي فُقَرَاءُ الْمُؤْمِنِينَ وَلاَفَخْرَ. وَأَنَا أَكْرَمُ الْأَوَّلِينَ وَالْآخِرِينَ وَلاَفَخْرَ.

*Mânâsı:* ***"Kıyâmet günü Livâül'Hamd'ın hamili*** *(taşıyanı)* ***benim!*** *(Yani Hamd sancağı benim elimde olacaktır.)* ***Övünme yok*** *(Yani bunu övünç için söylemiyorum)!* ***Kıyâmet günü ilk şefâat edecek ve kendisine ilk şefâat etme izni verilecek olan benim! Fahr*** *(övünme)* ***yok! Cennet kapısının halkasını ilk kımıldatacak*** *(çalacak)* ***olan da benim. Bana cennet açılacak ve oraya benimle birlikte mü'minlerin fakirleri girecek*** *(Yani ben cennete girdiğimde benim yanımda fakir mü'minler de olacak).* ***Bunu övünmek için söylemiyorum. Ben evvelkilerin de sonrakilerin de en keremlisiyim. Fakat övünme yok*** *(yani bütün bunları övünmek için söylemiyorum olacak hakîkatleri ve gerçekleri size anlatıyorum)!"* (İmâm-ı Tirmizî)

Hz. Enes (r.a) demiştir ki: Resûlullah Sallallahü aleyhi ve sellem şöyle buyurdu:

أَنَا أَوَّلُ النَّاسِ يَشْفَعُ فِي الْجَنَّةِ وَأَنَا أَكْثَرُ الْأَنْبِيَاءِ تَبَعاً

*Mânâsı:* ***"Cennet için*** *(Cennete girmeleri için)* ***insanlara ilk şefâat edecek benim. Peygamberlerin içinde en çok tabiî*** *(ümmeti)* ***olan ben olacağım."*** (Müslim)

Hz. Enes'in (r.a.) diğer bir rivâyeti şöyledir: Resûlullah sallalahü aleyhi ve sellem:

اَنَا اَكْثَرُ الْاَنْبِيَاءِ تَبَعاً يَوْمَ الْقِيَامَةِ. وَاَنَا اَوَّلُ مَنْ يَقْرَعُ بَابَ الْجَنَّةِ

Mânâsı: ***"Kıyâmet gününde peygamberlerin en çok tâbiî** (ümmeti) **bulunanı ben olacağım. Cennetin kapısını ilk çalan** (insan) **da ben olacağım."*** buyurdular. (Müslim)

Yine Enes (radıyallâhü anh)den; Resûlullah sallallahü aleyhi ve sellem:

اَنَا سَيِّدُ النَّاسِ يَوْمَ الْقِيَامَةِ وَتَدْرُونَ لِمَ ذَلِكَ يَجْمَعُ اللّٰهُ الْاَوَّلِينَ وَالْاَخِرِينَ

Mânâsı: ***"Kıyâmet günü ben, insanların efendisi** (seyyidi) **olacağım. O gün bunun sebebini de anlayacaksınız; çünkü Allah Teâlâ kıyâmet gününde ilk gelenlerle sonra gelenleri bir arada toplayacaktır.** (Yani Hz. Ademle başlayıp kıyâmetin kopmasıyla dünyanın yıkılıp yok olmasına kadar dünyaya gelmiş olan bütün insanları bir arada toplayacaktır. Bütün bu insanlar benim Allah tarafından tüm insanların efendi, seyyidi (büyüğü) kılındığımı bilecekler ve göreceklerdir demek olur.)"* (Buhârî ve Müslim)

Ebû Hüreyre (radıyallahü anh)'den gelen rivâyet: Resûlullah sallallâhü aleyhi ve sellem şöyle buyurmuştur:

قَالَ اَطْمَعُ اَنْ اَكُونَ اَعْظَمَ الْاَنْبِيَاءِ اَجْرًا يَوْمَ الْقِيَامَةِ

*Mânâsı: "Kıyâmet gününde, ecir ve mükâfat bakımından peygamberlerin en büyüğü olmamı umuyorum."* (Buhârî)

***Ey Âhiret Yolcusu Kardeş!*** Şefâat hadisinden de bazı kısa kısa metinler verdiğimiz bu hadis-i şeriflerin bazı cümleleri ile ilgili kısa açıklamalarda bulunmak konuyu daha iyi anlamamızı sağlayacaktır.

Verdiğimiz hadislerin bazılarında **"Seyyid"** kelimesi geçmektedir. Meselâ: ***"Kıyâmet gününde ben, insanların seyyidiyim** (efendisiyim)!"* buyrulmaktadır. Yani, Hazret-i Muhammed aleyhissalâtü vesselâm kıyâmet gününde bütün insanların büyüğü (seyyidi, efendisi) olduğunu ve olacağını bildirdiği sözünü şöyle anlatabiliriz:

Hazret-i Muhammed Aleyhisselâm Efendimiz, bu dünyâda da tüm insanların efendisidir. Ama bu dünyâda O'nun (Aleyhisselâm) seyyidliğini (efendiliğini ve büyüklüğünü) tanımayan ve kabul etmeyen insanlar vardır. Ancak bunların yolları yanlıştır, yanlıştır ama, bu yolunu sapıtmış kimselere bu yanlışlıklarını anlatmak imkan ve fırsatı da yoktur. Çünkü bunların yaptıkları yanlarına kâr kalıyor. Yaptıklarının zararını görmüyorlar veya göremiyorlar. Fakat âhiret böyle olmayacak, herşeyin sırrı, gizlilikleri ortaya çıkacaktır. Kıyâmet günü kafiri de mü'mini de Hz. Muhammed'in seyyidliğini, efendiliğini, büyüklüğünü kabul edeceklerdir. Bütün yaratılmışların efendisi, seyyidi

O'dur (a.s.) diyeceklerdir. Çünkü kıyâmet günü tüm insanlar mü'min olsun, kafir olsun Hz. Muhammedin büyüklüğünü ve seyyidliğini anlamış olacaklar ve anladıklarını da kabul edeceklerdir.

Allah'ın son peygamberi, peygamberimiz Efendimiz Hazret-i Muhammed'in **"Seyyidliği, büyüklüğü ve efendiliği"** bütün açıklığıyla ortaya çıkacaktır.

Kıyâmet gününde, bütün insanlar, kıyâmetin dehşetinden, azabından kurtulmak için, O'nun, Hazret-i Muhammed'in (a.s.) şefâatına (aracılığına) başvuracaklardır. O'ndan (aleyhissalâtü vesselâm'dan) başka dertlerine devâ olacak, sıkıntılarına çâre bulacak hiç kimseyi (diğer peygamberler de dahil olmak üzere), ama hiç kimseyi bulamayacaklardır. İşte bu durum bütün açıklığıyla ortaya çıkınca, dertlerine çâre bulması ve dertlerine devâ olması için **"âhiretin seyyidine"** baş vuracaklar ve kendileri adına Allah'a yalvarmasını ve şefâat etmesini isteyeceklerdir. İşte **"seyyid"**lik budur, bütün insanların derdine deva olmaktır.

**Seyyid** o kişidir veya o kimseye denir ki, insanların başı sıkışınca veya muhtaç bir durumda kaldıkları zaman, ona (seyyidliğini ispat eden o zata) başvururlar. O seyyid olan zat da, onların(insanların) ihtiyaçlarını ve sıkıntılarını giderir. İşte o gün kıyâmet günü de insanlar arasında seyyidlik ve şefâat konusunda O (sallallâhü aleyhi ve sellem) tek olacaktır. Bu konuda onunla (Aleyhisselâm) hiç kimse ortaya çıkmayacaktır. Zaten kimse ona karşı herhangi bir iddiâda da olmayacaktır.

Sevgili Peygamberimizin bazı sıfat ve ünvanları vardır ki, dînî bilgilerini ilerleten ve din bilgisi konusunda büyük birikimi bulunan mü'min, müslüman kardeşlerim bu sıfat ve ünvanları bildikleri mâlumdur. Ancak benim kitablarımı yeni bu yola girmiş kardeşlerimiz de okur, okuyacak oldukları ümîdiyle bu sıfat ve ünvanları satırlarıma alıyorum. Misâl ve örnekleri şöyle hatırlayabiliriz:

**Seyyid-i Kâinat** deyimi Peygamberimiz Hazret-i Muhammed'e verilmiş has (özel) bir ünvandır. Günümüz ifâdesiyle anlamı: Kâinatın, bütün âlemin (evrenin) kendisiyle şeref ve değer bulduğu, iftihâr ettiği, övündüğü insanlığın efendisi, Hazret-i Muhammed (Aleyhisselâm) demek olur. Efendimize (Aleyhisselâm) saygıyı hürmeti ifâde eder.

**Seyyidül'enâm:** Bütün halkın (insanların) efendisi, büyüğü olan Hazret-i Muhammed Aleyhisselâm'ın saygı ifade eden bir sıfatıdır.

**Seyyidül'Kevneyn:** İki âlemin (hem dünya hem âhiretin) efendisi, büyüğü Hz. Muhammed (aleyhissalâtü vesselâm) Efendimizin hürmet ve saygıyı ifâde eden bir sıfatıdır.

**Seyyidül'Mürselîn:** Allah Teâlâ tarafından gönderilmiş peygamberlerin seyyidi, efendisi, büyüğü demek olur ki, Hz. Muhammed'e (a.s.) verilmiş özel bir sıfattır. Bunun böyle olduğunu mahşer günü bütün peygamberler (a.s.) Hazret-i Muhammed Aleyhisselâm'ın şefâat etmesini bekliyeceklerdir. Peygamberimizin mahşer günü her merhale ve bölümde öncülük yaptığını, her konuda O'nun (Aleyhisselâm) ilk ve öncü olduğunu yukarıda okuduğumuz hadislerin metin ve açıklamalarında da gördük ki, Hz. Muhammed (s.a.v.) Efendimiz, her konuda seyyid'dir, efendidir, büyüktür, bütün insanlığın saâdet ve mutluluğundan başka bir isteği de yoktur.

**Seyyidül'Beşer**'de **Seyyidül'enâm** anlamında demektir. "Seyyidül'Beşer = insanlığın Efendisi" demektir ki, Sevgili Peygamberimizin özel bir sıfatı ve ünvanıdır. Hz. Âdem Aleyhisselâm'a "Ebûl'Beşer = insanlığın babası" demektir. Bu da O'nun (Âdem'in (a.s.)) özel ünvanıdır. **"Seyyidül'Beşer"**de Efendimiz Hz. Muhammedin ünvanıdır. **"Nev'i Beşer = insan cinsi"** demektir.

**"Fahr-i âlem"** Âlemin övüncü, övündüğü övünç kaynağı, övünç vesîlesi olan Hazret-i Muhammed'i anlatan bir deyim, bir ünvandır.

**"Fahr-i Kâinât"** da böyledir. "Fahr-i cihan, Fahr-i âlem, Fahr-i Kâinât" bu özel deyimler sevgili Peygamberimiz Hz. Muhammed'e saygıyı, hürmeti dile getiren sıfatlardır. Din bilgisiyle aydınlanan bahtiyarlar bunun hazzını, zevk ve keyfini bilir ve duyarak, hissederek yaşarlar.

**"Fahr = övünmek"** anlamınadır. Yukarıda verdiğimiz Efendimizin hadislerinde bu kelime yani, "Fahr" kelimesi, bir kaç yerde geçmiştir. Efendimiz: *"Velâ fahre =* ***Övünme yok.*** *(Övünmek için söylemiyorum.)"* buyurmuştur.

***Ey hak yolcusu!*** Yukarıdan beri arzettiğim gibi, yüce peygamberimiz Hazret-i Muhammed (s.a.v.), her zamanda, her yerde ve mekanda, yani dünyâ yaratıldığı günden, kıyâmet kopuncaya (yeryüzü ve kâinat yıkılıp yok oluncaya) kadar, gelmiş geçmiş ve gelecek olan bütün varlıkların efendisi, her bakımdan, her yönüyle en üstünü, en kıymetlisidir. Hiçbir kimse, hiçbir yönüyle O'nun (Aleyhisselâm) üstünde değildir. O'nun (Aleyhisselâm) üstünde olmadığı gibi, O'nun (Aleyhisselâm) dengi bile değildir. O'nu (Aleyhisselâm) yaratan kudret (Allah) böyle yaratmıştır. Bu, O'na (Allah'a) göre, güç bir şey değildir. Çünkü O (celle celâlüh), dilediğini yapan, dilediğini dilediğine veren sonsuz kudret sahibidir. Habibi Hazret-i Muhammed'i bu özelliklerle teçhiz edip yaratmıştır. Yüce Allah, Habîbi Muhammed Mustafa'yı kâinâtın yaratılış sebebi kılmıştır. Hadisi kudsî'de buyrulduğu üzere: ***"Habibim Yâ Muhammed! Sen olmasaydın felekleri, âlemleri, gökleri, dünyâları yaratmazdım!"*** müjdesi, Hz. Muhammed'in (a.s.) büyüklüğünü anlatmaktadır.

Kur'ân-ı Kerim'de: ***"Resûlüm, yâ Muhammed! Biz Azîmüşşân seni, ancak ve ancak âlemlere rahmet olarak gönderdik."*** (Enbiyâ Sûresi, âyet 107) buyrulmuştur.

Sevgili Peygamberimizin, kendi nefsini değil de ümmeti için yanıp tutuşması, yüce Rabbinin (Rabbimizin) huzûrunda: ***"Ya Rabbi! Ümmetim, ümmetim, ümmetimi bağışla."*** Yalvarışları O'nun (a.s.) engin şefkat ve merhametinin belgeleridir. Bizler, o yüce peygamberimize lâyık birer ümmet olabilirsek ve bu yolda canla başla çalışıp gayret gösterirsek O'nun (Aleyhisselâm) şefâatına kavuşuruz inşaallahü Teâlâ!

## Hz. Muhammed Aleyhisselâm'ın Şefâatçı Olmayı Üzerine Alması

*Ey Âhiret yolcusu Kardeş!* Kıyâmet günü, hiçbir peygamberin cesâret edip de üzerine alamadığı şefâatçı olma (şefâat etme) görevini, Allah Teâlâ'nın göndermiş olduğu peygamberlerin en son halkası bulunan, Allah'ın Resûlü, peygamberi Hazret-i Muhammed aleyhissalâtü vesselâm üzerine alacak. Mahşer halkına şefâat edecektir. Şimdi Türkçe anlamını vereceğimiz ve Şeyhân (Buhârî ve Müslim) tarafından rivâyet ettikleri hadis-i şerifden bu bilgileri öğreneceğiz. Hadisin Türkçe meâl ve anlamını veriyorum.

Hz. Enes (radıyallâhü anh) şöyle anlatıyor. Resûlullah Sallallahü aleyhi ve sellem buyurdular ki:

«Kıyâmet gününde, insanlar kalabalık ve izdihamdan birbirlerine girecekler. Bunlar, Âdem Aleyhisselâm'a gelip: ***"Zürriyyetine** (evlatlarına) **şefâatçı ol** (şefâat et)."* diyecekler. Hz. Âdem (a.s.):

***"— Benim buna yetkim yok.** (Ben size şefâat edemem.) **Siz Hz. İbrahim Aleyhisselâm'a gidin! Çünkü O Halîlullahtır** (Allah'ın dostudur)."* diyecektir. İnsanlar, Hz. İbrahim peygambere gidicekler. O da şu cevabı verecek:

***"— Ben şefâata yetkili değilim.** (Ben size şefâat edemem.) **Siz en iyisi Hz. Mûsâ'ya gidin, çünkü O Kelîmullahtır."*** diyecek. İnsanlar derhal Hz. Mûsâ'ya varacaklar. Mûsâ Aleyhisselâm da:

*"— **Benim şefâate yetkim yok.*** (*Ben size şefâat edemem.*) ***En iyisi mi siz, Hz. İsâ'ya gidin. Çünkü O Allah'ın rûhû ve kelimesidir."*** diyecek. İnsanlar hemen Hz. İsâ Peygamberin yanına varacaklar ve şefâat isteyecekler. O da (Aleyhisselâm) şu cevabı verecek:

*"— **Ben şefâat etmeye yetkili değilim.*** (*Size şefâat edemem.*) ***Sizler en iyisi Hz. Muhammed Aleyhisselâm'a gidin."*** diyecek. Peygamber Efendimiz: — ***Böylece insanlar bana gelecekler ve şefâat etmemi isteyecekler.*** Ben de onlara:

*"— **Ben şefâata yetkiliyim.*** (*Sizlere şefâat edeceğim.*)*"* diyeceğim. Ben hemen gidip Rabbimin huzûruna çıkmak için izin isteyeceğim. Yüce Rabbim, bana izin verecek. Rabbim huzûrunda durup, Allah Teâlâ'nın bana ilham edeceği (öğreteceği) ve şu anda yapamayacağım hamdü senâlarla (hamd duâ ve zikirleriyle), Rabbime hamd ve senâlarda bulunacağım. Sonra da Rabbime secdeye kapanacağım. Rabbim Teâlâ tarafından:

***"— Yâ Muhammed! Başını kaldır! Dileğini söyle, dilediğin verilecek. Şefâat yetkisi iste, sana şefâat etme yetkisi de verilecektir. Ve şefâatte bulun, şefâatin kabul edilecektir."*** buyrulacak. Ben de Rabbime şöyle yalvaracağım:

*"— Yâ Rabbî! Ümmetî, ümmetî* = ***Ey Rabbim! Ümmetimi, ümmetimi istiyorum!"*** diyeceğim. Rabbim Teâlâ tarafından şöyle denilecek:

***"Haydi hemen onların yanına git, kalbinde bir buğday veya bir arpa tanesi kadar îmanı bulunanları oradan*** (*ateşten*) ***çıkart!"*** Ben de hemen gidip Rabbimin emrini yerine getirip bu kimseleri ateşten çıkaracağım. Sonra yine Rabbime döneceğim ve yine aynı hamdü senâlarla huzûrunda secdeye kapanacağım. Bana yine şöyle denilecek:

*"— Yâ Muhammed! Kaldır başını! Dile dileğini, dileğin yerine getirilecek* (istediğin verilecek). *Şefâat etme yetkisi iste, o da verilecektir sana!"* Ben yine:

"— Yâ Rabbî! Ümmetî, ümmetî = ***Ey Rabbim! Ümmetimi, ümmetimi istiyorum!"*** diyeceğim. Bana yine şöyle buyrulacak:

***"— Haydi, hemen git, orada bulunanlardan kimin kalbinde hardal tanesi kadar bir îmanı bulunan varsa onları ateşten çıkart!"*** Hemen gidip bu emri de yerine getireceğim. Sonra tekrar (üçüncü kez) Rabbime gelip, aynı hamd ve senalarla hamd-ü senâda bulunacağım. Sonra Rabbimin huzûrunda secdeye kapanacağım, bana tekrar şöyle denilecektir:

***"— Yâ Muhammed! Kaldır başını! söyle dileğini, dileğin verilecektir. Şefâat yetkisi iste, o da verilecektir sana!"*** Bunun üzerine ben yine:

*"— Yâ Rabbî! Ümmetimi, ümmetimi!"* diyeceğim. Bana şöyle denilecek:

***"— Haydi, hemen git, hardal tanesinden daha az, daha az, daha da az imanı bulunanı da oradan*** *(ateşten)* ***çıkart!"*** Ben hemen büyük bir sevinçle gidip Rabbimin buyruğunu yerine getireceğim, o insanları cehennemden çıkaracağım.» dedim. (Buhârî ve Müslim)

## Ebû Hüreyre'nin Rivâyet Ettiği Şefâat Hadisi

*Ey Âhiret yolcusu kardeş!* Ebû Hüreyre (radıyallahü anh)den rivâyet edilen şefâat hadisinde peygamberlerin konuşmalarındaki ifâdeler daha uzun ve çekimserlik anlatan cümleler daha da genişçe yer almaktadır.

Tirmizî'nin Ebû Hüreyre'den (r.a.) rivâyette kaydettiğine göre; Ebû Hüreyre (r.a.) şöyle anlatıyor: Biz bir davette Resûlullah ile beraber bulunuyorduk. Sofraya oturduğumuzda Resûlullah'a hayvanın ön kolundan kesilmiş bir parça ikram edildi. Efendimiz hayvanın ön kolu (budu)nu severdi. Bundan bir lokma aldı ve şöyle buyurdu:

اَنَا سَيِّدُ وَلَدِ آدَمَ يَوْمَ الْقِيَامَةِ هَلْ تَدْرُونَ لِمَ ذَاكَ؟

*"— **Ben kıyâmet günü Âdemoğlu'nun seyyidi** (bütün insanların efendisi)**yim! Bunun sebebini biliyor musunuz?** (Bunu size açıklayayım):*

*"Allah Teâlâ o gün, ilk insandan, en son insana kadar, yani bütün insanları bir tek düzlükte yani düz bir arazide toplayacaktır. Bir kimse seslendiği zaman, onun sesini bütün insanlar işitir. Bir kişi baktığı zaman, o düz ovadaki (düzlük arazideki) bütün insanlar görür. (Yani mahşer meydanındaki toplanan o insanlardan biri etrafına baktığında mahşer halkının hepsi görecektir. Böyle bir düzlük, böyle bir yakınlık olacaktır.) Güneş onlara son derece (adeta bir mızrak boyu) yaklaşacak (sıcak sanki beyinlerini kaynatacak gibi*

*olacak). Gam ve kederleri, sıkıntı ve ızdırabları insanların tahammül edemeyecekleri ve takat getiremeyecekleri bir dereceye dayanacaktır. Öyle ki, insanlar birbirlerine söylenmeye başlayacaklar ve birbirlerine şöyle diyecekler:*

***"— İçinde bulunduğumuz şu perişan hali görmüyor musunuz? Rabbinizin katında size şefâat edecek birini arayıp bulsanız iyi olacaktır!*** Mahşer halkı birbirlerine şöyle diyecekler:

***"— Babanız Âdem var!*** *(Bu işi babanız Âdem halleder!)"* derler ve derhal ona gelerek şöyle yalvarırlar.

***"— Ey Âdem! Sen Ebûl'beşersin*** *(İnsanların ilk babasısın).* ***Yüce Allah bizzat seni kendi eliyle yarattı. Sana kendi ruhundan üfledi.*** *(Bütün isimleri bizzat sana özellikle öğretti).* ***Meleklerini senin önünde sana secde ettirdi ve seni cennetine yerleştirdi.*** *(Bütün bunlar senin Allah katındaki itibarını ve makamını gösteriyor.)* ***İçinde bulunduğumuz acı ve perişan durumu görüyorsun, bize ulaşan keder ve musibeti de görüyorsun ne olur Rabbin katında bize şefâatçı*** *(aracı)* ***oluver, bize şefâat et de bu sıkıntıdan kurtar!"*** diye yalvaracaklar. Âdem Aleyhisselâm da onların bu yalvarmalarına şöyle cevab verecek:

***"— Rabbim bugün çok öfkelidir*** *(gadablıdır),* ***daha önce bu kadar gadablanmadığı öfkelenmediği gibi, bundan sonra da böylesine gadablanmayacaktır.*** *(İşin aslı şudur ki,)* ***benim şefâat yetkisi istemeye cesaretim de yok. Çünkü, ben cennette iken,*** *(Rabbim)* ***beni o*** *(malûm)* ***ağaca yaklaşmamı yasaklamıştı. Ben bu yasağı çiğnedim.*** *(Ben bu hatam yüzünden cennetten çıkarıldım. Bu gün ise, bu hata ve kusurlarım affe-*

*dilirse, bu bana yeter, ben kurtuluşa ererim.)* ***Vay nefsim, vay nefsim, vay nefsim!*** *(Siz şefâat için)* ***benden başkasına gidin. Nûh Aleyhisselâm'a gidin!"*** diyecek. İnsanlar hemen Hz. Nûh Aleyhisselâm'a koşacaklar. O'na varıp şöyle yalvaracaklar:

***"— Ey Nûh! Sen yeryüzüne gönderilen Resûllerin ilkisin. Yüce Allah, seni çok şükreden kulum*** *(abden şekûra!)* ***diye övmüştür. İçinde bulunduğumuz sıkıntılı durumu görüyorsun, başımıza gelenleri görüyorsun!*** *(Ne olur)* ***Rabbin Teâlâ'nın katında bize şefâatçı ol, bize şefâat et!"*** diyecekler. Hz. Nuh Aleyhisselâm onlara şöyle cevab verecek:

***"— Rabbim bugün çok gadablıdır, daha önce hiç bu kadar gadablanmadı, bundan sonra da böylesine gadablanmayacaktır.*** *(Her peygamberin kabul olan bir duâsı vardır.)* ***Benim de kabul olan bir duâ hakkım vardı. Ben onu dünyada kavminin aleyhine*** *(bedduâ olarak)* ***yaptım.*** *(Ve duâm kabul oldu, kâfir kavmim tufanla helâk olup gitti. Ben hakkımı kullandım, şimdi size şefâatçı olamam.)* ***Vay nefsim, vay nefsim, vay nefsim! Siz benden başkasına*** *(başka bir peygambere)* ***gidin. En iyisi mi, siz İbrâhim Aleyhisselâm'a gidin.*** *(O size şefâat etsin.)"*

Mahşer halkı hemen İbrahim Aleyhisselam'a koşacaklar. O'na varıp şöyle yalvaracaklar:

***"Ey İbrahim! Sen Allah'ın Nebîsi ve yeryüzündeki ahâlisi içinde yegâne Halîlisin*** *(dostusun).* ***Ne olur, bize Rabbin katında şefâatçı ol, bize şefâat et! Yâ İbrahim! içinde bulunduğumuz şu perişanlığı görüyorsun!"*** diyecekler. Hz. İbrahim (Aleyhisselâm) da, Hz. Âdem ve Hz. Nuh (a.s.)un dedikleri şekilde diyecektir:

*"— Rabbim bu gün, çok öfkeli (gadablı). Bundan önce bu kadar öfkelenmemişti, bundan sonra da bu kadar öfkelenmeyecek. (Ey ahâli! ey insanlar! Şefâat etme yetkisi istemeye kendimde cesâret bulamıyorum. Çünkü ben) üç kere yalan söyledim (söylemek zorunda kaldım)."* deyip, bu yalanlarını birer birer dile getirerek özür (mazeret) gösterecek:

*"Vay nefsim, vay nefsim, vay nefsim! Siz başkasına gidin. En iyisi mi siz, Musâ Aleyhisselâm'a gidin!"* diyecek. Mahşer halkı, hemen Hz. Mûsâ'ya (a.s.) varacaklar. Ve Ona şöyle yalvaracaklar:

*"— Yâ Mûsâ! Sen Allah Teâlâ'nın Resûlüsün. Yüce Allah, seni insanlara peygamber göndermekle (seni risâletiyle ve seninle konuşmasıyla) diğer insanlardan üstün kılmıştır. Şu perişan ve sıkıntılı durumumuz sence malum, ne olur Rabbin huzurunda bizim için şefâatçı ol, bize Rabbin Teâlâ'nın huzûrunda şefâat et!"* diyecekler. Hz. Mûsâ (a.s.) onlara şu cevabı verecek:

*"— Bugün Rabbim çok öfkelidir. Bundan önce (daha önceleri) böylesine öfkelenmedi. Bundan sonra da böylesine öfkelenmeyecek. (İşin gerçeği ise, Rabbim katında benim şefâat etmeye cesâretim yok. Çünkü) ben, kazaen bir adam öldürdüm. Bu iş bana emredilmemişti. Bu istemeyerek oldu. Vay nefsim, vay nefsim, vay nefsim! Ey insanlar! Siz en iyisi İsâ Aleyhisselâm'a gidin!"* diyecek. Sonra insanlar (Mahşer halkı) Hz. İsâ'ya (Aleyhisselâm) gelecekler ve şöyle yalvaracak:

*"— Yâ İsâ! Sen Allah'ın peygamberisin ve Meryem'e ilkâ ettiği (attığı) bir kelâmı (bir kelimesisin) ve*

*Allah'ın Rûhusun. Üstelik sen daha beşikte iken insanlarla konuştun! Şimdi ise, durumumuzu görüyorsun, çok perişen ve sıkıntılı bir haldeyiz. Ne olur Rabbin katında (huzûrunda) bize şefâat et!"* diyecekler. Hz. İsâ (Aleyhisselâm) da şu cevabı verecek:

*"— Bugün Rabbim çok öfkeli. Bundan önce böyle öfkelenmedi, bundan sonra da böylesine öfkelenmeyecektir!"* diyecek. Hz. İsâ (Aleyhisselâm), herhangi bir hata ve kusur ortaya sürmedi. (Bu hadisde böyle bir mâzeret beyan etmemiştir. Ancak diğer bir rivâyette, Hz. İsâ (a.s.) şu mâzeretini ileri sürmüştür:) *"(İnsanlar) beni, Allah'tan ayrı bir ilah (tanrı) edindiler. Bugün bana aff-ı ilâhi isâbet eder, mağfirete erişirsem, bu bana yeterdir." Vah nefsim, vah nefsim, vah nefsim! En iyisi siz benden başkasına, Muhammed Aleyhisselâm'a gidin!* diyecek. Mahşer halkı (bütün insanlar) Hz. Muhammed'e (s.a.v.) gelecekler. (Bir başka rivâyette: *"Bana gelecekler (bana gelirler)!"* buyrulmuştur. İnsanlar (yani mahşer halkı) Hz. Muhammed Aleyhisselâm'a gelerek şöyle yalvaracak:

*"— Yâ Muhammed! Sen Resûlullah'sın, (Allah'ın son peygamberisin.) Bütün peygamberlerin sonuncususun. Allah Teâlâ senin gelmiş geçmiş bütün günahlarını affetmiştir. Bize Rabbin Teâlâ nezdinde (huzurunda) şefâatçı ol, bize şefâat et! Şu içinde bulunduğumuz durumu görüyorsun!"* diyecekler. Hz. Muhammed (Aleyhisselâm) diyor ki:

*"— Ben hemen Arş'ın altına varacağım ve Rabbime secdeye kapanacağım. Ve Allah Teâlâ, bana öyle fütühatta bulunacak (yani, benden önce hiç kimseye açmadığı medh-ü senâ kapılarını benim için açacak).*

***Benim daha önce bilmediğim hamd ve senâları bana ilham edih öğretecek. Ben bu hamd-ü senâlarla*** *(hamd-ü senâ zikirleriyle)* ***yüce Rabbime yalvaracağım.*** *Sonra Rabbim Teâlâ tarafından bana şöyle denilecektir:*

***"— Yâ Muhammed! Kaldır başını ve dile dileğini, dileğin verilecektir. Şefâat dileğinde bulun, şefâat etme dileğin sana verilecektir!"*** Ben de başımı kaldıracağım ve:

*"Yâ Rabbi! Ümmetî, ümmetî, ümmetî!* = ***Ey Rabbim! Ümmetim, ümmetim, ümmetim!"*** diyeceğim. Ve bana şöyle denilecek:

***"— Ümmetinden hesâba çekilmeyecek olanları cennet kapılarının sağındaki kapıdan içeriye al!"*** Aynı zamanda onlar, yani ümmetlerin cennetin diğer kapılarında da insanlarla ortaktırlar, yani cennete girecek olan diğer insanlar, mü'minlerle cennetin bütün kapılarından cennete girmeye hak kazanmışlar, cennetin diğer kapılarından da cennete cennetlik diğer mü'minlerle gireceklerdir (demek olur). (Efendimiz devamla buyurdu ki:)

***"— Nefsim*** *(canım)* ***kudret elinde bulunan Allah'a yemin ederim ki, Cennetin kapı kanatlarından iki kanadının arasındaki mesâfe*** *(uzaklık)*, ***Mekke ile Hecer arası yada Mekke ile Busra arası kadar bir genişliktedir!"*** (Bu hadisi, Buhârî Enbiyâ babında, Müslim îman babı 84, Tirmizî Zühd (Kıyâmet) bölümünde tahriç etmişlerdir.)

**Kısa kısa açıklamalar: *Ey Âhiret yolcusu kardeş!*** Okuduğumuz bu şefâat hadisleriyle ilgili bazı cümlelerini açıklamak gerekiyor ki, konuyu daha iyi anlayıp kavramış olalım.

Hz. Âdem, Hz. Nuh, Hz. İbrahim, Hz. Mûsâ ve Hz. İsâ peygamberlerin şefâatçı olmayı kabul etmemelerinin hikmet-i sebebi nedir? Diye aklımıza gelebilir. Nitekim bizden önce yaşamış olan hattâ seneler ve asırlar önce yaşamış olan insanlar akıllarına böyle sorular gelmiş ve İslâm âlimlerimiz de onlara cevablar vererek bu meseleleri çözümlemişlerdir.

**Birincisi,** yukarıda mübârek isimleri geçen bu peygamber aleyhimüsselâmlar, kendilerinden şefâatçı olmalarını isteyen mahşer halkına: ***"Ben sizin istediğiniz şefâate** (aracılığa) **yetkili değilim!"*** cevabını vermişlerdi. Bunun sebebi şuydu: Onlar (Aleyhimüsselâmlar) istenilen bu şefâatin Hazret-i Muhammed Aleyhisselâm'a mahsus (özel) bir şefâat olduğunu biliyorlardı. Onun için: ***"Ben bu şefâata yetkili değilim!"*** buyurarak bir ümitle gelen insanları diğer bir peygambere gönderiyordu. İnsanları ortada kendi hallerinde bırakmıyordu.

**İkincisi,** kendi kusurlarını dile getirmeleri ise, tevâzûlarından (alçak gönüllülüklerinden) olmakla beraber, mahşerde şefâat etme görevinin ağırlığını bilmelerinden dolayı kendilerince mazeret göstererek, insanların ihtiyacını görebilecek olan bir peygambere işâret ediyorlardı.

Allah Teâlâ'nın sevgili kulları olan bu mübârek insanlar (peygamberler) şefâat yetkisinin kendilerine âit bir mesele olmadığına ve başka bir peygamberde bulunduğuna sırayla işâret ederek, insanların gerçekleri anlamalarını sağlamakta olabilirdi. İsimlerini andığımız bu mübârek insanların (peygamberlerin) istenilen genel şefâat yetkisinin Hazret-i Muhammed Aleyhisselâm'a mahsus (özel) olduğunu bildikleri bir gerçektir. Mü'minleri de yol göstermek için birbirlerine havâle etmek yoluyla kendilerine mürâcaat eden insanları şefâat etme yetkisine sahib olan zâta (Hz. Muhâmmed'e) ulaştırma gerçeğine işâret ediyordu.

**Üçüncüsü,** Mahşerin dehşet içine soktuğu ve kendilerine şefâatçı olacak bir peygamber arayarak Hazret-i Âdem'den, Hazret-i Muhammed'e gelen insanların şefâatini kabûl etmesi, hemen yüce Rabbinin huzûruna çıkıp o sıkıntılı insanların şefâatçılığını (aracılığını) üzerine almasının sebebi ise, Allah Resûlü, Hazret-i Muhammed'in (a.s.) bu şefâat yetkisinin ve bu yüksek mertebenin (şefâat makamının) kendisine âit olduğunu bilmesi gerçeğine dayanmaktadır.

**Dördüncüsü,** Yüce Allah mahşerde mü'minleri gönüllerine önce Hz. Âdem Aleyhisselâm'a ve sırayla diğer peygamberlere gidip şefâatçı olmalarını kalblerine bildirmiş (ilham etmiş)tir. Bunun da sebebi hikmeti vardır. İslâm âlimlerimiz bunu şöyle yorumlamışlardır: Allah Teâlâ, baştan Hazret-i Muhammed'e mürâcaat etmeleri için, bu insanların kalbine ilham vermemesinin (bildirmemesinin), onların gönüllerine böyle bir isteği düşürmemesinin hikmeti, yüce peygamberi Hz. Muhammed'in üstünlüğünü mahşer halkına îlan edip bildirmek içindir.

Çünkü eğer mahşer halkı, hiç bir peygambere şefâat için başvurmayıp doğruca Hz. Muhammed'e (a.s.) gidip mürâcaat etseler (baş vursalardı), diğer peygamberlerin de bu işe, şefâatçı olma yetkisine sahib olduklarını sanırlardı. Böyle bir üstünlüğün diğer peygamberlerde de olduğu düşüncesine saparlardı. O zaman mahşer halkı, Hz. Muhammed'in diğer peygamberlerden üstün bir mertebeye sahib olduğunu kavramayabilirlerdi. Ancak Allah Teâlâ, âhiret günü herşeyi, her konuyu güneş gibi ortaya koyacaktır. İyilikler, kötülükler hepsi ortaya serilecektir. İyilik sahibleri sevinecekler, kötülük sahibleri ise, mahcub olup utanacaklardır. İşte yüce Rabbimiz, Habibi Hazret-i Muhammed'in kendi katındaki büyüklüğünü, fazîlet ve üstünlüğünü tüm mahşer halkına duyurmak ve bildirmek için, kullarının kalblerine önce Hz. Âdem'den başlayıp sırayla seçkin (ülül'Azîm olan) peygamberlerine başvurup müracâat etmelerini ilham etmiş, kullarına bu yolu göstermiştir.

Okuduğumuz hadisimizde de gördüğümüz gibi, mahşer halkı olan insanlar, bu büyük (ülül'Azîm) peygamberlere gidip, olumsuz cevablar alınca, son olarak Hz. Muhammed Aleyhisselâm'a gelip müracâat ederek ondan olumlu cevab almışlar: ***"Ben size, Rabbim katında şefâat edeceğim"*** müjdesini almışlardır ki, bu hal, Hz. Muhammed Aleyhisselâm'ın yüce Rabbi katındaki seyyidliğini (üstünlüğünü ve fazîletini) tüm insanlara bildirmesi gerçeğine işâret etmektedir. Ve böylece kıyâmet günü bütün insanlar, Hazret-i Muhammed'in (Aleyhisselâm), bütün peygamberlerden, tüm meleklerden ve ne kadar yaratılmış varsa, hepsinden üstün ve fazîletli olduğunun belgesidir.

Çünkü sevgili Peygamberimiz Aleyhisselâm, hiçbir peygamberin üzerine alamadığı büyük şefâatı (şefâat-ı uzmayı) bir sözle insanların ***"Yâ Muhammed! Bize Rabbin katında şefâat et!"*** demeleriyle kabul edecek ve mahşer halkına şefâatçı olacaktır. Bu da Hz. Peygamber Aleyhisselâm'ın bütün yaratılmışların efendisi (ulusu ve büyüğü) olduğunun fiilen uygulanma belgesi olduğudur.

**Allah'ın gazabı:** Ebû Hüreyre'nin rivâyet ettiği şefâat hadisinde Hz. Âdem ve diğer peygamberler yüce Allah'ın gadabından korktuklarını ifâde etmişlerdi. Biz gadab kelimesini öfke ile tercemesini vermiştik. Yani ***"Rabbim, bugün çok öfkelidir. Bundan önce bu kadar şiddetli öfkelenmedi. Bundan sonra da böylesine şiddetli öfkelenmeyecek."***

Şimdi hadisdeki geçen kelime ile terceme edelim:

***"Rabbim bugün öyle bir gazaba*** *(gadab)* ***geldi ki, bundan önce böyle bir gazaba gelmemişti, bundan sonra da böyle bir gazaba gelmeyecek."***

Bu ifâdeleri Hz. Âdem, Hz. Nuh, Hz. İbrahim, Hz. Musâ ve Hz.İsâ Aleyhimüsselâm Efendilerimiz hepsi de dile getirdiler.

İmâm-ı Nevevî demiştir ki: Allah'ın gadabından (gazabından) maksat, kafirlerden, münâfıklardan, âsî günahkarlardan intikam ve bu gibi asileri şiddetle cezalandırıp azab etmesi demektir. Ve aynı zamanda mahşer halkının çektikleri sıkıntılar, korkular ve ıstırablardır ki, bunların daha önceleri hiçbir şekilde benzerleri görülmemiş ve kıyâmet gününden sonra da görülmeyecektir.

İşte Allah Teâlâ'nın gazab ve gadabından anlaşılan mânâ budur. Allah Teâlâ, kendisine karşı baş kaldıran ve isyan edenlerden intikamını alacaktır. Bunun yeri de mahşer günü, sorgu sual günüdür. Allah, şedîdül'ıkabdır (azabı çok şiddetli ve çetindir). İntikamı çok şiddetlidir. Allah'ın gazabının, azabının ne kadar çetin, ne kadar şiddetli olduğu mahşer günü bütün dehşetiyle görülecektir.

**Nefsî, nefsî demek:** Peygamberlerin *"Nefsî, nefsî* = ***Vah nefsim, vah nefsim"*** demelerinden maksat, bizim nefsimiz de şefâate muhtaçtır, demektir. Nitekim bütün peygamberler de Hz. Muhammed Aleyhisselâm'ın umûmî şefâatından sonra kendilerine şefâat izni verilecektir ve ümmetlerine bu genel şefâattan sonra şefâat edeceklerdir.

Bu şefâat hadisinden anlaşılan bir hüküm de, Hazret-i Muhammed Aleyhisselâm'ın bütün insanlardan ve cinlerden, peygamberlerden, meleklerden fazîletli (üstün) olduğunu anlattığı gibi, Hz. Âdem'le, Hz. Nuh, Hz. İbrâhim, Hz. Musâ ve Hz. İsâ (Aleyhimüsselâmlar) da diğer bütün peygamberlerden efdal (üstün) olduklarına delâlet eder.

## Cennet Kapılarının Son Derece Genişliğine İşâret Vardır:

"Nefsim kudret elinde bulunan Allah'a yemin ederim ki, cennetin kapı kanatlarından iki kanadının arasındaki mesâfe (genişliği) Mekke ile Hecer arası yada Mekke ile Busra arası kadar bir genişliktedir!" Burada geçen "Hecer" Bahreyn'de bir şehirdir. Busrâ ise, Dimaşk'a uç konaklık mesâfede (uzaklıkta) bulunan meşhur bir şehirdir. Bu şehirle Mekke'nin arası bir aylık yoldur. demişlerdir.

Resûlullah (s.a.v.) Efendimizin, cennet kapılarının iki kanatlarının arasındaki mesâfenin son derece geniş olduğunu anlatmak için Mekke ile Hecer veyahut Mekke ile Busrâ arasındaki mesâfeye benzetilmiştir.

## Cennetin Kapısını İlk Çalan Ben Olacağım

*Ey Âhiret yolcusu Kardeş!* Hz. Muhammed Aleyhisselâm cennetin kapısını açtırmadan hiçbir cennetlik cennete giremeyecektir. İnsanların cennete girmeleri için, cennetin kapısının zilini kapının açılması için ilk çalacak olan insan sevgili Peygamberimiz olacaktır. Bir hadis-i şerifde cennetin kapısında görevli olan melek, yani cennetin kapısının bekçisi, Efendimiz'e (Aleyhisselâm) hitâben:

*"— Yâ Muhammed! Senden önce hiçbir kimseye cennetin kapılarını açmamak için buraya görevlendirildim"* diyeceği bildirilmiştir. (Müslim)

İmâm-ı Müslim, Enes İbn-i Malikten şöyle rivâyet etmiştir. Enes (r.a.) demiştir ki: Resûlullah Sallallâhü aleyhi ve sellem buyurdular ki:

اَنَا اَوَّلُ مَنْ يَقْرَعُ بَابَ الْجَنَّةِ يَوْمَ الْقِيَامَةِ وَاَنَا اَكْثَرُ

الْاَنْبِيَاءِ تَبَعًا

*Mânâsı: "Kıyâmet günü cennetin kapısını ilk çalacak olan ben olacağım. Kıyâmet gününde peygamberin en çok tabiî (ümmeti) bulunanı da ben olacağım!"* (Müslim iman bölümünde rivâyet etmiştir.)

Yine Enes (r.a.)den rivâyet edilmiştir. Enes demiştir ki: Resûlullâh Aleyhissalâtü vesselâm şöyle buyurdu:

اٰتِى بَابَ الْجَنَّةِ يَوْمَ الْقِيَامَةِ فَاَسْتَفْتِحُ فَيَقُولُ الْخَازِنُ مَنْ اَنْتَ؟ فَاَقُولُ مُحَمَّدٌ فَيَقُولُ بِكَ اُمِرْتُ اَنْ لَا اَفْتَحَ لِاَحَدٍ قَبْلَكَ

*Mânâsı:* «**Kıyâmet günü ben cennetin kapısına gelirim** *(geleceğim)*. **Ve cennetin kapısını açmalarını isterim** *(isteyeceğim)*. **Cennetin bekçisi** *(Hazin)* **der ki:**

**"— Sen kimsin?" Ben de:**

**"— Ben Muhammedim" derim** *(diyeceğim)*. **Bunun üzerine Hazin:**

**"— Ben** *(zaten)* **ancak** *(yalnızca bu kapıyı)* **sana açmak için emir aldım** *(görevlendirildim)*. **Senden önce hiçbir kimseye** *(cennetin kapılarını)* **açmam** *(açmayacaktım)*." **diyecek**» buyurdular.

İmâm-ı Müslim, Enes (radıyallahü anh)den rivâyet etmiştir.

اَنَا اَوَّلُ شَفِيعٍ فِى الْجَنَّةِ. لَمْ يُصَدَّقْ نَبِىٌّ مِنَ الْاَنْبِيَاءِ مَا صُدِّقْتُ وَاِنَّ مِنَ الْاَنْبِيَاءِ نَبِيًّا مَا يُصَدِّقُهُ مِنْ اُمَّتِهِ اِلَّا رَجُلٌ وَاحِدٌ

Mânâsı: *"Cennet için ilk şefâat eden ben olacağım. Peygamberler içinde benim kadar çok tasdik* (îmân) *edilen hiçbir peygamber yoktur. Peygamberler içinde öylesi* (öyle peygamber) *vardır ki, ümmetinden onu yalnızca bir kişi tasdik* (îman) *etmiştir."* buyurdu. (Müslim, İmân bölümünde rivâyet etmiştir.)

*Ey dost!* İslâm âlimleri demişlerdir ki, bir peygamberin ümmetinin çokluğu o peygamberin Allah katında üstünlüğünün delili (belgesi)dir. Biz mü'min, müslümanlara düşen bir görev vardır ki, o da yüce peygamberimize candan bağlanıp O'nun (Aleyhisselâm) gösterdiği hidâyet (doğru) yolundan sapmadan, yüce Rabbimizin emirlerini yaparak, yasaklarından da sakınarak şu fânî (geçici) dünya yaşamımızı, iman selâmetiyle noktalamaya çaba sarfetmemiz olmalıdır.

## Peygamberimizin Ümmeti İçin Duâsı ve Onlara Şefkatinden Ağlaması

*Ey Âhiret yolcusu kardeş!* Şimdi okuyacağımız hadis-i şerîfde sevgili Peygamberimizin, biz ümmetlerine karşı olan sonsuz şefkat ve merhametini dile getirmektedir. Hz. İbrâhim Aleyhisselâm ile Hz. İsâ Aleyhisselâm ümmetlerinin halini Allah'a havâle edip bırakıyorlarken, Efendimiz mübârek ellerini semâya kaldırarak mübârek gözlerinden akan gözyaşlarıyla:

"Yâ Rabbi, ümmetî, ümmetî! = ***Ey Rabbim, ümmetimi isterim, ümmetimi isterim!"*** diyerek ağlamaya devam ediyor ve ümmetinin affını duâ ve niyaz ediyor. İşte bunu kavrayabilirsek bir ümmet olarak, o zaman O'nun (a.s.) şefâatine erişiriz inşaallah!

Abdullah İbni Amr İbni Âs (r.a.)dan rivâyet edilmiştir. Râvî demiştir ki: Rasûlullah Sallallâhü aleyhi ve sellem Efendimiz, Allah Teâlâ Hazretlerinin, Kur'ân-ı Kerîm'de Hz. İbrâhim (Aleyhisselâm) hakkındaki şu âyeti:

رَبِّ اِنَّهُنَّ اَضْلَلْنَ كَثِيراً مِنَ النَّاسِ فَمَنْ تَبِعَنِى فَاِنَّهُ مِنِّى

***"Ey Rabbim! Şüphesiz ki, onlar insanlardan bir çoğunu baştan** (doğru yoldan) **çıkardılar. Bundan sonra bana kim tâbi olursa, o bendendir."*** (İbrâhim Sûresi âyet 36) Ve Hz İsâ (Aleyhisselâm) hakkında:

اِنْ تُعَذِّبْهُمْ فَاِنَّهُمْ عِبَادُكَ ج

***"Eğer onları azab edersen şüphesiz ki, onlar senin kullarındır."*** (Mâide Sûresi âyet 118)

Âyetlerini okuyarak فَرَفَعَ يَدَيْهِ ***mübârek ellerini kaldırmış ve:***

اَللّٰهُمَّ اُمَّتِى اُمَّتِى وَبَكَى

***"Allahım, ümmetim, ümmetim! Ümmetimi bağışla"*** diyerek duâ edip ağladı." Bunun üzerine Allah Teâlâ:

فَقَالَ اللّٰهُ تَعَلَى: يَاجِبْرِيلُ! اِذْهَبْ اِلَى مُحَمَّدٍ،

وَرَبُّكَ اَعْلَمُ فَسَلْهُ مَايُبْكِيكَ؟

*"Yâ Cibril (ey Cebrâil)! Muhammed'e git, ona niye ağlıyorsun? diye sor! Rabbin O'nun niye ağladığını da pekâlâ biliyor ya!"* buyurmuş.

فَاَتَاهُ جِبْرِيلُ عَلَيْهِ السَّلاَمُ فَسَأَلَهُ فَاَخْبَرَهُ رَسُولُ اللّٰهِ ﷺ بِمَا قَالَ وَهُوَ اَعْلَمُ فَقَالَ اللّٰهُ تَعَالَى يَاجِبْرِيلُ اذْهَبْ اِلَى مُحَمَّدٍ فَقُلْ: اِنَّا سَنُرْضِيكَ فِى اُمَّتِكَ وَلاَنَسُوءُكَ

*"Cibril (Cebrâil) Aleyhisselâm O'na* (Hz. Muhammed Aleyhisselâm'a) *gelerek sormuştu. Resûlullâh* (s.a.v.), *kendisinin ona ne söylediğini haber vermişti. Halbuki yüce Allah, onun ne söylediğini pekâlâ biliyordu. Nihâyet Allah Teâlâ:*

*— Ey Cebrâil! Git Muhammed'e benim tarafımdan şunu söyle:*

اِنَّا سَنُرْضِيكَ فِى اُمَّتِكَ وَلاَنَسُوءُكَ

*"— Yâ Muhammed! Biz seni ümmetin hakkında razî ve hoşnud edeceğiz ve seni üzmeyeceğiz!"* (Müslim kitâbül îmanda tesbit etmiştir.)

*Ey dost!* Şunu bilesin ve beynine yerleştiresin ki, peygamberin rızası, Allah Teâlâ'nın rızasına bağlıdır. Allah'ın razı olmadığı bir şeyde peygamberin razı olduğu veya olması mümkün değildir. Bunu düşünmek bile ahmaklık olur. Bilesin ki, Allah Teâlâ izin vermedikçe peygamberin şefâat etmesi mümkün değildir. Peygamberin şefâatı, Allah'ın izin verdiği kimselere olacaktır. Kur'ân-ı Kerîmde:

مَنْ ذَا الَّذِى يَشْفَعُ عِنْدَهُ اِلاَّ بِاِذْنِهِ...

***"Allah'ın izni olmadan kim şefâat edebilir!"*** Bu kimin haddine düşmüştür. Böyle bir şefâat mümkün değildir demek olur.

Hazret-i Peygamberin ümmeti hakkındaki rızâsı ve şefâati, ümmetinin imanlı olmasına ve iman yolunda gitmesine bağlıdır. İmansızlıkla, günahkarlığı (günahlı olmayı) karıştırmamak lâzımdır. Îmansız ölenlere şefâat edilmeyecektir. Îmanlı ölenlere büyük günah sahibi de olsa, peygamberimiz şefâat edecektir. Çünkü hadis-i şeriflerinde böyle bir müjdeleri vardır:

شَفَاعَتِى لاَهْلِ الْكَبَائِرِ مِنْ اُمَّتِى

***"Kıyâmet günü benim şefâatım ümmetimden büyük günah işleyenleredir.*** *(Büyük günah sahiblerine şefâat edeceğim.)"* demektir.

***Ey Hak yolcusu kardeş!*** Bu hadisimizi de iyi anlamalısın. Resûl-ü Ekrem Efendimizin bu müjdesi de, ümmetine büyük günah işleyin tavsiyesi değildir. Yani, büyük günahlara teşvik için değildir. Olsa olsa, yüce peygamberimizin ümmetine karşı olan düşkünlüğünü şefkat ve merhametini anlayıp kavramak sûretiyle O'na (Aleyhisselâm) lâyık bir ümmet olma yoluna girmek çabası içinde bulunmak demek olur.

Hz. Peygamber Aleyhissselâm: "اُمَّتِى - *Ümmetī*" yani benim ümmetim demekle, kendisine (Aleyhisselâm) değer veren, saygı ve sevgisiyle O'na (a.s.) bağlılığı olan, îman sahibi ve sünnete bağlı olanların kıymetini tesbit içindir. Büyük günah deyince, Allah'ı inkâr demek değildir. Çünkü Allah'ı inkâr kâfirlik demektir. Kâfirlere âhirette hiçbir hoşgörü (müsâmaha) gösterilmeyecektir. Aslında kâfirler bu fânî dünyada Hz. Muhammed'e (a.s.) verilen ilâhî lütûf ve ihsandan yararlanmış olmalarının intikamı âhirette alınacaktır. İmansız bulunan küffâr takımı bu geçici dünyâdaki menfaatlarıyla başbaşa kalmış olacaklardır. Âhirette onların payına düşecek olan büyük hasret ve korkunç azabdan başka bir şey olmayacaktır.

## Üzerlerinde Cehennemin İzi Bulunacak Cennetlikler

*Ey Hak yolcusu kardeş!* Hazret-i Peygamber Efendimizin şefâatıyla cehennemden çıkarılıp cennete konacak mü'minler de olacaktır. Bunlara sevgili Peygamberimizin deyimi ile **"Cehennemîler veya cehennemlikler"** adı verilecektir. Bu insanlar, günahlarından dolayı cehenneme girmeyi hak etmişler ve cehenneme atılmış olan iman sahibi, mü'min insanlardır. Sevgili peygamberimizin şefaat etmesiyle bunların yüce Allah cehennemden çıkartılıp cennete girmelerine izin verecek ve bu insanlar cennete gireceklerdir. Böylece de günahlarının cezâsı miktarınca cehennemde kalıp sonra da peygamberimizin şefâatı ve Cenâb-ı Allah'ın rahmetiyle cennete yerleştirilecekler ve ebedî olarak bir daha çıkmamak üzere cennette nîmetler içinde yaşayacaklardır.

İşte yüce Efendimiz Aleyhisselâm bunlara: **"Cehennemîler"** diye isim koymuştur. Çünkü bunların üzerlerinde cehennemin izleri nişan ve alâmetleri bulunacaktır. Cennette, cennet ahâlisi bu insanları **"Cehennemîler"** adıyla çağıracaklar veya aralarında bu isimle konuşulacaktır. Bu şekilde çağrılmak veya böyle bilinmesi, onları aşağılamak veya horlamak anlamına olmayacaktır. Tam tersine, bu insanlar, **"Cehennemîler"** adıyla çağrılmak veya konuşulmaktan şeref ve onur duyacaklardır. Çünkü bu insanlar, kendilerini, Allah Teâlânın âzâdlı kulları olarak kabul edecekler ve bu isimle yani **"Cehennemîler"** olarak çağrılıp anılmakla, sevinçleri, şeref ve onurları tâzelenerek, Allah Teâlâ'nın lütûf ve ikramına erdik diyeceklerdir. Hadis yorumcuları (şerh ve tefsircileri) bunu böyle yorumlamışlardır. Bu konuda Efendimizin hadisinin metni de şöyledir:

لَيَخْرُجَنَّ قَوْمٌ مِنَ النَّارِ بِشَفَاعَتِي. يُسَمَّوْنَ الْجَهَنَّمِيِّينَ

*Mânâsı:* ***"Muhakkak ki, bir takım*** *(mü'min)* ***insanlar benim şefâatımla cehennemden çıkacaklardır*** *(ve cennete gireceklerdir).* ***Onlar, cehennemî'ler diye isimlendirileceklerdir."*** (İbni Mâce tahriç etmiştir.)

***Ey Hak Yolcusu!*** Yukarılarda da açıkladığımız gibi, bazı günahkar mü'minler cehenneme girecektir. Cenâb-ı Allah, Habîbi Hz. Muhammed'e (a.s.):

***"Ümmetin hakkında seni râzî ve hoşnud edeceğiz, seni üzmeyeceğiz, bütün ümmetini cehennemden kurtaracağız"*** müjdesini vermiştir.

***"Hardal tanesi kadar imanı olanları cehennemden çıkar"*** ve daha benzeri rivâyetler, Muhâmmed Aleyhisselâm'ın ümmetinden cehenneme gireceklerin olduğunu bildirmektedir. Bir çok gelen rivâyetler (hadisler) gösteriyor ki, Ümmet-i Muhammed'den bazı mü'minler, günahları sebebiyle cehenneme gireceklerine işâretler vardır. Ancak bu kimseler, şefâatlara mazhar olmaları neticesinde cehennemden kurtulacaklardır. Bu da Allah Teâlâ'nın bir rahmetidir. Ancak kâfir olanlar kıyâmette (âhirette) Allah Teâlâ'nın bir nebzecik bile rahmetine eremiyecekler. Çünkü bu nankörler, Allah'ın Allahlığını kabul etmiyorlardı. Âhiretin azabını inanmayıp alay ediyorlardı. İşte bu nankörlüklerinin ve ahmaklıklarının cezasını çekmek üzere ebedî olarak bir daha çıkmamak üzere cehennemin ateşli azabında kalacaklardır. Bu akılsız ahmakların başlarına gelecek olan azabların çetinliğini cehennem bölümünde de göreceğiz.

Sevgili Peygamberimiz Aleyhisselâtü vesselâm, Hz. Enes'in rivâyet ettiği şefâat hadisinin son bölümünde şöyle buyurmuştur:

***"Ben ümmetime şefâatte bulunacağım."*** Bu cümleden sonra şu cümleler geliyor:

فَيَحُدُّ لِى حَدًّا فَاُخْرِجُهُمْ مِنَ النَّارِ وَاُدْخِلُهُمُ الْجَنَّةَ

*Mânâsı:* ***"Rabbim bana bir hudut** (bir hat) **çizecek. Ben de o haddin** (o hududun) **içinde bulunan insanları cehennemden çıkaracağım ve onları cennete koyacağım."*** buyuruyor.

Bu hadisin son satırı ise, şöyledir. Efendimiz (a.s.):

فَاَقُولُ يَا رَبِّ! مَا بَقِىَ فِى النَّارِ اِلاَّ مَنْ حَبَسَهُ الْقُرْاٰنُ (اَىْ وَجَبَ عَلَيْهِ الْخُلُودُ)

Mânâsı: ***"Ben, yâ Rabbi! Cehennemde Kur'ânın mahkûm edip hapsettiklerinden, yani kendilerine ebediyyen cehennemde kalmak vâcib** (gerekli) **olanlardan başka kimse kalmadı! diyeceğim."*** buyurdular. (İmâm-ı Müslim, bab 84 iman)

İmam-ı Gazâlî demiştir ki: ***"Yâ Rabbi! Kur'ân'ın habsettiklerinden başka kimse kalmadı"*** cümlesinin mânâsı, Kur'ân-ı Kerîm'in cehennemde ebediyyen kalacaklarını bildirdiği küffâr (kâfirler)dan başka kimse kalmadı demektir.

Cenâb-ı Allah:

اِنَّ اللّٰهَ لاَيَغْفِرُ اَنْ يُشْرِكَ بِهِ

Mânâsı: ***"Şüphe yok ki, muhakkak Allah Teâlâ, şirk koşma suçunu** (Allah'a ortaklar icad edenleri) **affetmez."*** buyurmuştur. Bu âyet, ehl-i sünnet âlimlerinin hak kabul ettikleri delillerindendir. Müşriklerin ve kâfirlerin cehennemde ebedî kalacakları Kur'ân âyetleriyle tesbit edilmiştir. Ehl-i sünnet âlimleri, imanla ölen bir insanın günahları da olsa, cehennemde ebedî olarak kalmayacakları hususunda söz birliği (ittifak) etmişlerdir.

## Hz. Muhammed'in Şefâatı da Allah'ın İznine Bağlıdır

Sevgili Peygamberimiz Hazret-i Muhammed Aleyhisselâm'ın şefâatının sınırlı olduğunu şu ifâdeleri bildirmektedir:

*"Rabbim, bana bir hudut tayin edecek, bir hat çizecek (o hudut dahilinde (çerçevesinde) bulunan) insanları cehennemden çıkaracağım..."* Yani şefâatin her çeşidinde kendisine (Aleyhisselâm) Allah tarafından bir hudut tayin edilecek ve ancak o hudut dahilindeki (o çerçeve içindeki) insanlara şefâat edecektir. Meselâ: Cemâate gitmeyenler hakkında şefâat edeceksin denilirse, yalnızca onlara şefâat edecek veya namaz kılmayanlar hakkında şefâat edeceksin veyahut da içki içenler hakkında şefâat edeceksin denilirse, yalnız onlara şefâat edecektir, diğerleri bu şefâat emrine dahil olmazlar. Çünkü şefâat etmek de, şefâat olmak da Allah Teâlâ'nın iznine bağlı olacaktır. Bütün şefâatlar Allah Teâlâ'nın izin vermesiyle gerçekleşecektir. Yüce Allah, izin vermedikçe kimse, kimseye şefâat edemez. Allah Teâlâ, hem şefâat etme yetkisi verecek, hem de kimlere şefâat edilecek ve kimlerin şefâatten yararlanabileceğini, şefâat izni verdiği kimseye bildirecektir. Şefâat edecek olan zât (kim olursa olsun) bu bilgilerden sonra şefâat edecek veya edebilecektir.

Hz. Peygamberin şefâatına ermek isteyen bir mü'min, Efendimize bol bol salevât-ı şerife okumalıdır. Fakirleri, yoksulları, yetimleri Allah rızası için gözetip kollamalıdır. İyi insanlara iyilik yapmalı, hayırlar işlemeli, bu gibi kimselerin ihtiyaçlarını görmeli ve yardım etmelidir.

## Kıyâmet Günü Şefâat Edecek Grublar

*Ey Dost!* Kıyâmet günü şu üç grup (sınıf) kimse, mü'minlere şefâat edecektir. Bir kimseye şefâat edebilecek kimsenin Allah katında üstünlüğü, Allah'ın hoşnut olduğu önemli özellikleri olması gerekir. Onun için Efendimiz özellikle şu üstün vasıflı insanların şefâatlarının Allah katında kabûl göreceğine işâret buyurmaktadır.

Hz. Osman İbni Affan (Radıyallahü anh)dan rivâyet edildiğine göre; Resûlullah (Sallallahü aleyhi ve sellem) şöyle buyurmuştur:

يَشْفَعُ يَوْمَ الْقِيَامَةِ ثَلَاثَةٌ: اَلْاَنْبِيَاءُ ثُمَّ الْعُلَمَاءُ ثُمَّ الشُّهَدَاءُ

*Manası:* ***"Kıyâmet gününde şu üç sınıf (grub) kimse şefâat edecektir:***

***1. Peygamberler,***

***2. Sonra din âlimleri,***

***3. Sonra şehidler şefâat ederler."*** (İbn-i Mâce Kitabüz'Zühd bab 37)

1. Peygamberlerin şefâatiyle ilgili yeterince bilgilendiğimizi sanıyorum. Allah katında en seçkin insanlar, şüphesiz ki, Allah'ın elçileri (peygamberleri)dir. Şüphesiz ki, Allah katında en makbul aracı olabilecek (şefâat edecek) insanlar

da peygamberlerdir. Hadisimiz de bu sırayı (bu önceliği) bizlere öğretmektedir.

2. Din âlimlerinin şefâati: Din âlimlerinden maksat îmanlı, sâlih amelli ve ilmiyle âmil, bilgisiyle amel eden, ilmini uygulayan, Allah'tan gereği gibi korkan din bilginleri de, mü'min insaanlara şefâat edecektir. Din bilginleri (âlimler) Allah'ın emirlerini insanlara öğreten insanlardır. Şefâat konusunda peygamberlerden hemen sonra gelmeleri bu inceliğe dayanmaktadır. İlmiyle âmil olmayanların Allah katında bir değeri olması mümkün değildir. Din kitablarını, tefsirleri, hadisleri yüklenen dört ayaklının bu kitabların içindeki bilgiden ne yarar elde edebileceği herkesin mâlûmudur!

3. Şehitlerin şefâati: Kıyâmet gününde şehitlik rütbesi, rütbelerin en yücesi olduğu görülecektir. Allah yolunda canını seve seve veren bir İslâm erinin şehidlik mertebesine ulaşması Allah'ın nezdinde en yüksek mertebeye mazhar olması demektir. Bu yüce mertebeye eren şehit, sevdiklerine şefâat dileğinde bulunduğunda onun şefâat dileği Allah katında kabul görecek ve sevdiklerine istediği kadar ve yüce Allah'ın da müsaadesi (izni) dahilinde şefâat edip sevdiklerini cehennem azabından kurtaracaktır.

## Diğer Şefâatler, Şefâati Kabul Olunacaklar

*Ey Hak Yolcusu Kardeş!* Kıyâmet günü bütün mevcûdiyeti (varlığı) ile ortaya konulacak olan şefâat olayı yüce Rabbimizin engin rahmet ve merhametinin neticesi ve kullarına olan sonsuz şefkatinin belgesi olacaktır. Bunun neticesi (sonucu) olarak Allah Teâlâ katında şefâati kabul edilecek başka şefâatler de olacaktır. Bu cümleden olmak üzere peygamberler, âlimler ve şehîdlerin şefâatlerinden sonra şu şefâatler de olacaktır:

Evliyâ (velîler), sofîler, kâmil mü'minler, amel-i sâlih (salih amel) sahibi takvâ ehli kimseler, şefâat ederler. Ehl-i Kur'ân (Kur'ân ehli) mü'minler şefâat eder, edecektir. Cennete girmiş olan bir mü'min cehennemdeki (cehenneme girmiş) bir günâhkâr dostuna, kardeşine, yakınına şefâat etmek isterlerse, şefâat edecek, edebilecektir. Allah Teâlâ katında bir değeri bulunan her cennetlik (cennetteki) mü'min dilediklerine şefâat edecektir.

Küçük çocuklar, yani çocuk yaşında ölen çocuklar, annesine, babasına şefâat edeceklerdir. Hattâ düşürülen (düşük) bebek bile annesine, babasına şefâat edecektir. Bu bilgileri biz, kitabımızın geçen bölümlerinde vermiştik. O bölümlerde Hadis-i Şerîfleri de vermiştim.

Kur'ân-ı Kerîm ve oruç da sahibine şefâat edecektir. Hadis-i şerifde şöyle buyrulmuştur:

اَلصِّيَامُ وَالْقُرْاٰنُ يَشْفَعَانِ لِلْعَبْدِ يَوْمَ الْقِيَامَةِ ...

*Mânâsı: "Kıyâmet gününde oruç ve Kur'ân-ı Kerîm, kula (sahibine) şefâat edeceklerdir. Oruç şöyle diyecektir: "Rabbim! Ben bu kulunu, gündüzleri yemesinden, içmesinden ve diğer hoşlandığı, keyif aldığı şeylerden alıkoydum. Ben ona şefâat etmek istiyorum, izin ver de şefâat edeyim!" der.*

*Kur'ân-ı Kerîm de: "Ey Rabbim! Bu kulun beni okumak için geceleri uykusunu terkediyordu ve benim için rahat ve istirahatını terkediyordu. İzin ver de (bugün) ona şefâat edeyim!" der, diyecektir. Yüce Allah da bunların şefâat etmelerine izin verecektir."* (İbn-i Mâce)

***Ey Âhiret yolcusu kardeş!*** Sen özetle aklında tut ki, şefâat haktır, gerçektir ve olacaktır. Peygamberler, velîler âlimler, şehidler, sâlihler (iyiler) melekler ve yüce Rabbimizin izin verdiği (şefâat edebilecek mertebede olan) kimseler şefâat edeceklerdir.

Küçük yaşta ölen, hatta düşük şeklinde ölü doğan bebekler, çocuklar da ebeveynine şefâat edeceklerdir.

Şefâat, bu dünyadan tevbesiz giden, yani günahlarına tevbe edemeden ölen günâhlı (günahkâr) mü'minlerin, îmanlı kimselerin, büyük ve küçük günahlarının affedilmesi için Allah Teâlâ'nın mü'min, imanlı kullarına bir lutfu ve ikramı olmakla birlikte O'nun (celle celâlühü) sonsuz rahmetinin bir belgesidir.

***Ey mü'min kardeş!*** Bize (sana ve bana, bütün imanlı kişilere) düşen görev şu olmalıdır. Kendimizi şefâate layık bir kul olma yolunda hazırlamalıyız. İnsan beşerdir şaşabilir. Ama yolumuzu şaşırdığımızın farkına (bilincine) vardığımız anda hemen tevbeye sarılmalıyız. Yanlışımızdan dönmeli ve kusurlarımızdan tevbe etmeliyiz. Her zaman, her vakit tevbemizi yenileyip durmalıyız. Çünkü tevbesiz ölmek cehenneme girmemize neden olabilir. Çünkü kul kusursuz olmaz. Kusurlarımızı tevbe ile giderebiliriz ve gideririz. Çünkü kusurun, hata ve günahın başka temizlik malzemesi yoktur. Tevbe her kusurun temizliği için en güzel temizleyicidir.

*Ey Dost!* Şefâat konusunda söylenecek daha çok söz vardır. Ancak bizim bu kitabcığımız o kadar sözü içine alacak kadar büyük hacime sahip değildir.

Yüce Rabbimizden dileğimiz, bizleri mahşer gününde, her merhale ve mevkıfde (durak yerlerinde) sevgili Peygmberimizin şefâatine lâyık ve erişen kullarının içine alsın. Âmin!.. Sümme Âmin!..

# ON ALTINCI BÖLÜM

## KEVSER HAVUZU

*Ey Âhiret yolcusu!* Bilmiş ol ki Kevser Havuzu, Allah Teâlâ'nın peygamberimiz Hazret-i Muhammed'e (a.s.) lutfettiği en büyük ikramlarından biridir. Sevgili peygamberimizin ümmeti olmak şerefine ermiş bizlere düşen görev ise, dünyâ hayatımızda o büyük ikramın (havz-ı kevserin) vasıf ve niteliklerini öğrenerek âhiret hayatımızda o kevserden kana kana içmeyi yüce Rabbimizin bizlere nasîb etmesi için, dört elle yüce Peygamberimizin sünnetlerine sarılmak olmalıdır.

Çünkü yüce Rabbimizin (Celle Celâlüh), Efendimiz Aleyhisselâm'a olan o büyük ikramı Havz-ı Kevserden bir defacık su içmek mutluluğuna eren bir müslüman, bir daha asla susamıyacak, kendisinde aslâ susuzluk hissetmeyecektir. Bunlar, sevgili Efendimizin biz ümmetlerine verdiği müjdelerdir. İlerleyen sayfa ve satırlarımızda bunların açıklamalarını okuyacağız.

İtikâdımızca Kevser Havuzu, haktır ve gerçektir. Çünkü Kur'ân-ı Kerîm'in yüz sekizinci (108) sûresinin 1nci âyetiyle ***"Resûlüm ya Muhammed! Doğrusu biz sana kevseri verdik"*** sâbittir. İslâm âlimlerince Kevser Havuzu konusunda gelen hadisler tevâtur derecesine ulaştığı için, buna her müslümanın inanması farzdır denilmiştir.

بِسْمِ اللّٰهِ الرَّحْمَنِ الرَّحِيمِ. اِنَّٓا اَعْطَيْنَاكَ الْكَوْثَرَ

***"Resûlüm yâ Muhammed! Doğrusu biz sana kevseri verdik"*** (Kevser Sûresi âyet 1)

Abdullah Bin Ömer (r.a.)dan rivâyet edilmiştir. Abdullah (r.a.) demiştir ki:

Resûlullah Sallallâhü aleyhi ve sellem hadis-i şeriflerinde Kevserle ilgili şöyle buyurmuşlardır:

اَلْكَوْثَرُ نَهْرٌ فِى الْجَنَّةِ حَافَتَاهُ مِنْ ذَهَبٍ وَمَجْرَاهُ

عَلَى الدُّرِّ وَالْيَاقُوتِ تُرْبَتُهُ اَطْيَبُ مِنَ الْمِسْكِ

وَمَاؤُهُ اَحْلَى مِنَ الْعَسَلِ وَاَبْيَضُ مِنَ الثَّلْجِ

*Mânâsı:* ***"Kevser cennette bir nehirdir. Kıyı kenarları altından, mecrâsı** (aktığı yer, yani nehrin yatağı) **inci ve yakuttandır. Toprağının kokusu misk kokusundan daha güzel, daha hoştur. Suyunun tadı baldan daha tatlı ve suyun rengi kardan daha beyazdır."*** Tirmizî rivâyet etmiştir.

***Ey Âhiret yolcusu kardeş!*** Hadis-i şeriflerden öğrendiğimize göre, sahâbe-i kiram tarafından, Peygamber Efendimize (s.a.v.) Kevser Havuzu ile ilgili her türlü sorular sorulmuştur. Efendimiz Aleyhisselâm da soruya göre cevablar vermiştir. Havz-ı Kevser ile ilgili 50'ye yakın hadis-i şerif vardır. Bu hadisleri otuzdan fazla sahabe-i kiram rivâyet ederek nakletmiş olup, hepsi de mûteber kabul edilen sahih hadis kitablarımızda yer almıştır. Havuzun suyunun tadından tutunda, renginin beyazlığı, tadının hoş ve güzelliği teşbih ve benzetmelerle ümmetin anlayabileceği bir seviyede dile getirilmiştir. Yine aynı şekilde havuzun büyüklüğü kapladığı alan, uzun mesâfesi, bir aylık yol veya şu şehirden bu şehire kadardır buyrularak gönül alıcı bilgiler verilmiştir. Yine verilen bilgilerdendir ki, kevserin aktığı yatağının inci ve yakuttan oluşu, kevser suyunun iki kıyı kenarlarının altından oluşu ve çevresinde boydan boya uzanan kubbeler biçiminde yapıların bulunduğu bile gelen hadis bilgilerimizdendir. Bütün bu bilgilerin verilişinin hikmeti, biz Ümmet-i Muhammedin gönüllerini âhiret hayatına bağlayıp cennet nimetlerine kavuşmak için bu fâni dünyada Allah'a olan kulluğumuzu eksiksiz yerine getirme bilinci ile yaşarken, yüce Peygamberimizin sünnetlerini de severek eksiksiz olarak uygulayıp O'nun (Aleyhisselâm'ın) şefâatına ermemiz için bir uyarma davetidir.

Her mü'min, müslüman şunu iyi bilmelidir ki, Hazret-i Peygamberin Kevser Havuzu, ancak ve ancak O'nun (Aleyhisselâm) sünnetine uyanlar içindir. Bâtıl ve sapık îtikatlara düşenler, murdar işlerin peşinde koşup da tevbe etmeden, salih ameller işlemeden gidenler melekler tarafından bu havuzdan men edilecektir.

Müslim'in, Ebû Hüreyre'den (r.a.) rivâyetine göre, bir gün Resûlullâh Sallallâhü aleyhi ve sellem kabristana ziyârete geldi ve:

***"Allah'ın selâmı sizin üzerinize olsun, ey mü'minler diyârının sakinleri! İnşaallah biz de** (eninde sonunda) **sizlere katılacağız."*** buyurdu ve devamla:

***"Kardeşlerimizi görmemizi çok isterdim."*** dedi. Orada bulunan Sahâbe-i Kiram: ***"— Biz senin kardeşlerin değil miyiz yâ Resûlallah?"*** dediler. Resulullah Sallallahü aleyhi ve sellem Efendimiz:

***"— Sizler benim ashabım dostlarım ve arkadaşlarımsınız, kardeşlerimiz henüz gelmemiş olanlardır.*** *(Sizden sonra kıyâmete kadar gelecek olan ümmetimdir.)"* buyurdular. Bunun üzerine oradaki bulunan ashab:

كَيْفَ تَعْرِفُ مَنْ لَمْ يَاْتِ بَعْدُ مِنْ اُمَّتِكَ يَارَسُولَ اللّٰهِ؟

***"Ümmetinden henüz gelmemiş olanları nasıl tanıyacaksın, ey Allah'ın Resûlü?"*** dediler. Bunun üzerine Resûl-ü Ekrem (s.a.v.) Efendimiz Ashabına bir soru yönelterek şöyle buyurdu:

اَرَاَيْتَ لَوْ اَنَّ رَجُلاً لَهُ خَيْلٌ غُرٌّ مُحَجَّلَةٌ بَيْنَ ظَهْرَىْ خَيْلٍ دُهْمٍ بُهْمٍ اَلاَ يَعْرِفُ خَيْلَهُ؟

***"— Ey Ashabım! Ne dersiniz? Bir adamın alnı beyazlı ve ayakları sekili*** *(beyazlı)* ***bir atı olsa, siyah***

*(yağız)* ***ve doru atların içinde kendi atını tanımaz mı?"*** diye suâl buyurdu. Orada bulunan Sahâbe-i Kiram:

***"— Evet, tanır yâ Resûlallâh!"*** dediler. Bunun üzerine Resûl-ü Ekrem (s.a.v.) Hazretleri:

فَاَنَّهُمْ يَاْتُونَ غُرًّا مُحَجَّلِينَ مِنَ الْوُضُوءِ وَاَنَا فَرَطُهُمْ عَلَى الْحَوْضِ

***"İşte onların da*** *(o gelecek olan ümmetimin de bu nişanlı sekili atların tanınma işâretleri gibi)* ***namaz abdestinden dolayı*** *(abdest yerleri olan)* ***yüzlerinde nûr*** *(beyazlık)*, ***el ve ayaklarında beyaz bir nûrun parlaklığıyla geleceklerdir. Ben havuzun başına onlardan*** *(ümmetimden)* ***önce varacağım."*** *(Yani yüce Peygamberimiz, önce varıp bütün ümmetlerini kevser havuzu başında karşılayacağını bu hadisiyle de müjdelemiş oluyor.)* Cenâb-ı Allah, bizleri O yüce Peygamberimize lâyık bir ümmet olmak nasib etsin âmin!

***Ey dost!*** Bu hadisimizin daha iyi anlaşılması için bir kaç açıklayıcı cümle söylemek yerinde olacaktır. Bu dünyada her insanın bütün işleri ilahi bir kamera ile tesbit edilmektedir. Zerrece yani en küçük bir iyiliğin ve en küçük bir kötülüğün bile karşılığı âhirette verilecektir.

Kabristanlara gidildiğinde orada defnedilmiş bulunan müslüman mevtalara selâm verilir ve verilmelidir. Selâm orada metfun bulunan mü'minlere Allah Teâlâ'dan selâmet, rahatlık vermesi anlamına gelen bir duâdır.

Bu dünyada yaşayan her canlı ölecektir, bizler de aynı yolun yolcularıyız. Böylece bizlerde onların ölümü tattıkları gibi, ölümü tadıp onlara kavuşacağız, onlar gibi o mezarlıklara gömüleceğiz. Bu duygularla yaşayan mü'minler âhiret hayatı için hazırlık yapar, en azından hazırlık yapmak ihtiyacı duyarlar ve o hayat (âhiret hayatı) için gaflet içinde olmazlar.

Peygamberimizin mübârek yüzünü görmek şerefine eren Ashab-ı Kiram'dan sonraki zaman diliminde dünyaya gelip de mü'min olarak yaşamak nimetine eren müslümanlar da peygamberimizin kardeşleridir. Mukaddes kitabımız Kur'ân-ı Kerim'in bildirdiği üzere, bütün mü'minler, müslümanlar kardeştir. Her hayırlı kardeş, kardeşi ve kardeşleri için hep hayır ve iyilik dileğinde bulunur. Okuduğumuz hadisimizde de Efendimizin gelecek ümmetlerini ve mü'min kardeşlerini özlediği vurgulanarak konunun altı çizilmektedir.

Efendimizin bu dilek ve temennilerinden anlıyoruz ki, Kıyâmete (bu dünyanının yıkılıp yok olmasına) kadar geçecek olan zaman diliminde, Efendimizin ümmeti arasında çok üstün vasıf ve nitelikte, faziletli insanlar (mü'minler, müslümanlar) bulunacaktır. Efendimiz, bu ümmetini görmediği halde âhiret hayatında onları tanıyacak (Allah tanıtacak) ve onları Kevser Havuzuna çağıracak, onları sulayacaktır.

Her iyiliğin karşılığı alındığı gibi, bu dünyâda sıcak, soğuk demeden alınan abdest, abdest azalarında bir nûr olarak sırat köprüsünü geçmemizi, yani mü'minlerin, müslümanların sırat köprüsünden geçerken bir nûr, bir aydınlık oluvermesi ve mü'minleri rahat bir şekilde o kıldan ince, kılıçtan keskin yoldan geçirip cennete ulaştırması ve sevgili Peygamberimizin abdest âzâlarındaki var olan beyaz nurdan ümmetlerini tanıması ve onlara Kevser Havuzundan bal gibi tatlı, hatta daha da tatlı, misk kokusundan daha hoş bir kokusu olan, o kardan daha beyaz renkli Kevser suyundan ümmetine sunması... Biz mü'minlerin o yüce Peygamberimize lâyık bir ümmet olmamıza bir teşvik, bir özendirme dâvet ve çağrısıdır. Soğuk sıcak demeden güzelce, kurallarına uya uya alınan abdestlerimizin meğerse ne büyük bir ödülü (mükâfâtı) varmış dememizin gerektiğinin hatırlatılmasıdır.

Sevgili Peygamberimiz Kevser Havuzunun başına ilk önce varıp ümmetini kendisine (Aleyhisselâm) yüce Rabbimiz tarafından bahşedilen Kevser suyunun başında karşılayacaktır. Efendimizin ifâdesi böyle:

وَاَنَا فَرَطُهُمْ عَلَى الْحَوْضِ

*"Ve ene feratuhüm alel'Havzı"* = ***"Ben, Kevser Havuzunun başına onlardan** (ümmetlerimden) **önce varacağım."*** buyuruyor.

***Ey dost!*** Hele hele Efendimizin, mü'minlerin abdest âzâlarını (organlarını) anlı beyaz, dört ayağı beyazlı (sekili) bir ata benzetmesi o kadar gönül açıcıdır ki, her mü'minin anlayışına sunulan bir güzelliktir. Ashâb-ı Kirâmının, o sevgili dost ve arkadaşlarının: "*— Henüz doğup dünyaya gelmemiş olan mü'min kardeşlerimizi nasıl tanıyacaksınız Ya Resulallah?*" sorularına karşılık, onlara (ashabına) yine onların ve kıyâmete kadar gelecek olan biz ümmetlerinin en güzel anlamamızı sağlamak için, yine bir soru cümlesiyle ifâde buyurmaları ne büyük lutuftur ki, ifâde-i peygamberî şöyle olmuştu:

"***— Ey Ashabım! Ne dersiniz? Bir adamın anlı beyaz ve ayakları beyazlı** (sekili) **bir atı olsa,** (bu atını) **siyah** (yağız) **ve doru atların bulunduğu bir at sürüsü içinde kendi atını** (bu nişanlı atını) **tanımaz mı?***" diye sormuştu. Oradaki bulunan Ashâb-ı kirâm, sevinçle:

"***— Evet, tanır Ya Resûlallâh!***" demişlerdi. Resûl-ü Ekrem Efendimiz Hazretleri:

"***— İşte onların da** (o gelecek olan kardeşlerimizin, ümmetimin de bu nişanlı, sekili atların kolayca tanınma işâretleri gibi) **aldıkları namaz abdestinden dolayı** (abdest yerleri olan) **yüzlerinde nûr** (beyazlık-parlaklık), **el ve ayaklarında beyaz bir nûrun aydınlığı ve parlaklığıyla geleceklerdir. Ben, havuzun başına onlardan** (ümmetimden) **önce varacağım.***" müjdesini verdi.

Verdiğimiz bu bilgiler, salih amel sahibi mü'minlerin, müslümanların ibâdet aşkını ve Peygamber Efendimizin sünnetine bağlılık aşk ve coşkusunu arttıracağını ümid ediyorum. Yüce Rabbimiz biz mü'minler ve tüm mü'min kardeşlerimiz sevgili Peygamberimizin Kevser Havuzunun o baldan tatlı, kardan daha beyaz olan suyundan içmek nasib eylesin, âmin!..

Buhârî ve Müslim'in rivâyet ettiği bir hadis-i şerifde Resûl-ü Ekrem Sallallahü aleyhi ve sellem Efendimiz şöyle buyurdular:

فَاصْبِرُوا حَتَّى تَلْقَوْنِى عَلَى الْحَوْضِ

Mânâsı: ***"Ey ümmetim! Âhirette Kevser havuzumun başında bana kavuşuncaya kadar sabrediniz."*** (Buhârî ve Müslim)

***Evet ey mü'min!*** Bu dünya bir imtihan yeridir. İnsanın işleri her zaman yolunda gitmez. Hattâ bir mü'min, bir müslüman bazen ibâdetlerinde bile bir sıkıntıya düşebilir. Ne var ki, bunlar geçici sıkıntılardır. Önemli olan bunları sabırla göğüsleyip âhiret hayatında kendisini cennete ulaştıracak, yüce Peygamberimizin huzurunda Kevser Havuzu başında Efendimizin mübârek yüzüne bakarak mutlulukların en güzeline ulaşmayı hayal ederek bu geçici dünyanın sıkıntılarını hiçe saymaktır demektir sabır.

Ukbe Bin Âmir (r.a.)'ın rivâyet ettiği bir hadis-i şerif de şöyledir. Resûlullah (s.a.v.) Efendimiz buyurmuşlardır ki:

اِنِّى بَيْنَ اَيْدِيكُمْ فَرَطٌ وَاَنَا شَهِيدٌ عَلَيْكُمْ. وَاَنَّ مَوْعِدَكُمُ الْحَوْضُ وَاِنِّى لَاَنْظُرُ اِلَيْهِ مِنْ مَقَامِى هَذَا

Mânâsı: ***"Ey Ashabım! Ben âhirete sizlerden önce gideceğim ve sizin için hazırlık yapacağım ve aynı zamanda Allah yolundaki hizmetlerinize şâhitlik edeceğim. Sizinle buluşma yerimiz Kevser havuzunun ya-***

***nıdır.*** *(Kevser Havuzumun başında buluşacağız.)* ***Ben şu anda bulunduğum yerden Kevser Havuzumu görmekteyim."*** Ravi demiştir ki, bu benim Resûlullâh'ı son görüşüm oldu. (Buhârî, Müslim rivâyet etmiştir.)

Diğer gelen bir rivâyete göre, Resûlullâh (s.a.v.) şöyle buyurdu:

اِنِّى فَرَطٌ لَكُمْ وَاَنَا شَهِيدٌ عَلَيْكُمْ وَاِنِّى وَاللّٰهِ

لَاَنْظُرُ اِلَى حَوْضِى الْاَنَ

***"Ey Ashabım! Sizin içinizden Kevser Havuzuna ilk ulaşan ben olacağım ve orada sizin Allah yolundaki hizmetlerinize şâhitlik edeceğim. Vallahi*** *(Allah'a yemin ederim ki)* ***şu anda Havuzum gözümün önündedir."*** (Buhârî ve Müslim)

***Ey âhiret yolcusu kardeş!*** Konuyu anlatabildiğimi sanıyorum. Dünyâ hayatı fânî ve geçici bir hayattır. Ama zor, ama kolay geçip gider, derdi de geçer, sevinci de geçer. Ama âhiret hayatı böyle değil, sıkıntısı azabı da sürekli, neş'e ve sevinci de sürekli. İşte akıllı bir müslüman, aklı başında olan bir mü'min işin sürekli olanına bakmaya çalışır, devamı olmayan hiçbir işte hayır yoktur. Âhiret işlerinde devamlılık ve süreklilik olması yönünden üzerinde durulması ve derin derin düşünülmesi gereken bir konudur. Onun için dünyayı değil âhireti tercih edip âhiret işlerini önemsemeliyiz.

Sevgili Peygamberimiz: ***"Kevser Havuzuna ilk varan, oraya ilk ulaşan ben olacağım. Ve sizin için şahitlik edeceğim"*** buyurmuştur.

Bu bizim için bir müjdedir. Sevgili Peygamberimiz, Kevser havuzunun başına bütün ümmetlerinden önce varıp, orada hazırlık yapacak. Ümmetinin günahkârları için de hazırlık yapacak. Günahkâr ümmetine şefâat etmek için hazırlık yapacak. Aynı zamanda dinin emirlerini gereği gibi yerine getiren, dinin yasaklarından gereği gibi sakınan, salih amelli, müttekî bir hayat süren ümmetlerinin de iyi birer mü'min olduklarına dâir şâhitlik edeceği de bu müjdelere dahildir. Sevgili Peygamberimizin verdiği bilgiler gösteriyor ki, Efendimizin ümmetliğine lâyık olan bütün ümmetiyle buluşma adresi **"Kevser Havuzunun"** başıdır.

Kevser Havuzu olsun, Kevser nehri (ırmağı) olsun her ikisi de Allah tarafından Peygamberimiz Hazret-i Muhammed'e verilmiş bir hayr-ı kesir, sayılamayacak kadar çok derecede hayrı bulunan bir anlam taşımaktadır Kevser.

Bu konuda Kur'ân-ı Kerim'de:

*"Ey Resûlüm! Biz sana Kevser'i verdik."* buyrulmaktadır. Âyetin Arabça metnini konumuzun başında vermiştim. Çok hayır mânâsına gelen kevser nehri, Resûlullah Efendimize mahsus (özel) olan bir havuza dökülmekte olduğu bildirilmiştir. Bu sebeble hem havuza hem de nehre Kevser adı verilmiştir. İslâm âlimlerimiz, Kevser Havuzu ile Kevser Nehrini birleştirip, her ikisini de Peygamberimize âit, Allah Teâlâ'nın bir lutfu olarak yorumlamışlardır. Kevser kelimesi ile ilgili daha geniş bilgi edinmek isteyen kardeşlerimiz **"Kevser Sûresi"**nin tefsiri bölümünde tefsirlere bakabilirler.

## Kıyâmet Günü Her Peygamberin Bir Havuzu Olacak

*Ey Âhiret yolcusu kardeş!* Kıyâmet günü mahşer meydanında, her peygamberin kendisine âit bir havuzu vardır. Buna o peygambere mahsus, özel bir havuz da diyebiliriz. O peygamberlerin ümmetleri gelip kendi peygamberlerinin havuzlarından su alacaklar veya su içeceklerdir. Bu havuzlardan su içmek, sırat köprüsünden geçmeden ve cennetliklerin cennete girmelerinden önce olacak bir işlemdir. Çünkü insanlar mahşer meydanında, hesab-kitab, sorgu-sual merhalesinde çok sıkıntı çekeceklerdir. Bu sıkıntının verdiği bunalım insanların suya olan ihtiyaçlarını son safhaya getirecektir. İşte bu merhaleden kurtulan her peygamberin inanmış mü'min ümmetleri gelip kendisine îman etmiş oldukları peygamberin özel havuzundan su içip sıkıntı ve susuzluklarını gidereceklerdir.

Her peygamberin havuzunun büyüklüğü, ümmetinin çok oluşuna göre olacaktır. Ümmeti, yani kendisine îman eden kimselerin az olması, onun (peygamberin) havuzunun daha ufak, hacim bakımından daha küçük olacağı anlamına gelmektedir. Her peygamberin havuzundan ancak hak eden, lâyık olan ümmetleri içebilecektir. Hak etmeyenler ve lâyık olmayanlar bu havuzlara görevli melekler tarafından yaklaştırılmayacaktır. Bütün peygamberlerin ümmetleri için aynı kural geçerli olacaktır.

Semüre Bin Cündeb (r.a.) şöyle anlatıyor: Resûlullah Sallallâhü aleyhi ve sellem şöyle buyurmuştur:

لِكُلِّ نَبِيٍّ حَوْضًا تَرِدُهُ اُمَّتُهُ، وَاِنَّهُمْ يَتَبَاهَوْنَ اَيُّهُمْ اَكْثَرُ وَارِدَةً، وَاِنِّي اَرْجُو اَنْ اَكُونَ اَكْثَرَهُمْ وَارِدَةً

*Mânâsı:* ***"Her peygamberin bir havuzu vardır. ümmeti oraya*** *(o havuza)* ***su almak için gelirler*** *(veya su içmek için gelirler).* ***Her peygamber, havuzuna fazla insanların*** *(ümmetinin)* ***gelmesiyle övünür*** *(sevinir)****ler.*** *(Peygamberimiz)* ***benim havuzuma gelenlerin*** *(ümmetimin)* ***daha çok olacağını ümîd ediyorum."*** buyurdu. (Tirmizî rivâyet etmiştir.)

***Ey dost!*** Hem açıklamalarımız ve hem de hadis-i şerifin metninden öğrenmiş bulunuyoruz ki, Âhirette her peygambere mahsus müstakil birer havuz bulunacak (bulunmakta)tır. Peygamberlerin ümmetleri, gelerek bu havuzların suyundan içeceklerdir. Her peygamber, kendi havuzuna gelenlerin (yani ümmetinin) çokluğu ile sevinerek iftihar edecektir. Bu açıklamadan maksat şudur ki, her peygamber, ümmetinin çok olmasından memnunluk duyacak demek olur.

Resûlullâh Sallallâhü aleyhi ve sellem de ümmetinin sayıca, yani adetce çok olmasını ümîd ettiğini, ümmetinin çokluğunu temennî ederek umduğunu (umudunu) ifâde ediyor ve hatta diğer peygamberlere karşı, ümmetinin çokluğuyla iftihar etmeyi arzulamakta olduğunu söylüyor.

Sahih olan rivâyetlere göre Kevser Havuzu, Hazret-i Peygamber Efendimizin ümmetinin kıyâmet günü, mahşer meydanında başında toplanacağı ve sevgili Peygamberimizin mübarek gözleri önünde suyundan içecekleri bir havuzdur. Bu ifâdeleri geçen satırlarımızda belirtmiştik.

Kevser havuzu konusunda çok değişik ifâdelerin yer aldığı rivâyetler bulunmaktadır. İslâm âlimleri, bunların yorumlarını tevhid etmiş, birleştirmiştir.

Kevser havuzu, cennet kapılarına pek yakındır, yani hemencecik cennet kapılarının yanındadır.

İslâm bilginlerinin muteber ve sahih görüşüne göre, iki havuz vardır. Birisi sırat köprüsünden önce olup mahşer meydanındadır. Birisi de, cennettedir. Bu her iki havuza da Kevser Havuzu denir.

Hazret-i Peygamber Efendimizin ifâdesiyle, Kevser havuzu; son derece büyük bir havuz olup, suyu kardan daha soğuk, baldan daha tatlı ve kokusu miskten daha güzeldir. Üzerinde bulunan bardak (veya maşrapa)ları gökteki yıldızlar sayısıncadır. (Tirmizî ve Ahmed Bin Hanbel rivâyet etmiştir.)

Havuzunun başına önce Hazret-i Peygamber gelecektir. Sonra da ümmetinden gruplar hâlinde mü'min ve sâlih amelli olan kimseler kümeler halinde geleceklerdir. Sevgili Peygamberimiz Efendimiz bu bahtiyar ümmetine Kevser havuzundan şerbetler sunacaktır. Efendimizin Kevserinden içmek saadetine eren bahtiyar mü'minler, ebediyyen susamak nedir bilmeyeceklerdir. Yani kevser havuzundan içmek şerefine mazhar olan bahtiyar kimseler, bir daha kesinlikle susuzluk hissetmeyeceklerdir demek olur.

Buhârî'nin rivâyetine göre, hadis-i şerifin metnini de görelim:

حَوْضِى مَسِيرَةُ شَهْرٍ مَاؤُهُ اَبْيَضُ مِنَ اللَّبَنِ، وَرِيحُهُ اَطْيَبُ مِنَ الْمِسْكِ وَكِيزَانُهُ كَنُجُومِ السَّمَاءِ، مَنْ شَرِبَ مِنْهُ فَلاَ يَظْمَأُ اَبَدًا

*Mânâsı: Peygamberimiz diyor ki:* ***"Benim Havuzumun*** *(uzunluğu),* ***bir ay sürecek yürüyüş mesafesi*** *(uzunluğu)* ***kadardır. Suyu, sütten beyaz; kokusu, miskten daha güzel;*** *(su içme)* ***kabları*** *(kupa, maşrapa, bardak)* ***da gökteki yıldızlar gibi çoktur.*** *(Yani sayılamayacak kadardır demek olur.)* ***Bundan*** *(havuzumdan)* ***her kim içerse, bir daha ebediyyen*** *(asla)* ***susamaz."*** (Buhârî)

Yüce Peygamberimizin havuzunun büyüklüğü ile ilgili bazı teşbih ve benzetmeleri de şöyledir:

اِنَّ قَدْرَ حَوْضِى كَمَا بَيْنَ اَيْلَةَ وَصَنْعَاءَ مِنَ الْيَمَنِ وَاِنَّ فِيهِ مِنَ الْاَبَارِيقِ كَعَدَدِ نُجُومِ السَّمَاءِ

*Mânâsı:* ***"Havuzumun büyüklüğü*** *(ve uzunluğu Şam'ın)* ***Eyle*** *(şehri)* ***ile Yemen'in*** *(şehirlerinden biri olan)* ***San'a arasındaki mesâfe kadar*** *(uzun ve büyük bir alan)****dır. Havuzumda gökteki yıldızlar adedince*** *(sayısı kadar)* ***ibrikler*** *(su içme kabları)* ***vardır."*** (Buhârî ve Müslim Enes'den rivâyet etmiştir.)

Yine Buhârî ve Müslim'in bir tahricinde: ***"Havuzun kapladığı mesâfe ve alan, Medine ile San'a arasındaki kadar bir mesâfeye eşittir** (karşılıktır)."*

Yine İbn-i Mâce'nin Ebû Saîd el'Hudrî'den (r.a.) rivâyete göre; Resûlullah (s.a.v.) şöyle buyurmuştur:

إِنَّ لِى حَوْضًا، مَا بَيْنَ الْكَعْبَةِ وَبَيْتِ الْمَقْدِسِ. اَبْيَضَ مِثْلَ اللَّبَنِ آنِيَتُهُ عَدَدَ النُّجُومِ وَاِنِّى لَاَكْثَرُ الْاَنْبِيَاءِ تَبَعًا يَوْمَ الْقِيَامَةِ

*Mânâsı:* ***"Şüphesiz ki** (gerçekten), **Kâbe ile Kudüs'teki Mescid-i Aksa arası kadar** (büyük) **bir havuzum vardır. Süt gibi beyaz olup kabları** (ibrik, maşrapa ve sâire su içmeye yarayan edevat) **yıldızlar adedincedir** (sayısıncadır). **Kıyâmet günü şüphesiz ki, gerçekten ümmeti en çok olan peygamber benim** (ben olacağım)."* buyurdu. (İbn-i Mâce)

Müslim ve Tirmizî, Ebû Zerr'den (r.a.) rivâyet etmiştir. Ebû Zerr (r.a.) şöyle anlatıyor: Bir gün Resûlullah'dan (s.a.v.) Kevser havuzunda bulunan ve bulunacak su içim kablarından (kâse, maşrapa, tas ve sâireden) sormak istedim ve sordum:

*"— Yâ Resûlallah! Mâ âniyetül'havzı =* ***Ey Allah'ın Resûlü! Kevser havuzunun kabları** (kase ve maşrapaları) **ne kadardır, kaç tane su içme kabı vardır?"*** dedim. Allah'ın Resûlü şöyle cevab verdi:

*"Vellezî nefsü Muhammedin bi'yedihi le'âniyetühû ekseru min adedi nücûmis'semâi ve kevâkibihâ =* ***Mu-***

***hammedin hayatı kudret elinde olan Allah'a yemin ederim ki, gökteki sâbit ve seyyâr*** *(gezici)* ***yıldızların adedinden*** *(sayısından)* ***daha çoktur."***

*"Elâ filleyletil'muzlimetil'mushıyeti âniyetül'Cenneti =* ***Dikkat edin, karanlık ve açık*** *(bulutsuz)* ***gecelerde gökteki görülen yıldızlardan daha çok olan bu kablar, cennet kâseleridir."***

*"Men şeribe minhâ lem yazme' âhire mâ aleyhi =* ***Kim o cennetin kablarından*** *(kâselerinden)* ***içerse, ebede kadar asla susuzluk duymaz."***

***"Ona*** *(havuza)* ***cennetten çıkan veya cennetten gelen iki oluk akar. Havuzun genişliği uzunluğu kadardır. Mesâfesi*** *(yani kapladığı mesâfe)* ***Eyle ile Amman arasındaki mesafe kadardır."***

مَاؤُهُ اَشَدُّ بَيَاضًا مِنَ اللَّبَنِ وَاَحْلَى مِنَ الْعَسَلِ

***"Suyu sütten beyaz ve baldan tatlıdır."*** (Müslim ve Tirmizî)

Enes (Radıyallahü anh) demiştir ki: Bir gün Resûlullah Sallallâhü aleyhi ve sellem Efendimizden kevser hakkında soruldu ***"Kevser nedir Yâ Resûlallah?"*** denildi. Resûlullâh (s.a.v.):

نَهْرٌ فِى الْجَنَّةِ اَعْطَانِيهِ اللّٰهُ، اَشَدُّ بَيَاضًا مِنَ اللَّبَنِ
وَاَحْلَى مِنَ الْعَسَلِ

***"Kevser, Cennette bir nehirdir. Allah Teâlâ, onu*** *(Kevser nehrini)* ***bana verdi. O, sütten daha beyaz, baldan daha tatlıdır."*** buyurdu. (Tirmizî)

## Kevser Havuzundan Uzaklaştırılacak Kimseler

*Ey dost!* Bu dünyada salih amellerden yoksun olanlar ve Hz. Peygamberin sünnetinden ayrılan kimseler, Kevser havuzundan men edilecekler. Orada görevli olan melekler, layık olmayan kişileri havuzdan uzaklaştıracaklardır. Çünkü herşey yüce Allah'ın yönetimi altında işlemektedir. Bu gerçekleri böyle düşünmelidir. Bu konuda değişik anlatımda hadis-i şerifler bulunmaktadır.

***"Kevser havuzuma gelen bazı kimseler engel olunup, havuzumdan uzaklaştırılırlar. Ben, 'o benim ümmetimdendir' derim. Bunun üzerine bir melek tarafından bana "— Sen, senden sonra onun, neler yaptığını bilmiyorsun." denilir.*** (Müslim)

Yine Müslim'in Ebû Hüreyre'den diğer bir rivâyeti şöyledir: Resûlullah Sallallâhü aleyhi ve sellem buyurdular ki:

***"Ümmetim Kevser Havuzumun başında yanıma gelecekler. Ben, tıpkı develerinden başkasının devesini*** *(yabancı bir deveyi)* ***ayırıp kovalayan bir adam gibi, havuzumun yanından bazı insanları kovarım!"***

Orada bulunanlardan bazı ashab-ı kiram sordular:

***"— Ya Resûlallah! Bizi tanıyacak mısınız?"*** dediler. Resulullah (s.a.v.):

***"— Evet"*** buyurdu. ***"Sizin başka ümmetlerde olmayan bir alâmetiniz*** *(nişanınız)* ***olacak. Sizler yanıma alınlarında ve abdest uzuvlarında, abdest almanın nişanı*** *(alameti)* ***olan bir nûrla geleceksiniz. An-***

*cak sizden bir grup benim havuzumdan engellenip uzaklaştırılacaklar. Onlar bana ulaşamayacaklar. Ben, "— Ey Rabbim, onlar benim ashabım, onlar benim ümmetimdir" diyeceğim. Bir melek tarafından bana: "— Senden sonra onlar, dinde neler uydurdu, ne bid'atlar çıkardılar, sen bilmiyorsun"* denecek. (Müslim)

*Ey Âhiret yolcusu kardeş!* Kâinat herşeyin idâresi, yönetimi Allah'ın elindedir. Bu dünyâda Allah Teâlâ'nın istediği gibi kulluk yapmayanlara âhiretteki nimetlerden yararlanmak Allah tarafından ve Allah'ın görevlendirdiği görevli melekler tarafından engel olunacaktır. Hadis-i şeriflerden de öğrendiğimize göre, Peygamberimiz Hazret-i Muhammed'e has ümmetlik yapmayanlar, o yüce peygamberin himâyesine giremiyeceklerdir. O yüce peygamberin şefâatinden yararlanamıyacaklardır. Çünkü şefâate lâyık olmayanlara Allah tarafından şefâat edilme müsâadesi verilmeyecektir. Bilinmelidir ki, şefâat ve kevser havuzu da diğer nimetler gibi Allah Teâlâ'nın engin rahmetinin göstergelerindendir. Allah zâlimleri ve günahkarlardan layık olmayanları rahmet ve merhametinden yararlandırmaz.

*Ey cennet isteyen kardeş!* Cenneti bu dünyadaki iman ve sâlih amellerin karşılığında Allah'ın lütuf ve ikramıyla kazanacaksın. İmanın zayıf salih amellerin de yok denecek kadar az olursa, boşuna cennet ümidine kapılma ve Hazret-i Peygamberin Kevser havuzundan da su içirileceğini umma. Şunu iyice aklına koy ki, her insan çalıştığının karşılığı nisbetinde bazı şeylere kavuşur. Dünyada da böyle, hele âhiret işleri terkedilmeye, bırakılmaya, önemsememeye hiç mi hiç gelmez. Fırsat bir kere elden kaçtı mı, artık onu yakalamak ve elde etmek hiç mi hiç mümkün değildir. Çünkü ölümün ne zaman geleceği bilinmeyen bir muammadır. Hazret-i Peygamberin sünnetlerine dört elle sarılmayan bir müslüman, o yüce Peygamberinden nasıl şefâat isteyebilir, nasıl O'nun (a.s.) Kevser Havuzundan su alıp içebilir!

İmâm-ı Gazâlî hazretleri demiştir ki: Her mü'min, müslüman, Hazret-i Peygamber Efendimizin Kevser Havuzuna uğrayıp su içeceğini ümit edip ummalıdır. Amma bu ümit, aldanmışların, boşu boşuna umanlar ümîdi gibi olmamalıdır. Çünkü harmanı uman, önceden bunun gereğini yapandır. Yani, tarlasını nadas eden, ekinini (tohumunu) eken ve ektiği ekinini sulayıp gübreleyendir. Bunları yaptıktan sonra harmandan istediği menfaat ve yararı uman, ümîdine kavuşur. Bu kişi istediğini elde etmeyi hak eder ve hakkıdır. Bu işleri, bu görevleri yapmadan, toprağını nadaslayıp temizlemeden, üstelik tohum da ekmeden, artık harman beklemek, mahsul ve ürün beklemek, ahmaklıktan başka bir şey değildir.

*Ey Hak yolcusu!* Havz-ı Kevser, âhiret merhalelerinden önemli bir merhaledir. Efendimizin (Aleyhisselâm) Hz. Enes'in bu konudaki suâline verdiği cevabı bu önemi ortaya koymaktadır.

Hz. Enes (r.a.) anlatıyor: Resûlullah Sallallâhü aleyhi ve sellem'den, Kıyâmet gününde bana şefâat etmesini ricada bulundum: ***"Ya Resûlallah! Kıyâmet günü bana şefâat edin"*** dedim. Resûlullah (s.a.v.):

***"— İnşâallah, sana şefâat edeceğim"*** buyurdu. Ben:

"*— Sizi nerede arayıp bulacağım?*" dedim. O (a.s.):

"*— Beni ilk arayacağın yer Sırat Köprüsü'dür*" buyurdu. Ben:

"*— Sizi orada bulamazsam?*" dedim Efendimiz (a.s.):

"*— O zaman mizanın yanında beni ara!*" buyurdu. Ben:

"*— Seni mizanın yanında da bulamazsam?*" diye tekrar sordum. Bunun üzerine Resûl-ü Ekrem Sallallâhü aleyhi ve sellem:

"***— Öyleyse, o zaman beni havuzumun yanında ara! Çünkü ben, mutlaka bu üç yerin birinde bulunurum.***" buyurdu. (Tirmizî)

Hz. Âişe (r.a.) validemizin de bu konuda sorduğu soruya Efendimiz (a.s.):

"***Yâ Âişe şu üç yerde kimse, kimseyi hatırlamaz:***

***1. Mîzan yanında,***

***2. Sırat Köprüsünde,***

***3. Amel defterlerinin verildiği zaman.***" buyurmuştur. *(Bu her iki hadisin de Arabça metni ve Türkçe anlamıyla yorumlarını Sırat Köprüsü başlığı altında vermiş bulunuyorum. Oraya bakıla.)*

**Ey dost!** Biz Kevser Havuzu ile ilgili bilgilerimizi bu kadarla iktifâ ediyoruz. Daha geniş bilgileri konu ile ilgili kitablarda bulabilirsiniz. Cenâb-ı Hak cümlemizi ve cümle mü'min kardeşlerimizi Efendimizin Havz-ı Kevserinden kana kana içmeyi hak eden ve lâyık olan bahtiyâr ümmet-i Muhammed Aleyhissalâtü vesselâm'dan eylesin. Âmîn!..

# ON YEDİNCİ BÖLÜM

## SIRAT KÖPRÜSÜ

Sırat köprüsü, cehennem üzerine kurulmuş bir uçtan öbür uca uzanan ve geçilmesi son derece güç bir geçittir. Geçilmesi o derece güçtür ki, Efendimizin (Aleyhissalâtü vesselâm) teşbih ve benzetmeleriyle kıldan ince, kılıçtan keskindir. Hz. Âdem Aleyhisselâm'dan beri gelmiş geçmiş bütün insanlar, bu köprünün üzerinden geçecektir. Cennetliklerin cennete girebilmeleri için başka bir yol yoktur. Her insan, bu köprüden dünyadaki işlemiş olduğu ameline göre bir geçiş durumunda olacaktır. İyiler yıldırım hızıyla geçerken, kötüler de geçemeyip cehenneme düşeceklerdir.

Kur'ân-ı Kerim'de bu hakikat şöyle ifade edilmektedir:

وَاِنْ مِنْكُمْ اِلَّا وَارِدُهَاۚ كَانَ عَلٰى رَبِّكَ حَتْمًا مَقْضِيًّاۚ

*Mânâsı:* ***"Ey insanlar! Sizin içinizden cehenneme uğramıyacak hiçbir kimse yoktur.*** *(Yani hepiniz o ce-*

*henneme uğrayacak, orayı göreceksiniz.)* ***Bu durum, Allah Teâlâ'nın kendi üzerine aldığı bir karardır.*** (Al-*lah Teâlâ böyle hükmetmiştir.)*"

ثُمَّ نُنَجِّى الَّذِينَ اتَّقَوْا وَنَذَرُ الظَّالِمِينَ فِيهَا جِثِيًّا

***"Sonra biz Azîmüşşan*** *(diyor Allah Teâlâ)* ***takvâ sahiblerini cehennemden koruyup kurtaracağız ve zâlimleri de topunu birden cehennemde dizüstü çökmüş bir halde bırakacağız."*** (Meryem Sûresi, âyet 71, 72)

Tefsir âlimleri, ***"Sizin içinizden cehenneme uğramıyacak hiçbir kimse yoktur"*** cümlesini şöyle tefsir etmişlerdir: *"Bu cümlenin mânâsı, cennete gidecek olan mü'minlerin de, cehennemin üzerine kurulmuş olan sırat köprüsünden geçeceklerine ve dolayısıyla cehennemin o korkunçhalini görmüş olacakları olmasıdır. Bu da uğramak anlamınadır"* demişlerdir.

Diğer İslâm âlimleri de aynı şekilde görüşlerini belirtmiş, demişlerdir ki: Cennetlik mü'minlerin cehenneme uğramaları demek, onların da cehennemin üzerine kurulmuş sırat köprüsünden geçmeleri demek mânâsına gelmesinden ibârettir. Bazı âlimlerimiz de: *"Ve in minküm illâ vâridühâ =* ***Sizden iyi ve kötü kim varsa, hepsi cehenneme gelecek*** *(uğrayacak).* ***Mü'minler, cehennemin üzerindeki sırattan geçmek için gelecek*** *(uğrayacak),* ***kâfirler de, cehennemin içinde kalmak için geleceklerdir.*** Bu geliş mecbûri bir geliştir. Çünkü başka bir yol yoktur. *"Kâne alâ Rabbike hatmen makdıyyen =* ***Allah Teâlâ hükmünü vermiştir, bu hükmün bozulması imkansızdır.*** Zirâ Yüce Rabbimizin katında kesinleşmiş bir hükümdür.

"Vâridühâ" kelimesi "vürûd" kelimesinden meydana gelmiş bir kelimedir. İbn-i Mes'ûd ve Katâde'nin (r.a.) görüş ve yorumu şöyledir: ***"Vürûd, sırat köprüsünden geçilirken, cehennemin de üzerinden geçmek mânâsınadır."*** demişlerdir. Doğrusu da budur. Yukarıdaki yorumlar da bunu doğrulamaktadır.

Âhiretin önemli bir merhalesi olan sırat, Kur'ân-ı Kerim'in Sâffât Sûresinde şöyle geçmektedir:

فَاهْدُوهُمْ اِلَى صِرَاطِ الْجَحِيمِ

*Mânâsı:* ***"Toplayın da, o kafirleri cehennemin yoluna götürüp salıverin."*** (Sâffât Sûresi, âyet 23)

"فَاهْدُوهُمْ *Fehdûhüm* = ***Onları*** *(o kafirleri)* ***götürün, gösterin, salıverin"*** gibi mânâları içermektedir.

"اِلَى صِرَاطِ الْجَحِيمِ *İlâ Sırâtıl'cehîm"* = ***Cehennem yoluna"*** demektir.

Yani Kıyâmet günü, yüce Allah meleklerine emrediyor ki:

***"O kafirleri, zalimleri ve yandaşlarını toplayın. Toplayın da, onlara cehennemin yolunu gösterin. Hepsini toplayıp cehennemin sıratına*** *(yoluna)* ***koyup salıverin. Onları tutuklayın, çünkü onlar, suçlu, sorumludur."*** buyrulacak.

İşte bu âyet-i kerîmeler sıratın (sırat köprüsünün) varlığına bir delil olmaktadır. Her mü'min (müslüman), sırat köprüsünün varlığına inanmak zorundadır (inanması vâcibdir). Ancak sıratın da diğer âhiret hallerinden olan merhaleler (Mizan, Kevser havuzu, Şefâat, Amel defteri ve benzerleri) gibi, keyfiyet ve mahiyetini Allah'tan başka kimse bilemez. Onun için bu gibi durumların hakikatını ve nasıllığını yüce Allah'ın ilmine bırakıyoruz. Bu konularda akıl yormamız bize gerekli değildir, bizim görevimiz de değildir. Biz mü'minlere (müslümanlara) düşen görev bunların varlığına inanmaktan ibârettir.

***Ey Âhiret yolcusu kardeş!*** Şunu iyi bilesin ki, kıyâmet günü âhiret hallerinin korkunç merhalelerinden ve kimsenin kimseyi hatırlayamayacağı dehşet anlarından birisi de sırat köprüsünü geçme ânıdır. En büyük kurtuluş ise sırat köprüsünü selametle geçebilmektir. Sırat köprüsü, cehennemin bir yakasından diğer yakasına ve cehenemin tam orta noktasının üzerinde uzanmış bir cisimdir ki, kıldan ince ve kılıçtan keskindir.

Sırat köprüsünün uzunluğu, dünyâ senesiyle on beş bin senelik yoldur. Sırat köprüsünün bir ucu, mahşer meydanının hesab verme yerinde olup, bir ucu (bir ayağı) da cennetin kapısındadır. Yani kıyâmet günü sırat köprüsü, Mahşer meydanından itibâren, cehennemin üzerinden geçerek cennete kadar uzanan (uzanacak ve uzanmış) bir köprüdür. Bu köprü, hesab günü, mahşer halkının sorgulanmaları safhasında cehennemin üzerine çekilip kurulmuş olduğu görülecektir. Bu köprü, bütün cennetlikleri cehennemin üzerinden geçirerek cennete ulaştıracaktır.

Sırat köprüsünden geçileceğine inanmak her müslümanın üzerine vâcibdir. Yani sırat köprüsünün varlığına, kıyâmet günü böyle bir köprüden geçileceğine inanmak her bir müslüman için vâcib (gerekli)dir. Çünkü sevgili Peygamberimiz hadis-i şeriflerinde: ***"Cehennemin iki yakası arasında sırat köprüsü kurulacağı haberini vermiştir."*** (Buhârî ve Müslim) Yukarıda âyeti kerimeyi de söyledik.

Mahşer halkının sorgulanması bittikten sonra, bütün insanlar bu köprüden geçecektir. Günahlılar ve günahsızlar bu köprü üzerinde imtihan edilecek ve seçilecektir, ayıklanacaklar. Günahkarlar köprünün engellerine takılarak geçemeyip önce Gayya kuyusuna ve oradan da cehenneme düşeceklerdir. Günahsız ve günahları affedilip bağışlanan mü'minler (îmanlı kimseler) hiç zorluk çekmeden bu köprüden geçip cennete ulaşacaklardır.

Âhiretle ilgili bütün konularda olduğu gibi, sırat köprüsü konusunda da işin gerçek keyfiyet ve mahiyetini ancak Allah bilir. Bizler, bir mü'min olarak bunların varlığına inanırız. Asıl mahiyetini Allah'a bırakırız. Ehl-i sünnet âlimlerimiz de bu konularda uzun uzadıya yoruma girmeyip konunun gerçek mahiyet ve keyfiyetini Allah'a bırakmışlardır. Yûnus Emre bir ilâhisinde: **"Sırat kıldan incedir / Kılıçtan keskincedir."** Ve yine **"Altında Gayya vardır / İçi nâr** (ateş) **ile pürdür** (doludur)." diyerek sırat köprüsünün insan aklına düşürdüğü korkunç ürpertiyi vurgulamıştır.

Sırat köprüsü, âhiret hallerinin çok kritik merhalelerinden biridir. Hz. Enes'in (r.a.) Allah'ın

Resûlünden özel bir şefâat taleb etmesi bize mahşer gününün kritik safhalarını devre ve bölümlerini çağrıştırmaktadır.

Tirmizî'nin kaydına göre, Hz. Enes bin Malik (r.a.), şöyle anlatıyor: *"(Birgün),* ***ey Allah'ın Resûlü! Kıyâmet günü bana şefâat edin!"*** diyerek bana şefâat etmesini rica ettim.

*"— Ene fâilün inşâallahü =* ***Yapacağım inşaallah!"*** buyurdular. Ben tekrar sordum:

*"— Fe eyne etlubuke =* ***Peki sizi nerede arayıp bulayım?"*** dedim. Resûlullah:

*"— Utlubnî evvele mâ tatlubunî ales'sıratı =* ***Beni ilk arayacağın yer sırattır. Yani, beni ilk aradığın zaman sırat*** *(köprüsü)* ***üzerinde ara!"*** buyurdular. Ben tekrar:

*"Fe inlem elkake =* ***Seni orada bulamazsam*** *(yani size orada rastlayamazsam)?"* Resulullah (s.a.v.):

*"— Fatlubnî indel'Mizân = (O zaman)* ***Beni mizânın yanında ara!"*** buyurdu. Ben tekrar sordum:

*"— Fe inlem elkake =* ***Seni mizânın yanında da bulamazsam?"*** dedim. Resûlullah (s.a.v.):

*"— Fatlubnî indel'havzı! Fe innî lâ uhtıü hâzihis'selâsetel'mevâtıne =* ***Öyleyse beni havuzun*** *(Kevser havuzumun)* ***yanında ara! Zira ben, bu üç mevkinin dışına çıkmam*** *(Yani ben mutlaka bu üç yerin birinde bulunurum)!"* buyurdu. (Tirmizi)

Bu üç yerin kritik bir hassasiyete sahib oluşu Hz. Âişe (r.a.) validemizin rivayet ettiği hadisde de ortaya çıktığını görüyoruz. Birgün Hz. Âişe vâlidemiz, Resûlullah Sallallâhü aleyhi ve sellem'den şöyle sorar:

*"Ya Resûlallah! Kıyâmet günü âilelerinizi hatırlayacak mısınız?"* Allah'ın Resûlu bu soruyu şöyle cevablamış:

*"— Yâ Âişe! Kıyâmet günü, üç yer vardır ki, oralarda hiç kimse kimseyi hatırlayamaz!"* buyurmuştur.

Sırat köprüsü ile ilgili bir hayli hadis-i şerif bulunmaktadır. Bu hadislerin bir çoğuda sıratın geçilmesi, âhiret hallerinin kritik, korkulu ve tehlikeli noktalarındandır. Çünkü başka hiçbir yol yoktur, tek bir yol vardır o da cehennemin bir yakasından öbür yakasına uzatılmış çekilmiş ve cehennemin tam ortasından geçirilmiş ve cehennemin üzerine kurulmuş incecik bir yol! Kıldan ince, kılıçtan keskin bir yol. Bütün mahşer halkı bu yoldan geçecek!.. İşte bu geçilecek yol da sırat köprüsüdür. Cennetlikler, bu yoldan cennete geçecekler, cehennemlikler de bu yoldan yani sırat köprüsünden cehenneme döküleceklerdir.

Bazı İslâm âlimlerimiz demişlerdir ki: Sırat köprüsünün kıldan ince, kılıçtan keskin nitelemeleri, bu köprünün üzerinden geçmenin çok zorlayıcı ve pek güçleştirici konumda olduğu için bu teşbih ve benzetmeler yapılmıştır.

## Sıratın Kritik Konumu ve Hz. Âişe'nin (r.a.) Ağlaması

Hz. Âişe (r.a.) vâlidemizin rivâyet ettiği şu hadis-i şerif, bize (mü'minlere) sırat köprüsünün önemini hatırlatmaktadır. Efendimizin (a.s.), Zevce-i Tâhiresinin: ***"Kıyâmet günü ailelerinizi hatırlayacak mısınız?"*** sorusuna verdiği *"(Yâ Aişe!)* ***Şu üç yerde kimse, kimseyi hatırlamayacak*** *(hatırlayamaz).* ***Bu üç yerden biri de Sırat Köprüsüdür."*** şu müstesnâ cevap Sırat köprüsünün kritik bir nokta, hassas bir geçiş merhalesi olduğunu düşündürmektedir.

Hz. Âişe vâlidemiz bu konuyu şöyle anlatıyor: "Bir gün Cehennem ateşini hatırlayıp ağladım. Benim ağladığımı gören Resûlullah (s.a.v.): ***"— Niye ağlıyorsun (Yâ Âişe)?"*** diye sordu. Ben:

***"— Cehennemi hatırladım*** *(şu anda cehennem aklıma geldi)* ***da onun için ağlıyorum*** *(ve onun için ağladım).* ***Siz*** *(yâ Resûlallah!)* ***Kıyâmet günü, âilelerinizi hatırlayacak mısınız?"*** dedim. Resûlullah Sallallâhü aleyhi ve sellem şöyle buyurdu: Yâ Âişe!

أَمَّا فِي ثَلَاثَةِ مَوَاطِنَ فَلَا يَذْكُرُ أَحَدٌ أَحَدًا

***"— Şu üç yerde kimse kimseyi hatırlamayacak:***

*Birincisi:* ***Mîzan yanında, amellerin tartılması esnasında***

عِنْدَ الْمِيزَانِ، حَتَّى يَعْلَمَ أَيَخِفُّ مِيزَانُهُ أَمْ يَثْقُلْ

***ki Mîzan'ında tartısı hafif mi geldi, yoksa ağır mı geldi belli oluncaya yani bu durumu öğrenip anlayıncaya kadar.***

*İkincisi:* ***Amel defterlerinin*** *(sahifelerinin)* ***sahiblerine verildiği an***

وَعِنْدَ تَطَايُرِ الصُّحُفِ حَتَّى يَعْلَمَ اَيْنَ يَقَعُ كِتَابُهُ فِى
يَمِينِهِ اَمْ فِى شِمَالِهِ اَمْ وَرَاءِ ظَهْرِهِ

***ki, kitabı*** *(amel defteri)* ***sağından mı, solundan mı, yoksa arkasından mı verilecek, bu durumu iyice anlayıncaya kadar.***

*Üçüncüsü:* ***Sıratın yanında***

وَعِنْدَ الصِّرَاطِ اِذَا وُضِعَ بَيْنَ ظَهْرَانَىْ جَهَنَّمَ حَتَّى يَجُوزَ

***ki, cehennemin iki yakası ortasına*** *(cehennemin tam üzerine)* ***kurulacak sırat köprüsü üzerinde de burayı geçip selâmete erinceye kadar."*** *(Evet bu üç yerde kimse kimseyi hatırlayamaz. Çünkü her nefis kendi başının derdine düşmüştür.)* (Ebû Dâvûd)

**Ey Âhiret yolcusu!** Hz. Âişe vâlidemizin rivâyet ettiği bu hadis-i şerife İslâm âlimlerinden yorum getirenler olmuştur. Bu âlimlerimizden bazıları şöyle demişlerdir: ***"Hazret-i Peygamber Sallallâhü aleyhi ve sellem, Hz. Âişe'ye*** *(r.anha)*, ***aşırı bir derecede ümide kapılıp da ibâdet ve yalvarış niyazlarında eksiklik göstermesinler diye böyle cevab vermiş olmalıdır. Çünkü biz Hz. Peygamberin zevceleriyiz diyerek özel bir beklenti içine girmesinler, Kıyâmet günü herkes kendi amelinin karşılığını görecektir"*** demek olur.

## Cehennemin Üzerine Sırat Köprüsü Kurulacak

Hazret-i Peygamber Sallallâhü aleyhi ve sellem hadis-i şeriflerinde Sırat köprüsü ile ilgili öğretilerinde şöyle buyurmuştur:

***"Cehennemin üzerine Sırat köprüsü kurulur** (kurulacaktır). **Ondan ilk geçen ben ve ümmetim olacaktır. O gün** (o esnada) **peygamberlerden başka kimse konuşmaz** (konuşmayacaktır). **O gün, o esnada da peygamberlerin konuşmaları** (söyleyecekleri söz) **sadece şu duâ olacaktır: "Allâhümme sellim sellim = Allâh'ım selâmet ver, selâmet ver!.."*** diye yalvaracaklardır.

***Cehennemde** (Sırat köprüsünde) **sa'dan** (otunun) **dikeni gibi mahmuzlar** (çengeller) **olacaktır. Siz sa'dan** (otunun) **dikenini hiç gördünüz mü?"*** diye bir de sual buyurmuştur. Orada bulunan Sahâbe-i Kiram:

***"— Evet, yâ Resûlallah gördük."*** demişler. Bunun üzerine Resûlullah (s.a.v.):

***"— İşte o mahmuzlar** (çengeller) **sa'dan dikenleri gibi olacaktır. Ancak şunu da bilin ki, Onların büyüklüğünü ancak Allah Teâlâ bilir. Bu mahmuz ve çengeller kötü amellerinden dolayı insanları âdetâ kapıp yakalayacaklar.** (Yani, her insanın kötü amelinin neticesi olarak bu engelleme tuzakları insanın her yerinden takılacaktır. Sırat köprüsüne yerleştirilen veya görevlendirilen bu çengeller, yakalanması ve cehenneme atılması gerekenleri yakalayıp geçmelerine fırsat vermez, kimisi cehenneme düşer, kimi günahkarlar da günahları nisbetinde yaralanıp, âdetâ didik didik taranmış bir halde Sırat köprüsünü geçerler.)*

***Ey Âhiret yolcusu!*** Bu hadisimizden öğrenmiş bulunuyoruz ki, Sırat köprüsünden geçmek hiç de kolay görünmüyor ve her insan da aynı kolaylık da geçemiyeceği apaşikâr ortadadır. Diğer hadis-i şeriflerde de bildirildiği gibi insanlar amellerinin sonucuna göre Sırat köprüsünden geçeceklerdir. Kimileri şimşek hızıyla, kimileri esen rüzgar hızıyla, kimileri uçan bir kuş hızıyla, kimileri koşu atları hızıyla, kimisi de koşarak geçer. Bazıları da yürüyerek ve bir kısımları da sürünerek ve emekleyerek geçecektir. Yüzüstü sürünerek geçenler de olacaktır. Şunu da unutmayalım ki, cehenneme yuvarlanmaktansa sürünerek geçenler bile kurtuluşa ermişler demektir. Bu insanlar sanki şöyle diyecekler: ***"Cehennemden kurtulduk ya başka bir şey istemeyiz."***

İşte Sırat köprüsü böyle bir yoldur. Geçenler kurtulur, geçemeyenler helak olur.

Huzeyfe ve Ebû Hüreyre'nin (r.a.) rivâyet ettikleri şefâat hadisinin bir bölümünde şöyle buyrulmuştur:

... فَيَمُرُّ اَوَّلُكُمْ كَالْبَرْقِ، قُلْتُ بِاَبِى وَاُمِّى اَىُّ شَيْءٍ
كَمَرِّ الْبَرْقِ؟ قَالَ: «اَلَمْ تَرَوْا كَيْفَ يَمُرُّ وَيَرْجِعُ فِى
طَرْفَةِ عَيْنٍ، ثُمَّ كَمَرِّ الرِّيحِ، ثُمَّ كَمَرِّ الطَّيْرِ، وَشَدِّ
الرِّجَالِ تَجْرِى بِهِمْ اَعْمَالُهُمْ. وَنَبِيُّكُمْ قَائِمٌ عَلَى

الصِّرَاطُ يَقُولُ: رَبِّ سَلِّمْ سَلِّمْ، حَتَّى تَعْجِزَ أَعْمَالُ
الْعِبَادِ، حَتَّى يَجِيءَ الرَّجُلُ لَا يَسْتَطِيعُ السَّيْرَ إِلَّا زَحْفًا
وَفِي حَافَتَيِ الصِّرَاطِ كَلَالِيبُ مُعَلَّقَةٌ مَأْمُورَةٌ بِأَخْذِ
مَنْ أُمِرَتْ بِهِ فَمَخْدُوشٌ نَاجٍ، وَمُكَرْدَسٌ فِي النَّارِ»

*Mânâsı: "... (Sıratın üzerinden)* ***sizin ilk geçeniniz şimşek gibi*** *(şimşek hızıyla)* ***geçer*** *(geçecek). (Râvi Ebû Hüreyre diyor ki, ben:)* ***Annem babam fedâ olsun, yâ Resûlallah! Şimşek gibi geçmek nedir? dedim. Resûlullâh*** *(s.a.v.):*

***"— Şimşeği görmüyor musunuz göz açıp yumuncaya kadar nasıl geçip gidiyor? Sonra*** *(geçenleriniz Sırat köprüsünü)* ***rüzgar gibi, sonra*** *(geçenleriniz)* ***kuş gibi geçeceksiniz. Sonra insanlar, amellerine göre geçeceklerdir.*** *(Amelleri iyi olanlar rahat bir vaziyette geçecekler, amelleri kötü olanlar geçemeyip cehenneme düşecekler demek olur.)* ***Peygamberiniz*** *(Yani ben (s.a.v.)* ***Sırat köprüsünün üzerinde durup:***

***"— Ey Rabbim!*** *(Ümmetimi)* ***selâmete çıkar, selâmete çıkar" diye yalvarıp duâ edeceğim. Nihâyetinde amelleri kendilerini geçirecek derecede olmayanlar*** *(amelleri zayıf olanlar),* ***Sırat köprüsünü yavaş olarak yani, yürümeye gücü yetmeyen kıçüstü*** *(oturağı üzerinde)* ***sürünerek geçer*** *(geçecektir).* ***Sırat köprüsünün iki yanında yakalamakla emrolundukları kimseleri yaka paça yakalamak için görevli çengeller vardır. İnsanların bazıları bu çengellerden*** *(tel örgü misali takıl-*

*mış) **yaralanmış bir vaziyette** (yaralı bereli) **kurtulurken, bazıları da cehenneme yuvarlanır** (yuvarlanacaktır).*" Ravi Ebû Hüreyre (r.a.) diyor ki: "*Ebû Hüreyre'nin nefsi* **(canı)** *kudret elinde olan Allah'a yemin ederim ki, cehennemin dibi yetmiş yıllık mesâfe kadar derinliktedir.*" Buhârî, Müslim ve Tirmizî

***Ey dost!*** Yukarıdaki satırlarımızda da arzettiğim gibi, bu hadis-i şerif de Sırat köprüsünü isbat etmektedir. Ehl-i sünnet mezhebinin görüşü de budur. Salef-i salihin, Sırat köprüsünün kurulacağına icma' (söz birliği) etmişlerdir. Kıyâmet günü cehennemin üzerine kurulacak olan bu Sırat köprüsünün üzerinden bütün insanlar geçecektir. Şu kesinlikle bilinmelidir ki, mü'minler imandaki kuvvet derecelerine göre buradan geçmeye muvaffak (başarılı) olacaklardır. Kâfirler ve âsiler geçemeyip cehenneme güşeceklerdir. Kelâm âlimlerinin beyanlarına göre; Sırat köprüsü kıldan ince, kılıçtan keskin, geçilmesi son derece zor bir köprüdür. Bu köprüde salih amelli mü'minler zorluk görmeyecektir.

Ebû Saîd el'Hudrî'nin rivayet ettiği bir hadisde, Sırat köprüsü üzerinde görevli melekler bulunacak ve oradan geçenlere yedi yerde sualler sorulacaktır: Birinci sual imandan, ikincisi namazdan, üçüncüsü zekattan, dördüncüsü oruçtan, beşincisi haccdan, altıncısı abdest, gusül (dînî temizlik)den, yedincisi ana babadan, akrabalıklardan ve suçlardan olacaktır. Müslim

Yine yukarıdaki satırlarımızda arzettiğimiz gibi, Kıyâmet gününde peygamberlerden başka hiçbir kimsenin konuşmaması ve konuşamaması o günün ne şiddet ve dehşetli birgün olmasından (olacağından) ileri gelmektedir. Hatta bazı rivâyetlere göre; o günün dehşetinden peygamberlerin (aleyhimüsselâm) bile dillerinin tutulacağı ve sonra konuşacakları, kendilerine konuşma izni verileceği bildirilmektedir. İmam-ı Nevevî'nin beyanına göre ise, burada konuşmamaktan murâd, Sırat köprüsünden geçiş halindedir. Yoksa Kıyâmet gününde (yukarılarda da söylediğimiz üzere) bazı noktalarda insanlar konuşacaktır ve herkes kendisini müdâfaya (savunmaya) çalışacaktır. Hatta dünya hayatında beraber bulunan kimseler, birbirlerine sorular (sualler) sorarak herkes suçunu kendisini dînî yoldan sapıtan hasımlarına (düşmanlarına) yüklemeye çalışacaktır. Arkasından gittiği, sözünü dinlediği önderlerden hak dava edecekler, onlardan davacı olacaklardır. (Bunları kendi bölümlerinde dile getirmiştik. Yani önceki bölümlerimizde anlatmıştık.)

Allah Teâlâ'nın yüce peygamberlerinin ümmetlerine karşı duydukları derin şefkat ve merhametleri ise, ümmetleri için, o dehşet verici kritik noktalarda onlar için selâmet duâları edip yüce Rabbinden şefâat etmeleri olacaktır. Allah'ın peygamberlerinin duâ ve niyazları ise:

*"Allahümme sellim, sellim =* ***Allah'ım selâmet ihsan eyle, selâmet!"*** olacaktır. Şu da bilinmelidir ki, Kıyâmet günü yapılacak duâ ve niyâzlar yerine göre olacaktır. Hulâsa o gün, dehşetli bir gün, herkesin kendi başının derdine düştüğü bir gündür.

Bu dünyada aklını başına alan kimseler, Allah'ın emir ve yasaklarını inceden inceye uygulama yoluna giden kimseler orada kurtuluşa erecekler, o sıkıntılı günü selâmetle geçirebileceklerdir.

## Mü'minlerin Sırat Köprüsünde Duâları

Tirmizî'nin Muğîre'den (r.a.) rivâyetine göre, mü'minlerin Sırat köprüsündeki parolalarının **"Rabbim, selâmet, selâmet. Rabbim, selâmete erdir!"** olacaktır.

Muğîre Bin Şû'be (r.a.) demiştir ki: Resûlullah Sallallâhü aleyhi ve sellem şöyle buyurdu:

عَنِ الْمُغِيرَةِ بْنِ شُعْبَةَ رض عَنِ النَّبِيِّ ﷺ قَالَ:
شِعَارُ الْمُؤْمِنِ عَلَى الصِّرَاطِ رَبِّ سَلِّمْ

*Mânâsı:* ***"Sırat köprüsü üzerinde mü'minlerin şiârı: "Rabbim, selâmete erdir, selâmete erdir!" olacaktır."*** Tirmizî

Evet, Sırat köprüsünde mü'minlerin şiârı (ağızlarından dökülen yalvarışları) âh-u figanları, mü'minlik alâmetleri, kurtuluş ümîdi parolaları: ***"Rabbim, selâmete çıkar, selâmete ulaştır"*** cümlesi olacaktır. Bu bilgileri öğrenen bir mü'min, Kıyâmet günü imdat ve yardım göreceği imanını bu geçici dünyada kemâle erdirmeye çaba sarfetmelidir. İman sermâyesi âhiret hayatının en geçerli azığı, en sağlam can simidi (kurtuluş, selâmete çıkarış simidi) olacaktır. Mü'min, imanını kemâle erdirecek sebebleri (amelleri) iyi ve güzel işleri (amel-i salihi) bu dünyada çok çok işlemelidir.

*Ey Âhiret yolcusu mü'min!* Efendimizin şu mübârek müjdesine kulak vermelisin de sırat köprüsünde imanının ne büyük bir kurtuluş belgen olduğuna (olacağına) kesin bir imanla inanmalısın.

Yüce Peygamberimiz hadis-i şerifinde şöyle buyurmuştur:

تَقُولُ النَّارُ لِلْمُؤْمِنِ يَوْمَ الْقِيَامَةِ جُزْ يَا مُؤْمِنُ فَقَدْ اَطْفَأَ نُورُكَ لَهَبِى

*Mânâsı: "Kıyâmet gününde cehennem, mü'mine şöyle diyecek:*

*"Çabuk geç ey mü'min! Senin nûrun benim alevimi söndürüyor." diyerek cehennem mü'minlere konuşacaktır."* (Tabarânî Mu'cemül'Kebir)

Kıyâmet gününde mü'minlerin imanları âdetâ nurdan bir meş'ale olacak ve Sırat köprüsünde sahibinin önünü ve sağ tarafını aydınlatacaktır. Hadid Sûresinin on ikinci âyetinde bu gerçeğe açıkça işâret edilmektedir. Bazı âlimlerimiz demişlerdir ki: *"Hayatında Kelime-i Şehâdeti ve Kelime-i Tevhidi çok söyleyen, bu mübârek kelimelerin zikrini fazlaca yapan mü'minler, Sırat köprüsünü yıldırım hızıyla geçer (geçeceklerdir)."*

Sevgili Peygamberimiz hadis-i şeriflerinde: *"Kurbanlarını büyük (azîm ve canlı) yapınız. Çünkü kestiğiniz kurbanlarınız, Sırat köprüsü üzerinde sizin bineklериniz olacaktır."* buyurmuştur.

Bu demek oluyor ki, mü'minin imânı ve salih ameli Kıyâmet günü Sırat köprüsünü selâmetle geçmesini sağlayacaktır. Kurban kesmek için hayvanlarının en zayıf ve en değersizini kesen bir mü'minin imânı nasıl kemâle erebilir? Bunun yorumunu değerli okuyucularıma bırakıyorum. Çünkü kurban ederken en kıymetli (besili, gösterişli) bir malını Allah rızası için kurban edemiyen bir cimri müslüman nasıl olur da imanını en zirveye çıkarabilecek bir kemâle erdirebilir?..

Çok salâtü selâm getiren mü'minler de sıratı kolay geçer. Ahmeder'Rifâî hazretleri demiştir ki: ***"Peygamber Efendimiz Muhammed Mustafa'ya çok çok salâtü selâm getirenleri okumuş oldukları bu salâtü selâmlar, çok sür'atle sırat köprüsünden geçirir*** *(geçirecektir)."*

Şu geçici dünyâ hayatında iken yaptığı hayırları, verdiği sadakaları Allah rızası için, seve seve, güler yüzle bu iyilikleri yapan mü'minler, Sırat köprüsünden kolaylıkla rahat bir geçişle geçeceklerdir. Efendimiz Aleyhisselâm'ın bu konuda müjdesi vardır. Ebu Nuaym el'Hafız'ın rivâyet ettiği hadisde Efendimiz (s.a.v.): ***"Her kim, dünyada sadakasını güzel bir tavır ve davranışla verirse, Sırat köprüsünden kolay geçer*** *(geçecektir)."* buyurmuştur.

## Sırat Köprüsünde Mü'minlerin Önünü Aydınlatan Nurları Olacak

Âhiret âleminde en geçerli sermâye îmandır. Îman kendi sahibine bir nûrdur. Kıyâmet gününün en zor merhâlelerinden biri de Sırat köprüsüdür. Sırat köprüsü üzerinden geçerken her bir mü'minin yalnız kendisine özel bir nûru olacaktır. Bu kendisine âit nurdan sadece kendisi yararlanacak, başkaları yararlanamayacaktır. Bu nûr, o mü'minin imânının ve sâlih amellerinin nûrudur. Bu nûrdan ancak sahibi yararlanacaktır. Hiç kimse başkasına âit bir nûrun ışığında gidemeyecektir. Her bir mü'minin nûrunun çokluğu nisbetinde Sırat köprüsü geniş veya dar olacaktır. Aslında Sırat köprüsünün dar veya geniş olması diye bir sorun veya bir problem yoktur. Sırat köprüsü üzerinden geçenlerin iman ve salih amelleri, dolayısıyla da elde ettikleri nûrları sâyesinde üzerinden geçenler için, zorluk veya kolaylık durumu alacaktır. Kıldan ince ve kılıçtan keskin oluşu insanların amellerine göre şekil alışı anlamına gelmektedir. Yukarıdaki satırlarımızda söylediğimiz hatırlansın: ***"Mü'minler iman ve amellerinin mükemmelliğine göre, kimi göz açıp kapayıncaya kadar** (yıldırım hızıyla)**, kimi şimşek hızıyla, kimi rüzgâr gibi, kimi de kuş gibi Sırat köprüsünden geçeceklerdir..."*** açıklamalarını vermiştik. Sırat köprüsü konusunu bir bütünlük içinde anlayıp kavramalıyız.

Yüce Allah, Kur'ân-ı Kerim'inde şöyle buyuruyor:

... يَوْمَ لَا يُخْزِى اللّٰهُ النَّبِىَّ وَالَّذِينَ اٰمَنُوا مَعَهُ ج نُورُهُمْ يَسْعٰى بَيْنَ اَيْدِيهِمْ وَبِاَيْمَانِهِمْ يَقُولُونَ رَبَّنَا اَتْمِمْ لَنَا نُورَنَا وَاغْفِرْ لَنَا ج اِنَّكَ عَلٰى كُلِّ شَىْءٍ قَدِيرٌ

Mânâsı: ***"O** (mahşer) **günü Allah, peygamberini ve onunla beraber olup iman etmiş olan mü'minleri mahzun etmeyecek** (üzmeyecek)**tir. Onların nûrları,*** *(Sırat köprüsü üzerinde)* ***önlerinde ve sağ yanlarında koşup parlayacaktır. Onların duâları: "Ey Rabbimiz! Nurumuzu daha arttır, tamamına, erdir, kusurlarımızı affet, bizi bağışla. Çünkü sen herşeye kadirsin." olacaktır.*** (Tahrim Sûresi, âyet 8) Buradaki îman, kemâle ermiş ve olgun iman demektir. Buradaki mânâ, âsî ve günahkâr mü'minlerin cehenneme girmeyecekleri anlamına gelmez. Çünkü Allah'ın emirlerine karşı gelmiş, isyan etmiş olan âsî mü'minlerin cehenneme girmeleri mümkündür. Şayet Allah Teâlâ, affederse, o zaman durum farklıdır. Çünkü Allah dilerse günahkâr âsî kullarını affedebilir. Çünkü O'nun gücü herşeye yeter. Bu gerçeği de hatırlatmış olalım.

Âyette geçen: ***"Ey Rabbimiz! Nûrumuzu daha da arttır, nûrumuzu tamamına erdir, kusurlarımızı affet, bizi bağışla..."*** bölümü için, tefsir âlimlerinin bazı açıklamaları vardır. Bu cümleden olarak demişlerdir ki: Âyetteki mü'minlerin nurlarından maksat, mü'minlerin iman ve salih amelleriyle elde ettikleri nurlardır ki, özellikle bu nurları, Sırat köprüsü üzerinde onları (sahiblerini) yedip götürecek, selâmete çıkaracak ve cennete girdirecektir.

Sırat köprüsü, kıldan ince, kılıçtan keskin olduğu gibi, en karanlık geceden de karanlıktır. Buradaki aydınlık kişinin imân ve sâlih amelinden meydana gelecektir. Münâfıklara Sırat köprüsünde geçici olarak bir nûr verilecektir. Ancak bu geçici olarak verilen nûr onlara ceza olmak üzere hemen sönüverecektir. Bu onların amellerine eşit (cins-i amel – amelleri cinsinden) olan bir cezalandırmadır. Çünkü münâfıklar, ağızlarıyla müslüman olduklarını söyleyip kalben kâfir olan kimselerdir. İşte münâfıkların bu hallerini görünce, yani nûrlarının karardığını gören mü'minler, endişeye kapılıp: ***"Ey Rabbimiz! Nûrumuzu daha da arttır, nûrumuzu devam ettir, kusurlarımızı affet, bizi bağışla, çünkü sen, herşeye kadirsin."*** diye duâ ve yalvarmalarına devam ettiler. Yani bizi münâfıklar gibi, karanlıkta bırakma, onların nurunu söndürdüğün gibi, bizim nûrumuzu söndürme anlamınadır. Âlimlerimiz, müfessirlerimiz böyle yorumlamıştır. İncelik budur. Ayrıca bu konu Hadîd Sûresinde daha genişçe yer almaktadır. Hadîd Sûresindeki âyetler de şu âyetlerdir:

يَوْمَ تَرَى الْمُؤْمِنِينَ وَالْمُؤْمِنَاتِ يَسْعَى نُورُهُمْ بَيْنَ
اَيْدِيهِمْ وَبِاَيْمَانِهِمْ بُشْرَيكُمُ الْيَوْمَ جَنَّاتٌ تَجْرِى مِنْ

تَحْتِهَا الْاَنْهَارُ خَالِدِينَ فِيهَاۜ ذٰلِكَ هُوَ الْفَوْزُ الْعَظِيمُۚ

*Mânâsı:* ***"Ey Resûlüm! O gün*** *(Sırat köprüsü üzerinde)* ***inanan, mü'min erkekleri ve inanan, mü'min kadınları, nurları önlerinden ve sağ yanlarından koşarcasına cennete doğru ilerlediklerini görürsün.*** *(Melekler tarafından kendilerine:)* ***"Ey mü'minler! Bu gün sizin alacağınız müjde, altından*** *(zemini üzerinden ırmaklar)* ***nehirler akan cennetlerdir. Siz bu cennetlerde bir daha çıkmamak üzere ebedî olarak kalacaksınız*** *(müjdeler olsun size)*.***" denilir.*** *(Ey mü'minler!)* ***İşte bu, en büyük kurtuluşun ta kendisidir."*** Hadîd Sûresi, âyet 12

***Ey dost!*** Bu dünyâ hayatında gönüllerini iman nûruyla aydınlatan ve amel-i salih (salih amelleriyle) sahib oldukları imanlarını güçlendiren mü'minler, kıyâmet gününün korkularından emin olurken, Sırat köprüsü üzerinde de insana dehşet veren karanlıktan da parıldayan nûrlarının ışığı refakatinde kolayca cennete ulaşacaklardır. Mü'minler bu nurlarını bu dünyadan götüreceklerdir. Çünkü iman nûrunu kazanma ve güçlendirme yeri bu dünyadır. Âhirette güzellik ve rahatlık (kolaylık) veren bu nimetler elde edilemediği gibi, kazanılması da mümkün değildir. Bunları 13ncü âyet ve devamı âyetler beyan etmektedir. Yine aynı sûrenin devamında buyruluyor ki:

يَوْمَ يَقُولُ الْمُنَافِقُونَ وَالْمُنَافِقَاتُ لِلَّذِينَ اٰمَنُوا

انْظُرُونَا نَقْتَبِسْ مِنْ نُورِكُمْۚ قِيلَ ارْجِعُوا وَرَٓاءَكُمْ

فَالْتَمِسُوا نُوراً ط فَضُرِبَ بَيْنَهُمْ بِسُورٍ لَهُ بَابٌ ط بَاطِنُهُ

فِيهِ الرَّحْمَةُ وَظَاهِرُهُ مِنْ قِبَلِهِ الْعَذَابُ ط

*Mânâsı:* ***"O gün*** *(Sırat köprüsü üzerinde)* ***münâfık erkekler ve münâfık kadınlar, o iman etmiş olan mü'minlere şöyle yalvaracaklar: "Ne olur, bize batık da sizin nûrunuzdan*** *(aydınlığınızdan)* ***biz de yararlanalım*** *(karanlıkta önümüzü göremiyoruz)."* ***derler.*** *(Bu yalvarmaları üzerine,)* ***o münafıklara kınama ve alay anlamı taşıyan bir ses, mü'minler veya melekler tarafından onlara şöyle denilir: "Arkanıza*** *(dünyaya)* ***dönün de kendinize bir nûr arayın!" derken aralarına*** *(mü'minler ile münafıkların arasına)* ***bir duvar çekiliverir. Bu duvar bir tek kapısı olan bir duvardır. Bu duvarın iç tarafı rahmet, dış tarafı da azabdır."*** (Hadîd Sûresi, âyet 13)

Merhum Elmalılı Hamdi Efendi, eserinde bu âyetin tefsiri bölümünde şu açıklamaları getirmiştir. İbn-i Ebi Hatim, Ebû Ümâme (r.a.)'den şöyle nakletmiştir: ***"İnsanlar Kıyâmet günü Sırat köprüsüne geldiklerinde birden bir karanlık çöker. Bu anda ne mü'minler ne de münafıklardan hiç kimse ellerini bile göremezler. Sonra Allah Teâlâ, mü'min kullarına imanları ve amelleri nisbetinde nûrunu gönderiverir.*** *(Ama münafıkları karanlıkta bırakır.)"*

Taberî ve Beyhakî Abdullah İbni Abbas (r.a.)dan şöyle dediğini nakletmişlerdir: ***"İnsanlar karanlıklar içinde iken Allah Teâlâ bir nûr*** *(aydınlık)* ***gönderir. Mü'minler, o nûru görünce o tarafa doğru yönelirler. İşte bu nûr, onların*** *(mü'minlerin)* ***cennete*** *girmeleri için Allah Teâlâ tarafından gönderilen bir delil (kılavuz ve rehber) olur."* demiştir.

Bazı Tefsir âlimlerimiz şöyle demişlerdir: *"Allah Teâlâ, mü'minlere amellerine göre, Sırattan geçebilecekleri bir nûr, münâfıklara da aldatmak, kendilerinden intikam almak için bir nûr vermiştir. Çünkü münafıklar dünyada mü'minleri aldatmak için iki yüzlü davranmışlardır. İşte Allah Teâlâ, bu intikamını münafıkları aldatarak almıştır"* demek olur. Allah Teâlâ, zaten Kur'ânın'da bu intikamın alınacağını bildirmektedir: ***"Halbuki Allah onlara** (münafıklara, mü'minleri) **aldatmanın ne olduğunu** (ne demek olduğunu Kıyâmet günü) **gösterecektir."*** Nisâ Sûresi, âyet 142

Allah Teâlâ, mü'min kullarının önlerini ve sağ taraflarını aydınlatan bir nûr ihsan buyurduğu gibi, bir karanlık, bir rüzgar gönderip münafıkların ışığını söndürüp onları layık oldukları cezâ ile cezâlandıracaktır. Yukarılarda da söylediğimiz gibi, bu nûrun ve karanlığın hakikatını ancak Allah bilir. İnsanlar bu konuda bir fikir bile yürütemezler. Ancak bu olayların varlığına iman etmek, inanmakla yetinirler. Bizim görevimiz budur. Allah Teâlâ, mü'minlerle münafıkların arasını ayırmak için ***"aralarına bir tek kapısı olan bir duvar** (sûr) **çekilir. Bu duvarın iç kısmında rahmet var, dış kısmında da azab vardır."*** buyruluyor. İşte bu beyanların mahiyetini ve keyfiyetini insanlar kavrayamıyor ve kavrayamaz da. Bunlara ancak *"Âmennâ ve saddaknâ = **İnandık ve kabul ettik"*** diyerek boyun eğdiğimizi teslimiyetimizi dile getiririz. Îmanın şiârı da budur.

Bu âyetlerin tefsirini yapan âlimlerimizin yorumlarında şu bilgileri de birlikte görmekteyiz: *"Allah Teâlâ özellikle önlerindeki ve sağlarındaki nûru anmaktadır. Çünkü insanın, ışığa muhtaç olduğu, aydınlığa ihtiyaç duyduğu yön; önü, ön tarafıdır. Sağ tarafın anılması ise, sağın taşıdığı önemi dile getirmek içindir."* Yine denilmiştir ki:

*"Cennet yolu sağda bulunmaktadır ve mü'minlerin (inananların) istikametidir, Onların yolu sağ taraftadır. Cehennem ise sol taraftadır. Cehennemliklerin yolu sol istikamettedir. Cennetlikler ile cehennemliklerin yolu ayrılmıştır."*

*Ey Âhiret yolcusu kardeş!* Konumuzu toparlayıp özetlersek, Âhiret hallerinden ve orada başımazı gelecek olan önemli bir geçiş yolu olan Sırat köprüsü vardır. Bütün insanlar bu köprüye uğrayıp görecekler ve oradan geçeceklerdir. Dünyanın varoluşu ile başlayan insan nesli ve dünyanın yokoluşu (kıyâmetin kopup dünyanın yıkılışı) zamanı içinde dünyada ömür süren her insan bu köprüden (sırat köprüsünden) geçecektir. İnsanoğlu bu gerçeğe inansa da inanmasa da bu geçiş olacaktır. *"Elhamdü lilah = Allah'a hamd ederiz"* şükrederiz ki, biz mü'minler bu hakikata (gerçeğe) inanıyoruz. Kıyâmet gününde mahşer meydanında sorgu sualden sonra bu köprünün kurulacağını ve varolacağını, bütün insanların ondan geçeceğine inanıyoruz. Çünkü bu kâinatın sâhibi yüce Allah, böyle bir durumun olacağına dâir kesin bir hükümle hükmetmiş ve kararını da kesinleştirmiştir. Yüce Allah bu kesin hükmünü de biz kullarına bildirmiştir:

***"Ey insanlar! Sizlerden hiçbir kimse yoktur ki, oraya*** *(cehenneme)* ***uğramamış olsun.*** *(Sırat köprüsünden geçerken cehennemin o korkunç hâlini görmemiş olsun. Gerek mü'min ve gerek kâfir olsun her insan cehennemin dehşet verici manzarasını mutlaka görecektir.)*

***Ey Resûlüm! Bu Rabbin katında kesinleşmiş bir hükümdür.*** *(Yani herkesin cehenneme uğrayıp görmesi, kararı senin Rabbin Allah Teâlâ'nın kendi üzerine aldığı, karara bağladığı, kesinleşmiş bir hükmüdür. Bu gerçek her halde mutlaka olacaktır.)* ***Sonra da Biz*** *(şânı yüce Allah)* ***iman edip günahlardan*** *(kötülüklerden)* ***sakınan kullarımızı kurtarırız*** *(kurtaracağız)*. ***Ve zâlimleri*** *(kâfirleri)* ***de orada dizleri üstü çökmüş bir halde bırakırız*** *(bırakacağız)*." (Meryem Sûresi, âyet 71, 72) Bu âyetlerin metinlerini konumuzun başında vermiştik.

***Ey dost!*** Bir çok kere söylediğim gibi, cennetlik mü'minlerin cehenneme uğramaları, cehennem üzerine kurulmuş olan sırat köprüsünden geçmelerinden ibâret bir uğrayış demektir. Her insan bu köprüye gelecek, cennete gidecek olan mü'minler buradan geçecek ve cehenneme dökülecek olanlar da buradan dökülerek cehenneme gireceklerdir. Mü'minlerin cennete giderken yollarının cehennemden, cehennem üzerine kurulmuş bir köprüden geçmelerindeki hikmet nedir? diye sorulacak olursa, İslâm âlimleri bunların sebeb-i hikmetini de söylemişlerdir. Bunların bazılarını şöyle sıralamışlar:

Birincisi, mü'minlerin sevinçlerinin artması ve imanlarının gereğini yerine getirmenin ne büyük bir kazanç olduğunu gözleriyle de görerek kurtuluşa kavuştukları için, erdikleri nimet karşılığında Allah'a olan şükürlerinin de artması içindir.

İkincisi ise, kâfirlere ve münâfıklara yönelik bir hikmeti vardır. O da, kâfir ve münafıkların üzüntü ve kederlerinin artmasıdır. Çünkü dünyâ hayatında düşman olarak gördükleri mü'minlerin kurtuluşa erip cennete girmeleri ve kendilerinin de cehenneme atılmaları, kafir ve münafıklar için azab üzerine azab olacağı anlamındadır.

Bazı İslâm âlimleri, demişlerdir ki: ***"Kâfirler Sırat köprüsünde denenmeden doğrudan doğruya cehenneme atılacaklardır."*** yorumunda bulunmuşlardır. Çünkü kafirler için mizan, amellerin tartılması dahi olmayacaktır. Kehif Sûresindeki âyet buna bir delildir.

# ON SEKİZİNCİ BÖLÜM

## CENNET VE CEHENNEM

*Ey Âhiret Yolcusu!* Kitabımızın bu bölümünde cennetle cehennemin müşterek yönünü kısaca ifâde ederek cehennem bölümüne geçmek istiyorum. On dokuzuncu bölümümüzde cehennemin dehşet veren durumunu anlatıp, son bölümümüzde de cenneti ve cennetin güzelliklerini bir nebzecik anlatmak istiyoruz inşâallah!

***Ey cennet yolcusu kardeş!*** Cennetin nimetleri ve güzellikleri pek çok, fakat yolu çok çetrefilli, engebesi çok, engelleri hayli güçlükler ortaya koyuyor. Cehennemin yolu ise çok câzibeli fakat sonu kötü ve çıkmaza sokuyor. Konumuzu bir hadis-i şerifin ışığı altında birazcık açmaya gayret edeceğim.

Enes İbni Mâik (r.a.)'den rivâyete göre; Resûlullah (s.a.v.) şöyle buyurmuştur:

حُفَّتِ الْجَنَّةُ بِالْمَكَارِهِ وَحُفَّتِ النَّارُ بِالشَّهَوَاتِ

*"Cennetin etrafı* (çevresi) *mekârihle* (nefsin sevmediği, hoşlanmadığı) *şeylerle sarılmıştır. Cehennemin etrafı da şehvetlerle* (nefsin şiddetle isteyip arzuladığı şeylerle) *sarılmıştır."* (Müslim)

Evet *"Cennet, insan nefsinin istemediği şeylerle, cehennem de, insan nefsinin hoşlandığı ve şiddetle arzu ettiği şeylerle kuşatılmış ve çepe çevre sarılmıştır."*

Şimdi bu karışıklığın içinden doğru yolu, işin sonunun hayırlı bir yola nasıl çıkacağını bulabilen yiğit elbetteki selâmete çıkacak ve mutlu sona kavuşacaktır.

Yine konumuz ile ilgili Ebû Hüreyre (r.a)'den rivâyet edilmiştir ki: Resûlullah (s.a.v.) şöyle buyurmuşlardır. Meâlen:

*Allah Teâlâ hazretleri, cenneti yarattığı zaman, Cebrâil* (Aleyhisselam)*a:*

*"— Git ona* (cennete) *bir bak!"* buyurdular. Cebrâil (Aleyhisselam)da gidip cennete baktı ve:

*"— Ey Rabbim! Senin izzetine yemin olsun ki, onu* (cennetin bu hâlini) *duyup da ona* (o cennete) *girmeyen kalmayacak, herkes ona girecek!"* dedi. (Yani o cennete girmek için çalışacaklardır. Cennetin aslî şeklini gören Cebrâil (a.s.) böyle karar vermişti. Sonra Allah Teâlâ hazretleri) Cennetin etrafını (çevresini nefsin sevmediği şeylerle) mekârihle çepe çevre sardı ve Cebrâil'e (a.s.):

*"— Hele git, cennete bir daha bak!"* buyurdu. Cebrail (Aleyhisselâm) gidip cennete bir daha baktı. Sonra da gelip:

*"— Ya Rabbi! İzzetin hakkı için korkarım, ona* (o cennete) *kimse girmeyecek* (giremeyecek)." dedi.

Allah Teâlâ, cehennemi yarattığında da, Cebrâil Aleyhisselâm'a yine şöyle emretti:

*"— Git, bir de şuna* (cehenneme) *bak!"* buyurdu. Cebrâil (a.s.) da gidip cehenneme baktı (onu asıl hali ile gördü) ve Allah Teâlâ'ya gelerek:

*"Yâ Rabbi! Senin izzetine yemin ederim ki, duyanlardan* (cehennemin asıl halini dinleyip işitenlerden) *kimse ona* (o cehenneme) *girmeyecektir* (Ona girmemek için elinden gelen çalışmayı yapacaktır)!" dedi.

Allah Teâlâ, hemen o cehennemin etrafını şehvetlerle (insan nefsinin şiddetle hoşlandığı ve arzu ettiği şeylerle) çepeçevre kuşatıverdi. Sonra da, Cebrâil'e (a.s.):

*"— Ey Cebrâil! Git o cehenneme, bir kere daha bak!"* buyurdu. Gidip cehenneme son kez bakınca Cebrâil (a.s.) dönüp geldi ve:

*"Yüce Rabbim! İzzetine andolsun ki, bir tek kişi bile kalmayıp herkesin o cehenneme gireceğinden korkuyorum!"* dedi. (Tirmizî bab 20 Cennet)

*Ey cennet yolcusu!* Okuduğumuz bu hadis-i şerifler, cennetin çok cazip ve enteresan olduğunu fakat, kazanılmasının hiç de kolay bir durum olmadığını, cehennemin de, çok korkutucu kâbûslarla dolu bir yer olduğunu fakat, o cehenneme şiddetle çeken câzibeler bulunduğunu bildirmektedir.

## Cennetle Cehennemin Kendi Aralarında Söyleşmeleri

Hz. Ebû Hüreyre (r.a.)'den rivâyet edilmiştir. Râvi Ebû Hüreyre dedi ki: Resûlullah (s.a.v.) şöyle buyurdu:

***Cennet ve cehennem aralarında birbiriyle çekişircesine kendi aralarında şöyle söylendiler.*** Cennet:

"***— Bana zayıflar ve miskinler*** *(güçsüzler ve yoksullar)* ***girer!***" dedi. Cehennem de:

"***— Bana Cabbârlar ve mütekebbirler girer!***" dedi.

Cennetle cehennem bu konuşmaları üzerine Allah Teâlâ, cehenneme:

اَنْتَ عَذَابِى اَنْتَقِمُ بِكِ مِمَّنْ شِئْتُ

***"Ey cehennem, sen benim azabımsın ve seninle azab etmek istediğim kişilerden intikam alırım!"*** buyurdu.

Cenâb-ı Allah cennete de:

اَنْتَ رَحْمَتِى اَرْحَمُ بِكِ مَنْ شِئْتُ

***"Ey cennet, sen benim rahmetimsin ve seninle istediğim kimselere rahmet eder, merhamette bulunurum!"*** buyurdu. (Tirmizî Cennet bab 21)

***Ey cennet isteyen kardeş!*** Cennet iyi kimselerin gideceği saâdet yurdudur. Cehennem de, kötülerin gideceği azap yeridir. Âhiret yurdunda gidilecek iki yer vardır. Biri cennet, diğeri de cehennemdir. Cennet yolundan uzaklaşan cehenneme girecektir. Cehennemden korkan ise cennete girecektir. İşte bu sebebten dolayı her insan her ikisini de bilmek mecbûriyetindedir. Yol ikidir, iyi yol, kötü yol, cennet, cehennem. İyiler cennette, kötüler cehennemde, iyiler cennete kötüler cehenneme sürülecekler. Bu konuda Allah Teâlâ şöyle buyuruyor:

اِنَّ الْاَبْرَارَ لَفٖى نَعٖيمٍۚ . وَاِنَّ الْفُجَّارَ لَفٖى جَحٖيمٍۚ .

*"Şüphesiz ki iyiler* (mü'minler)*, cennette nimetler içinde olacaklar. Ve şüphe yok ki, kötüler* (kafirler)*de cehennemde alevli bir ateş içinde olacaklardır."* (İnfitar Sûresi, âyet 13-14)

*Ey Hak yolcusu kardeş!* Yüce Allah, insanoğluna iki yol göstermiştir: İyi yol ve kötü yol. İyiler iyi yolun yolcuları olduğu gibi kötüler de kötü yolun yolcularıdır. Öyle ki, dünyaya ayak basan her insan, bu önündeki iki yoldan birini tercih etmek (seçmek) ve ölünce de bu iki yolun çıktığı bir yere, bir konaklama yerine (cennete veya cehenneme) varmak zorundadır. Üçüncü bir yol, bir konaklama menzili hiçbir zaman söz konusu olmadığı gibi, kişinin aklına bile gelmeyecektir. Allah Teâlâ, yoktan varettiği (yarattığı) insanoğluna yolun iyisi ile kötüsünü ayırt edebilecek akıl, idrâk, zekâ ve hâfıza gibi yetenekler vermiştir. Bunlarla da kendi haline bırakmayıp melekleri aracılığı ile peygamberlerine ilâhî mesajını gönderip bu peygamberlerini de, kullarının aydınlatılması, onlara (kullara, insanlara) iyi yolun, kötü yolun sonuçlarını da anlatmaları konusunda görevlendirmiştir. Allah'ın elçisi (peygamberi) bütün hayatını insanlara iyiyi, kötülüğü ve sonuçlarını anlatmaya harcamıştır. Âhiret hayatı, artık bu yapılan görevlerin sonucunu alma yeri olarak her insanın karşısına çıkacak ve çıkmaktadır. Allah'ın ve peygamberinin gösterdiği ve öğrettiği iyi veya kötü yolun yolcuları sorguya çekilecek ve iyiler cennette, kötüler de cehennemde yerlerini alacaklardır.

***"İyiler cennette, kötüler cehennemdedir"*** âyetinin tefsirinde şöyle bir *"Nükte"* yer almaktadır.

Rivâyete göre, Halîfe Süleyman İbni Abdülmelik, Üstad Ebû Hâzim el'Müzenî'ye şöyle demiş:

***"Yâ Üstat! Keşke, Kıyâmet günü nereye varacağımızı ve Allah Teâlâ'nın yüce katında bizim için neler olduğunu bilebilseydik!"***

Üstat Ebû Hâzim, Halifeye şu cevabı vermiş:

***"Bundan kolay ne var, yaptığın işleri*** *(işlediğin amelleri)* ***Allah'ın Kitabı'na*** *(Kur'an'a)* ***arzet, Allah Teâlâ'nın katında senin için nelerin hazırlanmış olduğunu görürsün!"*** Aldığı bu cevab üzerine Halife sorar:

***"— Yâ üstat! Bunu, Allah'ın Kitabı'nın*** *(Kur'ânın)* ***neresinde bulurum?"*** der. Ebû Hâzim cevab verir:

اِنَّ الْاَبْرَارَ لَفٖى نَعٖيمٍۚ . وَاِنَّ الْفُجَّارَ لَفٖى جَحٖيمٍۚ .

***"İyiler muhakkak cennette, kötüler de cehennemdedir." âyetinde bulursun"*** der. Halîfe Süleyman:

***"— Yâ üstat! O zaman, Allah'ın rahmeti nerede kaldı?"*** dedi. Bu sefer Üstat Ebû Hâzim, Halifeye:

اِنَّ رَحْمَةَ اللّٰهِ قَرِيبٌ مِنَ الْمُحْسِنِينَ

*"Muhakkak bilesin ki, Allah'ın rahmeti iyilere ve iyilik edenlere çok yakındır."* (Ârâf Sûresi, âyet 56) âyeti Kerimesiyle cevab vermiştir.

*Ey dost!* Aslında insanoğlu, âhiretteki düşeceği durumu az çok kestirebilir. Çünkü dünyada işi gücü insanlara iyilik yapmak ve Allah'ın emirlerini yaparak, yasaklarından sakınmak olan bir kimse ile, işi gücü kötülük, Allah'ın emri nedir, yasakları nedir bilmeyen bir kimsenin elbetteki âhiretteki yerleri aynı şekilde iyiye işâret olamaz. Her akl-ı selim sahibi insan kendi hayır ve şerrini bilmek için çaba sarfetmeli, Allah'ın emir ve yasaklarını öğrenip gereğince amel etmeye çalışmalıdır. Dünyanın kendisi fânî (geçici) olduğu gibi neşesi, kederi de geçicidir. Önemli olan âhiret hayatında işe yarayacak iyilikleri (sevap ve hayırları) toplamaya gayret sarfetmektir. Dünya hayatında bir insanın bütün ömrü sıkıntılar içinde de geçse, eğer âhiretini kazandıysa, ölünce bu sıkıntılar geçer gider. Ama âhiret hayatı öyle mi ya sevinci de, sıkıntısı da devamlı olacaktır. İşte aklı başındaki insan bunları düşünür ve kendisine bir hayırlı yol çizer ve çizmelidir de. Esas akıl dediğin budur. Sonunda aldanılmaz.

*Evet, ey dost!* Âhirette iki yer vardır gidilecek. Birisi cennet, mü'minlerin gideceği yerdir. Birisi de cehennemdir ki, kafirler ve günühkarlar gidecektir. Günahkar mü'minler şefâat ve Allah'ın rahmetiyle cezalarını çektikten sonra çıkacaklar, kâfirler ise ebedî olarak orada kalacaklardır.

## Bir Grup Cennette, Bir Grup Cehennemdedir

*Şura Sûresi yedinci âyetinde de şöyle buyrulmaktadır:*

...يَوْمَ الْجَمْعِ لَارَيْبَ فِيهِ ج فَرِيقٌ فِى الْجَنَّةِ وَفَرِيقٌ فِى السَّعِيرِ

*Mânâsı:* ***"Asla şüphe olmayan o toplanma gününde onların*** *(insanların)* ***bir takımı cennette, bir takımı da çılgın alevli cehennemde olacaktır."***

Yani, o günün (Kıyâmet gününün) geleceğinde hiçbir kuşku (tereddüt) yoktur. O mutlaka gelecektir. İşte o zaman (o gün), insanlardan bir grup, yani Mü'minler Naîm cennetlerinde olacaklardır. Bir grup da, yani kafirler de **"Saîrde"** cehennemin en alt tabakalarında olacaklardır.

## Âhirette İnsanlar Bedbaht Ve Bahtiyar Olmak Üzere İki Grubdur

يَوْمَ يَاْتِ لَاتَكَلَّمُ نَفْسٌ اِلَّا بِاِذْنِهِ ج فَمِنْهُمْ شَقِىٌّ وَسَعِيدٌ

*Mânâsı:* ***"O kıyamet geldiği gün, Allah'ın izni olmadan hiç kimse konuşamaz*** *(ve şefâat edemez)****. O gün insanlardan bir kısmı bedbaht olacaktır. Bir kısmı da mutlu*** *(bahtiyar)* ***olacaktır."*** (Hûd Sûresi, âyet 105)

فَاَمَّا الَّذِينَ شَقُوا فَفِى النَّارِ...

*"Bedbaht olanlara gelince, onlar cehennemde (ateşte)dir.*

وَاَمَّا الَّذِينَ سُعِدُوا فَفِى الْجَنَّةِ ...

*"Mutlu (bahtiyar) olanlar ise, cennette olacaklardır."* (Hûd Sûresi âyet 106, 108)

Yani mahşer günü, hesab kitabdan, sorgu-sualden sonra insanlar mutlu ve bahtiyar, mutsuz ve bedbaht olarak iki gruba ayrılacaklar demek olur.

Şunu iyice anlamamız gerekiyor ki, bu dünyada yaşarken kendimizi bu iki yoldan birisine hazırlamamız gerekmektedir. Allah peygamber yoluna dört elle sarılmamız mutlu ve bahtiyarların yoluna hazırlıktır. Allah peygamber düşüncesinden uzak olarak, vur patlasın, çal oynasın mantığıyla yaşamak, o gün mahşerde bedbahtlar (mutsuzlar) sınıfına düşmek olacaktır.

## Kafirlerin Yeri Cehennem, Mü'minlerin Yeri Cennettir

Allah Teâlâ, kafirler hakkında Kehif Sûresi yüz ikinci âyetinde şöyle buyuruyor:

...اِنَّآ اَعْتَدْنَا جَهَنَّمَ لِلْكَافِرِينَ نُزُلاً

*Mânâsı:* ***"Muhakkak ki biz, cehennemi kâfirler için bir konak olarak hazırladık."*** (Kehif Sûresi, âyet 102)

Yüce Allah mü'minler için de şöyle buyuruyor:

اِنَّ الَّذِينَ اٰمَنُوا وَعَمِلُوا الصَّالِحَاتِ كَانَتْ لَهُمْ
جَنَّاتُ الْفِرْدَوْسِ نُزُلًا

*Mânâsı:* ***"Muhakkak ki, iman edip sâlih ameller işleyen mü'minlere gelince, onların konakları*** *(mekanları)* ***da Firdevs cennetleri olmuştur*** *(olacaktır).*" (Kehif Sûresi, âyet 107)

خَالِدِينَ فِيهَا لَا يَبْغُونَ عَنْهَا حِوَلًا

***"Artık onlar*** *(mü'minler)* ***orada temelli*** *(ebedî)* ***olarak kalacaklardır." Bu cennetlerde*** *(Firdevs cennetlerinde)* ***sürekli olarak sonsuza dek kalacakları takdir edilmiştir. Aynı zamanda "O mü'minler oradan*** *(Firdevs cennetinden)* ***hiç ayrılmak istemezler."*** Çünkü mü'minler yeni yerlerini çok sevmiş ve çok mükemmel bulmuşlardır ki, böyle bir yerden kesinlikle ayrılmak istemeyeceklerdir.

Ama kafirler, yerlerini sevmedikleri ve sevemedikleri için orada kalmak gibi bir niyet ve istekleri olmadığından onlar için böyle bir kayıt yok. Fakat mü'minler yerlerini sevdiklerinden ***"Oradan*** *(cennetten)* ***hiç ayrılmak istemezler."*** kaydı ve ilâvesi vardır. Cennetlerin isimleri bölümünde Firdevs cennetinin özelliklerinden söz edilecektir.

***Evet, ey dost!*** Şu kısa açıklamalarımızdan da anlaşıldığı üzere ölümden sonra başlayacak âhiret hayatında her insan için geçerli olmak üzere iki yol vardır. İyilerin yolu cennete, kötülerin yolu cehenneme çıkacaktır. Bunda hiç kimsenin itirazı geçerli değildir. İnsanoğlu istese de, istemese de, inansa da, inanmasa da, gerçek budur. Ya cennet, yani ya iyilerden olmak, yada cehennem, yani ya da kötülerden olmak insanın kendi seçeneklerindendir. Hani ne demişler: *"Kendi düşen ağlamaz!"* var sen artık kendi bildiğin gibi yaşa! Ama unutma ki âhiret var, cennet var, cehennem vardır.

## CEHENNEM NEDİR

*Ey Âhiret yolcusu kardeş!* Cehennemi cennetten önce anlatmak istiyorum. Kitabımın bitişini de (sonunu da) cennet ve cennetin nimetlerini anlatarak bitirmek istiyorum. Şimdi cehennem nedir sorusuyla konumuza başlayıp âyet-i kerime ve hadis-i şeriflerin ışığında cehennemin sıfat ve niteliklerini anlatmaya çalışalım.

### Cehennem Ne Demektir?

Cehennem, dibi çok derin ucu bucağı görünmeyen kuyu mânâsına gelen Arapça bir kelimedir. Türkçemizde "Tamû" kelimesi cehennem anlamındadır. Süleyman Çelebi, mevlidinin mirâç bölümünde bu kelimeyi: **"Gece gündüz işleri isyan kamû / Korkarım ki yerleri ola tamû"** beytinde kullanmıştır.

Cehennem kelimesi, Kur'ân-ı Kerimde pek çok geçmektedir. Ekseriyetle ateş anlamına gelen **"Nâr"** kelimesiyle birlikte söylenir ki, "Nâr-ı Cehennem = derin ateş çukuru" demek olur.

Dînî bir terim olarak cehennem kelimesi: *"Âhirette kafirlerin ve günahkar mü'minlerin cezalarını çekmek için girecekleri ilâhî ceza yeri, ilâhî hapishâne"* demektir. Yani cehennem âhirette yüce Allah'ın bir hapishânesidir. Cehennem kelimesi, cennet kelimesinin karşılığıdır. Kur'ân-ı Kerim'de, inanan ve sâlih (güzel) amel işleyen kimselere (mü'minlere) cennet vaad edilmiştir. Kafir ve günahkâr kimselere de bu dünyadaki yaptıkları isyân ve küfürlerinden dolayı cehenneme girecekleri ve ateş azabıyla cezalandırılacakları bildirilerek ihtar edilmişlerdir.

Ateş insan cismine çok büyük acı ve ızdırap verdiği için âhirette kafir ve münafıkların cezası ateşle verilecektir. Kur'ân'ın ifâdesiyle cehennem Allah'ın tutuşturulmuş ateşinin ismidir. Cehennemin en açık vasfı (özelliği) ateş olduğu için bir çok âyette cehennem yerine ateş anlamına gelen "Nâr" kelimesi kullanılır. Kur'ân, cehennem olayını pek çok yerde çok açık ve net olarak açıklamaktadır.

İslâm inancına göre, cehennem yedi tabakaya ayrılmıştır. Her tabakanın ateşi ve azabı şiddet bakımından farklı farklıdır. Bu tabakalarda kâfirler ve îmansız ölenler küfürlerinin azgınlığı derecesine göre azap görecekler ve ebedî (sürekli) olarak cehennemde kalacaklardır. Kur'ân-ı Kerim'de bu konuda pek çok âyet-i kerime bulunmaktadır. Ayrıca Peygamber Efendimizin de pek çok hadis-i şerifi vardır. Ayrıca bu dünyadan öteki dünyaya (âhirete) îmanla göçmüş, fakat günahlarını tevbe etmemiş, günahlı (günahkar) mü'min müslümanlar da cehenneme girecek ve günahlarının cezâsı bitince cehennemden çıkıp cennete girecekler ve bir daha cennetten çıkmayacaklar, cennet ehli olarak cennette hayatlarını sürdüreceklerdir.

Bütün âhiret hallerinde olduğu gibi, cehennemin gerçek yapısını ve mâhiyetini de ancak Allah Teâlâ bilir. İnsanlar da, ancak Allah'ın Peygamberi Hz. Muhammed'in bildirdiği, açıklamalardan kavrayabildikleri kadarını anlayabilir. Kur'ân-ı Kerîm ve Efendimiz Hz. Muhammed'in öğretilerinden (hadislerinden) öğrendiklerimize inanıp amel etmek, uygulamak biz insanlar (mü'minler) için en büyük âhiret sermâyemiz olacaktır. Böylece belki de (ümîd ediyor, inanıyoruz ki) cehennemden korunmamıza vesîle olacaktır.

Kur'ân-ı Kerim cennet ve cehennemi çok açık bir şekilde tavsıf etmiş, vasıflamıştır. Hazret-i Peygamber Efendimiz Muhammed Aleyhisselâm'da hadislerinde cennet ve cehennemin özelliklerinden uzun uzun bahsetmiş, açıklamalarda bulunmuştur. Çünkü Allah Teâlâ, Mirâç gecesi yaptığı ilâhî yolculuğunda Habibi Muhammed'e (Aleyhisselam'a) cennet ve cehennemi göstermiş ve bu yerleri gezdirmiştir. Efendimiz Mirâç yolculuğundan dönüşünde bütün bu gördüklerini ümmetine (ashabına) anlatmıştır. Bütün bu cereyan eden olaylarda elbetteki önemli mesajlar vardı. İnsanlık, cennet ve cehennem olayını bilmek ve öğrenmek durumundadır. Çünkü bunlar insanın kendi geleceğini (âkıbetini) ilgilendiren meselelerdir. Allah Teâlâ, bütün hikmetlerini ve insanoğlunun başına gelecek olayları açık açık bildirmesi, Mahşer gününde insanların göstereceği özür ve mazeret yollarını kapatması demek anlamındadır. Hani Türkçemizde bir deyim vardır: *"Öğüt ve nasihatle uslanmayanın hakkı kötektir"* derler. Allah Teâlâ'nın bunca öğüt ve nasihatlerini kulak ardı eden, alaya alan kâfirlerin, münâfıkların ve sapıklık içinde oyalayıcı bir dünyâ hayatına dalanların elbetteki bir köteğe bir cehennemî azabı tatmaları yerli yerince bir cezâ olacaktır. Kim ne derse desin, kim nasıl inanırsa inansın netice (sonuç) kendi başına gelecek veya başına yıkılacaktır. Herkes kendi yaptığının karşılığını görecek ve çekecektir.

*Ey Hak yolcusu kardeş!* Şu gerçeği unutma ki, insanın iyi ve kötü davranışlarını kontrol etmesi için, cennet ve cehennem inancının dünya hayatında çok büyük bir önem taşıdığı gayet açık ve nettir. Bir kişi, gizli ve açık olarak yaptığı herşeyin ve her eyleminin karşılığını göreceği ve bu durumla karşı karşıya geleceğini içtenlikle kabul etmesi ve olumsuz eylemleri için cehennemmedeki göreceği cezanın dehşetini hatırlayıp düşündükçe, hiç kuşkusuz davranışlarını, olumsuz eylemlerini gözden geçirmek ve kendisine çeki düzen vermek ihtiyacı duyacaktır. Kim ne derse desin cennet ve cehennem konularında bilgi edinmek ve sonra da oturup düşünmek her aklı başında olan veya aklım başımda diye iddiada bulunan her insan için gerekli olduğunu düşünüyor ve söylüyorum. Seçim ve tercih hakkı kişilerin şahsına râcidir. Bu böyle biline vesselâm!..

## Cehennemin Yedi Kapısı, Tabakası Vardır

*Ey Âhiret yolcusu!* Cehennem üst üste kurulmuş yedi tabakadan oluşmuş, yani üst üste kurulmuş yedi kattan ibaret olan bir ceza ve azap yeridir. Cehennem yedi tabakalı derin çukurlardan oluşunca bu tabakalara giriş için kapılar gerekmektedir ki, her cehennemlik kendisine layık olan azap tabakasına veya azap göreceği bölüme girmek için o katın (tabakanın) kapısından içeriye atılacaktır. Onun için Kur'ân-ı Kerim'de cehennemin yedi kapısı olduğu bildiriliyor.

لَهَا سَبْعَةُ اَبْوَابٍ ۜ لِكُلِّ بَابٍ مِنْهُمْ جُزْءٌ مَقْسُومٌ

*Mânâsı:* ***"O cehennemin yedi kapısı vardır. Her kapı için, onlardan*** *(o cehennemliklerden)* ***bir grup ayrılmıştır."*** (Hicr Sûresi, âyet 44)

Yani, cehenneme girecekler çok olduğu için ve her bir cehennemlik kişinin günahları da derece derece, çeşit çeşit olduğundan dolayı, her cehennemlik kendi günahına uygun bir tabakaya (bölüme) gireceğinden dolayı o tabakaya veya o kata (o bölüme) ait olan kapıdan girecektir. Böylece cehennemde yedi ayrı bölüme atılacak olan cehennemlikler, cehenneme yedi ayrı kapıdan sürülmüş olacaklardır demek olur.

Hz. Ali Efendimiz demiştir ki: ***"Cehennem, üst üste konulmuş yedi kattır*** *(yedi tabakadır)*. ***Cehennemin katları aşağıya doğru alçaldıkça çukurları derin-***

***leşir. Çukurlar derinleştikçe de azabı şiddetlenir. En şiddetli azap en alt tabakadadır."***

İbni Kesir demiştir ki: ***"Cehennemliklerden herkes kendi ameline*** *(suçuna)* ***göre bir kapıdan girer ve yine amelin*** *(suçunun)* ***büyüklük, küçüklük derecesine göre tabakalara*** *(bölümlere)* ***atılırlar."***

Cehennemin tabakalarının (bölümlerinin) tertibi ve sıralanışı hakkındaki görüşler değişiktir. Ancak çoğunun görüşüne göre birinci sırada cehennem ismi bulunmaktadır. Cehennem birinci, yani en üst tabaka (en üst bölüm) olarak bildirilmiş ve kabul edilmiştir. Cehennemin tabakaları üstten aşağıya doğru sayılır. Yani yedinci tabaka (bölüm) olarak bildirilen "Hâviye" en alt tabaka olarak bildirilmiştir. Şimdi cehennemin tabaka (bölüm) isimlerini görelim.

# ON DOKUZUNCU BÖLÜM

## KUR'ÂN-I KERİM'DE BİLDİRİLEN CEHENNEMİN İSİMLERİ

Cehennem'in genel ismi olan "Cehennem" kelimesi Kur'ân'da yetmiş yedi yerde geçmektedir. "Saîr" ismi on beş âyette geçmektedir.

Kur'ân-ı Kerim'de bildirilen cehennemin tabakaları şunlardır:

1. جَهَنَّمْ Cehennem
2. لَظَى Lezâ
3. اَلْحُطَمَة Hutame
4. اَلسَّعِيرْ Saîr
5. سَقَرْ Sekar
6. جَحِيمْ Cehîm
7. هَاوِيَة Hâviye

Rivâyete göre, *"Cehennemin, her kapısının arasındaki mesâfe, dünyâ senesiyle yetmiş seneliktir. Her tabakasının sıcaklığı, bir üst tabakasına (bölümüne) nisbeten yetmiş kat fazladır."* buyrulmuştur.

Cehenneme "Cehennem" isminin verilmesinin sebebi, çok derin olmasından dolayıdır. Yukarıda da arzettiğimiz gibi, cehennem, âhirette Allah Teâlâ'nın azaba çarptıracağı suçluları dolduracağı hapishanesidir. Yani âhiret hayatının hapishanesi cehennemdir.

Bazı tefsir sahibleri cehennem tabakalarının isimlerinin ne mânâya geldiklerini açıklamışlardır. Meselâ:

**1. Cehennem,** dibi görünmeyen çok derin kuyu ve bütün kâfirler ve günahkârlar için yaratılmış yedi derece aşağı tabakaya bölünmüş bir cezâ ve azap yeridir.

**2. Lezâ tabakası,** her tarafı kavuran alevli, şiddetli yakıcılığa sahip bir ateş tabakasıdır.

**3. Hutame tabakası,** kalbleri sarıp parçalayan ateşli kaygı, hararetten eriyip parçalayan Allah'ın tutuşturulmuş ateşi, şiddetli bir ateş tabakası demektir.

**4. Saîr tabakası,** çılgın alevli ve zehirli, tutuşturulmuş ateş tabakası demektir.

**5. Sekar tabakası,** kırmızı şiddetli alevler, son derece sıcaklık ve hararetiyle yüksek derecede yakıcılığa sahib bir ateş tabakası demektir.

**6. Cehîm tabakası,** tabaka tabaka yayılmış kor halinde yığılmış kızgın ateş kütleleri demektir.

**7. Hâviye tabakası,** dibsiz ateş çukuru, kaynayan ateş kuyusu demektir.

**Dahhak demiştir ki:** Cehennem tabakası olan **birinci** ve en üst tabakada mü'min, müslümanların günâhkar olanları, günahları nisbetinde yanacaktır. Cehennemde yanmaları onların kötü ve pisliklerden temizlenmeleri demektir. Bu temizlenmeden sonra çıkarlar. Bu kimseler, imanla öldükleri için günahları kadar yanıp çıkarlar veya şefâat olunurlar da çıkarlar ve cennete konurlar.

**İkinci tabaka,** Hıristiyanlara mahsustur, oraya onlar gruplar halinde gireceklerdir. **Üçüncü tabaka,** Yahûdilere mahsustur. Oraya onlar gruplar halinde girecekler. **Dördüncü tabaka,** yıldızlara tapan kafirlere ait olup, oraya onlar gruplar halinde girecekler. **Beşinci tabaka,** ateşe tapanlara (mecûsîlere) ait olacak, onlar gruplar halinde oraya girecekler. **Altıncı tabaka,** müşriklere (Allah'a eş ve ortak edinenlere) mahsustur. Oraya onlar girecektir. **Yedinci tabaka,** münafıklara aittir.

Allah Teâlâ münafıklar hakkında şöyle buyuruyor:

اِنَّ الْمُنَافِقِينَ فِى الدَّرْكِ الْاَسْفَلِ مِنَ النَّارِ ج

Mânâsı: ***"Hiç şüphesiz ki münafıklar, cehennem ateşinin en alt tabakasındadırlar. Artık onlara bir yardım edici de bulamazsın."*** (Nisâ Sûresi, âyet 145)

Münâfıklar, cehennemin en dip noktasında azap edileceklerdir. Orası "Hâviyedir = Uçurumdur." Cehennem yedi tabakadır. Bu tabakalar birbiri üstüne olduğu için, âyette "دَرْكْ - *derk*" tabiri kullanılmıştır. Cehennemdeki tabakalara "دَرْكْ - *derk*" denir (en aşağı, dip demektir). Cennetteki tabakalara ise, "درجه - *derece*" denir (yükselme anlamında).

Münafık neden kafirden daha çok azap görecek? diye sorulacak olursa cevabı şudur: İnkar etmek, kafir olmak yönünden, münafık da kafir gibidir. Ayrıca münâfık inkar etmesine, bir de dinle alay etme ve müslümanları aldatma ve kandırma suçunu da ilave etmiş (eklemiştir).

اِنَّ اللّٰهَ جَامِعُ الْمُنَافِقِينَ وَالْكَافِرِينَ فِى جَهَنَّمَ جَمِيعًا ٧

*Mânâsı:* ***"Şüphesiz ki Allah, münâfıklarla kâfirlerin hepsini cehennemde bir araya toplayacaktır."*** (Nisâ Sûresi, âyet 140) Bu iki kafir grup dünyada Allah'ın kitabının âyetleriyle alay etmek için toplandıkları gibi, âhirette de cehennem azabında öylece toplanırlar. Bunların âhiretteki görecekleri azap ve cezâ amelleri cinsinden olacaktır.

Çünkü münâfıkların küfrü (kafirliği) daha katmerlidir, küfürde kâfirlerden daha ileri çılgınlıkta bulunmuşlardır. Mü'minlere kafirlerden daha çok eziyet etmişlerdir. Münafıklar, bu dünyada yaptıkları çirkin amellerinin karşılığını âhirette cehennemin en şiddetli azabını çekerek en alt tabakada ebedî olarak kalacaklardır.

Şimdi cehennemin tabakalarında görülecek azabı bildiren âyetlerin bazılarından misâl (örnek)lerini görelim. Cehennem bütün kâfirleri çepeçevre kuşatmıştır (kuşatacaktır):

...وَاِنَّ جَهَنَّمَ لَمُحِيطَةٌ بِالْكَافِرِينَ

*Mânâsı: "**Şüphesiz ki cehennem, bütün kâfirleri çepecevre sarıp kuşatacaktır.**"* Onlar küfürlerinin, inkarlarının cezâsını çok ağır ödeyeceklerdir. (Tevbe Sûresi, âyet 49) Yani kıyâmet gününde cehennem; bütün kafirleri, münafıkları ve diğer imansız azgın çılgınları çepeçevre sarıp kuşatacaktır. Çünkü bu Allah düşmanları inkarın (kafirliğin) ve isyanın bütün çeşitlerini kendilerinde toplamış bulunduruyorlar. Onların cehennem azabından kurtuluşları yoktur ve olmayacaktır.

وَنَحْشُرُهُمْ يَوْمَ الْقِيَامَةِ عَلَى وُجُوهِهِمْ عُمْيًا وَبُكْمًا

وَصُمًّا ط مَأْوَيهُمْ جَهَنَّمُ ط كُلَّمَا خَبَتْ زِدْنَاهُمْ سَعِيرًا

*Mânâsı: "**Biz kıyâmet günü, sapkın kâfirleri kör, dilsiz ve sağır bir halde, yüzü koyun** (yüz üstü sürünerek) **haşrederiz. Onların varacağı ve kalacakları yer cehennemdir. Onun alevi** (ateşi) **ne zaman sönmeye yüz tutsa, yani yanması ve alevi yavaşlasa,** (hemen onu körükleyip) **alevini arttırırız.**"* (İsra Sûresi, âyet 97)

Âyetteki "عَلَى وُجُوهِهِمْ – **Yüzü koyun, yüz üstü**" ifâdesinden maksat, bu cins kâfirlerin yüzleri üzerinde yürütülmeleri demektir. Hani yüz üstü süründüler deriz, bunun gibi, Allahü A'lam = doğrusunu Allah bilir. Şunu da bilki, ayakları üzerinde yürüten kudret (Allah) sapkın kafirleri yüzü koyun (yüzleri üzerinde de) yürütmeye kadirdir. Çünkü O'nun her şeye gücü yeter.

Müslim'in, Enes İbni Malik'den rivâyet ettiğine göre; bir adam gelip: *"Ya Resûlallah! Kıyâmet gününde kâfir yüz üstü nasıl haşredilecek, nasıl yürüyecek?"* diye sormuştur. Resûlullah (s.a.v.):

*"— Onu dünyada ayakları üzerinde yürüten kıyâmet gününde yüzüstü yürütmeye kâdir değil midir?"* buyurmuştur. Katâde, hay hay, Rabbimizin izzeti (kudreti) hakkı için diyerek tasdik ve kabulde bulunmuştur. O (Celle Celâlüh) buna kadirdir, çünkü O'nun gücü her şeye yeter demek olur. Kafirlerin yüzüstü yürütülmesi hikmeti, dünyada iken, Allah'ın emirlerini dinlemeyip secde etmeye yanaşmadıkları, O'na teslim olmadıkları gibi hikmetlere dayanır denilmiştir.

Kâfirler, cehennemi uzaktan gördüklerinde onun kendilerine karşı öfkesini homurtusundan anlayacaklar.

بَلْ كَذَّبُوا بِالسَّاعَةِ وَاَعْتَدْنَا لِمَنْ كَذَّبَ بِالسَّاعَةِ سَعِيرًا

*Mânâsı:* **"O kafirler kıyâmeti** *(kıyâmet gününü)* **de yalanladılar** *(yok saydılar)*. **Biz ise, o kıyâmet** *(günü-nü)* **yok sayan** *(yalanlayan)* **kafirler için çok şiddetli alevi olan bir ateş hazırladık.** *(O kafirleri cehennemin 4ncü tabakası olan "سعير =* **Saîr"** *de, çılgın alevlerin içinde zehirli ve çok şiddetli bir ateşte azab edeceğiz. Onlara böyle bir ateş, böyle bir azap yeri hazırladık. O kafirler, Kıyâmeti, öldükten sonra yeniden dirilmeyi, Allah'ın huzûrunda toplanıp sorgu suâle çekilmeyi ve hesap vermeyi yalanlamayı sürdüre dursunlar bakalım. Biz onlar için hazırlığımızı çoktan yaptık bile. On-*

*lar için "سعير = Saîr" tabakasında şiddetli alevleri olan büyük bir ateş hazırladık.)"* (Furkan Sûresi, âyet 11)

Bu konuda "سعير = Saîr" kelimesinin bulunduğu bir âyette Cenâb-ı Hak şöyle buyuruyor:

وَكَفٰى بِجَهَنَّمَ سَعِيرًا

***"O kafirlere çılgın bir ateş olarak cehennem yeterlidir."*** (Nisa Sûresi, âyet 55) Bu âyeti, meâl ve tefsir sahibi kimseler değişik sözcükler kullanarak terceme etmişler. Bir kaçını görelim:

1. *"O kafirlere küfür ve inatlarına karşılık azap ve ceza olarak çılgın alevli cehennem kafidir."*

2. ***"O kafirlerin hakkından harıl harıl yanan cehennem gelir** (gelecektir)."*

3. *"O imansızlara cehennem alevi kafidir."*

4. ***"O kafirlere kavurucu bir ateş olarak cehennem yeter."***

Araştırmalarım esnasında bu ifâdeler benim dikkatimi çekti. Onun için buraya aldım. Demek ki, "Saîr" kelimesi, cehennemin bu vasıflarını dile getiren bir anlama gelmektedir.

اِذَا رَاَتْهُمْ مِنْ مَكَانٍ بَعِيدٍ سَمِعُوا لَهَا تَغَيُّظًا وَزَفِيرًا

***"O cehennem ateşi,** (görülebilecek) **en uzak bir mesâfeden onlara** (o kafirlere) **görününce** (ve olanca kızgınlığıyla karşılarında belirince)**, onun müthiş kaynamasını** (öfkeyle dolu homurdanış sesini) **ve uğultusunu işitirler** (işiteceklerdir)."* (Furkan Sûresi, âyet 12)

Yüce Rabbimiz, bu âyet-i kerimesinde çılgın alevlerle yanan ateşin uğultu sesini, öfkeli bir insanın hiddet ve şiddet içinde bulunduğu ruh haline benzetmiştir. Bu kimsenin öfke ve kızmasından dolayı neredeyse kalbinin yerinden fırlama noktasına geldiği andaki çıkardığı kükreme hışıltıları sesine benzer bir tablo çizmiştir. Âyet-i kerimede uğultu anlamına gelen "زفيرا – *Zefîra*" kelimesi, kişinin kaburgaları şişercesine nefes alıp vermesi demek anlamında olan bir deyimdir.

Âyetin devamı olan 13ncü âyette ise, Kıyâmeti inkâr eden o kafirlerin ellerinin boyunlarına bağlı olduğu ve hemen oracıkta yok oluvermeyi isteyecekleri dile getirilmektedir.

***"O kafirler, elleri boyunlarına** (zincirlerle) **bağlı olarak onun** (ateşin) **dar bir yerine atıldıkları vakit, oracıkta hemen yok oluvermeyi isterler."** (Ve yüksek sesle şöyle bağırıp haykırırlar! "Ey helâk, ey yok olma! Neredesin yetiş!" diyeceklerdir.)*

Cehennem ateşi kafirlerin yüzlerini yalayıp derileri eriyip dökülünce dişleri sırıtıp kalacaktır. Kur'ân-ı Kerim bize bu bilgileri vermektedir.

تَلْفَحُ وُجُوهَهُمُ النَّارُ وَهُمْ فِيهَا كَالِحُونَ

*Mânâsı:* ***"Cehennem ateşi o kafirlerin yüzlerini yalar** (çarpar) **da, dişleri sırıtıp kalıverir."*** (Mü'minûn Sûresi, âyet 104)

Hadis-i şerifde mealen şöyle buyrulmuştur: ***"Ateş cehennemlik kişiyi öyle çarpar, öyle dağlar ki, üst dudağı kafasının ortasına kadar çekilir ve alt dudağı da** (âdetâ) **göbeğine kadar sarkar."*** (Ahmed Bin Hanbel ve Tirmizî)

*Evet ey dost!* İşte cehennem azabı, kafirleri, münafıkları, tüm dinsizliği meslek edinen nankör inatçı imansızları böyle azab edip bu korkunç hallere düşürecektir. İnsanoğlu ister inansın, ister yalanlasın! Bütün işler Allah'ın bildirdiği ve onun (celle celâlüh) dediği gibi gelişip gerçekleşecektir. Ne mutlu Allah'a inananlara ve peygamberine inanıp bildirdiği gerçeklere gönülden bağlananlara ve Allah'a kulluk görevini harfiyyen yerine getirenlere ki, her iki âlemde de gerçek mutluluğu tadıp yaşayacak olanlar işte bu bahtiyarlardır!..

Cehennemin ikinci tabakasını anlatan "لَظَى *Lezâ* =**alevleri her yeri kavuran çılgın bir ateş**" anlamına gelen âyetin metni şöyledir.

كَلَّا اِنَّهَا لَظٰى ط . نَزَّاعَةً لِلشَّوٰى ج

*Mânâsı:* "**Hayır, asla** *(Allah onu (o müşrik kafiri) azabdan kurtarmaz.)* **Çünkü o cehennemin** *Lezâ* **bölümüne atılacaktır. O hâlis alev çılgın bir ateştir** *(mücremleri, kafirleri)* **yakalayıverip, derilerini kavurarak soyuverir.**" Yani kişinin elindeki, ayağındaki ve bütün uzuvlarındaki deri ve cildini söküp döküverendir. (Meâriç Sûresi, âyet 15, 16)

Yukarıda da arzettiğim gibi, "**Lezâ**" cehennemin özel isimlerinden olup, cehennemin ikinci tabakasını temsil eder. Lezâ, dumanı olmayan hâlis, kıpkızıl saf ateş oluşunun verdiği kuvvetli ısı ve hararetinden dolayı yakıcı özelliğin zirvesinde olan, hâlis alev anlamı taşımaktadır.

Âyette derileri diye mânâlandırılan "لِلشَّوٰى - *liş'şevâ*" kelimesi, aslında kafa derisi demektir.

Bununla beraber bazı kere, vücûdun baş, el, ayak gibi uç âzâları anlamına da gelmektedir.

Şimdi bu sûrenin on birinci âyetinden on altıncı âyetine kadar olan kısmının Türkçe anlamlarını vermek istiyorum ki, konuyu daha iyi anlamış olalım.

Meâriç Sûresi, 11nci âyet ile 16ncı âyetlerin meâlleri şöyledir:

11. "*(O kıyâmet gününde hısım ve akrabalar)* ***birbirlerine gösterilirler.*** *(Yani, kıyâmet gününde herkes birbirinin gözü önündedir. Kişi, babasını, kardeşini, eşini, sülâlesini ve akrabalarını görür, hepsi gözünün önündedir. Fakat onların hal ve hatırını sormaz, soramaz, konuşmaz, konuşamaz. Bu onları tanımadığından değil, kendi başının derdine düştüğündendir. O gün herkesin kendine yetecek derdi vardır. Hani başını kaşıyacak vakti yok derler ya! İşte onun gibi birşey. Herkes canının derdine düşmüştür.)* ***Günahkar kâfir*** *(veya tüm günahkarlar),* ***o günün azabından kurtulmak için ister ki, fidye olarak*** *(kurtuluşu için)* ***oğullarını versin.***"

12. "***Eşini, kardeşini*** *(versin),*"

13. "***Kendisini koruyup barındıran sülâlesini*** *(tüm hısım akrabasını versin)* ***ve***"

14. "***Yer yüzünde nesi varsa, bunların hepsini*** *(fidye olarak versin)* ***de, yeter ki kendi canını kurtarsın!***" *(Evet bu günahkar herşeye râzıdır. Canından başka nesi varsa fedâ edip bir tek canını kurtarsın ister.)*

15. "***Fakat ne mümkün!*** *(Allah Teâlâ, asla onu (o günahkarı) azabdan kurtarmaz.)* ***Çünkü o cehennem, çılgın alevli bir ateştir.***"

16. ***"Bütün uzuvları** (organları) **söküp çıkarandır."*** (Meâriç Sûresi, âyet 11-16)

***Evet ey dost!*** İşte kafirler için cehennem böyle bir azap yeridir. Her kafir, her mücrim günahkar, bu dünyada işlemiş olduğu suçların, günahların cezasını çok acı bir şekilde çekecektir. O cehennemden kurtuluşları da mümkün değildir.

***Ey Âhiret yolcusu kardeş!*** Okuduğumuz bu âyetlerin anlamının ışığı altında kıyâmet gününün ne büyük bir can derdine düşüleceği bir gün olduğunu beraberce öğrenmiş bulunuyoruz.

Bu konuda Sevgili Peygamberimizin de bir hadis-i şerifi vardır. İmâm-ı Müslim, bu hadis-i şerifi, 2805 numara ile kâfirin yer dolusu altını azabdan kurtulmak için fidye olarak vermesi babında rivâyet etmiştir.

Enes İbni Mâlik'den (r.a.) râvi demiştir ki: Resûlullah Sallallâhü aleyhi ve sellem şöyle buyurmuşlardır:

يَقُولُ اللّٰهُ تَبَارَكَ وَتَعَالَى لِاَهْوَنِ اَهْلِ النَّارِ عَذَابًا:
لَوْكَانَتْ لَكَ الدُّنْيَا وَمَا فِيهَا؛ اَكُنْتَ مُفْتَدِيًا بِهَا؟
فَيَقُولُ: نَعَمْ. فَيَقُولُ قَدْ اَرَدْتُ مِنْكَ اَهْوَنَ مِنْ هَذَا
وَاَنْتَ فِى صُلْبِ آدَمَ اَنْ لَاتُشْرِكَ (اَحْسِبُهُ قَالَ:)
وَلَا اُدْخِلَكَ النَّارَ فَاَبَيْتَ اِلَّا الشِّرْكَ

*Mânâsı:* ***"Allahü Teâlâ kıyâmet günü, cehennemliklerden azabı en hafif olan kimseye: "— Dünya ve ondaki*** *(yani yer yüzündeki)* ***bütün varlıklar senin olsa, bu azabdan kurtulmak için, onları fidye olarak verir miydin?" diye sorar*** *(soracaktır).* ***O cehennemlik kimse: "— Evet, verirdim!" cevabını verecektir. Bunun üzerine Allah Teâlâ ona:***

***"— Sen daha Âdem'in sulbunde iken, bundan daha ehvenini*** *(daha basitini)* ***senden istedim.*** *(Yani)* ***bana şirk koşmamanı istedim. Ama sen bundan imtinâ ettin, şirk koşmayı seçtin." buyurur.*** (İmâm-ı Müslim tahriç etmiştir.)

Hadis-i şerif açık ve net olarak şu gerçeği anlatmaktadır: Kıyâmet gününde dünyâ, yani yeryüzü bütün varlıklarıyla kafirlerin elinde olsa ve cehennemin azabından kurtulmak için, ellerindeki bu varlıklarını fidye olarak vermek ellerinden gelse idi, hiç tereddüt etmeden verirlerdi demek olur.

Hatta diğer bir rivâyette yine aynı râviden şu ifadeler yer almaktadır:

يُقَالُ لِلْكَافِرِ يَوْمَ الْقِيَامَةِ اَرَاَيْتَ لَوْ كَانَ لَكَ مِلْءُ
الْاَرْضِ ذَهَبًا اَكُنْتَ تَفْتَدِى بِهِ فَيَقُولُ نَعَمْ

*Mânâsı:* ***"Kıyâmet gününde, kâfire: "Senin*** *(elinde)* ***yer yüzü dolu altının olsa idi, bunları*** *(azabdan kurtulmak için)* ***fidye olarak verir miydin?" diye sorulacaktır. Kafir de:***

***"— Evet, verirdim" diye cevap verecektir." buyrulmuştur.***

Yukarıda Türkçe meallerini verdiğimiz Meâriç Sûresi'nin 11den 14ncü âyetlerde bu konu daha detaylı ve daha açık bulunmaktadır. Orada cehennemlik kişiye: **"Oğulları, kardeşleri, eşi, hısım akrabası, aşireti ve yer yüzünde bulunanların hepsi"** şeklinde açık bir detay vardır ki, bu aklı başında olanlar için önemli bir uyarıdır. Âyetleri topluca birarada şöyle bir mefhûm şeklinde anlatıp yorumlarsak aklımızda yeni ufuklara bir ışık belirebilir görüş ve kanâatindeyim.

11nci âyet: يُبَصَّرُونَهُمْ *Yübassırûnehüm* = **Onlar birbirlerine gösterilirler"** Yani, kıyâmet gününde herkes birbirlerini görür, hısım ve akrabalar birbirlerini görür ve tanırlar. Hattâ kişi babasını, kardeşini, akrabalarını ve sülâlesini, kavim ve aşiretini görür. Fakat onları görüp dururken, onlara ne bir şey sorar, ne de onlarla veya onlardan biriyle konuşur! Hiç kimse ile konuşmaz!

Abdullah İbni Abbâs (r.a.) şöyle demiştir: **"Onlar birbirlerine gösterilir"** den maksat, **"onlar birbirlerini tanır, tanışır, sonra da birbirlerinden kaçarlar"** demek manasınadır der. Yüce rabbimiz Abese Sûresinin 34-37 ayetlerinde de şöyle buyurmuştur:

يَوْمَ يَفِرُّ الْمَرْءُ مِنْ اَخِيهِۙ . وَاُمِّهِ وَاَبِيهِۙ . وَصَاحِبَتِهِ
وَبَنِيهِۜ . لِكُلِّ امْرِئٍ مِنْهُمْ يَوْمَئِذٍ شَاْنٌ يُغْنِيهِۜ

*Mânâsı:* **"İşte o günde** *(kıyamet gününde)* **kişi kardeşinden, annesinden, babasından, eşinden ve çocuklarından kaçar** *(kaçacaktır). (Çünkü)* **o gün** *(kıyâ-*

*met günü)* ***onlardan her kişinin kendisine yeter*** *(yetecek)* ***bir işi*** *(başından aşan bir derdi)* ***vardır."***

Yani kişinin kendisini meşgul eden öyle önemli bir işi, bir meşgalesi vardır ki, başından aşar (aşmıştır). Onun ağırlığı, önemi başkalarını (bu başkaları kardeşi, annesi babası, hatta sevgili eşi ve çocukları bile olsa) düşünmeğe, yardıma (yardımlarına) koşmaya meydan ve fırsat vermediği gibi, tam tersine onlardan kaçırır (âdeta girecek delik aratır), bu değerlerin hepsini fedâ ettirir (gözden çıkarttırır).

Bunlardan kimisi kendi başının derdiyle onlara yardımdan kaçar, kimisi de onlar yüzünden sorgulanmaktan kaçar. Çünkü kardeşi onun yakasına yapışıp: ***"Sen bana dünyada yardım etmedin, kardeşliğini yerine getirmedin"*** diye; anne baba ise: ***"Sen bize dünyada hürmetle, iyilik etmede kusur ettin"*** diye, eşi: ***"Sen bana dünyada haram yedirdin"*** diye, çocukları ise: ***"Sen dünyada bize dinimizi öğretip doğru yolu göstermedin"*** diye yakasına sarılırlar (sarılabilirler).

Katâde'den rivâyet edilen bir hadis-i şerifde Efendimiz (a.s.): ***"Kıyâmet günü insan, tanıdığı bir kimseyi görmekten sıkılıp paniklediği kadar, hiçbir şeyden sıkılıp paniklemez. Çünkü o kişiye yaptığı bir haksızlık sebebiyle peşine düşülüp yakasına yapışılmasından korkar."*** buyrulmuştur.

"يُبَصَّرُونَهُمْ *Yübassırûnehüm*" den sonra âyet şöyle devam ediyor. Yani: (Onlar birbirlerine gösterilirler, herkes birbirini tanır. İşte tam bu esnâda):

يَوَدُّ الْمُجْرِمُ لَوْ يَفْتَدِى مِنْ عَذَابِ يَوْمَئِذٍ بِبَنِيهِ. وَصَاحِبَتِهِ وَاَخِيهِ. وَفَصِيلَتِهِ الَّتِى تُؤْوِيهِ وَمَنْ فِى الْاَرْضِ جَمِيعًا ثُمَّ يُنْجِيهِ

*"Mücrim, günahkar, kâfir, yani inkâr eden ve yalanlayan* (bu dünyada her mânevi değeri yok sayan), *yüce Allah'ın azabından kendini kurtarmak için, kurtuluşuna karşılık, kendisi için dünyâ hayatında en değerli varlıkları olanlardan başlayarak, oğulları, sevgili eşini ve kardeşlerini verip* (azabdan) *kurtulmayı temenni eder, bunu tâ gönülden ister. Bunlar yetmez, bunların yanında kendisine kucak açıp barındıran, koruyup himaye eden ve başına gelen bütün musîbet ve sıkıntılarda tek dayanağı olan hısım akrabayı, sülâlesini, kavim ve aşiretini de fidye olarak verip* (azabdan) *kurtulmak ister. Üstelik bunlarda yetmez, fidyesini daha da arttırır.* Buna yeryüzündeki şeyleri de katıp ilave eder de son olarak: "وَمَنْ فِى الْاَرْضِ *Yeryüzünde bulunan insanların ve diğer varlıkların da hepsini fidye olarak verip Allah'ın azabından kurtulmak ister. Fakat* "كَلَّا *= ne mümkün"* bu asla mümkün olmayacak bir hayaldir. Yani o günahkar kafir hayal ürünü olan bu kuruntulardan vazgeçsin (vazgeçmelidir, bırakmalıdır). Çünkü hiçbir fidye onu Allah'ın azabından kurtaracak değildir. Tam tersi onun önünde: "اِنَّهَا *innehâ – şüphesiz O, yani azap ateşi.* "لَظَى *Lezâ – Çılgın alevli salgın ateştir."* "Lezâ", cehennemin (cehennem

tabakalarının) isimlerinden biridir. Yukarıda açıklamasını yaptık.

نَزَّاعَةً لِلشَّوٰى *"O çılgın ateş, o büyük azap, ısısının şiddetiyle insanın başının (kafasının) derisini soyar."* Bu şu mânâya gelir: Mücrimlere daha şiddetli ve devamlı azap edileceğine işâret eder. Azap içindekilerin başının ve el, ayak gibi uç uzuvlarının derisi eriyip soyuldukça tekrar yenilenip azap edilmek için eski haline getirilir demek olur. Bununla ilgili açıklama yukarıda da geçmişti. Allah Teâlâ, azap için derilerin yenilenmesini Nisâ Sûresinde de bildirmiştir: **"Şüphesiz ki âyetlerimizi inkar eden** *(yalan sayan)* **kafirleri yarın** *(kıyâmette)* **ateşe atacağız."**

... كُلَّمَا نَضِجَتْ جُلُودُهُمْ بَدَّلْنَاهُمْ جُلُوداً غَيْرَهَا لِيَذُوقُوا الْعَذَابَ ...

***"Vücûdundaki deriler yanıp döküldükçe onların yerine yeni taze deriler yaratacağız. Cehennemin azabının acısını iyice duysunlar diye yanmış derilerini yenileyeceğiz. Şüphesiz ki Allah, Azîz ve Hakîmdir: Üstün kudret, tam hüküm ve hikmet sahibidir."*** (Nisâ Sûresi, âyet 56)

İslâm âlimleri bu âyetin tefsiri meyanında bazı görüşlerini aktarmışlardır. Hasan Basrî hazretleri demiştir ki: ***"Ateş cehennemlikleri günde yetmiş bin defa pişirip yakarak kül eder. Ateş onları yakıp kül ettikçe, onların derilerine*** *"Eski halinize gelin"* ***denilir. Cehenemliklerin cilt derileri eski haline dönerler."*** Böylece azabları ebedî olarak devam eder. Rebî der ki: *"Cehennemlik birinin derisi, kırk zirâ' olur. Karnına bir dağ konsa onu içine alır. Ateş onların derilerini yakıp kül ettikçe, onların derileri yeniden eskisi gibi yenilenir."*

Ahmed İbni Hanbel'in Müsned'inde rivâyet ettiği bir hadis-i şerifde şöyle buyrulmuştur:

*"Cehennemlikler, cehennemde o kadar büyütülürler ki, o cehennemliklerden birinin kulak yumuşağı ile omuzu arasının genişliği mesafesi yedi yüz yıllık (dünya senesiyle) yol mesafesi kadar olur. Cehennemlik birinin derisinin kalınlığı ise, yetmiş zirâ'dır. Bir cehennemlik kişinin dişi, Uhud Dağı kadar büyüklüktedir."* (Ahmed İbni Hanbel II/26)

## Cehennemin Sekar Tabakasına Girecek Olanlar

*Ey Âhiret yolcusu!* Şimdi de cehennemin tabakalarından olan **"Sekar"** bölümüne (tabakasına) girecek olan kafirlerin bazı sıfat (nitelik) ve vasıflarını bildiren âyetleri metin ve Türkçe meâlleriyle açıklamalarını görelim.

Allah Teâlâ Müddessir Sûresi, 26, 27 ve 42nci âyetlerinde geçen **"سَقَر Sekar"** kelimesini şöyle ifade buyuruyor:

سَاُصْلِيهِ سَقَرَ. وَ مَا اَدْرَاكَ مَا سَقَرُ.

لَاتُبْقِى وَلَاتَذَرُ. لَوَّاحَةٌ لِلْبَشَرِ

*Mânâsı:* ***"Ben onu** (azılı kafiri) **mutlaka Sekar'a** (kıpkızıl çılgın ateşe) **atıp yaslayacağım. Resûlüm, yâ***

***Muhammed! Bilir misin nedir o Sekar? O (Sekar) ne geri bırakır, ne de azabdan vazgeçer! O Sekar (çılgın ateş), durmadan (cehennemliklerin) derilerini yakıp kavurur."*** (Müddessir Sûresi, âyet 26, 27, 28, 29)

***Ey dost!*** Şimdi okuduğumuz bu âyetleri bir kaç kelimelik de olsa kısa birer açıklamamız olması gerikir. Konumuzun birinci âyeti sûrenin 17nci âyeti olan: "سَأُرْهِقُهُ صَعُودًا – ***Ben o inatçı kafiri (Velid bin Muğire'yi) sarp ve dik bir yokuşa sardıracağım."*** âyetinden bedeldir. Yani ***"Ben o kafiri mutlaka sekara (çılgın kızıl ateşe) sokacağım"*** 26ncı âyeti: ***"Ben o inatçı kafiri sarp ve dik bir yokuşa sardıracağım"*** 17nci âyetin kapsadığı mânâyı destekleyip açıklamaktadır.

Yukarıda da açıkladığımız gibi "Sekar" cehennemin yedi azap tabakasından birinin özel adıdır. Yani cehennemin özel isimlerinden biridir ki: ***"Kırmızı alevler saçan, şiddetli azap veren, son derece yakıcılığı olan"*** cehennemin alt tabakalarından biridir.

Allah Teâlâ, inatçı kâfirleri, azılı Allah, peygamber ve din düşmanlarını bu tabakada (cehennemin **"Sekar"** tabakasında) azap edecektir. Buranın nasıl bir azap yeri olduğunu sûrenin devamı olan ayetler bildiriyor.

Bu âyet-i kerimeler, İslâm'ın, Allah ve peygamberin azılı düşmanlarından biri olan Ebû Cehil'in kardeşi Velîd bin Muğîre hakkında gelmiştir. Velîd, Mekke'nin zengin ve ileri gelen kodamanlarındandı. Servetiyle birlikte on tane de oğlu vardı.

Sonra Mekke'nin liderlerindendi. Allah kendisine bol bol dünyâ nimetlerinden vermişti. Velîd, bu sahip olduğu nîmetlerden dolayı Allah'a şükredeceği ve bu nimetlerin karşılığı olarak Allah'a iman ve itâat edeceği yerde, bunun tam tersini yapmıştı. Allah ve peygamberine karşı, Kur'ân'a ve İslam'a karşı azılı ve amansız bir düşman olmuştu. Mekke'da ileri geri konuşup duruyordu. Âyetlerin bazıları bu inatçı kafirin ileri geri konuşmalarına cevaptır. Yukarıdaki âyetlerin bir kaçında bu inatçı kafire verilen nimetler sayılıyor. Sonra da Allah Teâlâ bu kafirin haddini bildireceğini ağır bir şekilde beyan ediyor: "كَلَّا اِنَّهُ كَانَ لِاٰيَاتِنَا عَنِيدًا – ***Hayır, hayır!*** *(Kesinlikle o inatçı kafir isteğine kavuşamayacaktır.)* ***Çünkü o, bizim âyetlerimize karşı inatçı bir kafir olmuştur.***" Yani o kafir Velîd, kendisine bunca nimetler veren Rabbine karşı şükretmesi yerine, O'nun (Celle Celâlüh) âyetlerine karşı inatla inkar etmeye, yalanlamaya kalkıştı. Ben azîmüşşan o kafire yapacağımı bilirim. "سَاُرْهِقُهُ صَعُودًا – ***Ben onu*** *(o inatçı kafiri)* ***öyle bir sarp yokuşa, dikine azaba sardıracağım***" ki, o kafir helâk olacaktır. (Müddessir Sûresi, âyet 16, 17)

Başta Elmalılı Merhum olmak üzere tefsirlerimizde kaydedildiğine göre, bu âyetlerin gelmesinden sonra Velîd bin Muğîre denen o kafirin malı mülkü kısa zamanda erimiş, yok olup gitmiş, herif de yoksul olarak gebermiş, "*ilâ cehenneme zümera*" olup gitmiştir.

Tirmizî ve diğerlerinin rivâyet ettiği hadisde Hazret-i Peygamber (Aleyhisselâm) Efendimiz:

"صَعُودْ ***Saûd, ateşten bir dağdır ki, kafir ona yetmiş yıl çıkar sonra oradan ateşin içine düşer."*** buyurmuştur. (Tirmizî cehennem ve Tefsiri Sûre)

Yine Aleyhissalâtü vesselâm Efendimiz: ***"Kafirin cehennemde bir yokuşa çıkması emrolunur ki, ona elini koydukça eli erir, kaldırdıkça elinin derisi yeniden geri gelir. Ayağını koyunca ayağı erir, kaldırınca yeniden yerine gelir.*** *(Bu azap böyle devam edip gider.)"* buyurmuştur.

Bizim bu iki âyete konumuz içinde yer vermemiz, 17nci âyetle, 26ncı âyetin mânâlarının birbirine destek verir anlamda olduğu içindir. Bizim konumuz cehennemin özel isimlerinden olan "Sekar" kelimesinin bulunduğu âyetlerden misal ve örnek vermekti.

Şimdi metin ve Türkçe meallerini verdiğimiz 26, 27, 28 ve 29ncu âyetlerin yorumuna geldik.

"سَاُصْلِيهِ سَقَرَ – ***Ben o azılı, inatçı kafiri mutlaka Sekar'a*** *(kızıl çılgın ateşe)* ***atıp yaslayacağım."***

"وَمَا اَدْرَاكَ مَا سَقَرُ – ***Resûlüm, yâ Muhammed! Bilir misin nedir o Sekar?"***

Resûlüm, o sekar (kızıl çılgın ateş), kafirler için, öyle büyük bir beladır, öyle azîm bir azabdır ki: "لاَتُبْقِى وَلاَتَذَرُ – ***O kafiri ne geri bırakır*** *(yani yer bitirir),* ***ne de azabdan*** *(azap etmekten)* ***vazgeçer!*** *(Yani azap etmeye devam eder. Yanıp kül olan deriler yeniden yaratılır, tekrar azap etmeye devam eder.)*

لَوَّاحَةٌ لِلْبَشَرِ – ***O Sekar*** *(o kızıl çılgın ateş),* ***durmadan cehennemliklerin, o azılı inatçı kâfirlerin derileri-***

***ni yakıp kavurur."*** Yani kafir cehennemliklerin derilerini kavurup simsiyah kömür haline getirir demektir. Abdullah İbni Abbas (r.a.) demiştir ki:

"لَوَّاحَة – *levvâha:* ***sürekli olarak derileri kavuran, yüzleri karartan"*** mânâsındadır.

"لِلْبَشَرِ – *Lil'beşeri*"deki beşer, insan derisi demek anlamınadır. İnsana beşer denmesi de bu anlamdan dolayıdır.

## Mü'minlerin, Kafirlere Sizi Cehenneme Sokan Nedir Diye Sormaları

*Ey dost!* Şimdi vereceğim âyetlerde cehennemliklerin dört vasfı (özelliği) kendi ağızlarından anlatılmaktadır. Âyetlerde Yüce Rabbimiz, kâfirlerin kendi ağızlarıyla itiraflarını bize bildiriyor: Aynı zamanda cennetlikler ile cehennemliklerin bir konuşmasından bu olumsuz hallerini kendileri de bilmiş, anlamış oldukları bildiriliyor.

Yüce Allah Kur'ân-ı Kerim'inde şöyle bildiriyor:

فِى جَنَّاتٍ يَتَسَاءَلُونَ عَنِ الْمُجْرِمِينَ

***"Mü'minlerden herbiri cennetlerdedir. Suçluları*** *(mücrimleri)* ***soruştururlar*** *(veya günahkarlardan sorarlar).*" Yani cehennemdeki günahkarların hallerini sorarlar. Cehennemliklere:

مَا سَلَكَكُمْ فِى سَقَرَ

***"Sizi cehenneme** (Sekar'a = çılgın ateşe) **sokan nedir?"*** derler. (Müddessir Sûresi, âyet 40, 41, 42)

Cehennemlik kafirlere sorulan bu soru, "onları kınamak, hasret ve pişmanlıklarını" arttırmak içindir denilmiştir. Yine denilmiştir ki: ***"Cehennemlikler, kınama ve pişmanlıklarının arttırılmasıyla birlikte üzüntülerinin de çoğalmasıyla hasretlerinin sürekliliğini sağlarken, Allah'ın bu öğütlerini dinleyenlerin bu dünyada doğruyu bulmalarını sağlamak içindir de."*** denilmiştir.

Demek oluyor ki, bu dünyada yaşarken kıyâmet günü kafirlerin ve günahlardan sakınıp korunmayanların cehenneme girecekleri gerçeğini bilen ve inanan bir insan, Kur'ân-ı Kerim'den ve peygamberimizin hadislerinden âhirette kafirlerin başına gelecekleri bilmesinde çok büyük menfaati olacaktır. Bunlardan öğüt alıp kendisine çekidüzen vererek Allah'ın dediklerine uyacaktır. İbâdetlerini eksiksiz yapacak, iyiliklere koşacaktır.

Evet, cennettekiler, cehennemdekilere: ***"Sizi cehenneme sokan nedir, neden cehennemdesiniz, sebebi nedir?"*** diye soruyorlar. Cehennemdeki mücrimler (suçlular) şöyle cevap veriyorlar:

قَالُوا لَمْ نَكُ مِنَ الْمُصَلِّينَ

***"Biz namaz kılanlardan değildik."***

وَلَمْ نَكُ نُطْعِمُ الْمِسْكِينَ

***"Yoksulu doyurmuyorduk."***

وَكُنَّا نَخُوضُ مَعَ الْخَائِضِينَ

"*(Batıla)* ***dalanlarla bizde dalıyorduk.***"

وَكُنَّا نُكَذِّبُ بِيَوْمِ الدِّينِ

"***Âhirette hesap vermeyi*** *(ceza gününü)* ***yalan sayıyorduk.***"

حَتَّى اَتَيَنَا الْيَقِينُ

"***Sonunda ölüm bize geldi.*** *(Ve şimdi cehennemdeyiz.)*"

***Ey Âhiret yolcusu kardeş!*** Bu âyetlerde (43, 44, 45, 46ncı âyetlerdir) cehennemliklerin cehenneme girmelerine sebeb olan dört olumsuz davranışı açıklamaktadır. Bunlar:

1. Namaz kılanlardan değildi. Namaz kılmıyorlardı.

2. Yoksul bîçâre insanı doyurmuyordu.

3. Batıl (boş) şeylere dalan kimselere uyup batıla dalıyorlardı.

4. Hesap verme gününü yalan sayıyorlardı. Âhiret hayatına inanmıyorlardı.

Cehennemdeki cehennemlikler sonunda ölümden kurtulamadıklarını dile getirerek: ***"Sonunda bize ölüm gelip çattı."*** (Müddessir Sûresi, âyet 47) Diyerek ölümden kaçışın olmadığını da itiraf edip ilave etmiş oldular.

***Ey dost!*** Allah Teâlâ, bu âyetlerinde kâfirlerin, cehennemliklerin dört özelliğini bildirdi:

1. Kafirler, namaz kılmaz. Namaz Allah'ın emridir, onlar Allah'ın emirlerini tanımazlar. Çünkü kafirler âsîlerin başını çeken kimselerdir.

2. Onlar, açları (yoksulları) doyurmazlar. Düşkünlere yedirmezler, fakire yemek vermez, o bîçârenin karnını doyurma çaresini aramazlar. Allah'ın emirlerini tanımadığı gibi, Allah'ın kullarına da acımaz, merhamet etmezler.

3. Onlar batıl ve hurafe şeyleri severler. Onun için hep işleri güçleri batıl, boş şeylerle uğraşmak, eğlence, vur patlasın, çal oynasın, dedikodular, onun bunun aleyhinde lehinde gereksiz söz ve sohbetlerle vakitlerini öldürmeyi, kendilerince keyif ve zevklerine dalan, sapıklık ve aldanmışlık içinde batıl peşinde koşarlarda koşarlar. Bütün işleri çölde fırtınaların toplayıp bir araya yığdığı kum yığınları gibidir. İkinci bir fırtına gelip o kum yığınını yerle bir edip yok eder. İşte cehennemliklerin batıla dalmaları buna benzer. Âhirette elleri boş olduğu için yerleri âhiretin hapishanesi olan cehennemdir.

4. Kafirler, ceza gününü, herkesin dünyadaki işlerinden karşılık alacağı, sorgu suâle çekileceğini hep yalanlamışlardır. Âhirete iman etmezler. Bu durumları da onları ebedi olarak cehennemde kalmaları için yegane delil ve belgelerdir. Bunun içindir ki, Allah Teâlâ kafirlerin en büyük suçunu konunun sonuna almıştır. Çünkü âhirete imansızlık suçların, günahların en büyüğüdür. Çünkü, namaz kılmamanın, yoksulu doyurmamanın, batıla dalanlara uyup batıla dalmanın asıl sebebi de bu imansızlık ve bu küfürleridir.

5. Kendilerine ölüm gelinceye kadar sapıklıklarına, küfür ve ahlaksızlıklarına devam ederler. Ancak ölüm denen devletli gelince âhiretin, hesap ve sorgu sualin hak ve gerçek olduğunu bilirler (anlarlar) ama vakit çoktan geçmiştir, ellerindeki fırsat ve imkanı çoktan kaçırmışlardır. Bu kafirler, ellerindeki bütün fırsat ve imkanları kaçırmışlardır. Hiç bir fırsat ve imkandan fayda elde edip yararlanamayacaklardır. çünkü onlara yardım edebilecek, yardıma kalkacak (şefâat edecek) hiç kimse yoktur.

فَمَا تَنْفَعُهُمْ شَفَاعَةُ الشَّافِعِينَ

***"Artık şefâat edecek olanların şefâati de onlara fayda vermez (vermeyecektir)."*** (Müddessir Sûresi, âyet 48) Çünkü kişinin şefâat edebilmesi için, onun imanla ölmesi şarttır. Bunun yanında kıyâmet günündeki gerçekleşecek olan şefâat, hem izne hem de şefâat edilecek kişinin amel durumuna bağlıdır. Kafir şefâat edilmeye lâyık değildir. Üstelik ona şefâat edilmek için izin (yani Allah Teâlâ'dan) de yoktur. Hakikat (gerçek) bu ölçü olunca kafirlere hiçbir şefâatçinin şefâati yarar sağlamayacaktır. İşte âyetteki: ***"Artık onlara, şefâat edecek olanların şefâatleri de fayda vermez"*** buyrulması bu demektir. Konunun geniş açıklaması kendi bölümünde geçmişti.

Yani demek oluyor ki, kıyâmet gününde mü'minlere şefâat olacaktır. Bunlar da (Kafir olanlarda) yalanlamasalar, inkar yoluna sapmasalardı belki o cennetteki cennetliklerin onlara şefâat etmeleri de mümkün olabilecekti. Çünkü mü'minlerin de şefâat etmelerine izin verilecektir. Ama imansız gittikleri, yani âhireti inkâr ettikleri için onlara şefâat edilme izni verilmeyecektir. Onlar (o kafirler) *"Sekar'a – **çılgın ateşe**"* atılıp dalar giderler.

## **Cehennemin** Hutame Tabakasına **Girecekler**

Cehennemin Hutame tabaka ve bölümüne atılacak olan cehennemliklerin çirkin davranış, hal ve hareketlerini, vasıf ve özelliklerini sûrenin başından başlanarak şöyle dile getirilmektedir:

وَيْلٌ لِكُلِّ هُمَزَةٍ لُمَزَةٍ ۙ . اَلَّذِى جَمَعَ مَالاً وَعَدَّدَهُ ۙ

***"Şiddetli azab olsun o münafık ve benzerlerine ki, onlar insanları arkadan** (dedikodusunu yaparak) **çekiştirirler. İnsanların yüzlerine karşı da gözüyle kaşıyla alay ederek insanların onurlarıyla, şeref ve haysiyetleriyle oynarlar. İnsanları horlayarak ve kınayarak, küçümseyerek onlarla eğlenmeyi alışkanlık haline getirmişlerdir. Bu cahil kimseler ki, paraları biriktirip** (üst üste) **yığarak durmadan tekrar tekrar sayıp dururlar."*** (Hümeze Sûresi, âyet 1, 2)

يَحْسَبُ اَنَّ مَالَهُٓ اَخْلَدَهُ ۚ

***"O pinti cahil kişi sanıyor ki onun** (bu toplayıp da sayıp durduğu) **malı, kendisini** (dünyada) **ebedîleştirecek** (ölümsüzleştirecektir, sanki ölmeyecektir)."* (Hümeze Sûresi, âyet 3)

كَلَّا لَيُنْبَذَنَّ فِى الْحُطَمَةِ ۘ

*"Hayır, hayır! (Onu malı kurtaramaz/kurtarmayacaktır.)* ***O*** *(kafir)* ***muhakkak*** *(önce gebertilecek, sonra)* ***Hutama'ya atılacaktır."*** (Hümeze Sûresi, âyet 4)

وَمَٓا اَدْرٰيكَ مَا الْحُطَمَةُ ۜ

***"Resûlüm, ya Muhammed! Hutame nedir bilir misin?*** (Hümeze Sûresi, âyet 5)

نَارُ اللّٰهِ الْمُوقَدَةُ ۙ اَلَّت۪ي تَطَّلِعُ عَلَى الْاَفْـِٔدَةِ ۜ

***"O Hutame Allah'ın tutuşturulmuş bir ateşidir ki, onun acı ve ızdırabı kalblerin*** *(gönüllerin)* ***içine kadar girer?"*** (Hümeze Sûresi, âyet 6, 7)

اِنَّهَا عَلَيْهِمْ مُؤْصَدَةٌ ۙ ف۪ي عَمَدٍ مُمَدَّدَةٍ

***"O*** *(cehennem ateşi)* ***onların üzerine kapatılmıştır*** *(kapatılacaktır). (Cehennemlikler, o cehennemde)* ***uzatılmış direklere bağlı oldukları bir halde olacaklardır."*** Bu iki âyeti şöyle de ifâde edebiliriz:

*"Birinci âyetten beri nitelikleri bildirilen cehennemlikler, Hutame cehenneminde uzatılmış direklere bağlı oldukları halde o kalbin içine kadar acı ve ızdırap veren ateşin kapıları, üzerlerine kapatılmıştır* ***(kilitlenmiştir)****."* (Hümeze Sûresi, âyet 8, 9)

**Ey Âhiret yolcusu!** Sûrenin âyetleri kısa ve anlaşılır bir uslubtadır. Ancak, biz yine bir kaç noktaya açıklık getirmede yarar olduğu görüşündeyiz.

هُمَزَةٌ – Hümeze kelimesi, arkadan çekiştirme, yüzüne karşı değilde gıyabında gıybetini yapmak, dedikodusunu yapmak gibi bir alışkanlığı olmak, böyle kötü bir âdeti olmak ve bu kötü, çirkin davranışları âdet edinmek, âdet haline gelmesi demektir.

لُمَزَة – Lümeze kelimesi ise, yüze karşı, insanların yüzlerine karşı, küçümseyici, horlayıcı, hakaretimsi ve kaş, göz işâretleriyle iğneleyici hal ve hareketleri âdet edinmek anlamındadır.

فُعَلَة – Füale vezni (ölçüsü) bir şeyi âdet edinmek demektir. "Hümeze" ve "Lümeze" kelimeleri de bu vezinde yani **"Fuale"** vezninde olduğu için bu kötü huyları kendisine âdet edinen onursuz kimseler anlamına gelir.

Bu iki kötü huyu kendisinde âdet ve alışkanlık haline getiren kişi yada kişiler cehennemin "حُطَمَه – Hutame" bölümüne atılacaklardır.

"حطمه – Hutame" derin kızgın ve şiddetli bir çukuru ya da ateş tabakası demektir ki yukarılarda açıkladığımız gibi, içine aldığı veya içine atılan cehennemlikleri bir anda kırıp parçalayan, un ufak eden demektir.

Tefsir alimlerimiz (müfessirlerimiz), "Hutame" kelimesini "Hümeze" ve "Lümeze" kelimeleri vezninde olarak, suça uygun bir ceza olarak yorumlamışlardır. Yani Hümeze ve Lümeze gibi kötü bir huya sahip olan kişiler, bu huyları nasıl ki insanların gönüllerini arkadan ve yüzlerine karşı kırıp parçalamayı kendilerine adet ve alışkanlık edindikleri gibi, cehennemin Hutame tabakası adı verilen Hutame de, kendisine atılan cehennemlikleri kırıp parçalayarak un ufak etmek ve helâk etmek gibi bir âdeti vardır. Böylece cezâ suça uygun bir cezadır demişlerdir.

## Hutame Cehennemin Çok Şiddetli Bir Bölümüdür

Yüce Allah şu kötü huyları kendisinde toplayan kafir ve günahkarları cehennemin en şiddetli azab yeri olan **Hutame** bölümüne atacaktır.

1. İnsanları arkalarından çekiştiren, gıyablarında gıybetlerini yapan, insanların arkalarından dedikodularını yaparak, onları horlayıcı, küçük düşürücü sözler söyleyerek insanları çekiştirmeyi, şeref ve haysiyetleriyle, onurlarıyla oynamayı âdet haline getiren Hümeze kimse ya da kimseleri Hutame'ye (cehennemin en derin, en yakıcı, şiddetle parçalayıp un ufak edip kül haline getiren yerine) atacaktır. Lümezeler de yine aynen buraya atılacaktır. Lümeze, insanların yüzlerine karşı göz, kaş işaretleriyle alay eden, onları horlayıp küçümseyen, insanların yüzlerine karşı iğneli iğneli konuşup onları küçük düşürmeyi adet haline getiren kimse veya kimseleri de cehennemin şiddetli ateşine atılacaklardır. Bu huylarla birlikte veya sadece:

2. Para pul, mal mülk toplayıp biriktirmiş ve onları sayıp duruyor. Cenâb-ı Hakkın bu ifâdeyi buyurmasından, bu sözü edilen kimse ya da kimselerin çok zengin oldukları anlamı çıkmaktadır. Zenginlik onlara bir de şımarıklık getirmiş olduğu da anlaşılıyor. Yani küfürlerinin ve günahkarlıkla-

rının yanı sıra bir de şımarıklıkları, benlikleri vardır. **Malını durmadan sayması** da, cimriliğini, pintiliğini ve maddeye tapan bir maddeperest olduğunu ortaya koyuyor. Paralarını hayra harcamadığı gibi, eksilmesin diye ya da eksilmeyip artmış mı diye sayıp duruyor. Taberî şöyle demiştir: Bu makûle kimseler, malını toplayıp saymıştır. Çünkü hiç Allah yolunda harcamamış, Allah'ın o maldakı hakkını vermemiştir. Ancak onu toplayıp toplayıp koruyup muhafaza için saymış durmuştur.

3. Üstelik o cahil, aşırı gaflet ve ahmaklığından dolayı, malının kendisini dünyada ebedî kalmasını sağlayacağını, ölmeyeceğini sanıyor. Hiç ölmeyeceğini zannediyor. Yani malı yığması ve saymasını biliyor da, ölümü hiç aklına getirmiyor. Bir gün bu dünyadan ayrılacağını ve malının bu dünyada kalacağını hiç düşünmez, düşünmüyor, sanıyor ki malı kendisinin dünyada kalmasını sağlayacak.

## Allah Teâlâ'nın Uyarısı

Allah Teâlâ, sûrenin 4ncü âyetinde bu makûle kimselere cevap ve uyarılarını dile getiriyor. Kafirlerin ve günahkarların yanlış yolda olduklarını ve âhirette bu yanlışlıklarının faturasını çok ağır bir şekilde ödeyeceklerini şiddetli bir tehditle uyarıyor. Ve şöyle buyuruyor Rabbimiz:

كَلَّا لَيُنْبَذَنَّ فِى الْحُطَمَةِ *"Hayır, hayır! İş öyle sandığı gibi değildir. O cahil, bu düşünceyi bıraksın. İnsanı kurtaracak, ebediyyete götürecek mal değildir. Bu yanlış hayalleri bıraksınlar. Bu kuruntu içinde olan*

***gaflet ehli, nifak ehli bilsinler ki:*** لَيُنْبَذَنَّ فِى الْحُطَمَةِ ***– Andolsun** (yemin ederim) **ki, o ve o gibileri Hutame'ye atılacak, kendisine atılanları yiyip bitiren, parçalayıp un ufak eden cehennemin en şiddetli yerine fırlatılıp atılacaktır.***

"Leyünbezenne"deki "Lâm" yemin ve kasem içindir. "Bezenne"deki **"Nebz"** değersiz olan bir şey demek olup küçümsenerek, değersizliğinden dolayı fırlatıp atıvermek demektir. Yani Allah Teâlâ'ya yemin olsun, andolsun ki, o topladığı mal ve paraya güvenip hep onu sayarak, halkı (insanları) alaya almak, onları küçümseyerek gönüllerini kırıp kalblerini inciten, herkesin haysiyet ve şerefiyle, onuruyla oynayan o bencil hümeze ve lümeze, o şımarık dedikoducu mutlaka tam bir hakaret ve aşağılanarak Hutame'ye (cehennemin tam içine) atılacaktır. Bu ateş öyle bir ateştir ki, diğer ateşlere benzemeyen bir ateş, Allah'ın ateşidir ki, bu ateş, âsîleri yakıp yok eder. Bu tehdit duyanları korkutmak ve din yoluna girmeleri için bir çağrı ve öğüt de olabilir.

وَمَا اَدْرٰيكَ مَا الْحُطَمَةُ ***"Resûlüm, bilir misin Hutame nedir?"*** Bu soru, cehennem ateşinin şiddet ve korkunçluğunu insanların aklına düşürmek içindir. Bu sorunun cevabını yine kendisi veriyor Rabbimiz.

## Şimdi De Hutame'nin Nasıl Bir Ateş Olduğunu Açıklıyor

نَارُاللّٰهِ - *O Allah'ın ateşi, Allah ateşidir.* Burada "Nâr" (ateş) kelimesi Allah'a nisbet edilmiştir. Bu ateşin büyüklüğünü, dehşet ve şiddetini anlatmak içindir. Türkçemizde de "Allah'ın âfeti, Allah'ın belâsı" dendiğinde güç yetmez anlamında, büyütme ve korkutma vardır. Bu fevkalade büyük ve dehşetli olan ateş ki, "الْمُوقَدَةُ - ***tutuşturulmuş" Allah'ın emriyle yakılmış, tutuşturulmuştur.*** Ebedi olarak sönmez ve sönmek bilmez bir ateştir. "الَّتِى - *elletî = öyle tutuşturulmuş bir ateştir ki,* "تَطَّلِعُ عَلَى الْاَفْئِدَةِ - ***Yüreklerin içine kadar girer."*** Kalblerin içi, merkezi demek olan fuâdlerin, yani anlama yeri olan gönüllerin üzerini kaplar. Maddi vücûdlardan geçer, ruhlara mâneviyat üzerine çıkar, çatar, savar, canlar yakar. Iztırabı dayanılmaz olur. Gerçi gönülleri yakıp öldürmez. Çünkü kafirler:

لَايَمُوتُ فِيهَا وَلَايَحْيَى

***"Suçlu kafirler o cehennemde ne ölür ne de yaşar"*** (A'lâ Sûresi, âyet 13)

Şu halde o kafir günahkarlar, ölü gibi diridirler. Yani diridirler, fakat ölüye benzerler. Çünkü kafirler, cehennemde ölmeyecekler, derileri yanıp kül oldukça yeniden eski hallerine gelerek tekrar azap edileceklerdir. Bu âyetin metnini ve açıklamasını yukarıdaki bölümlerde vermiştik.

اِنَّهَا عَلَيْهِمْ مُؤْصَدَةٌ۸ – ***Muhakkak** (şüphesiz) **o ateş onların üzerine kapatılmıştır** (kapatılacaktır).* Yani o cehennem ateşi, onların, o hümeze, lümeze gürûhunun, malını biriktirip saymaktan başka bir şeyle meşgul olmayan dünya perestlerin üzerlerine kapatılacak, yani bu gibileri cehenneme sokulup kapılar da üzerlerine bastırılıp kapanacaktır. Sanki cehennem üzerlerine kapatılmış ve kapıları da üzerlerine kilitlenmiştir.

فٖى عَمَدٍ مُمَدَّدَةٍ – ***Temdîd olunmuş** (uzatılmış) **direklerde bağlı olarak bulunacaklardır.*** Yani o cehennemlikler (cehennemin Hutame derekesine atılan kafirler) zincir ve demir halkalara, prangalara vurulmuştur. Cehennemin kapıları üzerlerine kapatılmış, el ve ayakları zincirlerle, prangalarla bağlanmıştır. Böylece artık çıkma ümidleri kalmamıştır. Direklerin uzatılması "ifadesi" ise, onları ebedî olarak bu ateşte kalacaklarını vurgulamak demek olur.

"فٖى عَمَدٍ – Fî amedin"deki "عَمَدْ – Amed" kelimesi, "عَمُودْ – Amûd" kelimesinin çoğuludur. **"Amûd"** direk demektir, "Amed"de direkler demek olur.

"مُمَدَّدَةٌ – Mümeddedeh" temdîd olunmuş, uzatılmış demek anlamındadır.

***Ey hak yolcusu kardeş!*** Allah Teâlâ bu âyetleriyle kullarını uyarıyor. Bu dünyada yapılan her iyi hareketin cennete girmeye bir belge olduğu gibi, her kötü hareket ve davranışın da cehenneme sürükleyeceği ve cehennemin kolay bir yer olmadığı duyuruluyor. Dünya hayatı çok kısa ve geçici bir hayattır. Buranın derdi de keder ve sıkıntısı da geçicidir, sevinci, neşe ve keyifleri de geçecidir. Ama âhiret hayatı öyle değildir. Nimetleri devamlı ve sürekli olduğu gibi, azabı, ateşi ve işkencesi de devamlı ve süreklidir. Akıllıyım diyen her insan, kendi hayatındaki davranışlarını gözden geçirip âhiretinde hangi halde olmak istediği tercihini yapmalıdır, vesselâm!..

## İsteyen İnanır, İsteyen İnkar Edip Kafir Olur

*Ey Âhiret yolcusu!* Cennet de, cehennem de insanın kendi hür isteğiyle elde edilir. İsteyen iman eder, cennete gider, yani cenneti hak eder. İsteyen küfreder (inanmaz), cehenneme gider, yani cehennemi hak eder. İnananın âhiret kazancı cennet olur, inanmayanın (kafir olanın) âhiret kazancı da cehennem olur. Allah, bütün kullarına iyi ile kötüyü bildirmiş ve elçiler (peygamberler) göndermiş, onların bilfiil örnek hayat ve irşadlarıyla iyi ile kötüyü öğreten, doğru yolu gösteren kılavuzlar, rehber ve örnek insanları kullarının saadeti için görevlendirmiştir. Şimdi ise, artık görev kulların kendilerine düşmektedir. İşte bu gerçeği biz kullara bildiriyor:

وَقُلِ الْحَقُّ مِنْ رَبِّكُمْ فَمَنْ شَاءَ فَلْيُؤْمِنْ وَمَنْ شَاءَ فَلْيَكْفُرْ

*Mânâsı:* ***"Resûlüm, ya Muhammed! Ey İnsanlar! Kur'an Rabbiniz Allah'tan gelen bir haktır. Öyleyse, dileyen iman etsin, dileyen inkar etsin. İsteyen inanıp mü'min olsun, İsteyen inkar edip kafir olsun."*** *Herkes* *kendi iradesinde (isteğinde) tercihinde hürdür ve serbesttir. İsteyen istediği gibi yaşayabilir.*

Allah Teâlâ'nın Kur'ân'ı göndermesiyle hak ortaya çıkmış ve açıklanmıştır. Allah'ın kullarına açıkladığı haktan, doğrudan başka hak ve doğru yoktur. Yani hak olan ancak Allah'ın bildirdiğidir.

Yüce Allah'ın bu beyanı, insanları serbes bırakmak için değil, azap ve tehdidini bildirmek içindir. İnsanların iman veya küfürde olmaları Allah Teâlâ'ya bir fayda veya bir zarar getiremiyeceğini bidirmektir. Ama iman edenlere cennet, iman etmeyip kafir olanlara da cehennem vardır. İşte bu gerçeği bilin de ona göre bir çalışma yapın demektir. Âyetin devamında bu gerçek anlaşılıyor. ***"Biz zâlim kafirler için ateş hazırladık."***

..اِنَّا اَعْتَدْنَا لِلظَّالِمِينَ نَارًا اَحَاطَ بِهِمْ سُرَادِقُهَا..

***"Şüphesiz biz, zâlimlere öyle bir ateş hazırladık ki, o ateşin duvarları o zalimleri çepe çevre kuşatmıştır."*** (Kehif Sûresi, âyet 29)

Buradaki zalimlerden kasıt kafirlerdir. Çünkü bu kafirler, kendi hür iradeleriyle (özgür düşünceleriyle) iman etmeyip küfrü seçmişlerdir ve dolayısıyla kendi öz canlarına zulmetmiş, haksızlık etmişlerdir. Ve dolayısıyla kafirler için hazırlanmış olan cehennem ateşine girmeyi hak etmişlerdir. Hak ettikleri bu cehennem ateşi öyle basit bir ateş de değil. Öyle bir ateş ki, o ateşin duvarları, o kafir zalimlerin etrafını çepeçevre kuşatmış, sanki bileziğin, insan bileğini sardığı gibi sarıp kuşatmıştır.

30ncu âyette de iman edenlere verilen mükâfât (ödül) anlatılıyor:

***"İman ederek salih amel işleyenlere gelince, onlar altından** (zemininden) **ırmaklar akan cennetlerdedir."***
(Kehif Sûresi, âyet 30)

Demek oluyor ki, iman etmek, yada inkar etmek, kulun isteğine bağlı bir haldir. Allah kulun isteği doğrultusunda yaratır. Allah yaratır, kul kazanır. Allah'ın yaratması ve kulun da kazanması ile gerçekleşen bu durumdan her insan istek ve kazancına göre, cezasına (karşılığına) da katlanacaktır. Katlanmak zorundadır demek olur. İki yol var, iman ve inkar. Kabul ve red. İman kabul demek, inkar da red demektir. Bu iki yol âhirette kendilerini gösterecektir. Âhirette tüm insanların gideceği iki yer var. üçüncü bir yer yoktur. Bu iki yerin biri cennet, biri de cehennemdir. İnanmış olan mü'minlerin yeri cennettir. Reddedip inkar eden kâfirlerin yeri de cehennemdir. Gerçek budur. Şimdi isteyen inansın, istemeyen inanmasın!..

Kafirlerin göreceği azabları bir çok âyetlerde güneş gibi net olarak açıklanmıştır.

Kafirlerin yurdu cehennemdir. Cehennemin azabı ise, çok şiddetlidir.

يَوْمَ يَغْشٰيهُمُ الْعَذَابُ مِنْ فَوْقِهِمْ وَمِنْ تَحْتِ اَرْجُلِهِمْ

وَيَقُولُ ذُوقُوا مَا كُنْتُمْ تَعْمَلُونَ

*Mânâsı:* ***"O gün** (Kıyâmet günü) **azap, o kafirleri hem üstlerinden hem de ayaklarının altından saracaktır.** (Allah Teâlâ, onlara:)*

"ذُوقُوا مَا كُنْتُمْ تَعْمَلُونَ" – ***Ey Kafirler! Yaptıklarınızın azabını tadın bakalım!" buyuracaktır.*** Ankebût Sûresi, âyet 55

يَسْتَعْجِلُونَكَ بِالْعَذَابِ ط وَاِنَّ جَهَنَّمَ لَمُحِيطَةٌ بِالْكَافِرِينَ

***"Resûlüm, yâ Muhammed! O kafirler, azap konusunda senin acele davranmanı istiyorlar, yani şu bildirdiğin azabı acele, hemen şimdi getir diyorlar. Oysa cehennem, o kafirleri şüphesiz kuşatmış olarak durmaktadır.*** *(Fakat onlar işin farkında değillerdir.)"* (Ankebût Sûresi, âyet 54) Kafirlerin nasıl kuşatılmış olduğunu bir üstteki (55nci) âyet açıklamaktadır.

## **Cehennemin** Hâviye Tabakasına **Girecek Olanlar**

Cehennemin **Hâviye**'si = dipsiz ateş çukuru, kaynayan ateş kuyusu gibi anlamlarda yorumlanmıştır. Cehennemin yedinci tabakasını oluşturur. Yüce Allah bu ateş çukuruna (Hâviye'ye) atılacak olan cehennemlikleri Kur'ân-ı Kerim'in 101nci Sûresi olan Kâria Sûresinde şöyle dile getirmektedir:

وَاَمَّا مَنْ خَفَّتْ مَوَازِينُهُ ۙ . فَاُمُّهُ هَاوِيَةٌ ط .

وَمَآ اَدْرٰيكَ مَاهِيَهْ ط . نَارٌ حَامِيَةٌ

*Mânâsı:* ***"Kimin tartıları*** *(iyilikleri)* ***hafif gelirse, artık onun yeri Hâviye'dir. Resûlüm yâ muhammed! Bilir misin Hâviye nedir? O, kızgın bir ateştir."*** (Kâria Sûresi, âyet 8, 9, 10, 11)

Evet yukarıda geçen bilgilerde de söylediğimiz gibi, "هَاوِيَة – *Hâviye*" cehennemin isimlerinden biridir. Alûsî demiştir ki: ***"Cehennemin bu bölümüne*** *"Hâviye"* ***adının verilmesinin sebebi, gâyet derin çukur, uçurum, dipsiz bir çukur olmasındandır."*** Kamusa göre ise: "هَاوِيَةٌ – اَلْهَاوِيَةُ – *Hâviyetün, el'Hâviyetü"* kelimeleri cehennemin isimlerindendir. Yukarıdan aşağıya doğru tepe takla hava boşluğuna düşmüş gibi, düşüldükçe, düşülür engin uçurum demek anlamlarını taşır denilmiştir.

"نَارٌ حَامِيَةٌ – *Nârun hâmiyeh"* kelimesi, Hâviye olan cehennemi açıklamaktadır. ***"Nedir o Hâviye*** *(veya)* ***bilir misin nedir o Hâviye?"*** sorusunun açıklayıcı cevabıdır. *"O* ***Hâviye,*** *nârun hâmiye"dir =* ***O son derece kızgın ve sıcak bir ateştir.*** O öyle bilenen ateşlerden değildir. Onun şiddeti, kızışkanlığı, yakıcılığı öyle dayanılır cinsten olmayan bir ateştir. O, Allah Teâlâ'nın isyankârlardan ve günahkârlardan intikam almak için tutuşturulmuş Allah ateşidir. Bütün bu ifâdeler insanları korku ile öğüt vermek ve uyarmak içindir. Hani nasihat ile uslanmayanın hakkı kötektir sözü, insanoğlunun mayasında bildiği büyük tehlikelerden korkma özelliğinin oluşundandır. İnsan büyük tehlikeyi sezinleyebilirse ondan uzak durur gerçeğine işaret demek olur.

## **Cehennemin** Cahîm Tabakasına **Girecek Olanlar**

Cahîm tabakasına kendisini beğenmiş kibirli kafir ve günahkarlar girecektir. kendisinin yaratılış aslını, bir damla değersiz bir sıvıdan yaratıldığını unutup da kendinde bir varlık varmış vehmine kapılan mütekebbir kâfir ve günahkarların atılacağı cehennem tabakası Cahîm'dir.

Allah Teâlâ, Kur'ân-ı Kerim'inde bu gerçeği şöyle dile getiriyor:

خُذُوهُ فَاعْتِلُوهُ اِلَى سَوَاءِ الْجَحِيمِ ج . ثُمَّ صُبُّوا فَوْقَ رَاْسِهِ مِنْ عَذَابِ الْحَمِيمِ ط . ذُقْ ج اِنَّكَ اَنْتَ الْعَزِيزُ الْكَرِيمُ . اِنَّ هٰذَا مَا كُنْتُمْ بِهِ تَمْتَرُونَ

*Mânâsı: (Kıyâmet gününde Allah Teâlâ, cehennem görevlileri olan Zebânilere şu emri verecek:)*

***"Tutun onu** (o günahkarı) **da, cehennemin** (Cahîm'in) **ta ortasına sürükleyip atın. Sonra da, başının üstünden azab olarak kaynar su dökün!** (Ve deyin ki:) **Tat bakalım azabı: Çünkü sen kendince** (diyordun ki:) **ben üstünüm, güçlüyüm, asilim! İşte budur** (şu gördüğün azabdır), (dünyada) **şüphelenip karşı çıktığın** (inanmadığın) **gerçek."*** (Duhan Sûresi, âyet 47-50)

49ncu âyetteki: "اَنْتَ الْعَزِيزُ الْكَرِيمُ – *entel'azîzül'kerîm* = ***Sen kendince güçlüyüm, üstünüm, asilim"*** kelimeleri kafir günahkarların horlanması, aşağılanması anlamındadır. Çünkü onlar aslında bir hiçtir. Allah katında en değersiz mahluklardır. Fakat o ahmaklar bunun bilincinde değillerdir. Kıyâmet günü bu gerçeği bütün açıklığıyla göreceklerdir demek olur.

*Ey hak yolcusu kardeş!* Şunu da bilki, bu âyetlerin evvelinde kâfirlerin içine düşecekleri azabın açık açık anlatımları da vardır. Fakat biz kitabımızın hacminin küçüklüğü ve müsâit olmayışı nedeniyle ancak misal ve örnek vereceğimiz âyet ve âyetleri alıyoruz. Amacımız siz mü'min kardeşlerimize, değerli okurlarımıza bir nebzecik de olsa, faydalı ve yararlı olmak ve olabilmektir. Kitabımızın muhtelif (çeşitli) bölümlerinde de anlattığımız üzere, Kıyâmet gününde ve âhiret hayatında cehennem azabının değişik boyutları olmasının sebebi, her insanın işlemiş olduğu günah ve suçlarına göre ceza (karşılık) görmeleri hakikatine (gerçeğine) dayanmaktadır. Bir çeşit suç işleyenle iki çeşit suç işleyenin azabı aynı olmayacaktır. Cehennemin tabakalara (bölümlere) ayrılmasının hikmetinde de bu gerçek yatmaktadır. En büyük suçu (günahı) işleyen bir cehennemlik elbetteki cehennemin en şiddetli ateşi ve azabı olan bölümünde (tabakasında) cezâ ve azabını çekecektir. Anlatmaya çalıştığım gerçekler bu yöndedir.

## CEHENNEMLİKLER VE AZABLARI

*Ey Âhiret yolcusu!* Cehennemin ve cehennemliklerin hal ve durumunu bildiren pek çok âyet-i kerime bulunmaktadır. Yüce Allah, cehennem ehlinin yemesinden içmesinden ve giyimlerine kadar, en ince ayrıntıları bile uzun uzun, açık açık bildirmiştir. Bunun sebebi de Allahtan korkan mü'min ve salih kullarını irşâd olmak ve kâfirlere de tehditlerini bildirmek ve onları kötü âkıbet (gelecek)leriyle uyarmaktır. Konumuzla ilgili bir hayli misal ve örnekler vermiş bulunuyoruz.

Şimdi de cehennemde yeme, içme ve giyimle ilgili âyetlerden bir kaç misal ve örnekler verelim: Allah Teâlâ şöyle buyuruyor:

فَالَّذِينَ كَفَرُوا قُطِّعَتْ لَهُمْ ثِيَابٌ مِنْ نَارٍ يُصَبُّ مِنْ فَوْقِ رُؤُسِهِمُ الْحَمِيمُ

*Mânâsı:* ***"İşte o küfredenlere** (Dini inkar edip kafir olanlara)* ***ateşten elbiseler biçilmiştir. Başlarının üstünden de kaynar sular dökülür** (dökülecektir)."* (Hacc Sûresi, âyet 19)

سَرَابِيلُهُمْ مِنْ قَطِرَانٍ وَتَغْشَى وُجُوهَهُمُ النَّارُ

***"O günahkâr cehennemliklerin gömlekleri katrandan olacaktır.** (Katran, bilindiği gibi, çabuk ateş alan, ateşin çabuklaşmasını sağlayan simsiyah bir* *maddedir. Uyuzlu hayvanlara sürülür, sıcağı ve keskinliğiyle uyuz hastalığını yakar. Rengi kapkara olduğu gibi kokusu da pistir. Allah Teâlâ, cehennemliklerin elbiselerini (gömleklerini) böyle bir maddeye (katrana) benzetmekle cehennemliklerin azabını insanların anlayabileceği bir uyarı anlamındadır.)*

وَتَغْشَى وُجُوهَهُمُ النَّارُ = ***Yüzlerine de ateş bürüyüp kaplayacak** (ateş saracak)**tır.”** (Bütün bu azap ve cezalar mücrimlerin (günahkarların) dünyadaki amel ve eylemlerine uygun bir karşılık olacaktır.)* (İbrahim Sûresi, âyet 50)

**Yiyecekleri,** zakkûm ve darî' adı verilen bir diken olacaktır.

لَيْسَ لَهُمْ طَعَامٌ اِلَّا مِنْ ضَرِيعٍ ۙ . لَايُسْمِنُ وَلَايُغْنِى مِنْ جُوعٍ ط

***“O cehennemlikler için hiçbir yiyecek yoktur, ancak darî' dikeni vardır. Onlar yemek olarak yalnızca darî' dikeni yiyeceklerdir.** (O darî' denen diken de ne gıda verir (besler), ne de açlığı giderir (doyurur). Yani ne besler, ne de doyurur.)”* (Gâşiye Sûresi, âyet 6-7)

ضَرِيعٍ: Darî', cehennemde bulunan ve dikene benzeyen (yani cehennem dikeni) tadı çok acı, zehirli bir bitki ve kokusu da çok pis, yani acı, zehirli ve pis kokulu bir cehennem yiyeceğidir. Cehennemliklerin bazıları bundan yiyeceklerdir.

Bazıları da cehennemde zakkûm denilen cehennem yiyeceği olan bir ağaçtır. Âyet-i kerimeler bunları açık açık bildirmektedir. Kur'ân'da Duhân Sûresi âyetlerinde (43, 44, 45, 46):

اِنَّ شَجَرَةَ الزَّقُّومِ ۙ . طَعَامُ الْأَثِيمِ ۚ . كَالْمُهْلِ ۚ يَغْلِى فِى الْبُطُونِ ۙ . كَغَلْىِ الْحَمِيمِ

Mânâsı: ***"Şüphesiz ki zakkûm ağacı, günaha düşkün olanların** (günahkârların) **yemeğidir.** (O) **tıpkı erimiş madenler gibi karınlarda kaynayacaktır. Bir başka yönden de, sıcak** (kaynar) **suyun kaynadığı gibi,** (günahkar cehennemliklerin) **karınlarında kaynayacaktır."*** (Duhan Sûresi, âyet 43-46) Bu sûrenin devam eden âyetleri de kafir cehennemlikler ile ilgilidir. Meâlen:

*(Allah Teâlâ, zebânilere (cehennemdeki görevli meleklere) emreder):*

***"Tutun onu** (o günahkâr kâfiri yakalayıp tâ) **cehennemin ortasına sürükleyip atın! Sonra da başından aşağı azap olarak kaynar suyu dökün!** (Ve o günahkâr mücrime deyin ki: "Ey Cehennemlik mücrimler!) **Tadın bakalım azabı! Çünkü sen** (ve senin gibiler) **kendince güçlü ve kuvvetliydin, ben üstün, değerli biriyim!"*** derdin. Şimdi sıfır olduğunu, bir hiç olduğunu gör ve azabı tat denir (denecektir). Cehennemliklere söylenen bu söz ve konuşmalar, kıyâmet gününde hep onlar için bir kınama ve aşağılama, horlama anlamına gelmektedir.

ثُمَّ اِنَّكُمْ اَيُّهَا الضَّٓالُّونَ الْمُكَذِّبُونَ ۙ . لَاٰكِلُونَ مِنْ

شَجَرٍ مِنْ زَقُّومٍ ۙ فَمَالِؤُنَ مِنْهَا الْبُطُونَ ۚ

Mânâsı: *"Sonra siz ey sapıklar, ey yalancı kâfirler! Elbette bir ağaçtan, zakkûm ağacından yiyeceksiniz. Karınlarınızı o zakkûmdan dolduracaksınız!"* (Vâkia Sûresi, âyet 51, 52, 53)

فَشَارِبُونَ عَلَيْهِ مِنَ الْحَمِيمِ ۚ فَشَارِبُونَ شُرْبَ الْهِيمِ ؕ هَذَا نُزُلُهُمْ يَوْمَ الدِّينِ ؕ

***"Üstüne de kaynar sudan içeceksiniz. Hem de susamış develerin suya saldırışı gibi içeceksiniz. İşte hesap gününde, amellerin karşılığını aldıkları günde kafirlerin, inkarcıların alacakları karşılık, zakkûm ve kaynar su olacak, bu onlara** (kafir cehennemliklere) **sanki bir ziyafet olacaktır."*** (Vâkia Sûresi, âyet 54, 55, 56)

İşte cehennemliklerin, cehennemde yiyecek ve içecekleri maddeler de kendilerine dayanılmaz azabların gelmesinden başka bir işe yaramayacaktır.

اَلْحَمِيم: Hamîm, kaynar su mânâsındadır.

اَلْهِيم: Hîm, yakalandığı bir hastalıktan dolayı suya kanmayan susuz deve demektir. Hüyâm, develere mahsus bir hastalıktır. Bu deve hastalığı öyle bir hastalıktır ki, buna yakalanan bir deve kesinlikle suya kanmaz. İşte Allah Teâlâ, cehennemliklerin, cehennemde biten zakkûm ağacından yedikten sonra, böyle bir susuzluğa düşeceklerini ve "Hamîm" denen kaynar sudan başka bir içecek de bulamadıklarından bundan içmek zorunda kalacakları için, susuzluğunu bir türlü gideremeyen hastalanmış susuz develere benzetilmiştir. Bu da cehennemlik kafirlerin azablarının dayanılmazlığını anlatmak için yapılmış bir teşbihtir.

Hâkka Sûresi âyet 36'da:

وَلَا طَعَامٌ اِلَّا مِنْ غِسْلِينٍۙ

*"O kafir cehennemlikler için bir kanlı irinden başka yiyecekleri de yoktur."* Bu kanlı irinler cehennem ehlinin yaralarından (yanıklarından) akan irinlerden meydana gelmiştir.

Şimdi, cehennemliklerin üç türlü yiyeceği bildirilmiş oluyor Kur'ân'da:

1. ضَرِيعٍ: **Darî',** zehirli ve dikenli bir bitkidir. Yaşken develer yerler, Kuruduktan sonra yemezler. Böyle kötü bir bitkidir. Mekkeliler bunları biliyorlardı. Âyetlerde de Mekke kâfirlerini uyarıyor ve onlara benzeyen tüm kâfirleri uyarıyor demek olur.

2. زَقُّومٌ: **Zakkûm,** Hicaz bölgesinde yetişen, çok dikenli ve çok acı meyvesi olan bir ağaçtır. Mekkeliler bunu da biliyorlardı.

3. غِسْلِينٍ: **Ğislîn,** cehennemliklerin azabları sonucu onların vücûdlarından akan kan ve irinlerden oluşan bir maddeye "ğislîn" deniyor.

***Ey dost!*** Şunu bilesin ki, cehennemde insanların azabları derece derece olacaktır. Kiminin azabı ve cezası Darî', kiminin ki zakkûm, kiminin ki ise ğislîn yemek zorunda kalacaklardır. Herkes günahının büyüklük ve küçüklüğüne göre cezâ ve azap görecektir demek olur.

Ebus'Suûd Efendi demiştir ki: ***"Cehennem ehline öyle bir açlık gelir*** *(veya gelecektir)* ***ki, bu durum onları erimiş maden gibi olan zakkûmu yemeğe mecbur eder. Son derece acı ve sıcak olan bu zakkumdan karınlarını doldurduklarında onlara*** *(yani cehennemliklere)* ***öyle bir susuzluk gelip çatar ki, bu durum onları, bağırsaklarını parçalayacak olan o sıcak suyu içmeye mecbur eder."*** Susamış develer teşbih edilmesi de bu gerçekleri anlatmaya dayanan bir uyarıdır.

***Ey Âhiret yolcusu kardeş!*** Cehennem ve cehennemliklerin durumlarını açık seçik anlatan daha bir çok sûre ve âyetler bulunmaktadır. Âyet ve sûrelerin bu konuyu çok net ve teşbihlerle anlatmasıyla birlikte Efendimiz aleyhissalatü vesselâm Efendimizin de pek çok hadis-i şerifleri bulunuyor. Bizim kitabımızın hacminin ufaklığı misallerimizin pek çoğunu koymamızı engelliyor. Cehennem konusunu bir kaç hadis-i şerif meâliyle bağlamak ve konumuzu noktalamak istiyorum.

## Cehennemde Azabı En Hafif Olan Cehennemlik Kişi

*Ey Âhiret yolcusu kardeş!* Cehennem azabı vardır, hak ve gerçektir. Bu azabı hak eden, müstehak olan her cehennemlik bu dayanılmaz cehennem azabını tadacak ve çekecektir. Allah Teâlâ böyle bildiriyor, Habîbi Sevgili Peygamberi de böyle haber veriyor. Bu iki kere ikinin dört ettiği neticesi gibi haktır ve gerçekleşecektir. Aklı başındaki kişinin kendisine bir çeki düzen verip, kendi öz canına bir özeleştiri yaparak ne kadar bu azaba dayanabilir onu düşünmek zorunda olduğunu hatırlatmakta yarar var görüşündeyim.

İmâm-ı Buhârî, İmâm-ı Müslim ve Tirmizî'nin, Nû'man bin Beşîr'den (r.a.) rivayet ettiklerine binâen, râvî demiştir ki: Resûlullah Aleyhissalâtü vesselâm Efendimizi şöyle buyururken işittim:

إِنَّ أَهْوَنَ أَهْلِ النَّارِ عَذَابًا يَوْمَ الْقِيَامَةِ لَرَجُلٌ يُوضَعُ فِي أَخْمَصِ قَدَمَيْهِ جَمْرَتَانِ يَغْلِي مِنْهُمَا دِمَاغُهُ. مَا يَرَى أَنَّ أَحَدًا أَشَدُّ مِنْهُ عَذَابًا وَإِنَّهُ لَأَهْوَنُهُمْ عَذَابًا

Mânâsı: **"Gerçekten, Kıyâmet gününde cehennemliklerin azap yönünden en hafif olanı, öyle bir kimsedir ki, ayaklarının altına iki kor** (ateş koru) **konulacak, onlardan** (ayağının altındaki ateş korlarının verdiği hareretle) **beyni kaynayacaktır. Halbuki o,**

***kendi gördüğü azabın en şiddetli bir azap olduğunu sanır. Oysa ki, kendisi cehennemliklerin azap bakımından en hafif olanıdır."*** Yani cehennemlik bir kimse, cehennemde en az, en hafif bir azap görmesine rağmen, azâba dayanamayıp en şiddetli azap görüyorum iddiasında bulunuyor. Çünkü, ateş düştüğü yeri yakar derler ya! İşte bu da onun gibi. (Müslim îman babı 363)

Yine İmam-ı Müslim'in, Ebû Saîdil'Hudrî'den (r.a.) rivâyet ettiği hadisde ise şöyle buyrulmuştur:

إِنَّ أَدْنَى أَهْلِ النَّارِ عَذَابًا يَنْتَعِلُ بِنَعْلَيْنِ مِنْ نَارٍ يَغْلِي دِمَاغُهُ مِنْ حَرَارَةِ نَعْلَيْهِ

***"Hiç şüphesiz cehennemliklerin en az azabı olan kimse, ayağında ateşten iki nalin bulunacak. Bu ateşten nalinlerin harâretinden dimağı (beyni) kaynayacaktır."*** (Yani cehennem ehlinin göreceği azabın en azı, en hafifi, kişinin ayağına ateşten iki ayakkabı giydirilip onların hararetinden beyninin kaynaması şeklinde olacaktır.) (Müslim iman 361)

***Ey hak yolcusu!*** Kitabımızın çeşitli başlıkları altında da arzettiğimiz gibi, cehennemde görülecek olan azablar, herkesin bu dünyadaki günahının, küfür ve isyanının karşılığı nisbetinde olacaktır. Bazılarının azabı daha şiddetli olduğu gibi, bazılarının ki de daha hafif olacaktır. Herkesin azabı amelinin derecesine göre farklı farklı olacaktır. Öyle anlaşılıyor ki, herkesin azabı hafif de olsa kendisine göre, en şiddetli azâbı gördüğünü zannedecektir. Azabın daha büyükleri, daha çetin ve şiddetlileri elbetteki var. Çünkü cehennemin azap bölümleri vardır. Yukarıda yedi tabaka cehennemi görmüştük.

Özetle anlıyoruz ki, cehennemde görülecek azabların şiddet dereceleri farklı olacaktır. Çünkü her mücrimin (günahkârın) işlediği kusur ve hatalar farklı farklıdır. Suçların cezâsı (azabı) suçların büyüklük ve küçüklüğü nisbetinde (orantısında) olacaktır. Bunun yanında herkesin görmüş olduğu azap kendi çektiği ıztıraba göre, cehennem azabının en ağırı ve en şiddetlisi olarak görülecektir. Bilinen bir gerçektir ki, her insan kendi çektiğini bilir. Başkalarının çektiği acı ve ıztırabı bilemez, hissedemez.

# YİRMİNCİ BÖLÜM

## CENNET VE CENNET NİMETLERİ

Yirminci bölüm, kitabımızın son bölümü cennet nimetlerinin bolluğunu ve güzelliğini, ebediliğini dile getirmektedir.

***Ey Âhiret yolcusu!*** Cenneti anlatmaya Rabbimizin bir kudsî hadisinin meâliyle başlayalım istedim. Tabii devamında hadisimizin metnini de vermek istiyorum.

Yüce Rabbimiz, cennetin nasıl bir mükemmel nimet olduğunu şu hadis-i kudsîleriyle özet olarak beyan buyurmuşlardır: Allah Teâlâ ferman etmiştir ki:

***"Ben Azîmüş'şân*** *(şânı yüce olan Allah)*, ***cennette sâlih*** *(amelli)* ***kullarım için gözlerin görmediği, kulakların işitmediği ve beşer kalbine yansımayan*** *(yani, hiçbir insanın hâyal ve hatırından hiçbir zaman geçmeyen)* ***özel nîmetler hazırladım."*** buyurmuştur.

Bu hadis-i kudsînin aslı (metni) şöyledir:

عن أبى هريرة رضي الله عنه قال: قَالَ رَسُولُ اللهِ ﷺ: قَالَ اللهُ تَعَالَى: اَعْدَدْتُ لِعِبَادِى الصَّالِحِينَ مَا لَاعَيْنٌ رَأَتْ وَلَا اُذُنٌ سَمِعَتْ وَلَاخَطَرَ عَلَى قَلْبِ بَشَرٍ

Mânâsı: Hz. Ebû Hüreyre (r.a.) anlatıyor: Resûlullah (s.a.v.) buyurdular ki:

"Allah Teâlâ şöyle ferman buyurdu: ***"Ben Azîmüş'şân,*** *(cennette)* ***sâlih*** *(amelli)* ***kullarım için, gözlerin görmediği, kulakların işitmediği ve hiçbir insan kalbinden geçmeyen*** *(yani, hiçbir gözün görmediği, kulağın işitmediği ve hiçbir insanın kalbine gelmeyip hatır, hâyal bile edemediği)* ***şeyler hazırladım."*** buyurmuştur. (Müslim, Kitabül'cenneti)

Yine Müslim'in anlattığına göre; Hazret-i Peygamber (a.s.) Efendimiz, bir sohbetinde ashabına, cennetin güzelliklerini genişçe bir şekilde anlattıktan sonra konuyu şu mübârek sözüyle bağladı:

فِى الْجَنَّةِ مَا لَاعَيْنٌ رَأَتْ وَلَا اُذُنٌ سَمِعَتْ وَلَاخَطَرَ عَلَى قَلْبِ بَشَرٍ

***"Cennette, hiçbir gözün görmediği, kulakların işitmediği ve insanoğlunun kalbine bile düşmeyen, akıl ve hayalinden bile geçmeyen*** *şeyler (nimetler, zevk-ü safalar)* ***hazırlanmış bulunmaktadır."*** buyurdu. Sonra da şu âyeti okudu:

فَلَا تَعْلَمُ نَفْسٌ مَٓا اُخْفِيَ لَهُمْ مِنْ قُرَّةِ اَعْيُنٍۚ جَزَٓاءً بِمَا كَانُوا يَعْمَلُونَ

***"Hiçbir kimse onların** (salih amelli mü'min ve müttekî kimselerin) **bu dünya hayatında yaptıkları güzel ve makbul işlerine mükâfât** (ödül) **olarak, gözlerini aydın edecek, gönüllerini sevinçle ferahlatacak ne gibi sürprizlerin ve ne gibi nimetlerin hazırlanıp saklandığını hiç kimse bilmez** (bilemez)."* (Secde Sûresi, âyet 17)

***Ey dost!*** Gerek okuduğumuz hadis-i kudsî ve gerekse bu âyet-i kerime, Allah Teâlâ'nın cennette salih amelli, müttekî ve iyi bir dini yaşam süren kulları için hazırlayıp gizlediği nimetlerin yüceliğini ve mükemmelliğini en güzel bir anlatım açıklığıyla dile getirmektedir. Bu nîmetleri insanoğlunun anlatması şöyle dursun, kendisinin bile anlaması mümkün değildir. Çünkü, insanoğlu bu nîmetler gibisini ne gözüyle görmüş, ne de kulağıyla işitmiştir. Hattâ aklının bir kenarına hayâli bile düşmemiştir ki, hayâl edebilsin.

***Ey dost!*** Akl-ı selimin, ne kadar engin, ne kadar derin düşünebiliyorsa, Cenâb-ı Allah'ın ve yüce Rabbimizin, cennetin nasıl bir yer olduğunu anlattığı bu tarifden o nisbetçe anlayıp keyiflendiğini sanıyorum. Çünkü her kul, burada imanı ve irfanı oranında cennetin büyüklüğünü, yüceliğini kavrama, yada anlama keyfine ulaşabilme yollarına baş vurma amacı taşıyabilir. Yoksa anlamak yada hayal etmek nâfile bir çaba olur. Ama cennetin büyüklüğünü, yüceliğini düşünmek, o hayalle iç âlemine dönmek insanı yücelteceğini düşünüyorum.

Zemahşerî demiştir ki: *"Allah Teâlâ'nın cennetlik kullarına hazırladığı nimetlerin hepsini değil, bir tanesini bile, bilen hiç kimse yoktur. Bunu ne bir mukarreb melek bilir, ne de bir Nebiyy-i Mürsel! Allah Teâlâ Hazretleri bu nimetlerini bütün yaratıklarından* (mahlukatından) *gizlemiştir. Bu sadece kendi yüce zâtı* (celle celâlüh) *tarafından bilinir. Bunun da hikmeti, sırrı vardır elbetteki, onu da yine kendisi bilir."*

***Ey hak yolcusu!*** Kur'ân-ı Kerîm'de ve hadis-i şeriflerde cennetle ilgili pek çok bilgi ve tarifler de bulunmaktadır. Peki şimdi okuduğumuz âyet ve hadis-i kudsîde de böyle buyruluyor, diyecek olursan bunun cevabı da edindiğimiz bilgileri gözden veya fikrimizden şöyle bir geçirirsek sanırım cevabı alınmış olacaktır.

Abdullah İbni Abbâs (r.a.) demiştir ki: ***"Bu dünyada cennete dâir bileceğimiz şeyler*** *(bilgi veya bazı özellikler)*, ***sâdece bir takım isimlerden ibârettir. Cennete âit olan şeylerin gerçek mâhiyetleri dünyâdaki isim benzeşmesi dışında her şey farklıdır."*** Çünkü insanoğlu gördüğü, işittiği, tattığı ve beş duyusuyla elde ettiği şeyleri düşünüp hayal edebilir. Halbuki cennetteki sürprizler, o güzelim cennet nimetleri ***"ne gözle görülmüş, ne kulakla işitilmiş, ne de kalb-i beşere yâdı düşmüştür. Yani hiç bir beşerin*** *(insanın)* ***aklının ucundan ve hayâlinden bile geçmemiş bir sürprizdir*** *(bir nimettir)*." Bu nîmetler gelişi güzel kullara verilecek nîmetler değil, ya:

*"Cezâen bimâ kânû ya'melûne =* ***Bu mükemmel sürpriz nimetler*** *(gözle görülmemiş...)*, ***Onların*** *(o salih kulların)* ***dünyada yapıp ettikleri*** *(tüm tâat ve ibâdetler, şu... şu... şu... iyilikler Allah'ın rızasına uygun)*

***sundukları** (takdim edip gönderdikleri) **iyi amellerin karşılığı olarak kendilerine verilir** (verilecektir).”* Çünkü o salih kullar, hangi iyi amelinin kendisini kurtaracağını bilmediği için, önüne gelen hiçbir iyiliği kaçırmaz. Fırsat eline düşünce hemen onu yapar. Yaptığı bütün bu ameller, âhirete bir sürpriz paketi olarak gönderilmiştir. Kendisi cennette yerini alınca sürprizlerle karşılaşır gözünün görmediği, kulağının işitmediği.

Cennet, sürprizler diyarıdır. Kur'ân-ı Kerîm ve hadis-i şeriflerde cennetle ilgili bilgiler, insanoğlunun aklını alt üst edip zorlamaktadır. Bu bilgileri bile kavrayabilmek derin bir din bilgisine kavuşmakla rahata erdirebilecektir aklını zorlayanların. Şimdi aşağıda gelecek olan satır ve paragraflarımızda bu örneklerden misaller ve örnekler vereceğiz.

**Cennet:** Kelime olarak sözlükte, “Ağaçlı bahçe, yeşillikleri bol bostan, ağaçlarının sık dal ve yapraklarıyla bahçe zeminini (toprağını) gölgelendiren hurmalık ve bağlık” gibi anlamlara gelir ve gelmektedir.

Yeşillikler içinde bulunan bağlar, bahçeler, mükemmel yeşil, taze ağaçlar ve yeşil bitkiler, rengarenk çiçeklerle bezenmiş bir alan gördüğümüz zaman, cennet gibi bir yer, sanki cennetten bir köşe deriz. İşte bu cennetin kelime veya sözlük manasıdır.

**Cennetin dînî mânâsı:**

*“İman edip salih amel işleyen iyi insanların, ölümden veya kıyametin kopmasından ve ilâhî sorgulama-*

*dan sonra, sonsuz olarak kalacakları, huzûr ve sükûn içinde, dertsiz kedersiz, hep gönül hoşnutluğuyla yaşayacakları ebedî saâdet ve mutluluk yurdunun adı"* cennetin dînî anlamıdır.

Cennete girme hakkını elde eden Allah'ın salih amelli, güzel ahlaklı kulları orada (yani cennette) ebedî olarak (sonsuza dek) kalacaklardır. Bir daha cennetten kesinlikle çıkarılmayacaklardır.

*Cennet evleri, huzûr ve saâdet yerleridir. Cennete girenler, hiç ihtiyarlamayacak, hep genç kalacaklar (30-32 yaşlarında olacaklar). Cennette hastalık, elem keder, sıkıntı kin, hased, huysuzluk ve kötü huy gibi, olumsuz hiç bir davranış olmayacaktır. Allah Teâlâ, bütün bu olumsuzlukları cennetteki kullarından kazıyıp alacaktır. Böylece cennete girme bahtiyarlığına kavuşan Allah'ın sevgili ve hâlis kulları cennette zevk-u safâlar içinde mutlu bir hayat sürecekler.*

*Cennet bahçelerinin son derece gönül açıcı, güzel ve mükemmel yerler olduğunu Kur'ân'dan öğreniyoruz. Sık dallı budaklı, yemyeşil yaprakların örttüğü gölgeli zemin topraklarından nehirler, altlarından ırmaklar akan köşklerde, her cennetlik (her cennet sakini) tam bir huzûr içinde yaşayacaktır. Orada hava hep mülâyimdir. Rahatsız edecek bir sıcaklık yok, soğuk da yoktur. Artık bir daha ölüm yok (ölmek yok). İhtiyarlamak yok, zahmet ve sıkıntı yok. Boş ve anlamsız söz duymak yok, yalan yok. Birbirlerine karşı kin, nefret ve kıskançlık gibi olumsuz his ve duygular yok, hepsi Allah tarafından kazınıp silinmiş, alınmıştır. Cennet evindeki insanların birbirlerine sağlık dilekleri sadece "selâm"dır, selâmetlik, esenlik dilemekten ibarettir.*

*Ey Âhiret yolcusu!* Cennete girmenin tek yolu, Allah'a iman ve ibadetle O'nun rızâsını, hoşnutluğunu ve sevgili peygamberimizin sevgisini ve şefâatini kazanmaktır. Her aklı başındaki mü'min, bunları elde etmeli ve elde etmeğe çalışıp çabalamalıdır.

Cennet ve cehennem haktır ve gerçektir. Cennet ve cehennem yaratılmıştır ve şu anda da mevcutturlar. Çünkü Kur'ân-ı Kerîm'de Hz. Âdem'e hitâben: ***"Ey Âdem! Sen eşinle** (Havvâ ile) **birlikte cennete yerleşin..."*** (Bakara Sûresi, âyet 35) buyrulduğu gibi, daha başka âyetlerde de cennetin müttekîler için hazırlandığını ve cehennemin ise kafirler için hazırlanmış olduğu bildirilmiştir.

Cennet ve cehennem ebedîdirler. Yani her ikisi de sonsuza dek devam edip gidecektir. Hiç bir zaman yok olmayacaklardır. İçindekiler de ebedîdirler. Onlar da yok olmayacaklardır. Devamlı ve sürekli bir şekilde var olacaklardır. Kur'ân-ı Kerîm'de:

***"Îman edip makbûl ve güzel işler yapan kimseleri, ebedî** (devamlı ve sürekli) **kalmak üzere içinden** (zemininden) **ırmaklar akan cennetlere koyacağız** (yerleştireceğiz). **Bu Allah'ın gerçek vâdidir. Allah'tan daha doğru sözlü kim olabilir?"*** (Nisâ Sûresi, âyet 122) buyrulmaktadır. Bu konuda daha bir çok âyetleri örnek olmak üzere metinleriyle vereceğiz. Kafirler için ise şöyle buyruluyor:

***"Kafirler, zâlimler, cehennemde ebedî olarak kalacaklardır. Bu da Allah'a göre çok kolaydır."*** (Nisâ Sûresi, âyet 169)

Kur'ân-ı Kerîm ve hadis-i şeriflerde cennet, çok çeşitli şekillerde tasviri çizilmiş ve tablolaştırılmıştır. Cennet hakkında öyle tasvir ve tablolar çizilmiş ki, gönülleri mest-ü hayran bırakan ağaçlar ve zemininden akan ırmaklar (ağaçların arasından akan akarsular), meyveler, güzellikler, daha neler neler!.. Gözlerin görmediği, kulakları işitmediği ve insan kalbinin hayal bile edemediği nimet ve güzellikler cennette dindar kullar için hazırlanmış sahiblerini bekliyor:

**Cennetin genişliği** âyet-i kerimelerde şöyle buyrulmuş:

سَابِقُوٓا اِلٰى مَغْفِرَةٍ مِنْ رَبِّكُمْ وَجَنَّةٍ عَرْضُهَا كَعَرْضِ
السَّمَٓاءِ وَالْاَرْضِۙ اُعِدَّتْ لِلَّذٖينَ اٰمَنُوا بِاللّٰهِ وَرُسُلِهٖۜ
ذٰلِكَ فَضْلُ اللّٰهِ يُؤْتٖيهِ مَنْ يَشَٓاءُۜ وَاللّٰهُ ذُو الْفَضْلِ الْعَظٖيمِ

*Mânâsı:* ***"Ey insanlar! Rabbinizin mağfiretine ve cennetine koşuşun. Rabbinizin mağfiretine ermek ve cennetine girebilmek için yarışın. O cennet öyle bir cennet ki, eninin genişliği yerle göğün eninin genişliği kadardır. O cennet, Allah'a ve peygamberlerine iman eden insanlar*** *(mü'minler)* ***için hazırlanmıştır. İşte bu,*** *(cennetin hazırlanışı)* ***Allah'ın fazlı*** *(ihsanıdır).* ***Allah'ın bir hediyesi, bir bahşişi ve bir ikramıdır ki, hangi kuluna dilerse ona verir. Allah büyük bir fazl-ü ikram sahibidir."*** (Hadîd Sûresi, âyet 21)

Âl-i İmrân Sûresi âyet 133'de de Rabbimiz yine buyuruyor:

وَسَارِعُوا إِلَى مَغْفِرَةٍ مِنْ رَبِّكُمْ وَجَنَّةٍ عَرْضُهَا السَّمَاوَاتُ وَالْأَرْضُ أُعِدَّتْ لِلْمُتَّقِينَ

*Mânâsı: "**Ey mü'minler! Rabbinizin bağışlamasına ve cennetine koşuşun ki, o cennetin genişliği göklerin ve yerin genişliği kadardır. O cennet, müttekîler için hazırlanmıştır.**"* (Âl-i İmrân Sûresi âyet 133)

Hadîd Sûresi 21nci âyetin başındaki "سَابِقُوا - *Sâbikû:* ***Müsabaka edin, yarışın***" demek olduğu gibi "سَارِعُوا - *Sâriû:* ***Sür'at yarışı yapmak***" demek anlamında olup her iki kelimede de yarışmak, müsabakaya katılıp bir amaç için yarışıp koşuşmak olduğunu anlıyoruz. Âyetlerin yarış hedeflerini de belirlediğini görüyoruz. Yüce Rabbimizin mağfireti ve cenneti ki, onun da büyüklüğü insan aklını hayretlere düşürecek kadar büyük ve geniştir. Her iki âyet-i kerîme de tüm insanların ve mü'minlerin müsâbakaya katılmalarını istiyor ve ödüllerin büyüklüğünü de cenneti yerle göklerin birleşmesine benzeterek istekli mü'minlerin hayallerini genişletiyor.

***Ey okuyucu kardeş!*** Bu iki âyetin tefsir ve yorumlarında bazı tefsir sahibi müfessirlerimiz ayrı ayrı yönleri ele almışlardır. Ben konuyu uzatmamak için iki noktaya bir kaç kelime ile açıklık getirmek istiyorum. Benim kanâatime göre; bir müslümanın, cenneti veya cennetleri hak edebilmesi için Takvâ ehlinin (takvâ sâhibi mü'minlerin) meskeni ve oturma yurdu olan (çünkü cennet veya cennetler mü'minler ve müttekîler (takva sahibleri) için hazırlanmıştır.) cennet için ve Rabbimizin mağfiretine erebilmek için koşuşması, bu imtihan meydanı olan dünyada her an bir müsabakacı yarışçı gibi koşmasının gerektiğini ortaya koyuyor. Yani bir mü'minin (bir müslümanın), Allah'ın affına, mağfiretine erebilmek için bu konuda âdetâ bir yarışçı gibi konsantre olmalıdır. Allah'ın emirlerini yerine getirip, yasaklarından korunmalıdır. İkinci olarak cennet veya cennetlerin, yedi kat göklerin ve yerin birleşip katlanmasıyla kapladıkları bir alan kadar genişliğini ve büyüklüğünü düşünüp, bu muazzam saâdet evine girmek için yarışma yollarına koşmak gerekiyor. Âl-i İmrân Sûresi âyetinde bu cennetin müttekîlere (Allah'tan korkanlara) yani dört dörtlük dindarlara âit bir yer olduğu, bu yüksek vasıflı insanlar için hazırlanmış bir mekan olduğu vurgulanıyor. Demek oluyor ki, Allah'ın bildirdiği bu geniş cennetlere erişmek isteğinde, o muazzam saâdet yurdunda yaşamak aşk ve arzusunda olanların istenilen belgeleri hazırlayıp müsabaka için hazır bulunmaları hatırlatılıyor.

Yüce Rabbimiz mü'min (inanmış) kullarına davetiye göndermiş, affına, mağfiretine koşmalarını ve cennetine koşmalarını istiyor. Bu müsâbakayı önemsemelerini anlatmak için de, o cennetin genişliği yedi kat göklerin ve yerin genişliği demektir. Yarışacağınız cennet böyle bir ödüldür sakın ola sakın, yarışı kaçırmayın uyarısı demektir.

*"Ey mü'minler! Rabbiniz tarafından verilen (o muazzam) bağış ve mağfirete koşun. Ve bir de geniş-*

***liği yedi kat göklerin ve yerin genişliği kadar olan cennete koşun.** (Bu iki önemli ödül için yarışın.) **Çünkü bu muazzam cennet, müttekîler için hazırlanmıştır.”*** (Âl-i İmrân Sûresi, âyet 133)

Allah Teâlâ, kullarını kurtuluş yollarına özet bir çağrı ile davet ediyor: ***“Ey kullarım! Rabbinizin mağfiretine ve müttekîler için hazırlanmış olan, göklerle yeryüzü genişliğindeki cennete koşun!”*** Âyeti kısaca böyle de tercüme edebiliriz. Ama çok kısa anlatım, biraz zor anlaşılabilir diye, daha geniş açıklamalar getiriyoruz.

***Ey dost!*** Allah Teâlâ'nın bağışını, affını, mağfiretini kazanmak büyük, hatta en büyük başarıdır. Hele bu başarıyı cennete kadar devam ettirmek, genişliği, yeryüzü ile gökler (yedi kat gök) arası kadar olan o muazzam cennete veya cennetlere ulaşmak kurtuluşların en büyüğüdür. İşte bütün bu büyükler, Allah'ın mağfiretine ve o geniş cennete istekli müttekî kimliğine sahip insanlar ulaşabileceklerdir ve yarışın en büyük ödüllerine kavuşacaklardır. Bunlar iyilerdir, Allah'ın iyiler dediği kimselerdir. Çünkü

“اِنَّ الْاَبْرَارَ لَفِى نَعِيمٍ – ***İyiler cennettedir.”*** müjdesi, iyilerin cennetlik bahtiyarlar olduğunu bildiriyor.

## Takva Ehlinin (Müttekîlerin) Yüksek Dereceleri

اَلْمُتَّقِى – Müttekî: Takvâ sahibi kişi demektir. Peki takvâ sâhibi ne demektir? Takvâ sahibi demek, Allah'tan korkan hem de tam anlamıyla korkan kişi demektir. takvâ sahibi kişi ile müttekî kişi aynı anlama geliyor. Müttekî, ehl-i takvâ ve takvâ sahibi, kelimeleri hep aynı mânâ ve anlama gelmektedir.

**Müttekî,** Allah Teâlâ'dan gereği gibi korkan, günah ve haramlardan sakınıp kendisini her anlamda koruyup muhafaza eden, takvâ sahibi kişi demektir.

Müttekî, dört dörtlük (koyu aşırı) dindâr kimse demektir. Müttekîlik kimliğinde samîmilik, doğruluk ve dürüstlük vardır. Ehl-i takvâ, gerçek dindar, samimi dindar, koyu dindar kişiler için kullanılan dini bir deyimdir.

اِنَّ الْمُتَّقِينَ فِى جَنَّاتٍ وَنَعِيمٍۙ . فَاكِهِينَ بِمَا اٰتَيهُمْ رَبُّهُمْۚ وَوَقيهُمْ رَبُّهُمْ عَذَابَ الْجَحِيمِ

Mânâsı: ***"Şüphesiz ki, Müttekîler, cennetlerde nimetler içindedirler." Rabb Teâlâ'nın kendilerine verdiği sayısız cennet nimetleriyle zevk-u safâ içindedirler. Üstelik yüce Rabbleri onları cehennem azabından korumuştur da!"*** (Tûr Sûresi, âyet 17-18) Rabbi Teâlâ'nın o müttekî kullarını cehennem azabından koruması da ayrı bir nimet ve ayrı bir lütuftur.

İbni Kesir demiştir ki: *"Allah Teâlâ'nın kullarını bu şekilde cehennemden koruması, cennet nimetlerinin büyüklüğünden, içinde hiçbir gözün görmediği, hiçbir kulağın işitmediği ve hiçbir kimsenin aklından geçmeyen ve geçmeyecek sevinç ve keyif verici nimetlerin, güzelliklerin bulunduğu cennete girmenin yanında ayrı ve fazladan olan bir lütuf ve ikram demektir. Çünkü cehennemin fitne ve belâlarından kurtulmak da başlı başına bir nimettir."* demek olur.

اِنَّ الْمُتَّقِينَ فِى مَقَامٍ اَمِينٍۙ . فِى جَنَّاتٍ وَعُيُونٍۚ . يَلْبَسُونَ مِنْ سُنْدُسٍ وَاِسْتَبْرَقٍ مُتَقَابِلِينَۚ

*Mânâsı: **"Şüphesiz ki Müttekîler,** (âhirette) **güvenli bir makamdadırlar.** (Cennette) **bahçelerde ve pınar başlarındadırlar. Onlar ince ipekten ve parlak atlastan elbiseler giymiş olarak karşılıklı otururlar** (oturacaklar)**dır."*** (Duhan Sûresi, âyet 51-52-53)

Yani, ***o müttekîler, Allah Teâlâ'dan gereği gibi korkan o gerçek ve hâlis dindarlar,*** Allah'ın öyle hâss kullarıdır, Allah Teâlâ'yı o kadar severler, o kadar sayarlar ki, O'nun emirlerini (dini görevleri) yerine getirip harfi harfine uyarlar, yasaklarından sakınıp korunurlar. Bu ihlaslarına karşılık âhirette, o saâdet yurdunda, bütün kederlerden, sıkıntılardan ve korkulardan emin ve selâmette olarak şerefli ve güvenli makamlarda bulunma mutluluk ve bahtiyarlığına kavuşmuş olacaklardır.

"فِى مَقَامٍ اَمِينٍ – ***Emin makam***"dan maksat, hiçbir endişe bile hissedilmeyen, hiçbir zahmet, en ufak bir hoşnutsuzluk bile hissedilmeyen emîn, güvenli bir makam, saâdet ve mutluluk yurdu demek oluyor. Nitekim Müslim'in Ebû Hüreyre'den naklettiği hadisde Efendimiz (a.s.) şöyle buyurmuştur:

***"Cennet ehline denilecek ki: sizler artık burada hiç hastalık görmeyecek, hasta olmayacaksınız. Artık ölüm de yok, ebedi olarak yaşayacaksınız. Hiçbir sıkıntı duymayıp hep huzur ve rahat içinde olacaksınız. Hiç yaşlanmacaksınız, hep genç kalacaksınız."*** (Müslim)

اِنَّ الْمُتَّقِينَ فِي جَنَّاتٍ وَعُيُونٍ ۝ اُدْخُلُوهَا بِسَلَامٍ اٰمِنِينَ ۝ وَنَزَعْنَا مَافِي صُدُورِهِمْ مِنْ غِلٍّ اِخْوَانًا عَلٰى سُرُرٍ مُتَقَابِلِينَ ۝ لَا يَمَسُّهُمْ فِيهَا نَصَبٌ وَمَاهُمْ مِنْهَا بِمُخْرَجِينَ ۝

Mânâsı: ***"Takvâ sahibleri*** *(müttekîler)* ***mutlaka cennetlerde ve pınar başlarında olacaklardır. O müttekîler, cennetin kapısına*** *(vardıklarında kendilerine, kapılarda görevli cennetin bekçileri tarafından)* ***"Girin oraya*** *(o cennete)* ***selâmetle ve güven içinde*** *(denilir)."* Burada **"selâmetle girin"** ifadesi, iki şekilde anlaşılabilir. Birincisi her türlü korku ve tehlikelerden emin ve selâmette olarak cennete girin, demek olur. Veyahut da Allah Teâlâ'nın selâmıyla oraya selâmetlik içinde girin, demek olur (olabilir) denilmektedir tefsirlerimizde.

***"Biz, onların göğüslerinde*** *(gönüllerinde)****ki her türlü kin ve hasedi söküp attık; onlar artık, sedirler*** *(koltuklar)* ***üzerinde karşı karşıya oturup*** *(karşılıklı)*

***sohbet eden kardeşler** (gibi) **olacaklardır. O müttekîlere orada** (cennette) **hiçbir yorgunluk dokunmayacak** (yorgunluk hissettirecek bir hal olmayacak)**tır. Ve o cennetlikler oradan** (cennetten) **hiç çıkarılmayacaklardır da!”*** (Hicr Sûresi, âyet 45-48)

## Müttekîlere Vaad Edilen (Söz Verilen) Cennetin Özelliği

مَثَلُ الْجَنَّةِ الَّتِى وُعِدَ الْمُتَّقُونَ ط تَجْرِى مِنْ تَحْتِهَا
الْاَنْهَارُ ط اُكُلُهَا دَائِمٌ وَظِلُّهَا ط تِلْكَ عُقْبَى الَّذِينَ
اتَّقَوْا ق وَعُقْبَى الْكَافِرِينَ النَّارُ

*Mânâsı:* ***“Müttekîlere va’d olunan cennetin vasfı** (özelliği) **şöyledir: Onun zemininden** (ağaçlarının arasından) **ırmaklar akar. Yemişleri** (meyve ve yiyecekleri) **dâimidir** (süreklidir) **ve gölgesi de süreklidir. İşte bu** (cennet)**, takvâ sahibi insanların** (Müttekîlerin) **âkibetidir** (mutlu sonudur)**. Kâfirlerin akibeti** (sonu ise)**, ateştir.”*** (Ra’d Sûresi, âyet 35)

Sûre-i Muhammed’in 15nci âyetinde de **müttekîlere** söz verilen cennetin özelliklerinin başka yönü, yani değişik vasıf ve özelliği dile getirilmektedir. Şöyle ki:

مَثَلُ الْجَنَّةِ الَّتِى وُعِدَ الْمُتَّقُونَ ط فِيهَا اَنْهَارٌ مِنْ مَاءٍ غَيْرِ
اٰسِنٍ ج وَاَنْهَارٌ مِنْ لَبَنٍ لَمْ يَتَغَيَّرْ طَعْمُهُ ط وَاَنْهَارٌ مِنْ

خَمْرٍ لَذَّةٍ لِلشَّارِبِينَ ۚ وَاَنْهَارٌ مِنْ عَسَلٍ مُصَفًّى ۗ وَلَهُمْ فِيهَا مِنْ كُلِّ الثَّمَرَاتِ وَمَغْفِرَةٌ مِنْ رَبِّهِمْ ۗ ...

Mânâsı: ***"Müttekîlere va'd olunan cennetin niteliği** (ve özelliği) **şöyledir:***

***1. O cennette hiç bozulmayan sudan ırmaklar vardır.***

***2. Tadı değişmeyen sütten ırmaklar vardır.***

***3. İçenlere lezzet ve keyif veren** (cennete özel) **şaraptan ırmaklar vardır.***

***4. O cennette süzme baldan ırmaklar vardır.***

***5. O müttekîler için orada** (cennette) **her türlü meyve ve bir de Rabbları tarafından bir mağfiret vardır..."*** (Sûre-i Muhammed, âyet 15)

***Ey Âhiret yolcusu!*** Kur'ân-ı Kerîm'inde yüce Allah, Âhiret hayâtına mahsûs olan cennet yurdunu iman sahibleri için bir ikâmetgah olarak hazırlamıştır. Bu geçici dünyada, fânî bir yaşam süren, geçici bir hayat yaşayan insanlar iki yolun yolcusudur.

İçinde veya üzerinde yaşadığımız bu dünya yıkılıp yok olacak, dağlar taşlar pamuk gibi atılacak, her yer dümdüz bir alan olacaktır. Sonra insanlar yeniden diriltilecek, âhiret işleri bittikten sonra bir yolun yolcuları cennete, bir yolun yolcuları da cehenneme yerleştirilecektir. Cehennem ahvâlini (hallerini) geçen bölümlerimizde anlattık.

Şimdi de cennet yurdunu yüce Rabbimizin kitabında bize anlattığı gibi okuyup kavramaya çalışıyoruz. Allah Teâlâ, Kur'ân-ı Kerim'inde cennet adı verdiği ve iyilerin ebedi olarak kalacağı bu saâdet yurdunu çok enterasan özelliklikleriyle çok geniş bir şekilde anlatmıştır. Bunun yanında Allah'ın peygamberi Efendimiz Aleyhisselâm da çok enterasan yönleriyle cenneti ve cennetleri anlatmıştır.

## Kur'ân-ı Kerîm'de Bildirilen Cennet İsimleri

*Ey hak yolcusu!* Kur'ân-ı Kerîm'de, cennetin çeşitli isimleri bulunmaktadır. Bazı âlimlerin görüşüne göre, bu sekiz isim, cennetin tabakasını (bölümlerini) anlatır demişlerdir.

Abdullah İbni Abbas (r.a.), Resûl-ü Ekrem Aleyhisselâm'dan rivâyet etmiştir: *Cennetin sekiz tabakası (kısım ve bölümü) vardır: Mü'minler dünyadaki yapmış oldukları amellerinin derecelerine göre bu sekiz tabakadan birinde bulunacaktır.* Cennetin isimleri şöyle sıralanabilir:

1. ***Cennetül'Firdevs*** *(Firdevs Cenneti),*
2. ***Cennet-ü Adn*** *(Adn Cenneti),*
3. ***Cennet-ü Naîm*** *(Naîm Cenneti),*
4. ***Cennet-ü Me'vâ*** *(Me'vâ Cenneti),*
5. ***Cennet-ü Dârül'Huld*** *(Dârül'Huld Cenneti),*
6. ***Darüs'Selâm Cenneti,***
7. ***Dârül'Celâl Cenneti,***
8. *Cennetül'Karar.*

Âhiret hayatını konu alan eserlerde cennetin sekiz tabakasının süslenmesi yani sekiz cennetin ne şekilde tezyin edildiğini şöyle anlatmaktadırlar:

## 1. Firdevs Cenneti'nin Süs ve Tezyini

Rivâyete göre, Cenâb-ı Hak, Firdevs Cennetini şöyle halk etmiştir. Bir tuğlası, altından işlenmiş, bir tuğlası gümüşten işlenmiş, bir tuğlası ise yakuttan olup bir tuğlası da Zeberced'dendir ve toprağı da miskten halk edilmiştir. Buyurulmuştur ki, *"Efendimiz Aleyhisselâm'ın makamı da Cennetül'Firdevs'dir."* Ebû Hüreyre (r.a.) Firdevs Cennetiyle ilgili rivâyetinde, Resûlullâh (s.a.v.) Efendimiz:

***"Ey ümmetim, ashabım! Allah'tan Firdevs Cennetini isteyin. Çünkü cennetlerin ortası ve âlâsı orasıdır. Firdevsin örtüsü (üstü) Arş-ı A'zam'dır, cennetin bütün ırmaklarının kaynağı Firdevs Cennetidir."*** buyurmuştur.

Şimdi Kur'ân-ı Kerîm'in Firdevs Cennetiyle ilgili âyet-i kerîmelerinden bir kaç misâl ve örnek verelim: Kehif Sûresi 107nci âyetinde şöyle buyruluyor:

اِنَّ الَّذِينَ اٰمَنُوا وَعَمِلُوا الصَّالِحَاتِ كَانَتْ
لَهُمْ جَنَّاتُ الْفِرْدَوْسِ نُزُلاً

*Mânâsı:* ***"Şüphesiz iman ederek salih ameller işleyen mü'minler için Firdevs Cennetleri vardır. Firdevs Cennetleri onlar için konaklama yeri olarak ayrılıp hazırlanmıştır. Sâlih amel sahibi mü'minler, Firdevs Cennetlerinde ikâmet edecek, oralarda oturacaklardır."***

Evet, bu bahtiyar insanlar, önce iman nîmetine ermişler, sonra bu nimeti (iman nimetini) korumak ve güçlendirmek için gerekli olan sâlih amelleri elde etmek için çalışıp çabalamışlardır. İşte bu bahtiyar insanlar için Allah Teâlâ, mükafat (ödül) olarak onlara Firdevs Cennetlerini özel konaklama yerleri olarak hazırlamıştır. Âyetteki verilen müjde budur. Âyetin devâmı olan 108nci âyette de:

خَالِدِينَ فِيهَا لَا يَبْغُونَ عَنْهَا حِوَلًا

*"Orada onlar, ebedî olarak kalacaklardır. O Firdevs bahçelerinden hiç çıkmak ve ayrılmak istemeyeceklerdir."* Yani, Allah'a ve âhiret gününe inanan ve hayırlı, yararlı işler yapan o bahtiyar kimseler, Firdevs Cennetlerinden (Firdevs Cennetinin bahçelerinden) hiç ayrılmak istemezler. Çünkü bu güzelim mekân, kendileri için özel bir ağırlama mahalli (yeri) demek olur.

نُزُلًا – **Nüzülen:** Gelen misafirler için özel ayrılmış bir mekan. Konaklama için olabileceği gibi, misafirleri ağırlamak için olan özel bir yer de olabilir. Bu kelime (nüzül) özel anlam taşıyan bir kelimedir. Sâlih amelli mü'minler için, özel bir ödüllendirme olmak üzere, Firdevs Cenneti bahçelerinde misafirler gibi karşılanarak ağırlanacaklardır demek olur ki, bir teşvik ve özendirme, bir tebrikleme ile müjdelemedir de denebilir.

حِوَلًا – **Hıvelen:** Oradan başka bir yere gitmek, istemezler, oradan ayrılmak istemezler demek anlamındadır.

Mü'minûn Sûresi, âyet on bir (11)de Firdevs Cennetine vâris olacak ve orada temelli (ebedî) olarak kalacak olan kimselerin (mü'minlerin) vasıf ve özelliklerini birinci âyetten saymaya başlayıp on birinci âyette konuyu şöyle bağlamıştır:

اَلَّذِينَ يَرِثُونَ الْفِرْدَوْسَ ط هُمْ فِيهَا خَالِدُونَ

*"**İşte o mü'minler ki, Firdevs cennetine vâris** (sahib) **olacaklardır. Ve onlar orada ebedî olarak** (bir daha çıkmamak üzere temelli) **kalacaklardır.**"*

Mü'minûn Sûresi'nin, birinci âyetinden başlayarak 11nci âyetine kadar vasıf ve nitelikleri sayılan Firdevs Cennetine vâris ve sahip olacak kimselerin özellikleri, vasıf ve nitelikleri şöyle sıralanıyor:

قَدْ اَفْلَحَ الْمُؤْمِنُونَ ۙ

1. ***Mü'minler gerçekten kurtuluşa** (muradlarına) **ermiştir.***

اَلَّذِينَ هُمْ فِى صَلَاتِهِمْ خَاشِعُونَ ۙ

2. ***O mü'minler, namazlarında huşû' içindedirler.***

وَالَّذِينَ هُمْ عَنِ اللَّغْوِ مُعْرِضُونَ ۙ

3. ***Onlar, lüzumsuz** (boş faydasız) **şeylerden yüz çevirip uzak dururlar.***

وَالَّذِينَ هُمْ لِلزَّكَوةِ فَاعِلُونَ ۙ

*4. O mü'minler, zekatlarını verirler.*

وَالَّذِينَ هُمْ لِفُرُوجِهِمْ حَافِظُونَ

*5. O mü'minler, ırz ve namuslarını korurlar.*

وَالَّذِينَ هُمْ لِأَمَانَاتِهِمْ وَعَهْدِهِمْ رَاعُونَ

*8. O mü'minler, emânetlerini ve sözlerini yerine getirirler.*

وَالَّذِينَ هُمْ عَلَى صَلَوَاتِهِمْ يُحَافِظُونَ

*9. O mü'minler, namazlarını vaktinde kılarak namazlarını korurlar.*

أُولَئِكَ هُمُ الْوَارِثُونَ

*10. İşte bu* (sayılan) *vasıfları* (özellikleri) *kendilerinde toplayanlar, vâris* (sahib) *olanlardır ki:*

الَّذِينَ يَرِثُونَ الْفِرْدَوْسَ هُمْ فِيهَا خَالِدُونَ

*11. Onlar, Firdevs Cennetine vâris* (sahib) *olacaklardır. Ve onlar orada ebedî olarak kalacaklardır."*

Evet, Firdevs cennetlerine (Çünkü Kehif Sûresi âyetinde Cennâtül Firdevs – Firdevs cennetleri şeklinde çoğul gelmiştir.) girmeye hak eden kimselerin (mü'minlerin) bazı, hatta bir çok vasıf ve nitelikleri olmalı ve olması gerekir diye düşünmekten insan kendisini alamıyor. Nitekim konunun tamamını araştırıp bakıldığı zaman, insan gönlünün istediklerinden daha mükemmel açıklamalar, Yüce Rabbimiz veya Sevgili Peygamberimiz tarafından mü'minlere hemen geliveriyor.

İmâm-ı Tirmizî'nin, Muâz İbni Cebel'den (r.a.) rivâyeti şöyledir: Resûlullâh Sallallâhü aleyhi ve sellem buyurdular ki:

***"Kim Ramazan orucunu tutar, namazını kılar, Hacc eder ve zekâtını verirse, bu kimse Allah yolunda hicret etmiş veya hicret etmeyip doğduğu yerde** (memleketinde) **oturmuş olsa da Allah Teâlâ o kulunu behemahal bağışlayacaktır." Orada hazır bulunan Muâz bin Cebel** (r.a.)**: "Yâ Resûlallâh! Bunu müslümanlara bildireyim mi, bu müjdeden müslümanları haberdâr ediyim mi?"*** dedi. Bunun üzerine Resûlullâh Sallallâhü aleyhi ve sellem şöyle buyurdu:

ذَرِ النَّاسَ يَعْمَلُونَ . فَاِنَّ فِى الْجَنَّةِ مِأَةَ دَرَجَةٍ مَابَيْنَ كُلِّ دَرَجَتَيْنِ كَمَا بَيْنَ السَّمَاءِ وَالْاَرْضِ،

***"Bırak müslümanları, çalışsınlar. Çünkü cennette yüz derece vardır. Her iki derece arasındaki mesâfe, gökle** (semâ ile) **yeryüzü arasındaki mesâfe kadardır** (uzaktır)."*

وَاَوْسَطُهَا وَفَوْقَ ذَلِكَ عَرْشُ الرَّحْمَنِ ، وَمِنْهَا تُفَجِّرُ اَنْهَارُ الْجَنَّةِ وَالْفِرْدَوْسُ اَعْلَى الْجَنَّةِ، فَاذَا سَأَلْتُمُ اللهَ فَاسْأَلُوهُ الْفِرْدَوْسَ

***"Cennetin en yüksek ve en uygun yeri Firdevs'dir. Arşur'Rahman onun üzerindedir, yani Arş-ı Rahman o Firdevs'in üstünde bulunur. Cennetin bütün nehirleri** (ırmakları) **buradan** (Firdevs Cennetinden) **fışkırıp çıkarlar** (ve cennetin zeminlerinde akar dururlar). **Allah Teâlâ'dan** (cennet) **istediğiniz zaman Firdevs cennetini isteyiniz."*** (Tirmizî Cennetin Sıfatı Babı)

Bilindiği üzere cennette dört nehirin bulunduğu Sûre-i Muhammed'in (a.s.) 15nci âyetinde bildirilmektedir. Bu nehirler:

***1. O cennette, tadı ve kokusu bozulmayan su ırmakları vardır.***

***2. Tadı değişmeyen hâlis sütten akan ırmaklar vardır.***

***3. İçenlere lezzet ve keyif veren** (sarhoşluk vermeyen)**, özel cennet şarabından akan ırmaklar vardır.***

***4. O cennette süzme baldan ırmaklar vardır."*** Biz bu âyetlerin metinlerini yukarıki cennet konusu başlığı altında vermiştik. (Sûre-i Muhammed, âyet 15)

Yine Tirmizî'nin rivâyet ettiği bir hadisde şöyle buyruluyor:

فِى الْجَنَّةِ مِأَةُ دَرَجَةٍ مَابَيْنَ كُلِّ دَرَجَتَيْنِ كَمَا بَيْنَ السَّمَاءِ وَالْاَرْضِ، وَالْفِرْدَوْسُ اَعْلَاهَا دَرَجَةً، وَمِنْهَا تُفَجَّرُ اَنْهَارُ الْجَنَّةِ الْاَرْبَعَةِ وَمِنْ فَوْقِهَا يَكُونُ الْعَرْشُ، فَاِذَا سَأَلْتُمُ اللّٰهَ فَاسْأَلُوهُ الْفِرْدَوْسَ

Mânâsı: *"Cennette yüz derece vardır. Her iki derece arasındaki mesâfe* (uzaklık) *gökyüzü ile yeryüzü arasındaki mesâfe* (uzaklığı) *kadardır. Cennetin derece bakımından en yükseği* (en â'lâsı) *Firdevs'dir. Cennetin dört nehri* (ırmağı) *buradan* (Firdevs Cennetinden) *fışkırıp çıkmaktadır. Arş-ı Â'lâ da bunun* (Firdevs Cennetinin) *üstünde bulunmaktadır. Allâh Teâlâ'dan cennet istediğiniz vakit, Firdevs Cennetini isteyiniz."* (Tirmizî)

Firdevs Cenneti konusunda daha sahih haberler bulunmaktadır. Buhârî'nin Cihâd babında rivâyet ettiği uzunca bir hadisde buyruluyor:

*"Allâh Teâlâ'dan cenneti istediğinizde Firdevs'i isteyiniz. Çünkü Firdevs, cennetin en ortasında ve en yüksek yerindedir. Cennet nehirleri oradan fışkırır."* (Buhârî)

## 2. Adn Cenneti

Dürretül'beyzâ'dan yaratılmış ve mü'minlere hazırlanmıştır. **Adn Cenneti,** inci, yâkut ve zebercedden yaratılmış saraylardır. Adn, onun alemi, ruhânî ismidir. Nitekim Allah Teâlâ, Meryem Sûresi, 61nci âyette şöyle buyurmuştur:

جَنَّاتِ عَدْنٍ الَّتِى وَعَدَ الرَّحْمٰنُ عِبَادَهُ بِالْغَيْبِ ط

اِنَّهُ كَانَ وَعْدُهُ مَاْتِيًّا

Mânâsı: *"Evet o mü'minler, Rahman olan Allah'ın kullarına gıyâbî olarak vâ'dettiği, dünyada iken görmeden inandıkları cennete, Adn Cennetlerine gireceklerdir. Şüphesiz Allah'ın vâ'di mutlaka yerini bulur (bulacaktır)."*

**Bu Adn Cennetidir** ki, Rahman onu (tevbesi, imanı ve sâlih ameli olan) kullarına gıyâben vâdetmiştir. **Adn kelimesi,** cennetin özel ismidir. İkâmet ve sevap yurdu demek anlamınadır. Allah'ın sevgisine eren, **"kullarım"** iltifat ve yakınlığına mazhar olan o kıymetli sevgili kullar Allah'ın vâdettiği (söz verdiği) o Adn Cennetlerini gözleriyle görmemiştir, ancak varlığını duymuş ve öğrendiği haberlerden (Kur'ân'ın verdiği bilgi ve dolayısıyla Peygamberimizin öğretisiyle) inanıp kabul etmişlerdir. Allah vâdini yerine getirendir. Sözünü tutandır, bu kullarını Adn Cennetlerine yerleştirecektir demek olur.

Meryem Sûresi 62nci ve 63ncü âyetlerin Türkçe anlam ve meâlleri şöyle:

***"Orada** (cennette) **onlar, boş ve anlamsız söz işitmezler, sâdece selâm ve selâmetlik sözü duyarlar. Cennette rızıklarını sabah akşam hazır bulurlar."***

***"İşte bu cennete** (Adn Cennetlerine) **kullarımızdan, müttekî olanları mirasçı** (sahip) **kılacağız."*** (Meryem Sûresi, âyet 63) Allah cennetini böyle tanıtıyor. çünkü Araplar, sabah akşam rızıklarına (yemeklerine) çok önem veriyorlardı. Hasan Basrî demiştir ki: ***"Allah her kavmi, sevdiği şeylerle cennetine teşvik etmiştir. Diğer örnekler de böyledir."*** denilmiştir.

**Adn Cenneti** Beyyine Sûresi'nin son iki âyetinde şöyle geçmektedir:

اِنَّ الَّذِينَ اٰمَنُوا وَعَمِلُوا الصَّالِحَاتِ اُولٰٓئِكَ هُمْ خَيْرُ الْبَرِيَّةِ

Mânâsı: ***"Şüphesiz ki, iman edenler ve salih amel işleyenler var ya, işte onlar, halkın*** *(yaratılanların)* ***en hayırlılarıdır*** *(en iyileridir)*.**"** (Beyyine Sûresi, âyet 7)

جَزَاؤُهُمْ عِنْدَ رَبِّهِمْ جَنَّاتُ عَدْنٍ تَجْرِى مِنْ تَحْتِهَا الْاَنْهَارُ خَالِدِينَ فِيهَا اَبَدًا رَضِىَ اللّٰهُ عَنْهُمْ وَرَضُوا عَنْهُ ذٰلِكَ لِمَنْ خَشِىَ رَبَّهُ

***"Rableri katında onların mükâfatları*** *(kavuşacakları ödüller)*, ***zemininden*** *(ağaçları altından)* ***ırmaklar akan Adn Cennetleridir. Orada*** *(o cennetlerde)* ***ebedî olarak kalacaklardır. Allah onlardan razı olmuştur, onlar da Allah'tan razı olmuşlardır. İşte bu*** *(vâdedilen ödüller)*, ***Rabbinden korkan, O'na gereği gibi saygı gösterenler içindir."*** (Beyyine Sûresi, âyet 8)

***Ey Âhiret yolcusu kardeş!*** Şimdi verdiğimiz bu âyet-i kerimelerin tıpatıp kelimelerinin karşılığı mesâbesinde olan bu kısa Türkçe anlamlardan ancak derin, yani tam anlamıyla din kültürü veya din bilgisi olan kişiler gönüllerini dolduran bir şeyler anlayabilir. Söz gelimi benim gibi, konuyu yeni görenler veya konuyla yeni tanışanlar için âyetlerin kelime ve cümlelerini açmak gerekiyor. O zaman da konu uzayıp gidiyor. Konu uzadıkça da kitabın hacmı büyüyor. Hacim büyüdükçe ve genişledikçe herşey büyüyor (masraflar, okumak için zamanlar, herşey herşey büyüyüp gidiyor.)

Adn Cennetleri şeklinde bildirilen Tevbe Sûresi, 72nci âyetinde de Cenâb-ı Rabbil'âlemîn şöyle buyuruyor:

وَعَدَ اللّٰهُ الْمُؤْمِن۪ينَ وَالْمُؤْمِنَاتِ جَنَّاتٍ تَجْر۪ي مِنْ
تَحْتِهَا الْاَنْهَارُ خَالِد۪ينَ ف۪يهَا وَمَسَاكِنَ طَيِّبَةً ف۪ي جَنَّاتِ
عَدْنٍۜ وَرِضْوَانٌ مِنَ اللّٰهِ اَكْبَرُۜ ذٰلِكَ هُوَ الْفَوْزُ الْعَظ۪يمُ

*Mânâsı:* ***"Allah, mü'min erkeklere ve mü'min kadınlara içinde ebedî olarak kalacakları altından ırmaklar akan cennetler vâdetmiştir. Ve Adn Cennetlerinde güzel meskenler*** *(güzel konaklar)* ***vâdetmiştir. Yüce Allah'ın rızası ise, bunların hepsinin üstündedir.*** *(Yani bu cennet ödüllerinin en âlâsı, Allah Teâlâ'nın kendilerinden râzı olmasıdır.)* ***İşte en büyük kurtuluş*** *(en büyük mutluluk)* ***da budur."*** (Tevbe Sûresi, âyet 72)

Evet, Allah Teâlâ, kendisine (celle celâlüh) iman eden ve sâlih amellerde bulunan itâatli kullarından olan gerek erkek ve gerekse kadın olsun, hepsine ağaçları arasından ırmaklar (nehirler) akan cennetler vâdetmiştir. Hem de Adn Cennetlerinde güzel konaklar, mükemmel şâşâlı meskenler vâdetmiş (söz vermiş)tir. Bütün bu sayılan nimet ve güzelliklerin üstünde, Yüce Rabbimiz bu kullarına kendi rızasını vereceğini vâdetmiştir. Allah kendi rızâsına ermek için koşan ve elinden gelen gayret ve fırsatları değerlendiren ve Allah'ın rızasına mazhar olmaya çalışan iman sahibi, kadın ve erkek değerli kullarına bir vaadde (bir sözde) bulunmuştur, bu vaad ise, cennetlerdir. Çünkü âyette geçen "جَنَّاتٌ - Cennât" kelimesi çoğul bir kelimedir. Cennetler demektir. Cennet ise, sözlükte, içerisinde sık dallı ağaçlar ve hurmalar bulunan, odaların (bölümlerinin) altından nehirler (ırmaklar) akmaktadır. Bu ırmakların, su, bal, şarap ve süt ırmakları olduğunu geçen bölümlerimizde öğrendik. Cennet ırmaklarının Kur'ân-ı Kerîm'de bu dört çeşit ırmak olduğu bildirilmektedir. Mü'minler bu cennetlerde sürekli olarak (ebedî) kalacaklardır. Bir daha cennetten çıkılmayacak veya girenler çıkarılmayacaktır. Mü'minlerden her bir kişi, bu cennetleri mutlaka kazanmış olacaklardır. Bu cennetlerde kendilerine mükemmel konaklar, meskenler vâdedilmiştir. Bu temiz meskenler, bu güzelim konaklar, nefislerin oralardan keyif ve lezzet alacağı ve güzel temiz bir hayatın sürdürülebileceği yerlerdir. Rivâyete göre: Bu cennetin konakları, inciden, zebercedden ve kırmızı yâkuttandır. Bunlar Adn Cennetlerindendir. Burası cennetlerin en görkemli ve en güzel, en hoş yeridir. Orası öyle bir enteresan yerdir ki, hiç bir gözün görmediği, kulağın işitmediği ve hiç bir gönlün hatır hayal edemediği nimetlerle hazırlanmış bir nimet evidir. Bu da Allah'ın rızasından olan bir nimettir. Cennetlerden de, nimetlerden de üstün bir nimettir. Bütün saâdetlerin başlangıcı ve zirvesi burada tecelli edecek ve etmiştir.

Buhârî ve Müslim'in kaydına göre; "Allah Teâlâ, cennetteki cennetliklere: ***"Ey Cennetlikler! Halinizden râzı mısınız*** *(memnun musunuz)?"* diye sorar (soracak): Onlar da:

*"— **Nasıl razı*** *(nasıl memnun)* ***olmayız ki! Yarattıklarından hiç kimseye vermediğin nimeti bize verdin!"*** derler. Bu konuşmanın üzerine Allah Teâlâ: ***"Ey kullarım! Bundan daha üstününü size vereceğim"*** buyurur. Cennetlikler: ***"Bundan daha üstünü nedir Yâ Rabbi?"*** derler. Allah Teâlâ şu müjdeyi verir:

***"— Ey kullarım! Size rızâmı vereceğim. Bundan sonra artık, size asla gadablanmam*** *(öfkelenmem)."* (Buhârî ve Müslim sahihlerinde tahriç etmişlerdir.)

***Ey Âhiret yolcusu kardeş!*** En büyük kurtuluş Allah'ın rızasına mazhar olmak, O'nun hoşnutluğuna kavuşmaktır. Gerçek mutluluk Allah'ın bu rızasına ermektir.

Rivâyet edildiğine göre Ebû Derdâ (r.a.)'dan gelen rivâyet şöyle:

*"Adn Cenneti,* ***gözlerin görmediği, kulakların işitmediği ve insan kalbine düşmeyen*** *(hatır hayâle gelmeyen)* ***bir Rahman evidir. Buraya peygamberler, şehidler ve sıddıklar girer. Bunun hakkında Allah Teâlâ,*** *"Sana girenlere müjdeler olsun"* ***buyurduğu gibi, ayrıca*** *"güzel meskenler"* ***nitelemesiyle nitelendirdiği de burasıdır."*** demiştir.

Adn Cenneti, köşklerinin, meskenlerinin altından cennet ırmakları akan ikâmet ve oturma bahçeleridir. Adn Cenneti, demek, "istikrâr, süreklilik ve sebât ederek bir yerde ikâmet etmek, oturmak, kalkmak" gibi anlamlara gelmektedir. **Adn**

**sekiz cennetin bölümlerinden birisinin adıdır.** Orada devamlı kalınacağı anlamına bu isim verilmiştir. Bu isim Kur'ân-ı Kerîm'de on bir yerde geçmektedir. (Tevbe Sûresi, âyet 72; Ra'd Sûresi, âyet 23; Nahl Sûresi, âyet 31; Kehif Sûresi, âyet 31; Meryem Sûresi, âyet 61; Tâhâ Sûresi, âyet 76; Fatır Sûresi, âyet 33; Sâd Sûresi, âyet 50, Mü'min Sûresi, âyet 8; Sâf Sûresi, âyet 12, Beyyine Sûresi, âyet 8) geniş bilgi edinmek isteyenler bu âyetlerin tefsirlerine bakabilirler.

## 3. Cennetü Naîm

Cenâb-ı Allah, bu cennetini beyaz gümüşten, inci ve yâkuttan halkeylemiş ve bu süslerle tezyînlemiştir.

**Naîm** kelimesi, nimet anlamına gelir. Kur'ân-ı Kerîm'de ise, daha çok cennet nîmetlerini anlatmak için kullanılır. Naîm kelimesi Arapça'da: ***"refah, huzûr, mutlu hayat"*** anlamına gelir. Ve nîmet kelimesinden daha geniş, daha kapsamlı anlamlar ifade eder. Böyle olunca naîm, insana mutluluk veren, maddî, mânevî bütün güzellikleri anlatmaktadır. Bu anlamla "جنّات النّعيم – *Cennâtün'Naîm:* ***Mutluluklarla dolu, cennetler"*** demektir.

إِنَّ الْأَبْرَارَ لَفِي نَعِيمٍ ج

***"Şüphesiz ki, iyiler cennette nîmet içindedirler."*** (İnfitar Sûresi, âyet 13) Âyeti şöyle de ifâde edebiliriz: ***"Şüphesiz ki iyiler, muhakkak bir Naîm cennetindedirler."***

Hz. İbrahim Aleyhisselâm'ın dilinden hikâye ile O'nun (a.s.) şöyle duâ ettiğini ve duasında nimeti bol Naîm Cennetine girmeyi istemekte olduğunu Kur'ân-ı Kerîm şöyle bildiriyor:

وَاجْعَلْنِى مِنْ وَرَثَةِ جَنَّةِ النَّعِيمِۙ

*Mânâsı:* ***"Rabbim! Beni nimeti bol Naîm Cennetinin vârislerinden olmamı nasîb et!"*** (Şuârâ Sûresi, âyet 85)

Yûnus Sûresi, âyet 9'da Naîm Cennetleri olarak şöyle ifade buyrulmaktadır:

اِنَّ الَّذِينَ اٰمَنُوا وَعَمِلُوا الصَّالِحَاتِ يَهْدِيهِمْ رَبُّهُمْ

بِاِيمَانِهِمْ تَجْرِى مِنْ تَحْتِهِمُ الْاَنْهَارُ فِى جَنَّاتِ النَّعِيمِ

*Mânâsı:* ***"Hiç şüphesiz iman eden ve sâlih ameller işleyen müslümanları, imanları sebebiyle Rableri Teâlâ onları, zemininden*** *(ağaçları arasından)* ***ırmaklar akan Naîm Cennetlerine ulaştıracaktır.*** *(Yani imanları sebebiyle ve imanlarının nûriyle, sâlih amel (hayırlı ve neticeli, elverişli) ve ârızasız düzgün işleri sebebiyle Allah Teâlâ, bu güzel insanları (mü'min ve müslümanları) nimetleri bol, bahçesinde dal ve budaklarıyla yemyeşil yapraklarla gizlenmiş (örtülmüş) cennetlerde (köşk ve saraylarda) barındıracak ve ebedî olarak onları bu saâdet ve mutluluk meskenlerinde yaşatacaktır.)"* (Yûnus Sûresi, âyet 9)

Sûrenin 10ncu âyetinde, o Naîm Cennetlerine yerleştirilen insanların oradaki teşekkür anlamına gelen son sözlerini ve duâlarını dile getirmektedir:

دَعْوٰيهُمْ فِيهَا سُبْحَانَكَ اللّٰهُمَّ وَتَحِيَّتُهُمْ فِيهَا
سَلَامٌ وَاٰخِرُ دَعْوٰيهُمْ اَنِ الْحَمْدُ لِلّٰهِ رَبِّ الْعَالَمِينَ

Mânâsı: ***"Onların** (o cennet sakinlerinin) **cennetteki duâ ve seslenişleri: "Sübhânekallâhümme = Ey Allah'ım! Seni bütün noksan sıfat ve niteliklerden tenzih ederiz."** (Allah'ım, sen ne yücesin, ne büyüksün) **demek olacaktır. Birbirlerine temenni ve sağlık dilekleri de:** "Selâm" **sözüdür. Duâlarının** (konuşmalarının) **sonu da: "Alemlerin Rabbi olan Allah'a hamdolsun" diye şükretmek olacaktır."*** (Yûnus Sûresi, âyet 10) (Bu âyetin yorumunu cennet konusunun bitiminde vereceğiz inşâallah!)

Gelen haberlerde şöyle rivâyet edilmiştir:

***"Cennetteki cennetlikler** (yani cennet ehli), **bir şey arzu ettikleri zaman: "Allah'ım, seni noksan sıfatlardan tenzih ederiz" mânâsındaki "Sübhânekallâhümme" diyecekler. Bunu duyan cennetteki hizmetkârlar, hemen yiyecek, içecek ve arzu edilen herşeyi cennet ehline getirecekler. Cennet sâkinleri, ehl-i cennet, gelen bu nîmetleri yedikten sonra da: 'Elhamdülillâhi Rabbil'âlemin = Alemlerin Rabbi olan Allah'a hamdolsun' diyeceklerdir."***

Cennet ehli için, cennette herhangi bir sorumluluk olmayacaktır. Cennette ibâdet etmek de olmayacaktır. Cennet halkı, cennette sâdece Cenâb-ı Allah'ı tâzîm ve saygı anlamında tesbih ve O'na (Celle Celâlüh) hamd edeceklerdir. Bu da aslında bir ibâdet anlamı taşımaktadır. Çünkü bu kelimeler cennet ehline ilham olunacak (kalblerine konacak). Onlar da nefes alır gibi, bu kelimeleri kolayca telaffuz ederler. Nefes alıp verirken bu kelimeleri telaffuz etmiş, söylemiş olacaklardır. Yani nefesleri sanki bu kelimeler olacaktır demek olur.

*Ey Cennet isteyen kardeş!* Cennet nimetlerine ermek isteyen, cennetin ve cennetlerin görülmemiş ve duyulmamış enterasan nimetlerine ve keyiflerine, zevk-u safasına ulaşabilmek için ümîdler bağlayan mü'min kişilerin fevkal'âde say-ü gayret göstermeleri ve bu yolda çok çok çalışmaları ve yarışmaları gerekmektedir vesselâm!..

## 4. Cennetül'Me'vâ

Me'vâ Cenneti, yeşil zebercedden halkedilmiştir. Cennetül'Me'vâ (Sığınma Cenneti). Sûre-i Necm'de şöyle buyruluyor:

عِنْدَهَا جَنَّةُ الْمَاْوٰى

*Mânâsı:* ***"Cennetül'Me'vâ onun yanındadır."*** *(Yani, Sidretül'Müntehâ'nın yanında Cennetül'Me'vâ vardır ki, o (yani Cennetül'Me'vâ), Müttekîlerin ve şehidlerin varacakları cennettir.)* (Necm Sûresi, âyet 15) Meleklerin bulunduğu, şehidlerin ve takva sahibi kimselerin (müttekîlerin) ruhlarının barındığı Me'vâ Cenneti, Sidretül'Müntehâ'nın yanındadır. Hz. Âdem (a.s.) ile Hz. Havva da bu cennette barınmışlardır.

Yine Secde Sûresinde de Cennetül'Me'vâ şöyle geçmektedir:

اَمَّا الَّذِينَ اٰمَنُوا وَعَمِلُوا الصَّالِحَاتِ فَلَهُمْ جَنَّاتُ
الْمَاوٰى نُزُلاً بِمَا كَانُوا يَعْمَلُونَ

Mânâsı: *"**İman eden ve salih amel** (hayırlı ve yararlı işler) **ortaya koyanlar var ya, onlar için yaptıkları bu yararlı salih amellerine karşılık, ikram olmak üzere konak olarak Me'vâ Cennetleri vardır.**"* (Secde Sûresi, âyet 19)

Beyzâvî demiştir ki: Me'vâ Cennetleri, bir çeşit arşın sağına kalır. Ervâh-ı şühedânın (şehitlerin ruhlarının) barınacağı cennetlerden biridir. Bu cennetler, müttekîlere ikram edilmek üzere hazırlanmış bir özel ziyâfete benzetilmiştir. Çünkü "نُزُلاً – Nüzülen" misafirler için hazırlanmış bir ikramın ismidir. Burada mü'minlere ikramın ve mükâfatın büyüklüğüne işâret vardır. Aynı zamanda mü'minlerin, müttekîlerin dünyâ hayatında iken yapıp hazırladıkları sevap ve amellerinin karşılığı olarak bu ikrama ve ödüle layık olmuşlardır anlamı da vardır.

5. ***Cennetül'Huld** (Ebedîlik Cenneti)*
6. ***Dârus'Selâm Cenneti***
7. ***Dârul'Celâl Cenneti***
8. ***Karar Cenneti***

Cennetin bölüm ve tabakaları sekiz denilmiştir. Bu sekiz tabaka cennetin en yüksek tabakaları olduğunu söyleyen ve bunlardan ayrı olarak cennetin bir çok tabakasının daha olduğunu söyleyen İslâm âlimlerimiz mevcuttur

## Cennette Bir Kamçı Boyu Kadar Yer, Bütün Dünyadan Kıymetlidir

Cennette bir karışlık veya bir kamçılık bir yer sahibi olmak, bütün dünyaya ve dünyadakilere sahip olmaktan daha hayırlı daha kâr ve kazançlıdır.

Ebû Saîd-i Hudrî'den (r.a.) rivâyet edildiğine göre; Resûlullâh (Sallallâhü aleyhi ve sellem) şöyle buyurmuştur:

لَشِبْرٌ فِى الْجَنَّةِ خَيْرٌ مِنَ الْاَرْضِ وَمَا عَلَيْهَا

(اَلدُّنْيَا وَمَا فِيهَا)

*Mânâsı:* ***"Şüphesiz cennette bir karışlık kadar bir yer sahibi olmak, yeryüzünden ve yeryüzünün üzerinde bulunan şeylerden*** *(yani, dünya ve içindeki bütün nîmetlerden)* ***daha hayırlıdır."*** (İbni Mâce Zühd bölümü)

Yine İbni Mâce'nin, Sehl İbni Sa'dan (r.a.) rivâyet edildiğine göre; Hazret-i Peygamber (a.s.) şöyle buyurmuştur:

مَوْضِعُ سَوْطٍ فِى الْجَنَّةِ خَيْرٌ مِنَ الدُّنْيَا وَمَا فِيهَا

*Mânâsı:* ***"Cennette bir kamçının*** *(azıcık)* ***yeri*** *(bile)* ***dünyadan ve dünyada bulunan her şeyden daha hayırlıdır."*** (İbni Mâce Zühd babında rivâyet etmiştir.)

Ebû Hüreyre'den (r.a.) rivâyet edildiğine göre; Resûlullah (s.a.v.) şöyle buyurdular:

لَقَابُ قَوْسٍ فِى الْجَنَّةِ خَيْرٌ مِمَّا تَطْلُعُ عَلَيْهِ الشَّمْسُ اَوْ تَغْرُبُ

*Mânâsı:* ***"Cennette bir yay kadar*** *(azıcık)* ***bir yer dünyada üzerine güneşin doğup battığı herşeyden*** *(dünyadan ve içindekilerden)* ***daha hayırlıdır."*** (Buhârî, Müslim)

Tirmizî Hz. Enes'den (r.a.) şu ziyâdede bulunmuştur:

وَلَقَابُ قَوْسِ اَحَدِكُمْ اَوْ مَوْضِعُ قَدِّهِ فِى الْجَنَّةِ خَيْرٌ مِنَ الدُّنْيَا وَمَا فِيهَا

***"Sizden birisinin yayı kadar veya kamçısı kadar cennetteki bir yer, dünya ve içindekilerden daha hayırlıdır."*** buyrulmuştur. (Tirmizî)

***Ey cennet yolcusu!*** Okuduğumuz her dört hadis-i şerifde de cennette bir yay kadarcık (yani azıcık) bir yerin koca dünyadan (hem de her şeyiyle) daha hayırlı olması, hiç de abartılı bir ifâde değildir. Çünkü cennet ebedîdir. Orada ebedî (sürekli ve devamlı) olan az bir nûr (az bir ışık), bu dünyada geçici olan güneşe bedeldir. Dünya ise, bir karış, bir yay veya bir kamçı ile mukâyese edilmeyecek derecede büyük de olsa, fânidir, geçicidir. Devamlı olan, azıcık da olsa, geçici olandan daha değerli ve daha iyidir.

Şu halde cennetteki en az, hatta azıcık bir yerin bile bütün dünyadan ve dünyadaki bütün nimetlerden daha üstün, daha kıymetli ve değerli olmasının sebeb-i hikmeti açıktır. Cennet devamlı ve ebedîdir. Dünyâ hem kısâ, hem fanî ve geçicidir.

## Cennetin Zerresi Bile Dünyadan Hayırlıdır

Nasıl hayırlı olmasın ki, cennete giren, hep yeni kalıyor, hiç eskimiyor, pörsümüyor, hep taze, hep yeni, yemyeşil, misk gibi, tap taze gencecik, elbiseleri eskimiyor, tazeliğini, gençliğini hiç kaybetmiyor, gençliği tükenip gitmiyor, bitmiyor. Böyle bir cennetin zerresi elbette ki dünyadan ve dünyanın tüm varlığından daha hayırlıdır, daha değerli ve daha kıymetlidir.

Sevgili Peygamberimiz şöyle buyurmuşlardır:

مَنْ يَدْخُلِ الْجَنَّةَ يَنْعَمُ لاَيَبْاَسُ لاَتَبْلَى ثِيَابُهُ
وَلاَيَفْنَى شَبَابُهُ

*Mânâsı:* ***"Cennete giren nimet görür, fakirlik görmez, elbisesi eskimez, gençliği bitmez tükenmez."*** (Müslim Ebû Hüreyre'den)

Böyle bir cennetin bir karışlık yeri değil, zerresi bile dünyadan ve dünyanın tüm varlığından elbetteki kıymetli ve kârlıdır demek olur.

Ebû Said-i Hudrî ve Ebû Hüreyre'nin (r.a.) Resûlullah (s.a.v.)den rivâyetlerine göre, Efendimiz şöyle buyurmuşlardır:

اِذَا دَخَلَ اَهْلُ الْجَنَّةِ الْجَنَّةَ يُنَادِى مُنَادٍ: اِنَّ لَكُمْ

اَنْ تَحْيَوْا فَلاَ تَمُوتُوا اَبَدًا وَاِنَّ لَكُمْ اَنْ تَصِحُّوا

فَلاَ تَسْقَمُوا اَبَدًا. وَاِنَّ لَكُمْ اَنْ تَشِبُّوا فَلاَ تَهْرَمُوا

اَبَدًا. وَاِنَّ لَكُمْ اَنْ تَنْعَمُوا فَلاَ تَبْاَسُوا اَبَدًا

*Mânâsı:* ***"Cennetlikler cennete girince bir dellâl*** *(tellâl yani, bu haberi duyurmak için yüksek sesle bağırarak dolaşan bir kişi)* ***cennetliklere şöyle seslenir*** *(seslenecektir):*

***"Ey cennet ehli! Sizler artık ebediyyen yaşayacaksınız. Sizler artık hiç ölmeyeceksiniz, sizin için sağlık sıhhat vardır*** *(hep sağlıklı olacaksınız)*, ***hiç hastalık nedir görmeyeceksiniz hiç*** *(ebediyyen)* ***hastalanmayacaksınız. Hep genç kalacaksınız, hiç yaşlanmayacak, ihtiyarlamayacaksınız. Hep nimetler ve mutluluklar içinde olacak*** *(yaşayacaksınız)*, ***hiç keder ve sıkıntı, fakirlik sebebiyle üzüntü yüzü görmeyeceksiniz.*** *(Hep mutlu ve bahtiyar olacaksınız.)"*

Efendimiz aleyhissalâtü vesselâm bu hadis-i şerifini buyurduktan sonra: Şu âyet-i kerimeyi okumuştur:

وَنُودُوا اَنْ تِلْكُمُ الْجَنَّةُ اُورِثْتُمُوهَا بِمَا كُنْتُمْ تَعْمَلُونَ

***"İşte size cennet!*** *(Ey mü'minler, ey cennetlikler!)* ***yapmış olduğunuz iyi amellere karşılık ona vâris*** *(mirascı)* ***kılındınız, diye nidâ edilir*** *(seslenilir)***."** (A'râf Sûresi, âyet 43)

***Ey Hak yolcusu!*** Görüyorsun ya, cennet yolcusu olmak, cennet hayatını kazanmak için çalışmak ne kadar kârlı bir çalışmadır. Bütün melekler, güzel amelleri elde etmek için çalışan cennetlik mü'minler cenneti daha uzaklardan gördükleri zaman, onlara sesleniyor. Mü'minlere, cennetliklere seslenen melekler şöyle diyorlar, diyecekler:

***"İşte o karşınızda gördüğünüz var ya, işte o, dünyada size vadedilen cennettir. O size verilen cennettir. O gördüğünüz cennet size verildi; diye seslenilir, seslenilecektir."***

Süddî'nin şöyle dediği rivâyet edilir:

*Cennet ehli cennete sevkedildikleri zaman, gövdesinin dibinde (köküne yakın) iki pınar (kaynak) olan bir ağaç bulunur. Cennet ehli birinden su içerler ve suyunu içtiklerinde bu su, kalblerindeki kini sıyırıp alır. Âdetâ bıçakla temizler gibi cennetliklerin gönüllerindeki bulunan kötülükleri, yaramazlıkları tertemiz eder. Bu tertemiz bir içecektir. Diğer pınardan/çeşmeden de yıkanırlar. Bu su da dış görünüşteki olumsuzlukları temizler. Bu pınarların verdiği güzellik üzerlerinde cereyan eder de, ondan sonra ebedî olarak dağınıklık ve vücutlarında değişme olmaz. Artık üzerlerinde cennetlik ve ebedîlik nimetlerinin nişâneleri ve işâretleri görülmeye başlar. Cennete girmeden önce de cennet bekçileri cennetlikleri müjdeleyerek seslenirler:*

***"Ey cennetlikler! İşte size cennet! Yapmış olduğunuz güzel çalışmalara ve işlemiş olduğunuz iyi ve hayırlı amellere karşılık cennete vâris kılındınız*** *(o cennete mirasçı edildiniz)."* denilir.

**Ey cennet isteyen dost!** Mâdem ki, güzel ameller karşılığında ebedî cennetler ve ebedî nimetler vardır, o halde şu fanî dünyada ne diye aldanıp duruyor, sapla samanı karıştırıp da oyalınıp duruyoruz. Ölümlü ve fânî dünyaya dört elle sarılmışız, acılarını, ıstırablarını kendimize dert edinmişiz. Halbuki hepsi bir göz açıp kapayıncaya kadar geçip gitmiştir.

Güzelliklerinin bozulmaması için büyük acı ve sıkıntılara boyun eğenler, genç ve dinç kalabilmek için, sağlıklı olabilmek amacıyla yemeyip içmeyenler ve zamanlarının önemli bir bölümünü spor yapıyorum diyerek üç günlük fânî yaşamını zehir edenler, ne kadar da zavallı insanlar değil mi?

Halbuki, bu insanların hayallerinin hakikat olması için işte gerçek reçete Allah'ın peygamberinin verdiği saâdet ve mutluluk müjdelerinde değil mi? Bir kamçı, bir karışlık cennet toprağı kadar değer ve kıymeti olmayan dünya için bir ömrü fedâ etmeye değer mi?.. Ölümsüz bir hayat, hiç hastalığı olmayan ebedî sıhhat dolu sağlıklı bir yaşam, hiç yaşlanmayan ebedî bir gençlik, hiç fakirlik korkusu olmayan ebedî nimet ve bolluk içinde bir cennet hayatı... İşte hayal edilen bir hayat, hiç bir derdi kederi yok, her nimet elinin altında...

Bu gerçek hayatı isteyenler, güzel ameller işlemek için kolları sıvamalıdır. Allah ve Resûlünün istediklerini yapmalıdır. Bir karışlık cennet hayatına denk olmayan dünyayı yakalayıp da ne yapmalı, ne işe yarar? Toplayıp at çöpe gitsin. Bütün çalışmayı cennette bir karışlık, bir kamçılık bir yer alabilmek için seferber etmek akıllı adamların işi olsa gerektir.

Zirâ gerçek hayat cennettedir. Çünkü orada fânîlik yok, ebedîlik var; geçicilik yok, devamlılık var; fakirlik yok, zenginlik var, yoksulluk yok, bolluk var; zillet yok, izzet ve üstünlük var; hastalık yok, sağlık vardır. Evet cennet nimetler evidir. Yüce Rabbimizin, salih amel sahibi kullarına lutf-ü ikramıdır. Allah sevgi ve saygısıyla yaşayıp vücut nimetini ibâdetlerle yıpratan ibâdet ehli kulların mükâfâtı (âhiret ödülü) cennettir. İnşâallâh!

## CENNETLİKLERİN CENNETE GİRİŞLERİ

*Ey Âhiret yolcusu kardeş!* Müttekîlerin (yani âhirette kendisine zarar verecek söz ve davranışlardan, hareket ve eylemlerden sakınan ve korunan kişilerin) bu sakınma ve korunma özellikle küfür ve şirkten, haram ve günahlardan, hatta tenzîhen mekruhlardan bile sakınmak demek olur ki, bu salih kimselerin cennete nasıl sevkedileceklerini ve nasıl cennete gireceklerine dâir bildiren değişik âyet ve hadis-i şerifler bulunmaktadır.

Zümer Sûresi 73ncü âyette şöyle buyruluyor:

وَسِيقَ الَّذِينَ اتَّقَوْا رَبَّهُمْ اِلَى الْجَنَّةِ زُمَرًا حَتّٰى اِذَا
جَاؤُهَا وَفُتِحَتْ اَبْوَابُهَا وَقَالَ لَهُمْ خَزَنَتُهَا سَلَامٌ
عَلَيْكُمْ طِبْتُمْ فَادْخُلُوهَا خَالِدِينَ

*Mânâsı: "**Rablerinden korkanlar, bölük bölük** (grup grup) **cennete sevk edilirler. Nihayet oraya yani cennete vardıkları zaman, cennetin kapıları kendilerine açılır. Ve cennetin görevlileri** (melekler) **o cennet-***

***liklere: "Selâmetlik size, tertemizsiniz** (hoş geldiniz). **Artık ebedî kalmak üzere giriniz buraya** (cennete)." **derler** (diyeceklerdir)."*

Mü'minler de hemen Allah'a hamdü senâda bulunurlar:

وَقَالُوا الْحَمْدُ لِلّٰهِ الَّذٖى صَدَقَنَا وَعْدَهُ وَاَوْرَثَنَا الْاَرْضَ نَتَبَوَّاُ مِنَ الْجَنَّةِ حَيْثُ نَشَاءُ ج فَنِعْمَ اَجْرُ الْعَامِلٖينَ

*"**O cennetlikler şöyle derler: 'Hamdü senâlar olsun o Allah'a ki, sözünde durdu** (bize verdiği sözü yerine getirdi) **ve istediğimiz yerinde oturacağımız şekilde bizi cennetine yerleştirdi. Çalışıp iyi amel işleyenlerin mükâfâtları** (ödülleri) **cennet ne güzelmiş!..' derler.**"* (Zümer Sûresi, âyet 73-74)

Evet cennete giren ehl-i cennet, dilediği yerde oturacak ve de istediği gibi hareket edecektir. Çünkü Allah Teâlâ, onları cennete vâris kılmıştır. Mülk sahibi, mülkünde, kendine ait olan mekan ve yerlerinde istediği gibi, keyfinin isteğince hareket etmeye hakkı vardır demek olur. Bütün hamdü senalar Allah'a mahsus demek olan: *"Bize verdiği sözde duran ve bizi, dilediğimiz yerinde oturacağımız bu cennet yurduna vâris kılan Allah'a hamdolsun"* hamd ederek Cenâb-ı Allah'a şükretmiş ve teşekkürde bulunmuş anlamına gelmektedir.

## Cennete İlk Girenlerin Yüzleri Ayın On Dördü (Dolunay) Gibi Olacaktır

Cennete ilk girmek mutluluğuna eren mü'minlerin derecelerinin üstün olduğunun elbetteki bazı işaretleri olacaktır. İşte şimdi okuyacağımız hadis de bunu vurgulamaktadır.

Ebû Hüreyre'den (r.a.) rivâyete göre, Efendimiz Aleyhissalâtü vesselâm şöyle buyurmuşlardır:

اَوَّلُ زُمْرَةٍ يَدْخُلُونَ الْجَنَّةَ عَلَى صُورَةِ الْقَمَرِ لَيْلَةِ
الْبَدْرِ، ثُمَّ الَّذِينَ يَلُونَهُمْ عَلَى اَشَدِّ كَوْكَبٍ
دُرِّىٍّ فِى السَّمَاءِ اِضَاءَةً

*Mânâsı:* ***"Cennete ilk girecek olan kimselerin yüzleri, ayın on dördüncü gecesindeki*** *(dolunay gibi)* ***parlak*** *(nurlu)* ***olacaktır. İlk giren grubun peşinden*** *(ikinci)* ***gireceklerin yüzleri ise, gök yüzündeki en parlak yıldız gibi aydınlık olacaktır."*** (Buhârî ve Müslim)

Evet, cennet hayatında o bahtiyarların bu dünyada çalışıp salih ameller kazanmalarının ve Allah'tan gereği gibi korkup saygılı olmanın kazandırdığı bu mutlu ebedî yaşamlarında derecelerinde böyle gözle görülür üstünlükler ortaya çıkacaktır. Anlaşılıyor ki, bu bahtiyarlar, hem yaşam güzelliğinin derecelerine ermişler (erecekler) hem de yüz güzellikleri olacaktır. Ne mutlu sâlih amel işlemekte başarılı olanlara!..

## Cennet Hayatını Anlatan Âyetlerden Örnekler

هَذَا ذِكْرٌ ۚ وَاِنَّ لِلْمُتَّقِينَ لَحُسْنَ مَاَبٍ ۙ.

جَنَّاتِ عَدْنٍ مُفَتَّحَةً لَهُمُ الْاَبْوَابُ ۚ.

49. ***“İşte bu bir zikirdir bir hatırlatmadır. Doğrusu Allah’tan korkanlar*** *(müttekîler)* ***için, güzel bir âkibet*** *(gelecek)* ***vardır.*** *(O güzel âkibet ve hayırlı sonuç şudur:)”*

50. ***“Kapıları yalnızca kendilerine açılmış Adn Cennetleri vardır.”***

مُتَّكِئِينَ فِيهَا يَدْعُونَ فِيهَا بِفَاكِهَةٍ كَثِيرَةٍ وَشَرَابٍ

51. ***“O müttekîler orada*** *(o cennetlerde)* ***koltuklara yaslanıp*** *(kanepelere)* ***dayanarak*** *(canlarının istediği çeşitli)* ***bir çok meyveler ve içecekler*** *(meşrubat)* ***isterler*** *(istedikleri hemen verilir).”*

وَعِنْدَهُمْ قَاصِرَاتُ الطَّرْفِ اَتْرَابٌ

52. ***“Yanlarında gözlerini sadece eşlerine çevirmiş*** *(eşlerinden başkasına bakmayan)* ***yaşıt*** *(aynı yaşta)* ***hûrîler vardır.”*** (Sâd Sûresi, âyet 49, 50, 51, 52)

هَذَا مَاتُوعَدُونَ لِيَوْمِ الْحِسَابِ

53. *“(Ey müttekîler! İşte mahşer gününde)* ***hesap günü için, size vâdolunan şeyler*** *(nîmetlerin bazıları)* ***bunlardır.”*** (Sâd Sûresi, âyet 53)

54. *"Gerçekten işte bu bizim lûtf-u ihsan ettiğimiz bir nasîp, bir ikramdır ki, o asla bitmez tükenmez! İşte bu mutlulara ikramımızdır!"* (Sâd Sûresi, âyet 54)

*Ey cennet yolcusu kardeş!* Bu âyeti kerîmelerin tefsirleri de (yorumları da) var ve olması da gerekiyor. Sen bu âyetlerin tefsirlerini elindeki tefsir kitabına bakarak daha geniş bir bilgi edinmeye bak. Bizim kitabımızın hacmi buna müsâit değildir. Şimdi biz 50nci âyetten başlayarak bir kaç noktayı şöyle bir kaç kelime ile açmaya bakalım.

*"Bütün kapıları yalnızca kendilerine (yani o müttekîlere) açılmış olan Adn Cennetleri vardır."* Adn Cennetleri konusunda geçen satırlarımızda 2nci sıra numarada yetecek kadar bilgi verdik.

## Cennetin Sekiz Kapısı Vardır

Cennetin sekiz kapısı vardır. Yüksek derecelere ermiş olan cennet ehli, cennetin sekiz kapısından da girecektir. Çünkü bu kapılar kendileri için açılmış ve hazırlanmış bir halde o cennetliklerin gelmesini beklemektedir:

*"Bu cennetlerin kapıları onlar için açılmıştır."* Cennet ehli mü'minler, dünyadaki kazandıkları sevablarla ve salih amellerle kazandıkları yüksek dereceler sebebiyle cennetin bütün kapılarından girme hakkını sahiblenmişler ve kazanmışlardır. Cennetin kapıları sahibleri için, ehli için her zaman açık bulunmaktadır. *"Müfettehaten lehül'ebvab'dır = Açılmış hazır kapılardır."* Cennet kapılarında görevli melekler, kapılarını açmış sahiblerini beklemektedir.

Cennetin sekiz kapısından herbiri, salih amel, Allah katında makbul iyi bir amel için özel bir amel kapısı denilmiştir. Meselâ: "Namaz kapısı"dır. Buradan namazlarını Allah Teâlâ'nın istediği gibi kılan namaz ehli girecektir. Görevli melekler, seslenecekler, "Nerede ehl-i namaz" diyerek namaz ibâdetini seven mü'minleri çağıracaktır.

Bir kapı da oruç tutan mü'minlere özeldir. Bunun adı da **"Reyyan"**dır. Reyyan kapısıdır. Namaz kapısında olduğu gibi, buradan da oruç ehli, oruca önem veren, oruç tutmayı Allah rızası için seven güzel amelli, salih amelli mü'minler çağrılır.

Diğer bir kapının adı da sadaka kapısıdır, biri de zekat kapısıdır. Bu kapıdan da Allah namına zekat vermeyi, sadaka vermeyi seven mü'minlerden cennet ehli olanlar çağrılır, çağrılacaktır.

Bir kapısı da (evet cennetin bir kapısı da) anne babaya Allah emrettiği için iyilik yapan onlara itaat eden hayırlı mü'min evlatlara tahsis edilmiştir. Annesine babasına iyi bakan bir salih, mü'min evladın da çağrılacağı bir cennet kapısı vardır. Bu kapıdan da bu hayırlı evlad olmuş ve dolayısıyla Allah'ın rızasını kazanmış bu kişilere de Allah özel bir muâmelede bulunacaktır.

Cennetin sekiz kapısından biri de Allah nâmına çocukları sevindiren, çocukları Allah rızası için bir mü'mine yaraşır bir davranışla çocukların gönlünü alıp onları sevindirenlere ayrılmıştır.

Cennetin sekiz kapısından da çağrılacak salih amelli mü'minlerin de bulunduğu ve bu yüksek ahlâka sahib olanların sekiz kapıdan da girecekleri bildirilmiştir.

Hazret-i Peygamber (s.a.v.) cennetin bütün kapılarını ve bu kapılardan girecek olanların amellerinin değerlerini anlattığı bir sohbetinde. Hz. Ebû Bekir (r.a.), bir suâlde bulundu:

*"— **Yâ Resûlallah! Cennetin bütün kapılarından dâvet edilecek** (çağrılacak) **olan kimse olacak mı?**"* diye sormuşdu. Efendimiz (aleyhissalâtü vesselâm):

*"— **Evet yâ Ebâ Bekir! Sen onlardansın.** (Yani cennetin bütün kapılarından çağrılacaksın.)"* buyurdu.

Müslim'in ve diğer hadis imamlarının Hz. Ömer'den rivâyetlerine göre, Efendimiz (aleyhisselâm), şöyle buyurmuşlardır:

***"Sizden herhangi biriniz güzelce abdest alır da** "Eşhedü en lâ ilâhe illallâhü vahdehû lâ şerîkeleh ve eşhedü enne Muhammeden abdühû ve Resûlüh" **derse, o kimse için, cennetin sekiz kapısı da açılır ve o kimse, dilediği** (istediği) **kapıdan cennete girer."*** buyurmuştur.

Cennet konusunda yazılmış kitablarda, cennetin kapısının sekizden fazla olduğu da söylenmektedir. Çünkü cennete götürecek hayırlı ve makbul güzel amel çeşitleri, sevabların kazanılması yönünden çok çeşit yolların bulunmasından dolayı da âlimlerin yorumları değişik olmaktadır denilmiştir.

Cennetin kapısının sekiz olduğuna dâir Kur'ân'da açık bir ibâre (âyet ve sûre) bulunmamaktadır. Cennetin kapıları açılmış vaziyettedir ***"Müfettehaten lehümül'ebvâb"*** şeklindeki âyette açılmış kapıların bulunduğu yazılıdır. Fakat sayı adedi yoktur. Cennetin sekiz kapısı olduğunun kaydı şimdi okuduğumuz Hz. Ömer (r.a.) hadisimizde vardır. Cehennemin yedi kapısı olduğu hakkında açık âyet vardır. Ve yukarıda onu açıklamıştık. Cennet kapılarının açık bulunmaları Allah'ın mü'min kullarına olan bir ikramı, bir lutfu keremidir.

Cennetlikler, cennete vardıkları zaman, bütün cennetin kapılarını kendilerine açılmış olarak hazır bulacaklar. Cennetin kapılarını açmak için ve açılması için herhangi bir girişimde, bir hareket ve davranışta bulunmayacaklar, böyle düşünce ve endişeye de kapılmayacaklar. Bunun yanı sıra kapıların açılması için birilerine ricada bulunacak, boyun bükecek ve izin isteyecek şeklinde bir külfet, bir zillet diye bir endişe de yoktur. Müttekîler, cennete âdetâ dâvetli olarak giden, kendileri için merâsimler hazırlanmış çok üstün makam sahibleri gibi karşılanacaktır. 50nci âyetten bu tabloyu seyrediyoruz.

Melekler cennet kapılarında görevlendirilmiş, cennete girmek üzere gelen mü'minleri saygı ve hürmetle karşılıyorlar, güler yüzle, izzet ve ikramla, selâm vererek müjdeler ve tebriklerle, hoşgeldinizlerle karşılıyorlar. Cennete girmek üzere gelenlere melekler: *"Dünyâda sabrettiklerinize karşılık size güzel bir akibet, güzel bir sonuç ve mükafât vardır. Selâm olsun sizlere! Dünyâ yurdunun sonucu cennet olunca ne güzeldir."* diye tebriklerde bulunuyorlar.

Râzî demiştir ki: *"Cennet kapılarında görevli melekler, mü'minlerin geldiklerini gördüklerinde, cennetlerin kapılarını açarlar ve cennetlikleri selâmlarla karşılaşırlar. Cennetlik müttekîler, çevreleri meleklerle çevrilmiş olduğu halde, en izzetli ve en güzel bir hal-*

*de tertiblenmiş merâsimlerle cennete girerler (girecek-lerdir)."*

Ebû Saîd el'Hudrî (r.a.), Resûlullah'ın (a.s.) şöyle buyurduğunu rivâyet etmiştir:

***"Yüce Allah, Adn Cennetini kendi kudret elleriyle binâ etmiştir** (yapmıştır). **Adn Cennetini altın ve gü-müşden kerpiç** (ve tuğlalarla) **binâ etmiştir.** (Başka bir rivâyette kerpiçleri (tuğlaları) beyaz inciden ve kırmızı yakuttandır.) **Duvarlarının sıvasını miskten, toprağı-nı za'ferandan ve kumunu, çakılını yâkuttan yap-mıştır** (yani yaratmıştır). **Sonra Cenâb-ı Allah, cenne-te hitâben konuş demiştir. Cennet de şöyle konuş-muştur: "Gerçekten mü'minler kurtuluşa ermiştir"*** demiştir. Melekler de şöyle ilâve ederek: ***"Gönül sultanlarının durağı olan ey cennet sen ne hoş, ne güzel bir yurtsun"*** demişlerdir.

Cennette kanepe, koltuk gibi yaslanarak ke-yifli oturmak, meyvelerin çokluğu ve içeceklerin çokluğu ve istenilen anda bunların cennet görevli-leri hizmetlileri tarafından hemen getirilmesi, sonra ânında çeşitleriyle birlikte takdim edilmesi. Bu sahneler bir çok âyette anlatılmaktadır.

Sâvî şöyle demiştir: Âyette sâdece meyve iste-nilmesi ise, cennetliklerin yemeleri içmeleri açlık ve gıdalanmak için olmadığına işârettir. Çünkü cennette açlık yoktur. Meyve ve içeceklerin bol oluşu cennetteki rahatlık, ferahlık, zevk-ü safâ ve keyif sürmek için olduğunu bildirmektedir.

Cennette mü'min ve müttekîlere verilecek hûrîlerden ve bu hûrîler hakkında bir çok âyette bilgiler verilmektedir. Hatta bu hûrilerin bazı nitelikleri ve özellikleri âyeti kerimelerde açık açık belirtilmektedir. Yukarıdaki âyetlerden Sâd Sûresi, 52nci âyetinde verdiğimiz örnekte de:

***"Onların** (müttekîlerin o koltuklara, kanepelere keyifle yan gelip yaslanmış olan cennetliklerin) **yanında, eşlerinden başkasına bakmayan** (iri gözlü) **aynı yaşta hûrîler vardır."*** buyrulmuştur.

Hûrîlerden cennette eşler olması konusu Rahman ve Tûr Sûrelerinde de bulunmaktadır. O âyetlerden örnek verirken bir açıklamamız olacaktır.

***Ey dost!*** Cennetin niteliklerini, vasıf ve özelliklerini gönül rahatlığı ile anlamak istiyorsan ve bu konuda da sağlam bilgili bir müslüman olmak istiyorsan kendine, güzel anlaşılır ve güvenilir bir meâl ve Tefsir kitabı edinmelisin, yani almalısın. Şunu unutma ki, güvenilir olduğu kadar anlayabileceğin de bir eser olmalıdır. Bu konuda bilen ve güvenilir din görevlilerinden sorabilirsin. Gelişi güzel olup da kütüphânede kalabalık yapacak bir yüke girmemelisin. Anlayı ver artık ne demek istediğimi!

## CENNET NİMETLERİNİ ANLATAN ÂYETLER

### Saffât Sûresinden 10 âyet (40 ile 49. âyetler)

Bu sûrenin âyetleri de cennet hayatını anlatıyor. Allah'ın hâlis kullarının cennette ereceği nimetleri, cennet nimetlerini anlatıyor:

اِلاَّ عِبَادَ اللّٰهِ الْمُخْلَصِينَ

40. ***"Ancak, Allah'ın hâlis** (samîmî) **kulları müstesnâdır."*** Yani Allah'a gönülden bağlı, ihlâs ile ibâdet eden, salih mü'min ve müttekî vasfına mazhar olmuş Allah'ın değerli, sevgili kulları, âhiret azabı görmeyecek ve tatmayacaklardır. 40ncı âyetteki istisna, istisnâ-i munkatıdır. Yani 40ncı âyetten önceki âyetlerde Allah Teâlâ, kâfirlerin âhiret hayatlarından ve uğrayacakları azabın bir kaçından söz ettikten sonra, mü'minlerin cennetteki hallerinden ve elde edecekleri nimetlerden bir kaçını da anlattı. Bu Kur'ân'ın sakındırma ve özendirme uslûbuyla mukâyese metodudur.

Şimdi 40ncı âyetten sonra gelecek âyetler, Allah'ın hâss ve salih kullarının cennette erecekleri nimetlerden bir kaçını bildirmekle sâlih ve müttekî kullar, cennete teşvik edilerek özendiriliyor.

اُولٰٓئِكَ لَهُمْ رِزْقٌ مَعْلُومٌ

41. ***"İşte onlar** (ihlâsa erdirdiği hâlis kullar) **için** (özellikleri bilinen) **belli bir rızık vardır."*** Yani, o ihlâ-

sa erdirilmiş hâlis kullar için bu dünyâda yaptıkları hayırlı amellerinin mükâfâtını âhirette kat be kat fazlasıyla alacaklardır. Onların, anlatılmaya bile gerek olmayan her yönden mükemmel, bilinen bir nasibleri vardır.

Aşağıdaki âyetlerde Rızk-ı mâlûm'un açıklaması şöyle yapılmaktadır:

فَوَاكِهُ ج وَهُمْ مُكْرَمُونَ ٤٢

42. ***"Onlara** (o iyi ve hayırlı kullara) **her çeşit meyveler vardır. Ve onlar** (cennette) **hep izzet ve ikramla ağırlanırlar** (ağırlanacaklardır)."*

(Cennette yenen ve yenecek meyveler, sadece lezzetlenmek, zevk-ü safa ve keyiflenmek için yenir ve yenecektir. Cennette acıkma duygusu, açlık hissetmek diye bir hal olmayacaktır. Bunu hatırlatma noktasından tekrar ediyorum.)

O rızk-ı mâlûm, cennetliklerin canlarının çektiği her türlü meyvelerdir. O iyi ve hayırlı kullar cennette en mükemmel bir şekilde ağırlanacak ve ikramlar göreceklerdir.

Tefsir bilginleri, cennet nimetlerinin başında sayılan **"فواكه – Fevâkihû: Meyveler"** kelimesinde açıklamalar yapmışlardır. **"Fevâkihû: Meyveler"** ifâdesinde iki yön vardır. Birisi, cennetlilerin ve cennet ehlinin yemeleri ve içmeleri açlık yönünden değildir. Bu ifâde yeme ve içmelerin sâdece zevklenmek ve lezzetlenmek için olduğunu hatırlatmadır. Çünkü meyve yalnızca lezzet ve keyiflenmek için yenir. Diğer yönü de dünyadaki çalışmaların karşılığı, salih amellerin meyvesi demek olduğuna işârettir. Şimdi gelecek âyette de cennet ehlinin meskenlerinin durumu dile getiriliyor.

فِى جَنَّاتِ النَّعِيمِ ٧

43. ***"O iyi, sâlih ve hayırlı kimseler, Naîm Cennetlerindedirler."*** Cennet nîmetlerinden, bağ ve bahçelerinden yararlanırlar. Onlar çeşitli nîmetlerin bulunduğu Naîm Cennetlerinde keyif alırlar.

عَلَى سُرُرٍ مُتَقَابِلِينَ

44. ***"Karşılıklı** (yüz yüze) **tahtlar** (koltuk ve serirler) **üzerinde neşeli, sevinçli** (keyifli olarak) **otururlar."*** Tefsirciler derler ki: ***"İnci ve yâkut ile süslenmiş özel cennet koltukları üzerinde karşılıklı otururlar. Oturdukları o özel cennet koltukları, onları istedikleri yöne kendiliğinden döndürürler."*** Mücâhidin yorumu: "مُتَقَابِلِينَ – Mütekâbilîn"den maksat, cennetlilerin aralarında samîmi bir dostluk ve mahabbet olduğu için, birbirlerinin daima yüzlerine karşı bakarlar. Onun için de üzerinde karşılıklı oturmuş oldukları koltuklar, onları hep yüz yüze getirir demek olur.

"عَلَى سُرُرٍ – Alâ sürurin"deki "sürur" kelimesi, üzerinde sürurla (sevinçle) oturulan taht (koltuk, kanepe) anlamındaki **"serîr"** kelimesinin çoğuludur. Çünkü bu taht, söz konusu nitelikte olursa, pek değerli ve kıymetli bir nimet sayılır, denilmiştir. Karşılıklı yüzyüze oturmakla sevinç ve sürurun doruk noktasını anlatır. Demek ki, O ihlaslı kullar, *"Naîm Cennetlerinde, karşılıklı, yüz yüze inci ve yâkutla işlenmiş süslü koltuklarda sevinç ve keyifle otururlar."* Yan gelip yaslanmışlar, keyifli bir oturuş pozisyonu tasvir edip tablolaştırıyor demektir.

## Cennet İçecekleri

Şimdi de cennet içeceklerinin özelliklerini dile getiriyor, âyet-i kerimeler:

يُطَافُ عَلَيْهِمْ بِكَاْسٍ مِنْ مَعِينٍ ۙ

**45.** ***"Maîn şarabından dolu bir kadehle onların etrafında dolaşılır."***

بَيْضَٓاءَ لَذَّةٍ لِلشَّارِبِينَ ۚ

**46.** ***"Kaynağından taze doldurulmuş o şarap bembeyâz** (berrak mı berrak)* ***içenlere pek hoş lezzet veren** (bir şarabdır)."*

لَا فِيهَا غَوْلٌ وَلَا هُمْ عَنْهَا يُنْزَفُونَ

**47.** ***"Onda hiç bir gâile yoktur, Ondan sarhoş da olmazlar."*** Yani, o cennet şarabında hiç bir gâilâ (içene keder, sıkıntı ve zarar veren herhangi bir zararlı madde) yoktur. (Dünyâ şarabları gibi, sarhoş ediciliği ve bir takım kötü ve zararlı sonuçları yoktur.

Yukarıda da anlattığımız gibi, cennet nehirleri dört gruba ayrılmaktadır.

1. Su ırmakları veya sudan nehirler (ırmaklar)

2. Süt ırmakları veya sütten nehirler (ırmaklar)

3. Şarabdan nehirler, öyle ki, bu şarabdan nehirler, içenlere lezzet ve keyif verir. (Fakat sarhoşluk vermez, insan bünyesinde herhangi bir hastalık, rahatsızlık meydana getirmez.) Bu gibi uyarılarla, cennetlilere özel olarak yaratılan kaynaktan akan şarabı dünyadaki şarap ve içkilerden ayırmakta ve çok çok uzak tutmaktadır.

4. Süzme baldan yaratılmış nehirler vardır. İşte cennet nehirleri bu dört grubda incelenmektedir.

Şimdi açıklamasını yaptığımız cennet şarabının dünya şarabına benzememesi ve ondan tamamen ayrı bir özellikte olması, hem bu âyette, hem de diğer âyetler de hep açıklık ve hem de uyarılar getirilmektedir.

Üzerinde durduğumuz cennet içkisi olan akar bir kaynaktan doldurulup içilen cennet şarabını üç âyette özellikleri ile dile getirilip anlatılmaktadır. Saffât Sûresi 45, 46 ve 47nci âyetlerin mealleri şöyledir:

45. ***"Maîn Şarabı'ndan doldurulmuş bir kadehle o ehl-i cennetin etrafında dolaşılır."*** Âyette geçen "معين – Maîn", kaynağından çıkan veya açıkta gözlerin göreceği bir şekilde akan bir su demek olmakla berâber, cennet içeceği olan cennet içkisi bununla vasıflandırılmıştır. Şu halde buradaki **Maîn**'dan maksat kaynaktan çıkıp akan şarabtır. Maîn için menba suyu, kaynak suyu da denmiştir.

46. *"Bembeyaz, berrak mı dersen berrak, kaynağından tâze doldurulmuş o beyaz şarap, içenlere pek hoş bir lezzet verir."*

47. *"...لاَفِيهَا غَوْلٌ - Onda hiç bir gâile yok. "غول - Ğavl"den maksat keder, sıkıntı, zarar"* yoktur. Müfessirler: "Ğavl"den amaç başağrısı ve mide ağrısı gibi sıkıntılardır demişlerdir. *"وَلاَهُمْ عنها ينزفون - Ve o cennet ehli ondan sarhoşda olmazlar."* Cennet şarabının bu özelliklerinin sayılması, onu dünya şarabından ayırmak içindir.

İbn-i Kesir demiştir ki: ***Allah Teâlâ, cennet içkilerini, dünya içkilerinde bulunan âfetlerden, zarar ve ziyanlarından, içenin başına sardığı belâlardan ve bir çok olumsuzluklardan çok uzak olduğunu bildirmiştir. Cennet içkisinin tadı da rengi gibi güzeldir.***

İçenlere lezzet ve keyif veriyor, rengi dersen bambaşka bir güzelliktedir. İçenlerin üzerinde hiçbir olumsuzluk etkisi kesinlikle yapmaz. Dünya içkisini içenlerde her türlü olumsuzluk, dert, belâ sıkıntı, baş ağrıları, mide ağrıları, aklın gidip gelmesi, saçmalamalar ve daha neler neler.

Âyet (45)de geçen "بِكَأْسٍ - Bike'sin" kelimesi dolu kadeh demektir. Boş kadeh bu isimle söylenmez. "Ke's" denmez.

Allah Teâlâ, cennet nimetlerini böyle vasıf ve niteliklerle anlatıyor ki, kullarını cennete dâvet ediyor, onlara cennet hayatını özendiriyor.

## Cennette Özel Yaratılan Hûrîlerin Niteliği

Şimdi cennet nîmetlerinden olan içecekleri, cennet içeceklerini anlattıktan sonra, cennetin maddî nîmetlerinden olan eşlerin özelliklerini anlatıyor ki, mü'minler ve akl-ı selim sahibi olan insanlar, cennet hayatı için çalışsınlar ve bu anlatılan cennet nimetlerine onlar da kavuşsunlar demek olur. Şimdi cennetteki âile ve eşlerin vasıf ve nitelikleri de şöyledir:

وَعِنْدَهُمْ قَاصِرَاتُ الطَّرْفِ عِينٌ ٤٨

48. *"O ehl-i cennetin yanı başlarında iri, güzel gözlü, kocasından başkasına bakmayan hanımlar (hûrîler) vardır."*

عين – Iyn, geniş ve güzel gözleri olanlar için söylenir. عيناء – Aynâ' kelimesinin çoğuludur. Aynâ' kelimesi ise, gözleri geniş ve güzel kadın mânâsındadır. Gözlerin en güzeli böyle olanlardır. "قاصرات الطرف – Kâsırâtüt'tarf" deyimi, bakışını kısmak, bakış kısmak demek, ancak gerekli olan yere gerektiği gibi bakmak demek anlamındadır. Bu tâbir veya deyim cennette yaratılmış olan hûrî adı verilen kadınlara mahsus özel bir deyimdir. Bütün bakışlarını kendisi için yaratıldığı eşine hasr ve tahsis etmiştir. Kendisi için yaratılmış olduğu kocasından başkasına bakmayan, bütün bakışlarını kendi kocasına çevirmiş, âdetâ gözlerini kocasına dikmiş demek mânâlarını taşımaktadır. Bu âyetteki hûrîlerin özellikleri, onların büyük ve özel cennet nimetlerinden olduğunu göstermektedir. Bu deyimle ilgili Rahman Sûresinin 56ncı âyetinde de bilgi için açıklama yapılacaktır.

كَاَنَّهُمْ بَيْضٌ مَكْنُونٌ

49. *"Sanki onlar (o hanımlar-cennet hûrîleri) **örtülüp gizlenmiş yumurtalar gibidirler.**"* Yani o cennet kadınları saklanmış yumurta gibidir. Eller değip gözler görmek sûretiyle örselenmemişler.

Bu âyet müfessirlerce çok değişik şekillerde yorumlanmıştır. Hz. Ümmü Seleme'den (radıyâllahü anha) rivâyet edilen hadisde bildiriliyor ki, Resûlullah Sallallâhü aleyhi ve sellem'den bu âyetin tefsiri sorulduğunda Efendimiz (a.s.) şöyle buyurdu:

***"Bu kadınlar** (hûrîler) **yumurtanın dış kabuğu ile içi arasındaki zar gibi nazik ve yumuşak olacaklardır."*** demektir. (İbn-i Cerir)

Bazı tefsir sahibleri bu teşbihten yola çıkarak demişlerdir ki: ***"O cennet ehlinin yanıbaşlarında iri gözlü kocasından başkasına kesinlikle bakma huyu olmayan güzel gözlü, gün yüzü görmemiş yumurtanın pembe beyaz renginde âdetâ örtülüp gizlenmiş yumurtalar gibi hanımları da olacaktır."***

Hasan Basrî'nin yorumu şöyledir: "مَكْنُونْ – *Meknûn:* ***Korunmuş, el değmemiş"*** demektir. Maksat şudur: O cennet kadınları (hûrîler) bu eşşiz güzellikle birlikte, incelik, letâfet ve yumuşaklıkla sedefleri içerisindeki inciler gibi korunmuşlardır. ***"Sanki onlar korunmuş yumurtadır."*** Ona ne el değer, ne de göz görür. Arab lisanında Arablar, saflığı ve beyazlığından dolayı kadını yumurtaya benzetirler.

İbn-i Abbas (r.a.)'ın yorumu: *"Ke'enne hünne beydun meknûn* – ***Onlar (hûriler) sedefleri içerisinde gizlenmiş inci gibidirler."*** demiş ve Vakıa Sûresi, âyet 22, 23'ü delil getirmiştir: ***"Saklı inciler gibi, iri gözlü hûrîler"*** demek olur.

Cenâb-ı Mevlâ, gerek bu âyetlerde ve gerekse şimdi vereceğimiz âyetlerinde cennet nimetlerini pek güzel tasvir edip tablolaştırmaktadır. Bundan amaç ise, mü'min, müslüman kullarının daha çok bu hayat için (cennet hayatı için) çalışmalarını ve yarışmalarını özendirmek ve mü'minlerin gafletlerini gidermek anlamınadır.

## Rahman Sûresinde Cennet Sahnelerinin Tasviri

***Ey Cennet yolcusu kardeş!*** Cennette gözlerin görmediği, kulakların işitmediği ve hiçbir insanın hatır ve hayâline gelmeyen nimetler ve güzellikler hazırlanmış olduğunu düşünmelisin. Yüce Rabbimizin bu müjdesini hep aklımızda tutarsak, o zaman cennet ile ilgili bilgileri okudukça o nisbette cenneti kazanmak için bir yarışa hazırlanmak gerektiğini aklımıza kaydedebiliriz. Bu kaydetmek bizi Allah'ın emirlerini yapmamız için bir teşvik olur ve de olacaktır.

## Yüce Rabbinden Korkan Kimseye İki Cennet Vardır

وَلِمَنْ خَافَ مَقَامَ رَبِّهِ جَنَّتَانِ ج

46. *"Rabbinin **huzûruna çıkmaktan** (suçlu, günahlı bulunurum endişesiyle) **korkan mü'mine iki cennet vardır."***

Âyeti kelimelerinin zâhirine (görünüşüne) göre mânâlandırırsak: ***"Rabbinin makamından korkan kimselere iki cennet vardır."*** demektir.

İşte müttekîliğin özünde de tüm anlamıyla bu ilâhî korku bulunmaktadır.

Cennet, Allah Teâlâ tarafından müttekîlere (Allah'tan gereği gibi korkanlara) vâdedilen (söz verilen) ebedî olan saâdet yurdunun adıdır. Yukarıda verdiğimiz misâllerimizde pek çok örnek bulunmaktadır.

Tefsir âlimlerimiz bu âyeti de çeşitli şekillerde yorumlamış, fikir ve görüşlerini bildirmişlerdir. Allah korkusundan maksat, yalnız yürek çarpıntısı değil, küfür ve nankörlükten sakınıp, iman ve şükür ile yüce Rabbimize itâat için saygı ve hürmet göstermek demektir. Kısacası, Rubûbiyyet sıfatını taşıyan, **"Zül'Celâli vel'İkram"** celâl ve ikrâm sahibi Rabbi'nin celal ve azametinden korkan, yahut kıyâmet günü, O'nun celâli ve büyüklük (azameti) karşısında, huzûruna çıkacağı günde sorgulandığında, hesaba çekildiğinde suçlu ve günahlı bulunurum korku ve endişesiyle yaşayan müttekî mü'minlere, bu korku ile yaşayabilen ihlâslı kimselere iki cennet vardır denilmiştir ki:

1. Cismânî Cennet,

2. Ruhani Cennettir.

Veyahut birisi Adn Cenneti, birisi de Naîm Cennetidir, şeklinde de yorumlamışlardır.

Elmalılı Merhum M. Hamdi Yazır, bu âyetin tefsir ve yorumunda şöyle diyor: ***"Bu iki cennet için daha başka yorumlar da söylemişlerse de, kıyâmet halleri görülmeden bunların geniş açıklamaları bilinemiyeceğinden daha fazlaca açıklamalar yapmaya kalkmak doğru olmasa gerektir."***

ذَوَاتَٓا اَفْنَانٍۚ

**48.** ***"Bu iki cennet, türlü ağaçlarla doludur."*** Yani, her iki cennette de dalları yeni filizlenmiş genç yapraklı ağaçlar ve türlü meyveler vardır demek olur.

**50.** ***"O cennetlerde akan iki çeşme vardır."*** Bu kaynaktan akan çeşmelerin her ikisinin de içimi kolay ve tatlı su akıtırlar. Nitekim âyette: ***"Orada** (cennette) **devamlı akan bir pınar** (bir çeşme) **vardır."*** (Ğaşiye Sûresi, âyet 12) buyruluyor.

İbni Kesir yorumunda: ***"O iki çeşme, ağaçları sulamak için şırıl şırıl akmaktadır. Bu sebeble de ağaçlar; çeşit çeşit renklerde meyveler verir"*** demiştir.

Hasan Basrî'nin yorumu da: ***"Bu iki pınar, tatlı ve soğuk berrak sularla akarlar. Bunlardan birine Tesnîm, diğerine de selsebil denilir."*** şeklindedir.

فِيهِمَا مِنْ كُلِّ فَاكِهَةٍ زَوْجَانِۚ

52. ***"O cennetlerin ikisinde de her çeşit meyveden çift çift vardır."*** Çiftten maksat, kurusu da vardır, yaşı da vardır demektir. Her istediğin anda kurusunu da, yaşını da alıp yiyebilirsin veyahut bilinen meyveler olduğu gibi, bilinmeyen hiç kimsenin bilmediği, görmediği ve hatta duymadığı cennetin özel enterasan meyveleri de vardır. Âhirette bulunan nimetlerin dünyada sadece ismi vardır. Tatları, güzellikleri ve nefâsetleri dünyadakilere benzemez.

Bu konuda Abdullah İbni Abbas (r.a.) şöyle demiştir:

***"Tatlı olsun acı olsun, dünyadaki var olan meyveler, cennette de hepsi vardır. Hatta Ebû Cehil karpuzu bile vardır. Ancak o cennette çok tatlıdır. Âhirette bulunan nimetlerin, dünyada sadece isimleri vardır."*** Bu da İbni Abbas'ın yorumudur.

مُتَّكِئِينَ عَلَى فُرُشٍ بَطَائِنُهَا مِنْ اِسْتَبْرَقٍ ط

54. ***"Cennetlikler, cennetteki köşklerinde astarları kalın parlak ipek kumaştan yapılmış tahtlara*** *(koltuk kanepelere)* ***yaslanmış bir halde keyif alacaklardır."***

وَجَنَا الْجَنَّتَيْنِ دَانٍ ج

***"Bu iki cennetin meyveleri de*** *(yere)* ***pek yakındır. Cennet ehli kolayca toplayıp yerler*** *(yiyecekler)*.***"***

Tefsircilerin yorumlarına göre; bu cennet ağaçlarının dalları yere o kadar yakındır ki, cennet ehli bu meyveleri, ayakta olan da, oturan da, yan üstü yatan da kolayca alıp yiyecektir. Cennet meyveleri dünya meyvelerine benzemez. Dünya meyveleri yorulmadan, zahmet ve meşakkat çekilmeden elde edilip yenemez. Cennet nimetleri ve cennet meyveleri ise, cennette lutûf ve ikram olarak kolayca alınıp yenecektir.

Abdullah İbni Abbâs (r.a.) şöyle demiştir: ***"Allah'ın salih kulları, cennette ister ayakta, ister oturarak, ister yan üstü yatarak istediği bir durumda meyvelerini toplayacak şekilde ağacın dalları yere doğru** (cennetteki kişinin duruşuna göre) **eğilecek, yaklaşacaktır."*** (Hâzin, 4/10)

Açıklamalarıyla ilgilendiğimiz bu 54ncü âyette geçen "بَطَائِنُهَا - Betâinühâ" kelimesi hakkında Tefsir bilginlerinin bazı yorumları olmuştur. "بطائن - Betâin", "بطانة - Bitâne" kelimesinin çoğuludur. Bitâne iç astar demektir, yüzün karşıtıdır. Bir yaygının veya bir elbisenin iç astarı çok kıymetli ve yüksek değer taşıyan bir malzemeden olursa, artık dış yüzünün nasıl bir yüksek değer taşıyacağını ancak Allah bilir demek anlamında cennetteki nimetlerin yüksekliğine bir işârettir denilmiştir.

Yani Allah Teâlâ'nın, cennetlerde cennetlik kullarına öyle büyük nimetler verecek, öyle büyük ikramlarda bulunacak ki, gözlerin görmediği, kulakların işitmediği ve insan aklına gelmeyen nimetler hazırlamış olduğunu biz kullarına bildirmiş olması bu konuda yeterli doyurucu bilgi verilmiş oluyor demektir. Böylece mü'min kullar, var güçleriyle cennete, yarışmalı ve büyük derecelere erişme yollarını aramalıdır.

## Cennette Yaratılan Hûrîlerin Vasıfları

فِيهِنَّ قَاصِرَاتُ الطَّرْفِ لَمْ يَطْمِثْهُنَّ
اِنْسٌ قَبْلَهُمْ وَلَا جَانٌّ

56. *"Oralarda (o iki cennette ve köşklerinde saraylarında tüm müştemilatlarda)* ***bakışlarını*** *(gözlerini)* ***yalnızca kendi eşlerine çeviren ve başka erkeklere asla bakmaz*** *(bakmayan hûrî)* ***kadınlar vardır ki, bunlardan*** *(bu kocalardan)* ***önce onlara*** *(hûrîlere)* ***ne bir insan, ne bir cin*** *(aslâ)* ***dokunmamıştır."*** (Rahman Sûresi, âyet 56)

فِيهِنَّ قَاصِرَاتُ الطَّرْفِ – Yukarıda nitelik ve özellikleri anlatılan cennetlerde, gözlerini yalnızca eşlerine çeviren güzeller (hûrîler) vardır. Aslâ başkalarını görmez, bakmazlar." Tefsir bilginleri bu cümleyi böyle mânâlandırıyorlar. Bu cümleyi biraz daha açıklamada bulunacağız.

كَاَنَّهُنَّ الْيَاقُوتُ وَالْمَرْجَانُ

58. *"Sanki* ***onlar*** *(o hûrîler - hûrîlerden olan kadınlar)* ***birer yâkuttur, mercandır*** *(yüzleri, yanakları kırmızı, vücût derileri, ciltleri beyazdır)."* Evet o cennetlerdeki özel yaratılmış olan hûrîler, cennet ehli olan mü'min erkekler için yaratılmış olan hûrî kadınlar, parlaklıkta ve göz alıcılıkta sanki bir yakut ve mercandırlar. Bunlar, birer teşbih ve benzetmedir. Yüce Allah bu teşbih ve benzetmeyi yapmıştır. Hûrîler, cennet nîmetlerinin keyif verici ve ferahlatıcı olanlarındandır.

Katâde demiş ki: *"Sanki onlar* (cennet hûrîleri) ***yakut saflığında ve mercan kırmızılığındadır. Yakutu bir ipliğe dizsen, sonra arkasından baksan o ipi olduğu gibi görürsün."*** Hadis-i şerifde de şöyle buyrulmuştur:

***"Cennet kadınlarından olan kadının*** (hûrîlerin) ***bacağının beyazlığı, yetmiş kat ipek elbisenin altından görülür, hatta bacağının kemiklerinin iliği bile görülür."*** (Tirmizî, İbni Mesut'tan rivâyet etmiştir.)

Amr İbni Meymûn demiştir ki: ***"Hûrîlerden bir kadın, yetmiş kat elbise giyer ve kırmızı şarap, kristal kadehde görünmesi gibi, bacak kemiğinin iliği, elbisenin dışından görülür."***

Hz. Peygamber Sallallâhü aleyhi ve sellem şöyle buyurdular:

***"Cennet kadınının bacağının beyazlığı ve iliği yetmiş kat ipek örtünün*** (elbisenin) ***dışından görünür."*** Allah Teâlâ, onlar için: ***"Sanki onlar, yakut ve mercandırlar."*** buyurdu. Yakut öyle bir taştır ki, sen ona bir ip geçirsen, sonradan parlatsan, ipi yakutun dışından görebilirsin." (Tirmizî)

### قَاصِرَاتُ الطَّرْفِ — Kâsırâtüt'tarf ile ilgili açıklama:

*"Kâsırâtüt'tarf =* ***Bakışı kısan dilberler"*** demektir ki, âyetteki "Kâsırâtüt'tarf" cümlesine: ***"Bakışlarını sadece kocalarına çeviren, başkalarına asla bakmayan cennet kadınları"*** diye tercüme ediyor müfessirler.

Tefsir bilginleri, cennet kadınları olan hûrîlerle ilgili bu övgü sıfat ve nitelemelerine çeşitli şekillerde yorumlar getirmişlerdir.

*Ey cennet özlemiyle yanıp tutuşan kardeş!* Allah Teâlâ cennette, hayırlı ve salih kulları için gözlerin görmediği, kulakların işitmediği ve hiç bir yaratığın hayal bile edemediği nimetler, cennet nimetleri yaratmış ve hazırlamıştır. Bu nimetlerden, cennet nimetlerinden bir tanesi de hûrîler, cennette yaratılmış olan cennet kadınlarıdır. Bu konuda değişik sûrelerde ve muhtelif âyetlerde çeşitli açıklamalar bulunmaktadır. Cennete ve cennetlere âit olan bu müstesnâ yaratılmışların fiziki güzellikleri ve ahlaki vasıfları çok mükemmel bir şekilde insanların gönüllerinde etki yapacak bir anlatımla Kur'ân-ı Kerîm'de dile getirilmektedir. Bunlar Allah Teâlâ'nın mü'min ve itâatkâr kullarına bahşettiği nimetleridir. Cennetlikler, cennete giren mü'min ve müttekî, itâatkar müslüman erkekler için cennette iki ayrı cins zevceler (eşler) var olacaktır.

1. Birincisi özel olarak cennette yaratılmış cennet kadınlarıdır. Bunlara Kur'ân-ı Kerîm'inde Allah Teâlâ **"Hûrî"** adını vermektedir. Allah Teâlâ, bu dünyâda mü'min olarak yaşayan ve Allah'ın emirleri çerçevesinde ömür sürüp imanla yaşayıp, imanla göçen (ölen) kullarına cennette vereceği özel zevceler yaratıp cennette hazırlamıştır. Hûrî adı verilen bu cennet kadınlarının bir takım özelliklerinin olduğu da âyetlerde açıklanmaktadır. Elbetteki bunun bir hikmeti vardır.

2. İkincisi de dünyâdaki imanlı kadın veya imanlı kadınlardır. Bu imanlı kadınlar da cennette yine dünyadaki imanlı eşleriyle birlikte cennette karı koca hayatı süreceklerdir. Kocası imansız olup

da cehenneme giden imanlı kadın, cennette tek başına dul kalmayacak ve onu başka bir iman ehli olan cennet ehlinden bir erkekle evlendirecektir. Karısı imansız olup cehenneme giden bir imanlı erkek de, dünyada imanlı yaşayıp imanla cennete giden bir mü'mine kadınla evlenecektir. Yani cennetlikler, cennette eşsiz kalmayacaklardır. Bu dünyada bekar olup da imanla ölüp cennetlik olan her bekâr, kadın olsun, erkek olsun cennette mutlaka Allah onları evlendirecektir. Bir cennetlik kadın, cennetlik bir erkekle; cennetlik erkek, cennetlik bir kadınla eşlenecek (evlenecek)tir. Cennette bekar cennet halkı bulunmayacaktır.

Cennetlik yani cennet ehli olan her erkeğin, hem dünya kadınlarından hanımı olacak, hem de hûrîlerden hanımı olacaktır.

Cennet kadınları olan hûrîlerden bahseden âyetlerde bazen iki, bazen de daha fazla özelliklerinden söz etmektedir.

Hûrî denilen cennet kadınları, o kadar güzel, o kadar endâmlı ve pürüzsüzdür ki, Kur'ân onları anlatırken: "inci ve mercan"ı örnek ve misal getirerek tablolarını çizmektedir.

Hûrî, kara gözlü cennet kızı, cennet güzeli demek olup geniş gözlü ve gözünün akı bembeyaz, gözünün karası da simsiyah olan kadınları anlatmak için kullanılır. Allah Teâlâ, cennette mü'min kullarına ikram edeceği ve cennet nimetlerinden olan kadınlara Kur'ân-ı Kerîm'inde حُورٌ عِينٌ – *Hûrun ıynun:* ***İri gözlü, geniş gözlü güzel kadınlar*** veyahut ***gözleri geniş, güzel gözlü ve güzel kadınlar*** demektir.

"وَزَوَّجْنَاهُمْ بِحُورٍ عِينٍ" – *Ve zevvecnâhüm bihûrin ıyn:* ***Biz onları** (cennettekileri) **ceylan gözlü hûrîlerle evlendirdik."*** Veya şöyle de terceme edilmiştir: ***"Biz onları renkleri bembeyaz hûrîlerle evlendirdik."*** (Tûr Sûresi, âyet 20) Âyetteki "حور – Hûr: Beyaz" anlamındadır. عين – Îyn: İri gözlü, geniş ve güzel gözlü demektir.

Yukarıda bir kısım örneklerini verdiğimiz Saffât, Tûr, Duhan ve Rahman Sûrelerinde bu nimetler ifâde edilmektedir.

وَعِنْدَهُمْ قَاصِرَاتُ الطَّرْفِ عِينٌ ﴿٤٨﴾

***"Yanlarında bakışlarını sadece kocalarına çevirmiş iri gözlü kadınlar** (hûrîler) **vardır."*** (Saffât Sûresi, âyet 48)

Misâl olarak verdiğimiz âyetlerde iyi mü'minlerin, cennette güzel ve muhteşem bahçelerde, pınar başlarında, ırmak kenarlarında eğlenecekleri, yiyecekleri çeşit çeşit meyveler, türlü çeşit ipekler giyip, karşılıklı göz göze oturacakları, yan gelip yaslanacakları sedirler ve iri gözlü hûrîlerle evlenecekleri bildirilmektedir. Bunların yanı sıra hûrîlerin özellikleri de açıklanmaktadır.

**1. Hûrîlerin en belirgin özelliklerinden biri:** "قاصرات الطرف – Kâsırâtüt'tarf" olmalarıdır (yani cennette evlendiği kocasından başka hiç kimseye bakmamasıdır. Kocasından başka hiç bir erkekle ilgilenmemesi hûrîlerin övülen sıfatıdır. Bir diğer övülen sıfatı da cennette evlenecekleri erkek dışında kendilerine (hûrîlere) hiçbir insan eli değmemiş olmasıdır:

لَمْ يَطْمِثْهُنَّ اِنْسٌ قَبْلَهُمْ وَلَا جَانٌّ ج

***"Bu hûrîlere, cennetteki eşleriyle evlenmeden önce hiçbir insan ve cin dokunmamıştır."*** Yani bu cennet kadınlarına hiçbir erkek eli değmemiştir. Bunlar böyle değerli, yüksek dereceli cennet kadınlarıdır. Allah Teâlâ'nın sevgili kullarına (mü'minlere) ikram ve ihsanıdır.

Bu âyet-i kerîmede şu incelik de söz konusudur:

Cennette mü'minlere verilecek olan cennet kadınlarına (hûrîlere) daha önce hiç bir insan dokunmadığı gibi, cin de dokunmamıştır. Âyetin bu ifâdesine tefsir bilginlerinden şu üç anlamda yorum getirenler de vardır. Bunlar şöyledir:

1. Birincisi, Hûrî denen varlıklar, ne insan türündendir, ne de cin türündendir. Hûrî ayrı bir yaratılış cinsidir. Bu bakımdan hiç kimse onlara (hûrîlere) dokunmamıştır.

2. İkincisi, dünyadaki (dünya) kadınlarına insanlardan erkekler dokunduğu gibi, bâzen cinler de dokunabilir. Ancak cinlerin dokunması şöyledir: Mücâhid şöyle demiştir:

***"Koca (erkek) Besmele çekmeden eşiyle cinsî temasta bulunduğu an, cin veya şeytan da*** *-keyfiyeti biz insanlarca bilinmeyen-* ***bir şekilde temas kurabilir veya kurar"*** Böyle cinler de dokunmuş olur.

3. Üçüncüsü, cinlerden cennete girecek olan dişi cinlere, erkek cinler, insanlardan cennete girecek olan kadınlara, erkek insanlar dokunmuştur. Hûrîler ise, cennette (cennet nimeti olarak)

yaratıldığı için, kimse ona dokunmamıştır. Çünkü hûrîler özel yaratılmış cennet varlıklarıdır.

Öyle ki: Cennette her ehl-i cennete verilen bol nimetler, geniş mülk ve saltanat (konfor, lüks) öylesine fazla ve göz doyurucudur ki, bir cennet ehli diğer cennet ehlinin mülk ve nimetine, lüks ve konforuna aç gözlülük etmez, aç gözlü bakmaz ve kıskançlık gösterecek bir şekilde ilgi duymaz. Bütün bu kötü duygular zaten kendisinden alınmış, kendisi bu gibi yaramaz his ve duygulardan temizlenmiştir. Bu bakımdan hûrî denilen cennet kadınları da sadece kime bağışlanmışlar, kimin için yaratılmışlarsa, onunla ilgilenirler. Zâten cennet ehli cennete girerken bir maddî, mânevî temizlik operasyonuna tabi tutuldukları için, ne başkaları onlara şehevi ilgi duyar, ne de onlar başkalarına karşı böyle yaramaz bir duygu beslerler. Cennette böyle şeyler zaten olmaz ve olmayacaktır demek olur.

4. Dördüncüsü, bu âyetten cennette cinlerden de mü'mine ve sâliha kadınların olacağına işâret vardır. Bu cin tâifesinden olan kadınlar, tıpkı insan cinsinden olan saliha kadınlar gibi, cinlerden erkek cinlere eş olacaklardır. Nitekim onlara daha önceden, hiç bir erkek dokunmamış olacağı gibi, insanlardan sâliha kadınlara da hiçbir erkek dokunmamış olacaktır. Ayrıca bu âyetten, insanlardan mü'mine, saliha kadınların, yine insan cinsinden mü'min ve sâlih erkeklere eş verileceği gibi, cinlerden, mü'mine ve saliha kadınların da, yine cinlerden mü'min ve salih erkeklere eş olarak

verileceği anlaşılmaktadır. Yani bu iki cinsten, kendi cinslerine eş yapılmak sûretiyle çiftler (eşler) meydana gelecektir.

Cenâb-ı Allah, cennette mü'min, müttekî kullarına sonsuz nimetler hazırlamıştır. Bu nimetlerini hem insan cinsine, hem de cinlerin îmanlı ve takvâlı olan iyilerine lutfu ihsan buyuracaktır. Allah Teâlâ'nın herşeye gücü yeter. ***"O halde ey insanlar ve cinler! Rabbinizin hangi nimetlerini inkar edip yalanlayabilirsiniz?"*** Rahman Sûresinde yüce Rabbimiz, kullarına olan ihsan ve ikramlarını, hele cennet nîmetlerini arka arkaya sayıyor. Verdiği her nimetten sonra da aynı soruyu soruyor kullarına:

فَبِاَىِّ اٰلَاۤءِ رَبِّكُمَا تُكَذِّبَانِ

*"Fe bi eyyi âlâi rabbikümâ tükezzibân"*

***"Şu halde ey kullarım! Rabbinizin nimetlerinden hangisini inkar edip yalan sayabilirsiniz?"*** İşte bu soru, her nimetin verilişinin anlatılmasının peşinden sorulmaktadır.

Rahman Sûresinin 58nci âyetine kadar cennetle ve cennet nimetleriyle olan bilgileri vermiş olduk. 58nci âyetten sonra sûrenin bitimine kadar cennet ve nimetleri ile ilgili bilgiler verilmektedir. Ancak kitabımızın hacminin darlığı nedeniyle verdiğimiz bölümle yetinmeyi münâsip bulduk. Şimdi de değişik örnekler vereceğiz.

## Vakia Sûresi'nin Cennet Hayatını Anlatan Âyetleri

*Ey Hak yolcusu!* Cennet hayatı ebedî ve sürekli bir hayattır. Orada ölüm yoktur, sonsuz lezzet, ebedî saltanat ve hiç eksilmeyen bir sevinç, her türlü neşe ve keyif, zevk-u sefa vardır. Âyet-i kerimelerin ifâde ettiği bütün bu nimetler ve saltanat, dünyada kralların ve dünyaya hükmeden hükümdarların saraylarında bile bulunmaz.

Şimdi Vâkıa Sûresi 15nci âyetiyle başlayıp âyetlerin ışığı altında cennet hayatı ve nimetlerinin güzelliği ve enteresanlığıyla ilgili bilgileri öğrenerek cennet hayatına özenmeye gayret ve çaba sarfedelim inşaallah!

عَلَى سُرُرٍ مَوْضُونَةٍ ٧

15. ***"O ebedilik cennetlerinde olan ehli cennet, cevherlerle işlenip süslenmiş** (cennet) **tahtları** (cennet koltuk ve kanepeleri) **üzerindedirler."***

مُتَّكِئِينَ عَلَيْهَا مُتَقَابِلِينَ

16. ***"Karşılıklı olarak** (oturup) **o tahtların** (koltuk ve kanepelerin) **üzerinde yaslanırlar."***

Bu iki âyet, ehli cennetin, cennetteki yaşayacağı (ve yaşadığı) zevk-ü safayı, keyif ve bolluğu, rahatlığı anlatmaktadır.

"عَلَى سُرُرٍ – Alâ sürurin"deki **"Sürur"** kelimesi, "سرير – Serîr" kelimesinin çoğuludur. **"Serîr"** kelimesi, taht, koltuk (kanepe), özel sandalye ve köşk mânâlarına gelir. Nasıl ki, hükümdarların ve padişahların özel tahtları varsa, ehli cennetin de özel tahtları vardır. Bu cennet tahtları (koltuk ve kanepeleri) cennete özel, süslü, işlemeli, mücevherât malzemeleri ile işlenmiş, nakışlanmış tahtlar, serîrler, koltuklar üzerinde oturuyorlar. Öyle bir oturuşla oturuyorlar ki, yan gelip yaslanmış, yaslanarak rahat ve keyif veren bir oturuş tarzında, karşılıklı (yüz yüze) oturuyorlar ve yaslanıyorlar. Bu şekilde rahat ve keyifle sanki sohbet ediyorlar. Bu işâret etmeye çalıştığımız zevk-u safa tablosu, birer cümlelik âyetlerin ikisinde, iki cümle ile ifade ediliyor. "مَوْضُونَة – Mevdûne" kelimesi, altın simler, altın teller demektir. Aynı zamanda inci ve yâkutla işlenmiş, nakışlarla süslenmiş anlamında da kullanılır. Birbirlerine yakın konulmuş (dizilmiş) mükemmel bir tertible düzenlenmiş koltuk, kanapeler anlamına da işâret eder denilmiştir. İbni Abbas (r.a.): *"موضونة – Mevdûne, altın ile örülmüş demektir."* demiştir.

Bu kelimeyi şöyle de açıklamışlardır: ***"Altın iplerle** (altın sim, sicim) **işlenmiş, dokunmuş** (örülmüş) **anlamında olduğudur."*** denilmiştir. Bu kelime, cennet nimetlerini ve cennet hayatını övmek anlamında bir övgü kelimesi olarak gelmiştir.

"مَوْضُونَة – **Mevdûne"**, inci ve yâkutlarla işlemeli, altın iplerle örülmüş demektir denilmiş veya **"Mevdûne"** demek, zırh örgüsü (işlemesi) gibi sıkı örülmüş (yakın dizilmiş) demektir de denilmiştir.

Şu halde "Mevdûne" demek, altın, inci, yâkut ve elmas gibi, mücevherlerle ve değerli taşlarla süslenmiş, işlemeli, mücevherli, yani murassa tahtlar, koltuk ve kanepeler üzerinde otururlar (oturacaklardır) demektir.

16. ***"O koltuklar** (tahtlar) **kanepeler üzerinde karşılıklı olarak, yüzyüze oturmuş yaslanır** (keyif alır, keyif sürer) **bir halde olacaklardır."***

On altıncı (16) âyetteki "Müttekiîn: Yaslanırlar" ve "Mütekâbilîn: Karşılıklı, yüzyüze olurlar" kelimeleri cennetliklerin cennet hayatlarının yüceliğini ve değerini ortaya koyan övgülerdir.

Kötülüklerden korunmayı başarmış olan salih amellerinde de yüksek mertebelere lâyık bir şekilde başarı elde eden mü'minler, cennetlerde çeşit çeşit nimetler içinde yaşayacaklardır. Öyle ki عَلَى سُرُرٍ مَوْضُونَةٍ – Altın, inci, yâkut ve elmas gibi, mücevherlerle ve değerli taşlarla süslenmiş, nakışlı, tezhipli ve ağır işlemeli motiflerle hazırlanmış görkemli, hükümdâr tahtlarından daha kıymetli cennet tahtlarına oturmuşlar ve o tahtların üzerlerine keyifle yaslanmış bir halde karşılıklı, yüz yüze, birbirlerine sevgi ve kardeşlik iltifatları sunarak, mutluluk içinde ferahlık içinde ve safâlar sürmektedirler. Yaslanarak lüks konfor ve karşılıklı keyifli sohbetler, ilgi ve mutluluk tabloları çizilip tasvir olmaktadır. Cennetteki hayatları mü'minlerin, refah ve bolluk içinde yaşayanların hayatına benzetiliyor. En azından âyetteki kelimeler, bolluk ve nîmetler içinde, refah bir hayata sahib olanların tavır ve hareketlerini işâretle sergilemekte olduğu anlaşılabiliyor. Lüks taht ve koltuklara yan gelip yaslanmak, keyif, zevk-u safâ ve bol nimet içinde olmanın açık göstergeleridir. Karşılıklı, yüzyüze oturup sohbet havası içinde bulunmak, kardeşce, sevgi ve karşılıklı saygı ve hürmet işâretleridir. Bunlar ise, mutlulukların doruk noktası demek olduğunu anlatır. Çünkü söz konusu cennetlik mü'minler, vasfedilmesi mümkün olmayan lüks taht ve koltuklar üzerine kurulmuşlar, üstelik yaslanarak, padişahların (hükümdarların) istirahat sıralarında oturmaları pozisyonundaki bir oturuşta (yaslanıp) oturmak, bir de yüz yüze olmak, işte bunlar mutluluk tablolarıdır. Kur'ân'ın anlattığı bu cennet yaşamı nitelcmesi, o cennetliklerin ne kadar güzel bir hayat (cennet hayatı) içinde olduklarını ahlâklarının, edep ve terbiyelerinin ne kadar insânî bir güzellik içinde olduğu ve maddî, mânevî olgunluk içinde saâdet ve mutluluğun doruk noktasında olduklarına işârettir. Ehl-i cennete verilen cennet nimetlerinin açıklaması devam ediyor.

يَطُوفُ عَلَيْهِمْ وِلْدَانٌ مُخَلَّدُونَ ۙ

17. ***"Ebedî gençliğe mazhar kılınmış genç uşaklar, onların** (cennet ehlinin) **etrafında** (hizmet için) **döner, dolaşırlar."***

بِاَكْوَابٍ وَاَبَارِيقَ وَكَاْسٍ مِنْ مَعِينٍ ۙ

18. ***"Sürâhilerle, ibriklerle ve cennet şarabından doldurulmuş kadehlerle** (dolaşırlar)."*

لَا يُصَدَّعُونَ عَنْهَا وَلَا يُنْزِفُونَ

19. *"(O cennet şarabından içenlerin)* ***başları ağrımaz, sarhoş da olmazlar."***

Şimdi bu üç âyeti birlikte bir kaç kelimeyle de olsa bir açıklama yapalım ki konumuz kolayca aklımızda kalsın.

مخلدون – Muhalledûn: Bulundukları hal üzere ebedîleştirilmiş, hep aynı şekilde genç ve zinde kalmak anlamına, cennetteki hizmet için, cennetliklere hizmet etmeleri için yaratılmış genç uşaklara vasıflama ve nitelemedir.

Allah Teâlâ, "وِلْدَانٌ مُخَلَّدُونَ – Vildânün muhalledûn", diye vasıfladığı bu gençleri, cennette hizmet etmeleri için özel bir varlık olarak yaratmıştır. Bu cennet hizmetçilerine veya cennet uşaklarına **"gılman"** adı da verilmektedir. "Vildânün muhalledûn" de **"gılman"** anlamındadır. Gılman Kur'ân'da bir tek Tûr Sûresinde geçer:

وَيَطُوفُ عَلَيْهِمْ غِلْمَانٌ لَهُمْ

***"Kendilerine*** *(cennet ehline)* ***tahsis edilmiş genç uşaklar*** *(ğılmanlar)* ***onların*** *(cennetlilerin)* ***etrafında*** *(çevresinde)* ***dönüp dolaşırlar."***

كَأَنَّهُمْ لُؤْلُؤٌ مَكْنُونٌ

***"Bu genç uşaklar*** *(ğılmanlar)* ***sanki sadefleri içinde saklanıp korunmuş inci taneleri gibidirler."*** (Tûr Sûresi, âyet 24)

Tirmizî'nin, Ebû Saîd-il'Hudrî'den (r.a.) bildirdiği hadis-i şerifde: *"Cennet ehlinden en aşağı derecedeki birinin seksen bin hizmetçisi vardır."* buyrulmuştur.

İşte bu hizmetkârlar, ğılman adı verilen genç uşaklardır. Allah Teâlâ onları, cennet ehli ve cennet halkı olan mü'min kullarına hizmet etmeleri için özel yaratmıştır. Bu özel hizmetkârlar (yanı ğılmanlar), insan değildir, cin de değildir. Bunlar hûrîler gibi, cennette özellikle hizmet için yaratılmış varlıklardır. Nûrdan yaratılmışlardır. Gençtirler, gençlikleri hiç bozulmayacaktır. Bazı rivâyetlerde, hizmet için cennette yaratılmış olan bu özel varlıklar (ğılmanlar), cennette, hizmetleri esnasında çeşit çeşit elbiseler giyinirler. Kulaklarında mücevherattan küpeler vardır. Başlarında yâkut zeberced ve elmas ile işlenmiş süslü tuğlar vardır. ki, bu hizmetkârların (ğılmanların) her biri, ayrı ayrı hizmetlerde de bulunur. Bunların görevi, yaratılışı, cennetlilere verilen, özel olarak cennette yaratılan varlıklardır. Bunların her ikisi de (hem hûrî kadınlar, hem de ğılman uşaklar) Allah Teâlâ'nın cennete kavuşturduğu amel-i sâlih sahibi iyi kullarına ihsan ve ikram buyurduğu nimetleridir.

Allah Teâlâ, cennetliklere hizmet edecek bu genç uşaklara muhalledûn (ebedîlik), durum ve gençliklerini hep aynı şekilde kalacağı ifâdesiyle nitelendirdi, neden?

Çünkü gençlerin hizmeti yaşlıların hizmetinden daha güzel ve insanı daha memnûn eder. Yaşlı birinin kendisine hizmet vermesi insana rahatsızlık verir. Bir de, cennette özel olarak cennet ehline hizmet için yaratılmış olan bu varlıklar (ğılmanlar), gençlikleri, ter ü tâzeliklerini sürekli ve ebedî olarak korumaları ve bu zindelik ve güzelliklerin, gençlik ve tâzeliklerin aslâ bir değişime uğramayacağına dâir konunun pekiştirilmesi, bu ğılmanların (cennet hizmetkârı uşaklar) olarak sonsuza dek kalmak, (ebedî olarak kalmak) üzere yaratılmış olmalarındandır. Ğılmanlar (cennet hizmetkârları gençler) cennette sâdece mü'minlere hizmet için varolmuş bulunmaktadırlar. Bunun dışında başka bir görevleri yok olduğu gibi, yaradılışları da adetâ bir cennet garsonluğu olan hizmetlerden ibârettir. Ğılman konusunda başka yorumlar da yapılmıştır. Yani özel hizmet için yaratılmış olacakları gibi, küçük yaşta ölen ve anne babası küfür içinde olanların çocuklarının bu hizmette olacağı gibi yorum ve görüşlerde vardır. Kanâatimce hûriler özel yaratılmış olduğu gibi bu hizmetliler de (ğılmanlar) özel olmuş olsun.

*"Cennet şarabından içenlerin başları ağrımaz ve sarhoş da olmazlar"* buyrulması, cennet nîmetlerinden olan ve akan bir kaynaktan meydana gelen cennet şarabının içen cennetlilere hiçbir zarar ve rahatsızlık vermediği gibi, daha da keyif ve lezzet verdiğini beyan ile dünya şarabından ayırmak ve dünya şarabının verdiği zararlardan sakındırmak içindir. Cenâb-ı Allah, cennet şarabının özelliklerini anlatarak mü'min kullarını âhiret ve cennet hayatına özendirerek, bu dünyâ hayatındaki zararlı ve aynı zamanda haram ve günah olan alkollü içkilerden vazgeçirmek nüktesine dayanmaktadır.

Cennet şarabı, dünya şarabı gibi değildir. Cennet şarabı, menba ve kaynaktan çıkarak devamlı su gibi akar. İçene vücut rahatsızlığı vermez, aklına halel getirmez (sarhoşluk vermez). Cennet şarabı Allah Teâlâ'nın cennette yarattığı ve itâatkâr, salih ve müttekî, hayırlı kullarına cennette bu nimetinden bol bol içireceğine, lezzetler ve keyifler içinde zevku safâlar sürdüreceğine ve hayırlı kullarını bu güzelliklere dâvet ettiğini, çağırdığını duyurmaktadır. Aklı başında olan mü'min kullar bu dâvete koşmalılar ve bu hayırlı çağrıya kulak verip cennet hayatına ermeyi sebeb ve vesile olan yollara baş koymalılardır vesselâm.

Cennet nîmetleri sayılamıyacak kadar çoktur. Bunlardan bazıları yine Vâkia Sûresi 20nci âyetinden devam edelim:

وَفَاكِهَةٍ مِمَّا يَتَخَيَّرُونَ ۙ

20. *"Beğendikleri (ve tercih edecekleri) meyveler,*

وَلَحْمِ طَيْرٍ مِمَّا يَشْتَهُونَ ۗ

21. *"Canlarının çektiği (istedikleri) kuş etleri,"*

وَحُورٌ عِينٌ ۙ . كَاَمْثَالِ اللُّؤْلُؤِ الْمَكْنُونِ ۚ

22-23. ***"Gün görmemiş saklı inciler gibi, iri gözlü, güzel yüzlü hûrîler vardır."***

جَزَآءً بِمَا كَانُوا يَعْمَلُونَ

24. *"Bütün bunlar, cennetliklerin bu dünyada yaptıkları iyi amellerine karşılık, mükâfât* (ödül) *olarak verilecektir."*

لاَيَسْمَعُونَ فِيهَا لَغْوًا وَلاَتَاْثِيمًاۙ

25. *"Onlar* (cennetliler) *cennette ne boş bir söz, ne de günaha sokan bir lâf işitmezler."*

اِلاَّ قِيلاً سَلاَمًا سَلاَمًا

26. *"İşittikleri söz, hep: "Selâm, selâm!" sesleridir.* (Cennette birbirleriyle selâmlaşıp dururlar.)*"*

وَاَصْحَابُ الْيَمِينِ مَا اَصْحَابُ الْيَمِينِۜ

27. *"Sağcılar* (amel defterleri sağ ellerine verilenler)*, ne mutludur sağcılar!.."*

فِي سِدْرٍ مَخْضُودٍۙ

28. *"Dal bastı kirazlar,"*

وَطَلْحٍ مَنْضُودٍۙ

29. *"Meyva dizili* (dolgun salkımlı) *muzlar,*

وَظِلٍّ مَمْدُودٍۙ

30. *"Uzamış* (yayılmış) *gölgeler,"*

وَمَاۤءٍ مَسْكُوبٍۙ

31. *"**Fışkıran** (şarıl şarıl akan) **sular,***

وَفَاكِهَةٍ كَثِيرَةٍ ٭ لَا مَقْطُوعَةٍ وَلَا مَمْنُوعَةٍ ٭

32-33. ***"Tükenmeyen, eksilmeyen ve hiçbir şekilde esirgenmeyen** (yasaklanmayan) **bir çok meyveler içindedirler."***

وَفُرُشٍ مَرْفُوعَةٍ ٭

34. ***"Ve onlar cennette yükseltilmiş döşekler** (yüksek yataklar) **üstündedirler."***

***Ey cennet yolcusu kardeş!*** İşte cennete girmek nasîb olan bahtiyarlar, amel defterleri sağ ellerine verilen mü'minler, onlar ne mutlu kullardır!.. Bu sayılan nîmetler cennette onlar için hazırlanmıştır.

Yükseklere serilmiş yumuşak yataklar üzerindeki cennetliler!.. Hadis-i şerifde yatakların yüksekliği hakkında şöyle buyrulmuştur:

***"Cennetteki yatakların yüksekliği gök ile yer yüzü arası kadardır."*** Âlûsî der ki: *"İnme ve çıkma bakımından bunu uzak görmeyisin. Çünkü o âlem **(âhiret âlemi)**, senin aklının eremiyeceği başka bir âlemdir. Mü'min onların üzerine oturmak arzu ettiğinde yataklar alçalır, sonra yükselir ve üzerindeki cennetli de yükselir. Allah'ın herşeye gücü yeter. İşte bu ölçüyü unutmamalısın!.."*

## Cennet Kadınlarının Yeniden Yaratılmaları

Bu başlığı bu sûrenin 35nci âyetine bir giriş başlangıcı olsun diye koydum.

Allah Teâlâ, Vâkia Sûresi 35nci âyetinde şöyle buyuruyor:

اِنَّٓا اَنْشَاْنَاهُنَّ اِنْشَٓاءًۙ

35. ***"Gerçekten biz onları** (o cennet kadınları olan hûrîleri doğumsuz olarak) **yep yeni bir yaratılışla yarattık."***

فَجَعَلْنَاهُنَّ اَبْكَارًاۙ

36. ***"Onları** (o hûrîleri) **bâkireler, kız olan kızlar kıldık."***

عُرُبًا اَتْرَابًاۙ

37.***"Onları** (hûrîleri) **kocalarına âşık,** (aynı yaşta) **yaşıtlar yaptık."***

Allah Teâlâ'nın cennet kadınları olan hûrîleri böyle vasıflaması ve onları takva ehli kulları için özel yarattım buyurması, kullarını cennet hayatına özendirmek ve cennet için yarışa girmelerini teşvik içindir. Böylece cennet hayatına ve cennet nîmetlerine özenen kullarını cehennem azabından da kurtulmalarına vesile teşkil etmiş oluyor.

*"İnnâ enşâ'nâ hünne inşâe =* ***Biz onları yep yeni bir yaratılışla yarattık."*** (Vâkia Sûresi, 35nci âyetini) Bâ-

zı tefsir âlim ve bilginleri hûrîlere (cennet hûrîlerine) işâretle yorumlamışlardır. Ve âyeti Türkçe meâl ve tefsir (yorum) yaparken de buna yönelik (yani hûrîleri anlatarak)anlam ve yorumlar yapmışlardır.

Bazı tefsir bilginleri ise, **"...yep yeni bir yaratılışla yarattık"**dan maksat, dünyada ihtiyarlayıp Türkçemizde kullanılan kocakarı olarak ölen kadınların kıyâmet günü dirildiklerinde, yepyeni bir yaratılışla yaratılacakları anlamındadır şeklinde anlamışlardır. Ve bu doğrultuda anlam ve tefsir (yorum) vermişlerdir. Bu konulara ışık tutan hadisler de bulunmaktadır. Bir kaç cümle ile bunun açıklamasını yapacağız.

***Ey gönlü cennet isteyen kardeş!*** Ancak şu bir gerçek ki, her insan aklını başına alıp, cenneti kazanmak ve cennete girme yollarına yarış için kolları ve paçaları sıvamak gerekiyor. Ben bunu bilir, bunu söylerim efendim!.. Şimdi bu 35nci âyeti hûrîlere işâretle yorumlayan meâl ve tefsirlerden örnek vermek istiyorum ki, konuyu değerli okuyucuma anlatabilmiş olayım. Ben de hûrîlere işâretle âyetin açıklamalı meâlini vermiştim.

اِنَّٓا اَنْشَاْنَاهُنَّ اِنْشَاءًۙ - ***"Gerçekten biz hûrileri yepyeni bir yaratılışla yarattık."*** (Vâkia Sûresi, âyet 35)

فَجَعَلْنَاهُنَّ اَبْكَارًاۙ . عُرُبًا اَتْرَابًاۙ - ***"Onları bâkireler*** *(kız olan kızlar)* ***kıldık. Eşlerine âşık*** *(düşkün)* ***ve yaşıtlar yaptık."*** (Vâkia Sûresi, âyet 36-37)

Şimdi de dünya kadınlarına işâretle yorumlayanların görüşü doğrultusunda meâl ve anlam verilirse şöyle verilir ve vermişlerdir:

*"35- **Gerçekten biz,** (dünyada ihtiyarlamış kadınları gençleştirerek cennette) **onları yepyeni bir yaratılışla yarattık** (yaratacağız). **Böylece onları** (o kocalmış kadınları) **bâkire kızlar yaptık** (yapacağız). **Ve kocalarına âşık** (düşkün) **yaşıtlar** (aynı yaşta eşler) **kıldık** (kılacağız)."* Allah Teâlâ, ezelî ilmiyle bütün olacakları olmuş (oldu) fiili mazi ile ifâde ediyor. "Yaptık, kıldık" diyor. Allah'ın ilminde bu işler olup bitmiştir. Ama bizim bilgimize göre daha olacaktır. Onun için bazı kelimeleri parantez içine alarak bu inceliği anlatmak istedim.

*Ey dost!* Bu âyetlerin tefsir ve yorumlarında şu bilgileri görüyoruz veya görmekteyiz: ***"Cennet ehli olan, yani cennete girecek olan mü'minler, 30 veya 33 yaşında** (yaşlarında) **genç insanlar olacağından bütün cennet ehli ve cennete yerleşmiş insanlar 30 yada 33 yaşında yaşıtlar** (aynı yaşta) **olacaktır."*** denilmiştir.

Hûrîlere gelince, bunlar bilindiği gibi, cennette yaratılmış cennet kadınlarıdır. Hûriler, doğum olayı olmaksızın yaratılmışlardır. Birçok âyetlerde de bu konuda değişik bilgiler verdik geçen satırlarımızda (yani bölümlerde). Yine bu dünyadaki yaşlı kadınların yaşlı olarak ölmüşleri de, kıyâmet günü hiç evlenmemiş genç kızlar hâline dönüştürülmesi ve genç kızlar olarak cennete girmeleri ve kocalarıyla tekrar evleneceklerine dâir olan görüştür.

Cennette her mü'minin dünya kadınlarından iki hanımı iki eşi olduğu, olacağı tefsirlerimizde bildirilmektedir. Ayrıca ameli nisbetinde hûrilerden, eşi ve câriyeleri de vardır (yani olacaktır). Bu örnek ve misalleri Rahman Sûresi âyetlerinde anlatmıştır.

Bazı müfessirler buradaki: *"Gerçekten biz, onları yepyeni bir yaratılışla yarattık. Onları bâkireler (kız olan kızlar) kıldık. Onlar kocalarına âşık (aynı yaşta) yaşıtlardır."* Şeklinde bildirilen bu kimseler imanlı dünya kadınlarıdır. Bu kadınlar, salih amelleri ibâdet ve tâatleri dolayısıyla, Cenâb-ı Allah'ın emirlerini yapan ve yasaklarından korunan saliha kadınlar olarak cenneti hak etmiş bahtiyâr mü'mine hanımlardır. Bu kadınlar, dünyâ hayatında ne kadar yaşlanmış olurlarsa olsunlar, yüce Allah, onları cennete girerken (cennette) gençleştirecek, cennete genç, güzel ve kız olan kız (bâkire) olarak gireceklerdir. Bu sâliha hanımların dünyadaki kocaları iyilerden, sâlih mü'minlerden ise, cennette yine beraber olacaklar, dünyâda birbirlerine eş oldukları gibi, cennette de birbirlerine eş olup, birlikte cennet nimetlerinden ebedî olarak, bir daha ayrılmamak üzere cennet hayatı yaşayacaklardır. Eğer kocaları cennete gidememiş imansız ve sâlih amellerden yoksun birileriyse, yani kocaları mü'min değilse, Allah Teâlâ, bu mü'mine kadınları cenneti hak etmiş, başka cennet ehli olmuş mü'min erkeklerle evlendirecektir. Cennette, hiç bir mü'min erkek olsun, kadın olsun bekâr olarak bulunmayacaktır. Herkes evlenecektir. Hadis-i şerifde: *"Cennete evlenmemiş kimse olmayacaktır. (Yani herkes evli olacaktır.)"* buyrulmuştur. Bu genel kurala göre küçük yaşta ölen kız ve erkek çocuklarda orada (cennette) aynı yaşıt gençler olarak birbirlerine eş olacaklardır. Âyetin tefsiriyle ilgili Peygamberimizin şu açıklamaları vardır.

Tirmizî'nin ve daha başka hadis kaynaklarımızın Hz. Enes'den (r.a.) bildirdiğine göre; Resûlullah (s.a.v.) şöyle buyurmuşlardır:

اِنَّ الْمُنْشَئَاتِ اللَّاتِى كُنَّ فِى الدُّنْيَا عَجَائِزَ عُمْشًا رُمْصًا

*"Şüphesiz ki, (âyetin bildirdiği) yeniden yaratılmış (yaratılacak) olan kadınlar, dünyada kocamış (ihtiyarlamış) saçları ağarmış (dökülmüş), yüzleri buruşmuş, gözleri yumuşup çapaklanmış kadınlardır. (Yani bu haliyle ölmüş ihtiyar kadınlardır.)"* Yani "yepyeni bir yaratılışla yarattık." buyrulan genç güzel, 16 veya 20 yaşında olacak cennet kadınları işte bu kadınlardır demek olur.

Yine buyrulmuştur ki: Resûlullah (s.a.v.) Efendimiz اِنَّا اَنْشَاْنَاهُنَّ اِنْشَاءً âyetiyle ilgili şöyle buyurmuştur: "Bu kadınlar, ister dul, ister bekâr olsun dünyadaki kızlar ve kadınlardır. (Yani dünya kızları ve dünya kadınlarıdır.)" demektir.

Ümm-ü Seleme vâlidemiz (r.a.), cennet kadınları hakkında Resûlullah (s.a.v.) Efendimize çok sorular sorarmış. O (radıyallâhü anhâ) demiştir ki: Resûlullah'a (s.a.v.) Yüce Allah'ın âyetlerinin mânâsını sordum: (Yani *"Gerçekten biz, onları yeni bir yaratılışla yarattık. Onları bâkireler kıldık. Eşlerine düşkün (âşık) yaşıtlar (aynı yaşta) kıldık."* âyetlerini sordum.) Resûlullah (s.a.v.) buyurdu ki:

*"Ey Ümmü Seleme! Onlar, dünyada ihtiyarlamış, saçları ağarmış, gözleri zayıflamış birbirine girmiş ve gözlerinden çapaklar (irinler) akar hale gelmiş yaşlı olarak ölen kadınlardır. Allah Teâlâ, bu halde*

***kocalmış bu ihtiyar kadınları, sonra** (cennette) **bir akran** (aynı yaşta - yaşıt) **olarak hepsini aynı yaşta insanlar olarak yaratır.** (Yani, Allah Teâlâ onları genç ve kız olan kız olarak yeniden yaratacaktır.)"* (Tirmizî)

Ümm-ü Seleme (r.a.) şöyle de sormuş Efendimize: ***"— Yâ Resûlallah! Şâyet o kadın, dünyada bir kaç kere evlenmişse ve bu evlendiği kocalarının hepsi de mü'min olarak cennete girmişler ve cennetteyse, o bu sefer hangi kocasına verilecek, hangisiyle evlendirilecektir?"*** Efendimiz şöyle cevap vermiş:

*"— Böyle bir durumda, Allah Teâlâ, o kadına: **'Sen hangisini istersen onu seç** (onunla evlen)**'** diyecek ve o kadın da onların içinden en iyi, en ahlâklı olanını ve dünyada iken kendisine en iyi davrananını seçecektir." Resûlullah (s.a.v.) daha sonra da şöyle buyurdu: **"Güzel ahlaklı olan bu dünyada da âhirette de tüm iyilikleri elde eder** (edecektir)**."*** müjdesini verdi.

## İhtiyar Kadınlar Cennete Girmez

Tirmizî'nin Şemâilin'de tahriç edilen bir başka hadisde Hazret-i Peygamberin yaşlı bir hanıma yaptığı latîfede bu gerçekle ilgili işâret vardır. Hz. Peygamberin âilelerine ve hâne-i saâdete ziyârete gelip giden yaşlı bir hanım, Efendimizden cennete girmesi için duâ ve şefâat dileğinde bulunur. Efendimiz bu yaşlı hanımın oğlunu da tanıdığı ve ona önem verdiği anlaşılıyor. Çünkü kadına **"Ey felanın annesi!"** şeklinde hitab ettiği hadisde belirtiliyor. Evet işte bu ihtiyar kadın Rasûlullah'a şu dilekte bulunuyor:

*"— Yâ Resûlallah! Beni cennete koyması için cennetini nasib etmesi için Rabbime duâ ediver!.."* demişti. Efendimiz de bu yaşlı sahâbiyesi ile bir latîfe (şaka) murad etmiş ve bu şaka ile kadınlara âit bir gerçeği ortaya koymak dilemiş olacak (Allahü a'lem) ki, kadına şöyle bir cevap buyurmuş:

***"— Ey filanın annesi! Doğru o ki, hiç bir ihtiyar kadın cennete girmez** (girmeyecektir)!"* buyurdu. Yaşlı kadın, Yüce Efendimizin bu mübârek cevâbının içinde bulunan ince nükteyi düşünemediği için hemen gözyaşlarıyla keder ve üzüntüsünü ortaya koydu. Yaşlı kadıncağız ağlayarak Efendimizden ayrılıp uzaklaşmak üzereyken, Efendimiz (a.s.) müjdeli haberini ihtiyar kadına ulaştırılmasını emir buyurdular:

*"— **Ona haber verin** (gidin arkasından yetişin ve ona haber verin ki,) **o ihtiyar olarak** (bu haliyle) **cennete girmeyecek** (ve hiçbir kadın ihtiyar olarak cennete girmeyecektir.) Çünkü yüce Allah şöyle buyuruyor: **"Gerçekten biz, onları yepyeni bir yaratılışla yaratacağız ve onları bâkireler** (kız olan kızlar) **yapacağız."*** buyuruyor. (Tirmizî Şemâilinde tahriç etmiş.)

Yine Seleme bin Yezid'in bir rivâyetinde: Resûlullah (s.a.v.): ***"Bu âyet ile evli veya evlenmemiş** (bâkire) **olarak ölmüş olan bu dünyanın bütün kadınları kasdolunmaktadır. Onlar cennete genç ve kız olan kız** (bâkire) **olarak gireceklerdir."*** demiştir.

İbni Cüzeyy yorumunda: *"Kadınların yeniden yaratılmasından maksat şudur: Allah Teâlâ, onları* (dünya kadınlarını) ***cennette, dünyadakinin aksine** (tersine)**, başka ve yepyeni bir yaratılışla ki, son derece gü-***

*zel ve enteresan bir yaratılışla yaratacaktır. Öyle ki, ihtiyar (kocalmış) olan gençleşecek (tâze yeni yetişmiş bir genç kız olacak), çirkin olan güzelleşecektir."* demiştir.

عُرُبًا اَتْرَابًا – Uruben Etrâben - Her ikisi de çoğul kelimelerdir. "Urb" eşine düşkün ve âşık anlamındadır. "Etrab, aynı yaşta, aynı günde doğan yaşıt anlamındadır. Şu halde anlam şudur: "O cennet kadınları, eşlerine düşkün (veya eşlerine âşık) aynı yaştadırlar" demek olur.

Burada da iki anlam, iki mânâ anlaşılabilmektedir. Her ikisi de uygun ve münâsib görülmektedir müfessirlerce.

Birincisi, bu cennet kadınları kocalarıyla aynı yaşta **"urub"**dur. Yani aynı gün doğmuşlardır sanki demektir. Kelime anlamı ki, anlama göre cennet kadınları da kocaları gibi 30 veya 33 yaşlarında demek olur.

İkincisi, cennet kadınları, hepsi aynı yaşta olacaklardır. Cennet kadınları cennette 16 veya 20 yaşlarında olacaktır. Gelen rivâyetler böyledir de denilmektedir. Her iki anlamında doğru olması düşünülebilir.

اتراب Etrab: Üç yerde aynı anlamda geçmektedir. Sâd Sûresi, âyet 52'de: ***"Onların yanında bakışlarını yalnızca eşlerine çevirmiş yaşıt** (aynı yaşta) **kadınlar** (Hûriler) **vardır."*** Burada kocası ile hanımı aynı yaşta, yani 30 veya 33 yaşında olur veya olacaktır anlamındadır.

وَكَوَاعِبَ اَتْرَابًا Kevâıbe etraben: Göğüsleri henüz tomurcuklanmış yaşıt kızlar vardır. Kadınların cennette hepsi aynı yaşta olması. Yani, 16 veya 20 yaşında olmaları demek olur veya olabilir yada olacaktır demektir.

عُرُبًا اَتْرَابًا – Uruben Etrâben: Eşlerine düşkün ve yaşıttırlar." Burada eşleriyle aynı yaştatırlar anlamı daha açık anlam taşıyor gibi geliyor.

Bu örneklerini verdiğimiz her üç sûrede de cennetin nimetlerinin anlatımı, mü'minler için cennetteki eşlerin tasvirine girmektedir. Bu ise, genel olarak iki noktada yorumlanma imkanı vermektedir. Birisi, cennet yaratıldığı zaman orada (yani cennette yaratılan ve "Hûrî" adı verilen ve mahiyeti bizce (insanlarca) bilinmeyen cennet kadınları denilen, hem bâkire, hem de yaşıt eşlerdir. Bu şekilde yorumlanabiliyor. İkincisi, dünyadaki mü'mine ve sâliha eşlerdir ki, cennete girdiklerinde onlar da hûriler misâli hem yaşıt duruma gelecekler, hem de yeni yetişmekte olan tâze genç kız görünümlü yaşıtlar olacaklar. Müfessirler böyle yorumlamışlardır.

**Cennet Kadınları:** Cennete girmek mutluluğuna eren her cennet ehline dünya kadınlarından iki hanım eş olarak verilecektir. Hûrilerden de amellerinin çokluğuna ve Allah katındaki derecesinin büyüklüğü nisbetinde eşler, câriyeler verilecektir. Hûrîler, mü'minlere cennet nîmeti olarak verildiğini düşünürsek, cennette derecesi yüksek olana cennet nimetleri de elbetteki artacaktır. Allah Teâlâ cennet nimetlerini böyle geniş bir şekilde, tüm teferruatıyla açıklamasının sebeb-i hikmeti, kullarını cennetine çekmek için olduğunu her akl-ı selim sahibi insan elbetteki anlamakta zorlanmayacaktır.

*Ey cennet yolcusu!* Belki de aklından geçiyor ki, biz bu dünyada bir kadından neler çekiyoruz, neler!.. Kötü huylu kadının elinden çekmediğimiz yok, birini baş edemedik, ikincisini ne yaparız, ikincisiyle nasıl baş ederiz? Üstelik çirkin kadının nazını, eziyetini çekemiyoruz. Üstelik bir de kıskançlık hastalığı var. Ah efendim, ah! Yazmak kolay; gel de bu huysuz, üstelik çirkin ve üstelik kıskanç ve daha neler, neler!.. şeklinde söylenen mü'min, müslüman kardeşlerimin serzenişlerini duyar gibiyim.

*Ey dost!* Gerçekler senin ve benim cehâletimizden sebeb büyük gibi görünüyor. Bu sana anlattığım çözüm reçeteleri, bizi yoktan vâr eden yüce Rabbimizin kurtuluş reçeteleridir. Allah Teâlâ Kitabında bizlere bildirmektedir. Sen hemen can kulağını ver de Rabbimizin ilâhî müjdesini dinle:

اِنَّ الْمُتَّقِينَ فِي جَنَّاتٍ وَعُيُونٍۜ . اُدْخُلُوهَا بِسَلَامٍ اٰمِنِينَ

***"Şüphesiz müttekîler*** *(Allah'ın azabından korkup rahmetine sığınan)* ***takvâ sahibleri, mutlaka cennetlerde ve pınar başlarında olacaklardır. O müttekîlere şöyle denilecektir: "Ey Allah'ın azabından korkan, rahmetini uman müttekîler! Girin, o cennetlere emniyet ve selâmetle, güle güle oturun o pınar başlarında! Çünkü, o cennetler ve pınar başları, her yönden korunmuş, güvenli ve sağlıklı bir selâmet yurdudur."*** (Hicr Sûresi, âyet 45-46)

وَنَزَعْنَا مَا فِى صُدُورِهِمْ مِنْ غِلٍّ اِخْوَانًا
عَلَى سُرُرٍ مُتَقَابِلِينَ

*"Üstelik onların* (o cennet ehlinin) *kalblerindeki kini* (gizli düşmanlıkları, garazları, kıskançlıkları) *ve bütün kötü duyguları söküp çıkarmışızdır. Onlar artık tahtlar üzerinde ve köşklerde karşılıklı, yüz yüze oturan kardeşler olarak sohbetler etmektedirler."* Cennet ehlinin gönüllerinde kin ve garaz diye bir kötü duygu, kötü huy ve ahlâk diye bir yaramazlık kalmaz (kalmayacaktır). Cennet ehli cennete girerken bütün bu fenalıklardan temizlenip öyle cennete girecektir.

## Cennet Ehli Olan Kadın Hûrîlerden Daha Üstündür

*Evet, ey dost!* İşte cennet gerçeği böyle tertemiz kadınların bulunduğu bir mutluluk ortamı olacaktır. Tefsir ve hadis âlimlerinin bildirdiklerine göre, cennete giren ve cennete girme mutluluğuna eren mü'min ve müslüman kadınları, hem fizik güzelliği ve hem de huy (ahlak) güzelliği bakımından ve hele fazilet ve üstünlük bakımından hûrîlerden (cennette yaratılan o özel varlıklardan) daha fazîletli ve daha üstün olacaklardır. Hattâ cennet hûrîleri, dünyada yaşamış imân ve ibâdetle Allah'a kulluk görevinde bulunmuş bu mü'mine ve müslüman kadınlara hizmetçilik göreviyle görevleneceklerdir. Bu da dünya kadınları olan cennet ehli kadınların değerli ve üstün olduklarının belgesidir. Şu halde cennet ehli olan bu müslüman kadınlarla, görevleri cennetteki cennetlilere hizmet olan hûriler arasında çekememezlik, kıskançlık diye birşey olamaz ve olmayacaktır. Cennette hep sevgi ve kardeşlik var. Hem de Allah'ın dediği gibi bir kardeşlik vardır. Cennetteki insanların kalblerindeki kötülükler kesilip alınmıştır. Ayrıca cennette her şey tertemiz olarak yaratılmış ve yüce Rabbimizin lûtf-ü keremiyle imanlı, amelleri salih (temiz, hayırlı, elverişli, yararlı) kullarına nimet ve saâdet evi olarak hazırlanmıştır ki, burada herşey kendiliğinden temiz, pâk olarak duracaktır. Cennette cennet kadınları tertemizdir. Hayız yok, nifâs yok, büyük, küçük abdest derdi (çilesi) yok, çocuk doğurmak yok, vay efendim hamilelik korkusu, endişesi yok. Hastalanmak, vay efendim çok yediydim de karnım ağrıyor diye bir dert, bir endişe de yoktur. Allah Teâlâ, cennetteki imanlı kullarının hiçbirini bekâr (yani, kadını kocasız, erkeği hanımsız) bırakmayacaktır. Çünkü Allah Teâlâ, Kur'ân-ı Kerîm'inin hemen baş tarafında Kur'ân'ın 2nci sûresi olan Bakara'nın 25nci âyetinde cennetlik olan bahtiyâr imanlı kullarına müjdeler verirken cenneti anlatıyor, nimetlerini anlatıyor ve âyetin sonunda da cennet nimetlerinden olan temiz eşleri (karı kocaları) anlatıyor. Demek ki evlilik Allah katında çok önemli bir durumdur. İnsanoğlu için (kadın olsun, erkek olsun) Allah'ın koyduğu bir düzendir. Bu Allah düzenine geri zekalı ahmaklardan başka aklı başında hiçbir kişi, hafife alamaz, hayvanî istekler çerçevesinde göremez ve bu kabilden sayamaz. Evet Allah Teâlâ, tertemiz eşler olduğunu şöyle ifâde buyuruyor:

...وَلَهُمْ فِيهَا اَزْوَاجٌ مُطَهَّرَةٌ وَهُمْ فِيهَا خَالِدُونَ

*Mânâsı:* ***"Onlar** (amel-i salih sahibi mü'minler) **için cennette tertemiz eşler vardır. Ve o mü'minler orada** (cennetlerde) **ebedî olarak kalacaklardır."*** (Bakara Sûresi, âyet 25) Bu âyetin tamamının meâli (Türkçe anlamı) şöyledir:

***"Resûlüm, ya Muhammed! İman edenleri ve** (iman ile) **amel-i salih işleyenleri müjdele: Onlara içinden ırmaklar akan cennetler vardır. Bu cennetler öyle bir cennetler ki, ne zaman onların meyvelerinden kendilerine** (cennetlilere) **bir meyve ikram edilirse: "Bu daha önce de dünyada yediğimiz şey!" diyecekler. Oysa bu, onların** (dünyadakinin) **aynısı olmayıp, benzeri olarak onlara sunulmuştur. Onlar için orada** (cennette) **tertemiz eşler de vardır. Ve onlar orada ebedî olarak** (eşleriyle berâber) **kalacaklardır."*** (Bakara Sûresi, âyet 25)

Allah Teâlâ, bu âyette cennetin meyvelerini anlattı ve biz mü'minler için tertemiz eşler olduğunu bildiriyor. Geçen bölümlerimizde arzettiğimiz, anlattığımız gibi, meyve gıdalanmak, karın doyurmak için yenilmez. Meyve daha ziyade keyiflenmek ve zevklenmek için yenilir. Bu keyif verici nimetten sonra diğer keyif ve zevk verici cennet nimetini (temiz eşleri) zikretmiştir.

Cennetlikler için, cennetlerde tertemiz, pâk hazırlanmış eşler, yani erkekler için hanımlar, hanımlar için de kocalar vardır. Ve bunların hiçbirinde dünyâdaki pisliklerden hiçbir eser yoktur. Bu eşler, sadece temiz değil, her yönden temizlenmiş, tertemiz kılınmışlardır. Maddî olan kirlerden (hayız ve nifâs) arınmış, büyük, küçük abdestten, sümük, sümkürme ve daha diğer tabii ve cismânî pisliklerden temizlenmiş oldukları gibi, mânevi pisliklerden, geçimsizlik, ahlâksızlık, kıskançlık ve daha akla gelebilecek her türlü maddî ve manevi kirlerden, pisliklerden tertemiz kılınmışlardır. Kocalar da böyledir. Bu cennetliler, cennetlerde ebedî olarak, bir daha cennetten çıkmamak üzere devamlı olarak eşleriyle beraber kalacaklardır.

*Ey mü'min kardeş!* Sen cenneti haketmeğe bak, cennet yolunda yarışmaktan geri durma, hep niyyet ve amacın Allah rızasını elde etmek olsun. İnşaallah cennette rahat edeceksin. Hanımdan bu dünyada çektiklerini cennette çekmeyeceksin. Çünkü onun, her türlü pisliği, maddî manevî, hepsi bu dünyada kalacak. İnşaallah her ikinizde cennetlik olursunuz da cennette yine buluşursunuz. Ama artık senin dünyalık hanım gitmiş yerine hûriler gibi olan bir cennet hanımı gelmiştir.

Sevgili Peygamberimiz, hadis-i şeriflerinde: ***"Dünyadaki mü'min** (imanlı) **hanımların kıyâmet gününde şâhin gözlü hûrilerden** (o cennette cennet için yaratılmış siyah gözlü cennet varlıklarından) **daha güzel olacağını"*** haber vermiştir.

Hasan Basrî demiştir ki: ***"O temiz eşler, sizin dünyâdaki beli bükülmüş, her türlü hastalığın kendilerinde bulunan hastalıklı kadınlarınızdır. Orada** (cennette) **hepsi de dünya kirlerinden arındılmış olarak karşınızdadır. O cenneklikler, cennette sürekli, taptaze, diri ve zinde olarak kalacaklardır. Cennette yıpranma, pörsüme yok, cennette ölüm de yoktur."*** Artık bu güzelim cennet hayatı, zevkiyle safâsıyla sonsuza dek devam edip gidecektir. Çünkü bunları (bu eşleri) tertemiz, pırıl pırıl kılan Allah Teâlâ'dır. Bu itibarla cennette rahatsızlık verecek herhangi bir olumsuzluk olmayacaktır. Bunun yanında cennetteki bu güzellikler sürekli ve devamlıdır, bu da ayrı bir nimettir. Çünkü nimetin son bulması veya yok olma tehlikesi, eskimesi gibi korku ve endişeleri de yoktur.

*Ey cennet isteyen kardeş!* Cennet kadınlarıyla ilgili bir mü'mine yetebilecek kadar bilgi verdim sanıyorum. Bu konu ile ilgili İslâm âlimlerinin, daha bir çok yorumları ve görüşleri de bulunmaktadır. Ancak bizim için bu kadar bilgi yeterli olduğu kanâatindeyim. Cennet kadınları olan hûrilerle ilgili de bilgiler Rahman Sûresi âyetlerinin yorum ve tefsirlerinde vermiş bulunuyorum. Daha geniş bilgi isteyen verdiğimiz âyetlerin tefsirlerinde bulabilirler.

## Cennet Ehlinin Kaç Yaşında Olacakları

Muâz İbni Cebel'den (r.a.) rivâyet edilmiştir. Demiştir ki: Resûlullah (s.a.v.) şöyle buyurdular:

يَدْخُلُ اَهْلُ الْجَنَّةِ جُرْدًا مُرْدًا مُكَحَّلِينَ

بَيْنَ ثَلَاثٍ وَثَلَاثِينَ

*Mânâsı:* ***"Cennetlik olanlar, cennete tüysüz, bıyıkları henüz terlemeye başlamış, gözleri kudretten sürmeli** (kara gözlü) **otuz üç yaşında genç delikanlı olarak gireceklerdir."*** (Tirmizî tahriç etmiştir.)

Aynı hadis-i şerif Ebû Hüreyre'nin (r.a.) rivâyetinde şöyledir:

قَالَ رَسُولُ اللهِ ﷺ: اَهْلُ الْجَنَّةِ جُرْدٌ، مُرْدٌ، كُحْلٌ لَايَفْنَى شَبَابُهُمْ وَلَا تَبْلَى ثِيَابُهُمْ

*Mânâsı:* ***"Cennet ehli, tüysüz, bıyıkları yeni terlemiş, gözleri sürmeli*** *(kara gözlü)* ***gençlerdir. Hiç yaşlanmaz ve elbiseleri de hiç eskiyip yıpranmaz."***

Yine Ebû Hüreyre'nin (r.a.) diğer bir rivâyeti de şöyledir: Resûlullah (s.a.v.) şöyle buyurdular:

يَدْخُلُ اَهْلُ الْجَنَّةِ الْجَنَّةَ جُرْدًا، مُرْدًا، بِيضًا جِعَادًا مُكَحَّلِينَ اَبْنَاءُ ثَلَاثٍ وَثَلَاثِينَ، وَهُمْ عَلَى خَلْقِ آدَمَ سِتُّونَ ذِرَاعًا فِي عَرْضِ سَبْعَةِ اَذْرُعٍ

*Mânâsı:* ***"Cennet ehli, cennete girerken tüysüz, genç*** *(bıyıkları yeni çıkmaya başlamış)* ***beyaz tenli, saçları dalgalı ve kara gözlü*** *(sürmeli)* ***olacaklardır. Yaşları otuz üç*** *(33)*, ***boyları Hz. Âdem*** *(Aleyhisselâm)****ın boyu gibi altmış arşın ve vücutlarının genişliği*** *(eni)* ***yedi arşın olacaktır."*** (Beyhakî tahriç etmiştir.)

Yine Beyhakî'nin rivâyetine göre, Efendimiz şöyle buyurdular:

***"Dünyaya gelen insanlar, ölü de doğsa, ihtiyar da ölse ve ölürken yaşı kaç olursa olsun, tekrar diriltilip cennete girerken, otuz üç yaşında olacaklardır. Cennetlik olanlar Hz. Âdem'in*** *(a.s.)* ***boyunda, Hz.***

*Yûsuf'un (a.s.) güzelliğinde ve Hz. Eyyûb'ün (a.s.) kalbi gibi, temiz kalbli ve ihlâslı olacaklardır."* (Tergîb ve Terhîb tahriç etmiştir.)

## Cennete İlk Gireceklerin Yüzleri Ayın On Dördü Gibidir

Ebû Hüreyre'den (r.a.) Resûlullah (s.a.v.) şöyle buyurdu, demiştir:

إِنَّ أَوَّلَ زُمْرَةٍ يَدْخُلُونَ الْجَنَّةَ عَلَى صُورَةِ الْقَمَرِ لَيْلَةَ الْبَدْرِ. وَالَّذِينَ يَلُونَهُمْ عَلَى أَشَدِّ كَوْكَبٍ دُرِّيٍّ فِي السَّمَاءِ إِضَاءَةً لَا يَبُولُونَ وَلَا يَتَغَوَّطُونَ ...

Mânâsı: *"Şüphesiz ki, cennete ilk olarak giren* (girecek olan) *grup ayın ondördüncü gecesi* (dolunay) *gibi yüzleri parlak olacaktır. Onların peşinden girenlerin yüzleri, gökteki en parlak yıldızın parlaklığında olacaktır. Cennette, ehl-i cennet, küçük abdest bozmazlar, büyük abdest de bozmazlar.* (Cennette böyle haller olmayacaktır.) *Tükürmezler, sümkürmezler.* (Saç) *tarakları altındır, terleri de misk gibidir. Buhurdanlıklarındaki buhurları öd ağacıdır. Zevceleri* (eşleri) *şâhin gözlü hûrilerdir. Huyları* (ahlâkları) *bir kişinin huyu gibi güzeldir* (kendilerinde kötü huy diye bir yaramazlık yoktur.) *Boyları Hz. Âdem'in* (a.s.) *boyu gibi altmış arşındır."* (Buharî, Müslim, Tirmizî ve İbni Mâce)

Hadisde buyrulan cennete girecek olan ilk zümre (ilk grup) peygamberler grubudur. İkinci grub ise, Allah'ın velî kulları, sâlih kulları ve Takvâ ehli müslümanların oluşturduğu grubdur. Hadisde cennetliklerin bedenlerinden büyük ve küçük abdestti gerektirecek bir hal olmayacak, sümkürük ve tükürük gibi işe yaramaz şeyler olmayacaktır. Çünkü cennet güzeller yeri, tertemiz Allah kullarının konulduğu mübâreklerin ikram edildiği bir saâdet evidir. Bu itibarla pislik ve necâsetlerin orada yeri yoktur artık.

Sevgili Peygamberimiz tüm ümmetini (bizleri) uyarıyor: *"Cennete hazırlanmak, büyük gayret ve yorulmadan devam edecek bir çaba ister. İşte sizler bu gayret ve çabaya yarışa katılınız. Cennet için yarışınız."*

Diğer bir rivâyette Efendimiz (s.a.v.) şöyle buyurmuştur:

*"Cennete ilk giren kâfilenin (grubun) yüzleri dolunay gibi parlaktır. O cennetliler tükürmezler, sümkürmezler, abdest bozmazlar. Orada kullandıkları kabları altındandır. Tarakları altın ve gümüştür. Buhurları öd ağacıdır. Kokuları (esansları) misktir. O cennetlilerin her birinin iki hanımı vardır. O hanımları o kadar güzellerdir ki, vücutlarına bakınca kemiklerinin ilikleri görülür. O iki hanımın aralarında hiç bir anlaşmazlık olmaz, kıskançlık olmaz, birbirlerine buğzetmezler. O iki hanımın kalbleri bir kişinin kalbi gibidir, yani görüşleri, düşünceleri birdir, aralarında ayrılık yoktur. Bunlar, sabah akşam Allah'ı zikrederler."* "Sübhanallah, Elhamdü lillah, Allahü Ekber" derler. Nefes alıp vermelerinde ağızlarından, nefeslerinden bu zikirler çıkar. (Buhârî, Müslim)

*Ey cennet isteyen kardeş!* İşte cennetlilerin cennetteki durumları böyledir. Yer içerler; def-i hâcete ihtiyaçları yoktur. Bu yemeler, içmeler misk kokulu hafif bir terleme ile geçer gider. Hastalık, zayıflık, halsizlik, ihtiyarlık gibi haller yoktur. Ölüm denen bir korku da yoktur. Mahzûn olmak, üzülmek, zahmet çekmek ve sıkıntıya düşmek gibi hallerin hiçbiri yoktur. Cennetliler arasında düşmanlık, kıskançlık ve çekememezlik gibi kötü huylar yoktur. Cennetliler (ehl-i cennet) birbirlerini kardeşce severler. Çünkü Allah Teâlâ kalblerini temizlemiştir.

*Ey dost!* Akl-ı selim sahibi isen, aklında bir arıza felan yoksa, Allah Teâlâ'nın bu hikmetine başım üstüne, âmennâ ve saddeknâ diyerek secdelere kapanırsın da: Allah Teâlâ bu güzelim cennetini özenmiş de böyle bezemiştir. Hiç içine yaramaz, fâsit huylu kişileri bırakır mı? Akla hayâle gelmeyen bunca nîmet, bunca saltanat, bunca azametin sergilendiği bir temâşâhânede bir bozuk huylu sefih gelecek de oranın huzûrunu bozacak bu, mümkün mü? Asla mümkün olmaz. Öyle ise, cennette hiçbir yaramazlık yoktur, sözü doğru ve gerçektir deyip boyun eğip teslim olmasın vesselâm!..

## CENNETTE MERTEBESİ EN AŞAĞI OLAN KİŞİ

Cennette yüz mertebe veya yüz derece vardır. Ve her iki derece veya mertebe arasındaki mesâfe yüz yıldır, şeklinde buyrulan hadisin metni şöyledir:

فِى الْجَنَّةِ مِائَةُ دَرَجَةٍ مَا بَيْنَ كُلِّ دَرَجَتَيْنِ مِائَةُ عَامٍ

*"Cennette yüz derece vardır. Ve her iki derece arasındaki mesafe yüz yıldır."* (Tirmizî Ebû Hüreyre'den tahriç etmiştir.)

Şimdi bu yüz derecenin en düşük, en zayıf, en aşağı tabakasında bulunan bir cennetlik kişinin ne hal ve durumda olduğunu göreceğiz ve sonra yüksek derecede olan kimselerin mertebe ve tabakasındaki nimetleri de karşılaştırma imkanı bulacağız. Her cennet ehlinin ameline göre cennette derecesi vardır. En yüksek derecede peygamberler, sıddîkler, şehîdler vardır.

### Cennette Mertebesi En Aşağı Olan Kişinin Durumu

Abdullah İbni Mes'ûd'dan (r.a.) rivayet edildiğine göre, Resûlullâh (s.a.v.) şöyle buyurmuştur:

اِنِّى لَاَعْلَمُ آخِرَ اَهْلِ النَّارِ خُرُوجًا مِنْهَا - اَوْ آخِرَ اَهْلِ الْجَنَّةِ دُخُولاً الْجَنَّةَ - رَجُلٌ مِنَ النَّارِ حَبْوًا

*Mânâsı:* ***"Ben en son cehennemden çıkacak ve en son cennete girecek olan kimseyi çok iyi biliyorum. O***

***kişi sürünerek** (emekliye emekliye) **cehennemden çıkacaktır."***

Allah Teâlâ ona şöyle buyuracak:

"اِذْهَبْ فَادْخُلِ الْجَنَّةَ – ***Haydi git cennete gir."*** *(Bunun üzerine adam):*

"فَيَاْتِيهَا فَيُخَيَّلُ اِلَيْهِ اَنَّهَا مَلأَى – ***Cennete girmek üzere vardığında orasının dolu olduğu kendisine hayal ettirilecek. Geri dönüp gelecek ve Allah Teâlâ'ya:***

"يَا رَبِّ وَجَدْتُهَا مَلأَى – ***Ya Rabbi! Gittim, orasını dolu buldum!"*** diyecek. Allah Teâlâ adama:

"اِذْهَبْ فَادْخُلِ الْجَنَّةَ – ***Haydi git cennete gir."*** emrini verecek. Adam tekrar cennete gidecek ve cennetin doluymuş olduğu gösterilecek. Adam tekrar dönüp gelecek ve Allah Teâlâ'ya:

***"— Ya Rabbi! Orası ağzına kadar dop doludur."*** Diyecek. Allah Teâlâ kendisine (adama):

***"— Haydi git, cennete gir. Senin için orada dünya kadar ve dünyanın on misli*** *(veya dünyanın on misli büyüklüğünde)* ***yerin vardır."*** buyuracaktır. Bunun üzerine cehennemden emekleye emekleye veya sürüne sürüne çıkan o son adam, Allah Teâlâ'ya:

"اَتَسْخَرُبِى اَوتَضْحَكُ بِى وَاَنْتَ الْمَلِكُ – ***Ya Rabbi! Sen bütün kâinatın hükümdarı olduğun halde benimle alay mı ediyorsun?*** *(veya benim halime mi gülüyorsun?)* ***diyecek"***

Hadisimizi rivâyet eden İbni Mes'ûd (r.a.) şöyle demiştir: Hazret-i Peygamber (s.a.v.) bunu anlatırken mübârek azı dişleri görünecek şekilde güldüğünü gördüm. Sonra da şöyle buyurdu:

"ذَلِكَ اَدْنَى اَهْلِ الْجَنَّةِ مَنْزِلَةً – ***İşte cennet ehlinin en aşağı menzil** (derece ve mertebe) **sahibi bu kimsedir."*** denilmiştir. (Buharî, Müslim ve Tirmizî)

***Ey cennet yolcusu!*** Efendimizin bu müjdeleri Yüce Rabbimizin rahmetinin denizler gibi dalgalandığını gösteren hadis-i şeriflerindendir. Bu dünyada işlemediği kalmayıp bu yüzden cehenneme girip cezasını çekmiş bir kimseyi, gönlündeki imanın zayıf da olsa kurtuluşuna vesiyle olmuş ve yüce Rabbimizin rahmetine mazhar olmuştur. Cennete girmeyi hak etmiş olan en zayıf dereceli ve en son cennete girebilmiş bir kimse bu kadar büyük nimetlere ererse, ondan daha önce cennete girenlerin ve dereceleri yüksek olanların, hele hele cehenneme hiç uğramayanların, hesapsız, kitapsız, sorgusuz, sualsiz cennete girenlerin kazanacağı dereceler, mazhar olacağı nimetler kim bilir ne kadar muazzam olacaktır.

## Cennette Uzun Gölgeli Bir Ağaç Vardır Ki, Atla Yüz Sene Gölgesi Geçilemez

Ebû Hüreyre (r.a.), Resûlullah (s.a.v.)'den naklen rivâyet etmiştir ki, şöyle buyurmuşlardır:

اِنَّ فِى الْجَنَّةِ لَشَجَرَةً يَسِيرُ الرَّاكِبُ فِى ظِلِّهَا

مِائَةَ سَنَةٍ لَا يَقْطَعُهَا

*Mânâsı:* ***"Gerçekten cennette bir ağaç vardır ki, binekli** (vasıta ile) **giden kimse, onun gölgesinde yüz sene gider de gölgeyi bitiremez."*** (Müslim)

Ağacın gölgesinden maksat, ağacın dallarının kapladığı alandır. Bu ağacın Tûbâ ağacı olduğu rivâyet edilmiştir.

Ebû Saîdi Hudrî'den gelen rivâyette şu ilâveler vardır:

***"Gerçekten cennette bir ağaç vardır ki, iyi cins bir koşu atına binmiş biri, yüz sene onun gölgesinde yürür de, o ağacın gölgesini bitiremez."*** Buyurmuş Efendimiz. Ve dileyen (isteyen) Vâkia Sûresi, âyet 30 okusun denilmiştir. Bu âyet şudur:

وَظِلٍّ مَمْدُودٍ

*"Ve zıllin memdûd –* ***Cennet halkı uzanmış*** *(yayılmış)* ***gölgededirler."*** Burada gölgeden murat, rahat ve huzurdadırlar anlamındadır. Çünkü insan ancak gölgede dinlenip rahat edebilir. Onun için gölgeye çekilir ve orada oturur demişlerdir. İşte hadis-i şerifdeki: ***"Cennette öyle bir ağaç vardır ki, binitli bir kimse, gölgesinde yüz sene yürür de gölgesi bitmez."*** anlam da **"uzamış gölgeler"** yani huzûr ve rahatın bitmeyeceğine ve devamlı olduğuna işârettir.

Bu işâretten de anlaşıldığı üzere gölge; rahat ve huzûrun simgesi ve sembolüdür. Yüce peygamberimizin, gölgesinin yüz sene gibi uzun zaman yürünmesine rağmen gölgenin geçilemeyeceği benzetmesinin anlamı, cennetteki nimetlerin bitip tükenmeyeceğine, hiç kimsenin bozamayacağı rahat ve huzura ve saâdet dolu bir cennet hayatına işâret etmesi demek olur.

Tûbâ ağacı Adn Cennetindedir. Kökü vesîledir, Tûbâ ağacının altından Kâfûr ve Selsebil ırmaklar akmaktadır. Hz. Ali'nin (r.a.) anlattığına göre, Tûbâ ağacından hulleler (cennet elbiseleri) çıkar. Bu ağacın gövde kısmı incidendir. Dalları ise, zeberceddendir. Bu ağacın kökü yukarıda Arş'a kadar uzanır. Bu ağacın (yani Tûbâ ağacının) dalları cennete dağılır ve herkesin (her cennetlinin) önünde bir dalı vardır. Cennet halkının istediği herşey bu dallardan çıkar (Bunlardan meydana gelir). Meselâ: Develer, atlar ve buraklar bu dallardan meydana geliverir. Bu vâsıtaların binek takımları değerli taşlardan mâmûl olarak bu dallardan elde edilir. Bunlar ise, rüzgardan daha sür'atlı hareket ederler. Bunlar, rivâyetlere göre insan başlı, kuş kanatlı cennet için özel yaratıklardır.

## Cennette Allahü Teâlâ'yı Görmek

Ehl-i sünnet itikadına göre, cennete gidenler, cennette Allahü Teâlâ'yı göreceklerdir. Bu konu âyet-i kerime ve hadis-i şerifle sabittir. Kıyâmet Sûresinde şöyle buyurulmaktadır:

وُجُوهٌ يَوْمَئِذٍ نَاضِرَةٌ ۙ . اِلٰى رَبِّهَا نَاظِرَةٌ ۚ

*Mânâsı: "**Öyle yüzler var ki, o gün** (kıyâmet günü), **ışıl ışıl parıldayacaktır. Rablerine bakacaklar** (O'nu göreceklerdir)."* (Kıyâmet Sûresi, âyet 22-23)

Ehl-i sünnet âlimleri, âyetlere ve özellikle mütevâtir derecesine varan hadislere dayanarak, cennette Allah Teâlâ'nın görüleceği konusunda ittifak (söz birliği) etmişlerdir.

Cerîr İbni Abdullah (r.a.) şöyle anlatmıştır: Bir gece Resûlullah'ın yanında bulunuyorduk. (O gün de ayın ondördüncü gecesiydi. Resûlullah (a.s.), ondördüncü gecesindeki aya (dolunaya) baktıktan sonra şöyle buyurdu:

اِنَّكُمْ سَتَرَوْنَ رَبَّكُمْ عِيَانًا كَمَا تَرَوْنَ هٰذَا الْقَمَرَ، لَاتُضَامُونَ فِى رُؤْيَتِهِ

*Mânâsı: "**Muhakkak ki siz, şu ayı gördüğünüz gibi, Rabbinizi göreceksiniz. O'nu görmek için, birbirinizin üzerine yığılmayacaksınız** (yani birbirinizi itip kakıp izdihama girmeyeceksiniz)."* (Buharî ve Müslim)

Yani gökyüzündeki dolunayı görmek için, nasıl ki herkes rahat bir şekilde bulunduğu yerden görüyor, hiç birini itip kakmaya ihtiyaç duymuyor. Ve tam tersine insanlar rahat rahat bulunduğu yerde, bulunduğu hal ve durumda dolunayı görebiliyor. İşte Kıyâmet günü ve cennete girmiş olan cennet halkı da Allah Teâlâ'yı böylece rahat bir şekilde açık açık görecektir demek oluyor.

***Ey cennet isteyen kardeş!*** Cennet nimetlerinin en üstün, en değerlisi cennette Allah Teâlâ'yı görmek olacaktır. Mü'minler, müslümanlar âhirette Allah Teâlâ'nın mübârek cemâlini, arada hiçbir engel bulunmadan açıkça görecek ve doya doya seyredeceklerdir.

Müslim'in Süheyb (r.a.)dan rivâyetine göre, Resûlullah (s.a.v.) şöyle buyurmuştur:

اِذَا دَخَلَ اَهْلُ الْجَنَّةِ الْجَنَّةَ يَقُولُ اللّٰهُ تَعَالَى:

تُرِيدُونَ شَيْأً اَزِيدُكُمْ

*"Cennetlikler cennete girince, Allah Teâlâ onlara: Size vermemi istediğiniz bir şey var mı* (Benden bir şey istiyor musunuz)*? diye sorar* (soracak)*: Onlar yani cennetliler, cennet halkı:*

*"Ya Rabbi yüzlerimizi ağarttın, bizleri cennete koyup cehennemden kurtardın daha ne isteyelim senden"* diyecekler.

فَيَكْشِفُ الْحِجَابَ – *İşte o zaman Allah Teâlâ* (aradan) *perdeyi kaldıracak.*

فَمَا اُعْطُوا شَيْأً اَحَبَّ اِلَيْهِمْ مِنَ النَّظَرِ اِلَى رَبِّهِمْ – *Onlara verilen en güzel ve en değerli nimet Rablerine bakmak olacaktır."* Müjdesini vermiştir Efendimiz. (Müslim)

*Ey Hak yolcusu!* Cennet nimetlerinin sayılamayacak kadar çok ve enteresan olduğunu da görüyorsun. Cennet nimetlerinin en azîmi, en mükemmeli ise, Allah Teâlâ'nın o eşsiz cemâlini, görmekle doyulamayan o azîm güzelliğini görmek olacaktır. Takvâ ehli bir müslümanın ermek istediği en son hedef elbetteki Allah Teâlâ'nın rızasına ermek ve sonuç olarak da Allah Teâlâ'yı görmektir. İşte elde edilecek en büyük ödül bir mü'min için bu ödüldür. Müttekiler, bu ödül için yarışırlar, bu ödül için var gücüyle çalışırlar. Güzel âkibet, mutlu sonuç bir mü'min için budur. Yüce Rabbimiz, ben fakîri (Tavaslı'yı), siz değerli okurlarımı ve hepimizin dünyadan âhirete göçen ölmüşlerimizi ve bütün mü'min, mü'minatların durağımızı cennet eylesin ve cennete cemâl-i Rabbil'âlemini görmek şerefine bizleri de erdirsin. Âmin, âmin, âmin!..

## SON SÖZ

*Ey cennet yolcusu kardeş!* Şu anda senin güzeller güzeli elinde bulunmakta olan kitabcığıma cennetle ilgili bütün güzellikleri, cennet nimetleriyle ilgili, mü'minleri meftûn edip gönüllerini sevinçlere erdirecek satırlardan oluşan sayfa ve paragrafları yazmak niyyetinde idim. Ve bu kitabcığımı 30-31 forma civarında yani azami 512 sayfalık bir eser olması niyyetiyle yola çıkmıştım.

Fakat bazı zuhuratlar dolayısıyla mı diyelim, yada bazı kısmet ve tecelliler mi diyelim, kitabımızın forma ve sayfa adedi tasavvurumuzdan bir misli artarak, kitabımızın hacmi bir hayli büyümüş olarak önümüze çıktı. Şu anda 960 sayfadan oluşan, matbaacı ve yayıncı deyimiyle de 60 formalık bir eser önümüze dikiliverdi.

*Değerli okuyucu kardeş!* Ben istediklerimi koyamadım. Çünkü kitabımın sayfa çokluğu, iki cilt halinde olmayı gerektiriyordu. İki cilt halinde olması, hem kullanım kolaylığını hem de maliyetini etkileyecekti.

*Değerli okurum!* İnşâallah! Bu nâçiz eserimden sizler okuyup istifâde edersiniz, bizler de bu eserimizin daha geniş kapsamlısını sizlere ulaştırmaya gayretimizde muvaffakiyete ereriz.

Çalışıp gayret etmek bizden, tevfik ve başarıya ulaştırmak Yüce Rabbimizdendir, **Ve minallâhit'tevfik**

*Yusuf Tavaslı*

# İÇİNDEKİLER

## İKİNCİ BÖLÜM

## ÜÇÜNCÜ BÖLÜM



## DÖRDÜNCÜ BÖLÜM



## BEŞİNCİ BÖLÜM



## ALTINCI BÖLÜM

## YEDİNCİ BÖLÜM



## SEKİZİNCİ BÖLÜM

## DOKUZUNCU BÖLÜM

## ONUNCU BÖLÜM



## ON BİRİNCİ BÖLÜM

## ON İKİNCİ BÖLÜM



## ON ÜÇÜNCÜ BÖLÜM

## ON DÖRDÜNCÜ BÖLÜM

## ON BEŞİNCİ BÖLÜM

## ON ALTINCI BÖLÜM



## ON YEDİNCİ BÖLÜM



## ON SEKİZİNCİ BÖLÜM

## ON DOKUZUNCU BÖLÜM



## YİRMİNCİ BÖLÜM

# TAVASLI YAYINLARI

K01 Açıklamalı Rüyâ Tabirleri Ansiklopedisi
**B01 Tam Namaz Hocası (II. HM)**
B02 Dualı Namaz Hocası (II. HM)
**B03 Dualı Namaz Hocası Ciltli (I.HM)**
B04 Tam Duâ Kitabı (Mana ve Anlamlarıyla)
**B05 Kolay Namaz Hocası**
B06 Muhtasar Namaz Hocası
**B07 Kolay Duâ Kitabı**
B08 Dini Hikâyeler (7'den 70'e)
**B09 30 Ramazan Vaazı**
B10 Kızımın Din Kitabı (Özel Bilgiler)
**B11 32 Farz (İlmihal Bilgileri)**
B12 Duâlı İlâhi Kitabı (Hanımlara)
**B13 Mevlid-i Şerîf (Günümüzde Okunan Şek.)**
B14 Kabirlerde Yâsin-i Şerif Nasıl Okunur?
**B15 Peygamberler Tarihi (4 Halifenin Hayatı)**
B16 7 Âyet Yasin ve Duâlar (Türkçeli) Şamua (I. HM)
**B17 Dini Hikâyeler Demeti (Hanımlara)**
B18 40 Hadis-i Şerif (Peygamberimizin Seçme Hadisleri)
**B19 Dînî Hikâyeler (7'den 70'e) Ciltli (I.HM)**
B20 Kasideler - Nâtı Şerifler (Notalı)
**B21 Tecvid Karabaş Açıklamalı**
B22 Musahhah Mevlid-i Şerîf
**B23 Elif Cüzü Elifba**
B24 Duâ Demetleri (24 Saat İçinde Yapılacak Duâlar)
**B25 İnce Rüya Tabirleri**
B26 Tam Duâ Kitabı Ciltli (I.HM)
**B27 Sûrelerin Fazileti (Peygamberimizin Dilinden)**
B28 Sûrelerin Fazileti Ciltli (I.HM)
**B29 Duâların Fazîletleri (Peygamberimizin Dilinden)**
B30 Resimli Namaz Hocası
**B31 Yasinli Namaz Hocası Resimli**
B32 Tam Namaz Hocası (Karton Kapak I. HM)
**B33 Ansiklopedik Rüya Tabirleri**

E03 Küçük Rüyâ Tabirleri
**E04 Tevbe Duaları ve Fazileti**
E05 Esmâül Hüsnâ / Salât-ı Tefriciye
**E06 İsmi A'zam Duâları - Kelîme-i Tevhid**
E07 Üç Ayların Fazîleti ve İbadetleri
**E09 Ana Baba Hakkı ve Komşu Hakları**
E10 Namaz Sûrelerinin Fazileti
**E11 Bülbül - İlahiler, Kasideler**
E12 Namaz Abdest Gusül (Sorulu Cevaplı)
**E13 Peygamberimizden Duâlar (24 Saat Yapılacak Duâlar)**
E14 Sarı Çiçek İlâhiler
**E15 Türkçe Anlamlı Yasin, Tebareke ve Amme**
E16 Müb. Gün ve Gece. Yapılacak İbadet ve Duâlar Şamua (Ciltli)
**C01 Yasin-i Şerif (Türkçeli) (I.HM)**
C02 Abdest Namaz Seçilmiş Duâlar
**C03 Şifa Ayetleri ve Nazar Duâları**
C04 Ayetel Kürsinin Fazileti ve Duâlar
**C05 Kızımın İlâhi Defteri**
C06 Ramazan Duâsı ve Bal Tefsiri
**C07 İlâhili Mevlid-i Şerif (Türkçe)**
C08 Arapçalı Cep Yasin-i Şerif
**C09 Türkçeli Yasin-i Şerif ve Duâlar**
C10 Namaz Hocası Resimleriyle
**C11 32 ve 54 Farz**
C12 Seçilmiş Duâlar (Günlük Duâlar)
**C13 Hacet ve Rızık Duâları**
C14 Canım Çeşme İlahi-Mevlid-i Şerif
**C15 Yasin-i Şerif ve Namaz Sûreleri**
C16 Mübarek Gün ve Gecelerde Yapılacak İbadet ve Duâlar
**C17 Duâ Demetleri**
C18 Sûrelerin Fazileti (Anlamlarıyla)
**C19 7 Ayetler Yasin-i Şerif ve Duâlar Şamua (I. HM)**
C20 Renkli Yasin-i Şerif
**C21 Üç Ayların Fazîleti**
C22 Dini Hikâyeler
**C23 Rüya Tabirleri**
C24 Zelzele Duâlı Yasin-i Şerif
**C25 Arapça Sûreler (Şamua)**